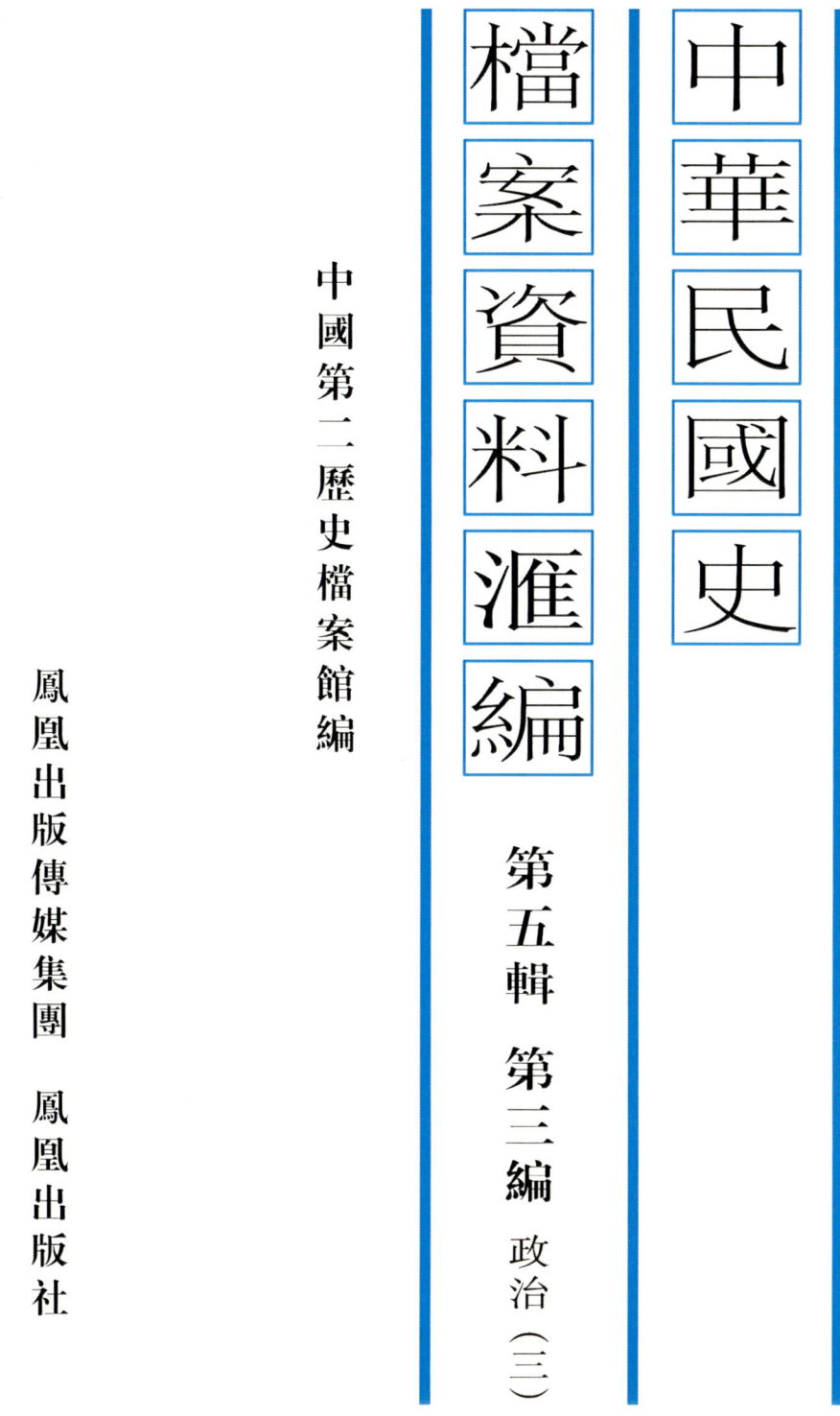

目　录

〔八〕政党社团

(一) 民主党派的组织发展

一、民盟组织活动

1. 中统局抄送民主政团同盟正式改组为民主同盟情报
   （1944年10月20日）·················· 1
2. 中统局抄送民盟活动情报函
   （1944年11月7日）··················· 2
3. 中统局抄送民盟招待文化工作者商讨对时局意见情报
   （1945年1月15日）··················· 3
4. 张澜：中国民主同盟的缘起主张与目的
   （1945年2月26日）··················· 5
5. 中统局抄送民盟组织规程函
   （1945年3月23日）··················· 7
6. 中统局抄送民盟筹备成立渝市支部情报
   （1945年4月13日）·················· 11
7. 中统局抄送民盟成立昆明贵阳延安分盟情报函
   （1945年4月14日）·················· 12
8. 中统局关于民盟中央组织委员会工作报告情报
   （1945年10月13日）················· 13
9. 中国民主同盟纲领

  （1945年10月）……………………………………… 17
10. 中统局关于民主同盟中委及常委调查情报
  （1945年11月3日）……………………………… 21
11. 中统局关于罗子为筹组中国青年反对内战同志会情报
  （1945年11月16日）……………………………… 22
12. 中统局关于民盟策动各界组织全国各界反对内战联合会情报
  （1945年11月26日）……………………………… 23
13. 中统局关于调查民盟情况的情报
  （1945年11月28日）……………………………… 24
14. 国民政府参军处抄送民盟发动学生对政协提出要求情报函
  （1946年1月3日）………………………………… 25
15. 中统局关于民盟在渝设立社会大学情报
  （1946年2月20日）……………………………… 25
16. 曾公佐关于民盟在沪筹设武训学校情报
  （1946年9月13日）……………………………… 26
17. 教育部关于密切注意民盟在沪策动学潮训令
  （1946年9月21日）……………………………… 26
18. 易同欧关于民盟在沪齐鲁中小学内活动情形情报
  （1946年11月2日）……………………………… 27
19. 商行义抄送民盟在渝筹募陶行知教育事业基金情报密函
  （1946年11月9日）……………………………… 27
20. 易同欧关于沪民盟积极发展学运情报
  （1946年12月13日）……………………………… 28
21. 易同欧关于沪民盟已掌握十九区国民教育研究会情报
  （1946年12月13日）……………………………… 29
22. 易同欧关于武训学校近况情报
  （1946年12月27日）……………………………… 30
23. 易同欧关于民盟职教派在沪活动情报

(1947年1月7日)…………………………………… 30
24. 丁伯诚关于民盟组织抢救教育委员会密函
　　(1947年6月7日)…………………………………… 31
25. 于鸣皋抄送沪民盟发展各大中学分部组织情报密函
　　(1947年6月9日)…………………………………… 31
26. 于鸣皋抄送民盟在小教联合会活动情报密函
　　(1947年9月15日)………………………………… 32
27. 民盟三中全会政治报告
　　(1948年1月19日)………………………………… 33
28. 詹明远关于民盟在沪动态情报
　　(1948年2月11日)………………………………… 50
29. 中央党政军联席会议秘书处关于取缔民盟活动代电
　　(1948年2月18日)………………………………… 50

二、农工、民建等民主党派的活动
1. 中国农工民主党第四次全国干部会议党务报告
　　(1947年1月)……………………………………… 51
2. 国民党中央联秘处关于农工民主党历次主张的所谓分析报告
　　(1947年3月13日)………………………………… 61
3. 国民党中央联秘处关于民主建国会主张及组织活动概况报告
　　(1947年3月13日)………………………………… 64
4. 国民党中央联秘处关于民主建国会事业推广计划及筹备理监会改选报告
　　(1947年3月15日)………………………………… 66
5. 国民党中央联秘处关于民主建国会响应民盟反内战运动情况报告
　　(1947年3月30日)………………………………… 68
6. 国民党中央联秘处关于中国农工民主党及民主建国会活动情况的报告

         (1947年4月15日)………………………………… 68
  7. 国民党中央联秘处关于民建会第二届理监会组织情况报告
         (1947年6月15日)………………………………… 70
  8. 国民党中央联秘处关于民主促进会组织情况报告
         (1947年6月15日)………………………………… 72

(二)青年党及民社党等党派组织活动

一、中国青年党
〔1〕政纲党章宣言
  1. 中国青年党政纲总说明
         (1945年12月12日)……………………………… 74
  2. 中国青年党党章
         (1945年12月)…………………………………… 79
  3. 中国青年团章程
         (1945年12月)…………………………………… 90
  4. 中国青年党第十次全国代表大会宣言
         (1945年12月15日)……………………………… 95
  5. 中国青年党中央执行委员会告同志书
         (1946年3月5日)………………………………… 98
〔2〕组织活动概况
  1. 中国青年党沿革简史
         (1946年7月)…………………………………… 103
  2. 国民党中央联秘处编:中国青年党概况(摘录)
         (1947年)………………………………………… 111
  3. 国民党中央联秘处关于中国青年党活动专报(一)
         (1947年3—11月)……………………………… 135
  4. 国民党中央联秘处关于中国青年党活动专报(二)
         (1948年2—8月)………………………………… 167

二、中国民主社会党
〔1〕政纲宣言路线
　1. 中国民主社会党政纲
　　　（1946年8月18日）·················· 186
　2. 中国民主社会党组织委员会宣言
　　　（1946年8月31日）·················· 199
　3. 中国民主社会党第一次全国代表大会宣言
　　　（1947年8月4日）··················· 206
　4. 中国民主社会党的政治路线
　　　（1947年10月）···················· 214
〔2〕对时局的态度
　1. 张君劢：廿余年来世界政潮激荡中我们的立场
　　　（1946年3月28日）·················· 220
　2. 张君劢：从外交内政两方面解决东北问题方案
　　　（1946年6月2日）··················· 228
　3. 中国民主社会党改组政府方案
　　　（1946年8月31日）·················· 241
　4. 中国民主社会党关于对国事抱负及时局态度招待记者谈话
　　　（1946年9月6日）··················· 246
　5. 张君劢代表中国民主社会党对于时局问题之意见
　　　（1946年10月1日）·················· 248
　6. 中国民主社会党招待各方面代表的致答词
　　　（1946年10月19日）················· 253
　7. 中国民主社会党对目前时局意见
　　　（1946年10月19日）················· 255
　8. 张君劢关于参加"国大"问题与蒋介石往来函
　　　（1946年11月）···················· 257
　9. 中国民主社会党全美恳亲会对时局重要宣言

5

　　　　（1947年6月20日）……………………………… 259
10. 中国民主社会党关于办理总统选举等态度决议
　　　　（1948年）……………………………………… 261
〔3〕组织活动概况
1. 中国民主社会党总章
　　　　（1947年7月31日）……………………………… 263
2. 中国民主社会党中央总部组织概况
　　　　（1947年9月）…………………………………… 273
3. 中国民主社会党各地支部组织活动概况
　　　　（1948年1月）…………………………………… 276
4. 国民党中央联秘处关于民社党活动情况专报
　　　　（1947年2—5月）………………………………… 283
5. 国民党中央联秘处关于民社党纠纷内幕专报
　　　　（1947年5月31日）……………………………… 295
6. 国民党中央联秘处关于民社党动态专报
　　　　（1947年6—11月）……………………………… 299
7. 国民党中央联秘处关于民社党各地党部派系斗争等情况专报
　　　　（1948年2—6月）………………………………… 306
8. 中国民主社会党中央总部关于解决各地党务纠纷办法函
　　　　（1948年7月22日）……………………………… 321
9. 中国民主社会党四川省党部请解决党务纠纷呈
　　　　（1948年9月9日）……………………………… 323
10. 中国民主社会党中央总部关于各地党务活动办法党令
　　　　（1948年12月4日）……………………………… 329
〔4〕民社党革新派组织活动
1. 中国民主社会党革新委员会告全国同仁书
　　　　（1947年8月）…………………………………… 330
2. 中国民主社会党（革新派）正式成立公告

(1947年8月) ……………………………………………… 334
　3. 中国民主社会党(革新派)第一次全国代表大会宣言
　　　(1947年8月) ……………………………………………… 335
　4. 中国民主社会党(革新派)政纲
　　　(1947年8月16日) ………………………………………… 336
　5. 国民党中央联秘处关于民社党革新派召开第一次全国代表大
　　 会经过报告
　　　(1947年9月15日) ………………………………………… 340
　6. 中国民主社会党革新派组织概况
　　　(1947年9月) ……………………………………………… 343
　7. 国民党中央联秘处关于民社党革新派动态专报
　　　(1947年9—11月) ………………………………………… 346
　8. 国民党中央联秘处关于民社党革新派活动情况专报
　　　(1948年2—9月) ………………………………………… 350
　9. 中国民主社会党革新派各地党务概况
　　　(1948年3月) ……………………………………………… 364
　10. 中国民主社会党革新派对时局声明
　　　(1948年3月) ……………………………………………… 366
　11. 中国民主社会党革新派对新政协声明
　　　(1948年6月28日) ………………………………………… 367
　12. 孙宝刚关于恪守中间党派立场对新闻记者书面谈话
　　　(1948年9月23日) ………………………………………… 369
　13. 孙宝刚为党事纠纷告全党同志书
　　　(1948年) …………………………………………………… 370
　14. 罗坚白：民社党如此"再分裂"
　　　(1948年) …………………………………………………… 376
三、中国少年劳动党
　1. 中国少年劳动党敬告全国同胞书

(1945年8月) …………………………………… 385
 2. 中国少年劳动党成立宣言
　　　(1945年9月27日) ……………………………… 391
 3. 中国少年劳动党呼吁全国和平团结通电
　　　(1945年10月4日) ……………………………… 396
 4. 安若定关于中国少年劳动党组织性质答客问
　　　(1945年10月) …………………………………… 397
 5. 中国少年劳动党总章
　　　(1946年2月) …………………………………… 403
 6. 中国少年劳动党政纲
　　　(1946年) ………………………………………… 415
 7. 中国少年劳动党政纲说明
　　　(1946年) ………………………………………… 416

四、中国民主党

〔1〕党纲党章宣言
 1. 中国民主党组织纲领
　　　(1945年9月) ……………………………………… 422
 2. 中国民主党政纲
　　　(1945年9月) ……………………………………… 424
 3. 中国民主党党章
　　　(1946年4月15日) ……………………………… 427
 4. 中国民主党第一次全党代表大会宣言
　　　(1946年4月16日) ……………………………… 436

〔2〕组织活动概况
 1. 中国民主党对国共谈判第一次提供六项意见
　　　(1945年9月6日) ………………………………… 437
 2. 中国民主党为国共谈判第二次提供十项意见
　　　(1945年9月14日) ……………………………… 438

3. 中国民主党对当前时局宣言
   (1945年9月17日) ················· 439
4. 中国民主党中央秘书处为要求参加政治协商会议致蒋介石函
   (1945年12月25日) ················· 441
5. 中国民主党关于无条件停战有条件接收东北问题建议致蒋介石函
   (1946年5月9日) ················· 443
6. 中国民主党紧急呼吁和平并提出制止全国性内战办法
   (1946年5月19日) ················· 444
7. 中国民主党再度呼吁和平及其七点建议
   (1946年5月28日) ················· 445
8. 中国民主党对当前时局意见
   (1946年7月27日) ················· 447
9. 中国民主党上海发言人马冀关于该党政策谈话
   (1946年9月28日) ················· 449
10. 中国民主党秘书长侯野君关于蒋介石连任国民政府主席与和平统一问题答记者问
    (1946年10月12日) ················· 450
11. 侯野君对时局态度声明
    (1946年10月26日) ················· 451
12. 侯野君对蒋介石"八日声明"之四点感想
    (1946年11月13日) ················· 452
13. 中国民主党关于当前时局建议致马歇尔书
    (1946年12月16日) ················· 453
14. 中国民主党秘书长关于当前时局声明
    (1947年2月17日) ················· 454
15. 中国民主党对当前时局宣言
    (1947年3月11日) ················· 456

16. 中国民主党关于国民政府改组严正声明
   (1947年4月) ……………………………………… 457
17. 国民党中央联秘处关于中国民主党活动情况报告
   (1947年6月—1948年8月) …………………… 459

五、中国人民党
1. 中国人民党临时总章
   (1945年10月) ……………………………………… 464
2. 中国人民党政纲
   (1945年10月) ……………………………………… 472
3. 中国人民党二周年纪念宣言
   (1947年10月1日) ………………………………… 476
4. 国民党中央联秘处关于中国人民党活动情况报告
   (1947年11月—1948年2月) ……………………… 477
5. 中国人民党临时全党代表大会紧急公告
   (1948年12月) ……………………………………… 479

六、中国国民自由党
1. 中国国民自由党沿革
   (1946年) …………………………………………… 481
2. 中国国民自由党宣言
   (1946年3月3日) …………………………………… 484
3. 中国国民自由党政纲
   (1946年3月3日) …………………………………… 486
4. 国民党中央联秘处关于国民自由党在四川活动情况专报
   (1948年3月) ……………………………………… 489

七、中国民生共进党
1. 中国民生共进党成立宣言
   (1946年3月) ……………………………………… 490
2. 中国民生共进党总章

    (1946年3月) ………………………………… 491
  3. 中国民生共进党政治纲要
    (1946年9月) ………………………………… 498
八、中国民主自由大同盟
  1. 中国民主自由大同盟成立宣言
    (1946年3月) ………………………………… 499
  2. 中国民主自由大同盟呈报成立日期电
    (1946年3月10日) …………………………… 502
九、中国和平党
  1. 中国和平党成立通电
    (1946年5月1日) ……………………………… 502
  2. 中国和平党对目前国是之主张
    (1946年5月1日) ……………………………… 504
  3. 中国和平党党章
    (1946年5月1日) ……………………………… 506
  4. 中国和平党临时中央执行委员会名单
    (1946年5月) ………………………………… 511
  5. 中国和平党临时中央执行委员会为该党成立致冯玉祥公函
    (1946年5月) ………………………………… 513
十、中国洪门民治党
  1. 中国洪门民治党第一次代表大会宣言
    (1946年8月) ………………………………… 513
  2. 中国洪门民治党政纲
    (1946年8月) ………………………………… 516
  3. 国民党中央联秘处关于中国洪门民治党组织活动情况专报
    (1947年5—10月) …………………………… 518
十一、中国中和党——中国中和社会党
  1. 中国中和党宣言

（1946年10月）……………………………………… 524
 2. 中国中和党政纲
　　　（1946年）………………………………………… 532
 3. 中国中和党对目前国事十大政治主张
　　　（1946年10月10日）………………………………… 534
 4. 中国中和党复员后上海第一次干部会议宣言
　　　（1946年12月）……………………………………… 535
 5. 中国中和党上海总支部第一次党员代表大会宣言
　　　（1947年2月）……………………………………… 537
 6. 中国中和党中央党部关于调整组织机构训令
　　　（1947年3月4日）…………………………………… 538
 7. 国民党中央联秘处关于中国中和党组织活动情况专报
　　　（1947年4—11月）…………………………………… 540
 8. 国民党中央联秘处关于中国中和党近况专报
　　　（1948年3—9月）…………………………………… 550
 9. 中国中和社会党中央组织委员会秘书处关于该党改组成立公告
　　　（1948年7月5日）…………………………………… 556
 10. 中国中和社会党与中国新社会革命党联合招待记者资料
　　　（1949年4月2日）…………………………………… 557
 11. 中国中和社会党关于国共和平谈判声明代电
　　　（1949年4月18日）…………………………………… 560
十二、光复会
 1. 光复会中兴宣言
　　　（1946年11月）……………………………………… 562
 2. 光复会政治纲领及组织纲要
　　　（1946年11月）……………………………………… 562
 3. 光复会总会部报送"政团协决国是"与"政团组织联合会"两建

议案致内政部函件
　　　（1947年1月19日）……………………… 564
十三、中华社会党
　1. 中华社会党成立宣言
　　　（1946年）…………………………………… 565
　2. 中华社会党党章
　　　（1946年）…………………………………… 567
　3. 中华社会党行动纲领
　　　（1946年）…………………………………… 570
十四、中国救国运动会（中国独立党）
　1. 中国救国运动会宣言
　　　（1946年）…………………………………… 572
　2. 中国救国运动会主张
　　　（1946年）…………………………………… 574
十五、中国农民党
〔1〕基本政治主张
　1. 中国农民党组织缘起与成立宣言
　　　（1947年5月）……………………………… 575
　2. 中国农民党政纲
　　　（1947—1948年）…………………………… 580
　3. 董时进表示尽力促成司徒雷登出任调解战事函
　　　（1948年2—3月）…………………………… 585
　4. 中国农民党三中全会宣言
　　　（1948年5月1日）…………………………… 587
　5. 中国农民党关于召开新政协解决国是意见
　　　（1948年7月）……………………………… 589
　6. 中国农民党关于根据中共所提原则立即开始和谈宣言
　　　（1949年1月16日）………………………… 591

〔2〕组织活动概况
1. 中国农民党各级组织规程
   (1947年5月14日) ………………………………… 593
2. 中国农民党第一次全国代表大会记录
   (1947年5月12—14日) …………………………… 596
3. 中国农民党第一届中央执行委员会第一至第三次会议记录
   (1947—1948年) …………………………………… 602
4. 中国农民党中央执行委员会常委会会议记录
   (1947—1949年) …………………………………… 607
5. 中国农民党党务通告
   (1947—1948年) …………………………………… 615

十六、中国宗教徒和平建国大同盟
1. 中国宗教徒和平建国大同盟组织原则
   (1947年5月) ……………………………………… 647
2. 中国宗教徒和平建国大同盟盟纲
   (1947年5月27日) ………………………………… 647
3. 中国宗教徒和平建国大同盟宣言
   (1947年6月) ……………………………………… 648

十七、中间党联盟
1. 中间党联盟宣言
   (1947年6月) ……………………………………… 650
2. 中间党联盟组织大纲
   (1947年6月) ……………………………………… 653

十八、中国民族联治民主党
1. 中国民族联治民主党成立宣言
   (1947年) …………………………………………… 654
2. 中国民族联治民主党政治纲领
   (1947年) …………………………………………… 657

十九、大同民主党

1. 大同民主党宣言
　　（1947年）………………………………………… 662
2. 大同民主党党纲
　　（1947年6月）……………………………………… 665
3. 大同民主党政纲撮要
　　（1947年6月）……………………………………… 668
4. 大同民主党为组党辅政致蒋介石函
　　（1947年6月30日）………………………………… 670

二十、中国新社会革命党

1. 中国新社会革命党成立宣言
　　（1948年1月10日）………………………………… 671
2. 中国新社会革命党政纲
　　（1948年1月10日）………………………………… 674
3. 中国新社会革命党党章
　　（1948年1月10日）………………………………… 676
4. 中国新社会革命党建立基层小组办法
　　（1948年6月20日）………………………………… 681
5. 陈健夫：《中国新社会革命党成立的意义与责任——告本党同志及国人》
　　（1948年7月1日）…………………………………… 683
6. 中国新社会革命党总部宣传部关于和县事件紧急通知
　　（1948年7月9日）…………………………………… 696
7. 陈健夫关于中国新社会革命党成立半年来成绩及要求函稿
　　（1948年7月20日）………………………………… 698
8. 陈健夫为请转饬所属对中国新社会革命党各级组织予以保障致总统府代电
　　（1948年9月6日）…………………………………… 699

9. 中国新社会革命党中央总部关于与共产党周旋通令
   （1948年10月14日）·················· 700
10. 中国新社会革命党中央总部关于"当前宣传组织工作要点"通令
    （1948年10月16日）·················· 701
11. 中国新社会革命党中央总部关于加强守密等四项通令
    （1948年10月21日）·················· 702
12. 中国新社会革命党"忠实同志"关于当前该党十二项重大决策应切实力行函
    （1948年11月4日）··················· 703
13. 陈健夫关于中国新社会革命党当前工作函
    （1948年11月）····················· 706
14. 陈健夫请宋庆龄邵力子等"主持和平大计"函
    （1948年12月26日）·················· 707
15. 陈健夫呼吁各国"调停""中国内战"代电
    （1948年12月27日）·················· 708
16. 陈健夫吁请各界人士要求国共两党循和平途径解决国是代电
    （1948年12月27日）·················· 708
17. 陈健夫向国共两党"呼吁和平"代电
    （1948年12月27日）·················· 709
18. 中国新社会革命党非常时期紧急措施办法
    （1948年12月）····················· 710
19. 中国新社会革命党党务特派员工作地区划分表
    （1948年12月）····················· 710
20. 中国新社会革命党非常时期交通联络办法
    （1948年12月）····················· 711
21. 中国新社会革命党部长以上名单
    （1948年）······················· 712

22. 中国新社会革命党各级党部筹组暂行细则
   (1948年) ·················· 712
23. 中国新社会革命党总部关于加强对下属组织控制通知
   (1948年) ·················· 714
24. 中国知行学社为新革命报社募股启事
   (1948年) ·················· 715
25. 中国新社会革命党人民动员委员会组织大纲
   (约1948年底) ················ 716
26. 中国新社会革命党和平宣言
   (1949年1月1日) ·············· 717
27. 中国新社会革命党"再向国共两党呼吁和平"声明
   (1949年1月15日) ············· 721
28. 新革命运动纲要
   (1949年1月) ················ 722
29. 中国新社会革命党中央总部关于该党取得合法地位通令
   (1949年2月7日) ·············· 724
30. 李汉魂为中国新社会革命党已取得合法地位公函稿
   (1949年7月13日) ············· 727

廿一、中国全民民主党
 1. 中国全民民主党党章 ·············· 728
 2. 中国全民民主党政纲 ·············· 736
 3. 中国全民民主党的立场任务策略与路线
   (1948年) ·················· 740
 4. 中国全民民主党中央执行委员会对当前时局的十大主张
   (1948年3月29日) ············· 744
 5. 中国全民民主党的经济制度
   (1948年) ·················· 747

廿二、中国共和党及其他党派组织章则与政纲

1. 中国共和党成立宣言
   （1946年1月）·································· 749
2. 中国工农联合促进会会章
   （1946年3月）·································· 750
3. 中华人民自主同盟"县民主运动大纲"
   （1946年9月）·································· 752
4. 国民宪政社章程
   （1946年12月）································· 755
5. 宪友社缘起与章程
   （1946年12月）································· 756
6. 中国急进党政纲
   （1947年2月10日）······························ 758
7. 中国人民社会党政纲
   （1947年8月）·································· 761
8. 中国民主急进党筹备委员会简章 ················ 765
9. 民主社会协进会章程 ·························· 765
10. 铁血党改善人类全体生活促进会征求会员启事 ······ 769
11. 中国民主合众党政纲 ·························· 770
12. 中华社会建设党党章与行动纲领 ················ 771

（三）各种政治社团的组织活动

一、三民主义宪政同志会

1. 三民主义宪政同志会简章
   （1946年4月10日）····························· 773
2. 吴尚鹰关于民宪会成立旨趣的报告
   （1946年4月10日）····························· 775
3. 民宪会理事会监事会名册
   （1946年4月）·································· 777

4. 民宪会第二次会员大会会议录
 (1947 年 4 月) ·· 778
二、中华人民自主同盟
 1. 曹风莼关于目前政治形势及请重视第三势力致蒋介石函
 (1946 年 4 月 9 日) ·· 785
 2. 中华人民自主同盟政治纲领
 (1946 年 4 月 9 日) ·· 787
三、中国新社会事业建设协会
〔1〕组织章程与工作纲领
 1. 中国新社会事业建设协会章程
 (1946 年 10 月) ·· 790
 2. 中国新社会事业建设协会会员守则
 (1946 年 10 月) ·· 796
 3. 中国新社会事业建设协会对社会工作纲领
 (1947 年 7 月) ·· 796
 4. 中国新社会事业建设协会对社会工作实施计划
 (1947 年 7 月) ·· 798
〔2〕活动概况
 1. 新建会江苏分会第一次工作检讨会议记录
 (1947 年 5 月 18 日) ·· 801
 2. 国民党东台县党部关于新建会在县组织区会情况呈
 (1947 年 6 月 13 日) ·· 804
 3. 国民党邳县党部关于新建会在县组织区会情况代电
 (1947 年 6 月 21 日) ·· 805
 4. 徐亮等密令江苏分会调查青年党及民社党活动情形代电
 (1947 年 8 月 4 日) ··· 806
 5. 中国新社会事业建设协会颁发控制帮会密代电
 (1947 年 8 月) ··· 806

6. 徐亮等饬令各分会遵尚道义互助精神促进会员团结代电
   (1947年8月19日) ………………………………… 807
7. 新建会江苏分会奉发对社团之联络运用注意要点代电
   (1947年8月20日) ………………………………… 807
8. 新建会禁止会员开堂收徒通令
   (1947年9月16日) ………………………………… 808
9. 新建会关于出版《文哨》旬刊致江苏分会密电
   (1947年9月4日) ………………………………… 812
10. 徐亮等令江苏分会运用社团关系防止各种风潮并搜集情报代电
    (1947年9月4日) ………………………………… 812
11. 徐亮等饬江苏分会筹组事业机构电
    (1947年9月4日) ………………………………… 813
12. 新建会令江苏分会密查知行学社活动代电
    (1947年9月6日) ………………………………… 813

〔3〕新建会与政府的矛盾及其对策
  1. 徐亮等关于抵制社会部取缔基层组织致各分会电
     (1947年7月14日) ………………………………… 814
  2. 徐亮等关于抵制社会部取缔及加强会务工作要点密代电
     (1947年7月25日) ………………………………… 815
  3. 徐亮为国民党拟设立特委会专管新建会工作并希各分会努力推进会务密电
     (1947年8月5日) ………………………………… 817
  4. 徐亮等饬各分会切实控制会务掩盖弱点以应付上级调查密电
     (1947年8月19日) ………………………………… 818
  5. 新建会奉转军统局电令各地区一律停止活动代电
     (1947年9月16日) ………………………………… 818
  6. 新建会江苏分会为被省社会处命令撤销请示对策电

　　　　(1947年9月21日) ………………………………… 819
　7. 徐亮等饬江苏分会不应随便接受国民政府以下机构的命令并
　　　加紧发展组织与调查工作密电
　　　　(1947年9月22日) ………………………………… 819
　8. 徐亮等饬江苏分会郑重考虑各区会负责人人选并征求地方当
　　　局同意以避免磨擦电
　　　　(1947年9月23日) ………………………………… 821
　9. 新建会被迫暂告结束训令
　　　　(1947年12月5日) ………………………………… 821
　10. 新建会关于撤销后人员处置办法密代电
　　　　(1947年12月15日) ………………………………… 822
四、三一联谊社
　1. 三一联谊社社章
　　　　(1946年11月15日) ………………………………… 822
　2. 三一联谊社理事会组织规程
　　　　(1946年11月15日) ………………………………… 824
　3. 孟哲关于三一联谊社筹备经过的报告
　　　　(1946年11月15日) ………………………………… 825
　4. 三一联谊社成立大会纪录
　　　　(1946年11月15日) ………………………………… 826
　5. 三一联谊社社刊发刊词
　　　　(1946年11月15日) ………………………………… 829
　6. 何应钦："三一"的五大意义
　　　　(1946年11月15日) ………………………………… 830
　7. 陈立夫：我对于三一联谊社的期望
　　　　(1946年11月15日) ………………………………… 832
五、中国回教青年建国服务社
　1. 中国回教青年建国服务社关于奉令改组在沪召开社员大会正

式成立代电
　　　（1947年3月26日）…………………………………… 836
　2. 马承霖关于呈送组织章程及大会宣言呈
　　　（1947年4月21日）…………………………………… 837
六、中国青年反共救国同盟会
　1. 张化民关于组织中国青年反共救国同盟会并附送大会宣言组织纲领及执委名单呈
　　　（1949年7月18日）…………………………………… 843
　2. 徐开运关于如何办理中国青年反共救国同盟会组织的一组签呈
　　　（1949年7月23—30日）……………………………… 849
　3. 张化民请求补助经费致阎锡山代电
　　　（1949年7月）………………………………………… 850
七、妇女反共同盟会
　1. 妇女反共同盟会关于该会工作重点及请求补助经费呈
　　　（1949年8月12日）…………………………………… 851
　2. 妇女反共同盟会关于该会成立经过及附送章程名册呈
　　　（1949年7月29日）…………………………………… 852
八、中国反侵略大同盟
　1. 中国反侵略大同盟宣言
　　　（1949年）……………………………………………… 855
　2. 中国反侵略大同盟组织纲领
　　　（1949年）……………………………………………… 858
　3. 阎锡山在反侵略大同盟成立大会上演讲词
　　　（1949年）……………………………………………… 860
　4. 中国反侵略大同盟省市县支分部及小组组织通则
　　　（1949年）……………………………………………… 863

（四）三青团后期的组织活动

一、活动概况

1. 蒋介石在三青团二大开幕式上训词要点
   （1946年9月1日）……………………………… 866
2. 三青团第二次全国代表大会宣言
   （1946年9月）…………………………………… 872
3. 三青团第二次全国代表大会会议经过纪要
   （1946年9月）…………………………………… 882
4. 蒋介石关于举办团员总甄核训词摘要
   （1946年9月14日）……………………………… 889
5. 陈诚关于举办团员总甄核训示节录
   （1947年1月10日）……………………………… 890
6. 三青团中央干事会为举办团员总甄核告全体团员书
   （1947年1月）…………………………………… 891
7. 三青团第二届中央干事会工作报告
   （1947年8月）…………………………………… 894

二、党团统一

1. 蒋介石关于党团统一组织的手令
   （1947年6—9月）………………………………… 924
2. 蒋介石关于党团统一组织的指示
   （1947年7月9日）………………………………… 927
3. 国民党中常会通过的党团统一组织原则
   （1947年7月23日）……………………………… 936
4. 国民党中常会通过的各级党团统一组织实施办法
   （1947年8月6日）………………………………… 938
5. 三青团中央干事会关于党团统一组织工作进行情形的报告
   （1947年8月）…………………………………… 940

6. 吴铁城关于党团统一组织报告
   (1947年9月9日) ·················· 951
7. 国民党六届四中全会及党团联席会议宣言
   (1947年9月) ···················· 956
8. 六届四中全会及党团联席会议经过
   (1947年9月) ···················· 958
9. 三青团中央干事会关于对党团统一组织认识电
   (1947年9月11日) ················· 960
10. 中执会通过统一中央党部团部组织案
    (1947年9月12日) ················· 961
11. 中常会通过统一党团监察组织案
    (1947年9月29日) ················· 962

〔八〕政党社团

（一）民主党派的组织发展

一、民盟组织活动

1. 中统局抄送民主政团同盟正式改组为民主同盟情报

（1944年10月20日）

兹抄奉中国民主政团同盟正式改组为中国民主同盟情报一件，敬祈察收参考为荷。此上
吴秘书长

中央执行委员会调查统计局
三十三年十月廿日

中国民主政团同盟正式改组为中国民主同盟
重庆十月十六日

民主政团同盟，为扩大组织能容纳赞同民主运动之人士参加起见，曾拟议改组为"民主同盟"，酝酿甚久，中间曾因对国民党关系问题一度发生争执，最后经商讨决定，主张"组织联合政府"，以争取"民主"，为实现此种纲领之口号，其对国民党之关系，即视国民党对此种运动之决策为定，如国民党政府对此"联合政府"口号能予接受，则彼等当然认为此可以"合作"。此一问题于九月下旬经数度磋商，最近始作具体决定，将该同盟正式改称为"中国民主同盟"。其主要负责者有张澜、左舜生、张申府、沈钧儒、黄炎培、张君劢、章伯钧等十余人（尚有数人不悉），并推定仍以张澜任主席，左

舜生为组织部长,张申府为宣传部长,张澜离渝时,则由左舜生代理主席职务,在渝中共分子未正式担任负责人,但开会时新华报记者鲁民间亦参加,为孙院长所领导之自由东方社主编马义亦曾一度列席。

〔中央调查统计局档案〕

2. 中统局抄送民盟活动情报函
（1944年11月7日）

兹抄奉中国民主同盟最近活动情况情报一件,敬祈察收参考为荷。此上
吴秘书长

中央执行委员会调查统计局
卅三年十一月七日

中国民主同盟最近活动情况

据国社党内部重要人员谈称:中国民主同盟一切活动方针,均由主席团决定,主席团系由张澜、张君劢、梁漱溟、章伯钧、左舜生组成,以张澜为主席,但张仅为名义,实际责任完全由左舜生担任,因左兼任秘书,至张申府在同盟中并无力量。因同盟方面对中共及含有中共色彩人物尽量避免接近,以免政府与中共同等看待,而影响其全部工作,故中共最近虽竭力想利用同盟,而同盟本身绝不愿为其所用,此为同盟对中共之既定政策,无可变更。职教社黄炎培自参政会后,左舜生等对彼至为不满,认黄无人格,易为政府所利用,因其既欲与同盟接近,又恐影响其地位,患得患失,不足与谋。该同盟目前在政治方面,扩大民主宣传,批评政府,而主要目的在于政府改组时乘机参加,取得相当地位,即可满足,其他口号仅为辅助而已。最近为加强其宣传计,在成都方面秘密建立印刷机构,重要文件均

由此印就分发各地,该同盟之经费,大部由张澜供给,其余将参加单位所捐助,内部工作人员甚少,办公地址设于信义街三十九号(左舜生寓所),大部经费均用于活动方面,至外传该同盟开大会于成都绝非事实,因其分子散居各地,不易召集,且亦无此力量也。

〔中央调查统计局档案〕

3. 中统局抄送民盟招待文化工作者商讨对时局意见情报

(1945年1月15日)

民主同盟招待文化工作者商讨对时局意见

重庆一月十日讯:本月七日,沈钧儒、左舜生等在本市交通银行大楼联名宴请文化界,商讨对目前时局意见,到有章伯钧、邓初民、张申府、郭沫若、孙伏园、刘清扬、祝世康、金仲华、茅盾、宋云彬、郑贞文、李剑华、张志让等数十人,会中发言详情如下:

1. 由沈钧儒主席首先发言,谓目前时局可谓混沌已极,而军事上表面虽稍松缓,实在危机仍然存在,但政府毫无表示,一若中国只须坐待胜利。敌人如果决定有所动作,我们不知道将又要发生多大的灾难。所以今天特请大家来商议办法,人民本来有鞭策政府之权,利害既与全国人民不能分开,我们就不能不对政府这种误国办法,提出主张。事先,有若干朋友曾有商议,觉得周恩来先生向国民党所要求之四项办法,实为今日当务之急,其要求为"释放政治犯,党派公开活动,保障人民自由,撤销特务机关",可谓都是民主国家所应具备之最低限的条件。但政府对此竟不予答复,可见其根本无心实现民主;文化界同人应站在前面为人民争民主,所以我们应首先要求政府实行这些条件,并迅速与中共方面商谈共同紧急办法,以挽救危机。

2. 左舜生接着发言,谓他们各党派过去曾有一个打开僵局的临时政治纲领,今天愿请文化界诸大师参考一下,如果认为可以解决目前问题,就不妨作为文化界同人对时局之主张,并略述其要点如下：

（一）关于军事者：(1) 应整军,裁汰空额、老弱及抗战不力之部队；(2) 编整过后之军队,应一律开赴前线抗敌,不得留为内战之用；(3) 军队应提高待遇,并公平接受美国租借法案所供应之军需品。

（二）关于政治者：(1) 应组战时联合政府,延揽各界人才,参加政府工作；(2) 动员全国民众,参加抗战工作；(3) 战后应由参加抗战之人民选举正式政府。

（三）关于党派者：(1) 各党派都可公开活动,不受限制；任何党派不得以国库支出供给党费。

（四）关于经济者：(报告时此点仅略提及)

3. 左舜生发言后,章伯钧继起发言,并报告民主同盟之性质及方针,说明实行民主为目前最主要之要求,并要扩大组织。

4. 章伯钧发言后,此发言人甚多,如茅盾主张可以赞成延安所提之先决条件,但不必一定声明这是拥护延安所提出之主张,以免使国民党发生误会。郭沫若认为办法应具体,应简单,要能马上做到,使政府不能含糊应付,商讨时意见颇不一致。

5. 席间亦有多人对召开国民大会事提出意见,主张应由各党派各地方团体另行选出代表,并谓国民党不一定能于本年召集。且如一旦军事紧张,又可宣告延期,最后谈到发表文告时间,多数人主张待罗邱史会议后,或太平洋及中国问题稍为明朗后,作为国际方面之影响,比较最好,又有认为应赶快发表者,因军事危机依然存在,待爆发后,中国便不可收拾,于是决定赶快将主张及意见提出来,看情形发表,并推定沈钧儒、左舜生、章伯钧、茅盾等起草。

〔中央调查统计局档案〕

4. 张澜：中国民主同盟的缘起主张与目的

（1945年2月26日）

民主同盟的基本主张，是要取消一党专政的党治，实行主权在民、天下为公的真民主政治。内以求国家之统一，外以得国际盟邦之平等。

当二十九年冬间，国民党与共产党因新四军事件而起纠纷，其时国民参政会中各党派及无党派之参政员十数人，联合出面调解，向蒋委员长提出政治民主化、军队国家化两项主张。以为惟有实行政治民主化，军队国家化，才能解决国共两党纠纷问题，得到全国政令军令之统一。虽未见采纳，然此政治民主化，军队国家化，遂为民主同盟之基本主张，至今未稍改变。

民主同盟组织的动机，是因调解国共两党以来全国团结之无效，三十年春间，遂由各党派协商结合国共两党以外之各党派，而组织一民主政团同盟。使之成为一个大的力量，居于国共两党之间，调和监督，以期全国终能达到民主的团结。并使于抗战期中与抗战军事结束后，均不至再发生内战，损害国家元气，益陷于不易恢复之境。此种动机，亦至今未稍改变。

到了三十三年秋间，因国势的贴危，已到极严重关头。而在一党专政的党治之下，则政治军事日益败坏，财政经费日益匮竭，人心亦日益离散，非立即实行真民主政治不能振奋人心，团结全国，内以革新庶政，外以加强战力，而获得最后胜利。然欲促成真民主的实行，仅限于党派结合之政团，其力量实嫌不足。必须扩大到国内一般要求民主赞成民主的各界人士，都来参加，群起响应，共同努力，始能促成真民主政治之实现。于是把民主政团同盟的政团二字取消，改称民主同盟，以期全国之一致。

民主同盟目前对于国共两党之态度，是极其公正明白的。共产党能放弃阶级斗争，走上政治民主的道路，民主同盟即与之携手，取友好态度，如共产党还要蹈袭无产阶级专政的阶级斗争，民主同盟绝不与之合作。国民党能实行真三民主义的民主政治，民主同盟即与之携手，取友好态度，如国民党徒以三民主义为口号，仍想藉训政为名，保持一党专政的独裁，民主同盟亦绝不与之合作。民主同盟的主张，始终是要在政治民主化，军队国家化。军队国家化的目的，是军队属于国家，军人应尽忠于国家，而彻底取消军队内任何党的组织，全国任何方面再不许有党军与私人武力。政治民主化的目的，是实行主权在民的民治，天下为公，选贤任能，以期建设一个政治自由、经济平等的新民主国家，而走上安全繁荣之路。

更有言者，民主同盟基于国共以外各党派之结合，而此结合，自有其共同的正确主张与共同的远大目的，绝不会受他方面之威胁或利诱，而改变，而分化。不过各党派虽加入民主同盟，民主同盟不能拘束各党派之一切行为，各党派亦不能以其一切行为单独代表民主同盟。

民主同盟是始终站在国家的立场，谋各方之团结，以实行真民主，以此救国，以此建国。乃近来常有自私自利的反民主的人，因见民主同盟主张取消一党专政的党治，公开政权，遵诋为受共产党利用。民主同盟是否受共产党利用，自有事实证明。试问三民主义，是不是进步的十足的民主政治，实行三民主义，即是实行主权在民的民治，当然要取消党治，公开政权，所可惜者，三民主义未见实行，而使民主同盟起而要求，并让共产党得而利用，这是国民党人应该自己反省的。

〔军事委员会战时新闻检查局档案〕

5. 中统局抄送民盟组织规程函

（1945年3月23日）

兹抄奉中国民主同盟组织规程情报一件,敬祈察收参考为荷。此上
吴秘书长

中央执行委员会调查统计局
三十四年三月廿三日

中国民主同盟组织规程

兹检获中国民主同盟组织规程一份及中国民主同盟省市支部组织法一份,原文如次：

甲、中国民主同盟组织规程（民国三十三年九月十九日大会通过）

第一章　总则

第一条　本同盟定名为中国民主同盟。

第二条　本同盟以团结国人,实现民主政治为宗旨。

第三条　本同盟总部暂设于重庆。

第二章　盟员

第四条　凡赞成本同盟宗旨及政纲,经过入盟手续者,得为本同盟盟员。

第五条　凡赞成本同盟宗旨及政纲,并接受本同盟领导之青年,经过入盟手续得加入本同盟为预备盟员。

第三章　总部机构

第六条　本同盟最高权力机关为盟员代表大会。

第七条　本盟设中央执行委员会,名额暂定为九十九人,由盟员代表大会选举之,每两年改选一次。

第八条　本同盟设中央常务委员会,综理本同盟盟务,委员名

额暂定为九人至十五人,由中央执行委员会互选之,任期两年。

第九条 本同盟常委会设主席一人,总秘书一人,由常委互推之,主席因故或离去总部时,得由主席之委托以总秘书代行其职务。

第十条 本同盟在常委会之下设下列各会处。

(一)组织委员会

(二)宣传委员会

(三)文化委员会

(四)财务委员会

(五)国内关系委员会

(六)国际关系委员会

(七)秘书处

各委员会设主任一人,由常委互推之,委员若干人,由常委会推定之,任期均为两年。

第十一条 本同盟因工作需要,经常委会决定,得设各种专门委员会。

第四章 地方机构

第十二条 本同盟得于各省特别市及海外设立支部,其组织法另定之。

第十三条 本同盟于县(普通市)以下得设分部及区分部,其组织规程另定之。

第五章 会议

第十四条 本同盟盟员代表大会每两年举行一次,由中常会召集之。

第十五条 本同盟中央执行委员会每半年举行一次,由中央常务委员会召集之。

第十六条 本同盟中常会每两星期举行一次,由主席召集之。

第十七条 本同盟上列各项会议有必要时,均得召集临时会。

第六章 经费

第十八条 本同盟经费由下列各项充之：

（一）入盟费暂定法币一千元，盟员于入盟时缴纳之。

（二）盟员年费暂定法币一千元。

（三）盟员特别捐由各盟员量力捐助。

（四）同情者之自愿捐助。

第十九条 本同盟基金由中常会决定募集之。

第七章 退盟

第二十条 本同盟盟员有违反本同盟宗旨、政纲及不履行本规程所规定之义务，或以言论及行为破坏同盟者，经中执委会之决议，得令其退盟。

第廿一条 本同盟盟员得向中常会申述理由请求退盟。

第廿二条 本同盟盟员于退盟后，凡本同盟未经向外间公布之事项，仍有保守秘密之义务。

第八章 附则

第廿三条 本规程自通过之日起发生效力。

第廿四条 本规程经中执委会出席人数三分之二或盟员代表大会过半数之通过得修改之。

乙、中国民主同盟省市（特别市）支部组织法（三十三年十一月十七日经中常会修正通过施行）

第一条 本组织法依据同盟组织规程第十二条之规定订定之。

第二条 同盟省市支部受总部之指挥监督，推行所属区域之盟务。

第三条 同盟省市支部执行委员会议执行委员七人至九人，由省市盟员代表大会用无记名投票选举之，并由总部于执行委员中指定一人为主任委员，任期均为一年，连选得连任。

第四条 同盟省市盟员代表大会，由执行委员会每半年召集一次，如经总部之提议所属组织代表盟员三分之一之请求暨执行委员会之决定，均得召开临时代表大会。

第五条　同盟省市执行委员会之下设秘书处、组织部、宣传部，分掌工作，并得因工作之需要设立文化工作部、国内委员会及其他工作组织。

第六条　秘书处设秘书主任一人，组织、宣传、文化工作各部设正副主任各一人，国内委员会设委员五人，均由省市执行委员会推定执行委员兼任之，各部处并设干事若干人，由省市执行委员会决定之。

第七条　同盟省市执行委员会办事细则，由省市执行委员会自行订定，经总部核定施行。

第八条　本组织法经各省执行委员会之提议，由中常会决议修改之。

中国民主同盟县市暨基层组织规程

第一条　本规程依据中国民主同盟组织规程第十三条之规定订定之。

第二条　凡各县市地方有同盟盟员五十人以上，经同盟总部或同盟者支部之决定，得成立县市分部。

第三条　同盟县市分部受省支部之指挥监督，负责推行该县市盟务，如该省尚未成立省支部时，由总部直接指挥监督之。

第四条　同盟县市分部执行委员会由执行委员五人至十一人组织之，互推一人为主任委员。

第五条　同盟县市执行委员由同盟县市分部盟员大会或代表大会用无记名投票选举之，任期一年，连选得连任。

第六条　同盟县市分部执行委员会下设秘书、组织、宣传三处，秘书处设秘书一人，组织宣传设正副主任各一人，干事若干人，执掌各处工作，秘书及正副主任由执行委员分别兼任之，干事由执行委员会派定之。

第七条 同盟县市分部盟员大会或代表大会每三月举行一次,由执行委员会召集之,如得上级组织之提议或县市分部所属盟员三分之一之请求,分部执行委员会之决定,均得召集临时大会或临时代表大会。

第八条 同盟县市分部执行委员会每星期开会一次,执行委员会办事细则由执行委员拟定呈报上级组织核定之。

第九条 凡学校、工厂、农村、机关有同盟盟员五人以上,经县市分部之决定成立区分部,不属上述范围以内之盟员,得按区域成立区分部,受县市分部之指挥监督,执行盟务,如该县市分部尚未成立时,由省支部直接指挥监督之。

第十条 同盟区分部有盟员三十人以上设立分部执行委员会,由执行委员三人至五人组织之,执行委员由区分部盟员大会用无记名投票选举之,任期半年,连选得连任,盟员三十人以下之区分部,由盟员大会选举区分部正副主任各一人,主持盟务。

第十一条 同盟区分部盟员大会每月举行一次,由区分部执行委员会召集之,盟员在三十人以下之区分部每半月举行大会一次,由正副主任召集之,遇必要时召集临时大会。

第十二条 同盟区分部所属盟员在三十人以上,得按每十人编为一小组,由组员推定组长一人,负责召集会议,主持盟务。

第十三条 本规程经同盟中常会通过之日起实行。

第十四条 本规程得经各级组织之提议,由中常会决议修改之。

〔中央调查统计局档案〕

6. 中统局抄送民盟筹备成立渝市支部情报

(1945年4月13日)

兹抄奉民主同盟筹备成立渝市支部情报一件,敬祈察收参考

为荷。此上
吴秘书长

中央执行委员会调查统计局
卅四年四月十三日

民主同盟筹备成立渝市支部
　　重庆四川十三日讯：中国民主同盟总部组织委员会近正筹备成立重庆市支部，在市支部未成立前本市各区分部之盟务，仍暂由总部组织委员会直接推进。

〔中央调查统计局档案〕

7. 中统局抄送民盟成立昆明贵阳延安分盟情报函

(1945年4月14日)

　　兹抄奉民主同盟成立昆明、贵阳、延安分盟，总盟发行民盟通讯情报乙件，敬祈察收参考为荷。此上
吴秘书长

中央执行委员会调查统计局
卅四年四月十四日

民主同盟成立昆明贵阳及延安分盟总盟发行民盟通讯
　　重庆四月十二日讯：民主同盟之组织工作在积极开展中，最近已于昆明、贵阳、延安三地分别设立分盟，昆明负责人为西南联大教授罗隆基，贵阳负责人为蒋铭三，延安负责人为田聘。
　　又民主同盟总部将出版《民盟通讯》，首期业已出版，闻内容有张申府、章伯钧文章各一篇，此外为该盟组织、宣传等工作近况之报告等。

〔中央调查统计局档案〕

8. 中统局关于民盟中央组织委员会工作报告情报

（1945年10月13日）

民主同盟中央组织委员会工作报告

兹将中国民主同盟中央组织委员会在该盟临全大会所提之工作报告，全文抄录于后：

中央组织委员会工作报告

甲、工作概况

本同盟自三十三年九月由政团同盟改组成立以后，本会旋即成立，十月底开始工作，本会任务为全国组织工作之策划推进联系，唯一年来限于交通、经费、人员，并未能尽职，大半时间用于推进重庆方面工作，本年九月一日重庆市支部成立以后，重庆工作遂移由市支部接替，本会便即协同秘书处筹备全国代表大会，关于全国组织工作之发展，因限于环境交通之困难，兼之本会经费无着，不能获得详细报告。所知有限，兹就所知者分地略述于下：

重庆——重庆工作于三十三年十月开始推进，本年九月一日市支部工作正式成立，现有盟员三百三十六人，其中妇女三十余人，青年约百余人，文化人约占四十余，其余多为公务人员、自由职业者，工商、教育两界参加同盟者为数不多，渝市支部成立时间不久，一切工作正在积极计划中。

四川——四川省支部于本年七月间成立，全省盟员约千余人。蓉市盟员约千余人，已成立分部，县分部共有十余，县在积极推进中，其县之发展，比之其他各地似较迅速，在四川支部指导下，尚有民主青年之组织，亦在积极发展中。

云南——云南省支部系于三十三年十二月间成立，盟员约近二百人，以教育界占多数，工商界亦有参加者，该地组织较为严密，组织上比较健全，在其领导下尚有中国民主青年同盟之组织，以联大、云大为基础，人数亦有数百，其工作进行颇能与该地本同盟行动取得一致。

东南——本同盟成立以后，经中常会决议成立东南总支部，推动桂、粤、闽、赣各省工作，决议案并由盟员狄超白带往，支部地址设于广西八步，由梁漱溟先生负责主持，以交通困难，该支部工作仍多限于两广之地，对于赣、闽工作未能积极推进，去岁湘北战争发生前后，对于湖南工作有所推进，并于两广之地，发动地方武装。

广东——广东省支部于去年十月间成立，盟员中多为军人及教育界人士，自去年华南战事扩大后，该支部工作，积极发动地方武力，颇有成效，而该省过去以地方多沦于敌手，兼之地方政治环境恶劣，工作颇为艰难，该地工作负责人为李章达、李伯球。

西安——该地以环境特殊，一切活动不能公开，现有盟员一百五十余人，多为地方人士，该地工作现由杜斌臣、郭则沈等负责办理，支部亦已成立，此次代表大会，曾推有杨子恒、郑伯琦、陈沛仁三人为代表，除杨子恒在渝外，其余均未到渝，该地除致力于陕西本省盟务推动外，并兼顾甘、宁、青等省盟务之推进。

华北——华北总支部于同盟成立后，即有数人前往筹划，现由张东荪、周鲸文、张云川、叶笃义、林珂玑等人负责，并以张东荪先生总其成，中常委曾琦先生近日地方来渝，曾先生亦为该地工作重要主持人。该地工作于敌人投降前，颇为艰难，其活动极为严密，工作与后方亦多不同，除为一般盟务之推进外，并为广大沦陷军民之号召。

以上为各地工作之概况，各地有代表到会者，当可详述其工作，无代表到会者，目前所得报告不多，不能详述之。

乙、工作上的缺点

本同盟全国组织概况略如上述，在一年期间，吾人之组织已能具此规模，颇堪自慰，但瞻旷前进，盱衡形势，仍觉吾人之力量不足以应现实之需要，概括言之，吾人今日之组织尚存如下严重之缺点。

一、吾人之组织尚欠宏大，尤欠严密。

二、各地组织方针以及形式均欠一致。

三、吾人组织之成份，几限于中间阶层之知识分子，未曾争取人民团体及组织对于吾人之了解与支持，犹未曾推动人民团体配合吾人行动，推动人民团体之建立与扩大。

上述缺点之造成，一面固由于过去国内政治环境之恶劣，一面亦由于吾人主观努力之不足。

吾人主观努力之不足，约有如下诸端：

一、缺乏明确之政治纲领，与有力之宣传，以资号召。

二、缺乏完备之组织规章（党章）与一致之组织方针，以资共守。

三、中央与各地联系过分缺乏。

四、未能普遍发动盟员参加发展组织工作，参加盟外人民团体活动。

五、未能宽筹经费。

六、中央组织机构与若干地方组织机构似均欠健全。

七、缺乏组织干部。

中央组织委员会对于吾人组织工作之未臻完善，自应负重大责任，中央组委会同人，莫不引以为憾，吾人深感：

一、组委会应为会议而兼执行机关，但过去组委会似仅为会议机关而非执行机构。

二、全体组委会委员均为义务职，而其本人均须从事谋生职业，致未能以全力致力组织工作。

三、组委会仅置专任干事一人（今已解聘），因而甚至日常会内文书事务之处理，亦不免有人才不足之感。

丙、对于今后发展巩固组织的意见

为要发展今后的组织，吾人自应首先克服上述主观努力不足之处，并使中央以及各地盟内盟外组织工作均能步调一致，顺利开

展。至于组织工作发展上,似应注意下列各点:

一、关于组织工作机构者:

(1)扩大中央组织委员会:(甲)中央组织委员会,应包有各党各派各地方盟员,以使联络,其人选应具有下列条件之一:第一、有社会及群众关系者,第二,有组织工作之学养及经验者,第三,能以全部时间贡献同盟事业者。(乙)设置专任干事。(丙)在组织委员内设人民团体联络委员人员,以联络推动辅助文化界、职业界、工人、农民、妇女、青年、学生团体的建立和活动。(丁)发动并支持盟员参加人民团体活动。(戊)参加组织机关工作人员,应给以生活费及充分之公费。

(2)扩大各支部组织;其要点同上。

(3)健全县区分部;其要点同上。

(4)提拔培养并训练组织干部:(甲)选拔盟员参加组织工作,以增长其工作经验。(乙)举办组织工作人员讲习会及训练班。

二、关于扩大并巩固组织者:

(1)广收盟员。

(2)盟员中应增加下列成分:工商业家、文化工作者、中小学教师、乡村工作者、人民团体工作者、工商业从业员、工人、农民。

(3)充实组织生活。

三、关于建立人民团体及人民关系者:

(1)与各文化、工商、自由职业者团体、工会、农会、学生会……等建立经常联系。

(2)推动并辅助人民团体的建立与活动。

(3)推动并辅导人民建立学习、工作、生活的组织,养成组织生活与政治活动习惯,如读书会、合作社、互助会之等等。

(4)建立人民文书、法律、卫生、职业介绍等人民服务机关。

(5)推动并参加各界组织社交机关,如同学会、同乡会、座谈会、俱乐部……等等。

同人意见大抵如上,希各代表予以指正。

〔中央调查统计局档案〕

9. 中国民主同盟纲领

（1945年10月）

中国民主同盟纲领（民国三十四年十月临时全国代表大会通过）

政治

一、民主国家以人民为主人,人民组织国家之目的在谋人民公共之权利,其主权永远属于人民全体。

二、国家保障人民身体、行动、居住、迁徙、思想、信仰、言论、出版、通讯、集会、结社之基本自由。

三、国家应实行宪政,厉行法治,任何人或任何政党不得处于超法律之地位。

四、地方自治为民主政治之基础,县以下应行使直接民权。

五、县设县议会,省设省议会,中央设国会,为代表人民行使主权之机关。

六、为求地方自治之充分发展,中央与省、省与县之权限应以宪法明定其采分权制度。

七、省于国宪颁布后,应召集省宪会议,制定省宪,其内容不得与国宪抵触,并应明白规定省长、县长民选。

八、国内各民族一律平等,并得组织自治单位,制定宪法,实行自治,但其宪法不得与国宪抵触,国家对于少数民族利益应加以维护,并发扬其固有语言、文字及文化。

九、国会为代表人民行使主权之最高机关,由参议院及众议院合组之,国会有制定法律,通过预算、决算,规定常备军额、宣战、媾和、弹劾罢免官吏及宪法上赋予之其他职权。

十、参议由各省省议会及少数民族自治选举之代表组织之,众议院由全国人民直接选举之代表组织之。

十一、国家设总统副总统各一人，由人民直接选举，行使宪法上所赋予之职权。

十二、国家最高行政机构采内阁制，对众议院负其责任。

十三、司法绝对独立，不受行政及军事之干涉。

十四、国家应建立健全之文官制度，设立文官机构，掌管文官之考试、任用、铨叙、考绩、薪给、升迁、奖惩、退休、养老等事务，文官选拔实行公开竞争之考试制度，非经考试及格者不得任用，文官机构之长官及全国事务官应超然于党派之外。

十五、国家实行普选制度，人民之选举权、被选举权绝对不受财产、教育、信仰、性别、种族之限制。

经济

一、民主经济之目的，在平均财富，消灭贫富阶级，以保障人民经济上之平等。

二、为求人民经济上之繁荣与安定，提高人民生活水准，应力求发展社会生产力，以保障人民有不虞匮乏之自由。

三、国家保障人民之生存权、劳动权及休息权，并担负老弱残废者之扶养。

四、国家确认人民私有财产，并确立公有及私有财产，全国经济之生产与分配由国家制定统一经济计划，为有系统之发展。

五、国家在农业上应先实施减租，切实保障贫农的土地使用权，以达到土地使用权与所有权的合理化与合一化，并规定最高限度之土地私有额，凡超额之私有土地，国家于必要时，得依法定程序征购之，而以渐进方式完成土地国有之最高原则。

六、应通过合作农场及公营农场等方式，转化小农生产为工业化之现代生产，以提高生产技术质量。

七、附着于土地上之矿业、水利在经济上可供公用者，均属国有。

八、银行、交通、矿业、森林、水利、动力、公用事业及具有独占性之企业，概以公营为原则，至其他一切企业，均可由私人经营，无论公营私营企业，其监督管理均应实行民主化。

九、对外贸易，视其性质及国家经济实际需要，依照国家经济政策及经济计划之规定，分别由国家或私人经营之。

十、公营企业及规模较大之私营企业之员工，应有参加管理之权。

十一、工业政策以民生国防为目的，应厉行轻重工业之积极发展，以促进全国工业化，为达到此项目的起见，国家得依法律之规定予外人以投资之便利。

十二、人民生活必需品之消费分配，以设立国营公营商店及消费合作社为原则，并以法律节制私人商业上之中间剥削。

十三、税制应依据能力担负之原则，并以累进方法征收遗产税、所得税及利得税。

军事

一、军权及军队属于国家，按国防需要设置最低额之常备军，非国防必要不得调用军队，国家并应以法律禁止军队中之党团组织。

二、实行征兵制，人民有依法服兵役之义务。

三、现役军人绝对不得干预政治，并不得兼任行政官吏。

四、提高军人待遇及其文化水准，对退伍及残废军人之生活与职业，政府应切实予以保障。

外交

一、外交方针以保障国家之领土主权、民族之自由平等与各国和平相处为原则。

二、积极参加世界和平机构与联合国切实合作，以奠定国际上之民主基础，并保障人类之永久和平。

三、与美、苏、英及与太平洋利益有关各国切实合作，以谋东亚之和平与安定。

四、提倡国民外交及国际文化合作。

教育

一、教育之目的：在养成独立人格，训练人民团体生活，并发扬民主精神。

二、国家应保障学术研究之绝对自由。

三、国家确保人民享受教育之平等权利，初等教育应一律强迫入学，中高等教育应健全充实及推广，对于贫苦之优秀青年并应保障其得受高等教育。

四、国家切实制定计划，于限定期间内，彻底消灭文盲，并积极推展各式补充教育。

五、国家应普遍设立职业学校，以适应国家建设之需要。

六、大学教育应特别注重学术研究，以推进国家文化之发展。

社会

一、国家应适合社会环境需要，尽量为人民服务，实施各种社会政策。

二、国家应确立适当之人口政策，倡导民族优生，增进儿童福利，竭力推广公共卫生事业，建立公医制度，负担人民医药及休养之设备。

三、国家应办理社会一切保险事业，推行疾病、死亡、衰老、残废、失业、妊孕等保险政策，以保障人民生活之安全。

四、国家厉行劳工福利政策，对于最低工资及八小时工作时间应分别规定之。

妇女

一、保障妇女在经济上、政治上、法律上、社会上之绝对平等。国家对于妇女参政权、教育权、工作权及休息权，并应特别予以保障。

二、保障职业妇女在妊孕生育时期之生活及休养。

三、政府应多设日间托儿所、幼稚园及公共食堂，以减轻妇女之家庭责任,并增强其经济上之独立自由机会。

〔全国慰劳总会档案〕

10. 中统局关于民主同盟中委及常委调查情报
（1945年11月3日）

上海十月二十六日电

据报：依照中国民主同盟组织规程,该盟中央由全国代表大会应选举中央执行委员九十九人,该盟于民主政团同盟改组为中国民主同盟之全国代表大会时,曾产生执行委员三十三人,此次临全代表大会之初,该盟各重要分子对此次临全大会之名称,争执甚烈,有认为民主政团同盟改组为中国民主同盟之大会时,系临全大会,此次应为第一次全国代表大会,全部中委应从新改选,亦有与此种意见相反者,认为民主政团同盟改组为中国民主同盟时为第一次全国代表大会,此次应为第二次全国代表大会,后经内部若干次之磋商,乃折衷办法,定此次为临时全国代表大会,原有之中执委三十三人仍蝉联,酌量增选,刻已选竣,新增者三十三人,共计六十三人,兹将其姓名及背景分述于次：

一、属于青年党者计有：左舜生、曾琦、郑振文、陈启天、李璜、余家菊、张东荪、周鲸文、常燕生、魏时珍、周谦冲、杨叔胡（以上系旧任者）、刘泗英、刘子周、范朴斋、张伯伦、何公敢、马哲民、张致（志）和、夏尔康（以上新选）等二十人。

二、属于国社党者计有：张君劢、蒋匀田、罗隆基、潘光旦等四人。

三、属于救国会者计有：沈钧儒、张申甫、潘大达（以上旧任）、李公朴、史良、刘清扬（以上新选）等六人。

四、属于村治派者计有：梁漱溟、叶笃义等二人。

五、属于第三党者计有：章伯钧、郭则沈等二人。

六、属于职教社者计有：黄炎培、江问渔（以上旧任）、冷遹、陶行知等四人。

七、无党派及政治背景不明者计有：张澜、鲜特生、谭平山、朱蕴山、曾绍伦、韩卓儒、黄艮庸（以上旧任）、邓初民、柳亚子、闻一多、辛子超、罗涵先、沈志远、罗不为、李桐符、李文宜（女）、刘王立明（女）、杜斌丞、杨子恒等十九人。

以上共计五十七人，尚有六人不详。

〔中央调查统计局档案〕

11. 中统局关于罗子为筹组中国青年反对内战同志会情报

（1945年11月16日）

据报：中国民主同盟中委罗子为（□生负责人），此人自称无党无派，但与村治派梁漱溟接近，最近以国共武装冲突日趋激烈，特发起组织"中国青年反对内战同志会"，现正秘密活动中，由樊光（财政部职员）、葛五道二人负责筹备，其计划如下：

一、以中国青年反对内战同志会之名义，印制反对内战之宣言，寄送全国各地大中学校学生自治会，请其发动学生青年签名寄回，登载各民主宣传之刊物报纸及新华日报。

二、印制反对内战及促进民主团结之小册子，散发市区各学校以为宣传。

三、与职教派黄炎培筹组之人民反对内战委员会商洽合作办法，共同推进。

四、俟内战彻底解决后，即将此"中国青年反对内战同志会"改组为"中国青年民主同志会"，作为民主青年运动之基础。

〔中央调查统计局档案〕

12. 中统局关于民盟策动各界组织全国各界反对内战联合会情报

（1945年11月26日）

据报：中国民主同盟重要分子黄炎培、左舜生、罗隆基等，最近发起组织"全国各界反对内战联合会"，藉以发动人民制止国共两党之武装冲突，并抨击美国政府当前之政策，负责筹备者有民主同盟左舜生、黄炎培、罗隆基、沈钧儒、史良、何公敢，文化界郭沫若、邓初民、柳亚子、陶行知，实业界胡西园、章乃器、胡子婴，妇女界曹孟君、刘清扬，农业界童时进等三十五人，曾先后于本月十日、十五日、十六日，在本市特园举行筹备会议三次，决定初步之重要活动为：

一、致电美国国民及其总统杜鲁门，其内容为反对干涉中国内政，支持中国内战，呼吁制止，并表示抗议。稿系陶行知、罗隆基二人起草，分中英文两种，现正由各方签名中，中国农业协进社若干社员业已签名。

二、发表告全国国民书及致国民党总裁、共党主席毛泽东电，以发动人民制止两党之冲突，建议两党捐弃成见，立刻停止军事行动及一切可能引起武装冲突之措施准备，从速召开政治会议，以定和平建国之大计。

三、组织调查团实地考察内战之责任问题。

该会筹备已大致就署，各界签名赞助之人士已逾千人，并定于本月十八日在渝市上清寺特园民主同盟机关所在地召开成立大会，决定该会之组织人事，其他重要都市亦酌量成立分支会活动云。

〔中央调查统计局档案〕

13. 中统局关于调查民盟情况的情报

(1945年11月28日)

据报：中国民主同盟重庆支部共辖有十个区分部，兹将各分部重要分子姓名列报于后：

1. 第一区分部：计有刘王立明、刘泗英(青年党)、杨卫玉(职教派)等。

2. 第二区分部：计有邓初民、陶行知、史良、何公敢、高崇民、崔万秋(中宣部任职)、沙千里、林亨元、施复亮(又施存统，四川省银行经济研究处任职)、杜水坡、吴昱恒等，其办公地址在枣子岚垭犹庄史良处。

3. 第三区分部：地址在特园，人员不详。

4. 第四区分部：计有廖国镇(青年党)、孙宝毅(国社党)、刘子周(青年党)、黄竞武等，该部设于信义街三十九号。

5. 第五区分部：计有刘清扬、石啸冲、焦敏之、陈北鸥、马天飞、王超凡、谭得先(中苏文协)、翁维章、左一萍、胡子婴(金作金库任职)、尚丁(职教社记者)、罗叔章、张震、先锡嘉、冯涧漪、藏云远等，该分部设于中一路该盟办事处。

6. 第六区分部：计有邱鼎伯(工矿银行科长)、周宝三(教员)、罗子为、周知、蔡子阳等，会议在信义街三十九号。

7. 第七区分部：负责人为刘主生，办公地点设于信义街三十九号。

8. 第八区分部：计有胡静之、罗涵先、樊光(财部职员)、徐峥、蔡仁、王超、殷理实、孙文芝(财部职员)、夏平、孙锡纲、董树敏、杨筑伦、李瑛等，办公会议在中一路该盟办事处。

9. 第九区分部：负责人为朱戈壁，地点不详。

10. 第十区分部：地点在北碚，由北碚民教馆何思贤负责，盟员多系该区公教人员及学生。

〔中央调查统计局档案〕

14. 国民政府参军处抄送民盟发动学生对政协提出要求情报函

（1946年1月3日）

敬启者：奉谕抄送民主同盟发动学生对政治协商会议提出要求情报一件，即请查照参考为荷。此致
朱部长
　　附抄件一件

国民政府参军处谨启
一月三日

情报一月三日

据报：中国民主同盟重庆市支部最近秘密指示学生盟员，向政治协商会议提出建议，或发动请愿，同时策动其他同学进行，由史良及罗涵先分别男女负责指示，兹将其指示之要点摘列如下：

一、请政治协商会议向政府要求惩办昆明学潮之凶首〔手〕，并保障人民各种自由权利。

二、请政治协商会议向马歇尔特使要求撤退驻华美军。

三、要求政治协商会议负责督促停止内战。

四、要求协商会议保证全国学生求学自由——不能由教育部任意指定学校。

五、要求政治协商会议即速组织"联合政府"。

〔中央调查统计局档案〕

15. 中统局关于民盟在渝设立社会大学情报

（1946年2月20日）

据报：民主同盟救国会派分子，为拉拢一般失学之职业青年为

其摇旗呐喊,未经主管机关之许可,竟在渝市管家巷二十八号,设立"社会大学"一所,以收容一般失业失学之青年,由陶行知任校长,李公朴任副校长兼教育长,内计分政治经济、文学、教育、新闻及民间艺术等五系,教授有陶行知、李公朴、沈钧儒、王昆仑、翦伯赞、侯外庐、王琦等,于元月十五日成立开课,每晚授课三小时,现有男女学生一百八十余人,学生均系民主同盟有关分子所介绍云。

〔中央调查统计局档案〕

16. 曾公佐关于民盟在沪筹设武训学校情报
(1946 年 9 月 13 日)

沪九月十日讯:民盟为扩展势力吸收青年,在本市筹办"武训学校",以利吸收工作,近已觅定西门路四五五号为校址。现已开始报名,校长为陈鹤琴,讲师为田汉、刘尊祺、田仲济、郭沫若、刘雪庭、马思聪等。

〔教育部档案〕

17. 教育部关于密切注意民盟在沪策动学潮训令
(1946 年 9 月 21 日)

训令
   令上海市教育局局长李熙谋
   据报:民盟组织之上海学生团体联合会,现由马叙伦指使企图在九月初各学校开学时,煽动减费运动之学潮,藉口各学校学费过高、入学困难为理由。又该会近为扩充活动计,在各大中学校内建立三人组,工作方针为吸收青年学生,遣送苏北受训,作为有力之干部,现有三批已抵苏北,其遣送接洽地点有三:一为辣斐德路迈尔西爱路教诚小学,由陈克负责。二为胶州路民众学校,由林子衡负责。三为白克路大通路建承中学,由陈振忠负责等情,据此,合亟全仰该局长切实注意,并密商沪市各大学校长协力防范为要。此令。

〔教育部档案〕

18. 易同欧关于民盟在沪齐鲁中小学内活动情形情报
（1946年11月2日）

沪齐鲁中小学内民盟活动情形

上海十月三十一日讯:沪民盟于齐鲁中小学内设小学教师进修班,该班业已结业,并曾请通缉在案之林汉达前往训话,攻击我中央甚烈。该校另设有小学教师联谊社,每周开会一次。其总办事处设于浙江南路六六〇一号,纯为民盟分子在内活动。又悉沪山东同乡会副总干事陈德轩,勾结齐鲁中学辞退之教员李士钊(现加入民盟,前本党党员),创办武训补习学校。校长李士钊,教育系主任孙超孟(中华职教社分子),总务主任陈德轩,另聘请张乐达(文汇报主笔)与焦敏之(文汇报采访主任)为教员云。

〔教育部档案〕

19. 商行义抄送民盟在渝筹募陶行知教育事业基金情报密函
（1946年11月9日）

密。径启者:兹抄送民盟中委邓初民在渝筹募陶行知教育事业基金壹件,即请查照参考为荷。此致
朱学权同志
　　附件如文
　　　　　　　　　　　　　　　　　商行义启
　　　　　　　　　　　　　　　　　十一月九日

民盟当局近以陶行知所办之生活教育社、育才学校、社会大学等产生人材甚多,对该民盟在文化教育艺术各方面所收宣传效果颇大,虽陶行知已实有维持现况及发展之必要,故该民盟中委邓初民等特于本(十)月二十七日下午二时许在渝市管家巷二十八号社会大学内,召集冯克煦、梁柯本、汪沉、刘子正、史颜山、马侣贤、汤逊、王贵良、吴子良、吴春选、李翼之、章增扬、陈方、曾可耳、何子超、徐永培、赵彻、赵一明、冯万一等民盟分子,商讨"陶行知教育事业基金事",当经决议发动盟员向外劝募,并由民盟要员捐认一部分,俾育才学校、社会大学及生活教育社等得能续办。

〔教育部档案〕

20. 易同欧关于沪民盟积极发展学运情报

(1946年12月13日)

沪民盟积极发展学运

上海十二月四日讯:民盟在沪推动学运日见积极,除组织"校长互助会"及"小学教师联合进修会"等团体外,最近并向各学校进行秘密组织,所谓"渗入运动""三人会"等从事活动,经查受民盟策动之学校如下:

(一)市立民众实验学校(胶州路)校长俞庆棠,系教育界民盟领袖,曾主办"社教人员训练班",毕业学生大都充派各市立民众学校担任主任教员,因此多数民众学校,均成为宣传民盟思想之机关,近且发现有"反蒋""倒蒋"等口号。

(二)进贤小学(南市方浜路瞿家弄卅号)校长汪德基为民盟南市负责人,常召集各校教育会议并发表荒谬言论。

(三)中华职业学校(南市陆家浜路)校长贾观仁(字佛如)为民盟中极活动分子,该校左倾学生颇多,并有所谓"中□事工会"之组织。

（四）林隐中学由陈□善与马叙伦等主持，并由马叙伦负责训练，"小先生"又名"儿童队"，侦查监视国民党分子，并负传达情报等使命。

（五）教仁中学（金神父路）由该校教员陈克负责，向各校推动三人会之组织。

（六）司高（译音）中校（平凉路）校长陈正中，为中共之中坚分子，闻某次在某会场上预备殴打吴市长，复经警察弹压，未发生事端。

（七）大东中小学（在南市大东门外篾竹街一百廿一号）校长胡小苏及胡苏郎，均为民盟分子。

（八）光汉小学，该校四年级教员唐玉琳（女），为沪民盟所主持之"小学教员联谊进修会"之干事，平常在校颇为活动，并负责附近各校教育之召集联络工作。

〔教育部档案〕

21. 易同欧关于沪民盟已掌握十九区国民教育研究会情报

（1946年12月13日）

上海十二月四日讯：沪市第十九区国民教育研究会，内部分子全为新陆师范人员，只即为民盟中坚分子，十一月廿二日，曾借荆州路一〇〇号召开会议，主持人为王立本，王为十区市立中心小学校长，纪录徐环铨为榆林小学校长，总务徐子龄为十九区中心小学辅导主任，会计王超然为杨树浦小学校长，到会员全部为十九区各私立及市立学校，共有卅余单位，其讨论事项，表面为各校，校□以及教师之连〔联〕络，实则完全为民盟谋发展云。

〔教育部档案〕

22. 易同欧关于武训学校近况情报
(1946年12月27日)

沪十二月二十三日讯：沪武训补习学校，名义上虽仍为山东同乡会所主办，但该同乡会仅得主持该补习学校之总务、文书两项事宜，其他一切全由校长李士钊主持。李为山东辽城人，曾任辽城抗战司令之秘书，因在四川若县师范教书宣传共产主义，三十年被捕，送渝兴隆场青年训导团感化。卒业后，于今年来沪，利用其山东籍之关系与同乡会商办该补习学校，所有教员均由李士钊聘任，计有孙起孟等大批民盟分子包办该校。学生分子均系职业男女青年及中学生，每星期一至星期五晚间上课，星期六及星期日晚间则举行讲演会。讲师均由民盟分子或左倾文化名人担任，学生则热烈从事课外活动，其自办之壁报及刊物，如《新闻》、《武训风》、《有声》等，内容均不满现实，攻击政府，不遗余力，并宣传延安解放区德政等，作种种反动宣传。课余后，开小组会及座谈会，研究时事问题。近更以武训一〇八周纪念日，筹募基金一千万元，以为补习学校立案基金之用云。

〔教育部档案〕

23. 易同欧关于民盟职教派在沪活动情报
(1947年1月7日)

民盟职教派在沪活动近态

沪十二月卅一日讯：沪民盟职教社派领袖黄炎培、杨卫玉，向以职业教育社为活动大本营，在沪市以中华职校及中小学为活动场所，本年度又新设比乐中学于职教社内，其施教方针，与普通学校不同，并未向教育局立案，亦未请求立案，最近中华职业补习学校举行沪市校友登记，由职教社吴宗文主持，因该校同学深入沪市工商业各界,潜势力甚大,因此民盟拟利用此点,图谋在工商界扩张势力云。

〔教育部档案〕

24. 丁伯诚关于民盟组织抢救教育委员会密函
(1947年6月7日)

径启者:据报,民盟为支援沪市学运持久滋扰起见,特组织抢救教育委员会,暂假四川北路一三一四号联合编译社办公,愿为各学运团体支援。该会人如下:委员施复亮、马叙伦、沈钧儒、沙千里(沈、沙二人负责连〔联〕络)、石肃冲、沈体兰、张纲伯、郭沫若(张、郭二人负外交)。等情。至希查照参考为荷。此致
赵静涛同志

丁伯诚启
中华民国卅六年六月七日发出

〔教育部档案〕

25. 于鸣皋抄送沪民盟发展各大中学分部组织情报密函
(1947年6月9日)

密。径启者:兹抄送沪民盟发展各大中学分部组织乙件,即请查照为荷。此致
赵静涛同志
　　附件如文

于鸣皋启　　六月九日

民盟上海支部近在沪市各大中学校内筹设分部,吸收盟员,积极展开活动,现已获有结果者计有三处:

1. 复旦大学政治系学生曹潜已为该盟盟员之一,负责在该校筹设分部,吸收同学参加民盟活动。

2. 大同大学土木系一年级生凌逸飞,新近加入为盟员,现正从事吸收盟员活动。

3. 上海女中教导主任徐甫亦为民盟盟员,顷已介绍该校高中部国文教师戴励元加入民盟,共同发展,吸收女中师生入盟,筹设分部。

〔教育部档案〕

26. 于鸣皋抄送民盟在小教联合会活动情报密函
（1947年9月15日）

密。兹抄送沪市"小教联合会"内民盟策动情形与散发传单内容情报乙件,即请查照参考为荷。此致
赵静涛同志

于鸣皋 启九月十五日

沪市小学教员联合会,于八月二十七日教师节赴大光明戏院参加庆祝会,企图攻击政府,协助左倾民主阵线宣传。讵以事机不密,为警局获知,派员前往禁止,乃改在复兴公园举行游园庆祝,庆祝完毕,即行散去。八月二十九日,民盟派员召询"小学联"理事长葛志成,煽动葛乘此机会掀起抗议运动。又经民盟重提教育局以前不准"小教联"成立及补助经费等问题。葛志成乃于香山路宁波第六小学内召集干事会议,商讨抗议办法,因此其抗议目标乃转向教局进攻,而民盟方面恐"小教联"成立未久,实力空虚,加之葛志成对外交际能力低微,复介绍其外围团体"教师职业保障委员会"协助其暗中活动。又自"小教联"成立以来,奸党方面即企图加以控制,近已派左倾艺人赵丹、于伶等参加该会,并策动举行座谈会及

园艺会等,图增进各小学教师之兴趣。此次在复兴公园举行教师节纪念园艺会时,已有大批教职员被奸党煽惑,并企图造成改选负责人,以达其确实控制之目的。在奸盟操纵下,该会近印制大批通知性而兼带政治鼓动性传单,分发全国各小学教师。其传单内容略谓:一、全国教育工作者应及时团结起来,用自己的力量来争取自身的一切权利作努力之斗争。二、希望全国教育工作者,速集体拟具要求政府提高教育工作人员的待遇,并保障生活安定。三、组织健全而庞大的教师机构,用自己的力量来保障自己职业,反对政府无故解聘。四、响应民主政治革命运动,争取民主教育之实现。五、加强进修自己革命的技能,为建设民主教育事业而奋斗。六、与一切独裁政治作殊死之斗争,争取民主人民教育事业的独立性。

〔教育部档案〕

27. 民盟三中全会政治报告
（1948年1月19日）

民盟三中全会政治报告
（三十七年一月十九日通过）

（香港二月五日航讯）据华商日报载民盟三中全会闭幕多日,除所通过之全会宣言已在本报发表外,另一重要文件"政治报告",亦经该盟正式发表,兹志全文刊载于后,以供关心时局者参考：

中国民主同盟于一九四七年一月召开中央执行委员会第二次全体大会,到现在刚刚满了一周年,在这一周年中,不论从国际或国内形势上来看,都发生了巨大的变化,在世界和中国民主运动的发展过程上,一九四七年正是由旧阶段踏进新阶段的伟大转变的一年,这一伟大转变所造成的国际国内新形势的基本特征,就是"侵略势力和反动势力处处遭到挫败,要求和平民主的革命势力则节节走向胜利,再从民主运动的策略路线上所看到的,新阶段的特点,则在于以协商妥协方式,不能求得民主和平,而必须采取人民的革命斗争,以积极争取民主和平,吾人于指出此两种特征之后,对于当前及今后国内外局势之发展,即可易于获得正确的认识,以决定行动的正确方针。

本盟自成立伊始,即宣布以实现中国之民主、和平、独立、统一,为本盟奋斗之基本目标,七年(从民主政团同盟成立时算起)以来,我们对于争取四大目标的信心,从没有动摇过,在过去,我们为这些目标而奋斗,……在今后,我们仍将为这些目标而奋斗,但是,现在由于客观形势发生了重大的转变,我们当如何适应这转变了的新形势,以继续进行奋斗,在这新阶段中,我们当采取怎样的立场态度,怎样的政策方针,怎样的战斗任务,才能有助于上述基本目标之实现?这一切重要问题,正是本盟所应当郑重加以考虑和明白决定的,为了对这些问题获致正确的解答,就得从一年来国际国内大局发展之具体情势,作出扼要的剖析,现当本盟三中全会开幕之日,同人等愿首就现阶段的国内外局势,中国人民的出路与本盟今后的政治方针和任务,提出扼要的报告,以为吾人共同奋斗的准绳。

一、当前中国民主革命所处的世界形势

(甲)美帝国主义是世界分裂与动荡的原因

在世界形势上,一九四七年是战后国际关系公然走上分裂的一年,过去一年来的世界,因分裂而显得极度的动荡和紧张,国际战争贩子和好战野心家就公然叫出所谓第三次大战的口号,造成这种分裂和动荡局面的主要原因,是美帝国主义的侵略政策,去年三月间,反动的杜鲁门主义……以军事援助希土,造成了莫斯科外长会议的失败,六月间又以制造西欧反苏集团为目的,发表更富于侵略性的马歇尔计划,随后续有巴黎会议的召开,十月联合国大会上破坏大会否决权的建议,以至十二月伦敦外长会议无限期的停开,与美英单独建立西德计划的积极推进,所有这一切,都是一九四七年美帝国主义及其伙伴造成国际分裂和世界动荡铁的一般的事实。

美帝国主义为什么这样疯狂地走上分裂世界的道路呢？那是因为它的企图是秉承大金融大资本家的意志,推行着独霸世界奴役人类的野心计划,为要完成这种扩张政策,它就不能不与阻碍这一计划的社会主义的苏联及东南欧的新民主主义国家为敌,同时,它尤不能不与全世界争民族独立和民主自由的一切人民（包括美国人民在内）为敌,因此,在反苏反共的"十字军"旗号的掩护之下,美帝国主义就不得不向要求独立民主的全世界人民——特别是欧亚两洲人民——进攻,它所采取的主要方法是用金圆、武器、技术、顾问团等等,去公开扶助各国反动势力,积极干涉各国内政,企图摧毁各国人民的民主运动。

举事实来说,它在欧洲最公开露骨地支持希腊反动政权,去向希腊人民军进攻,在意大利它支持了加斯巴莱的反动集团,而把民主势力排斥于政权之外,在法国,不但促使拉马迪之政府排斥民主势力,而且还扶植了反动的戴高乐集团。由于美国这种反动政策的结果,原先意法两国的民主联合政府,都蜕化为反动右翼集团的混合政府,即对于同文、同种的兄弟之邦的英国,它也藉着金圆和政治的压力,与保守党密切勾结,而且迫使工党政府不得不追随其后。其有尤甚于此者,美帝国主义在造成西欧各国的动荡与混乱之外,更对已经建立新民主政权正在努力进行和平建设的东南欧各国,则阴谋破坏,秘密组织反动分子,进行国内的反叛,以图阻止土地改革与民主建设。

在亚洲,荷帝国主义敢于对印尼共和国发动战争,是完全依赖着美国在背后供给物质和精神的支援。法帝国主义敢对胡志明领导的越南共和国用兵,也同样是受到美帝国主义直接间接干涉的鼓励,此外,美帝国主义通过反动的罗哈斯来镇压菲律宾人民,使菲律宾在"独立"的招牌之下,永远得不到真正的独立。同样在日本,美帝国主义也在扶植日本的法西斯的残余,尤其令我们中国人民痛恨的是美帝国主义用一切可能使用的方法:贷款、军火、物资、运输、战舰、训练、技术、顾问团、调查团,以及直接驻军等等援助方法,来公开支持国民党的法西斯独裁政权,向四万万五千万人民进攻,并且急剧推进其殖民地化中国的毒辣政策,由于美国这样的全面支援和鼓励,国民党反动独裁集团才敢彻底撕毁政协决议,发动全面内战与全中国人民为敌。

但是,美帝国主义的反动政策还更进一步地表现于公然积极扶植德日两国的反动势力,在德国,美国及其伙伴为着建立西欧集团和实现马歇尔的计划,就积极复兴西德工业,把过去与希特勒密切合作的德国大资产阶级也同时扶植起来,甚至纵容和起用了大批的纳粹残余。在日本,美国独断独行的狂妄程度,尤为可惊。这一年来,它把日本工业加速的复兴起来了,它把日本对外贸易开放了,它把代表日本财阀大地主的反动政客的地位恢复了,它把大批大批的日本战犯轻轻地开脱了,它更把对日和约的签订,无期的拖下了,最后它又宣布延长占领日本的限期,并在日本、南朝鲜建立第三次世界大战的军事基地了。

总括一句话,为着推行其独霸世界、奴役人类的帝国主义扩张政策,美帝国主义把全世界所有大大小小的人民公敌、历史渣滓,统统都收编起来组织到自己的反人民、反民主、反苏、反共的"十字军"行列里去了,它不惜造成世界的分裂,公然实行与全世界的人民为敌。这一切事实,已足证明前此战争期间,各大国和平团结的原则,……已被其彻底毁弃无余。团结协商,共同维持世界和平的可能性,至少在短期内是不存在了。今后制止战争保卫和平的主要途径只能依赖人民的斗争。

(乙)全世界人民的反攻

帝国主义的疯狂政策,替世界人民所安排下的道路,只有两条：一条是屈服，一条是斗争，屈服等于毁灭，斗争才是生路。在今天，全世界人民所抉择的，正是斗争的道路，而且在这一道路上，已经取得了不小的胜利。

在帝国主义者的疯狂进攻下，世界人民并没有被慑服，相反的，他们高举着斗争的旗帜，向疯狂的帝国主义者及其经纪人宣布了全面的反攻。这一反攻表现在欧洲方面的，首先是希腊人民的斗争。在一年前，希腊人民解放军才不过三千人，经过了美帝国和希腊反动政府不到一年的联合进攻之后，这支军队却由三千增加到三万，他们所占有的领土，由北部丛林地带扩大到全希腊五分之四的面积了，特别值得注意的是希腊人民于去年十二月间已在这块领土上正式成立了人民自己的民主政府。其次，法意两国人民的斗争力量，不但未因帝国主义者的分化攻势而削弱，且反而不断在增强中，去年十一、十二两个月，法意两国的大罢工运动，在反动派的高压政策之下，终于获得胜利，就是例证。再次，去年九月底，欧洲九国共产党举行联席会议，发表华沙宣言，宣布成立国际情报局，这一举动，显然意味着欧洲革命势力走上共同联合战斗的一个重大步骤。此外，还有同样重要的事件，是中东南欧新民主国家间签订了多边的互助同盟协定，因而大大地巩固和加强了这些国家和人民间的战斗的团结。

世界人民的反攻表现在亚洲方面的，最主要的当然是中国人民的战斗，去年一年间，中国人民掀起了全国范围内的民主革命高潮。不管南京反动政权的法西斯恐怖如何残暴，国民党统治区内的人民却像狂潮一般前仆后继地起来进行了革命的群众斗争，尤其是人民解放军从七月起开始了全面大反攻，半年以来，迫使蒋军节节失败，造成了总崩溃的危机。同时，在一万万以上人口的地区内，实现了土地改革，使几千年来受封建压迫的农民获得彻底的解放。美帝国主义在这块神州领土上所受的打击，可说是比任何地区都严重的。在亚洲其他两个战场上，在印尼和越南人民的反帝独立斗争的力量依然非常强大,他们的最后胜利不过是时间问题。

世界人民反攻节节胜利,就是帝国主义反动势力的节节挫败。美帝国主义的世界性的反人民攻势,表面看来虽甚强大,但在本质上说来,它是为的挽救被战争大大削弱了的资本主义的命运,而避免被强大的世界人民革命怒潮所淹没,然而这种侵略性的攻势,也没有收到任何的效果,而反被一年来世界民族主义革命的反攻所击退了。杜鲁门主义在希腊的试验上是整个的惨败了,帝国主义的分化政策,在法意的试验上也没有获得成功,马歇尔的"援欧"计划正遭遇着许多困难,对新民主主义国家的威胁政策和暗中捣乱政策,更是一无所获。至于两年来花费了四十亿美元援蒋政策,更由于它所雇用的工具太不中用,和中国革命势力的太过强大,而遭受了全盘的惨败。

综合上面所分析的国际形势,我们可以看出,过去的一年,由于帝国主义者向全世界人民进攻的疯狂政策,而世界人民选择了斗争的道路,纷纷起而迎战,于是日益鲜明的形成了民主与反民主的两个对立的营垒,今后的世界大局将决定于这两大营垒的斗争,通过这一斗争,世界和平才能得到保障,通过这一斗争,人民的民主自由才能获得实现,这一全世界历史决定性的斗争之胜利前途,是必然属于人民的。

二、目前国内大势与本盟奋斗经过

过去一年来,国内政治形势的基本特点是政协道路(遵照政协决议和精神而行的道路)被根本破坏,和平之门被彻底关绝,因而民主运动的道路就由调协团结的形式而转入革命斗争的形式。中国人民一年来革命斗争的结果,也使民主与反民主的斗争形势彻底改观,民主阵营已由守势转进攻势,反民主阵营则由攻势退入守势,民主阵营正在走向胜利,反民主阵营则已整个的接近崩溃。

是谁破坏了政协之路?是谁关绝了和平之门呢?全中国乃至全世界一切清醒的人都是十分明白的。

政协道路的被破坏实始于一九四六年三月，当时蒋家国民党三中全会的宣言，便是反动派破坏政协决议的第一个罪证，同年六月的停战和谈又因反动派毫无诚意而陷于破裂，接着自七月起，蒋介石发动了全面内战，毁灭全国人民所渴望的和平，十一月，蒋政府召开国民党反动派一手包办的伪国大，十二月通过了违反政协决议的反民主的伪宪法。

这时蒋政府已一心一意要进行内战斗争到底，公然发表三个月或六个月消灭"匪党"的狂言，然而代表人民意志的本盟及其他民主党派，因为对于和平的希望太渴，所以本盟在二中全会后对蒋政府仍旧抱着忍让期待的态度。和平奋斗的工作依然在万分艰苦的条件之下继续进行着，不过我们对于南京反动派之伪宪以及当时进行着的"政府改组"，曾坚决地表明了我们的态度。我们曾经指出"这是彻底封锁和平之门的政策，本盟不仅对这种改组政府严词拒绝参加，而且对南京政府这种计划应加以坚决的反对"。同时并指出南京政府所散布的"改组政府后再谋和谈"的宣传完全是"长期分裂的打算"，但为了酷爱和平，为了要尽量减少人民的痛苦，我们对于南京的反动独裁集团，仍不能不给予最后悔祸〔过〕的机会。在本盟二中全会的政治报告中我们曾提出三项恢复和谈的先决条件，即：第一，政府应首先切实保障人民的自由，第二，政府应首先终止一切长期战争的准备，第三，政府应切实承认并且尊重党派平等合法的地位。同时并提出了四项建议，在一九四七年春间，我们就曾根据这四项建议进行和平奔走。同时在中共方面，当时也表示了同样的忍让期待的态度，向国民党反动派提出两条并不苛刻的先决条件，取消伪国大与伪宪法及恢复一九四六年一月十三日的军事位置。

但是南京的反动政府对于本盟的容忍让步，不特始终毫无悔祸〔过〕之意，不特对于我们最起码的民主要求置之不理，相反的，对于本盟同志，横施暴力，加以迫害，对于中共则发布"彻底敉平共匪"的"剿匪军事"密令，一方面正式拒绝了中共的两个条件。三月初又勒令撤消中共的代表团办事处，驱逐其工作人员，封闭其言论机关。四月间民青两党参加"改组政府"，公布所谓三党共同纲领，提出"打通铁路，始能言和"的说法，本盟当即公开指斥其反政协反民主的谬妄，揭发其伪装民主的反动独裁之本质。

五、六月间，全国人民对于日益恶化的经济生活，对于独裁暴政已更感不耐，全国各地学生反内战反饥饿的斗争风起云涌，到了这里，民主运动已开始采取群众运动的规模。可是南京反动政府，对于这些运动，一方面加紧镇压，封闭上海各民主报刊，大批逮捕和屠杀本盟同志及民主人士，另外一方面，则召开久已成为反动派御用的国民参政会，企图在这会议里通过"戡乱"的议案，用以伪造民意扩大内战。本盟同志中的几位参政员，为了配合学生的群众运动，为了鼓舞参政会中反对内战的若干人士，为了便于揭破反动阴谋，所以还是相约出席，结果遂使他们未能提出"戡乱"案……，这是我们民盟负责同志向南京反动独裁政府作最后一次的和平奋斗。

但是南京反动独裁政府，不独目中没有民主，而且目中亦无法律，七月初它公然宣布"戡乱总动员令"，南京政府负责人孙科公然宣布不容许有任何普通民主国家所允许的反对派的存在，人民的自由权利与在野党派的合法地位被一笔勾销。从这时候起，本盟各地同志被捕杀害的更多，杜斌丞同志继李公朴、闻一多两同志被杀之后，在西安殉难。十月二十七日内政部发言人宣布本盟为非法团体，并以暴力包围南京民盟总部，企图迫使我们承认它的"伪宪"，同意它的"戡乱措施"，但本盟同志始终不为威武所屈。于是南京反动独裁政府乃悍然勒令本盟解散总部。到了这时，不但和平之门早被独裁者关闭，而且一切以合法公开的方式来争取民主的工作，已经无法进行，而不能不另行觅取新的途径了。

总括这一年来本盟斗争之经过，我们可以说，本盟始终是坚持立场,始终容忍,无奈南京反动独裁政府始终以武力为可恃,以人民为可欺,到了今天,容忍已到了极限,我们和南京反动政府之间实已到了无法并存的境地了。

因我们在这里不能不追究一下,南京反动独裁政府何以敢于毁灭政协之路,关绝和平之门,悍然不顾一切,发动全面内战,非法解散本盟,迫害民主人士?我们认为这完全是由于美帝国主义的鼓励和支持。当抗战结束之初,美帝国主义因当时的情势不利于蒋政府,乃假装和事老,调解国共冲突,促成双十协定、停战协定、政协决议、整军、协定等等,藉此争取时间,以掩护蒋政府在"受降""接收"的名义之下,进行其全国规模的军事布置,这种全国规模的军事布置,完全依靠美国的飞机、舰只、车辆、装备乃至训练组织而完成的,单单这一点已经足够证明美帝国主义是当前中国内战的组织者。等到这种全国性的军事布置完成之后,独裁者开始撕毁政协决议,接着又在东北发动内战了,"调人"马歇尔也就乘机回去。虽然自马歇尔返华以后直到去年二月撤消军调部时为止,美国仍勉强保持着纯名义的"调人"姿态,而它的片面援助反动独裁集团发动内战及殖民地化中国的政策,却越来越露骨了。

过去一年来,美帝国主义的鼓励和配合蒋政府的毁灭和平协商之路的历次行动,也是非常明显的,去年一月蒋政府拒绝中共所提两条件之后,马歇尔即宣布退出三人委员会和撤消军调部,从此美帝国主义就放弃了表面调解的虚伪两面政策,而老老实实地撕开了帝国主义的狰狞面目,公开执行其全力支持南京反动独裁集团打内战镇压民主和全面进攻人民的反动方针了。二月底蒋政府下令驱逐中共人员的前一天,马歇尔又宣布将西太平洋各岛的剩余物资运华,并决定加速地将二百七十一□□只□送蒋政府,六月底在蒋政府下"总动员令"前夜,美国务院又宣布以一亿三千万发子弹让与蒋政府,七月魏德迈来华"调查"以后,美国从蒋政府手上取得了许多空军基地,替蒋集团积极训练新兵,决定在华南建设殖民地化中国的根据地。凡此种种都说明美帝国主义不仅在积极支援中国的反动集团,而且已在直接动手执行其殖民地化中国的计划了。

我们民盟一向是以善意对待美国政府的,但由于一年来惨痛的教训,我们已得出第二个结论:即我们要反对中国的反动独裁政府,必须同时也反对美国的帝国主义者。

还有在军事方面,我们不能不略提几句,过去南京反动独裁政府曾夸称"一年敉平共匪",想不到一年半来全面内战的结果,行将被敉平的不是"共匪",而恰恰是反动独裁集团自己,他的军队损失已达一百八十万人左右,在全面内战初期,他藉技术上和物质上的种种优势,采取了全面攻势,占领了许多地区,后来由全面攻势而退入局部攻势,现在更由局部攻势而陷入全面败退了,兵员不足,兵源枯竭,士气颓丧,补给窘困,经济破产,各地民变四起,所有这些,都只有加速蒋军的崩溃,而其所以必然崩溃的根本原因,乃在于南京反动独裁集团进行的是违反人民的意志、违反人民利益的反民主的不义之战。

三、中国人民的痛苦和出路

在蒋政府的内战政策和美帝国主义的殖民地化政策的双重荼毒之下,中国人民的苦难,是不但空前,而且简直可说绝后的。中国老百姓于八年抗战之后,连同喘息的机会都没有,就紧接着这种比抗日战争更残酷百倍的全面内战。一年半来,前线和战区里的老百姓固然是水深火热,颠沛流离,即所谓后方广大国民党统治区的人民,亦无不受尽内战独裁卖国之苦。

首先蒋政府为进行内战而实施的三征政策,使整千万的农民及其劳苦人民变成饿莩,又使另外几千万老百姓沦为半饥饿的难民,除了征兵征粮以外,农民还要缴纳高额地租和受高利贷的剥削,还要供给过境的扰民部队和贪官污吏,农村中极大多数人民不是家破人亡流离失所,即是有家而不得安居,终年勤劳而不得一饱,人祸之下,再加天灾,更驱使成千成万的人民辗转于死亡线上。

不仅农村老百姓的苦难沉重到无以复加,一切都市人民也同样已经到了活不下去的地步,为了供养无限大的内战炮口,蒋政府的财政经济政策就不能不饿死全中国的人民。蒋政府剥夺人民最厉害的手段,不只在于它的穷凶极恶的苛捐杂税和横征暴敛,而尤其在于天文数字的纸币发行。去年度国库实际支出一般估计几达六十万亿之巨,百分之八十用于内战军事,而岁入不过十七亿元,五十万亿的赤字,主要的全靠拚命印发纸币来填补,今年上半年的岁出预算即达九十六万亿元,实际支出,当必更超出预算数倍以上。当可断言,法币的发行总额已达七十万亿之巨,通货恶性膨胀,促成法币急遽贬值,物价猛飞突涨,以上海为例,目前物价已较战前约涨九万倍以上。在此种猛烈的通货膨胀与物价急涨的重压之下,劳工阶级固不用说了,即所有靠薪工收入为活的人,都不能维持其最低限度的生活,千百万的公务员、教师、雇员、自由职业者、小本买卖者,乃至大学生、大学教授都已陷于半饥饿的苦海中,至于民族工商业家,则除受到通货膨胀、物价猛涨的打击之外,尤其厉害的是蒋政府的苛捐杂税,明抢暗争,官僚资本的独占横行,包揽一切美帝国主义的垄断倾销,压倒国货,而"经济戡乱"令的颁布,更给了反动政府劫夺财货的机会,使当前民族工商业陷于绝境。所谓"紧急经济措施"执行以后,上海经济特务横行,封铺拉人,日有所闻,查抄金钞黑市,没收的黄金美钞法币支票一次就合法币五六百亿元之巨,汉口的钱庄一封便是四十家,汕头的行庄一倒便是数十家,以致全国各地厂家只得纷纷抛去原料,把游资集中香港(形成空前的资金逃避)。但反动独裁政府对于工商业的压迫一点也不放松,输出入管制愈来愈严,当中港缉私协定签订以后,香港的进出口业更增加困难的今天,除四大家族的豪门资本外,民营工商业已经只有死路一条,所以今天南京反动独裁政府已成为了全国工商业家的死敌。

再说到华侨，大家以为侨胞寄居海外，当可不受反动独裁统治的毒害、骚扰和剥削了，然而事实上并不是如此。南京政府派出去的党官领事，不仅不能维护侨胞的利益，反而压迫侨胞，剥削侨胞，或则用法币关金套换侨胞外钞，或则引诱华侨存款国内，变为废纸，或则以救灾为名，侵蚀赈款，或则利用特权，实施奴化的"党化"教育，或则勾结外力，逮捕同胞，封闭同胞所办之报馆，或则挑拨当地民族情感，使侨胞遭受屠杀。至于对于归国侨胞，则有海关的盘剥，官吏的鱼肉，土劣的敲诈，特务的劫夺，而对于华侨家属之欲赴海外的，则又诸多留难。海外侨胞不爱国，但南京反动独裁政府对于侨胞，则是无所爱惜。

总之，独裁统治者不但摧毁了和平，绞杀了民主，而且剥夺了每一个老百姓的生机，斩断了每个老百姓的活路，一年半的内战，迫使蒋政府统治下的人民，人人都已陷入绝境了。

在另一方面，反动政府对人民争和平，争生存，反独裁，反卖国运动，一概采取恐怖高压手段。特务横行，监狱客满，宪警逞凶，草菅人命，人们称昔日帝俄为"民族之狱"，而今日蒋集团治下的中国，却变成十足的"人民之狱"了。至于查禁书刊，封闭报馆，禁止集会结社等等，在独裁者心目中，更是微不足道的事了。总之，过去一年半来，蒋政府早已把人民的一切基本自由及生存权利，剥夺得干干净净。

人民大众一年来本身的行动表现，已经明确地答复了这个问题。这是前文所指出过的，迎战，斗争。独裁集团要毁灭人民，但不愿遭受毁灭的人民就得站起来，为毁灭独裁集团而斗争。中国人民的革命斗争之强大与普遍，跟他们所遭受的暴政压迫一样，也是中国历史上空前未有的，这里最值得注意的是全国各地如火如荼的民变，长江以北人民解放军节节胜利，川、陕、滇、黔、湘、赣、粤、桂、苏、皖、闽、浙，以至台湾，几乎每一个地区都有或大或小的人民武装在集结，都有不堪暴政压迫奋起反抗的民变。其次在各大城市，从反美军暴行运动起,接着有提倡国货运动,人权保障运动,各地抢米风潮,尤其是去年五月至六月间全国各地学生的反内战反饥饿运动,及以后的上海工潮、杭州于子三惨案和其他各地运动。

人民的民主进军,从未在空前残暴的白色恐怖面前止步,直到最近,纵在特务宪警威胁之下,各地学生仍在为反抗独裁政府的某一种反动措施(如最近南京学生为反对"钦定"的学治会法规而举行罢课)而坚决斗争。

这样,中国人民是因蒋集团及其美国帮凶的疯狂残民政策而激怒起来了。蒋集团和美帝国主义者与全中国人民为敌,全中国人民也就不分阶级(大资产阶级、大地主除外),不分信仰,不分老少,不分男女,都觉醒起来,斗争起来了,无论农民、工人、学生、教师、雇员、公务员、士兵、工商业家等等各阶层的人民,都被卷入民主革命斗争的漩涡里来了。

那么,今天中国人民该为着什么目标而斗争呢?那是十分简单而明白的。第一,他们该为彻底推翻整个国民党反动集团的统治而斗争。在这一斗争的进行中,中国人民所应特别提高警惕的是可能出现的美蒋的救命阴谋,他们可能在败局已定的某一个关头,来排演换汤不换药的"和平"把戏,或"民主"把戏,那怕它的演出如何逼真,中国人民万不会为它所迷惑,相反,他们应当及早地把它揭穿,中国人民应当坚决地认清,有四大家族及其集团的存在,就不会有中国人民的生存自由。

第二,他们也应该为彻底驱逐美帝国主义出中国而斗争。根据前面的分析,事情已经十分明白,美帝国主义的侵略魔手在中国存在一天,中国人民就得不到一天民主、和平、独立、自由和幸福。今后我们再不能对美帝国主义存一丝一毫的幻想,都必须彻底肃清。

第三,为了彻底推翻反动集团的统治及驱逐美帝国主义出中国,中国人民就得彻底铲除这一反动统治的经济基础。那就是彻底消灭封建性的土地制度,实行耕者有其田的口号,应当认清实行耕者有其田，不单是消极地为了铲除反动统治的经济基础，使之无所凭藉，而同样重要的也是积极地为全国工商业开拓发展的前途，为替真正的民主政治奠定必要的社会基础，因为占人口百分之八十五以上的农民得不到经济和政治的自由，所谓民主政治完全是一句骗人的空话。

只有当帝国主义的侵略者被驱逐出去了，土地制度彻底改革了，工商业有了发展的前提条件了，中国的真正和平民主才能得到实现，海外侨胞利益才能获得保护。这就是当前中国人民的斗争目标，也就是中国人民的正当出路。

四、今后民盟的立场态度方针和任务

针对着现阶段国内的新形势，适应着现阶段中国革命的新要求，我们民盟有重申自己立场、态度、政策、方针和任务的必要。

首先我们应郑重地声明：民盟的立场就是人民的民主立场，什么是人民的立场？人民的立场简单的说，就是"民之所好好之，民之所恶恶之"的立场。今天中国人民所好的，就是从反动独裁统治和帝国主义剥削之下，争取彻底的解放，是实现真正的人民的民主政治，今天中国人民所恶的是国民党的卖国残民的反动集团和用这种反动集团来作为殖民地化中国之工具的美帝国主义，以及害得百分之八十以上的同胞长期过着黑暗悲惨饥寒愚昧的非人生活的封建剥削制度。人民的立场就是要为实现人民所好的事情和为铲除人民所恶的事情而奋斗，这就叫做为民除害。

什么是民主的立场？民主的立场在今天的新形势下面，就该是革命的立场，在新阶段的具体形势下，要民主就非革命不可，根据前面两节报告的分析，我们已可以看得非常明白，今天南京的反动独裁集团已成为实现民主的障碍，说得更确当些，这一反动独裁集团本身就是当前中国民主革命的中心对象，要实现民主，就必须推翻这种反动独裁集团的统治，并毁灭其基础，这就叫做人民的民主的革命。

这样,今天民盟的立场就是人民的立场,民主的立场,因而也必然是革命的立场,根据这样明确的立场,我们就确定了我们的态度和今后的政策方针。

第一,我们站的是人民的民主立场,那么对于人民与人民公敌之争,对于民主与反动独裁之争,我们的态度应该是坚决站在人民的民主的这一方面,跟人民公敌反动集团斗争到底。过去我们曾以和平公开合法的方式去争取民主,但已经失败了,今后自应积极支持以人民的武装去反抗反人民的反动的武装。我们决不动摇,决不妥协,决不对反动集团存有丝毫的幻想,而对于美帝国主义所企图导演以"反蒋"、"民主"为旗帜的"调解"、"和平"、"政府改组",尤须提高警惕,并及早揭穿其阴谋诡计。

第二,我们既站的是人民的民主立场,对于人民与反人民之争,对于民主与反民主之争,我们就决不能有所谓中立的态度。关于这一点,本盟二中全会宣言中本已有着明确的声明,"民盟对国事自然应该明是非,辨曲直,是非曲直之间就绝对没有中立的余地,民主同盟的真目的是中国的真民主。在民主与反民主之间,在真民主与假民主之间,就绝对没有中立的余地"。这一段话,直到今天还是有它的现实的意义,我们民盟坚决不能够在是非曲直之间有中立的态度。至于独立的中间路线,从目前中国的现实环境看更难行通,自从本盟被南京反动独裁政府勒令解散以来,一切所谓"中立""中间"的说法和幻想,实早已被彻底粉碎了。

第三,我们既承认自己是革命的民主派,我们就得寻找革命的友军,并和他们保持亲密的团结和合作。但是我们的合作必须是根据于共同的政治目标和共同的政治要求。为对付共同的敌人,为了彻底肃清封建残余和驱逐帝国主义,我们要公开声明与中国共产党实行密切的合作,同时我们也承认国民党革命委员会及其他许多民主党派,都是我们的友军。本盟是一个独立的民主党派,因此根据共同的需要,应有一切权利来和各民主党派缔结同盟,但同时在事件发展的过程中，对于一切动摇妥协的分子，亦自应保持其批评之权利，不是放弃批评来获得团结，而是坚持立场，在不断的批评中来争取团结。

第四，我们的盟友不仅是中国共产党和其他民主党派，同样我们也要跟其他一切为民主革命而奋斗的人民团体，继续为巩固和扩大民主革命统一战线而奋斗。我们必须指出今后的民主统一战线，将大大地不同于政协时期，政协以前的统一战线，假如过去的统一战线主要的是上层各民主党派的统一战线，那么今天和今后的统一战线却主要的是各革命阶层的群众为主体的统一战线了。因此今后我们民盟要做巩固和扩大民主革命的统一战线的工作，主要的方向，应当是向下层去巩固，向群众去扩大民盟今后的基本方针，万不能再停留在上层了。

第五，我们知道当今中国的民主运动决不是孤军奋斗，南京的反动独裁集团有美国的反动派替他撑腰，但我们也有世界的民主力量尤其是亚洲的民主力量作为我们的支援。我们反对的是美帝国主义者，绝不是反对美国的人民，而反对美帝国主义的也决不只是中国的人民。所以在今后我们必须广泛地联络全世界的民主的友军，共同反对侵略，反对战争，以期获得全世界的民主与和平。

以上所指出的五点，是我们民盟今后奋斗的态度，同时也就是我们的政策和方针。

最后要讲一讲我们当前的战斗、任务，民盟既是人民的民主党派，那么中国人民的要求和出路，就是我们民盟当前阶段上的战斗任务的根据。我们是忠诚地为中国人民服务的，中国人民要求什么，我们就得为这些要求而斗争。

第一，中国人民要求民主，但他们所要求的民主是人民的民主，我们的任务就得为彻底实现人民的民主而战斗。什么是人民的民主？人民的民主只有在推翻反动独裁统治集团之后，才能实现，因此要实现民主，首先就得为推翻反动独裁统治集团而战斗，这是一切任务的中心。

第二，中国人民要求和平，但他们所要求的和平是彻底的和平，我们的任务就得为实现彻底的和平而战斗。这意思就是说要"反对内战"，就得要铲除内战的根源，要"恢复和平"就得扫除和平的障碍。在内战根源、和平障碍未铲除前的任何方式的"和平"都只是帮助蒋美出卖人民——一句话："敌人不投降就毁灭它。"

第三，中国人民要求民族独立，反对殖民地化，我们的任务就得为坚决实现民族独立与铲除殖民地化的渊源而战斗。南京反动独裁政府为了进行反人民的罪恶战争，就不惜整批整批地出卖国家主权，以换取美帝国主义的金圆军火。蒋政府的卖国是集了满清、北洋一切卖国行为之大成，而达到了登峰造极的地步，这样就在战后短短的两年中，把中国整个儿地再度陷入了完全殖民地化的危机。只有坚决驱逐美帝国主义的势力出中国，毁灭蒋美所订的一切新不平等条约，中国的独立才有保障。

第四，中国的人民要求国家统一。民盟的任务也就得为国家的统一而战斗。然而这既不是武力统一，更不是独裁统一，这是建立在中国境内各被压迫阶级、各民主党派、各大小民族、各人民团体之自愿合作、友爱团结的革命统一战线基础上的统一，也是革命的民主联合政权之下的统一。因此为了实现统一，我们就得为民主革命统一战线的巩固和扩大为革命民主联合政府的建立而坚决战斗。

第五，中国人民要求国家繁荣和民生幸福。民盟的任务就得为创造繁荣幸福而战斗。但是在今天的形势下，国家繁荣和民生幸福的首要前提，是实行土地改革，让三万万七千万农民得到经济和政治的解放。这占人口最大多数农民的获得解放，乃是中国的迅速走上工业化的根据。为了使中国走上工业化现代化国家繁荣民生幸福的大道，我们今天就得为彻底实现土地改革、彻底解放农民而战斗。

本盟同志们，全国同胞们，南京反动独裁统治已经真正到了日暮穷途的时候，它的与全国人民为敌的疯狂政策，已将得到应得的报应。这一天怒人怨卖国独裁残民以逞的反动统治，确确实实已经接近崩溃的边缘了。胜利的曙光已经露出在地平线上，让我们勇敢的迎上去罢。

〔新闻局档案〕

28. 詹明远关于民盟在沪动态情报
（1948年2月11日）

民盟在沪最近动态

上海二月六日讯：

一、争取失学青年。以该盟外围机构之中等教育研究会名义，招考免费学生二百名，分别安插于比乐中学、建承中学、中华工商专校、华宝中学、中华职业学校等五单位，藉此争取失学青年，强化基层干部。

二、准备推进工厂工作。民盟为开展其工运工作，特由职教社拟定推进工厂内之职工教育，江问渔、杨卫玉主持筹划，近拟联络厂商兴办劳工职业补习班。

三、展开助学募捐。该盟领导之上海学生助学金联合会，现策划秘密发展募捐运动，由中华职业教育社支持，向各地社员征募并推销助学奖券。

〔教育部档案〕

29. 中央党政军联席会议秘书处关于取缔民盟活动代电
（1948年2月18日）

行政院新闻局董局长勋鉴：特密。民主同盟业已宣告解散，惟据报该盟于一月五日在香港举行三中全会,决定重新宣布民主立场,不受国内民盟解散之约束,并重新整理该盟国内外组织。云云。当经提出二月十三日第六十四次中干会议决议:(一)强调自民主同盟之中央总部宣告解散,并通知其盟员停止活动后,民盟组织已不存在。(二)香港民盟分子恢复组织及活动,纯系章伯钧等在共匪策动下所组织之军事间谍机构,其宣言内容已明白说明与共匪取同一态度,公开声明粉碎中立路线,配合共匪武装叛乱及非法活动,以颠覆政府。此项分子与共匪应同受戡乱时期危害国家紧急治罪条例之惩处,等语。记录在卷。除第二项另行通知张院长外,相应电请查照办理为荷。中央党政军联席会议秘书处。(卅七)丑巧导.印。

〔新闻局档案〕

二、农工、民建等民主党派的活动

1. 中国农工民主党第四次全国干部会议党务报告
(1947年1月)

党务报告

一、本党历史

1. 时期的划分

准备时期——从民国十六年宁汉分裂到民国十九年本党正式成立。

第一个时期——从民国十九年本党成立到民国廿一年福建人民政府失败。

第二个时期——从民国廿四年本党第二次全国干部会议到民国廿六年抗战爆发。

第三个时期——从民国廿七年武汉举行本党第三次全国干部

会议到抗战结束。

2. 各个时期的特点

准备时期——邓演达先生[下残]的革命传统,在武汉政府崩溃时,□行前经苏联和德国,准备建立本党的国外组织。留在国内的同志,在异常艰苦的环境中,继续联络和策动各方革命力量,准备复兴革命运动。

这一个时期重要的事件,有著名莫斯科宣言发表,在宣言上署名的是邓演达先生[下残]陈友仁二先生。

第一个时期——反对南京的独裁的□国政府,指出中国民主和民族革命的道路,以重建农工□□□的政治组织为中心任务。

这一个时期重要的事件,有(1)成立中国国民党临时行动委员会,发表我们的政治主张(民十九年九月一日本党第一次全国干部会议通过)。(2)邓先生回国主持本党,以至为本党革命主张而牺牲。(3)策动参加一二八抗战。(4)策动和参加福建人民政府。(5)在闽西南实行土地改革运动。

第二个时期——以推动全国团结,对日抗战为中心任务。

这一个时期重要的事件:(1)改党名为中华民族解放行动委员会。(2)发表临时行动纲领(民廿四年十一月本党第二次全国干部会议通过)。(3)整顿党的组织。(4)促进团结抗日,提出民主合作的主张,准备抗日的群众基础。

第三个时期——坚持抗战到底,争取民主,巩固扩大民盟为中心任务。

这一个时期的重要事件:(1)发表抗战时期的政治主张(民廿七年本党第三次全国干部会议通过)。(2)发动和参加对日抗战。(3)建立抗日武装部队。(4)发动组织中国民主政团同盟,并成为中国民主同盟重要组成部分。

各个时期的历史特点是本党的政治主张经常在某一特定的历史环境中得到具体的表现,对于完成反帝反封建,建立农工平民政权的革命任务,是始终一贯的。

3. 历史的教训

历史教训我们:本党的政治主张,由邓演达先生所指示出来的不止是正确,而且是向前发展的,因而廿年来本党经过无数的艰难困苦,遭遇残酷的迫害,还能一贯的坚持奋斗,还能不断的扩大政治影响,还能提高党的威信和扩大群众基础,还能拥有一批奋发精明的干部,现在已经进入了由广泛的联合民主到农工民主为中心的新时期,我们为实施本党主张而奋斗的信心是更加强固的。

历史教训我们:党有了正确的基本政治路线,还须有灵活机动的策略和坚强的组织,过去几个时期的得失成败,可以这样指出,主要的方向是正确的,对于中国革命运动中,被压迫阶级联盟的力量,还没有很好的运用,而对于革命基本动力——农工阶层的组织,还是做得不够的,因而在行动上对于中共和国民党内的进步分子没有明确的态度和一贯的计划,对于民主同盟亦发生过不正确的倾向□□□□□就是本党的组织力量没有建立起来,对于各阶层各党派的运用与联合也就不能发挥主观上的坚定性。

历史教训我们:没有严密的组织,党必然遭受许多困难和挫败,党的组织不够健全的原因,第一个是党员阶级意识的问题,就是党员的成份缺少农工觉悟分子,有农工民主意识的知识分子,还没有在党内成为党的组织核心。第二,党内各级的中心人物,还没有造成更高的威信,部分的领导干部残存着官僚主义的缺点。第三,组织机构不健全,还没有建立各种必要的制度。第四,党的理论还没有建立起来,文化宣传方面没有整个计划。第五,还没有做到通过□□□□□□党及□□□任务,以与全党革命行动配合起来,同时对一般党员又没有经常的训练教育。第六,缺乏社会事业作我党内同志活动的基地,缺乏经济事业来巩固党的经济基础。

4. 新时期的创造——本党第四个时期

总结本党历史发展的经验教训:1. 邓演达先生所指示出的道

路是中国人民民主革命的正确道路,本党过去的奋斗对中国民族民主革命有了光荣的贡献,指示了今后发展的方向。2.本党的策略路线和组织路线,还不能完全的适应党的政治主张,以致在革命实践上,不够坚强灵活。3.今后必须将本党过去历史各个时期的经验教训,综合到新的时期中,作为创造的基础。

第四个新时期的创造,不仅有了历史的基础,而且具备现实的条件,这就是第二次世界大战后的世界民主高潮,与八年抗战后的中国农工民主力量,已空前强大的民主高潮,本党必须而且能成为民主高潮中重要的部分,现在包含中共及一切民主党派在内的民主阵线显然在长成过程中,本党的友军是更强大了,而同时在这民主运动的新阶段中,当反动派尽管还是顽固的企图保持专政独裁,也不敢像过去一样的横暴,使在野党派毫无活动余地了,所以这是本党活动和发展最有利的时机,也可以说是本党经过廿年奋斗,已打开一个新的发展局面了。

党在第四个时期中,必须成为农工平民的战斗体,成为正规化的政党,正式的采用党名,宣布党章党纲,确定今后的政治路线和策略路线,健全组织,建立必要的制度,确定宣传民运方针,所以新的时期是党大踏步向前迈进的时期,要使觉悟的农工平民以及和知识分子大量的涌进党里来,党已经临到了它的壮大和发展的新阶段,更重大的历史任务,落在同志们的身上了。

同志们,用加倍的奋发和刻苦精神,用最大的决心和勇气来迎接党的新时期吧。

二、党名　党章　党纲

1. 本党正式易名为中国农工民主党

这个党名和邓演达先生的政治主张与革命的基本精神是一致的,邓演达先生继承和发展了孙中山三大政策的革命传统,表现在农工平民民主主义中,本党廿年的奋斗,是代表农工平民利益的,因为这个党名和本党历史传统是一致的。

本党的群众基础以农工为中心,与广大平民结成联合阵线,农民问题本来是中国革命的核心问题,农民是中国革命最广大的主力军,而工人是最先进的革命阶级,但中国工人在现时代还不够坚强,必须把农民的革命要求与工人最进步的革命意识和力量结合起来,作为整个中国革命运动的中心,这就是党名表现了党的阶级基础。

解放农工是解放全体平民的枢纽,农工民主的实现,必然带来了城市中小资产阶级及民族资产阶级在经济和政治方面的民主出路,现在□□□□□□□族资产阶级的团结,必将加速农工民主的实现,中国农工民主与各被压迫阶层的民主是分不开的,中国农工民主不是农工专政,而是农工与平民的联合民主,所以这个党名是包含了联合民主的意义在内的。

这个党名指出中国民主革命不是欧美式的资产阶级的民主革命,而是进步的民主,以社会主义为归宿的。

这个党名的涵义,鲜明确切,使农工平民一望而知这是代表他们的党,在中国民主运动中可以代表最广大的人民和最坚强的民主力量。

2. 党章

根据:(1)代表农工平民的利益;(2)彻底完成民族解放,实行民主政治,达到社会主义;(3)以邓演达先生政治主张为基础政治纲领,继承党的历史系统;(4)民主集中制等四个原则规定本党党员的条件、入党手续、中央及各级机构的组织,以至党费党纪等,作为全党共同信守的党章。

3. 党纲

以民十九年九月一日本党第一次全国干部会议通过的我们的政治主张为本党基本的政治纲领。

三、组织工作的检讨和新的方针

党担负着伟大而艰巨的历史任务,是要完全依靠于组织力量的,整个的说来本党□的历史,表现了政治路线的正确,政治影响的扩大,但在组织方面却不能不说是失败的。检讨过去组织失败的原因,寻求今后组织的正确道路,是我们当前的要题。

一个政党的组织生活,是要以同志们共同的政治思想、政治抱负、政治实践为基础的,没有这种基础,组织生活是不会健全的,也不会长久的,过去有许多同志没有完全了解邓演达先生的政治思想和本党的主张政策,这是不能否认的事实,今后整顿党的组织必须从彻底了解本党的政治思想开始,并且要经常的进行政治思想教育的工作。今天我们第一要把邓演达先生的革命精神作为每一个同志的思想实质,每一个同志去虚心研究,检讨自己,使自己的思想和政治生活一致,党也就根据每一个同志的言论及其全部实践生活的表现,来考量他的成就,所以党为了对内的政治教育,今后要定期出版政治通讯。

其次,我们要认定党的生命在组织,党的活动必须是组织的活动,在民主集中制度中,不容许个人主义的突出和自由放任,越是代表党的同志越要尊重党的组织,通过组织的决定,才分别执行工作,这就是要求每个同志发表意见执行工作时,应该向组织负责,这种组织观念没有养成根本就谈不上组织生活。其次还有一个重要的党性的问题,过去有一些同志,一说到党性,就表现着有我无你的死硬气概,这固然是一种过当的作风,但同时取消自己的立场,依人行事,更不是正确的态度。这些错误大都根源于一个人的成见和感情用事,而不是根据组织的,所以要求表现正确的党性,也唯有一切通过组织,正确的执行组织的决定,党的主张政策以及一切具体方案。在对外的关系中,该争取的争取,该反对的反对,该同情的同情,该联合的联合,这一切都绝不能决定于成见和情感,而要以组织来规定的。我们所说的党性,不是排他,而是自尊独立,自今以后,我须特别培养党性观念,因为党性的发扬正是农工平民意识的发扬。现在我们决定立即进行整理组织,整理的办法,首先是党员举行总登记,登记的标准是忠诚、接受并执行本党会议的全部决议案,以及信仰本党基本政治纲领。凡久经失去组织联系的同志,于总登记后才算是中国农工民主党的正式党员。其次在组织生活中,采用两种方式,一种是参加小组,一种是个别联系,一种是秘密党员,一种是公开的,为要达到接受和执行党的决议的目的,须按着具体情况,经常进行工作,按期对组织作报告,并缴纳党费。所以,党的组织纪律必须严明。

党要求加速发展组织,新旧党员都须同样有组织的生活,为了扩大党的影响起见,对于某些党员入党,经过上级机关许可,手续上可以较宽,但在其入党以后,仍须加紧教育训练,使其逐渐认识组织。在党的组织以外,必须发展许许多多的外围组织,凡是参加到民盟的党员,应以积极工作来作模范。其次是发动组织和参加一切的人民社团活动,以作扩大政治影响。再次是参加一切的社会活动和群众的政治活动,特别是职业团体和准职业团体的成员,应该成为本党的基本群众,这样我们一方面有坚强的中心干部来领导组织群众,一方面有广大群众基础来支持和巩固组织的核心,并且一般群众在工作中和斗争中可能渐渐进步而做成党员。

组织的对象在城市首先是觉悟的工人和工会的领导干部,以至青年店员、工商界人士,在乡村是觉悟的农民、小学教师和开明公正的士绅,组织活动应该很机动灵活,用上层中层来掩护下层,用下层来推动上层,主要的是争取中层,通过中层向下层工作,并以下层造成强固的群众基础。

我们组织活动的地区,主要的在长江以南、[下残]广东、港九、四川、上海、浙江、福建、江西等地做成模范的工作地区。

党的领袖人物,必须在全党范围内在广大的群众关系中提高其威信,同时党对其领袖人物必须给予适当的批评检讨,全党同志也要全力的支持和帮助党的领导人,党的领导人应该认识自己地位的重要,使自己的一言一行都给予党员和群众良好的影响,特别要成正确表现党性的模范,党的领导人是党的舵手,必须照顾全局,把定方向,有远见有预见,把握客观形式,接受群众意见,向群众学习,总结经验和善于出主意,用干部,才能把党引导到正确的道路上,避免和减少错误,缩短革命的行程。党对于他的干部必须热诚的爱护,经常的教育,适当的分配工作,放手让其发展个性和天才,大胆的提拔,而首先就要求上级要密切的接近干部,了解干部,细心耐心听取干部的意见,才能教育使用和提拔干部,我们选拔干部的标准必须用群众的观点与其工作的成就。这都是一个革命政党起码的干部政策,在这样的政策下,我们必将培养和提拔许多优秀的干部,做成党有力的骨干。

党在它的组织生活中,必须建立各种制度,如会议制度、检查监督制度、检讨批判制度和学习研究制度、经济制度等等,这里特别要着重提出批判制度和学习研究制度,前者是克服错误的保证,在善意的友爱的客观的批评中,是有积极的建设意义的,必须养成这样的批评风气,才是一个生气蓬勃的随着时代化进步的党,后者是阐明主张、总结经验、丰富和发展理论必需的制度。我们党认为农民问题是中国革命的核心问题,所以对于中国农村的调查研究是特别重要的,我们的组织工作中,重要的部门之一是调查研究,必须在任何环境首先进行调查研究工作,并在各级建立学习研究制度,经常的进行调查研究,并作出结论来,在中央须组设领导全党学习研究的机构,经常颁发研究提纲,指导各级对于革命理论和一切现实问题的研究。

党在接受了各级的工作报告后,根据它的特殊环境,按上述的组织原则加以指示,使能拟定出具体可行的组织计划来,这也就使全党上下一致的遵循着同一的组织道路前进。

这就是党过去组织工作的检讨和今后改进的方针。

同志们,积极地来担负党的组织任务吧!

组织就是力量,组织将保证党在政治上的权利。

四、宣传工作的检讨和新的方针

理论为群众所接受时,就变成一种物质的力量,我们深信党的理论基础是建立在广大中国人民的政治要求上,也就是从孙中山到邓演达所领导的近九十年来中国人民民主斗争的经验结晶,这样的理论必为人民所需要、所愿意接受和力行的。可是党在过去没有大规模的展开宣传或者在宣传中还没有发挥党的理论,以致党的政治影响被限制着,而组织工作也被限制着。

其次,在过去的宣传中,能以自己为立场、观点和方法去分析现实和指导现实的也做得不够,因而在宣传上不能提高党的号召力和创造自己的特有的风格。

今后,本党宣传工作,应按如下步骤实施:

1. 加强《中华论坛》的党性宣传,这是本党的机关杂志,应该做到每一篇文章都是运用党的立场和观点的,内容以时事评论、本党理论的阐发、实际问题的研究、工作的方法方式及干部的修养指导为中心,并经常发表调查研究的资料和各地农村通讯,《中华论坛》尽可能按期出版,并设法改为周刊,编者与读者,必须建立密切的联系,并与组织工作配合起来。

2. 发行本党小丛书,以阐发本党革命理论及现实政治经济问题之研究,并须有整个的计划,以建立本党理论体系。

3. 筹备本党机关报,在半年内尽力筹足若干基金,即在上海出版人民报。

4. 指定本党中央及省级党部发言人,对于国内外重大事件发生时代表本党发表意见,发言人必须□组织,对每一重大问题作深刻的研究及时提出准确的判断,号召人民采取正确的态度和行动,以造成党在群众中的发言权威。

5. 在一切群众集会上,本党代表应尽可参加,并适时的争取发言。

6. 筹备建立文化、教育、出版机关,以为宣传工作的据点。

7. 培养本党文化干部,有计划的帮助他们著作编译发表出版,提高他们在文化世界的声誉。

8. 党必须在文化文学艺术方面培养干部,通过艺术形式来教育人民,特别是乡村的识字教育、歌咏、戏剧及一切民间艺术工作必须由农村工作干部着重执行的。

此外,党的宣传工作,还要求每一个同志把握理论的武器,根据党的政治号召和群众的愿望,深入到农工平民群众中去作各种宣传,随时随地都是宣传的机会,但须注意因时因地而采取不同的灵活的宣传方式。

我们要求每一个同志,都做成党的优秀的宣传员。

五、结论

这个党务报告是根据章伯钧同志在本次会议的报告和参加会议的同志们的补充意见而写成的,希望同志们细心研读和讨论,以接受党廿年奋斗史中的经验教训,以推行党今后所担负伟大历史任务的努力方针,经过邓演达先生的壮烈殉国,经过无数同志的牺牲、流血、奋斗,写下党廿年来悲壮辉煌的历史,我们应该如何珍贵这个历史和党的教训啊,新的历史展开在我们面前。同志们!把握住新的努力方针,把中国农工民主党的史页写出□灿烂光辉的篇章吧!

最后,对于本党的创造者邓演达先生为中国农工平民革命而殉难,对于林熙盛、冯一平、裘朝慎、章禹明、彭象贤、李义容诸先烈为坚决执行本党主张而慷慨赴义或壮烈牺牲,对于张尊□、王敬夫、许志云等同志为尽瘁于本党工作参加抗战而积劳逝世,我们表示永恒的悼念,并誓为完成先烈未竟遗志而奋斗。

〔国民党党务系统档案汇集〕

2. 国民党中央联秘处关于农工民主党历次主张的所谓分析报告①

（1947年3月13日）

（一）前言

中华民族解放行动委员会（即第三党），于本年一月十二日至十五日在上海举行第四次全国干部会议，决定改名为中国农工民主党，闭幕时发表宣言，并提出四项政治主张。该党在国内现有党派中更换党名次数之多，可算首屈一指，民国十六年初成立时名中华革命党，十九年改为中国国民党临时行动委员会，二十年邓演达死后内部分裂，黄琪翔在南方组织社会民主党，又与陈铭枢合组生产党，徐谦在北方组织农工党及中华农民劳动党，章伯钧在武汉组织中华农工党，廿四年又统一组织，改名中华民族解放行动委员会。该党每次改组均照例发表政治主张，此次改名农工民主党亦未例外，兹就该党历年来所发表主张加以分析。

（二）所谓科学的三民主义

该党于十八年以中华革命党中央临时政治局名义发表宣言，主张中国革命需要科学的三民主义，走向非资本主义的道路，达到社会主义的建设。虽然它们的首要人物均为国民党的叛离分子，但他们仍然穿上国民党的外衣，打着三民主义，中心理论是认为国际资本主义已发展至最高度，中国决不能创造新资本主义国家，中国为半殖民地国家，新兴工商业未有健全发育，同时受帝国主义及封建势力之束缚，中国资产阶级无建设资本主义的余地，世界革命之进展与工农革命势力之发展，中国资产阶级无从走上资本主义之途。因此中国革命之前途不在资本主义，而在非资本主义科学的三

---

① 选自中央联秘处编《党派活动专报》第10、11期合刊，1947年3月13日。

民主义,判断中国革命之进展过程,是带有资本主义性之民主革命,而达到社会主义的非资本主义之建设。但在此过程中,资产阶级不能领导革命,必须建立工农革命之平民政权始能达到目的。所以科学的三民主义指示中国革命之性质系工农革命,且系世界革命之部分。足见该党虽穿上三民主义的外衣,仍不旨摭拾共产党的唾余,迷信世界革命的理论,所谓农工革命平民政权的意识亦极含糊,虽然曲解三民主义,可是仍逃不出三民主义的范围,同时又躲躲闪闪的憧憬共产党无产阶级革命的路线,显然是非驴非马的机会主义。

(三)反日阵线与八大主张

在抗战开始前,该党本已因内部之分裂而日趋没落,且不为国人所重视。章伯钧的野心不死,鉴于国内抗日之高潮日趋澎湃,为投机取巧迎合国人之抗战心理起见,把党名改为中华民族解放行动委员会,高唱所谓反日阵线,主张各党派结合一个反日阵线,成为一个超党派的组织,以发动反日战争,反日阵线的构成,有三个以上地方性的团体代表即可筹组当地反日阵线。这完全是该党挂羊头卖狗肉的一种政治投机,想藉反□日阵线为号召,以抬高它的身价,并从中争取群众。在武汉抗战时期,全国各党派人士都纷纷表示拥护政府抗战建国纲领,该党也不甘寂寞,发表抗战八大政治主张,内容是提前召开国大,建立统一民运之特殊机关,成立武装民众之指导机关,组织民众抗日志愿军,成立战时经济计划机关,计划生产与分配,救济战区人民,释放全国政治犯等。想乘机唤起国人对该党的注意,以便侧身于各党派之列,获得一官半职。结果章伯钧被遴选为国民参政会第一届参政员,得其所哉了,所谓八大主张便算成功。

(四)抗战胜利后对时局宣言

该党首要人物多系国民党、国民党与共产党跨党分子,先后被两党排斥者,其中以章伯钧的政治野心为最大,自命为邓演达的衣钵继承者，想藉抗日为名，周旋于国共两党之间，作两面人，既膺选为参政员，尤以为未足，更与中共暗送秋波，受中共之命为各党派牵线组织民主同盟。自第二届参政会改选后，章伯钧之参政员落选，于是对政府当局大为不满，并加深与中共之勾结。抗战胜利后，中共公开叛乱，该党于三十四年十一月十二日发表对时局宣言，主张以政治方式解决国共问题，召开政治协商会议解决受降驻军及地方自治等问题，组织东北接收委员会，成立东北地方联合政府，并于国民大会以前成立统一的民主政府，要求美国对华停止军事援助，由各有关远东和平之大国共同协商，和平解决中国之纠纷等。足见该党佯为第三者之立场，实际中共之应声虫，如提出组织联合政府及东北地方联合政权，及要求美国终止援华，便可为明证，并且暗示中国问题应请苏联参加解决，完全迎合中共之意向。

（五）更改党名发表宣言

该党首领章伯钧虽系中共开除党籍者，但是他始终与中共保持藕断丝连的关系，最近该党实行改组，在沪召开第四次全国干部会议，更改党名为中国农工民主党，并发表宣言，提出四项主张：一为完全同意民主同盟的政治纲领及时局对策，愿遵守民盟的决议，为实现民盟主张而奋斗。二为本党（该党）所组织之农工平民群众，当与全国农工结成联合力量，进行共同斗争，以求自身的解放。三为改善农民生活，实现耕者有其田，增进工人福利，工人参加生产管理，停止征兵、征粮、通货膨胀及官僚买办之垄断。四为中国民族解放本可完成于抗日之役，然以当权政党进行内战，而自毁其功，美帝国主义势力益加深入，我们为确保国家独立自主，势必加以抗拒。该党在这篇宣言中，已公开的以中共的走卒姿态出现。第一项表示愿为实现民盟一切主张而奋斗，即等于效忠中共；第二项所谓该党所组织之农工平民群众当与全国农工结合，可谓大言不惭，该党仅为少数革命贩子之结合，恐怕连章伯钧也不知道它的农工群众在那里；第三项改善农工生活，不过老生常谈，亦无具体方针，要求政府停止征兵粮,自有利于中共,对中共之抓兵派粮则避而不提;第四项指责当权政党利用外援进行内战,全系为中共辩护。一年来国共双方谁为戎首破坏和谈,责任在何方,国人自有公论,且指责美国为帝国主义,损害中国之独立自主,要求国人起而抗拒,对苏联之违反中苏友好条约,阻碍我国接收东北,割据旅顺、大连,破坏独立主权,则未闻该党起而抗拒,可谓司马昭之心路人皆知。

〔国民党党务系统档案汇集〕

3. 国民党中央联秘处关于民主建国会主张及组织活动概况报告①

(1947年3月13日)

一、表示反对宪法

民主建国会近曾在沪举行常务理事会,计出席黄炎培、施复亮、胡厥文、杨卫玉、张炯伯、盛丕华、郑太朴等,会内除对时局及会务有所商讨外,对去年十一月国民大会所通过之宪法亦曾论及,咸认为此次国大系由国民党一手包办,与政协决议实相违背,为表示拥护政协决议,故对此次国大所通过之宪法自不予承认,并决定共同意见如下:本会主张拥护政协决议,诚以中国经过抗战八年,在弥天浩劫之余,惟有实行民主和平团结统一,方获走上建国康壮大道。去年一月,国共两党以各党各派无党派合组之政治协商会议,实已造成政治民主化、军队国家化之方案,本会既拥护政协,自不能同意国民党一党包办之国大所通过之宪法。

二、内部派系之分析

民主建国会内部分子复杂,兹将其派系分析于后:

---

① 选自中央联秘处编《党派活动专报》第10、11期合刊,1947年3月13日。

(1) 实业家派：胡厥文、胡西园、吴羹梅、俞寰澄、黄墨涵、庄茂如、章元善、张树霖、王佫成（民盟沪支部秘书长）、贾观仁、彭一湖等。

此派比较温和，惟其中胡厥文（现任该会财务组长）、王佫成较接近左倾少壮派。

(2) 元老派：钱永铭（常务理事）、冷遹（常务监事）等。

此派人员大部对黄炎培个人尚能起若干影响，但整个作用不大。

(3) 中立派：杨卫玉（会员组长）、范晓峰（书记）。

此派无绝对政治意见，比较中立。

(4) 左倾少壮派：章乃器（对外联络组长）、施复亮（言论出版组长）、王纪华（理事联合晚报发行人）、孙起孟（秘书）、胡子婴（常务理事）。此派最为活跃，在会内作用亦大，民主建国会之整个左倾偏向，即由彼等所造成，即该会主持人黄炎培亦已受其包围。

三、确定组织纲领

1. 广泛征求无党政关系者参加，其已有政党关系者，于必要时得加以限制。

2. 重要为公道正义奋斗，以国家社会的利益为先，团体的利益为次，个人的利益又次之，在选举竞争上重在选贤与能，而不限定候选人之属于本会。

3. 不采取领袖制，会务分工负责，重大事宜以合议制定之，在会议中主席之职权仅为维持会场秩序，对外发表言论时为代言人。

4. 服从组织，同时尊重个性，服从多数决议，尊重少数发言，会员对于会务有随时提供意见之权。

5. 纪律不尚繁苛，但求贯彻，组织不重形式，但求紧密。

6. 现在上层组织为临时性，俟全国各地分支会组织完成，再行由下而上选举。

7. 组织财务及政治活动须尽量公开，以培养光明磊落之政治风气。闻该会此项组织纲领系章乃器所起草,经中央委员会修正通过,并认为应守秘密。

四、在沪发展组织

民主建国会自由渝移沪后,即积极扩展组织,尤以教育界及职业界中华职教社之发展为最速,现除上海本埠外,松江、青浦、浦东以及两路沿线各重要城市,均有该会活动,并办有联合晚报,为其宣传工具。该会在沪主要群众力量为职教社社员、职教社所办之各补习学校学生、启秀女中、中华妇职等校女生,以及在沪文化界、新闻界、工商界之一部分人士,其外围团体则有:(1)胡厥文所主持之实业界人士民主促进会;(2)王纪华所主持之文化新闻界人士联谊会;(3)施复亮所主持之中国农村经济研究会;(4)章乃器所主持之金融研究会;(5)胡西园所主持之工业协会等。此外尚有杨卫玉、施复亮等所领导之各种妇女及学生团体,均以民主建国会为中心。该会组织采委员制,计中常会主席为黄炎培,副主席为胡厥文,中常委计有:黄墨涵、章元善、章乃器、胡西园、李烛尘、李组绅、杨卫玉、王纪华、孙起孟、王恪成、王孝绪、彭一湖、张炯伯、盛丕华、施复亮等,中执委四十二人,秘书长章乃器,副秘书杨卫玉。该会自民盟二十全会召开后,各领导人及中级干部多以个人方式参加民盟,形成民盟目前之新兴力量。

〔国民党党务系统档案汇集〕

4. 国民党中央联秘处关于民主建国会事业推广计划及筹备理监会改选报告①

(1947年3月15日)

一、胡西园态度转趋积极

---

① 选自中央联秘处编《党派活动专报》第12期,1947年3月15日。

民主建国会常务理事兼事业推广组组长胡西园，系浙江镇海人，现年四十八岁，曾创办恒昌造船厂，现任中国亚浦耳电器公司总经理，在上海实业界颇有地位，原为民建会发起人之一，思想左倾，活动亦颇积极，惟自还都以后，因鉴于该会活动超范围，渐形消极，最近复经该会左倾首要胡厥文、章乃器等怂恿，胡之态度重复积极。

二、拟定事业推广计划

民主建国会之十六年度附属事业推广计划书，业由胡西园拟定，即将提付该会理监事会议讨论实施，兹探悉该计划书内容要点如下：

（一）必须强化分支会及基层组织，使民建会不成为一空洞之上层机构，期能与群众紧密结合。

（二）应出版机关刊物，或收过去之平民周刊予以复刊，在报纸方面则设法强化联合晚报，使成为民建会之机关报。

（三）加紧建立民建会之各项附属事业，除学校及其他文化教育性机关外，并须有生产性足以盈利之事业。

（四）为强化会务，必须充分筹募基金，以为准备。

三、筹备改选二届理监事

民主建国会第一届理监事至去年十二月十六日任期届满，因内部意见纷纭，改选一再延期，兹已正式分发通知推举候选人名单，定期正式改选。又该会上海分会为征求各会员对分组制度之意见，特制发分组意见调查表一种，分发各会员填写，以备统计参考，通知书及表式如下：[略]

〔国民党党务系统档案汇集〕

5. 国民党中央联秘处关于民主建国会响应民盟反内战运动情况报告①

（1947年3月30日）

民主建国会负责人黄炎培，于三月十八日召开紧急集会，出席者有施复亮、张炯伯、王却尘、陈乃昌、胡厥文、郑太扑，由黄炎培主席，报告谓民主同盟方面接西安电告，谓延安行将放弃，果不幸而成为事实（黄报告时延安尚未攻下），国民党气焰必更高涨，民主人士亦必更受摧残，为预防此种黑暗浪潮，民主建国会联合其他党派与社会团体，发动和平新运动，以与民盟所发动之反内战同盟相呼应，倘中共能借此愿与国民党再开谈判，亦未始不是一个时机等语。当时在场者对和平运动皆表赞成，惟对中共响应皆认为不特无把握，且无可能，因中共绝不愿作城下之盟，延安放弃之后与国民党重要谈判也。论争至最后，乃决定与民盟取一致态度，推定黄炎培代表民主建国会主持扩大反内战运动，以便造成全国性之大力量，并由民主建国会先捐二百万元，作响应民盟反内战运动号召之经费。

〔国民党党务系统档案汇集〕

6. 国民党中央联秘处关于中国农工民主党及民主建国会活动情况的报告②

（1947年4月15日）

中国农工民主党

一、发展组织吸收党员

---

① 选自中央联秘处编《党派活动专报》第13期，1947年3月30日。
② 选自中央联秘处编《党派活动专报》第14期，1947年4月15日。

中国农工民主党近积极扩充组织，秘密从事活动，其情形如下：

（1）该党现着手进行各省市分支部之建立，以江苏、浙江、安徽、重庆、汉口、上海、南京为第一推进地区，并以江苏为模范区。

（2）拉拢各方面青年知识分子，尽先于四月五日以前完成各省市分支部中心干部组织。

（3）吸收党员，均用民主同盟名义。

（4）新加入之党员，有领导一部分工农群众势力，信仰该党主义，有特殊贡献者，可提选为中央委员。

二、最近对下级之训示

中国农工民主党，最近对该党之下级干部训示内容：如国共破裂，政局如更险恶，本党同志应注意下列五点：

（1）本党非武装政党，应尽量应付环境，力求合法存在。

（2）对其他各党，应采取友谊态度，并加联络。

（3）应遵守政协所发展之政治路线。

（4）本党参加民盟之同志，应遵守民盟决议，除本党之决定外，不能越轨。

（5）尽量吸收优秀青年参加本党，扩大本党基础，并应随时注意党员之学习，增加其一般之能力。

三、在香港之活动

该党领袖彭泽民寓居香港，除常与在上海之章伯钧保持密切联络外，即依赖其与海外华侨领之友谊关系，为该党筹措经济，尤其在今年一月，该党决定实行革新内容，谋向国内外扩大组织后，章曾以全力向华侨推进劝募该党基金运动，其目标为二十亿元。

四、企图控制民建会

上海民主建国会系民盟外围机构之一，前民盟举行中常会议，该会曾派代表胡子婴出席，据悉民盟对民建会将予改组，拟另派章伯钧出任该会秘书长，以期与章所主持之中国农工民主党打成一片，章曾约黄炎培、杨卫玉等商讨改组办法，并限于三月底前改组竣事，至该会经费问题，现由民盟财经委员会设法筹措中。

民主建国会

一、筹办报纸及出版公司

民主建国会主持出版之学生日报，业务颇有进展希望，刻正招募学生股，拟全部由学生投资，继续发行，另由联合晚报投资三分之一，学生界投资三分之二，成立一《学声》社，另办学生报，工作人员决聘联合晚报、学生各半担任，乃由联合晚报负责代印。据悉：全国学生抗议美国在华暴行联合总会以前筹发行机关报纸未克实现，现拟即就该报投资经营，日来双方正接洽中。该会近正筹设一较大规模之印刷出版公司，地点未定，名称拟用独立或中华、民建尚未确定。

二、组织宣传两组长对调工作

民主建国会于三月二十六日在华龙路六十八号召开理监事会议，改推章乃器任宣传组长，施复亮为组织组长，此次改推系因章乃器事务太忙，对组织部门工作未能专心，故改与施复亮对调。

〔国民党党务系统档案汇集〕

7. 国民党中央联秘处关于民建会第二届理监会组织情况报告①

（1947年6月15日）

民主建国会前以第一届理监事任期已满，会员散处各地，不易召集全体大会，经决定以通信方式改选第二届理监事，并印制表格及选票，分发各地会员。兹已选举竣事，理监事较第一届略有更动。

---

① 选自中央联秘处编《党派活动专报》第18期，1947年6月15日。

兹分列如下：

理　事：黄炎培　胡厥文　章乃器　胡西园　施复亮
　　　　吴羹梅　李烛尘　王纪华　杨卫玉　孙起孟
　　　　王恪盛　俞寰澄　张树霖　邦云鹤　胡子婴
　　　　徐崇林　黄墨涵　肖万成　毕桐辉　夏炎德
　　　　林萍达　庄茂如　章元善　王清芳　王载非
　　　　鄢公洑　宁　村　范晓峰　王孝绪　麦琪生
　　　　林涤非　姜庆湘　陈　钧　文先俊　罗淑章
　　　　王之浩　周勋成

理事长：黄炎培
常务理事兼各处组主任：
财务组：施复亮
会员组：章乃器
分支会组：杨卫玉
言论出版组：伍丹戈
技术研究组：曾庆湘
事业组：章元善
监　事：彭一湖　贾观仁　张雪澄　李组坤　阎宝航
　　　　冷　遹　黄向樵　沈肃文　魏　如　肖伦豫
　　　　杨美贞　胡景文　董幼娴　邓建中　徐伯昕
　　　　刘伯昌　钟复光　刘丙吉　姚维钧

民主建国会特种委员会召集人盛丕华、章乃器、胡厥文、陈已生、俞寰澄近在上海慈淑大楼四楼星期五聚餐会召开时事检讨会，出席者有章乃器、施复亮、杨美贞、王绍鳌、戚琪生、朱绍文、范晓峰、徐子昕、盛丕华、张炯伯、胡厥文、贲廷芳、陈已生、陈钧及三区百货业工会代表等共八十余人。席间徐子昕、朱绍文、贲廷芳及三区百货业工会代表均发表反内战之谈话，并由章乃器散发当前社会经济危机之检讨一文。最后并讨论：（一）要求停战，实现和平，恢复政协方式,共同解决国是。(二)要求政府废止一切受制法令,除进口货一项外,停止所利得税以及一切不公平不合理之苛捐杂税。(三)反对金融上抽紧银根之措施及发行特种短期债券。(四)发动工商学各界作广泛性之组织,以便一致行动。以上除第四项因时间关系,由胡厥文提议暂时保留外,其余三项均通过。会后聚餐,餐后施复亮、章乃器提议以民建会名义致电华莱士慰问,并邀彼来华一游历,讲述民主运动,以激起吾国民主浪潮,当通过一致赞同。

〔国民党党务系统档案汇集〕

8. 国民党中央联秘处关于民主促进会组织情况报告①
(1947年6月15日)

民主促进会有两个,一为上海民主促进会,设在上海,系三十五年"六二三"反内战运动后由上海人民团体联合会改组而成,主要分子为马叙伦、郑振铎、阎宝航、许广平、包达三、王绍鏊、盛丕华、张炯伯、雷洁琼等;一为中国民主促进会,系三十五年五月在香港组成者,首要分子为蔡廷楷、谭启秀、翁照垣、张文、应云霖等,多为前十九路军旧干部,李济琛在幕后策动,蔡廷楷出主持。该两个民主促进会之同名系偶然的巧合,最初并无联系,后因同受中共之策动,同为中共之外围,政治主张亦大致相同,民盟召开二中全会之前极力从中说合拉拢双方合并组织,经上海民主促进会之代表马叙伦及中国民主促进会代表李济琛、蔡廷楷、谭启秀等商讨,结果决定合并,仍名中国民主促进会(内部组织及基本信约见党派活动专报第十四期)。惟因中央理事会主席、副主席人选问题及共同行动纲领意见双方尚未能一致,故正式合并改组至今仍未能实现。李济琛到港后,又由幕后策动而公开出面主持,且联合柳亚子、陈

---

① 选自中央联秘处编《党派活动专报》第18期,1947年6月15日。

树渠等三民主义同志联合会分子,组织中央联席会议,自任主席,并在港澳及两广各地招兵买马,从事军事活动。蔡廷楷则自去冬由京返港后,态度转趋消极。目前两个民主促进会之合并已完全陷于搁浅中,更加以沪港两地相距甚远,上海民主促进会欲将中心置沪,中国民主促进会欲将中心置港,亦为不易解决之难题。

近来上海民主促进会以两会正式合并既遥遥无期,又不愿其工作陷于停顿,仍决定单独活动。首先调整其内部人事名单如下:

常务理事:马叙伦　王绍鏊　许广平

理　　事:陈已生　李鼎声(即平心)　周建人

　　　　　谢仁冰　朱绍文　徐伯昕　郑振铎　严□耀

　　　　　高柯灵　冯少山　曹鸿翥　曹惠群

秘书主任:谢仁冰

联络部主任:陈已生(即负实际组织任务)

财务部主任:王绍鏊

事业部主任:周建人

由上述两会合并改组之经过情形观察,由于双方领导权之争夺相持不下,合并问题恐将长期陷于搁浅中。

〔国民党党务系统档案汇集〕

（二）青年党及民社党等党派组织活动

一、中国青年党

〔1〕政纲党章宣言

1. 中国青年党政纲总说明
（1945年12月12日）

中国青年党政纲总说明

中国今后必须结束过去二千年的专制时代，而进入于真正的民主时代，已经是毫无疑义的问题。在民主政治形式之下，政党对于民众所起的领导作用，是任何人所不能忽视的。政党不是别的，他即是民众中较先觉悟而最能组织起来的一个政治集团。他代表着一部分或大部分民众的意愿，而以最有效的方式表现出来。谈民主而忽视了政党，或根本否认政党的价值，不是不懂民主，便是故意歪曲民主。

中国青年党在创党以来，二十二年之中，一贯地以争取全民中的最大多数的最大幸福为职志。人民的公利公益必须在国家生活之下才能获得安全的保障，一部分人民与他部分人民间私利私益的相互冲突，也必须由国家机构的调节才能获得公平的协作，在这个观点之上，我们强调"国家主义"的重要性，而尤致意于国家的统一、独立与安全。国家不是任何个人党派或阶级的工具，而是全民所共同托命的一个总体。国家必须是全体民众的国家，由全体人民所共治、共有、共享的民主国家，而不是任何少数私人或集团的国家，这样的国家才能尽了国家所应尽的责任，而获得全民的拥护。在这个观点之上，我们强调"民主政治"的重要性，要求建设一个自由、平等、协作的真正民主政治，以保障全民的利益。国家主义和民主政治的最终目标是实现最大多数的最大幸福，我们把这个目标称之为"全民福利"，我们奋斗的总目标就是"全民福利"。为实现全民福利，对内必须迎头赶上，建设一个真正的国际社会，以保障世界人类永久的和平。所有这一切建党的志愿，在最近第十届全国代表大会所通过的修正本党宗旨中有具体的说明。全文如下：

"本党本国家主义之精神，民主政治之原则，内求统一与自由，外保安全与独立，以建设全民福利的现代国家，并促进平等合作的和平世界为宗旨。"

但是，建设全民福利的现代国家这个大目标，不是短期内一蹴所能及的，政党是要从实际政治运动中去推进理想的实现的，因此政党虽不能放弃最终理想，但是也不能不同时把握当前的实际。特别是在当前的实际政治问题，应该提出若干改革的方案，一方面又须认识中国尚未走上现代国家的正常轨道，中国政党的任务还不仅在提出通常的政治意见，而尚须负起建设现代国家的重任。因此中国政党的政策纲领，至少应该有两种：一种是高度的政策纲领，是政党的最高理想所寄托，期之于数十百年以后，才能逐步实现的；一种是低度的政治纲领，要斟酌国情，适应现实，马上可以兑现的。建国工作不是一种容易的事，"升高必自卑，行远必自迩"。政党对于国事，必须有忠诚负责之心，要打算对国事负责，就必须有步骤、有计划、有阶段，开始的时候，陈义不可过高，最终的目标，悬格不妨较远。徒唱高调，不负责任，不是一个准备担当国事的政党所应取的态度。

中国青年党的最高度政治理想，是要建设一个国家至上的社会，以发扬中华民族的使命，保障世界人类的永久和平，在这个目标之下，我们必须充分建立高度民主化的政治，高度社会化的经济，高度工业化的生产，高度平均化的分配，高度科学化的国防，高度普及化的教育，使人人为国，国为人人。但这些理想不是一蹴所能及的，我们必须提出一个当前切实可行的方案来，以逐渐推动这种最高的理想的实现。本年本党第十次全国代表大会根据了这种认识,通过了针对当前平易可行的政策纲领修正案,作为本党对于当前政治的具体主张,在这个修正政纲里,我们把一切高远的理想暂时搁置不谈,切切实实为当前的中国提供一个平易可行的方案。

在政治方面,我们的主张基于以下三种观点:关于中枢的行政组织,我们主张采责任内阁制,以免蹈总统制人存政举、人亡政息的危机。关于地方的行政组织,我们主张确当的主治地位,提高当权,实行分治。今天世界上的大国,如美、如英、如苏,都是采取地方分权制度的,因为非如此不足以发展地方的自治能力,促进全国的向心力。只有比较幅员小一点的国家,如法国之类,才能采取极端的中央集权制。中国是大国,中国的行省制已有六百年以上的历史和地位,不承认省的自治地位,事事集权于中央,势必百废不举,一事莫兴。此外,中国境内也尚存在有少数民族问题,保障国内各民族的一律平等,并尊重其固有的宗教语文习惯,也是我们所应该有的最低限度的民族政策。

关于经济、财政、社会、农工和妇女政策的部分,我们一贯的主张是保障私有财产制度,促进生产技术的机械化,提高一般人民的生活水准,减少国家的统制干涉,以发展人民企业的力量。我们认为存在于当前中国的经济社会问题和欧美等资本主义国家根本不同。在欧美,封建社会结束以后,就迎接了工业革命高潮,产生了新兴的资产阶层。因为资产阶层的过度发展,才引起了社会主义的运动。在中国,则工业革命尚未成熟,由工业革命所产生的大资产阶层和被剥削的劳工阶层,在中国社会里所占的成分都还不甚显著。中国大多数人民,从自耕农以至地主,从小商贩以至于企业家,他们之间的生活水准虽有差异,但用欧美工业国家的标准看来,差别实在不大,所有这些人以及一切薪俸收入者、自由职业者所构成的社会中间阶层,他们共同的利益是在保障生活的稳定性,在一定限度之内有自求发展。他们的共同敌人有三种:第一种是生产技术的落后,以至于中国社会里比较地位高者的享受,还比不上欧美较下层的劳工;第二种是外国资本主义的经济侵略,使中国的民族资本无从立足;第三种也是最主要的一种,就是中国所特有的官僚资本主义,假借国家的权力以遂其私图,在这种现实情势之下,不但提倡社会主义,有为官僚资本造成控制人民死命机会的危险,就是比较温和一点的国家统制的政策,也要严防为官僚主义多造机会。因此解决中国当前的经济危机,只有扶植政治上经济上民主的力量,而欲求政治的真正民主化,尤必须从社会上扶植中间阶层,使无产者化有产,有产者能自保其产不受制于政治,然后始能进而过问政治。我们相信并且尊重中国人民经济发展的能力,只要把一切政治上必要的束缚尽力地减去,中国人民自会养成经济上的民主力量,以澄清官僚政治的积弊,改进生产的技术,与世界各经济先进国家争一日之短长。至于中国的土地问题,不是用分田减租等方法所能解决,中国农田的耕种单位,本已嫌太小,再经分割,小之又小,这种零星分割的小耕种单位散布于全国,使生产技术无从改进,农业生产无从增加,大农固受其害,小农亦未必得其益,至减租减息等温和改革的政策,也不过是补偏救敝,更根本不能解决这一问题。我们的观点是土地问题应该从积极的方法解决,而不应该只从消极方面去解决,应该从生产的方面去着眼,而不应该只从分配的方面去着眼。中国今日土地和农业问题的解决,必须在极力发展工业的条件下,使农业人口移向工业,使全国大多数的人民不再专靠技术落后的小规模耕作为生,然后农村耕作的单位始能扩大,始能引用科学的生产技术,以改良土地,增加生产,提高农民的生活水准。因此我们对于土地问题的解决方案,是工业电气化,农业机械化,我们相信只有用这种积极的政策,才能解决中国农村问题的危机,使全国农民达到较高的生活水准。

关于国防政策的部分,我们主张中国国防政策的重点应该是陆军为主,空海为从,今后的世界诚然是进入到航空时代,但就中国的情形而论,仍然不能不以陆军为主。中国是大陆国,中国国防政策的精神是守势而非攻势的,因此我们主张海军的建设暂以近海舰队为限度,能负保护海岸及侨民之责为已足,而致力于陆军的精兵化现代化。为统一陆海空军行政起见,我们主张设立一国防部,其首长不限于现军人,并禁止任何政党拥有军队,以达到军队国家化的目的。

关于外交及侨民政策部分,我们主张积极参加联合国机构,并主张设立联合国议会,除国家代表之外,尚须有依人口比例选出之人民代表,始能使联合国机构更能表现人民的意志,保障永久的和平。至于国家应采的外交政策而言,除与世界各国平等友善而外,因为中国是东南亚洲的大国,故在海上应与东南亚洲国家,在陆上应与中亚西亚的回教国家,特别加强联系,敦睦交谊,始能确保国防的安全,促进亚洲国家的团结合作。

此外,关于交通政策方面,我们主张从发展交通事业以逐渐达到全国交通免费的目的。关于教育文化政策方面,我们主张从发展教育事业,普及并提高教育学术,以逐渐发达到全国教育免费的目的。这两点都是关系全民福利最迫切的问题,我们希望首先求得合理的解决。

最后,关于国民保健的问题,是国家民族生死存亡之所系,中国过去数千年来对于国民健康问题向无政策,惟赖文化上自然的调节,始能发育至今。今后任何政府,对此问题必须有一定的政策,依据学理,斟酌事实,加以管制,过去的纯任自然的政策,是必须加以纠正的。

民主政治的坦途展开在我们的面前,为国家,为人民,中国青年党有其所应负的责任,且自信必完成此责任,以期无负于国民。

中华民国三十四年十二月十二日

〔中国青年党等党派全宗汇集〕

2. 中国青年党党章

(1945年12月)

第一章 总纲

第一条 本党本国家主义之精神,民主政治之原则,内求统一与自由,外保安全与独立,以建设全民福利的现代国家,并促进平等合作的世界为宗旨。

第二条 本党组织以全国代表大会为最高权力机关,全国代表大会闭会之后,以中央执行委员会为最高执行机关。

第三条 本党组织系统,分为中央党部、省党部、县党部、区党部及分组五级,如有必要,得设特别党部,其地位与县党部同。

第四条 全国各重要都市得设特别市党部,其地位与省党部同,各地重要市镇得设市党部,其地位与县党部同。

第五条 海外各地经中央党部许可得设总支部、地方支部、区分部及分组,总支部之地位与省党部同,地方支部之地位与县党部同,区分部之地位与区党部同。

第六条 本党为推动青年运动及深入社会群众起见,设中国青年团,直隶各级地方党部,其组织规程另定之。

第二章 党员

第七条 凡中华民国国民赞成本党宗旨及主张,自愿遵守纪律,服从决议,经三人之介绍,并履行入党程序者,均得为本党党员,其入党程序另定之。

第八条 党员之权利如左:

(一)有出席当地党员大会及组、会之权利。

(二)有向当地党部及党员大会提出建议之权利。

(三)有照章选举及被选举之权利。

(四)有向党部请求扶助之权利。

(五)有享受各级党部规定之其他权利。

（六）具有下列资格之一者,有被选举为中央执、检委员之权利：

(1) 入党十年以上,并担任党务工作七年以上者；

(2) 曾任中央执检委员者；

(3) 曾任省级执行委员三年以上者；

(4) 曾任县级执行委员六年以上者；

(5) 入党两年以上,对本党有特殊劳绩及贡献者；

(6) 对国家社会有重大贡献,卓著声誉,而入党两年以上者。

（七）具有下列资格之一者,有被选为省级执行委员及出席全国代表大会之权利：

(1) 入党五年以上忠实努力者；

(2) 曾任省级执行委员或全团代表大会代表者；

(3) 曾任县级执行委员三年以上者；

(4) 对当地党务有特殊贡献,经中央认可者。

（八）具有下列资格之一者,有被选为县级执行委员及出席全省代表大会之权利：

(1) 入党三年以上,忠实努力者；

(2) 曾任县级执行委员,或全省代表大会代表者；

(3) 曾任区党部执行委员二年以上者。

（九）具有下列资格之一者,有被选为区党部执行委员及出席县级代表大会之权利：

(1) 入党一年以上,忠实努力者；

(2) 曾任区党部执行委员者；

(3) 曾任分组组长半年以上者。

第九条　党员之义务如左：

（一）有遵守党章党纲党纪之义务。

（二）有服从一切决议案及接受奖惩之义务。

（三）有牺牲个人自由,积极为党工作之义务。

（四）有尽力担负党务经费之义务。

（五）有宣扬本党党义政纲及答辩党外批评之义务。

（六）有于公开竞选时，选举本党所提候选人之义务。

（七）有物色人才，介绍加入本党之义务。

（八）有尽可能协助同志之义务。

第十条　党员之移居及退党手续如次：

（一）党员移居时，须即在原所属党部报告，携同介绍书所到地方党部登记，同时即为所到地方之党员，如移居两个月不履行报告或登记者，以违反党纪论。

（二）党员有违反本党宗旨政纲及不履行本党章所规定之义务，或以言论及行为破坏本党者，经检审委员会之检举，或所属党部之决议，得请中央执行委员会令其退党。

（三）党员得向当地党部申述理由，转呈中央请求退党，须经中央批准方得退党。

（四）党员无论自愿退党或被开除后，凡本党未经向外公布之事项及文件，仍有决对保守秘密之义务。

第三章　全国代表大会

第十一条　全国代表大会每三年召集一次，由中央执行委员会召集之。如中央执行委员会认为必要时或三分之一之省级党部建议时，应即召集临时全国代表大会，其职权与全国代表大会同。

第十二条　全国代表大会由下列方法产生之代表组织之：

（一）正式及临时省级党部，依照本党选举法选举之代表。

（二）尚未成立省级党部，而有相当组织之地方及对本党有特殊劳绩，或有专门学识者，经中央执行委员会指派之代表，但其人数不得超过全部选举代表名额之五分之一。

（三）中央执行委员及中央检审委员为当然代表。

第十三条　候补中央执行委员、候补中央检审委员及中央直属各专门委员会主任委员，均得列席于全国代表大会，参加讨论，但无表决权及选举权。

第十四条 全国代表大会设主席团,由出席人员互选七人至九人组织之。

第十五条 全国代表大会得设各种审查委员会,由主席人员自由组织之。

第十六条 全国代表大会设秘书处,受主席团之指挥,处理大会有关事宜,其组织规程另定之。

第十七条 全国代表大会之职权如左:

(一)听取并审议中央执行委员会及中央检审委员会之报告与建议。

(二)听取并审议各省级党部之报告与建议。

(三)制定并修正本党政纲党章及其他通行全党之各种规程。

(四)决定本党党务进行计划。

(五)决定本党对时局之方针。

(六)审核本党预算及决算。

(七)处理中央执行委员会与中央检审委员会相互间之争议。

(八)改选中央执行委员、中央检审委员、候补中央执行委员、候补中央检审委员。

前项选举,由主席团依照中央执行委员会与中央检审委员会名额,提出加倍之候选人名单,交大会选举之。

(九)讨论并议决其他各种提案。

第四章 中央党部

第十八条 中央党部设中央执行委员会及中央检审委员会,均对全国代表大会负其责任。

第十九条 中央执行委员会,由全国代表大会选举中央执行委员四十五人至六十人组织之,并选候补执行委员十五人至二十人,遇有中央执行委员出缺时,依次递补之。

第二十条 中央检审委员会,由全国代表大会选举中央检审委员出缺时,依次递补之。

第二十一条　中央执行委员及中央检审委员之选举,以得出席人员过半票数为当选,当选人数不足额时,须补选之,但以得票较多者为当选。

候补中央执行委员及候补中央检审委员,以第一次选举之多数充之。

第二十二条　中央执行委员会设主席一人,常务委员十人至十四人,由中央执行委员选任,以组织中央执行委员会常务委员会,在中央执行委员会闭会期间,即由中央执行委员会常务委员会执行其职务。

第二十三条　中央执行委员会每年召集一次,由常务委员会召集之,有必要时得经常务委员会之议决或经中央执行委员三分之一以上之建议召集临时会。

第二十四条　中央执行委员会开会时,候补中央执行委员得列席参加讨论,但无表决权。

第二十五条　中央执行委员会之职权如左:

(一)执行全国代表大会之决议案。

(二)依据大会决议,规划全国党务发展计划。

(三)听取并审议常务委员会之报告及建议。

(四)决定本党对时局之主张。

(五)依据党章处理本党一切党务,并制定各种条例或规程。

(六)各级地方党部,如有不服从上级党部命令或违反党章党纪者,得解散其组织,重新整理之。

第二十六条　中央执行委员会之主席兼为常务委员会主席,综理全党党务,有对外代表本党之权,如主席因故不能执行职务时,由常务委员会另推一人代理之,主席因事短期离职时,则由秘书长代行其职务。

第二十七条　中央执行委员会设秘书处、内务部、外务部、组织部、宣传部、训练部、团务部,各处部组织规程另定之。

第二十八条　秘书处设秘书长一人,主任秘书一人,秘书若干人,各部设正副部长各一人,秘书长及各部长由常务委员互推之,主任秘书及各部副部长由常务委员会就中央执行委员中遴选之。

第二十九条　中央执行委员会之下,设财务计划保管委员会、政治专门委员会、经济专门委员会、文化运动委员会、国防研究委员会、妇女运动委员会及其他各种专门委员会与各种运动委员会,各委员会设主任委员一人由中央执行委员会就中央执行委员中遴选之,关于各种委员会之组织规程另定之。

第三十条　常务委员会,每周至少开会一次,其职权如左:

(一)执行全国代表大会及中央执行委员会之决议案。

(二)处理全国党务。

(三)组织并指导各地党务。

(四)组织并指导属于本党全国性之各种机构及各种事业。

(五)编制预算决算,支配全党财政。

(六)处理党团之奖惩及救济抚恤事件,其办法另定之。

第三十一条　常务委员会,采合议制,负连带责任,其所发命令,须经主席署名及主管各处部会主管人员副署。

第三十二条　中央检审委员会,设主席一人,常务委员二人,由中央检审委员互选之。

第三十三条　中央检审委员会,每年开会一次,与中央执行委员会同时举行之,有必要时,得单独召集临时会。

第三十四条　中央检审委员会常务委员,至少须有一人常川驻在中央党部所在地,以便执行职务。

第三十五条　中央检审委员会之职权如左:

(一)监督中央执行委员会及其常务委员会执行全国代表大会决议案。

(二)检举或警告中央执行委员会或中央执行委员违反党义、

党章及纪律之重大行为。

（三）接受省级党部对于中央执行委员会或中央执行委员之陈诉事件。

（四）检审中央执行委员会或其常务委员会，对于党员除名之报告。

（五）审查中央执行委员会或其常务委员会之党务报告及财务报告。

（六）检举地方党部及党员之不法事件。

（七）监督本党所办之事业。

（八）在全国代表大会闭会期中，有解释党章之最高职权。

第三十六条　中央检审委员会闭会期中，由其常务委员会执行其职权，其检审法另订之。

第三十七条　中央执行委员及其常务委员、中央检审委员及其常务委员，任期均为三年，连选得连任，如遇重大事故，致全国代表大会不得依照规定召集时，其任期得延长至下届全国代表大会开会之日止。

第五章　省党部

第三十八条　全国各省由中央执行委员会斟酌党务实际情形，设省党部，或临时省党部，或省党部筹备处。

第三十九条　省党部设执行委员会，委员七人至九人，由全省代表大会照章选之；临时省党部设委员三人至五人，由中央执行委员会任命之；省党部筹备处设委员一人至三人，由中央执行委员会任命之。

第四十条　省执行委员会设主席一人，由委员互选之，临时省党部之主席，由中央执行委员会就委员中指定一人担任之。主席因事不能执行职务时，由秘书处主任代理之。

第四十一条　省执行委员会每周开常会一次，但视当地事务之繁简，得召开临时会或展期举行之。

第四十二条　省执行委员会得设下列各处：
（一）秘书处　掌理总务及文书事宜。
（二）外务处　掌理对外接洽事宜。
（三）组织处　掌理党团事宜。
（四）宣传处　掌理宣传事宜。
（五）训练处　掌理训练事宜。
（六）奖惩处　掌理奖惩事宜。

第四十三条　视事实之需要，省党部得设妇女运动等委员会。

第四十四条　省执行委员会各处设主任一人，由委员互推之；干事若干人，由执行委员会任之；各种委员会，设主任委员一人，委员若干人，由省执行委员会派任之。

第四十五条　临时省党部执行委员会之组织，适用第四十一条及第四十三条之规定，但委员不足五人时，得兼管两处以上之职务。

第四十六条　省执行委员会委员任期一年，连选得连任。

第四十七条　全省代表大会，由省执行委员会每年召开一次，省执行委员会认为必要时，或经所辖县（市）党部过半数之联名请求时，得召开临时省代表大会。

第四十八条　全省代表大会，由下列方法产生之代表组织之：
（一）每县（市）党部全体党员选举代表二人，其党员人数超过五十人时，每满五十人加选代表一人，但每县（市）代表之最高额不得超过十人。
（二）临时县（市）党部，由省执行委员会，就当地党员中指派代表一人。
（三）省执行委员会委员为当然代表。

第四十九条　全省代表大会之职权如左：
（一）听取并审议省执行委员会之报告与建议。
（二）听取并审议各县（市）党部之报告与提案。

（三）议定全省党务之进行计划，交由省执行委员会呈报中央党部核准施行。

（四）审核省党部及所属事业之预算决算。

（五）选举出席全国代表大会之代表。

（六）选举省执行委员及候补执行委员。

第六章　县党部

第五十条　凡有二区党部以上者，得设县党部，由全县代表大会选举执行委员五人至七人组织之，互推一人任主席，有一区党部或三分组以上之组织者，得设临时县党部，由省党部指派执行委员三人至五人组织之。

第五十一条　县党部设秘书、外务、组织、宣传、训练五科，各科长由执行委员兼任，如人数不足时，一人得兼任二科；各科之职掌，准依省党部各处之规定。

第五十二条　县党部执行委员会之职权如左：

（一）处理本县之党务与团务。

（二）执行上级党部指办事件及全县代表大会之议决案。

（三）组织并指挥全县区党部及分组。

（四）组织并指挥全县有关县级之党内外各机关。

（五）指挥全县本党及中国青年团之一切活动。

第五十三条　县执行委员之任期一年，于全县代表大会开幕时终止其职权，连选得连任。

第五十四条　全县代表大会由各区党部依照选举法选出之代表组织之，为全县最高机关，其职权如下：

（一）接收并审议县执行委员会之报告及建议。

（二）讨论本县党务进行计划，但其议决案须呈请省党部核准施行。

（三）审核县党部之预算及决算。

（四）选举县执行委员。

（五）选举出席代表大会之代表并议决提出于省代表大会之议案。

第七章　区党部

第五十五条　凡有二分组以上之乡镇，得设区党部，由区代表大会选举执行委员三人组织之，互推一人为主席，任期一年，但连选得连任。

第五十六条　区党部下设总务组训两股，股长由委员兼任。

第五十七条　区党部之职权如下：

（一）处理本区之党务与团务。

（二）执行上级党部指办事件及全区代表大会之议决案。

（三）组织并指挥全区分组。

（四）指挥全区本党及中国青年团一切活动，并调查各方实情报告上级党部。

第五十八条　全区代表大会，由各分组依照选举法选出之代表组织之，为全区最高机关，其职权如下：

（一）接收并审议执行委员会之报告及建议。

（二）讨论本区党务进行计划，但须呈请县党部核准施行。

（三）审核区党部之预算及决算。

（四）选举区执行委员。

（五）选举出席全县代表大会之代表，并议决提出县代表大会之议决案。

第八章　分组

第五十九条　凡有党员五人至十人之地方设分组，公推一人任组长，任期一年，但连选得连任。

第六十条　组长下设事务及文书各一人，由组长指派之。

第六十一条　组长之职权如下：

（一）处理本组之党务。

（二）执行上级党部指办事件及全区代表大会之议决案。

（三）训练本组党员，并指导其活动。

（四）调查区内各方情况，呈报上级党部。

（五）主办本组工作检讨及自我批评。

第六十二条　组会由全组党员组织之，至少每月开会一次，其应作事件如下：

（一）报告本组及各党员之工作。

（二）检讨本组工作进行计划。

（三）年终审核本组之预算及决算。

（四）选举组长及出席区代表大会代表，并议决提出区代表之议决案。

第九章　经费

第六十三条　本党经费分下列各项，以通行之国币为计算标准，有必要时，由中央执行委员会通令变更之。

（一）党员入党费暂定法币一千元，于入党时缴纳之。

（二）党员常年费暂定法币伍千元，分二期缴纳之。

（三）有必要时，得接受党外同情者之捐助。

（四）本党基金，由中央执行委员会向党内募集之。

第六十四条　党员确系清贫或失业者，对于右列经费，得请求酌减或豁免之。

第六十五条　本党章经全国代表大会通过之日起发生效力其修正时亦同。

（民国三十四年十二月第十届全国代表大会新订）

〔中国青年党等党派全宗汇集〕

3. 中国青年团章程

(1945年12月)

中国青年团章程

第一章 总纲

第一条 本团为中国青年党所组织,定名为中国青年团,各地方团部冠以所在地地名,定为中国青年团某某地团部。

第二条 本团本国家主义之精神,民主政治之原则,内求统一与自由,外保安全与独立,以建设全民福利的现代国家,并促进平等合作的和平世界为宗旨。

第三条 本团最高权力机关为中国青年党中央党部,各地团部均隶属于当地之党部,受其监督指挥;在未设党部地方,则隶属于当地之上级党部,并受其指挥监督。

第二章 团员

第四条 凡中华民国国民年满十六岁,信仰国家主义与民主政治,并赞同本团宗旨及团章,愿为本团服务,遵守本团纪律者,得为本团团员。

第五条 凡团员入团时须有团员二人以上之介绍,并须经执行委员会之通过。

第六条 凡团员入团时须写志愿书及履历表各三份,向执行委员会登记,同时须缴二寸半身相片三张。

第七条 凡团员入团手续办竣后,应于该地团部常会时行入团礼,由主席引赞当众宣读志愿书,读毕向国旗行三鞠躬,向列席同志一鞠躬,列席同志亦起立还礼。

第八条 凡本团团员不得加入其他任何党派,或与本团宗旨相反之社团,其已加入者,须切实脱离原有之关系。

第九条 凡团员经各地党部认为已合党员资格者,得升为中国青年党党员。

第十条　团员已升为党员后,因事实上之必要,仍得兼充团员。

第三章　组织

第十一条　每一地区或一机关有团员五人以上即应结合为一组。如不满五人者,由执行委员会分配附属于其附近之分组。如满十人以上者,设立第二分组,如有两分组以上,得联合设立团分部。

第十二条　地方团部设执行委员会,受各该地党部之指挥。

第十三条　地方团部设执行委员会,由该地上级党部指派委员五人至七人组织之,并指定一人为主席;团分部设主席一人,委员三人至五人,由所属团部指派之。

第十四条　团部执行委员会,设总务、组织、交际、宣传、训练、奖惩六组,由执行委员分任各组主任,各组依办事之需要,得添设组员若干人协助之。

第十五条　团分部执行委员会,设总务、组织、交际、宣传、训练、奖惩六股,每股设主任一人,由执行委员分任,必要时得兼任两股主任。

第十六条　各执行委员会委员之任期均为一年,任满改委,但得连任。

第十七条　地方团部得组织各种社团,从事社会服务。

第十八条　执行委员会主席之职权如次:(1)召集执行委员会会议,并充当其主席。(2)调剂各组事务。(3)发布命令,但其命令须经执行委员会之通过或追认,主席请假时,由总务组主任代理之。

第十九条　执行委员会各组主任,主持并执行各该组应办事务,各组职权如左:

(甲)总务组——办理文牍、保管文件、征收团费、保存款项,并掌理一切收支及其他杂务。

(乙)组织组——办理团员登记考核,与团员异动及其他有关组织事宜。

（丙）交际组——与外界接洽,办理一切交际事宜,并接待或探访同志。

（丁）宣传组——主持宣传及其有关事宜。

（戊）训练组——主持团员训练事宜。

（己）奖惩组——执行奖励及惩戒等事宜。

第四章　会议

第二十条　各地团部之团员大会每半年举行一次,如执行委员会认为必要时,得召集临时会,如有过半数之团分部或分组之请求,执行委员会必须召集之。

第二十一条　地方团部如因地域辽阔,团员众多,不能召集团员大会时,得召集代表大会,每组各举代表一人参加会议。

第二十二条　团分部之团员大会,每三月开会一次,如执行委员会认为必要时,得召集临时会,如有团员三分之一之请求,执行委员会必须召集之。至分组开会,每星期召集一次,由组长召集之。

第二十三条　执行委员会议,由主席召集之,每星期开常会一次,各组临时会议,于必要时,由各组主任自由召集之。

第二十四条　凡团员须恪守纪律,遵守团章,服从团令,如有问题得在团内自由讨论,但一经议决,即须一致遵行。

第二十五条　各地团部执行委员会开会时,所在地上级党部得随时遣派代表出席参加,如所决议事项与上级党部决议冲突时,上级党部得取销其决议。

第二十六条　地方团部与当地党部意见有冲突时,得伸诉于其所属高级党部。

第二十七条　地方团部每月须将团务概况向各该地上级党部报告,如遇有急事或难题发生,应随时派员或函电向各该地上级党部请示。

第二十八条　各团分部每月须将团务概况向直隶团部报告,

如遇有急事或难题发生,应随时向当地团部请示,各组对团部或团分部亦应准此办理。

第二十九条　本团内一切会议,均由多数取决,少数须服从多数。

第三十条　凡有关系全国重大政治问题发生,本党上级党部通告未到时,各地团部不得轻自发表意见。

第三十一条　凡团员欲加入团外之团体,必须先得当地团部或负责人之允许或追认。

第三十二条　凡在一团体或一机关内活动之团员,对于该团体或机关内重要问题,须先在团内讨论以决定对付之方法,方法既定,团员应为一致之主张,各种意见可在团内会议中发表,但对外须有划一之意见及行动,否则即作违反纪律论,须受相当之惩戒。

第三十三条　凡团员有犯左列各款之一者,由当地团部予以相当之惩戒:

(一)赴会不守时者。

(二)任事不尽责者。

(三)无故不到会者。

(四)不看本团章程决议案及机关报者。

(五)离开或到某地而不向当地团部或负责人报告者。

(六)无故一年以上不缴纳年费者。

第三十四条　凡团员有犯左列各款之一者,由当地团部报告所属党部除名,并分别予以惩戒。

(一)违反本团宗旨及团章者。

(二)不尊重代表会议决议案者。

(三)违反团部命令者。

(四)个人有不道德行为妨害本团名誉者。

(五)破坏本团者。

(六)知外人有危害本党本团之秘密而不报告者。

（七）暗中加入与本团宗旨相反之团体者。

（八）对于本团重大问题有三次以上故意不表示态度者。

第三十五条　凡团员因故退团时，须向当地团部呈明理由，经许可后方得退出，出团后应缴还本团团证、团章及一切文件，并由介绍人担保不得破坏本团。

第三十六条　凡团员无论自愿出团或被开除，均须向该地团部具结担保不得破坏本团。

第五章　经费

第三十七条　各团部经费分下列各项，以通行之国币为计算标准，币制或币值有变更时，由中央党部通令更改之。

（一）入团费　每人五百元，于入团时缴纳之。

（二）常年费　每人每年一千元，一次或分期缴，如确系清贫得减免之。

（三）特别捐　由本团团员乐捐之。

第六章　义务

第三十八条　团员有绝对遵守本团团章命令及履行各种议决案之义务。

第三十九条　团员有尽心力拥护本团及谋本团发展之义务。

第四十条　团员有受托办理本团事务之义务。

第四十一条　团员有担负本团经济之义务。

第四十二条　团员有互相规劝及接收奖惩之义务。

第四十三条　团员有于公开竞选时，选举本团所提候选人之义务。

第七章　权利

第四十四条　团员在本团有建议权、表决权、选举权、被选举权及升为中国青年党党员之权利。

第四十五条　团员有享受本团一切出版机关、研究机关等所规定之权利。

第四十六条　团员有请求本团扶助之权利。
　　第八章　附则
第四十七条　本章程修改权、解释权，属于中国青年党。
第四十八条　本团之奖励法、惩戒法，另订之。
第四十九条　本团各种办事细则另订之，并呈请中央党部批准施行。
第五十条　本章程自公布之日起发生效力。

（民国三十四年十二月新订）

〔中国青年党等党派全宗汇集〕

4. 中国青年党第十次全国代表大会宣言
（1945年12月15日）

本党以二十二年前即民国十二年十二月二日成立于巴黎。本年十二月二日，我们用了这个光荣的建党纪念日，召集了我们的第十次全国代表大会。在抗战的八年中，全国的土地大部沦陷，本党是一个全国性的组织，因此在华北、华中、华南以及边远的东北、海外的南洋，到处都受着空前的打击。自敌人投降以后，我们即决定有这一次全国代表大会的召集，其目的在重订政纲，修改章则，扩大组织，刷新陈容，尤以研讨战后时局，讲求适当对策，为其最主要的工作之一。因为时间的逼促，交通的梗阻，有若干省区的代表，依然未能如期到达，但在会前会中如期赶到者，仍有一十七个省区，已足本党有组织的区域半数以上。

自本月二日至十二日，计开会十天，集合多年阔别的同志，晤对一堂，充满了民主的精神，流露着欢洽的情感。而人人愿为国家效忠，为本党尽瘁的心情，更是在彼此之间，保持着一种最高的互信。

关于内部的工作，我们完成了一部完备的新党章，一整套新的政治纲领，中央负责的人数，较以往已有大量的增加，并规定了若干有关宣传、训练、组织、文化、妇女以及扩大中国青年团等等的重大事项，而各地代表以及上届中央所提出若干重要的提案，更经过审查会与大会详尽的研讨，分别缓急轻重，交由本届中央执行委员会及其常委会切实执行，而关于中央检审委员会职权的提高，与人选的慎重，尤为本党加强组织整肃纪纲的新精神之所寄托。

本党自来所谨守的最高原则，为国家主义、民主政治，二十二年以来，即奉此以与国人周旋。凡政纲的规定，以及对于任何一个时期的政治主张无一不以此最高原则为出发点。此次大会修改党章，关于第一条本党的宗旨，更经过长时间热烈的讨论。对于加强国际合作，促进世界和平，尤三致意焉。此次重订的政纲，内容繁富，举凡政治、经济、国防、财政、外交、交通、以及教育文化的推进，农政工策的确立，妇女地位的提高，保侨政策的规划，乃至对于全国国民精神的物质的如何保育，国内少数民族地位的如何尊重，更无一不衡量国情，面对现实，妥为规定，既不敢徒唱高调，不负责任；更不愿因陋就简贻误国家；总之，要建设一个和平统一的民主国家，确保胜利以后的国际地位，使国家日臻于富强，人民日进于康乐。这是本党同志一致的要求，亦即本党与全国国民精神上的连锁，而本党这次关于政纲各方面的规定，就是这种精神的充分表现！

就抗战的事实言之，自九一八国难发生，本党即倡言抗日，且抱必胜的信心，不仅以文字鼓吹而已，如东北义勇军、九门口抗日救国第八梯队、一二八淞沪战役、南京铁血军、热河抗日救国第七军、长城战役、江北抗日救国第八军、江淮抗日救国义勇军、湘西全民救国军，或全部为本党所领导，或一部为本党同志所指挥，无不各本主义之所陶熔，发为英勇壮烈的事实。自七七全面抗战爆发以后，本党即本政党休战之旨，力求全国的团结统一，所有本党军事同志，即陆续转入正规军、各处地下军或保卫地方的团队，而不愿独树一帜。然历次重要的会战,如南京的会战、徐州台儿庄的会战、南昌长河的会战、昆仑关的会战,无不有本党的同志参加。至各种抗日人民团体以及国防工业、战时生产、交通运输,乃至宣传慰劳、医药救济等等方面,凡有使命于本党同志之身,即莫不谨守岗位,精诚合作,以此而死难殉职者,更不胜枚举。但本党仅认此为国民天职,从来不愿夸耀我们对抗战有何种了不起的贡献。

再就此八年以来的政治情况言之,本党同志最初参加国防参议会,继加入国防参政会,其言论与提案,大抵不出民主宪政的范围,而于团结在野各方以共同向此一大目标迈进,尤为不遗余力。最近之数年间,国民党与共产党之间,斗争愈剧,裂痕愈深,本党感于内争之不容再起,战后人民生活之不能不力求安定,曾不惜奔走呼号,促成团结。全国各民主党派所主张的政治会议、联合政府,本党曾以全心全力支持之,认为消弭内争,造成全国的和平统一,舍此无其他更好的办法。对于明年即将召开的国民大会,本党曾多次发表主张,认为必须力求公允,只能以此会而求得全国的统一、宪政的实施,决不可因此而召致国家的分裂、内争的扩大。至最近即将召开的政治协商会议,本党出席的同志,必将本其一贯的立场,发为不偏不倚的建议。吾人认为任何难题,假定能互以国家的利益为重,时时能不忘记日处于水深火热的人民,断无不可用政治方法解决之理。吾人自来反对以武力作政争的工具,更不能同意以群众的血作为任何方面的政治本钱。战后的国际已遭遇现实的困难,吾人认为中国必须先求自身的团结与充实,以减少国际的纠纷,断不可仍蹈以往纵横捭阖的覆辙,而召致外力的深入。吾人欢迎一切友邦的和平合作,并愿进一步共同促进世界的和平,但吾人反对偏袒任何一方,以召致国民精神的瓦解。吾人对于政治协商会议本身的估价不敢过高,但果能实现此一团结的象征,第一步自然必须做到武装冲突的全面停止。国共两党间所以酿成如今日的现象,种因于抗战以前,扩大于抗战以后,其情况之复杂,互信之不易产生,决非抱有任何成见,或为任何一方宣传所迷惑者所能理解,而其是非曲直,也决非一时一事所能轻予判断。但坚信民主,尊重人民,爱护国家,避免分裂,将为解决此二难题者必具的信念。不紧握此种种基本信念,而想枝枝节节以图之,或怀抱若干远于事实的幻想,则此一问题即将没有解决的可能,而所谓和平建国亦将无从着手。吾人以此事将为政治协商会议开幕后的第一课题,故敢就本党此次全代会所得结论的一部,而披露其所信。

总之,吾人认为国家目前的实况,确存有若干不易克服的困难,但亦确有其光明的前途,如何加速此一光明的提早实现,其一,在各方一致放弃武力万能的迷信,而以军权属之国家;其二,在从速树立一现代民主国家的体系,而使全国人民可以振奋兴起;其三,若干社会领导人士,尤宜共体时间,相忍为国,毋徒取快一时,而以国家为孤注一掷;其四,必使现代政党与现代政治家有在中国生存与发展其能力的可能。凡此均为目前当务之急,吾人愿以无限的热情,与朝野各方,一致奋勉,邦人君子,幸垂教之。

中华民国三十四年十二月十五日

〔中国青年党等党派全宗汇集〕

5. 中国青年党中央执行委员会告同志书
(1946年3月5日)

中国青年党中央执行委员会告同志书

同志们:从第十次全国代表大会闭幕以后,到现在已经三个月了。这三个月,在中国国家主义和民主政治的运动史上,有其划时期的重要性,一方面民主运动的时机已经成熟,政治民主化已由原则逐渐变为事实;一方面爱国的思潮和运动普遍于全国,军队国家化也成立具体的方案。本党中央受全国同志的委托,在此期间,与全国各党派和社会贤达,共同参加政治协商会议,为全国的团结和民主努力，在结束训政实施宪政的共同目标下，成立全部的协议。根据这协议，中国将在政治民主化、军队国家化、党派平等合法化的三大原则之下，成立举国一致的民主政府，召开国民大会，制定宪法，为国家树立永久不拔的和平基础。自此以后，本党既已取得公开平等的地位，国民的属望既殷，同志的责任益重，本党中央不能不揭举六义为同志告。

第一、同志务须确认本党在今后相当期间内仍然是一个在野党，应该根据本党宗旨及政纲，积极奋斗。依照这一次政治协商会议的决议，在最近期间政府有改组的可能，改组后之政府，在党派平等联合的基础中，本党也许对于参加问题可以考虑。但同志们务须明白认识一点，纵使本党以国家的团结为重，被邀一时参加政府的局部工作，这不过是应时势的需要，为促进和平团结，稍尽政党的天职，并不能认为本党的奋斗已完全成功，本党的抱负可完全实现，因此同志们必须不存一丝一毫懈息自满的心理，在野党的风度、风骨、风谊和坚苦奋斗的精神一丝也不容放弃。全体同志必须继续过去二十三年埋头苦干的精神，准备为在野之长期积极奋斗，本党前途才有更加发扬光大的希望。

第二、同志务须确认在野党之地位，当以从事社会运动和社会事业以取得民众的信仰和拥护为主，万不可全趋于从政的一途。今后的中国是一个民主的中国，政党的基础是建立在民众上，而不是建立在任何特殊的势力上。政党要争取民众的信仰拥护，只有努力于社会运动和社会事业，为民众争取利益，为民众解除疾苦，和民众打成一片，使民众了解，我们这个党是真正老百姓自己的党，老百姓要我们的党成功，我们的党一定能成功。因此在今后的长期间内，必须动员最大多数的同志，从事于社会运动和社会事业，把本党的基础坚实地建立起来。本党中央相信同志一定有此认识，也一定有此抱负。青年党的同志是决不会以一官半职沾沾自满的，过去二十三年长期在野奋斗的坚苦历史，就是最有力的证明。

第三、同志务须确认本党今后的言论行动，仍应本向来的精神继续为民众争取政治经济上的自由平等。今天中国虽然胜利了，但是全国最大多数的民众仍然在水深火热之中，不但自由平等可望而不可即，连最低限度的生活保障和安全秩序，并日日在威胁动荡之中，民众自己喉舌不能尽量诉出他们的苦痛来，一个代表民众的党，就应该当仁不让，引为己责，政党之所以可贵，就在他能够代表了民众的利益，在朝党用施政去实现民众的要求，在野党也应该用言论和行动去争取民众的利益，表现着大多数民众的意愿。我们的宗旨上明写着要建设全民福利的现代国家，全民福利的目标一天没有实现，本党同志的责任一天不容稍卸，本党相信全体同志，一定都有此责任感，也一定都愿意负起这个光荣的责任来。

第四、同志务须确认健全组织和扩大宣传，是本党今后的党务中心工作，剑及履及，以争取时间，达成任务。今后在民主政治之下，政党公开，既已取得政治的自由，对于国事更应自尽其责。政党要推动国家政治，本身组织必先求其健全，对外宣传也必须求其扩大，过去本党在坚苦的环境之下奋斗而有今日，当然是得力于组织的健全和宣传的努力，但环境的进步是日新月异的，我们不容有一天的苟安，一丝的懈怠，苟安懈怠都是失败落伍之媒。全体同志必须深切明了，以过去的组织和宣传，可以应付过去的环境，而绝不足应付今后的环境。全体同志必时时痛自鞭策，痛自反省，共同检讨组织和宣传上的缺点，学习国内外各政党的长处，振作精神，改进党务，努力于组织宣传的工作，本党前途的发扬光大，端系于此。

第五、同志务须确认本党今后政治运动中心工作不在参加政府机关，而在积极参加各级民意机关，并发动舆论的权威，以发挥人民监督的力量，为民主政治树立规模。民主政治的基础在议会和舆论，议会和舆论的权威如果不建立起来，则人民无法发挥监督政府的力量。政府没有人监督，谁也不敢担保政治一定会向好的方面去走而丝毫没有错误。我们相信民意机关是万灵之药，如果没有民意机关的监督，即使本党执政，也难免于腐化。民主政治之所以可贵，便在有各级民意机关和全国的舆论，能够对于政府时时刻刻尽监督纠弹的责任，然后这个政府才不敢为恶，不致有错。中国变法立宪，至今已将近五十年，始终没有正式规模的议会和独立不倚的舆论，民主政治之所以不能早日完成，未始不由于此。本党领导民主运动二十余年，无论在战前或战时均曾竭全力以促进民主政治，迭次在国民参政会提议从速成立各级民意机关，获得大多数的同意而通过。这几年来，各地民意机关次第成立，本党主张已实现一部分，今后国家渐入宪政坦途，同志更应发挥民主斗士的天职，积极从事于议会活动，争取民众的选票，同时更应该发挥舆论的权威，公开向民众宣传本党的主张，争取大多数的拥护。党的基础建设在最大多数的民众身上，这个党才有出路。

第六、同志务须确认今后本党吸收同志的主要方针，仍应以优秀青年为主。本党是青年党，自建党以来组成的分子即以青年为主，二十三年之中，青年同志为国为党牺牲流血者不胜屈指，本党的光荣历史，是青年的血汗所构成的。一个党的生命如同个人一样，必须由后一代的青年继续不断的发扬光大下去，才能够延续集团的生命，为国家担负重任。因此同志们必须确认此点为今后全党生命寄托之所在，全力从事于青年运动的工作，教育青年，吸引青年，纠正青年的错误，解除青年的苦闷。中年以上的同志更应时时刷新思想，接受新知识。年龄虽长，心理仍常保青年的状态，党的生命才能万古常新，永远保留青年的朝气，成为名实相符的青年党。

同志们，应该深切记着我们党的价值和性质，正确的普遍的介绍于民众。我们的价值是"保天地的正气，存民主的正统"。这不是我们自夸的话；是有二十三年的历史为证的，我们从来没有在政治上造过任何罪恶,从来没有不择手段以争取政权。总算是对得起国家和人民,俯仰天地而无愧。我们从来没有附和一党专政和一阶级专政的说法。始终为民主政治而奋斗,总算是忠于所信,不愧为民主的正统。至于我们由言论和行动所表现的特征,可归纳为下列三点:(一)独立性,我们过去在国共两党夹攻之中,独立奋斗二十三年之久,充分表现其独立性;(二)中和性,本党主张向来中证和平,既不左倾,又不右倾,一种不偏不倚的精神,充分表现其中和性;(三)建设性,本党同志,大半为全国各界中之有识有业分子,各人皆有相当的教育程度和专门技能。因而长于建设,短于破坏,充分表现其建设性,现在国家已入于建设时期,我们富有"独立性""中和性""建设性"的政党,也许更为时势所需要。我们的同志,果能深入民间,唤起民众,把握民众。将来不难由少数党变为多数党,由在野党变为执政党,大家必须有共信互信加自信心,在一个目标之下,共同为党奋斗,党不可妄自菲薄,自限前途!

我们还有两点,易得国民同情:中国数十年来,国内政治常受外力支配,所有党派多脱不了国际关系。在国民的国家意识觉醒以后,对于受外力支配的政党,难免不生厌弃之感。他们心目中希望中国成为独立自主的国家,自然表同情于独立自主而毫无国际背景的政党,而我们则适当其选,这是我们容易和民众接近的第一点。中国的社会,据以最前进自命之左倾领袖研究的结论,认为是两头小,中间大,这和我们的结论是一样的。中国资本家和劳动者,在全国人口中都占极少数,最大多数仍是中层社会,即所谓小资产阶级和知识阶级,也可说是中坚阶级,而我们的同志,即是由中坚阶级产生的,自身既同出一源,利害自然相同,这是我们容易和民众接近的第二点。

我们有了宝贵的价值,有了特殊的性质,又有容易接近民众的两大优点,只要我们的同志肯本其救国救民的初志,为不疲不餒的奋斗,那有不受人民欢迎的道理。

同志们应该一致警觉,今后党已由秘密转变到公开的方向了,面对着民主党政的大路,我们应该一则以喜,一则以惧,喜的是国内各政党从此立于平等合法地位,可以将本党的主张行动公开与国人相见了,但也正因为如此,我们的责任越加重大,我们的努力也越该加紧。本党中央受全党同志的付托,深感责任的重大,不能不以所望于同志者。披诚相见,以与同志共勉之。

中华民国三十五年三月五日

〔中国青年党等党派全宗汇集〕

〔2〕组织活动概况

1. 中国青年党沿革简史
(1946年7月)

中国青年党简史

中国青年党自中华民国十二年创立到现在,已有二十三年的历史(1923—1946)。兹分三项,略叙如下:

一、本党的基本主张——本党的详细主张,见本党的政纲、历次全国代表大会宣言及本党同志所撰著的各种专书。扼要说来,共有四大基本主张:第一,为国家主义,即主张中国的独立与自由,使中国得在国际上成为一个主权、完整的现代国家。第二,为民主政治,即主张政治须为人民所有,为人民所治,并为人民所享,使中国得成为一个主权在民的民主国家。第三,为社会政策,即主张用国家的力量,大量开发产业,使中国迅速工业化;同时保护农工,使全国人民均无贫困的恐荒。第四,为国际正义与世界和平,即主张实现国际正义,以保世界和平。没有国际正义,即难保世界和平。要保世界和平,须先实现国际正义。要实现国际正义,须由爱好正义与和平的各国家,一面密切合作,又一面以实力联合制裁侵略国家。

二、本党的组织大要——本党的最高机关为全国代表大会，由各省市党部选举代表组织之。其主要任务为检讨党务，决议方针，并选举党的委员。自建党到现在，已举行全国代表大会十次。在全国代表大会闭会期中，则以中央执行委员会为最高机关，而以中央检审委员会监督之。为便于处理党务起见，中央执行委员会内设有常务委员会。地方党务分省、县及区三级，各有执行委员负责主持。党以下有中国青年团，创立于中华民国十四年。此团无中央组织，只有地方团部，分属于地方党部，而受其指导。党员的构成分子，多为知识分子，其中有政治运动者、学者、教授、著作家、记者、自由职业者、实业家、公务员及军人等，也有少数的农人、工人与商人。团员的构成分子，多为青年学生及小学教师。

三、本党的活动经过——本党同志在未建党以前，即已开始广泛的救国运动。民国七年本党同志曾琦联合留日学生，组织留日学生救国团，反对中日军事协定。并与同志多人结合国内外有志青年，创立少年中国学会，发行《少年中国》月刊，其宗旨为："本科学的精神，为社会的活动，以创造少年中国。"此学会成立一年后，有李大钊、邓中夏、黄日葵、恽代英等会员，密组共产党，并在学会内宣传。现在共产党要人毛泽东、张闻天等，亦原为少年中国学会会员。因此引起另一部分会员，如曾琦、左舜生、李璜、陈启天、余家菊、何鲁之等人的怀疑与反对。于是曾琦等同志在国外结合留英、留法、留德、留美的中国学生，而在国内亦同时联合爱国志士，共谋本党之建立。于是中国青年党遂应运而生，民国十二年十二月二日开创立会于法京巴黎。以上是本党创立以前本党同志的活动大略，也可以说是本党的酝酿时期。

至本党自创立到抗战胜利前的活动情形，可分为两时期来说：第一时期，自民国十二年至二十年。此时期内的主要活动为：（一）宣传主张。在上海创办《醒狮周报》为总机关报，由曾琦同志主编，并在各省及香港巴黎发行期刊及日报十余种，以分别宣传本党的主张。（二）建立理论。本党同志深信政治主张，必须切合本国国情及国际环境，不可顽固守旧，也不可盲目模仿，因此我们不得不用自己的思考，以建立适用于现代中国的理论体系。依据这种见地，本党同志已撰成《国家主义浅说》、《国家主义概论》、《国家主义论文集》、《国家主义讲演集》、《国家主义与世界潮流》、《建国政策发端》、《国家主义教育学》及《国家主义运动史》等书。（三）充实组织。本党组织在初创立一二年中，已普遍设立于全国各省，即香港、东京、巴黎、柏林、纽约、南洋等地也都有本党的组织。（四）培养人才。本党除创办学校十余所于各省，以培养人才外，并扶助青年同志在国内外大学及军事学校学习专门知识及技能。（五）发动民众。本党深信政党的基础，必须建立在民众之上。因此本党曾不断推进学生、工人、农人、商人及军人等运动，以引起他们注意国事问题。但是依据本党的主张，一须反对军阀专制，二须反对阶级斗争，三须反对一党专政，因而饱受各种压迫的痛苦，难于尽述。以一个没有国际做背景，又没有武力做后盾的政党，犹能苦斗多年的原因，全赖本党同志对于国家主义与民主政治具有甚深的信心。本党同志深信国家主义，故国人或称本党为"国家主义派"。本党又自来即深信民主政治，可举十九年前的本党宣言为证如下：

"只有民主政治，才能实现全国国民的政治机会均等和经济生活均等。因此凡主张一党专政或一阶级专政者均皆为民主政治所不容。"（见民国十五年中国青年党全国代表大会第一次宣言）

本党活动的第二时期，乃自民国二十年九一八至抗战胜利结束。九一八事变爆发后，本党深觉非坚决对日抗战，不能保全中国的独立生存。要坚决对日抗战，又非一面停止党争，一致抗日，一面实行民主，改进政治，不能巩固团结及普遍动员。因此本党于二十年十月，即在上海创办《民声周报》，由陈启天同志主编，发挥对日实行抗战与对内实行民主的主张。但当时中国尚有内战，上述的主张，不曾为其他党派所及注意。本党不得已乃一面自动停止攻击国民党政府，又一面联合爱国的军队与民众，发动抗日战争，以实践本党的主张。民国二十一年的淞沪战役及以后的长城战役，与东北义勇军活动，都有本党同志参加，甚或发动。本党同志以及对本党主张表同情的军队，在民国二十一年至二十三年中，为单独抗日所受的牺牲，实在不小，本党忠实干部死于义勇军中者达二百余人。经过单独抗日失败以后，本党更觉非停止党争，不能实行抗日；非实行民主，不能巩固团结。乃于民国二十四年在上海创办《国论月刊》，发挥此种主张，促起各方觉悟，以便准备全国一致抗战。及民国二十六年卢沟桥事变爆发，本党同志曾琦、左舜生等正参加蒋主席召集的庐山谈话，得悉政府已决定长期抗战，当即竭诚拥护抗战。接着本党又决定本党在抗战时期中的方针，如下：

第一，拥护政府，支持抗战，以争取最后胜利。第二，全国军队须一律国防化，以集中军事力量于对日抗战。第三，政治须切实民主化，以发挥民意，巩固团结。第四，外交须加强友邦的合作，以共同制裁日本，保持世界和平。（见二十七年本党代表大会宣言）

本党为实践第一个方针，除令同志参加实际抗战外，并曾于二十七年四月，由左舜生同志代表本党与国民党总裁正式交换公函，恳切加以说明如下：

"中山先生毕生奋斗之目的：其一，在争取中华民国之自由平等。此次国民党领导全民抗战，即此遗教精神之具体发挥。其二，在建国必以宪政为依归。此次国民党临时代表大会在此非常时期，不忘国民参政机关之建立，国民言论、出版、集会、结社之保障，亦即异日宪政实施之端绪。此与同人等夙昔主张之国家主义与民主政治，适相符合，愿表示甚深之敬佩。国民政府为今日共认之政府，亦即抗战之惟一中心力量，同人等必本爱国赤诚，始终拥护。中山先生谓三民主义为救国主义。如公等认同人等夙昔所主张者，无背于救国之原则，俾同人等十五年来所惨淡经营之一集团，在抗战建国过程中得尽其最善之努力，庶于国家前途能有较大之贡献。"

本党为实践第二个方针，曾令在各军队中的本党同志，服从军令，努力抗战。又曾劝说中央军以外的各军队，都以国家为重，效力抗战，同时希望政府对于各军队亦一体待遇，以释其疑虑。本党深信一个现代国家所有的一切军队，都应是整个的国防军，服从一个政府的军令，不得分属于各派系或各政党，否则便难免有随时发生内战的危险，何能一致争取对日抗战的胜利？因此，本党不但希望一切派系军队都化为国防军，并且自己也不企图建立所谓"党军"，以分化国家，增加纠纷，影响抗战，阻碍民主。

本党为实践第三个方针，自抗战以来，即继续不断的为民主政治而奋斗。本党深信只有民主政治，才是中国政治建设的较好途径。所以上面所引本党与国民党总裁交换的公函中，曾略略说明建国须以民主宪政为归趋。又二十七年七月，本党同志曾琦、李璜、左舜生、陈启天、余家菊、常乃德等在第一届国民参政会第一次大会中，曾提"克期设立省县市参政会案"，及二十八年二月，在国民参政会第一届第三次大会，提"克期成立县参议会案"，都是要建立地方自治的民意机关，以确立民主政治的基础。二十八年九月，本党同志在国民参政会第一届第四次大会曾提"请结束训政，立施宪政，以安定人心，发扬民力，而利抗战案"。此案所提办法，共有三项：（一）由政府授权国民参政会本届大会推选参政员若干人起草宪法；（二）在国民大会未召集以前，行政院暂对国民参政会负责；（三）全国各党派一律公开活动，平流共进，永杜纠纷，共维国命。经大会与其他同类案件合并讨论，结果决议如下：（一）请政府明令定期召集国民大会，制定宪法，实行宪政；（二）国民参政会组织宪政期成会，协助政府促成宪政；（三）请政府明令公布，在法律上，全国人民，除汉奸外，其政治地位一律平等。二十九年四月，宪政期成会在国民参政会第一届第五次大会，提出"中华民国宪法草案修正草案"，以遭反对而搁置。以上所述三项决议，亦均未见诸实行。所以三十年十一月第二届国民参政会第二次大会,本党同志又与信仰民主的各参政员,联合提出"请实行民主,以刷新政治案"。此案要点如下:(一)提高中央及地方民意机关职权,使其确能监督政府改进政治;(二)一切军队须一律编为国防军,以免酿成内战,影响抗战与宪政;(三)人民须有言论出版自由,以培养健全舆论;(四)各党派须许其合法存在,以巩固全国团结;(五)取缔非法势力压迫人民,以免政治走入歧途;(六)严惩贪官污吏,以刷新政治,振作人心。由以上各点看来,可知此案与民主政治极有关系,可惜不得正式讨论。只另由主席团提"促进民治,加强抗战力量案",经大会决议如下:(一)抗战终了后,即召开国民大会制定宪法;(二)增强战时民意机关组织与职权;(三)延揽各方人才,实践天下为公之遗训;(四)人民合法自由,须予以保证。三十二年本党同志以为前项决议亦多未实行,乃又以善意建议政府从速实施宪政。同年九月,政府在第三届国民参政会第二次大会,宣布设立宪政实施协进会,以发动宪政运动。本党为协助此运动起见,乃在各地推进关于宪政的集会与讨论,并与民主政团同盟联合创刊《民宪半月刊》于重庆。

  本党为实践第四个方针,对于本党在九一八前所持的外交主张,曾重新加以决定。本党认为要打败日本,固须加强各民主国家的合作;要维持将来的世界和平,也须加强各民主国家的合作。现在世界上最与中国有关系的民主国家,是美、英、苏三国,这三国如均能与中国密切合作,必可速败日本,并可永保世界和平。因此本党不但主张增进中国与美、英的友好关系,并且主张改善中国与苏联的友好关系。当日本已正式接受波茨坦中、美、英三国对日公告后,我国政府与苏联签订中苏友好同盟条约,本党仍大体赞同,便是一个证明。

  本党在八年多的抗战时期中,虽因实践以上四大方针,受了许多折磨辛苦与牺牲,然始终未尝丝毫改变方针,这是可以告慰于国人的。三十四年八月，抗战获得胜利结束，是本党在抗战时期中的第一大方针已完全达到目的了。第四大方针，即加强友邦的合作，亦已相当达到目的。至于第二三两大方针，即军队国防化与政治民主化，虽尚待实行，然已造成全国一致的舆论，无人能加以反对。由此可证本党在抗战时期中的四大方针完全正确，无须再为详说了。

四、本党的最近状况——前节所说本党的活动经过，仅截至三十四年八月抗战胜利以前为止。至抗战胜利以来的状况，虽为时不久，也有略略说说的必要。在抗战期中，国土沦陷了一大半，无人无事不受其影响。因此本党的组织以及同志，也均受其影响。抗战既经胜利，自须开始本党的复员工作。于是于三十四年十二月在重庆召开第十次全国代表大会，重订新党章、新政纲，并扩大中央负责人的名额，而加以改选，以便刷新组织，展开活动。

在新党章中有重新改订的宗旨如下：本党本国家主义之精神，民主政治之原则，内求统一与自由，外保安全与独立，以建设全民福利的现代国家，并促进平等合作的和平世界为宗旨。

由这个宗旨看来，可见本党不但企求中国的进步，而且企求世界的和平。

新政纲的内容共十二类，一百五十一条，本编不能详举。大要说来：（一）对于政治方面，主张实行民主政治，保障民族平等，采用责任内阁确定省的自治地位。（二）对于经济方面，主张保障私产制度，限制资本集中，农工并重，农业工业化，工业电气化，严格监督国营事业。（三）对于财政金融方面，主张财政公开，废除苛杂，整理币制，保障债信。（四）对于国防方面，主张军队国家化，国防科学化，实行军民分治与军党分立，设立国防部以统一陆海空军。（五）对于外交方面，主张树立平等外交，加强联合国组织。（六）对于侨务方面，主张实行保侨政策，保障侨民权益。（七）对于交通方面，主张发展交通事业，逐渐达到交通免费。（八）对于教育文化方面,主张学术独立化,教育普及化,逐渐达到教育免费。(九)对于社会方面,主张提高生产,平等分配。(十)对于农工方面,主张保障农工利益,增进农工财富。(十一)对于妇女方面,主张提高妇女地位,增进妇女教育,保障妇女职业,增进妇女健康。(十二)对于国民保健方面,主张保持健康水准,提高民族素质。

由以上所说新政纲的要点看来,可见本党的主张,多合于今后中国的需要。今后本党的一切活动,当本着新宗旨与新政纲去努力进行。

最后尚有一点,须加以叙述。自九一八以来,本党深信抗战固需要全国团结合作,建国尤需要全国团结合作。因此本党同志无时不尽力于全国团结合作。例如:去年李璜同志出席旧金山会议,左舜生同志访问延安,固是为的求取全国团结合作。今年曾琦、陈启天、余家菊、常乃德、杨永浚五同志参加政治协商会议,也更是为的求取全国团结合作。本党认定欲全国真正团结合作从事和平建设,必须一面实行政治民主化,同时一面实行军队国家化。所以本党参加政治协商会议的诸同志。曾经提出两大案:一是停止军事冲突,实行军队国家化案,二是改革政治制度,实行政治民主化案。两案内容,此篇不能详说。总之本党认定:政治民主化与军队国家化,是今后中国的两大要务,本党同志当继续为政治民主化而奋斗,为军队国家化而奋斗!(三十五年七月)

〔中国青年党等党派全宗汇集〕

2. 国民党中央联秘处编：中国青年党概况（摘录）①
（1947年）

（1）中央党部组织人事
第一节　组织系统

青年党的组织形式，随着时代的需要迭经改变：抗战初起，二十七年秋，在武汉举行的该党第九届全国代表大会，抗战胜利，三十四年十二月在渝召开的第十届全国代表大会，该党参加政府后，本年九月（一日至九日）在沪举行的第十一届全国代表大会，都曾对组织形式有所改进。

青年党的最高权力机关为全国代表大会，闭幕后为中央执行委员会（执委原为四十五人，现增为九十九人），执委会互推常委，组织中央常务委员会（常委原为十一人，现增为十八人），常委又互推主席、副主席各一人（副主席系十一届大会决议增设），常委会设秘书处、组织部、宣传部、训练部、内务部、外务部、妇女部、社会运动事业部等。与中央执行委员会平行者，有中央检审委员会，为党的最高检审机关（检审委员原为十一人现增为廿一人），中检会亦互推主席一人，副主席一人，常务检委三人，组织中央检审常务委员会。

该党第十一届全国代表大会选出之中央人事如下：

一、中央执行委员

曾琦、李璜、左舜生、崔万秋、张伯伦、陈启天、余家菊、何鲁之、郑振文、刘东岩、夏涛声、林可玑、杨永浚、喻孝权（女）、张子柱、刘静远、王岚僧、段慎修、刘泗英等九十九人。

二、中央检审委员

李不韪、张梦九、张化初、萧笠云、青成烈等廿人。

---

① 此件小标题系编者所加。

三、中央常务委员会

主　席　曾琦

副主席

委　员　左舜生、李璜、陈启天、余家菊、于复光、何鲁之、郑振文、刘东岩、夏涛声、王师曾、林可玑、杨永浚、喻孝权（女）、张子柱、刘静远、王岚僧、段慎修、刘泗英

秘书长　于复光

组织部长　夏涛声

宣传部长　王师曾

训练部长　余家菊

内务部长　段慎修

外务部长　李　璜

社会运动事业部长　王岚僧

妇女部长　喻孝权

四、中央检审常务委员会

主　席　李不韪

副主席　张梦九

委　员　张化初、萧笠云、青成烈

该党第十一届大会，对于党政权限划分问题，未作硬性规定，仅为不成文的谅解。即从政党员在政府内负有实际责任者，不再在党内负繁重的责任，但仍担任常委。

青年党的国家主义青年团，创立于民国十四年，后改名为中国青年团，该团无中央组织，实际的地方团部分属于地方党部而受其指导，团员多为青年学生及小学教师，其组织形式极为简单□□□立，盖该团团员，实际上即为青年党的预备党员。兹将青年党组织系统分别列表如后：

一、青年党组织系统表

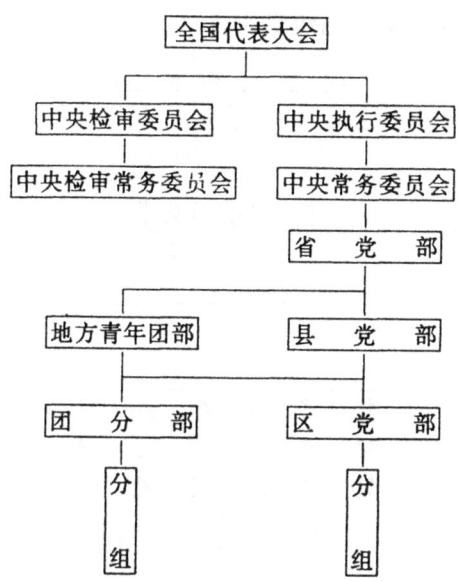

二、青年党中央党部组织机构表

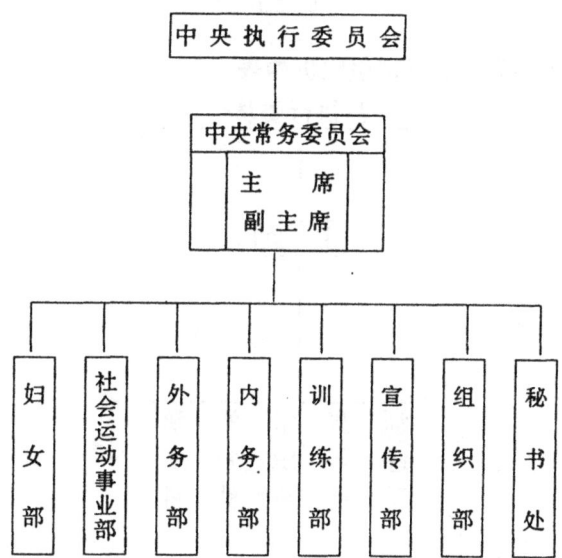

三、青年党省党部组织机构表

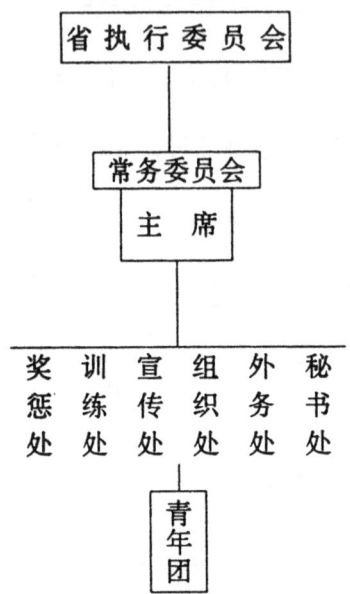

四、青年党县级党部组织机构表

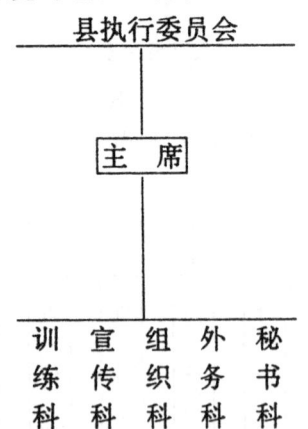

五、青年党区级党部组织机构表

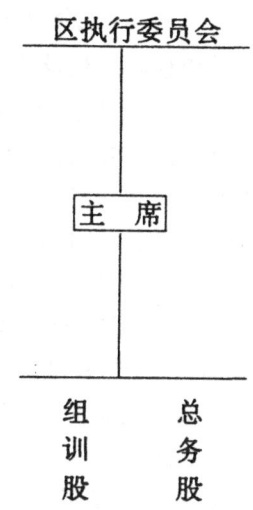

第二节 首脑人物

一、曾琦：现任青年党中常会主席，字慕韩，四川隆昌人，年五十五岁，曾留学日法，攻政治外交，历任大学教授及参政员，为青年党首创人，与李璜、左舜生同称为该党三大领袖，抗战前辗转于华北东北号召联省自治，抗战期间，因党之实权为左、李掌握，乃避走香港，与张君劢、梁漱溟等倡组民主政团同盟，复赴沦陷区，活动于华北敌后，汪逆一度诱其出任伪考试院副院长，未就，迨日本投降返渝参加该党第十届全会，蝉联主席。该党脱离民盟，倾向政府，实其主持之力，政府改组后，出任国府委员。

二、左舜生：现任青年党中常委，湖南长沙人，年五十四岁，曾留学法国，为青年党首创人之一，回国后，以主办《醒狮周报》著称于时，抗战期间，历任参政员，胜利后，在沪主持中华时报，任发行人，并负责对国外联络，指挥华中、东南一带工作，政府改组，出任政委兼农林部部长。

三、李璜：现任青年党中常委兼外务部长，字幼椿，四川成都人，年五十二岁，曾留学法国，为青年党首创人之一，与川康军人联络甚密，该党在西南各省之工作基础，全为其一手开辟，在党内实力，甚为雄厚，抗战期间，曾历任参政员及该党新中国日报社社长，胜利后，该党在上海举行第十一届大会，李因对左舜生、陈启天等在党内把持权力，表示不满，曾愤然走青岛，避不出席，迭经曾琦等以公私名义电催，始到沪参加最后一次讨论会，席间发言，对左、陈等颇多讽刺，政府改组，被任为经济部长，未就。

四、陈启天：现任青年党中常委，字修平，湖北黄陂人，年五十五岁，东南大学毕业，系青年党元老之一，为该党青运工作主持者，曾任中华书局编辑，国立四川大学、武昌中华大学教授，对法家思想，造诣甚深，著有《中国法家概论》等书，抗战期间，历任参政员，政府改组，出任政委兼经济部部长。

五、余家菊：现任青年党中常委兼训练部长，字景陶，湖北黄陂人，年五十一岁，英国伦敦大学研究员，为青年党元老之一，曾任东南大学北平师大教授、河南大学教育系主任及历届参政员，政府改组，出任国府委员。

六、夏涛声：现任青年党中常委兼组织部长，安徽怀宁人，年四十六岁，北京大学政治系毕业，曾任厦门大学教授、福建莆田县长、福建省政府秘书、行政院参事、台湾行政长官公署宣传委员会主任委员，著有《现代政治思想史》、《美国政党斗争》等书。

七、杨永浚：现任青年党中常委，字叔明，四川崇庆人，年五十六岁，为青年党后起之秀，李璜开辟西南工作之得力助手，现该党在西康之势力，完全为其掌握，当政协会议时，曾琦选派其为代表，以分化李璜之势力，政府改组，出任政务委员。

八、郑振文：现任青年党中常委，字铎宣，广东潮阳人，年五十岁，曾任青年党组织部长，现为该党华侨工作主持人，历任参政员。

九、刘东岩：现任青年党中常委，字裕常，四川资中人，年四十二岁,曾任四川灌县县长、西康汗源县县长,因贪吏免职,为李璜之得力干部,曾偕往出席旧金山会议。

十、刘泗英:现任青年党中常委,四川重庆人,年五十二岁,为青年党内之理财家及金融界之联络人,曾任四川公学(现名天府中学)校长、四川省银行协理兼经济研究处主任,与杨森及川省财团关系甚密,现主持该党平津工作,政府改组,任经济部政务次长。

十一、何鲁之:现任青年党中常委,四川成都人,年五十七岁,曾任华西大学及川康农工学院教授,在蓉领导学运工作,抗战期间,任第四届参政员,现补常乃德遗缺,出任国府委员。

十二、王师曾:现任青年党中常委兼宣传部长,四川涪陵人,年四十四岁,曾任西康省政府秘书。

十三、段慎修:现任青年党中常委兼内务部长,四川省人,曾任该党四川省委。

十四、林可玑:现任青年党中常委,福建闽侯人,曾留学法国,为青年党发起人之一,该党在福建工作,均由其开辟,曾创立福州中学,培植干部。

十五、张子柱:现任青年党中常委,字澜洲,广东新会人,为青年党发起人之一,该党在云南之工作,由其开创,曾往来于越南海防及香港等地活动。

十六、王岚僧:现任青年党中常委兼社会运动事业部长,江苏阜宁人,年四十一岁。

十七、喻孝权:现任青年党中常委兼妇女部长,四川荣昌人,年四十岁。

(2)各地方党部组织活动

第一章　南京市

第一节　组织与人事

青年党市全大会,于卅六年三月召开后,市党部方正式成立。

其组织系统为市执行委员会下,设五个区党部,每区划分三至五个小组。其党员成份,以公教人员及大中学生最多,商人次之,工农最少。

该党市党部之人事如下:

主任委员　赵瑞麟

宣传组长　齐植璐

文化运动委员会负责人　徐汉豪

工商运动委员会负责人　钱焕文

妇女运动委员会负责人　耿汝冰

执行委员　柴新礼、刘大纶、卜殿元、周自拔、冷少泉、方景仁

第二节　活动概况

近来各项活动甚为松懈,盖该党赖以吸收党员之号召,为参加政府及地方政权,若干党员皆基于投机心理而入党,迨希望成泡影之后,复以党内组织散漫,纪律废弛,负责人员之攻讦及自私,遂形成每半月开会一次之小组会,组员终年不出席,若干组员对所属之小组,组长何人,市主委何人,皆无所知之现象。而农、经两部之七十余位党员,多不受该党市党部之指挥,俨然为另一超然组织。

周济道之新中央委员会,虽然活动未见顺利,但于京市一般青年党员之涣散、失望,亦系一有力之刺激。

该党京市宣传活动方面有定期刊物一种《中国评论》,由徐汉豪任社长,陈止一任总编辑,钱焕文任发行,已出二期,每次出一千五百份,全为该党党员所购读。

第三节　内部纠纷

一、该党十一全代会之京市代表选举,因赵瑞麟之操纵选举而引起重大纠纷。按该党中央指令,京市代表应由全市党员大会直接选举。赵为操纵计,乃藉口无适当地址容纳全市党员开会,改行间接选举。即由每组选代表一人,组代表与区执委混合,再选代表二人,区代表再与市执委混合再选市代表出席,如斯可以主委地位逐

级控制之。但为中委夏涛声、邹人孟、杨伯安所不满,并支持京市党员群起反对,遂一再延迟。后由经济部党员自行召开大会,选出朱宜人(即朱世龙,任经部主任秘书)为代表后以不了了之,但反赵之风潮,现更形成为推翻京市党部另行改选之运动。

二、套购烟煤之纠纷

京市主委赵瑞麟,以市党部名义,向经济部燃料管理委员会南京办事处套购烟煤,每月二十吨事。因避不公开,遂引起所属党员之不满,纷纷向该党中央检举,京市委齐植璐并于八月五日发表油印之公开质问信,遂引起该党要员郑振文对赵指责,现赵以孤立无援,极表消沉,大谈青年党不值得留恋之悲观论调。

按赵瑞麟之所以能出任京市主委,全系由该党前任组织部长郑振文之支持,现既因套购煤斤中饱事件,引起反赵之风潮,郑振文遂大为不满,赵即投靠该党前任中常委谢澄平,以作后援,盖谢正企图自成一小组织。但谢究非要角,经数次替赵瑞麟维护之后,竟引起该党实力派领袖左舜生之不满,并假中常会予谢以有力之打击,而属于安徽籍之该党中上级干部,对谢、赵亦取一致之反对立场,结果谢大感自身难保,对赵之支持更不敢有所表示,赵瑞麟之表示悲观其故在此。

第二章 江苏省

青年党在江苏之活动为时甚早,远在民国廿年即正式召开全省代表会,有江苏省党部之组织,及卅六年八月八日复召开第二次省代会。

第一节 二次省代会内幕

该党江苏第二次全省代表会,于八月八日假上海华山路五四一号该党中央党部举行。一千三百党团员之卅四县代表一致提出:(一)地方活动困难,(二)经费无法筹措,(三)要求公开挂牌活动等三类提案,经一日之讨论,未得具体决议而散。第二日大会选举结果,计执行委员崔冲汉、沈夔龙、史泽之、徐天从、李受之、梅渐农、陈咸森、吴天民、王德从等九人，候补委员计蒋光照、眭立生、陆炎、陈杉、展垣举五人。主席及内部组织、人员工作之分配，均尚未确定。

以此次大会证明，该省党部内部已分为两派，即曾琦方面之崔冲汉、沈夔龙、陈咸森、梅渐农，左舜生方面之史泽之、王德从、吴天民、李受之，双方均无地方基础，实力大小均等，此为主席及各部门人员之不能即时确定之主要原因。

第二节　大会通过之党务推进方案

一、关于省党部方面：

（一）完成各县普遍组织　本省六十三县市，应于一定期间普遍成立正式县党部，省方应加强督导制度，随时派员分头督导，并求平均发展，以免偏荣偏枯之弊。

（二）确定各县中心工作　党的工作应深入社会内层，官僚作风是自绝于民众，省党部应视各县需要斟酌情形分别决定中心工作，指示各县办理，以提高同志意识而加厚社会人士对吾党之信赖。

（三）分期举行党务训练　各县党务工作人员资历不一，影响工作效率自难期其一致，应由省党部设立训练班，分期抽调各县工作人员入班受训，灌输以党义及政治知识。

（四）编印党务宣传刊物，发扬党义端赖宣传，宣传之工具除刊物而莫属，故无论为日报或定期刊物，必有一于此，以资宣传，强曰经费困难，来源无从，亦在谋事得人，何往而不可行。

（五）交换各县工作情报　他山之石可以攻玉，况属党的整个工作，息息相关，同一使命之下焉可南辕北辙，故各县工作情形，例应遵照汇报，按期报省，再由省视其需要汇转各县，以称同声气并资借镜。

（六）执行各县对上建议　省党部居中央党部与县党部之间，负承上启下之责，下有建议，凡属省党部职权者，省党部自应立即设法举办;凡属于中央职权者,省党部亦当立即为之转呈核示,务使上下一体,以符民主作风。

（七）展开政治活动新局面　省党务活动应与省政治活动相配合,庶能收相辅相成之效。苏省党部尽可能迁移至镇江办公,俾与省政府发生密切联系;与各友党互相联络互通声气,共争民主,共谋国是,以便展开政治活动之新局面。

（八）促进地方政权高度民主化　开放地方政权,为吾党参加政府之先决条件,自当积极促其从速实现。惟政党最终目标,在于获得整个政权,本党对于部分配给式之地方政权开放,不能认为满足,今后当加强努力,务使地方政权高度民主化,于将来民选省主席,民选县长期间,本党占有领导地位。

（九）设立甄选同志从政机构　同志从政机会均等,惟有才具不同,旨趣亦异,中央焉得一一知之,深而用之当也,应由省党部成立专责机构,专事登记各县有志从政党员,慎重甄选,然后报请中央转向政府推荐任用,庶上无用人失察之弊,下无怀才不遇之憾。

（十）筹备举办民众福利事业　民为邦本,得民则昌,今民处水深火热之中,有待于救助者期望更切于云霓。饥者易为食,渴者易为饮,正吾党争取民心千载一时之机会也,如职业学校,如示范农场,如指导合作,如平民习艺,如法律顾问等等,在在足以举办。至于孰先孰后,当以人力物力是视,逐步实现推而广之,影响所及则党务顺利推进,自可预期。

（十一）增设专任工作人员　省党部向为经费所限,委员既不能经常办公,干事亦无一专职,行政效率不问而知。今后党务不欲推进则已,果欲推进,则工作繁重自非多设专人不可。

（十二）筹集党务固定基金　吾党向例征收同志所得税,抗战军兴遂告停止,今后仍当恢复征收所得税办法,此为基金来源之一。次之或特别募捐,或创设生产机构,要之无固定基金,则党务即失其动力。

二、关于县市党部方面：
（一）加强吸收优秀分子；
（二）迅速健全各级基层组织；
（三）按期举行党务集会；
（四）实施党务技术训练；
（五）展开对外党务宣传；
（六）争取地方文化事业；
（七）促进同志党务进修；
（八）筹划党务永久基金；
（九）指导同志参与地方政治工作；
（十）鼓励同志参加各项选举活动。
三、附则

本方案交正式省执行委员会分别执行：① 关于省党部方面者，酌量缓急，逐步办理完成。② 关于县市党部者，加拟详细办法分赐施行。

第三章 四川省

青年党三领袖之曾琦、李璜及中常委之大部分皆属川籍，抗战八年，川省更为其活动之基地，其组织之庞大，党员之众多，与地方势力之雄厚，皆为不可否认之事实。

该党川省党部之重要人事，现所知者仅主委姜蕴刚一人。盖全省代表大会，于七月廿七日正式开幕，会议进至第三日时，因为选举出席全代会之代表，"神社"重要干部邓兴亚等代表廿余人，首先对"行社"主持此次成都市党部所选之出席全省代表会之林光发等十代表，指为伪装选举，不予承认，而林光发亦斥邓为把持选票而来，亦不予承认。以此问题相持三日，终未获结果。省方遂电请总部请示，总部即电复谓"省代会不幸发生纠纷，短期料难解决，以此全代会可不必选代表参加"，但省方感于权利所在，未便牺牲，姜蕴刚乃策动党员，以党员促请省党部指派代表为名，乃发表左宏宇、胡和乾、廖志和等为出席全代会之川省代表。但又引起该党驻川中常委张化初、青成烈之反对，张等乃以驻川中常委资格，指派邱明高等人为代表，并提出三点，质询省党部：（一）去年省代会通知单位计有百余县，本年仅通知七十余县，其理由安在。（二）此次省代会为省党部控制甚严，显有左右选票之嫌，充分表现毫无民主精神。（三）省市党部开廿年之先例，合成三位一体，外则招□□络排除异己，安置私人，实非政党领袖应有风度。终致省代会无结果而散。但双方干部，以为此而各踞门户，形成三角内争之局面。

兹分志其全面动态如下：

第一节 组织

一、制订县市党团员现在服务公职调查表及党团员服务公职异动登记表，限期具报。

二、改组蓉市团部，以铁华峰任主席，刘体贤任秘书兼总务，蒋道任组织，吴锡九任宣传，殷平一任奖惩，苏公任任训练，谢中元任外务。

三、取消督导区督导员、视察员及特种社会活动指导员等名义，易以巡回视导员名义。

四、改组省妇女运动委员会，现任主席黎昌祝（姜蕴刚之妻），组织干事蒋道坤（初校委员），宣传干事余忠裂（陈谅叙之妻），县级者多在筹备阶段。

五、组织"工校"以吸收各级技术、机械、人力工人。主席张裕祥，为中国日报工务课副课长。

六、成立自贡妇女运动委员会。主委邓珏华，组训组长张碧君，宣传组长曾育淑，总务组长林世仙，文书组长王淑琼。

第二节 活动

一、设立成都"权舆通讯社"——该社由四川省银行董事会秘书周愚溪拉拢袁省廷、马东周、罗如军等所组织，已于八月一日正式发稿。

二、积极控制蓬溪县——该县所辖之三区,已有二区为其控制,并由熊国藩(县府军事科长)、谭绍文、刘子骥藉县府职员便利,侦察政治动态。哥老会领袖田狱东等积极作下层之发展,为便利活动计,对中共民盟分子均采旁观态度。

三、绵阳发动县人治县运动——由握有地方势力之林祯禧主持,印发传单,广招乡愚,图抓取地方政权。

四、攻击自贡市长——该党市委以三项办法攻击何绍南市长。(一)公开披露市政腐败,(二)宣讲何绍南为复兴社双料分子,(三)广事搜集何绍南贪污材料。

第三节 经费支绌情形

川省该党经费为该党中央所拨,现由物价高涨,经费顿形支绌,以致员工生活、办公活动等费均无法维持,全面工作遂陷于停滞状态,其经费之分配为省党部办公费月支廿万元,员工薪津(秘书、干事工役各一)月支四十万元。市团部办公费月支四万元,员工薪津(专任委员二人,干事、工役各一)月支卅二万元。县党部办公费月支四万元,员工薪津(专任委员、干事、工役各一)月支廿二万元。惟自九月一日起,奉该党中央命令,对于各级党团工作人员待遇重加调整。省级专任委员月支卅二万元,干事廿六万元,县市级专任委员廿八万元,干事廿二万元,初级专任委员廿六万元,干事十八万元,自此项新标准发表后,蓉市团部委员、干事大表不满,坚请该党划一支薪额,并提高薪津,以免形势工作同志之情绪,否则前途实难乐观。

第四节 竞赛动态

青年党川省之竞选运动至为紧张,一方面作积极之地方活动,以取得胜利,同时,报请全部候选人员由该党中央向政府提名,作地方竞选之补助,另一面颁发"竞选须知"指示各级干部,以应付此一空前之竞选浪潮,其详细决定为立案竞选为每县一人(名单略),国大代表之竞选,为每县提候选人一名,成都、重庆、自贡市各二人，由该党中央向政府交涉。

第五节 《新中国日报》之纷争

青年党在四川原有"神社"与"行社"两派之争，因双方夺取该党之成都《新中国日报》事，相演愈行剧烈。

《新中国日报》原由"神社"分子掌握，李璜任社长，以下皆系李之干部，致对"行社"采闭门主义，而引起行社之极大不满。迨李璜因拟安插干部于政府机构遭张群拒绝后，该党要员左舜生、常乃德、陈启天、杨叔明等对李大为不满，同时《新中国日报》内部腐化不堪，遂为久思染指之"行社"分子以可乘之机，而电呈该党中央改组，几经冲突，李璜卒遭去职，该报遂入"行社"之手。

青年党中央于六月十七日命四川省党部主席姜蕴刚兼任社长，蓉市团部主席铁华峰任编辑后，"行社"以经费困难为词，大裁"神社"分子以为报复。而神社由于李璜之魏时珍（成都理学院院长）之暗中支持，及林德荣之出面反对，演成罢工风潮，终被迫停刊。后经姜蕴刚等四川省委数人从中和解，始得于七月廿六日复刊。但该报之"神社"分子为安全计，近已组织"社内联合阵线"以谋抵制，两社遂由明争入于暗斗之阶段。

第四章 贵州省

青年党贵州省党部，最近始告成立，其省方主要人事为：

主席张怀冲（曾任该党黔籍国大代表）

秘书长及宣传处长段叔瑜（曾任行政工作）

组织处长陈立言（大夏大学毕业，为一现代商人）

训练处长刘公亮（曾任黔省府秘书长）

奖惩处长王维泽（曾任师长）

该党全省党员据段叔瑜发表在二万人左右，已成立县级组织者六十余县市。惟贵定县活动颇力，该县青年党书记长王仲华竭力拉拢东北军退伍师长张照崇，由张介绍入党者已有二百四十余人。他如盘县、绥阳、毕节等县活动皆颇积极。

第五章 湖南省

第一节 第一次省代表大会

筹备经年之省党部,经于〇〇年七月廿日召开之全省代表大会后正式成立。该会于七月廿日召开,出席县市代表四十人,特由该党中委段慎修(现为中常委)由沪来湘出席指导,计选出夏乃炎、文任武、王况裴、杨仲义、龚仁杰、张任为、石振华、陶元珍、高异群等九人为执委。张寿颐、钟世萍、谷飞三人为候补执委。并选出文任武、周寿观、夏乃炎、廖敏四人为出席该党十一次全国代表大会湘省代表。

兹将一届执委职务略历表列于下:

职别	姓名	年龄	籍贯	略历
主席	文任武	五十二	宁阳	曾任师政治部主任、财政厅科长、《全民日报》主笔、国大代表。
秘书长	夏乃炎	三十一	益阳	
组织处长	石振华	三十二	宁阳	
训练处长	陶元珍		四川	现任湖大史学系教授。
宣传处长	杨仲义	五十	长沙	现任湘潭永利化学公司经理。
外务处长	张任为	三十	益阳	武汉大学毕业。
奖惩处长	高异群	四十		现任湘南公路局总务科长。
妇女会	徐叔坤	四十三		
执行委员	王况裴	五十八	衡阳	武大毕业曾任行政院专员。
	龚仁杰	五十七	长沙	曾任副师长、旅长、省府顾问。
候补执委	张寿颐	三十七	宁阳	
	钟世萍	四十三	安阳	现任安阳县参议员。
	谷飞	五十	来阳	曾任临时县参议员桂阳县长。

第二节 活动概况

一、组织活动——已正式成立县市党部者有长沙市、衡阳县及醴陵县,以长沙市最活跃。筹备中者有卅二县,共有党员二万余人,预备党员(青年团员)一万余人,党员以学生最多,尤以湖南大学及民国大学为最。党务之发展列为该党全国第五位。

二、宣传活动——发行《中华时报》长沙分版,及组设新中华书局。前者已因经费无着搁浅,后者由文任武积极主持,发动党员"万元一股"运动,正扩大募款中。此外长沙市党部主编之时论半月刊,已发行创刊号。

三、利用政团——地方自治协进会正式成立于卅六年六月一日,理监事卅二人中,除鲁荡平、胡庶华外均为该党党员,实为该党一有力之外围组织,现对各县市分会,筹组不遗余力,藉以掩护其基层发展。同时企图发展其在省参议会中之秘密直辖小组,故对左舜生之湘省参议员缺额,竞争颇烈,旋因政府尚无补选命令到湘,乃暂停补选。

四、利用交通机构——该党为配合其卅六年经济计划,拟设立转运行于全国各铁路,其总行设于衡阳之湘桂黔路衡阳西站,该党衡阳市县党部所在地。由该党中委陈一波主持,已遣派部分人员渗入衡阳站工作,现正多方与粤汉路方接洽,并次第向各路发动。

五、利用国民党改组党团合并时引诱青年入党——自党团合并消息传出后,各县青年团员顿表消极,并有一部分与该党负责人接洽,如果青年团正式取消,甘愿一致转入青年党,该党则乘机竭力引诱,参加该党者已大有人在。

第三节 经费来源

原拟采党员养党制,每个党员月征二万元之办法,但困难甚多,迄未能普遍征收,省级大部经费,仍由中央补助,但仍不敷。县级采自筹方式,仅正式成立县市党部者由省津贴月为十万元。

第四节 内部人事磨擦之一斑

该党临时省党部时之执委梅蔚南、张树勋、黄凤池等，以文任武专事独裁，彼此意见颇深，不能合作，致该党中央前曾有调文改任中纺公司上海分公司经理之说，此次段慎修来湘，名为指导，实为调解此人事磨擦。但以文在湘之地位及能力均极卓越，倘有他调影响匪浅。故决定仍由文继续主持，而另辅之以新自该党中央回湘之夏乃炎、石振华。并选拔下级干部升任省委，以资调整。

第五节　重要县市动态

一、长沙市——主席廖镇华（国民党党员），市党部下辖一至五五个区党部，三区已告成立，为该党湘省党员最多之一县。

二、醴陵县——该党县党部主席罗任劳，廿余岁之青年学生，其号召方法，仍以参加地方政权为幌子，引诱不少投机分子参加，曾一度盛况空前，现已大非昔比，率皆纷纷脱党，公开刊登退党启事，似已入没落阶段。县党部于卅六年五月卅日成立，为全省四个县市党部之一。

三、岳阳县——本县虽尚在秘密活动阶段，但其气势颇盛，目前已正式参加该党之人士，多为当地素具声望之人物，如主持人何鼎（为国民党岳阳县监委兼县社会科长，九月初已免职，□□□□早生），及商会理事长唐虞，均曾出任该县国民党常委及临时参会议长等职务。

四、宁乡县——该县系青年党湘省首要人物文任武、石镇华、张寿颐、周□、夏敏等之家乡，致中下级干部极多，实力颇为雄厚，近更积极作竞选之各项准备工作，各方之活动至为紧张。惟尚无正式县党组织。

五、湘潭县——筹备县级组织之主持人，为现任县银行经理杨叙然，活动侧重于本县工商界有力分子，近来接触频繁，且杨某在县金融方面颇具实力，闻参加该党者已有百人以上，近复以党团磨擦之机会，竭力争取中间分子，被其拉拢入党者为数颇多。杨某更积极筹募基金，现已愈三千余万元，将为省经济上一大资助。

第六章　福建省

青年党福建省党部于○○年七月廿四日在福州召开第一届全省代表大会,又选出主席刘永济(兼外务处),秘书刘崇干、林允高,组织处陈国振,宣传处林鸣祺,训练处姚禄、郑学立,委员林敬、邓俊。并选出郑学立、刘崇干、陈则道、萧笠云四人为出席该党十一次全代会代表。该党全省已正式成立之县党部约廿二县之多,兹将各县负责人列后:

永泰(朱万)、泰宁(邓俊)、南平(陈承元)、崇安(万寿康)、长乐(刘家余)、秣森(林蔚)、闽清(黄世广)、福州(刘子健)、古田(卢世杰)。

第七章　江西省

青年党在江西之活动,始于熊大同、熊恢、谢济川,扩大于辛植柏等,致有元老派与实力派之争。

第一节　全省代表会情形

一、省代会原定八月一日开幕,三日闭幕,嗣因代表未能到齐,延至八月三日始正式开幕。临时主席辛植柏主持选举主席团之际,熊大同起立以各地代表仍未到齐,会议仍需展延,辛则谓代表已到□数仍应开会以对,两者相持不下,熊大同、熊恢、谢济川即宣布退席,而为辛所预伏之便衣所阻,卒半迫参加会议。首先分宜代表张国与以党内不论资格,只问工作成就数语,得大多数之赞成,随以此项论说为大会选举之原则,结果于同日下午选出执行委员辛植柏、宋继齐、张国与、叶时修、王改、尹炎农、邓善先、黄明调、朱垂等九人。候补执委刘祖昌、熊大同、黄光辉、杨永清等五人。

二、此次选举,熊恢、熊大同、谢济川皆落选,嗣经监选人宋树人之调处,乃将二熊补入执委。但熊等颇不满意。四日遂另召集有关之代表开会,决定对辛植柏所把持之会议不予承认,另推熊恢为该省主委,两方势成敌对,熊、辛两人先后去京就中央作一解决。

三、大会中宋树人曾说明该党在江西省不应作公开之活动,因为（一）限于经费，（二）秘密活动较为便利，（三）该党党员多系跨党分子，且在政府机关工作，一旦公开，必将遭受严重之打击。但今日之该党，在南昌早已作公开活动。

第二节　组织系统

中国青年党江西省执行委员会为该省最高之领导机关，市县党部之下为区分部，分部之下设小组，小组为该党基层组织，每组廿人至廿五人（亦有五人至七人之小组，该党未有严格规定），每组设组长一人。"特别小组"系超越阶层，由高级直接领导之最小单位。

第三节　经费来源

六月份以前由该党中央按月拨法币四百万元，另按期发给该党发行之《中华时报》、《青年周刊》、《青年生活》等七百份，以销售所得补助作活动及宣传费用。

第四节　活动概况

现时之活动，以积极吸收党员为中心工作，其号召口号多以参加地方政权等富于诱惑力者，致一般失意政客及知识分子皆趋之若鹜。尤特许国民党党员可不办脱党手续，即可秘密跨入该党，因之，意志不坚之国民党党员，秘密跨党者为数颇夥，如国民党江西省党部专员周邦道、心远中学教导主任陈途华、新建县中校长王政、水利局职员丁家祥、省立实验小学校长刘保康及大部分教职员等。

第五节　各县活动概况

一、南昌市——南昌市执行委员会已正式成立，由前省执委谢泽周兼主任委员，对党务之发展，甚为积极。

二、清江支部——全部活动由前省执委熊大同主持，并以临江中学为核心，全部党员已逾五百余人，该党对清江工作颇为重视，曾于三月间专拟组织费一千万元，现支部已正式成立，并另组"□□中学校支会"藉作外围之发展。

清江县属樟树镇,为赣江流域重要商业要冲,现由省银行樟树分行经理曾荫生及赣保第三副总队长林维城分别活动,党员亦达二百余人,多为地方上之大贾富商,情势颇紧张。

三、万载县——该县为青年党活动之渊薮,自辛植柏、辛锺灵、辛安世一旦登龙后,诚为一强烈之诱惑,辛等遂利用此良机,分派重要分子彭允升、朱文瑛、袁炳照等大肆活动,并以青年党将在南昌设大学一所,该党党员可免费入学;该党参政机会极多,能力较强之党员皆有位置安插等为号召,目前之发展正方兴未艾。

四、安义县——本县青年党主持人,为县府教育科长黄芝华,黄曾在临江中学执教,与省委兼宣传处长熊大同关系甚密。其吸收党员之方法,藉"有为青年研究社"托词,受教育厅周厅长之嘱,在本县组织有为青年,研究社会政治情形,以进修学术而谋改造社会,所以由我来组织一个有系统的团体等语。青年受其引诱参加该党者已逾百人,惟其仍属秘密活动。

五、资豁县——由省参议员黄纫芳主持,国民党县党部监委兼政府社会科长徐敷晋,县民政馆长魏绍征等多人皆为有力之协助,尚无正式名目,彼等组织之中华宪法促进会,系目前之临时掩护团体。但其活动颇为有力,公教人员及学生加入该党者已达数百人之多。

六、分宜县——该党近派赣西特派员张国兴主持。参加该党者多属县方要员如县府教育科长范廷光、田粮科长谢杰、军事科长方修文、县参议会议长袁亚甫,县府职员十五人,分宜师范员生约七十余人,县参议员多人,及警员九十余人,尚有士绅等,为数已近三百人,势力颇为雄厚。

七、丰城县——本县由蒋正负责,尚无正式组织,仅以兄弟会名义向外活动。

八、瑞昌县——本县党部尚未正式成立,现由李大谋负责筹备中,已设有筹备处进行活动。

九、瑞金县——本县负责人谢淑和,仅在暗中吸收党员,现达人数约百余人。

十、泰和县——本县负责人康裕煌,现以"中国学会"名义,向外发展党员。

十一、黎川县——本县已成立县党部筹备处,由邓文湘负责,现已发展党员约二百余人。

十二、奉新县——本县由李炳□负责,以"中国学会"名义向外发展党员。

十三、安福县——本县已成立县党部筹备处,由刘中骏负责,现已发展党员约数十人。

十四、鄞阳县——本县由李题负责,设有国立商行为工作活动机关,现已发展党员近百人。

十五、九江县——本县由熊怙负责,现已发展党员约二百余人。

第八章　湖北省

该党鄂省党部主委胡自强(武昌中华大学商学院长),委员有张薇星等(张为汉口工商银行副行长),活动方面虽极努力,但实力未见增加,其地方活动以汉口市为积极,其余如沙市、宜昌、天门各地,皆寄附各机关团体,作发展之准备工作。

汉口市党部之组织,主委刘队业,市党部下设四委员会,六小组,每组六七人为标准。

其在本省及汉口市之竞选活动,已有李甫华、刘集声、胡硕生三人,参加国代竞选,最近送与其各地党务负责人联络,作竞选之商权。

第九章　北平市

自陈海武出任该党市党部主委后,发展颇为积极,并举办演讲会,训练党员从事参加政府政权之准备。对各小组之组训工作,亦在拟订各项办法,以期加强党员之认识与信念。

除市党部外,平市尚有两大据点,作辅助之活动,一为该党立委傅继良主持之介寿中学,一为该党市委郑独步主持之北平市公共汽车管理处,安插党员及拉拢该党关系力量极大。但最近均遭受社会人士之不满,傅、郑先后去职,蒙受相当打击,现正利用介寿中学校长武弘毅及该党平市党委,分头呼吁活动,俾能专人掌握,但反应似甚渺茫。

对于选举一项,活动亦甚激烈,风闻国大代表已内定胡适、石志泉(民社党)、郭德洁(李宗仁夫人)后,大表不满,为此事曾有集会,继续争取,以求增加名额。

第十章　山东省

本省系为战区,各地尚未见党派之积极活动,青年党在济南市方面者仅有新闻联合会之何冰如、正报记者赵子玉、救济总署科长杜仁斋、前乐陵县国民党代理书记长王子均等人。其对大选竞选之动态,悉听命该党中央之三项通知,其原文为国代监立委之候选人,国民党依据政党提名法提出候选人时特发左列通告:

一、各项候选人提名其权决定中央,但为缜密起见,由各省市党部分别推荐,听候核定。

二、国代候选人应就该省所有之县市,每县市推荐一人,万不得已,无人可推选时始能放弃。限八月底报来本会。

三、立委候选人,每一选区务须推荐一名,监委候选人,每一省市务须推荐一名,限九月半前报会。

四、凡有参加职业及妇夫竞选者务须取得职业团体会籍,并将所属团体及自己竞选志愿依照上列限期汇报本会。

五、选举问题一切在协商中,未到决定阶段。应行准备事项,限期准备完成,以免无所措手。

第十一章　安徽省

本省青年党之活动,以芜湖方面较为活跃,宋树人虽为本省之总主持人物,但以声望过低,不为社会人士所重视,虽舒城、涡阳等县稍有该党活动,但不起作用,如安庆省女中校长邓季宜之跨入该党,尚系农林部专员王闵予来安庆视察时所拉拢。

其芜湖市之组织为主任委员殷光浩,现任省委及安徽学院教授,委员范桂三、王品三,皆为其有力之协助人员。对辖区南陵、繁昌、泾县等县亦皆派有专人活动。

该党在皖南仍取秘密方式,凡党员入党除登记、填誓书外,并缴入党费六万元,团员入团费一万元,无论党团员均须订阅该党机关报上海《中华时报》一份。

第十二章 浙江省

青年党浙江省党部,于八月三日召开之第一届省代会后正式成立,选出执行委员刘子□、叶□、李禹勋、冯一尘等九人。活动情形似较沉寂,下层县级组织有吴兴县党部筹备处,主任汪志清,崇□县组长黄文典及玉山县王启铭等。

第十三章 西康省

第一节 活动情形

青年党在西康之活动以雅属及西昌最力,雅属以省执委徐思执为首,利用雅属县参议长孙述尧竞选国大之机会,与孙互为利用,由该党支持孙述尧竞选为条件,由孙以其地位尽量拉拢乡镇长,乡镇民代表主席及中心学校校长为青年党党员,以期把握选票,奠定该党之基层力量。

西昌方面由省立西昌师范校长郑凯南主持党务,该校总务主任谌麟铅主持国务,利用各种机会,如召集西昌中等学校联谊会,设西昌省立师范暑期补习班等,积极吸收党员,并经常举行秘密集会,时作商讨,情形甚属紧张。

第二节

竞选方面,目前已公开活动者,为该党之宁属屯□委员会边务处长陈正刚,除向该党为积极活动外,并函国民党宁南县党部书记长程古椿出面为其活动。

第十四章 广西省

本省党务,尚在临时建立阶段,主委李世昭,委员何济则、苏汝淦、张家成、陆险等四人。虽有每人介绍党员百人即有充任省执委资格之引诱办法,但迄今党员仅全省七百余人。该省党部主委王世昭,现正以"拉"的方式积极罗致党员中。

第十五章　台湾省

秘密活动负责人为朱文伯,前曾迭任福建军职,现充台省府专员,但作积极活动者,则为台省教厅视察华松年,拟在教育界中渗入青年党人员。其次为基隆市张源,以其通过公司经理身份,已将该公司成为清一色青年党分子,现正作争取各机关重要职务之工作。

〔中国青年党等党派全宗汇集〕

3. 国民党中央联秘处关于中国青年党活动专报(一)

(1947年3—11月)

(1)党派活动专报第十、十一期(3月　日)

中国青年党

一、训练京市新进党员

青年党南京市党部于二月十一日晚七时在梅园新村十九号召开"新进党员小组训练会议"。组长史泽之,副组长凌权,参加组员共九人。首由组长报告小组训练意义及该党抗战期间由沪迁渝经过情形,以及该党《中华时报》每月亏空六千万元,维持至感不易等语。并由主委宋树人报告京市党部所属党员约计二百人,共划分五小组,决定每二周开会一次。又青年党中央组织部,闻最近已通令该党各级党部积极发展党员,以为未来竞选之准备。该党南京市党部于接获指示后,已转饬各小组令每一党员每月必须介绍一人入党云。

二、刘泗英对党员指示时局

青年党冀省主委刘泗英,自去年十二月中旬后,经常每月在东城什锦花园吴佩孚故宅传见各级干部党员,指示目前时局。大意谓:此次国大召开颇为圆满,宪法内容较五五宪草为民主。此次民社党参加国大亦系由本党(指青年党)之拉拢周旋。但政府改组,本党上峰绝无作官之意,因现在中国官吏尚未澄清,不能实行本党主张,作不好反失人民信仰。惟中下层参加政府则无异议。至共产党方面一味拖延,不以国家民族为重,系欲拖到第三次大战再起,目前谈判仍属具文,毫无诚意。故本党同志须特别认清目前时局,尤其须认清国际间之错综复杂关系,至第三次世界大战,恐终不免,近则三年,远亦不出十年,本党同志现多向实业方面努力,实为良好现象,因现今本党党费均为各同志所交,党费及捐助仍不能自给自足,仍望大家同心协力,今后本党同志,应多注意训练及组织工作,须建立巩固基础为将来政治斗争准备,现计划于卅六年春在平开办党员训练班一处至三处,因经费及讲师问题尚未确定(讲师大部在上海),故开办日期亦不能确定。

三、川省代表会重要决定

青年党四川省全党代表大会重要决定:(一)确定国大召开后,各县市执委会主席人选问题。(二)加强组织及大量吸收党员。(三)在宣传方面,对中央之□□出席国大予以抨击,并造成该党发展党务之有利环境,今后并散发给各代表大批党章、政纲、《国家主义青年团团章》、《中青简史》等册籍及入党表格等。

四、在四川各县之活动

(1)青年党自贡市区部,近在贡市筱溪川主庙米行盐业合作社举行会议,计到刘绽桂、喻洁仁、戴瑛、刘家举、常渊如、朱天华、吴仲衡、常积熙、罗家道等。首由刘绽桂报告该党此次省代表会经过,并谓:该党合川已有党员四百余人,其中女性占大半。新都县近已吸收党员甚多,此次省代表会本市(自贡市)区部已领得党员登记证千余份及□纲等文件多种,希各同志今后尽量介绍党员入党时,缴费一万元。又自国大以后,本党将正式挂牌设立党部,公开活动,今后如有他党胁迫本党时,可电告中央党部,当提出抗议。至各区分部组长将来均须调训,地点已决定在本市竹棚子等语。又该党贡市部委陈洪贻于出席该党四川省代表大会返贡后,曾宣称此次省代表已决议自贡区部今后指挥十一县,计自贡、荣县、威远、富顺、内江、隆昌、简阳、泸县、资中、资阳、荣昌等,并联合十一县创办刊物一种,定名《民风》,将于最近出版,暂发行八百份,候将来不敷时再增印等语。另悉该党贡市区部组织科长林作念,近曾介绍市师国文教员彭介眉参加该党,并将在该校设一特组,由彭主持。

(2)宜宾县青年党负责人彭次三于参加该党川省全代会返宜后,召集该党宜宾首要杨家骅(宜宾支部秘书)、曹晴波(组织组长)等十余人,在合江门中华招待所开会。决议:(一)政府改组在即,本党同志应看准目标,把握时机,促其实现,以争取本党政治地位,同时并应牺牲私人意见,以求团体发展。(二)目前川南环境恶劣,各方对本党尚有甚多不了解者,希望本党同志应审慎从事,勿轻举妄动,免遭挫折。(三)本党拟在宜举办刊物,除呈请上级协助外,望各同志一致为力,并拉拢各帮会社团同情互助。

(3)青年党四川省委刘历荣(德阳人,现任川省府统计室主任)、铁华峰(成都人为回教徒),于元月十六、十七日,在孝泉场召集德阳、绵竹两县青年党负责人举行秘密会议,计到绵竹代表支蜀镂,德阳代表钟孟玖(德阳人,现任德阳县建设科长),及党员刘赓唐(现任德阳县参议员)、刘伯厚、杜孟笙(德阳孝泉警察所所长)、廖卜熊、张伯英、张亚宇等十余人。讨论结果,决议:(一)加强绵竹党务及绵竹与德阳两县之联系。(二)由刘伯厚切实掌握跃跬乡新选之乡长陈达三、周继恭。(三)孝泉镇乡长洪少章有辞职意,应由刘赓撑持,杜孟笙、张亚宇出任。(四)设法掌握保民代表准备将来竞选。

(4)乐至县青年党活动情形如次:(子)组织及人事:该党现

于乐至成立中国青年党乐至县党部筹备处，以现任县府财政科长王仲庵为主任，教育科长龚代远为组训干事，民政科长厂又闻为宣传干事；下各乡镇成立区队，利用现任中心学校长为区队长，负责吸收乡镇干部及小学教员为党员，并以现职之保证为引诱。因此，多数中心小学校长及乡镇长均加入该党组织中。（丑）经费：该党经费来源由成都中青省党部供给，每月活动费用拾伍万元，除联络员月支固定津贴三万元外，其余纯为义务职务，并尽量公开贸易，以利润提作工作补助费，以减轻党方直接负担。（寅）活动方式：采取秘密方式，吸收党员须经该党员二员以上之介绍，由入党者填报入党志愿书联单，经认可后即为正式党员。吸收对象，除教育文化界及乡镇干部、哥老外，国民党犹豫分子参加该党颇不乏人云。

（5）成都市青年党青年团于二月五日午后在奎星楼街二十九号团部举行团务会议，决定实行团员训练，地址设于团部内，每星期日集训一次，四周结业。授课时间，自午前十时至午后三时，午餐由该团供给，并聘定姜蕴刚、常燕生、黄石子、魏时珍、黎昌视、铁华峰等十余人为讲师，定于三月九日开班。至训练班经费由该党中央拨给云。

（6）江津县青年党现利用旧军人廖海涛（前刘湘部下师长）拉拢地方士绅赵继成、龚秉刚、郭世福等积极发展地方组织，目前已有五百余人宣誓入党，该地并已成立临时县党部，由赵、龚、郭三人负责，并由廖、赵捐出五十万元为开办费云。

（2）党派活动专报第十二期（3月15日）
中国青年党

一、中青在湖南

甲、青年党湖南省党部组织：主席文任武（宁乡人），组织处长梅尉南（宁乡人，其职务暂由周寿觥代），宣传处长黄凤池（靖县人），社会处长夏开敏（益阳人），秘书长张树勋（又名竹桥宁乡人），只有督导员夏尔康负责湘、鄂、粤、桂四区督导责任,现在粤活动。

乙、县市级组织

1. 长沙市主任汪涛,组织张任为(均益阳人)。

2. 宁乡县主任廖叔立,组织文芝山(均宁乡人),宣传黄雨清(江苏人)。

3. 衡山县主任廖烈山(长沙人任职南岳军官总队)。

4. 醴陵县负责人吴晦华(县师校长)、李若萍(教育科长)、罗任劳(区负责人)等。

5. 永兴县主任陈一清。

6. 常宁县负责人祝傅安(女)、谭嗣冲、周礼、陈学智等(谭、周、陈曾任教育局长、县府科长等职,均为国民党员)。

7. 省党部所在地:长沙肇家坪二十三号。

丙、经费来源:该党中央每月津贴五百万元,颇感不敷。

丁、工作人员待遇:省级职员每月二十六万元,县级每月十六万元。

戊、活动方式:

1. 掌握学校:文任武接收自治女校自兼校长,林伯森准备任兴华中学校长(正与李玉堂将军交涉中,因该校系李氏创办)。

2. 创办报纸:准备恢复《霹雳报》,并另办一大报。

二、中青在四川

(1) 成立四川省妇女会

中青川省党部去年全省代表大会时,通过开展妇女工作一案,由妇女代表黎昌祝(姜蕴刚之妻)负责草拟计划,成立妇运机构。该项计划业已拟就,定名为"中国青年党四川妇女会"。各县成立分会,负责人由各县、校内定妇女同志名单,送省会核定。省妇女会设主席一人,秘书一人,下设组织宣传二组,经费由该党部供给,已于本月一日在支矶石街五十四号中青省党部内成立,黎昌祝被选为该会主席。

（2）调整眉山县党部人事

眉山中青为严密组织及巩固基层力量，于去年底即开始调整县校组织及人事，刻已调整竣事。设主席一人，执委五人，监委二人，秘书一人，比照中心学校教员支薪。执委会为区，区设主任一人，现全县分三区，乡以下每乡设组。国家主义青年团纳入党内统一领导，中国青年社则单独领导，用作哥老活动。

（3）蓉分团参加青帮活动

中青深入下层群众之活动策略，在于运用哥老及青帮，把握群众，使一般无知之徒为该党利用。该党蓉分团负责人文建成及新《中国日报》记者林德云等九人，于本月十二日晚十时在外南鑫记木厂设香堂，拜中青省党部社运负责人铁华峰为师，参加青帮，以便文某招收徒众（铁某系青帮广义堂执法）。

（4）青神中青决定本年度活动策略

青神县中青负责人戴贤文、曾宪章等，于本月十日假寒假师生联欢名义开会，对青神三十六年度工作决定：① 卅六年度为选举年，发动各级组织争取各级选举。② 征收党员，数值并重，并配备强有力之武装以为党的保卫。③ 以县立中学与崇本中学为吸收党员根据地。

（5）广汉中青积极整理内部

广汉县中青负责人李天培、县委兼组训张文清等，自赴蓉出席省代表大会返县后，刻正积极整理内部进行：① 清查党员加强组织；② 介绍失业党员打入各机关、学校；③ 吸收新党员，调整人事。

（6）乐至中青积极活动

乐至县中青活动颇为积极，已成立乐至县党部筹备处，各乡镇成立区队，利用现任中心学校校长为区队长，负责吸收乡镇干部及小学教员为党员，并以参加后负责现任职务决无问题为保证，引诱多数中心小学校长及乡镇长参加组织。经费由中青省党部每月发给活动费十五万元,联络员月支固定津贴三万元,其余纯为义务职,并尽量公开作生意,以所得利润提作工作补助费。活动仍采取秘密方式。

(7)自贡中青组织《民风周报》

自贡市青负责人陈洪贻、赖德川、刘绽桂等在国大开后,即拟正式召开成立区党部,领导荣县、威远、富顺、内江、资阳、资中、简阳、隆昌、荣昌、泸县等地党务,特先组织《民风周报》,以期扩大宣传,争取群众。惟该报未经政府批准发行,刻仅秘密销售而已,并以结盟方式发展组织,其外围警丰社为适应工作与环境,现已更名为家志社。又该党市党部基金闻已筹足二千万元。

三、中青在北平

北平市汽车管理处处长郑独步为青年党首要分子,郑利用职权在处内大肆吸收职工为党员,并组织"公共汽车管理处特别分团",由该处股长郭剑桥、庶务雷玉丰等负责。

(3)党派活动专报第十三期(3月30日)

中国青年党

一、曾琦与周济道分裂之前后

青年党自赵毓于投入伪组织后,赵遽以该党中央政治行动委员会委员长名义自居,赵任伪农矿部部长,周济道任司长,周不满赵之所为,亦自行组织中央政治行动委员会,自任委员长,于是周、赵各行其是。曾琦在上海主持党务,见此情形,曾于卅一年来京镇压,惟周济道当时与周佛海关系颇佳,并得伪组织津贴每月五万元,曾只得败兴而返。胜利后曾琦由平赴渝,得政府谅解,积极整顿党务,并在渝召开该党全国代表大会,代表由渝少数人圈定,东南陷区党员几全部抛弃,致引起多数党员之不满,但一般均曾参加伪组织工作,受曾所恫吓,亦敢怒而不敢言。独周济道与政府关系颇多,大不为然,纠合多数不满曾之人,如杭鲁光等起而抗曾,乃捏造七七干部会议之名自任委员长,于南京白下路五福巷卅四号之二住所内成立中央委员会,发表宣言,招待记者,曾虽数度派杨廷寿经劝,以条件问题未获协议。至此曾、周之裂痕益深,后又因党内金钱分配不均,各怀异意,周乃乘机发表中央委员廿八名(如丁仲原、朱维琮、茅易元、王一岑等),复先后拉拢汪子云、沈天民、许耀计、许传音等为中央委员,自兼组织部长,汪兼文化部长,沈兼宣传部长,丁兼京市党部,朱兼沪市党部,终以周为人量小胸窄,做事独裁,除丁、茅向接触外,余均敬而远之。初时周本为要价还价,后见事僵持,乃于国大召开前私派代表往见雷震、吴铁城,否认曾琦所提名单。政府并未置问,乃于愤慨之余,拟加入民盟或中共,汪、沈不同意此举,遂陷进退维谷之境,偕汪、沈赴沪,往访罗隆基、章伯钧,讨论参加民盟事,未谐。再访董必武、陈家康、王炳南等,中共方面因感周平时与中统局方面过于接近,婉词拒绝,且对周亦估价不高,现周颇有末路穷途之慨。据悉周最近动向,充实理论,并印有该党理论与政纲,革新运动集在印刷中,集中力量经营青年电台,作两三个月之营利,弄一部分经济,以陶素原会名义,筹集党费,以便长期支持与民盟、中共加紧拉拢,定三月廿一日赴沪召开座谈会,藉以联络文化界及各党派人士,企图使沉寂已久之空气重新掀动,并拟散布不利曾琦谣言。

二、最近在江西之活动情形

(1)组织概况

江西青年党执行委员会由该党中央委员熊恢(丰城人,为剑声中学校长,住校内)兼任,国大召开时,熊以公开名义代表该党参加。继因政府改组,该党即将名册送交政府,故熊现仍留京静待发表。现该党在省之活动,暂由该党江西省会谢宝山(剑声中学教导主任,住校内)、熊科长志仁(卫生处第一科长,丰城人,现住卫生处)二人代理。南昌市党部执委会主委则由该党江西省委谢泽周(别号济川,瑞金人,现住狮子口二号)兼任,市党部办公地点设谢宅内,在省党员据闻已达三千余名,其中以公教人员为最多,占二千三百名左右,学生占四百余名(学生以社师为最多,约二百五十余名,原因系该党江西省党委程宗宣任社师校长,其余中正大学三十余名,各中等及专科学校三十名左右),商界最少约三百名左右,分别就各党员住址职业编为若干小组及特别小组(特别小组以小学教员为主),每组各设组长一人,负责组内一切事宜,并以该党党员二十至廿五名组织之。

(2) 活动经过

A、组织发表——各党员平时以秘密、公开两种方式宣传该党宗旨,蛊惑青年加入。参加之新党员,均由各党员相互介绍,与负责人谈话一次,认可后即填写表册誓词,并缴入党费壹千元,参加宣誓,于每星期六晚九时在状元桥剑声中学校长办公室内举行,布置简单,中间悬挂中华民国万岁,左边挂该党宗旨,右边挂仪式(宣誓开始,主席就位,全体肃立,向中华民国万岁行鞠躬礼,宣读誓词,主席致词,介绍人详述介绍经过,宣誓人致答词,散会)。每次宣誓由谢泽周、谢宝山等负责主持,向党员讲述国家主义,鼓励党员为国家民族前途应尽力忠于该党等语。宣誓后即可为正式党员,发给临时党证。各党员均以同学相称,负责人则称老师。

B、会议——特别小组每隔一星期在实验小学开会一次,校长刘保康(兼特别小组组长,全校教职员均为该党党员)主持商讨该党活动办法的工作进行方针有关事宜。

C、该党主要党员散布概况——市府所属之一、二、三区区长及各小学教员,水利局丁家祥、省参议员程宋宣、心远中学教导主任陈途华、新建县中校长王政、国民党省党部专员周邦道、南昌实验小学校长刘保康等。

D、今后活动计划——据该党江西省委(现代理主委)谢宝山称:最近奉该党中央党部令,该党于本年四月公开活动,并于暑假中训练在省同志伍十名,为下层重要干部,以期加强向外发表。

(3)经济来源

由上海该党中央党部按月拨款四百万元,并发给该党所办之《中华时报》、《青年周报》、《青年生活》等计七十份,所得报费一并作为特别及经临经费。

三、《中华时报》内部发生倾轧

青年党上海机关报《中华时报》除社长由左舜生兼外,其内部负责人大部为该党重要分子,近以观点不同而发生磨擦。其总编辑崔万秋为该报左派人物,其所引用之编辑记者均为崔之学生,思想亦趋激烈,其副社长宋涟波所领导者为右派,亦即代表青年党正统思想者,故宋派人常目崔派人为小共产党,因此感情不洽。三月四日,崔派杨濂沅之所编华国副刊,登有黎焚堇(化名李卉)之《黑夜的绅士》一篇,暗中影射青年党之投机,并讽刺副社长宋涟波。刻宋已向左舜生提出严重交涉,并待崔自日本返国后解决。此一问题,左氏除极力调解外,并亲拟启事一则,登于三月十一日副刊栏内,表示歉意。目前双方暗斗,仍在高度酝酿中。

四、在四川自贡之活动概况

(1)沿革:自贡市之中青组织与活动,始于民国廿一二年间,其时虽有组织,但不健全,且少活动。迨至民国卅一年,其时中青委员王楠(又名庆生,现任省督学)任市府教育科长,乃与当地教育界人士曾子郁(蜀光小学、昌平小学董事长)、侯性涵(蜀光中学董事)、余厚卿(旭川中学校长)等勾结,并诱惑彼等加入中青组织,以作骨干,因彼等在地方较有声望。此后,该党之组织日益扩大,有昌平小学校长罗询、长坵镇中心校长罗智文等,均先后加入。其吸收党、团员皆以教育界人士为对象,企图把持自贡教育行政,藉资号召。前市长郑献征他调,王楠不得新任市长王梦雄之信任,乃辞去教育科长之职,专办剑南中学。王楠离自贡后,乃由同志黄微主持剑中,并调同党张杜若任教育科长,后又升任秘书长。于是大批中青分子群集自贡、富顺。林孝可至贡市任市立师范校长,罗李涵任民教馆(现任市立师校长),郭亮夫任督学(现任民教馆长),吕亮耕任教育科主任科员。卅三年六月,中青川南区视察陈翰珍至贡,在自贡筹备成立市校(市校即市党部)。

(2)组织:中青市校(即市党部)成立于卅四年十一月,其时曾由陈翰珍亲临指导,陈洪贻(陈翰珍之堂弟)被选为市校主委,又以刘绽桂、屈伯勋、喻洁仁、林作念、周朝元、陈俊刚、韦渊如、张燕谋为委员,现正向下层发展中。兹将自贡南中青组织系统列表如下:

```
        秘书室        自贡区部
                      贡井区部        青年团——众志社
市      组织科——大文堡区部
        宣传科——大山铺区部
        外务处——郭家坳区部
校      文运委员会——市师特组
        工商委员会——民风周报
        社会委员会——土地会
```

(3)活动:初系以学校为出发点,其"众志社"(前名警平社)在剑南中学曾有社员一百余人。及至向其他各学校发展时,遇到极大打击,现在仅市立师范三人,旭川校一人,工专校一人,剑南四十余人,培德女中、蜀光中学均无中青力量,不足以控制全面,将运用失灵。乃又争取工商界分子,现有商人关系达一百八十余人,公务员及教员总计不过十余人,虽则号称拥有党员三千人,而实际连外围关系亦不过四百余人,除仅有由省校直接领导之高级关系在教育界尚能发生力量外,市校在自贡市并无若何力量。

(4)展望:中青在自贡初发展时期,因得教育界稍有力量人士支持,其时颇有希望。后因该党省校负责人陈翰珍其堂弟陈洪贻为市校负责人,而所发展多系流氓、地痞、袍哥、商人之流,既无工作技术,又无政治意识,且常以中青关系在外招摇,至为一般人士所不齿。省校留□高级关系,对彼等亦表不满,学生教员关系因领导无人,已进入貌合神离状态,前途甚为暗淡。

五、成都市委陈一萍谈该党前途

青年党成都市党部委员陈一萍,顷向该党党员发表谈话称:(1)中共在各区域之公开及地下人员撤退,已证明国共关系完全破裂,时局已成不可收拾之势。(2)国共之争一天不息,中青之利益与日俱增。(3)国共双方内战延长,对中青绝对有利,如一旦短期结束,则国民党于消灭共产党后势将压迫中青及其他党派屈服。(4)国共战争结束时期,希望在全面改组政府完成后。(5)目前我党必须扩展组织,并使巩固,俾便应付非常事变及争取今后之民选。(6)过去本党吸收同志,须先使之入团(青年团),后由团升党(青年党),现已改为双管齐下,惟吸收之党员须着重其质量。

(4)党派活动专报第十四期(4月15日)

中国青年党

一 在重庆之活动

青年党重庆特别市党部,于三月十五日正式召开代表大会,改选、成立市党部,地址设于民族路蓝家巷特七号二楼。计当选执委郭经虞、刘道生、萧智丹、廖国镇、郭华中、谌勒溍、乔忠权、刘子周、郑秀卿(女)等九人,推郭经虞为主任委员,萧智僧为秘书,现已开始办公,并筹备下级党部之设立。按郭经虞为四川隆昌人,三十八岁,成都军分校第一期学生,现服务民生公司,任民联轮经理,常在泸渝间偷运鸦片生意,并在泸州组军校同学会。

二 在南京之活动

青年党在南京市党部此次举行改选,已于三月廿五日完成,计选出执委会九人,其名单如下:主委钱焕文,委员兼组训组组长柴亲礼,委员兼宣传组组长齐植璐,委员刘大伦、卜殿元、周自拔、冷少泉、方景仁、赵瑞麟等。旧委员中当选者,仅赵瑞麟一人。其余如宋树人,虽属曾琦之嫡系干部,但以精神颓唐为曾所不满;杜崇发属于左舜生派,对曾琦每予公开攻击,且与宋树人公开对敌,如宋、杜二人仅有一人当选,则落选之一人必不甘休,因此彼两人均告落选。又该党部决定将京市小组重行划分,将过去小组一律改为区党部。新市党部成立后,其中心工作即为健全组织,闻其吸收党员对象为各大中学学生、中小学校员及人民团体职员及各机关低级职员云。

三　刘泗英回川活动

青年党中常委兼秘书长刘泗英,近在原籍南川召开党员大会,到者约百余人。当场报告该党最近之活动情形,除参加立法院、监察院、参政会及宪政促进会工作外,并请求参加湖南、四川省县政务,要求四川二十余县之县长人选由该党人员充任。今后工作范围扩大,需要人才亦多,尚望大量吸收党员,以便分配工作,增强组织。

四　在贵阳之活动

青年党近来在筑颇有发展,因一般青年均以出路困难,引为苦闷,政府已承认该党为合法政党,故一般心理以为加入该党与法当无抵触,且该党正在肇基之始,需要人材至急,自为意中事,于是一般失意者遂认为系寻觅出路之好机会,因而踊跃加入。

五　在北市之活动

青年党北京市党部主委陈振德,系煤炭业商人,敌伪时期曾任煤球业公会理事长,现仍经营炭业,曾捐助该党二千万元,方得市党部主委头衔。最近该党在平吸收党员,分子非常复杂,敌伪时期小官僚、失意军人,如门致中部编余之分子,为投机取巧加入该党者颇不乏人,希图掩护活动,日前该党部要求公开活动,经主管方面负责人劝告后,该党已接受劝告,不公开挂牌活动。

(5)党派活动专报第十五期(4月　日)

中国青年党

一　南京市党部选举纠纷

青年党南京市党部,改选后发生纠纷迄未解决,一切工作仍在停顿中,新任委员现正遭遇多数党员之不满与攻击,以致无法领导。兹经查悉其内幕如下:原在京市未改选前,该党中央曾指令举行普选(因京市党员仅二百人,实无举行代表选举之必要),讵前任市委宋树人等,因恐普选无法控制,乃列举种种理由具呈上级请准予召开代表大会,进行代表选举。此项请求竟获照准后,以宋树人、杜崇发等因受赵瑞麟(均系前任市委)之愚弄,谓所有代表渠均可控制,并保证宋、杜等选出。宋遂信以为真,丝毫未作活动。迨选举结果,宋、杜等均遭落选,仅赵一人获选,并当选京市主委(前误报为钱焕文)。赵之仪表风度极为鄙俗,素为一般党员所轻视,且谈吐能力一无可取;其他委员亦多数为下级所不满,因之纠纷遂起。第一次,由京市党员三十余人联名向上级呈控京市选举黑幕,要求重行改选并举行全体党员普选。上级批示,此次选举系经奉准举行,不能视为非法,并劝勉应团结一致,勿生纠纷。彼等因所请未准,更形愤慨,现正发动二次呈控,签名者已达四十余人,据闻可能增至六十人。倘再呈不准,彼等即准备各自行召开京市党员大会,直接选举委员,以与现在之市委对抗,且不惜任何牺牲,决抗争到底。据查此次选举纠纷,全由改普选为代表选举而起,宋树人与赵瑞麟在改选前关系甚密,行动一致,改选后宋、赵之关系遂告破裂,宋在心理上自不得不同情反对派党员之举动,实则采其举行普选,宋、赵皆将无法获选,必同归失败,因彼等均不为多数党员所拥戴也。由于上述情形,故京市新旧党部迄未办理交接,一切工作皆陷停顿,上级因忙于争地盘,抢官位,并未顾及京市纷争之严重性。

二　在上海吸收党员

青年党近在沪积极吸收党员,老党员每周必须介绍新党员一人入党,新党员经两个月后亦须介绍其他新党员入党,以此连环办法,加紧展开。该党认为因参加政府,最近可能参加该党者必多,预期在本年上半年度在沪吸收四万新党员,而在整个东南地区则可有十万人参加。

三　在四川之活动

青年党眉山县党部,于三月八日在下小南街三十七号召开第二届全县代表大会,计到代表何联江、王足浓、王体清、李寿天、何育才、王茂槐、王体之、尹光前、徐光为、田伯元、兰兆元、徐泽成、徐玉林、董春霖、洪普庆、王文基、刘俊杰、刘子明等十八人。当由县主席王体之领导会议进行,首先宣读本年十一月中青四川执行委员会告全省同志书,次即报告该部于廿九年始与曾主席(指曾琦)取得联系,正式成立县党部。至易进思同学充任县党部主席时,才开始大量吸收党员。嗣易主席去职,兄弟奉令承乏才来,加以整理,并委定各分组负责人,今已日臻健全,望各干部同学继续努力,发扬光大。词毕,开始以无记名式票选执行委员会,选出洪普庆、田伯元、李寿天、刘俊杰、徐克为、王茂槐、王文基七人为执行委员,继即讨论县党部秘书王是浓津贴问题,决议每一同学每半年捐款二千元,由区主任先行垫出负责催收。党员追缴问题,决议加紧追收,否则除名。讨论完毕,即就地聚餐,每人份金三千元。另悉,该党重庆市党部为利用袍哥吸收党员,决定成立社会运动委员会,由郭经虞、尚志增、郭华中等负责。

四　在西康之活动

西康青年党刘××之庇护发展甚为迅速。该党大本营即以西康之"唯行学社"作为掩护,刘××充任该社名誉社长,保安处长王靖宇系该社负责人,王为青年党书记长。荣县县长王思执亦为该社重要分子,社员多系军政首要分子。青年党以该社为掩护,现正积极向政界发展,其干部多系西康省训团毕业者。刘氏对该党经费尽力支持,该社对刘氏政权亦竭力拥护,目前西康方面青年党活动甚力,其经济来源则系在僻静地方遍种鸦片,暗中征收公烟灯税,此项进款年计百余亿元。

五 新中央委员会之活动

青年党新中央委员会驻沪办事处,前经周济道命令暂停办公。当周氏来京活动时,该会京沪线联系据点之上海青光电台即被淞沪警备司令部查封。经该电台主持人张衷与周济道交涉无结果,遂引起内部争斗。周对此事无法解决,乃决定抛弃上海之组织及一切活动,至苏、锡等地仍由费南崇、黄吉生设法维持。现该青光电台主持人张衷(文熊)亦准备跨党向中和、民社两党接近,并传闻藉人介绍结识政府有关官员,图谋恢复电台。同时向民社党王沛群及中和党戴持平活动,企图藉两党名义组织广播机构云。又周济道以其所领导之青年党中央委员会多方活动,均未能取得有力支援,对外不能办台,对内威信日坠,经济困难(恃募捐维持),形成一蹶不振之局。近日与少数高干秘密洽商后,决定取消现有组织,改称为中国大众党,预定在七月七日该中央委员会成立周年纪念日正式公布改组。目前正在收罗青年党无官可做之失意分子以及党外名流充实中高级干部阵容,一面与民治党等小党派进行联络,以企将来在右翼中间党派中取得领导地位。

中国青年党最近动态

一 李璜坚辞经济部长之内幕

青年党提出李璜任行政院政务委员兼经济部长,经国府明令发表后,李璜坚辞不就,乃由该党另推陈启天继任。此事与"国大"开幕时李璜突然匿迹如出一辙。其内幕原因甚为复杂,曾琦、左舜生、李璜在该党之领袖地位原为鼎足而三之势,自抗战后以至今日,曾琦虽连任主席,左舜生、李璜两人实在掌握党内领导权。抗战初期,曾琦任参政员,活动于汉口、桂林、香港等地。香港沦陷,曾琦到"江宁"与汪逆谈到参加"和运",因条件未合,遂赴华北一带活动。该党之赵毓松、周济道、朱法思等,均出任伪职,惟仍与曾琦有联系。抗战胜利后,曾琦始由山西转北平回重庆,召开该党十全代会,并出席政协会议,力主脱离民主同盟。李璜在抗战期间,代替曾琦领导全党,因该党在川康西南各省之基础完全为彼一手开创,干部甚多,且与川康军人政客颇有联系,在党内之势力相当雄厚。该党参加民主同盟及与中共采取联系,多为李璜所主张,故有左派之称。左舜生则依违于曾、李之间,曾经联李以排曾,复因不满李之左倾领导,又联曾以排李,因之该党对参加国大与改组政府内部意见亦颇有不同。李璜之不出席国大,虽为该党欲留他日参加和谈之余地,事实上亦因李璜受下层干部包围,不容许其参加。此次政府改组,李璜又坚辞经济部长,原因固属甚多,如李璜经济部职权太小,吃力不讨好,党徒欲进经济部者太多,难以完全容纳,次长人选争夺剧烈,深恐开罪一方,又加以其川康干部多不主张就任,李璜因鉴于种种困难,为保持其干部信仰及领导地位,故坚决不就经济部长,将仍以"民主"姿态从事活动,并与民盟方面保持相当联系。

二 要求参加地方政权之目的

青年党于改组政府前,坚持要求参加地方政权,尤以川、康、湖南、湖北党员较多地区,更要求参加。刘东岩曾谓该党要求地方政权之目的,"因为各地党务发展时受排斥,为了党务进展如地方政权不予开放,即是不容纳各党派之表示"。该党认为参加地方政权不但足以掩护党务活动,而且可以藉政权在手吸引下层群众,争取乡镇保甲长以为竞选之准备。该党分子除在各地原任县长、省立中学校长及其他公职者外,更提出要求政府配给省府委员、厅长十二,专员廿,县长六十,省立中学校长廿。如此次川省府改组,该党刘泗英已任省府委员。该省鉴于全国大选在即,近特成立普选指导委员会,各县设分会……

三 积极发展各地党务

青年党以过去活动多注重于川康及奉节各地,对长江下游及沿海各省每多忽略,近已积极向各该地区发展。首先建立安徽、江苏、南京、上海、福建、广西、广东、江西、湖北省市党部。吸收党员,以教育界人士为对象。同时,该党青运中心领导机构之青年团,亦积极吸收团员,对团员水准限制甚严,必须中等以上学校学生始得征求。此外,又制颁《党团员从政条例》,规定该党党团员所主持之机关,对于中央党部与地方党部所介绍者,应优先任用。该党参加政府后,吸收党员更以此为钓饵,是以政府机关中下级公务员及失业公教人员最近参加该党者颇不乏人。

青年党对竞选之准备

青年党对本年竞选至为注意,且将全力以赴,除派刘东岩参加选举总事务所任委员外,并将派人参加全国四十三省市之选举事务所,名单业已决定,因竞选无把握,且要求政府将选举名额以比例分配,并保证该党之候选人可以当选,该党中央党部近已订定"选举注意要点",颁发所属各级党部遵照办理……

青年党最近在四川动态

一、神社与行社之冲突

青年党首要曾琦、李璜等,均系四川人,兼以四川为失意军人政客及哥老帮会聚集之地,成为在野党派最适宜的活动地区。自抗战以后,青年党总部迁设成都,经数年来全力之经营,该党势力不但普遍深入于全川各县,而且伸张到西康,因此川康有青年党根据地之称。该党在成都设有特派员办公处,由李璜主持,代表该党中央指导川康两省党务。四川省党部则由魏时珍、铁华峰、易维精、车新宇、屈宗藩、徐仲林、姜蕴刚等任委员,魏时珍任主席。四川青年团由铁华峰、陈国治、林德荣、唐前哲等任委员,铁华峰任主席。该党在川省因基础奠定,发展甚速,为了争夺领导权,内部乃有小组织出现。其中最有力量者,一为青成智、黄石子、廖海涛、张化初所组织之"行社",专以拥护曾琦、杨叔明者;一为魏时珍、陈国治、姜蕴刚、田景风等所组织之"神社",专以拥护李璜者。神社因攻击政府较为激烈,又有青年党左派之称。双方暗斗甚烈,去年十二月该党举行四川全省代表大会时,即称"拥曾(琦)倒李(璜)扶杨(叔明)排魏(时珍)"之口号,虽因该党中央决定恢复曾、左、李之三角领导而平静一时,但其党内部裂痕迄未消灭。近复因青成智不惜巨资罗致党团员,扩展该党"行社"势力,唱出驱除"保'璜'党"之论调,激起"神社"之愤怒,现双方壁垒森严,内部暗斗日烈。"神社"以田景风、陈国治、魏时珍为骨干,攻击"行社"之铁华峰,泄漏党的秘密,该党中央曾派李璜调处,双方之忌恨仍未能消除。"行社"近又发动青成智、黄石子、廖海涛、张化初等党团员百余人,上书中央,声述《新中国日报》总经理贪污情形,总编辑采用黄色新闻,并曾数度遭人捣毁情形,请求改组,并拟以华大教授彭举继任社长。"神社"多系学术界人物,如魏时珍为川康农工学院院长,该院师生几全加入该党。田景风为该党机关报《新中国日报》总编辑。姜蕴刚为成都名教授,倡导狂飙运动,主编《狂飙月刊》颇能领导一部分青年。李璜之基本势力亦建立于"神社",前次李璜之避不出席国民大会及此次之坚辞经济部长,均系接受"神社"干部之要求。

二、竞选与行宪之准备

（1）青年党四川各县成立县党部,县党部以下之区党部、区分部各级组织,均限于本年九月前筹备成立。

（2）普遍吸收党员,以低级公教人员为对象,每一老党员至少介绍五人入党,如能吸收多数党员,则给予各级负责人之荣誉职务,并得获予参政机会之优先权。

（3）简化入党手续,凡经老党员三人以上介绍,本人填具入党三联单后,即为正式党员。

（4）在教育文化机关吸收中坚分子,扩充已有的学校,恢复成都敬业学院,并于各大城镇成立报馆或书店,以便培养党员宣传主义。

（5）开办工厂。该党以经济情形支绌影响党务发展计划,在川中开办工厂,如自贡市大力电气公司、内江动力酒精厂等;并于各城镇就党内工业人员负责开办各种小型工厂,以开拓该党财源而利党务推行。以上各项均正积极进行中,准备于行宪前完成各项措施,达成争取选民,增加议席之目的。

又该党自贡特区主委陈洪贻,在自贡所办《民风》刊物一种,深得上级嘉许,并拟改为月刊。为建立永久基础计,已由在京党员协议,决由陈翰珍负责筹募伍千万元,一俟陈就任监察院监察委员后,即行返川亲身到井主持,图以此报控制川。

(6) 党派活动专报第二十三期(9月15日)

(一)青年党对普选之准备

青年党中央执行委员会,近对此次普选极为重视,认为国民党习于长久专制,而该党之党员于地方选举公开活动不无顾忌,为求其争取政权务使各级党员竭尽全力求选举之胜利,现该党已就各省会所在地组织普选指导委员会,其委员人数就当地环境需要由三人至七人组成之,以各该会主席为当然委员之一,余由各该会就地遴选委任报请备查。兹将该会颁行有关选举重要注意事项分陈如后:

甲、指导普选注意事项:(一)保甲人员之运用:以现在之市民文化程度论之,实不足以言选举,必须受保甲人员之暗示,方能实行其权利,因之选举宜在所在地之保甲人员妥为联络,由下至上,以免落空。(二)社会哥老之运用:各县以哥老组织最为庞大而普遍,人数亦较为众多,若能渗其组织,利用其力量,确为争取群众之良好途径。(三)各种团体之运用:各种民众团体、职业团体,虽有名无实,然在各种职业选举中如能控制其力量,当较区域选举更为容易,切勿忽视之。(四)选民登记之注意:凡各同志有关亲友之有选举权者,应鼓励其依法登记,到时参加选举,以免保甲舞弊和选举权利被其剥削,此为把握选民之要图。(五)候选人之决定和注意:其候选人必须在当地有声望者,为一般群众所拥者,至少亦不应有劣迹致被人攻击而无解释,人选一经决定,当地同志应竭尽全力以求实现。(六)宣传注意和方法:监督办理选举机关,以防其舞弊，候选人对外应力求避免身份之暴露，须以社会贤达之资态出之，注重为地方人民解除痛苦和谋福利为宣传主旨。（七）选举费用之筹措：候选人对于选举用费之筹措，以自行筹措为原则，必要时当地全体同志应共代为设法。（八）各县市仍〔如〕有国民党方面人士，恃其优越地位阻碍吾人之有关选举权利，应与力争或派人与之作善意商洽，以期争夺选票而压倒之。

乙、关于各种选举事项之指示：（一）查本年度应举行之选举，计有县参议员之改选，有市参议员之改选，国大代表及立法、监察委员之选举，共有五种选举之多。（二）各省市县党部对于上列各种选举，均应预为筹划，依照总部指示方针，对当地情形自行努力争取。（三）各省及直辖市选举事务所之委员，由中央党部遴选洽派；各选举事务所之委员得由各省市党部按区推荐适当人员一人至三人，由中央党部决定一人洽派；各县市选举事务所负责任之同志委员决定依法洽派之。（四）国内各地立监两委员候选人，由中央党部遴选决定之；国大代表候选人除由中央党部另有指定者外，均由各该省市党部推荐一人至三人，由中央党部选定一人洽提；各省市县参议员候选人，完全有各该省市党部选定一人决定之，但省参议员应报由中央党部洽办。（五）各省市县国大代表及各省市县参议员之候选人，必要时得由各该市党部推荐同情本党社会贤达，按照前项规定分别报由中央或由各该省市党部决定之。（六）各级党部于拟定各种选举之预备候选人，应注意下列各项：A、有号召选民之能力者；B、在社会上有良好声誉者；C、对地方环境足以应付者；D、对党忠实者。（七）注意吸收有竞选资格者之社会分子，并对于从事竞选之同志以〔只〕须有竞选把握，不问其在党年资，一律予以支持。（八）各种选举费用，一律自行筹划。（九）各种选举之技术问题，应由各级党部视当地实际情形斟酌为之。

应依限汇报人员事项如左：（一）按所辖分区数目（立法委员分区选举已见报端）每区推荐选举委员一至三人，由本会选定一人洽派；(二)按所辖县市数目,每一县市推荐国大代表候选人一至三人,由本会选定一人洽提,参议员候选一人；(三)按所辖县市数目,每一县市推荐选举委员一人,静候洽派；(四)所有上列各项人员务须慎重遴选,度其能有当选可能者提出,宁缺勿滥；(五)必要时对于上项人员亦得推荐当地社会贤达一人,俟本会令准推荐时即应吸收入党；(六)所有上列人员,汇报时各须个别注附年资及学履历。该党各级党部所提候选人,已汇集中央总部正式审查中。关于竞选技术,尚待研究全部名单俟与政府洽商后始行提出。

(二)各省党部纷纷成立

青年党各省省党部,前因党员登记事宜尚待办理,故均为临时省党部或为省党部筹备处。该党为积极完成各省党部之建立,限定各省于本年九月一日第十二届全国代表大会召开前,一律召开全省代表大会,成立正式省党部。兹将各省党部成立情形分述于后：

(1)浙江：该党浙江省全省代表大会于卅六年八月三日在杭州举行,选定刘子鹏(兼主席及外事处长)、季敬勋(兼秘书处主任)、叶韦(兼组织处长)、夏志远(兼宣传处长)、张独醒(兼训练处长)、李嘉南(兼奖惩处长)、冯震雄(兼妇女运动委员会主任委员)、李友琴、张一尘等九人为执行委员,并选举刘子鹏、叶韦、陈荇荪等为出席十一届全国代表大会代表。

(2)福建：该党福建省党部于民国十五年成立前后召开五次全省代表大会,抗战期间党务停顿,胜利后该党始派刘永济回闽筹备恢复,业于三十六年七月廿五日召开第六届全省代表大会,选出刘永济(兼主席)、郑学立等九人为执行委员,成立正式省党部。

(3)江苏：该党江苏省党部于三十六年八月九日在上海召开全省代表大会,选出崔冲汉、史泽之、陈咸森、沈夔龙、梅渐农、李受之、王德崇、吴天民、徐天从等九人为执行委员,成立正式省党部。并选出陈咸森、崔冲汉、史泽之、沈夔龙等四人为出席十一届全代会代表。

(4)云南：该党云南省党部经召开全省代表大会，选出唐筱蓂（兼主席）、杜鼎新、惠国钧等九人为执行委员，于三十六年八月十七日正式成立。外务部长杜鼎新向外宣称，该党在云南各地共有党员一万余人，包括知识分子及自由职业者。

(5)湖北：该党湖北省党部主席为胡宗贤，执行委员为张维新、胡自翔、刘陆民等；汉口特别市党部主席为郭仿仪，委员为程新亭、张维新、刘雅声；武昌市党部主席为胡自翔。三十六年七月十七日武昌市召开全市代表大会，七月廿一日汉口市召开全市代表大会，七月廿九日召开湖北全省代表大会，已分别成立正式省市党部。

(三)青年党第十一次全代会经过

中国青年党自民国十三年三月一日在巴黎举行一全代会至卅四年十二月一日在重庆举行第十次全代会，先后已召开全代会十次。该党近为检讨参加国大及政府后之形势，决定今后工作方针及参加本年全国普选问题，特于本年九月一日起在上海召开第十一次全国代表大会。兹将其经过情形分述于后：

一、第一次会议，于九月一日上午十时在沪泰兴路丽都花园揭幕，会前先举行追悼常乃德大会。是日下午三时，召开第一次会议，到各地代表一百五十余人，由该党主席曾琦主持开幕典礼，并由曾氏致开幕词，后即开始选举大会主席团，结果曾琦、左舜生、陈启天、于复先、何鲁之、余家菊、郑振文、夏涛声、林可玑等九人当选。

二、第二次会议，于九月二日上午九时在原址举行，计到代表一百五十人，由何鲁之任大会主席。首由曾琦作政治报告，略谓："中国现介于苏美两大集团之间，可以亲美反苏，亦可亲苏反美。但自中苏条约签订以来，苏联所表现之不友好态度层出不穷，如搬运东北物资及长期占据旅大等，均极明显之事实。美国对华政策固不如吾人理想之友善，然较诸苏联，则属进步多多矣。次就国内情势而言，青年党今日亦介于国共两党之间，可以亲国反共，亦可亲共反国，但自政协会议以来，共党存心破坏，无所不用其极。青年党力谋团结，与国民党政策固无二致，因而参加国大，参加政府，在与国民党合作之下而使国家臻于富强之境。其次，为党务报告，共分七部分：（甲）秘书处由张伯伦报告；（乙）内务部由杨永浚报告；（丙）组织部由郑振文报告；（丁）团务部由刘东岩报告；（戊）外务部由刘鹏九报告；（己）训练部由余家菊报告；（庚）中检会由李不韪报告。大会至十二时散会。下午三时，决定举行分组审查会，计分四组：（甲）政治组，由周蜀云、张子柱、姜蕴刚、朱文伯负责；（乙）经济财政组，由胡自翔、戴庆云、黄日光负责；（丙）党务组，由胡阜贤、夏乃炎、郭经虞负责；（丁）党章组，由王师曾、夏尔康、吴天墀负责。

三、第三次会议，于九月三日上午九时举行，到会代表一百四十余人，由余家菊担任主席。主要议题为讨论大会会议规程，并通过大会秘书处组织。次由各地代表分别作地方党务报告。其地区与代表报告人如次：上海吴宗汉、江苏陈咸森、浙江刘子鹏、四川姜蕴刚、江西辛植柏、云南陈元龄、广东池正、湖北胡塀、湖南文任武、福建刘永济、贵州段淑瑜、安徽杨伯安、山东史亦江、台湾沈云龙、西康徐允中、重庆郭经虞、北平郑独步、天津朱德武、汉口程炘、青岛萧鲁明、香港张子柱、辽宁张葆恩等，并于是（三）日下午三时继续举行小组审查会。

四、第四次会议，于九月四日上午举行，到各地代表一百五十余人，由于复先担任主席。会议程序为讨论政治提案，综合该党各地代表所提议案，主要者可分二大类：（一）关于国内部分，主张催促政府实践开放地方政权之诺言，并决定推派左舜生、朱文伯等向政府交涉；（二）关于外交部分，主张取销不平等条约，收回香港、澳门等失地，并加紧友邦联系，反苏情绪极其浓厚。此外尚有临时动议，即以大会名义催请李璜速即来沪主持党务，并决定推派代表刘泗英、郑振文二人赴青岛劝驾。

五、第五次会议，于九月四日下午举行，计到代表一百四十余人（陈启天亦参加），由郑振文任主席。主要议案为讨论开放地方政权，各地代表对此问题特感兴趣，意见亦多。首由各提案人报告，略以青年党自加入政府后，除参与中枢少数机关外，在各地之地方政府及民意机构尚无参与机会，甚至各地选举事务所竟拒绝青年党党员报名竞选。由此可见，国民党仍欲把持地方政权，操纵选举，尚缺乏合作诚意，故要求开放地方政权实为急切需要等语。大会对此问题意见颇为一致，惟应以何种方式达到目的则主张不一，经讨论多时未获决议，留待翌日上午大会继续讨论。

六、第六次会议，于九月五日上午举行，到代表一百五十余人，由左舜生任主席。继续讨论开放地方政权问题，经各代表商讨结果，最后决议由大会授权下届中央执行委员会推派代表二人至五人，向国民党交涉开放地方政权、地方民意机构、军事行政机构，并确定有效办法解除各地方党政军对青年党之压迫歧视，如无圆满结果，则考虑退出政府。

七、九月五日下午三时开第七次会议，到代表一百四十余人，由夏涛声任主席。讨论经济财政提案，各代表提案甚多，主要者可分为两类：（甲）关于经济政策部分，决议：（一）主张计划经济；（二）除开非国营不可之企业以外，主张奖励民营；（三）主张征收财产遗产税。（乙）关于党内经费筹措，决议：（一）征收党员所得税；（二）建立党营事业。

八、第八次会议，于九月六日上午九时举行，到代表一百五十余人，由陈启天任主席。讨论党务问题，各代表提案甚多，综合讨论主要问题有二：（一）确立党员从政之人事制度，凡党员从政，应受年资之限制；（二）对党政划分问题，不作硬性决定，惟对于各从政党员，在可能范围之内少负党内责任。

九、第九次大会，于九月六日下午举行，计到代表一百四十余人,由林可玑任主席。继续讨论党务问题,通过加强组织、加强训练及加强宣传等提案。九月七日上午九时,续在原址举行第十次会议,到代表一百五十余人,由何鲁之任主席。讨论党章,其重要决定如次:(一)增设副主席一人;(二)增加中央执行委员人数,该党原有中央执行委员六十五人,现增为九十九人;(三)中央党务机构,决定重新调整,设立秘书处暨组织、宣传、训练、内务、外务、社会运动等六部。九月八日上午,举行第十一次大会,由夏涛声任主席,选举左舜生、李璜等九十九人为中央执行委员;下午七时选举李不韪、张梦九等廿一人为中央检审委员。

十、青年党于九月十一日下午三时举行全代大会后之第一次中常会,讨论大会决议案之执行及大会结束事宜:(1)普选问题,在三党互谅互让之原则下进行,途径不外二途:(一)三党联合提名;(二)某地如由甲党提名,乙丙两党即谦让放弃,惟目前究取何种方式,有待确定;(2)关于参加地方政权问题付诸实现,大会代表均主向政府交涉,敦促早日实现开放地方政权,即将根据关于政治之改良亦将拟定具体方案一并提交政府。凡此事项,均将于日内再度召开中常会商决进行步骤,下次中常会复需决定普选候选人名单,俾于本月十五日左右递交政府。选举主席暨常委,票选结果:曾琦当选中执主席(中央执行委员会决定增设副主席,由李璜充任,因余家菊、左舜生之反对,暂行搁置),左舜生、李璜、陈启天、余家菊、于复光、何鲁之、郑振文、刘东岩、夏涛声、王师曾、林可玑、杨永浚、喻孝权(女)、张子柱、刘静远、王岚僧、段慎修、刘泗英等十八人为中执会常委;李不韪、张梦九当选中检会正副主席。

十一、青年党第十一届全国代表大会开幕时发表宣言,分就政治、军事、外交、经济、财政各点有所论述,要点如下:

(一)就政治言:吾人确认为当前政治,有彻底改革的必要,亦确有逐渐改进的可能。其所以成为今日之麻痹现象者,半由于历史的因袭,半由制度之不良。而战时与战后的一切措施,又为构成此一麻痹现象的主要原因之所在。补救之道:第一、在谨守民主宪政之轨道,力求逐步实施。第二、党德不一,民德不彰,为树立政党风范计,宁以公道守法而失败,不可以巧取豪夺而成功。第三、政策之运用,不贵乎面面俱到,而贵乎把握重点,至于矫正泄沓敷衍之习,杜绝奔竞倾轧之风,此对于当前政治尤为必要。第四、中央与地方权责之划分,宜一本宪法所规定。中央束缚地方,即自治制度无从树立,而民主精神亦无从普及于全国。第五、人才之登用,固宜有公平宽大之制度,而人才之培育,则实有待于奖进与濯磨,必须使国民慎用其选举权,言论界慎用其批评权,政党能勤于其党员之训练。而今日第一大党如国民党者,又必须能本公平原则,对于中央政权尤其地方政权,更能使其他党派与无党派人士各视其力量与之实际政治之机会。

(二)以言军事:吾人素主军队国家化,欲实现此一原则,不外军事教育宗旨与制度之确立,军队品质与训练之提高,兵役义务之公平与普遍,军官晋级之慎重,与严格军需分配之核实与公开。尤要者,则在军民分治之实行,军区管制之确定,至于目前动员戡战之举措,吾人亦确认欲解决此一问题,绝非单纯寄希望于军事所能有效,如政治不作彻底的改革,亦决无以确保其战果。

(三)就外交言:吾民族崇尚和平,其拥护联合宪章一点,且明定于宪法,因之凡愿与吾人和平相处者,吾人莫不愿引以为交。但以今日国际关系之密切,所谓和平,必需以确保世界和平为先决条件。至吾人对于日本之重建,果能以禁止其恢复武装为基本条件,亦不愿作过分的苛求,果其全国人民能继续发挥其勤俭之良好习惯,以从事和平民主之建设,而其经济发展又不致威胁我国之生产前途,吾人即不惜与之恢复正常之关系。

(四)就经济言:吾人主张除极少数非民力所能经营之重工业或交通事业之带有全国性及与国防直接有关若干事项以外,一切应以民营为原则,官商合办之方式既为腐化之媒,官督商办亦为罪恶之薮,今后必须彻底加以矫正。

(五)就财产言:吾人主张彻底整理中国之财政,必以改革币制发其端,以增加生产固其本,然后以厘定税制,整饬纪纲充其用。否则公债决难畅销,外汇亦难筹措,税收亦为无源之水,而一切贪污中饱乃更足以促整个局面之崩溃。所谓廉洁政治,将徒托空言,所谓收支平衡,将适成画饼。

(7)党派活动专报第二十四期(9月30日)
青年党最近之活动
一、积极准备参加川康地方行政

青年党成都市党部于最近假大墙西街五十八号召开常会,由林光华主席,选举省代表林光华(该党成都市党部主委)、徐仲林(市党部总务)、左宏宇(市党部组织)、谢亮生(市党部市委)、刘体贤(市委)、佘敬伯(市委)、黎昌卓(女性市委,系姜蕴刚之妻)、吕杜洲(市党部军事组长)、铁华峰(前时言日报编辑,该报已停刊)、钟道泉(市委)等十人,雷慕萍、仲向经、王治平、赵纯一、李肇圃等为候补代表。

该党近对参加地方政权争执甚力,尤以川康两省更为积极。近该党中央党部指示川康两省党部谓:该党参加地方政权已见具体,故特先行征求党内意见,以便向中枢提名。兹将川康两省党部经数次协商拟呈报该党中央党部之意见如次:甲、参加机关:四川省政府民政厅、教育厅及秘书处秘书五名、专员五名、县市长三十至五十名,西康省政府教育厅及秘书处秘书三名、县市长及中学校长二十名至三十名。乙、参加人事:姜蕴刚,长四川省民政厅;周太玄,长四川省教育厅;杨叔咸,长西康省教育厅。并拣选党员中有从政经验及履历合格者,分别担任省府秘书及各县市长等职。丙、经费:参加地方政权所需活动费用,由党内负担半数,余款自行筹措。按此项消息发布后,青年党各党员纷纷来蓉城奔走,交换意见,并竞相提名。

(8) 党派活动专报第二十五期(10月31日)
青年党在各地之活动
一、成都市党部近态

青年党成都市党部林光华任主任委员,委员蒋道坤兼任组织科长,伍嘉儒兼秘书长,徐墨芬兼训练科长,刘体贤兼宣传科长,吕杜洲兼外务科长,陈梦旭兼奖惩科长。该部近来对党务发展颇为积极,尤以学生、军人参加者为多。现每周星期三日,均在蓉市北打铜街四十五号党部会议室举行宣誓入党手续,并嘱各新进党员应竭力介绍友好参加,学生及职业军人更所欢迎。该部工运组每月经费为十万元,学运每月经费为三十万元,活动经费甚为困难,对党务发展亦不无阻碍。

二、《新中国日报》酝酿罢工

青年党成都机关报《新中国日报》总编辑铁华峰谈:"近来物价猛涨,蓉市报业更形困窘,《中央日报》亦在裁员,本社(《新中国月报》社)日前经会议决定,自十月起除工人工资照给外,所有经编两部职员停止支薪,每月只供给伙食。因本报系党内之机关报,以个人之精力献给本党,乃党员应尽之义务,若因此而怠工或罢者,当以大刀阔斧之手段予以更换,另选忠实党员接替"等语。该社一般工作人员极为愤恨,将酝酿怠工云。

三、重庆市党部近态

青年党渝市党部,设重庆民族路蓝家巷特七号二楼。该支部因成立不久,内部组织计为:主委郭经虞,秘书长刘道生(兼任成都《新中国日报》重庆办事处主任),执委吴春城(《新中国日报》记者)等,常住此办公。该郭经虞系四川人,现年约三十余岁,曾毕业于成都军分校,曾任民生公司轮船经理。现该部极力发展党务,并公开征求党员。

四、云南省党部近态

青年党云南省党部正式成立后,即加强组织,公开向外征求党员。其组织下分六处:(一)秘书处;(二)宣传处;(三)组织处;(四)外事处;(五)训练处;(六)奖惩处。另设检审及常务两委员会。其吸收党员以青年学生及公务人员为主要对象。党员入党后,先由主任委员唐筱冀给予集体(每次在五人以上)谈话一次,谈话中讲述该党主义为主,并询参加者之目的及志愿;第二次谈话即为个别谈话。近月来,所吸收之党员已达百人。

(9)党派专报第二十六期(11月30日)
青年党在四川之活动
一、青年党选举纠纷解决

青年党四川省党部于本年九月中旬召开全省代表大会,改组省部,选举结果:"行社"分子占优势,但行社中之邓兴亚、青成烈未获当选,因而投入"神社",并伙同"神社"分子组织护法团,派青成烈赴沪向该党中央控告。该党中央乃电令该省党部,以省全代会不足法定人数而宣布无效,仍由原有执委(多系神社分子)暂行维持,静候中央解决。惟"行社"分子姜蕴刚(此次选出之省执委会主委)等,以此项命令有失公正,拒绝接受,电请该党中央准予在重行召开省代会改选。该党中央认为姜某违背党纪,即将十月份经费停寄,并予以严厉申斥,现姜某鉴于上级态度强硬,兼以党内经费无着,业已决定在十一月内举行交接仪式。据十月三十日由沪返蓉之《新中国日报》前任副社长周绍坊透露,此次该党中央内定川执委标准为"神社"及"行社"各占四席,中立分子占二席,执委会主席由陈翰珍充任。该党成都市党部主席铁华峰辞职照准后,继任人选已内定市委罗仲华接充。

二、决定今后政治策略

青年党四川省全省代表大会举行时,曾分析当前国内及国际

局势,决定该党今后政治策略,贡献该党中央采纳其内容如下:

(1)利用目前政治上较开展之形势,在国民党与共产党之矛盾冲突下集中大部分人力从事培养党基,扩大党务工作,以期造成国内第三势力,巩固并扩大中央及地方党务基础,尤当注意争取民众及青年之同情。(2)利用目前政治地位,争取工商界之同情,以建立党的经济基础,贯彻参加地方政权之主张,以配合党务之发展,促进民主之推进,对过去军事同情分子,应保持特别之联系。(3)扩大国际宣传,指派专人分往国外从事国际活动,扩大文化思想出版运动,以转移思想。(4)采取忠告善意的态度,在可能范围内促进现政府之政治刷新,以挽回人心;本党参加政府之出发态度,应以施政方针之实现能否为标准。(5)本党参加国策决定机关及议事机关之人员,普通平常问题不必多所主张,但对重大问题则必须有明确态度;本党参加政务执行之人员,应经常保持奉公守法廉洁笃实之态度。(6)关于国家最大问题之提出,应要求国民党在事先与本党协议,对于国防、财政、外交等比较秘密的部门,本党应要求充分明了其情况。(7)对民盟中之左派及自由分子,本党应经常联系并设法促进彼等之真正中立化;对和平问题,本党不反对,但密切注意其发展。(8)本党参加政府之首长,应经常保持联系,采取一致步骤;对国民党内部派系斗争,本党决不参加;对共产党及左倾分子,应努力促其以国家民族为前提,发生觉悟。(9)本党应要求参加国际会议及国际外交任何机关,以协助政府争取国际同情及援助。(10)对人民自由权利之保障,应不放弃争取。

三、在各县之活动情形

(1)奉节——青年党奉节县党部负责人为王增琪、刘桂棠等,近召集该县分子罗仲雄、毛顺卿、舒汝洛、黄泽国、马远达等,开干部会议,由王增琪任主席,并报告称:"此次各乡镇竞选,本党(中青)同志均能发挥组织效能,已获得初步成功,惟县参议会改选延期,无法竟其全功为憾"等词。继即讨论议案,兹志要案三项如下:

(1)积极发展组织,广为吸收党员,以便正式成立县党部。(2)搜集张县长弱点,藉资威胁利诱而获得工作上之便利。(3)发动党团员跨入国民党,以便取得国民党之合法保障。

(2)自贡——青年党自贡市党部兼辖荣县、威远、富顺、内江、资阳、资中、简阳、荣昌、泸县等县党部,由陈翰珍负责指挥该区工作。该部委员为:陈洪贻、刘定桂、周朝元、喻洁仁、林则念、屈伯勋、陈星五,陈洪贻兼任主委,刘定桂兼任秘书,喻洁仁兼任外务科长,林则念兼任组织科长,周朝元兼任宣传科长,屈伯勋兼任训练科长。另设立学运委员会,主委黄淮,先分组活动,已在市立师范成立第一小组,由曾育淑负责,有组员陈舜华、王东明等,活动积极,拟发展到各校,以控制整个学运。妇女运动委员会,由邓玉华任主委(市府秘书钟郁生之妻),王淑琼(直接税局职员)、林世仙(中原药房营业员)、张碧君(周朝元之妻)、曾育淑为委员;下设四组,由张碧君兼任训练组长,曾育淑兼任宣传组长,林世仙兼任总务组长,王淑琼兼任文书组长,现已吸收会员达三百余人。又,该党自贡青年团负责人为李星北,以"众志社"为吸收团员训练团员之外围组织,该社社长为陈炳光,现拥有社员一万余人。党的外围组织为"合叙同社",现有八个分社,拥有社员约四万人,并于本年一月创办《民风周刊》为该党公开宣传刊物。现该党活动目标为发展党团员至十万名,以工商界基层自治工作人员及青年学生为主要对象。

(3)万县——青年党万县现有党员尚不足一百人,县党部主任委员为傅德衡,万县人,现任万县田粮处征收处主任。委员兼组织科长杨明德,现任德信大同社社长,在哥老会中尚有势力。委员兼宣传科长吴玉清(女性),万县人,曾服务小学教育数年,现赋闲在家,伊夫为某师(现改编为旅)师长祝顺锟,祝亦系青年党重要分子,伊入党时为祝所介绍。委员兼秘书科长为周甚虞,委员兼外务科长为黄忠良等。该部经费,由上级每月寄洋十万元,并推销《中华时报》以补不足。

(4)泸县青年党县党部内部分为两派:一派以刘步武为首,另一派以谌天潇、邓华友为首。刘、邓二人均欲争取领导地位,平时各自吸收党员,扩充势力,互相攻击,不相上下。双方前曾向该党四川省党部互相控告,经省党部命令该部停止活动,惟刘步武仍召开党员代表大会,选举执行委员,结果刘步武获选为执行委员。

〔国民党党务机关档案〕

4. 国民党中央联秘处关于中国青年党活动专报(二)

(1948年2—8月)

(1)党派活动专报第二期(2月　日)

青年党在各地之活动

一、检讨大选失败原因

青年党中委雷显民,在成都论此次大选该党失败原因:"全国普选之结果,本党候选人中多数同志落选已无疑义。综其失败原因,不外本党组织未臻健全,中央与地方尚未取得密切联系,兼因国民党未予坚决支持,如本党此次提名竞选国大三十八人之多,其被选出者仅曾琦、郑秀峰两人,而国民党嘱本党支持者多已尽其力量,反观本党同志概被抹杀,检讨以往,实是咎由自取。本党全代会之前夕,曾提出主张,如国民党不开放地方政权,本党决不提名候选,但中央方面(指中青)竟未依照此项决议,即将候选人提出,乃有今日大选之失败,故本党今后应加强自觉性,扩大组织,务必广为争取民众,本党始有前途。"党员蓝天谓:"本党此次大选失败原因至为复杂,其中最主要原因厥为中央不依从地方组织,不遵重全代会决议,因此在国民党未开放地方政权之时,便轻意提出国大候选名单,但国民党藉执政之优势地位,予本党以重大打击,焉能不败。而本党所提名单,其在县区有组织有雄厚势力者,如绵阳、德阳、广汉、资中、新津等县,竟未能提出一人,反而将无组织无力量之县份提出,故因人事上之配备不够,亦失败的主因。好在目前尚有立委竞选,亟应改正过去错误,重新策划,免蹈过去的覆辙。"林光华谓:"本党目前已临危机,必须采取有效对策,谨建议本党三点:(1)中央党部的外交,应采取强硬手段,坚持要求国民党保证本党所提候选人一名不漏的选出;(2)应请国民党开放地方政权,如专员、县长、田粮处税捐处长、乡镇长、各级学校应诚恳的让出来,本党有此才能抓住选民;(3)本党既已掌握经农两部,应设法作有效的掩护,获得经济援助,才能挽救经济危机。如以上三项不能争取,本党宁愿放弃参政的权利,全部退出政府,仍然从事革命性的斗争,并盼通电全国党员,一致电请中央党部作有力的声援,俾使本党前途得有所乐观。"

二、《新中国日报》恢复无期

青年党机关报成都《新中国日报》因负债过多,兼以人事不调,编排欠精,销路不良,该党内部颇多责难,社长姜蕴刚因受该党各方攻击,深感不安,遂自动辞职。经党员清查报社帐目结果,共负债三亿余元(每月予金五十多万),即将书院南街七号该报印刷部编辑部所用之房屋变卖抵债,卖得价款三亿八千万元,除手续费用净得三亿四五千万元,此数还债尚还不够,故该报社复刊还须另筹费用。以目前情况观察,该报虽原定卅七年元月复刊,但问题甚多,除经费无着落,原编辑印刷两部之房屋既已变卖,即今后复刊印编两部地址亦无着落,惟目前有人对此建议将该报社迁移南街卅四号(该报馆旧址嗣改作职员宿舍),目前恢复尚遥遥无期。

三、在海南岛之活动

农林部在海南岛所设华南农业试验场主任刘和玺,为青年党分子,故该场为青年党活动中心,已在琼设立广东第九区部筹备处,由曾仲威负责主持,以留法学生十余人为中坚干部,藉农业试验场之经济力量积极展开活动,并由刘和玺之运用,琼岛失意军政教人员参加者颇众。该党曾派其党员海南大学党务主任冼荣煎在琼设立兴发股份有限公司，以开发海盐矿，改良树胶椰油及设立农场等，预定资本一千二百亿元。嗣以冼某身份暴露，为学校辞退，现已去穗，公司遂告停顿。

(2) 党派活动专报第三期(3月　日)
青年党在各地动态
一、在汉口之活动

青年党汉口特别市党部自三十六年八月八日正式成立后，党务甚少发展，且组织散漫，党员情绪低落，颇受该党各方指摘。该市党部主委刘陆民，近于汉口南京路崇正里四号楼上召集该部各正副组长及干部训话，其大要如下：（甲）国家民族已至生死存亡关头，我们再不能因循苟且，我们要肩负重责，完成团体所赋予使命。（乙）我们青年党在政治舞台并不是永远做陪客，什么时候能做主人翁，则看我们努力如何而定。（丙）自今日起我们市校（该党对党员称同学学友校友市党部为市校）要复活，开始新生命等语。现刘陆民每日下午四时必到崇正里办公，清理档案，并轮流约各小组正副组长作个别谈话，指示展开党务活动。

二、江西省党部之纷争

青年党在江西省境内活动，始于该党首要陈启天任教江西时，最初之负责人为邱大年（前赣省府委员）。追邱赴北平执教后，即由剑声中学校长熊恢主其事。该校各届毕业学生颇多被吸收参加该党组织。熊恢于民国卅五年夏经曾琦在庐山召见后，始渐露头角，企图出任立法委员及江西教育厅长，因此常至南京活动。该党江西党务乃改由辛植柏负责，并成立临时省党部，熊为指导委员，辛为主任委员。

卅六年十月间，该党江西临时省党部召开全省党员代表大会，选举执监委员，改组省党部，当时竞选主委者为熊恢及辛植柏两人。熊、辛两人在该党之地位历史声望均相当，惟熊恢经济实力雄厚,辛恐不敌,竟以迅雷不及掩耳之方式,邀集亲信代表在私宅开会,票选辛为主委,并即将选举结果呈报。熊恢闻讯,以辛图谋操纵党务,私自召开会议,非法产生执监委员,乃电该党中央控告。结果原省党部奉令解散,另组整理委员会,着手整顿,由该党中央另派叶时修、朱垂锸、方应尧、刘绍春、黄兆辉、尹炎农、龚以文等为委员,并指定叶时修为主任委员,预定整理三个月至六个月再行改选。而叶时修亦欲独树一帜,把持全省党务,对内积极布置党羽,对外多方争取关系,本届监委选举,该党中央原提方应尧(原籍广东改入九江户籍)为候选人,当被叶时修以方应尧非江西人为词,极力攻击而不克当选,于是方应尧对叶亦至感不满。熊恢、辛植柏等见叶时修之势力渐次壮大,若再互相倾轧,势力对消,徒令他人坐享渔利,故愿捐弃成见,急谋合作,以便与叶时修竞争。兹将江西省党部现任执委员调查如下(见第171页表格)。

三、渝市党部主委表示对各党派态度

青年党重庆市党部,近在重庆市民族路蓝家巷特七号二楼该部举行新党员宣誓典礼,计到主委郭经虞、委员廖国镇、郑秀清、郭雪樵、刘荣滋、萧智僧、刘道生、喻鸣蜀及新党员陈桂莹等五人,由郭经虞任主席,首由新党员宣誓,继由郭经虞报告该党对各党派态度如下:

(甲)对国民党——本党与国民党合作,系从抗战期间开始,合作之原因是为实现全民政治。本来孙中山先生之三民主义是要实现民治、民有、民享,今后如国民党不走向全民政治,本党随时可以反对。

(乙)对共产党——本党对共产党,从周恩来在法国组党起迄今,一贯立于反对地位。

(丙)对民社党——本党对民社党系采提携态度,本来民社党系乌合之众,说不上一个党派,内部不统一,何能成为一个政党,因本党提携,所以该党之民意机关代表与本党名额相同。

职 别	姓 名	别号	党号	学号	性别	年龄	籍贯	学历	经 历	通讯处	入党年月
前省党部组织部长	谢泽周	川济	递谢	赵高字0001	男	56	江西瑞金	农专	国民参政员	南昌狮子口六号	19
前省党部指导员	熊 佽	如琢	锺黄	赵高字0002	男	55	丰城	日本帝大	国大代表	剑声中学	19
前省党部主任委员	辛植柏	白真	青辛	赵高字0003	男	40	万载	章江法专	国大代表	南昌东平巷卅一号	19
江西整理委员会主任委员	叶时修		平一	赵高字0004	男	46	阳	中央大学	江西省整委会主委	南昌大士院九号附一号	13
江西整理委员会委员	方应尧			赵高字0005	男	48	广东	中央大学	江西省整委会主委	南昌大士院九号附一号	
江西整理委员会委员	朱锺翎		愚易	赵高字0006	男	36	瑞昌	中华大学	江西省整委会主委	南昌大士院九号附一号	12
江西整理委员会委员	黄兆辉	华耀	谟安	赵高字0007	男	40	宜春	工专	江西省整委会主委	南昌大士院九号附一号	12
江西整理委员会委员	刘绍春			赵高字0008	男	41		法专	江西省整委会主委	南昌大士院九号附一号	12
江西整理委员会委员	龚以文		向异	赵高字0009	男	42	上饶	省立法专	江西省整委会主委	南昌大士院九号附一号	12
江西整理委员会委员	尹孜衣		镕石	赵高字0010	男	43	宁冈	北平大学	江西省整委会主委	南昌大士院九号附一号	12

本党党员为核心分子,对外称高级中学;青年团员为外围,对外称初级中学;特别组织如妇女协会、文化协会、劳工协会等人员,则为预备党员。由外围而升为中心,循序渐进,互相称同学。如有非同志混杂介绍时,则称某时某校同学,即可区别,决不能在外称呼同志,因本党虽已公开,但仍须绝对秘密。

本党党旗之黄、红、蓝、白、黑系代表汉满蒙回藏五族,顶上之黄色系代表国家,其所以位置在顶上者,系表示国家至上之意义。

四、蓉市党部主委对干部之报告

青年党成都市党部主委车维全,近召集干部开会,报告谓:(1)根据三十六年十二月二日本党二十四周年纪念大会各同学(该党对同志称同学)之建议,综合撰拟代电,呈请中央改变懦弱作风,并转知各地同学精诚团结,开展党务。(2)本党未参政前,中央对省市党部经费尚能补助,参政以后反而停止,实令人不解,故决定仍请中央继续经费补助,但在未奉准前,仍采募集方式。(3)本党同学竞选省市参议员者,应具备下列条件:甲、曾经办理校务(即指党务而言)而有成绩者;乙、参加学校(指入党而言)有年资功绩者;丙、在会议中能发挥本党主张者;丁、有社会地位而能为群众拥护者。(4)目前贪污盛行,通货膨胀,民生凋敝,此正本党有利发展之时机。(5)关于川大学潮邓(锡侯)主席曾晤本人谓:"如不设法制止青年党学生之不法行为,将来酿成巨祸,本人恕不负责"等语。吾人为保持中立态度,希望川大本党同学,今后各种活动均须服从上级命令。(6)目前各同学,应对哥老保甲与左右邻舍尽量宣传本党主义,设法使其参加。

五、在西康之活动

青年党在西康之活动,由西康建省委员会秘书长杨永浚领导,杨氏离去后由王靖宇负责。王为刘××之心腹干部,历任二十四年政治学校军训团及西康省训团教育长与西康省保安处长等职,门生遍西康,故该党之发展得以普遍渗入西康各军政文教机构。该党在西昌、雅安之活动情形如下：军事方面，由前任盐源县国大代表之该党党员傅春圃留住西昌，对警备部所属各军事单位之中下级干部予以拉拢吸收，目的在争取夷区之军事掌握权。在夷务方面者，已将国民党提名当选之边民代表现任普雄夷务整理处处长之王济民拉入该党，由其负责夷民之吸收与活动。在行政方面者，除西昌县长已由其党员陈耀枢担任外，并已提任其党员郑少成为雅安县长，以掌握西康之两大首县行政权。在教育方面，除已将省立之三个中学占取其二外（省中校长毛祥瑞、省师校长邓凯南均为该党党员），尚有农职校长一职，亦由该党保荐原任该校训导主任之党员俞光明充任。雅安近来入党者为数颇多，每逢星期日均有新党员在雅安县党部举行入党宣誓，对国防部拨归廿四师管训之军官队亦极力吸收。该党在雅安设有省党部办事处，负责人为徐思执，雅安县党部负责人为贺栋材（贺系四川隆昌人现年三十五岁）。此外该党在康尚有中国青年团之组织，活动亦甚积极。

六、在安徽之活动

青年党近在合肥将新吸收之党员编为十个小组，每组设正副组长各一人，组员五人至七人，积极展开组训工作。其省党部主委宋树人对人谈称：（1）本党目前主要工作为吸收党员加以训练。（2）本党为合法政党，唯处处仍受阻难，如在合肥租赁办公房屋而当局不予协助，殊令人不解。（3）本党在中央固已公开，但在本省因受环境限制仍须保守秘密，如合肥各机关职员参加本党者均不愿公布姓名。（4）本党门户开放，凡品学优良而愿参加者绝对欢迎。此外，该党嘉山县党部召开党务会议，议决：（1）筹募党务基金兴办中小学校三所；（2）每乡成立合作社一所；（3）创设卷烟厂；（4）积极吸收党员。

〔附〕：青年党新中派近况

青年党周济道于三十五年八月组织新中央委员会，自任委员长,主张革新党务,反对曾琦、左舜生、李璜等之包办把持,曾活跃一时,因有新中派之称。嗣因遭受曾、左、李之猛烈打击而趋于沉寂。周济道为寻求出路,负革新派招牌东撞西碰,亦无结果,曾经一度要求加入民盟,民盟仅允以个人资格参加,不得以该派为单位,故亦不得要领。周济道仅与黄炎培保持联系,其后又欲另行组织"中国大众党",亦未获实现,乃赴香港活动。又于二月六日由港返京,闻周在港虽曾与民盟章伯钧等往还,但章伯钧表示仅同意与其合作,为和平民主而呼吁,但拒绝其参加民盟活动,故周此次香港之行,并未获得后援,仅在港委派人员与各方保持联系而已。该派因与民社党革新派孙宝刚等境遇相似,故周在港与孙宝刚等联系至密,并共同商讨今后活动计划,惟周并无新主张,在政治上至感苦闷,对此次国大、立委选举亦表不满。

周返京向人表示,此次去港任务纯为整顿及布置党务工作,在港已设立办事处,由新民报霍某负责,返京后即提出"理论待研究,组织拟扩大"之口号。并称该会自脱离青年党后完全站在革命政党立场,努力于党务工作,在南京已有新党员二千余名,近拟办一半月刊,惟经费及立场甚感困难,尚在拟议中。周济道近又派干部周文府赴北平组织文化团体以为外围,并撰写《到和平之路》一文,表示该派走中间路线。

(3)党派活动专报第四期(4月　日)
青年党最近之活动
一、四川各县市党部动态

青年党四川省委葛树高,为争取群众,扩展该党实力计,近煽惑成都市在乡军官,发动向政府索领优待军粮,企图藉此博得在乡军官之好感,然后吸收彼辈为党员,密派党员周伦暗中从事活动,目前业经登记之在乡军官已有二百余人,一俟登记完毕即向政府请领。该党成都市党部于三月五日召开执监委员会议,议决:

(1)吸收党员必须经过登记审核及调查其思想、学识、政治、警觉等项合格后,方可准予入党。

(2)各县党部负责同志如因特殊事故离境或不能担任原来职责者,须于事前五日内按照手续呈报上级核准,同时并保举原党部同志一人继任职务,但在未举准前不得擅自行动。

(3)各同志应提高警觉性,严防外力侵入,本党开会时间,尤须密切注意有无特务分子藉名混入,以免发生意外。

(4)成绩考核分个别与集体及分月与分期两种,其考核资料共分:(甲)生活日记;(乙)活动事实;(丙)品德言行及开展党务之进展等三项为依据,如年终考核成绩在甲等者升级,不及格者酌予处罚。

万县县党部主委傅德衡,因素与该县执委杨明德不睦,且自本年元月该党提名参加川东区立委候选人王师曾活动竞选失败后,彼此更为不满,旋杨明德即联络周盛虞、黄美中、文启高等欲将傅德衡推翻,另拥文启高继任主委。傅得悉后,为巩固自己主委地位及获得所属党员之拥护计,特拟具推进党务办法:

(1)商讨筹办该党万县机关报社;

(2)召集党员团员开会,检讨过去得失及策进今后工作;

(3)党团划分,使团独立,并保举文启高为团方负责人,藉使文启高不再争夺主委地位。

(4)调整人事及改选执委会委员,拟将杨明德、黄美中等淘汰。

二、江西省整委会内哄情形

青年党江西省整委会,其整理期限早已届满,惟该会主席叶时修为妥布党羽,企图把持全局,故一再拖延,迄未改组,因此其反对派首要辛植柏、熊恢及谢泽周等,对此极表不满。三月十一日,熊恢与叶时修朱垂□等大起冲突,熊拟来京晋谒曾琦报告一切。该党江西及县市党员,对江西整委会奉该党总部命令发动征集党证费每人十万元,均无力缴纳,且颇多怨言。

(4)党派活动专报第五期(5月　日)

青年党最近之动态

一、召开十一届二中全会

青年党于四月十七日至二十日在京举行第十一届二中全会,曾琦因病未能经常出席,由中常委李璜主持。主要议题为:讨论行宪以后政府改组该党应取之态度与政策。该党于全会中对提名国大代表及主委政府未予保证如额选出深表不满,坚决要求开放地方政权。关于增加国代及立委名额一案,经立法院否决后,政府亦表示唯有依法以票多当选,该党因提名八十余立委仅有十名当选,因而颇表愤慨。该党宣传部长王师曾于五月四日发表书面谈话,内容要点为:(1)立法院否决增加立委名额一案,本党(指该党)亦赞同,惟违反三党间关于大选之协议;(2)在竞选过程中,各地国民党竞选人宣称,友党系保证选举,无须多票,以致分散本党的选票;(3)如以不合理不合法的既成事实抹煞本党的名额,则本党不能不重新考虑态度,民主国家的议会必须包括各政党在内,如议会只有一党则不成为民主国家议会。该党将以不出席立法院会为要挟,仍望政府予以如额产生,并乘机要求尽量参加各级地方政府,以掩护其党务发展。

二、最近在各地之活动

(1)青年党成都市党部攻击王师曾

青年党成都市党部于三月十八日召开组长座谈会,主席罗治平发言,攻击该党《新中国日报》负责人王师曾,略谓:王师曾来蓉主持《新中国日报》复刊事宜,现已月余而办理情形迄未宣布,且一切不透过组织,关于私自决定夏骑风、周冶坊分任正副社长,实令人不满。该报社前剩余米二百二十石左右,以目前市价出售约值七亿以上,但夏骑风、寇梦波等声言只售得两亿元左右,以理度之不无舞弊之嫌，吾人应设法清查检举，组长会议未召开前，曾函请王师曾准时参加，今渠藉故规避，且语气傲慢如此，漠视地方党务，吾人应予质询，且《新中国日报》虽停刊日久，而中央党部每月仍汇津贴一千六百万元，此款究作何用，应清查帐目，并促其实践诺言，从速复刊。

（2）青年党南充县党部之中心工作

青年党南充县党部外务科长弋仲实，对其党员阐明该县党部目前中心工作为：（甲）积极筹款租顶县党部办公室，并决定科以下职员人事，以便展开工作。（乙）普遍吸收党员，并以各人之知识程度、社会关系及活动能力等项，为吸收之标准。（丙）在县党部未正式成立以前，各同志一切活动应由科长以上出面保障。

（3）青年党遂宁县党部开展党务

青年党遂宁县党部开会，商讨开展党务，决定办法如下：（甲）本县各中级学校（区党部）现已开学，应乘机向各学校活动，吸收党员，展开工作。（乙）遂宁北街北大旅馆近将出顶，本党应设法租顶经营，作为本党将来经济基础。（丙）遂宁北街本党所办之建华文化服务社行将开幕，各区分部应缴纳之股本限三日内缴清，以便来购书籍文具。

（5）党派活动专报第六期（6月　日）

青年党最近之党向

青年党内部因国大代表及立法委员提名问题发生许多纠纷，更因当选与落选问题益使纠纷扩大，因此该党干部多对主席曾琦表示不满。该党左派首领李璜等主张，如立法问题不能获得圆满解决（八十名），则不参加政府。曾琦则仍主张能达到立委之半数（四十一名）以上，则可参加政府。双方争执甚烈。曾琦自该党成立迄今所以能继续保持领袖地位者，因该党系曾一手所创造，惟曾自抗战以来，已与该党下层脱节，毫无群众基础，李璜在抗战期间代理曾琦领导该党，并在川康西南各省建立基础，乃成为该党唯一之实力派。该党十一全代会原决定增设副主席以李璜充任，但迟迟未能实现，曾琦因不欲李璜与之并立，近因左派认为曾琦懦弱无能，且身体多病，已不足领导，乃发动倒曾运动。曾见大势如此，不得不宣告退休。此事已由该党以执字第三号通告告知全体党员，略谓："琦以体弱多病，不克主持中枢党务，已向中执会及检审会请假三月休养，主席职务由李璜代行。倘三月后不能恢复健康，仍继续请假休养。"似此情形，曾琦已大有无限期请假休养之势。该党之对外交涉事宜，已决定由陈启天、于复先、左舜生三人负责。该党近召开会议，检讨其党务之得失，咸以"各地党务组织散漫，党员认识欠缺，若干地方党务活动几等于停顿"，乃决定责成组织、训练两部加紧党员训练工作，并尽量使机构与人员不公开，以免遭受压迫，并为必要之准备。足见该党虽声言三党合作，仍自怀鬼胎而不能完全信任行宪政府。

行宪新行政院组成后，该党陈启天被任为工商部长，左舜生被任为农林部长，杨永浚、郑振文被任为政务委员。该党乃表示立委问题未解决前不到职，余家菊并声言："国民党秘密决定行宪内阁名单，并事先未经青年党同意而指定青年党入阁，故青年党方面不予承认。"此正显示该党内部意见之分歧。该党以不参加政府为要挟，藉以争取退让立委名额，并企图多要部院及参加地方政权为交换条件。该党以为减少立委名额之补偿，除保持行政院之二部及二委外，并拟要考试院由曾琦或李璜出任院长，杨永浚出长铨叙部长，并普遍参加各省市政府，更欲进而攫取省府主席之位置，意在扩大安插其党员及掩护其党务发展。

关于立委问题，该党一面与政府商谈，一面则通告其各级党部，略谓："本党（指青年党）已坚决主张所提中名额如不达到八十名之目的，决不出席立院之集会。凡本党提名立委无论正式当选及可能提补当选者，在未接到本党命令以前，均不得自行报到出席，否则开除党籍。希积极搜集并呈报选举舞弊证据,以便向中外公布。"该党此举,欲藉揭发选举不公,以要挟政府。该党复于五月卅一日,经中常会议决发表声明,否认同意参加政府,仍不外一种讨价还价之姿态而已。

此外,该党内部对曾琦于国大会时,同意宪法增列"戡乱动员临时条款"亦表示不满,左派分子指此一条款违反宪法固有精神,且于无形中将立法院职权削弱,将总统职权提高,表面上未修宪,实质上已加修改。认为曾琦事事迁就政府,致造成种种恶果,使该党过于吃亏。而该党一部分急欲作官之干部,则又赞同曾琦之作风。足见其内部之摩擦,今后将益趋激烈。

该党最近在四川各地之活动情形如下:

叙永:叙永县长汪洁,系青年党党员。汪为扩展该党在叙力量,不惜藉高压手段排除异己,形成县府工作人员之清一色。兹将其事实分述于后:

(1)叙永第一区指导员邹明栋调任二区督学后,遗缺不以转业军官补充,而以其同党现任县府民政科长之张九升兼任。

(2)叙永县立图书馆馆长陈泽淮,系国民党党员,县府藉故将其撤职,另派该党马俊民接任;该馆馆员刘正明,因病请假,藉此撤职,另派青年党员邓汉镛接任。

(3)县府指导员钟子震,系青年党党员,刻在两河分水乡征收鸦片烟税,每两抽税两万元,充作该党经费。

(4)中兴社社长杨安,平日杀人越货,横行川滇黔边境多年,四川省府及七区专署迭经通缉有案。该汪洁到任后,即利用其拥有群众力量,竟吸收为青年党党员,并支持其出任龙凤乡乡民代表主席,致其焰愈张,迨今年元月中旬,曾纠众在叙永西门外行劫,枪伤失主罗文榜后,汪为免上级追究,始将杨安枪毙。

(5)叙永各乡镇长及小学校长等,无不与该党密切联络,否则予以难堪或藉故撤职。

崇庆：崇庆县青年党党部由施德全负责领导，计有执委陈济宽、王济、季文、谭振西、吴家让、胡仲德、李万荣、段前川等，自政协会后即积极扩张组织，吸收党员。施本人即为哥老巨子，复利用袍哥力量转相号召，以致该党在县中力量日趋庞大，须经详密调查。县属卅七个乡镇均有组织，以王场为大本营，由该党中央委员龚从民领导，全县现已拥有党员三万余人，县城南街天禄阁香铺为该党接头商洽所在地。又于东城组织韵清茶社，接待顾客，物色党员；更成立弘毅中学，以党化教育麻痹青年学子；复开设有利群字号、建国字号等，以把握商营经济，垄断市场。

(6) 党派活动专报第七期(7月　日)

青年党最近之动向

一、因参加政府而引起之纠纷

青年党因立委名额未能达到预定数目，内部因参加政府问题而发生纠纷，有主张为顾及已参加政府各部门工作之党员职位必须参加政府者，有主张坚持立委问题为参加政府先决条件者。该党华北各省党员代表王承曾、冷少泉等四十六人，曾以书面意见提出六项，面递曾琦。内容如下：

(1) 抗战期间曾在京、沪与伪政府来往，并接受伪府津贴，用意何在？是否准备当汉奸？后因太平洋战事发生，始知敌伪必败而转往后方，此次欲出长考试院，是否以党魁资格出卖而来？考试院大部职员均有十数年之历史，一旦接任考试院，势必撤换重要高级职员以利工作，然必引起不良后果，甚至会控告曾先生曾任伪职，届时不但曾先生个人名誉受损失，而整个青年党亦将遭到严重打击。

(2) 曾在战前流亡北方廿年，一切均赖北方同志维护协助，不料参政后竟将北方同志抛却不顾，倘出长考试院后，必须将全体北方同志予以安插，否则即将曾过去与军阀敌伪勾结之事实公布社会。

（3）曾先生以后应少说话及勿滥发表政治主张,因曾先生历年来所言多半与现实不相吻合,今日之政治决非曾先生以一学者书生面目所能改观。

（4）勿为少数名利分子所包围,一味醉心官位和名利,遗忘政党之风度,而受人利用,请将考试院位置让与党中有道德之同志担任,并由全体党员总投票决定人选。曾既向中央请假三月,即请离京返川或出国休养,今后不得再以党魁名义向外发表谬论。

以上四点,限当面答复。当时情景至为尴尬,曾先以口头声明,渠以身体衰弱,行将就木,请诸同志特别原谅。嗣于请愿书上亲笔书答云:"无论过去现在未来,个人任何活动与措施均须取决于中常会,本人并无个人之自由。所询各节,亦应由中常会负责答复。"云云。请愿人等出曾寓后,即将原请愿书及报告请愿经过呈文一件一并送交该党中检会备案,并请该会秉公处理。

该党中常会,日前曾举行假投票决定工商部长人选,结果以李璜获票最多,陈启天仅获五票。又京市多数党员正在酝酿倒陈运动,即将呈请该党中常会罢免陈职,理由为陈长经部后,贪污营私,有损党誉云。该党提名落选立委群向其"中央"责问,认为上级但有官做,有禄位,即将立委问题放弃不谈。是无异将落选之同志牺牲以换取官位。因此,表示要牺牲就一齐牺牲,乃主张立委问题不解决,任何人均不得入阁作官,否则彼等决不干休。经此一纠纷后,该党遂不得不忍痛声明拒绝入阁。

该党前以曾琦或李璜可出长考试院,不少急功好利者已在计划如何分配考院职位,即其上级首要亦均作此想。既获悉当局仅欲以副院长给予,该党始由失望而愤怒,若干首要遂于中常会席上怒吼:"国民党对本党毫无诚意,完全欺骗!"终于决议不参加内阁,即连考试院亦拒绝提人。

该党北方党员不但反对曾琦,亦反对陈启天,近已联络北方各地党员组织"北方同志联谊会",由马馥庭、刘潜夫、高伯绳、冷少泉、赵履绥、卜殿元等所领导,散发油印传单,列举曾、陈等之亲属自任职经农二部者不下百余人,每人贪污数字最少者为百亿,最多者已达万亿以上,如燃管会之张希为贪污即达万亿以上,陈启天现已存有黄金一千二百余条(每条十两),彼等曾向该党中常会声诉,必要时将向司法机关检举,并将曾琦战时与敌伪来往之证据搜集保存,亦将在必要时公布。曾、陈等为此异常恐慌,正在积极疏通中。此次该党提名之考试院委员二人,均系北籍人,即系该会争取之结果。关于立委纠纷未解决前决不参加政院之主张,亦系该会所提出,并警告其中央不得妥协,并要求缩减之立委名额不得将北方立委包括在内(北方共占十九人),故该党之一再拒不参加政府,实系内部纠纷所致。又关于考试院副院长事,本可提名参加,因雷震日前在沪时曾用电话通知该党总部,希望该党提余家菊或何鲁之,该党首要对此极表不满,金以本党提名人选,国民党如何可代指定,何、余二人更不应单独对外活动,因向何、余二人提出严重质询与警告,并于当晚召开中常会,决定拒绝提名。同时,由于北方同志联谊会之警告,考试院之提名问题遂形作罢。

二、在四川各地之动态

(1)重庆　青年党重庆市党部主委郭经虞,已离渝赴京另谋出路,遗缺改由常务委员萧智僧继任。顷悉萧最近曾对该党在渝党员有所指示,其内容大致如下:(甲)在宣传上应配合政府戡乱决策,以表现该党一贯主张及国家主义者的精神。(乙)从国代及立委两次选举看,认为群众组织力量尚弱,应急起直追,设法加强拉拢群众,注意地方保甲争取。(丙)国民党既系友党,如此后尚有压迫青年党员,阻碍党务情形事,不分大小,均应详实列举,书面报告,以便交涉。

(2)成都　青年党成都市党部近召开会议,由书记长骆长祺主持,计到委员李文叔,罗乃宽四十余人。讨论事项如下:

（甲）新加入之党员是否真诚,有无异党借机加入探听本党之秘密及从事工作,应由各党员互相监视。(乙)由市党部出一党员月刊,以明了本党之工作及全月本党全国性之政治报导,以及重要党员之行踪。经各党员决议,其经费由殷实党员乐捐。此刊决不出售,各党员一份,由市党部公聘陶元甘为编辑,油印由《新中国日报》党员负责排印,其筹备以两月为限。又该党在成都所办之《新中国日报》社长黄石子、副社长周治坊,主笔陶元甘,编辑主任林德荣、秦安东,外勤罗良骥、文昇,经理李文权,事务舒其相,工人部分张裕祥、朱肃威、贺全宗、张明学、陈文学、罗万春等,近举行会议,决定设法劝募经费,争取销路,加强宣传。

（3）南充 青年党南充县党部,业于五月正式成立,地址为紫云宫私立精武小学校内,委员为林国钧、弋仲实、田少逸、李德明、任重远、李仁元、何国俊、李晋,以何国俊为主任委员,现正展开工作中。

（7）党派活动专报第八期(8月　日)

青年党最近之活动

一、筹办京市《工商晨报》

青年党南京市党部最近计划筹出一四开之小报,将定名为《工商晨报》,日出一张,暂定二千份,所需经费由工商、农林两部垫拨,洽由《大刚报》印刷部承印。此外,并将出版一《市校通讯》刊物(对外不公开),以加强党员组训与联络工作。

二、争位置起纠纷

青年党钱天民,原系农林部秘书处科员,自上月被轧离职,乃向工商部燃管会活动,已有科长希望。但因钱向接近余家菊,与陈启天派颇有所隔膜,因此行将到手之新职又成泡影。钱愤窘之余,乃于日前赴工商部硬性会晤陈启天部长,声言如不即予安插职务,将走极端(内意即欲检举陈氏贪污)。陈当送其五百万元,以示安慰。但钱更为愤怒,致在部长会客室中对陈颇有不入耳之言,经该部朱主任秘书出为调处,陈氏始得脱身。朱并允钱在一星期内决为派往上海工作。钱云:如一星期内不发表渠之适当工作,决定检举陈启天之贪污等语。又,该党华北党员为争取权利,已向中常会提出简、荐任人员二十人,委任人员四十人,请饬由陈启天、左舜生分别在工商、农林两部内予以安插。兹悉齐指潞已发表为工商部主任秘书,其余尚未发表,华北联谊会已向中常会提出质询。

三、台湾《公论报》近况

青年党在台湾所办之"公论报社",系于卅六年十月廿五日创办,社址设台北市康定路三八五号,编辑部在桂林路四巷,由青年党中委李万居(省参议会副议长,新生报社长,南北港人)向本省各地巨商富户募集基金台币二千万元,并拉得高雄商人陈祺昇为发行人,藉作经济后台。该报创办之后,依各方观察,均以为该报系青年党之宣传机关,用以吸收群众,扩大势力,以作行宪后之政治活动基础。但自创办迄今,该报言论则迄未发现有吻合于该党主张与宣传策略之处,而专作歪曲现实弱点,争取民众同情及讽刺政府之报导,颇有受民盟及奸匪指使之嫌。该报重要负责人为李万居、倪师坛、周铮、郑秉思、宋羽仪、陈玉庆、何欣等。

青年党在各地之活动

一、京市党务陷于停顿

青年党南京市党部工作,自本年改组迄今仍无新发展,各级组织亦未恢复工作。两周前曾决定推由专人草拟工作计划与纲领,迄无人交卷,原因系多数执委均各有其公开职业,且均忙于其本身权利与地位之争取,对党部工作皆漠不关心,致使党务陷于停顿。闻主要原因,系多数干部均对主委赵瑞麟不满(因赵虽利用机会套购燃料管理处之平价煤炭取利),同时另一负责人杜崇法(该党所提京市遴选参议员)则已参加新社会革命党。

二、平市党部近况

青年党北平市党部主任委员陈德武,在平经营正太银行以为党务工作经济机构。该党在平一切开销以及过去竞选国代、立委经费,大部取给该行。惟陈因系法界出身,对银行业务欠缺经验,致为东北系行员把持。本年五月间,竟因代存金条十五根,未能善于运用遭致破产。陈现已被迫脱离该行,负债达廿亿,全家动产(书籍等)均将出售还债,今后彼仅可经营门头购煤窑二所。青年党北平方面,经济来源亦仅可依靠中美公司,影响党务甚巨,陈德武破产后即患病,对党务消极,现平市党务采取轮流负责办法,规定每逢一三五由雷玉丰(现任农村部北平药械厂秘书)、二四六由郭建桥来平负责。最近之中心工作仍为吸收新党员,并以青年无职业性之学生为对象,各大学新发展之党员,截至七月份止,共计二一六人。迩来平市学潮迭起,该党对于各校该党党员颇为谨慎,极力避免卷入漩涡。

三、在江西之越轨活动

青年党江西基层工作,年来开展极速,惟分子复杂,常有藉该党名义进行非法活动者。兹将南康、上高二县最近所发生之事实列后:

(1)南康县党部,于八月十四日召开县干部会议,到会人数六十八名,中多为赌徒及失意分子,并携带武器,似有扰乱治安嫌疑。又该党近在该县属唐江等处吸收一班邦痞,聚赌抽头,以作其党务活动基金。

(2)上高县党部筹备主任况继宗,在该县属凌泛乡大肆活动,强迫村民参加该党,并勒索党费,计每名四万元,另稻谷一斗。并假名与同乡六口任姓械斗,期在造成派别,扰乱社会,乘机图利。

〔国民党党务机关档案〕

二、中国民主社会党

〔1〕政纲宣言路线

1. 中国民主社会党政纲
（1946年8月18日）

中国民主社会党政纲
——卅五年八月十八日联席会议通过

（甲）总则

一、本党主张：民主社会主义为今后唯一立国之道。

二、本党主张：根据民主方法实现民主社会主义的国家。

三、本党主张：民主社会主义之鹄的，在使个人得自由之发展，社会尽分工合作之能事，国家负计划与保护之责任，国际进于各国之协调与世界政府之建立。

四、本党主张：在计划与组织原则之下，以社会全体利益为基本概念，分期确定并实施关于政治、经济、社会、文化之整个具体计划，以达到革新社会之目的。

五、本党主张：国家以自力更生为建国方针，同时遵守联合国宪章，积极参加联合国组织，以确保世界之和平与繁荣。

（乙）政治

六、确认国家之主权属于人民全体。国家之主要任务，在谋人民全体之福利，彻底扫除以人民为工具之权力主义。

七、保障人民身体、行动、居住、迁徙、思想、信仰、言论、出版、集会、结社之基本自由，并推广及于劳动权与生存权。

八、参酌国情及传统文化之精神，推进民主政治制度。

九、尊重理性，培植法治，对于人民生活，目前政治，社会风气，应加以一番大革新，发挥青年朝气。

十、厉行法治,遵守人民代表所议决之法律。全国国民在法律前一律平等。任何个人与党派不得享受超法律之特殊地位。

十一、司法绝对独立,不受政治、军队及党派之干涉。保障各级法官之独立审判。最高法院负保障宪法之尊严及解释宪法之责任,将政争与社会斗争潜消于无形。

十二、全国上下各级政治,应培养廉洁奉公与坦白率直之精神。

十三、彻底厉行军民分治,军人绝对不得干与政治,禁用武力作政治斗争之工具。

十四、军备、军费应每年提交立法院通过,即机密费总额,亦应在预算中规定。

十五、实行征兵制,服兵役之人民,应有正确名册,严禁顶替,入伍与死亡者应予以充分给养与抚恤。

十六、倡导容忍精神,以期党派合作,相忍为国,各党派在五年或十年之内应成立政治休战协定,共同努力建国工作。

十七、建立超党派之文官制度。保障称职人员,升黜应以能力资历为标准。公营事业之管理,应以全民福利为准绳。

十八、实行普选制度。人民之选举权、被选举权不受财产、教育、信仰、性别、民族之限制。选举时务求公平合法,以期当选者能负起代表民意之责任。

十九、实行地方自治,实现乡村现代化,鼓励人民为乡里服务,养成人民对乡土自尊之精神。

二十、国内各民族在法律上一律平等。

廿一、提高海外华侨地位,并与其所在国内交涉,取消不平等待遇。

(丙)经济

廿二、提高人民生活,保障工农与生产者之利益。

廿三、人民应有不虞匮乏之自由,减少贫富悬殊之不平。

廿四、确立公有财产企业，承认私有财产。划分公营民营之界限，在整个计划之下，期自由企业与公营企业相辅并进。国家得以公道原则，法律手续移转私有财产，逐渐达到社会主义。

廿五、运用财政金融政策，累进课税方法，以达扩张生产，充分就业，平均分配与社会安全繁荣之目的。

廿六、实行工业化，并与农业互相配合，以沟通都市与乡村。

廿七、保护民族工业与民族资本。禁止官僚资本并禁止藉特殊势力从事工商业，以保护公平竞争。

廿八、实施计划的消费，以期节省资力，促进民族资本之长成。

廿九、国家对于全国土地有支配权、整理权及公用征收权。

三十、改善农民生活，规定耕作单位，平定地价，扶助贫农，实现耕者有其田之政策，提高农民文化，改良耕作方法与农村副业，扩大农贷，发展农村合作组织，振兴农田水利。

卅一、保证工人生活，工人应有组织工会与团体定约之权，实行劳动保险，改善劳动条件，逐渐减少工作时间，增进工人业余修养。推行劳工分红制与劳资共同监督管理制，以期逐渐到生产工具、分配、交易之公有及工业之共同发展。

（丁）教育、社会、文化及其他

卅二、认定教育为立国大本，应以培养善良风气，增进知识，发展人格为目的，与司法独立同样超出于党派之外。

卅三、保护并推进教育及学术研究自由。

卅四、全国人民应有教育上之平等机会。

卅五、提高高等教育水准，促进学术研究，奖励文学艺术创作。

卅六、普遍推行民众教育、成人教育及工人辅助教育。

卅七、协助并奖励确有成绩之私立学校、私人学术机关及民间文化事业。

卅八、奖励国际间之文化合作。

卅九、实行社会福利事业,推进社会保险。

四十、积极防止失业。

四十一、普及公共卫生,推行公医制度。

四十二、提倡民族优生,注重国民体育。

四十三、保障妇女人权及政治上、经济上之平等地位。

四十四、提倡妇女职业,增进其经济独立之地位。

四十五、倡导儿童福利及保育事业。

附录:

(1)张君劢:民主社会党政纲释义引言(1946年　月　日)

近来社会上习用之词:曰领导,此二字岂易言哉。有人焉揭橥政纲,号召徒众,响应之者署名愿书,誓守约束,此可谓负领导之责矣。然际此学说纷呶,政潮澎湃之日,或主专政,或主民主,或同情劳动,或拥护资本,或赞同苏俄,或联络美国,其间各树一义,无不持之有故,言之成理。至其所采手段,或温和,或激烈,或以口舌,或动干戈,有自己言之为革命,有自人言之为反革命,各极其思虑之工巧与忠诚之不二。然主持者方向之或左或右;其结果则为党员之或生或死,社会秩序之或保或不保,甚至其国家之或存或亡。试问其所谓领袖群伦之人,在理论上果有明确之见地乎?在行动上果能对质于历史法庭而无愧乎?二十余年世界史上所谓党魁者,号令一国,俨如元帅之指挥三军,然其前后反复,令从者不知所措者,既数见不鲜。忽而世界革命,忽而一国建设;忽而工人不知有祖国,忽而极力提倡爱国;忽而反德,忽而联德;此曾见之于苏俄者也。以云德意等法西斯主义,其力排众议,悍然不顾之态正与苏俄同;一曰抛弃历史上宪政传统,实行所谓领袖制;二曰舍国际间平日之有无相通,独采一国自足自给政策;三曰不知善邻,专以吞并为事。卒致第二次大战爆发,而己身亦且不保。故两次大战之中,其勃然兴起之政党,行使所谓领导权者,一时呼风唤雨,诚有不可一世之慨,而今日濒于土崩瓦解如德意者,岂不为众所共见乎?此时期中之英美两国,守其平日民主宪政之传统,许人民以基本自由与夫反对党之存在与批评之权利,虽外患突发,而其国人本对外一致之精神,卒能扫除强敌,转危为安。于是可见左右两派一党专政之不足造福,反不如多党政治之能相忍为国矣。吾所欲为国人告者,则政党之揭橥党义之不易。政党之所以起,必本于爱国爱民之诚,即其目标为阶级代表者,要不外乎谋多数之利益,然因其立言之偏宕,好恶之不正,乃至是非赏罚之不公,而多数人之冤抑不伸,或死于刀锯下者,不可胜计。吾民主社会党所明标之党义,初不敢自以为是,必明白解释其所以然之故,证诸国人心理之同然。而后内心上乃自即于安,所以解释其所以然之故者,即将各种理由明白宣布于外人,亦即以负责态度,明其所以为某种宗旨奋斗之故也。同人对于本党之所标识者,验诸各国政制之成绩,考之思想史之经过,更按之国内外情势,其可通可行者采之,其不可通不可行者罢之。然政纲之中自有一贯之宗旨,初不以随便选择为事,如哲学史上所谓折衷主义己焉。吾人之所重者,不徒在理智之周密,尤贵乎行为之勇决。政党之所以贯彻其主义,应先之以口说,然家喻户晓之外,为多数人之幸福计,不辞辛苦,不避艰险,即赴汤蹈火,亦所不辞。此非暴虎凭河之勇,而悲悯之意,寓乎其中也。兹将本党政纲中重要各题,先行列举,按题解释,其涉及节目者略之。

第一、民主方法(又名民主反民主)。

第二、民主政治与社会主义。

第三、民族主义与国际主义。

第四、个人、社会、国家、世界。

第五、进化与革命。

第六、两时代之人权论。

第七、放任主义与计划经济。

第八、计划与自由（又名计划的国家中之思想自由）。
第九、社会主义与资本主义。
第十、公有企业与私有企业之界限。
第十一、政党政治与文官制度。
第十二、工业与农业。
第十三、乡村现代化。
第十四、乡土自尊心。
第十五、教育为立国大本。
第十六、民主政治与儒家哲学。

以上各篇，将在本刊中一一刊出，惟其次第不一定如上文所列。

吾所希望于国中者，为政治思想之解放。今日正为新旧政治机构交替之际，旧者既溃，新者未立，倘听其自由发挥，自能在入□主出奴之中，各畅其所欲言，而寻求其所归宿之处，由人心之所同然，而政制因之以确立。倘舍此不图，效法苏俄，以马列主义为经典，或模仿德国，以"我之奋斗"为教条，徒令注解纷纭，各自以为"得圣人之一体"，然思想之不自由，转而为立言之不诚，理智之不忠不实，而国中之大多数人，专以附和雷同为事，如此而求由思想之结晶以成为制度之确立，盖亦难矣。中山先生为创造民国之人，其地位为美国之华盛顿、杰佛逊与哈密尔顿，其遗教应听读者自己研求，加以发挥，自能与时俱进，而益证其伟大。美国学校教育，其科目中何尝有党义一项，然华氏、杰氏之所言所行，何日不在征引之中。反是者，以中山先生为马克思为列宁，名为尊之，适所以小之，诚以思想之不自由，即为立意发言之不真不实。反是者，思想自由之中，自见立意发言之真实，由立意发言之真实，乃成为行为上之择善固执，而人心所同向往之制度，因之以确立。此正所以由思想之自由竞赛，以巩固国本之要道也。

抑吾更有为国中青年言之者，政党所标举之纲领，不外乎谋增进多数人之幸福。惟其为谋增进多数人之幸福,自可参酌各国成例,证之以事实,考之于理论,其有益于人人者为利,其有损于人人者为害。若此者,借数字以计之,藉逻辑以穷之,则双方之得失,如按图而索骥。其有甲之所标举,不定为乙丙之所赞成,然既有是非之可明,利害之可推,甲乙丙诸方各得胪举理由以听国人之裁决,而赞否由人自择之。此之谓以理智明辨是非得失之态度。讨论政纲,不以宗教信徒皈依教主之态度,服从主义,人各有聪明,斯各辨其是非利害,不因见仁见智之异,挟威力以求强同,甚至对于倔强不屈之人,拘之囚之或杀戮之,此犹摩诃墨特右手执可兰经左手持剑之所为,非所语于政纲赞否之由人自择者也。若夫政党活动,言论之外,继之以行动,此亦二者相依而不可或缺者。然所谓行动,或为示威,或为罢工,或为暴动,或为推翻政府,应由自己地位之顺逆(自己立场之正当与否),牺牲之大小,以定其所谓行动之应有与否。倘不计顺逆,不问是非,专为行动而行动,此之谓盲目的行动,其足以增进人民之幸福欤？或促进社会改造之速度欤？证之十余年之经过,当亦可以翻然悟矣。此尤吾民主社会党同人宣布政纲之际,对于各问题之利害得失,力求慎思明辨以进于笃行,而不敢有一事一理之轻易放过。庶几吾国政党之思想与活动,或者由依样葫芦,而渐进于自判断自抉择之独立地位欤。

民主社会党政纲已载本刊第一二九期,张君劢先生兹又列举政纲中十六个重要题目,并拟按题写成文章,一一在本刊登载,本刊同人认为此事体大,与吾国政治思想之解放攸关,故愿特别提请读者注意。

民主社会政党政纲,决不是教条,其间实有许多值得国人研究和讨论之处。本刊以十二分的诚意,欢迎读者对民主社会党政纲发表意见,或就君劢先生所列举的题目范围之内,大家来共同研究和讨论。

编　者

(2) 张君劢:民主方法(1947年2月25日)

民主方法(一名民主反民主)

——中国民主社会党政纲释义之一

二十年来之吾国,如一叶孤舟,随世界波涛,忽高忽下,忽东忽西,不知其自己所掌之舵何在。苏俄革命,青年之所醉心,始也从之,继又背之,及见夫德意法西斯主义之能反共也,又追逐其后,惟恐不肖。如人之行路,蹲躅道中,妨碍交通者,众目之为神经病。又如学生选课,忽而电机,忽而文学批评,忽而考古,则学校当局将谓此生读书终无所成。何也?人之行事,须有一个方向,志趣先定,循序以进,其选择之中,经一番慎思明辨,且持之以坚定,守之以贞固,日升月恒之后,不患目的之不达。吾人执此原则以观廿年来之政局,始也共产革命,继也效法德意,及抗战之中,与英美同盟,乃又高呼民主矣。试问今日之柄国钧衡者所以指导国民者,其有真知乎?其有方向乎?其前后一贯乎?彼等或且答曰,吾乃因风转舵,求可以自存而已。此种答辩,自亦自成一说。然其自己对于国人思想行动,初无一定方针,则即此所言者,已足为一种供状矣。中庸之言曰"不诚无物"。言乎思辩不明,信心不坚者,在理论上不能构成学说,在历史上不能建立功业。故建国大业之能否成立,视乎其思想之是否真实。然则今日脍炙人口之民主,真乎伪乎,自欺欺人乎,思行合一乎,此应首先以明辨者也。美国宪法由何而成,曰由于信仰天赋人权学说之杰佛逊氏为主干也。英国之议会政治何自而成,曰由于将陆克氏之被治者之同意之学,贯彻于议会与选举之中也。曰德日宪法何以始成而终败乎,曰俾士麦与伊藤博文见民权之不可终夺,乃借宪法之名以掩护君主大权,虽善运用于一时,而军人跋扈,终致民权政治之推翻。今日英国之工党政治何自而来乎,曰由于菲边协会信仰社会主义以渗透方法转移民意之所致也。凡此四国之政绩,成者之所以牢固不拔,败者之所以始成终败。皆若干真信仰真思想真行动之人物为植基。惟如是,真者有成,伪者终败。今后吾国应如何认识民主之真义,集合民主主义之信徒,立定方向,以期民主之实现,一扫廿年来翻来复去之局面乎?

民主云云,非真有不可解之奥义,视人之是否存以伪乱真之动机以别之而已。孟子论狂狷一节中,特举孙子之言如下,"恶似而非者,恶莠恐其乱苗也,恶佞恐其乱义也,恶利口恐其乱信也,恶郑声恐其乱乐也,恶紫恐其乱朱也,恶乡原恐其乱德也"。夫邪正善恶之辨,能为近似之名所蒙所乱,如孔孟所云云,今日所谓民主云者,何在不为强有力者之去实存名而乱之以他义乎?十九世纪中所谓民主者,一曰保障人权,二曰议会监督政府,三曰选举决定人心向背,其意义固昭如日月,非任何人所能颠倒而上下之者。乃自一九一七年苏俄十一月革命,宣布无产阶级专政,西欧国家因其政制之不类而指责之,而苏俄共产党驳之曰,君等自号为民主,实则政权操于资产阶级之手,不若我之抬高工人地位,实行普选之合于真正民主。此则民主意义之第一次为人所乱也。及德意法西斯主义继起,宣布一党专政,他党组织并其所经营报纸一律解散,且移归政府党所有,然平日遇有大事,亦召集国会举行选举,一若其所为无一事不以民意为依归,此民主意义之第二次为人所乱也。其在吾国,效法苏俄,实行一党专政,至于十九世纪西欧国家所谓人权,所谓议会,则一概摈除,所托名者曰训政,以四万万人为阿斗,为国民党党员者自视为导师。此民主意义之第三次为人所乱也。夫以非民主而托名于民主之下者,纷然杂呈如是,则何谓民主,何者为民主之基本条件,何者为非民主之基本条件,必先辨明,而后所以实现之者乃始有所遵循矣乎。窃以为欲求民主之真义,应求之于历史,民主政治自始迄今,可分为三期:第一,曰民主之发轫期;第二,曰民主之挫折期;第三,曰民主意义之推广期。所谓民主之发轫期者,自天赋人权学说之流行,迄于十九世纪各国宪法之颁行是也。其始也各国之政治思想家,鉴于欧洲君主专制之腐败,推求国家成立之起源,以达于政治组织之当然之理,于是发现社会契约之说。意谓国家之始成,本于各人之团体生活之需要,各人舍其本身自由之一部,以隶属于国家权力之下,政府既立,人民以其自由移于政府之手,而专制政治以成。此为霍布士之主张。有谓政府之所以行使其权力者,须得人民本身之同意,故政府手掌中之权力,乃导源于人民主权。此为陆克之学说。此时代中,虽同信奉社会契约之说,而各家之结论各异。然自美国独立与法国革命之后,确然形诸各国宪法公文之中者,实为天赋人权学说。一七七六年美国佛奇尼亚州权利宣言第一条第二条曰:

"凡人本于天性同等自由同等独立,有其固有权利。此项固有权利,不因其加入社会之故,而根据契约遭受剥夺,或将其子孙之权利而剥夺之。所谓权利,为生命与自由之享受,为财产之取得,为幸福与安全之追求"。"一切权力属于人民出自人民,政府官员为受托人为公仆,且对人民负责"。美国独立宣言第二段曰:"吾人认以下各项为自明之真理,即一切人生而平等,各人初生之始天赋之以若干不可移让之权利。所谓不可移让之权利为生命、自由及幸福之追求。"法国人权宣言之言曰:"国民大会承认人民与国民之以下各项神圣权利:一、各人就其权利言之,生而自由与平等,且继续自由平等。民政上之区别,惟有以公益为理由方得为之。二、一切政治结社之目的,为天赋的与不容移让的人权之保障。此项权利为自由、财产、安全与反抗压迫。"由上三种宣言观之,可知天赋人权学说及于各国政治之影响之大何如,美国独立宣言中,"自明之真理"云云,尤足以见此时代对于人权,对于民主之乐观,似乎人权学说,一旦见诸法律条文,人类幸福,便能增进,而绝无反动之虞矣。然各国宪法颁布,将身体、财产、家宅、通信及集会结社诸自由列诸宪法条文中后,政治上文化上产业上之发展,自胜于专制时代。而工业革命后,因工商业之发达,乃有资产阶级之产生,劳工之剥削随之而来,且形成富力之集中于少数人,而贫苦农工之无以自存,一如昔日，于是工人运动因之以起，所谓第一第二国际因而组织。此时期中人权学说之重个人而轻集体，重竞争而轻公道之流弊，渐见端倪矣。所谓民主之挫折时期者，自十九世纪后半迄于第二次大战前后。法国革命后，各国宪法颁布，议会政治风行一时，其间因选举舞弊，内阁风潮叠起，各国人士已有怀疑宪政与民主政治者，其以右派为立场者，力攻人类平等等说，认为人之智愚不齐，故各人参政之权力无法平等，此种学说行于德法等两国，惟英美独守其宪政常轨，不为所惑。其以左派为立场者，攻击资产阶级之剥削，实行罢工以要求增加工资与其他条件，并有生产工具公有与夫超出国界之第一第二国际之组织之主张，其为主动之马克思氏且认为无产阶级专政为社会主义必需之过渡阶段。此左右两派之政治思潮为第一次世界大战前之情形。及大战爆发，所谓劳动国际忽焉解消，群趋于保卫祖国之一途。欧东之俄国以实力不支而溃败，于是革命起沙皇倒。其主持之者始为克命司几，继为列宁氏。列氏宣布其政体为无产阶级专政，并实行马克思之遗意，没收银行与工厂等生产工具，西欧国家平日习闻财产权神圣之说，目击苏俄情况，为之骇然，始而围攻之，继而拒绝外交上商业上之往还达十数载之久。于是西欧人士惕然于欧洲议会政治式之民主遭受一种来自左面之攻击，是为共产主义。此时西欧国家，如英法两国凭其战胜余威，维持其政体原状，其他战败之国如德意志，内部安宁绝非英法之比，于一九一八革命后，宣布魏玛宪法，一时尚能造成其法律秩序。然国人不甘心于佛塞条约之屈辱，群以复仇为念。时希忒拉之国社党初起，为国人所拥护。一九三二年希忒拉受任首相，取魏玛宪法而毁之，将各党与人民之基本权利，如结社如出版等一律剥夺，此为欧洲议会政治式之民主遭受一种来自右面之攻击。于此时也，苏俄第一五年计划完成，国内既无罢工事件，又无失业工人，一若其经济上之进展胜于西欧诸国，即其被目为法西斯主义之德意志，在外交上军备上之成功，亦超于英法之上，此时之西欧民主政治,在慕尼黑协定之后,实为最黑暗之日矣。希式拉于占领捷克之后,进而图多瑙河,一九三九年复进攻波兰,世界第二大战因以爆发。不及一载,巴黎沦陷,贝当氏签订对德和约,于是德与英之相距,不过一水之隔。然英首相邱氏不因屯口克失败而丧气,决心顽抗,以静待美国军火之来援;罗斯福氏认为希氏之胜利即民主政治之灭亡,乃于国会中通过租借法案,以援助对德作战之国。其于太平洋战争前,虽未正式参战,然因已尽其陆海空之能事,援助英、俄,其所未为者也,独枪炮尚未向人开火而已。此时期中英美两国在政治上之表现:(一)议会政治照旧进行,不因战事之故,有何变更;(二)各党一致对外,成立联合政府;(三)政府对于人民批评,决不禁止,有时且采纳民意,实行更迭阁员;(四)人民对于政费之支出,毅然担负,不以为苦;(五)人民对于兵役,对于飞机、船只、枪炮及其他工业品之制造,一律争先恐后,绝无怠工之举;(六)对于食品之定量分配,缺乏仆人等事,忍受而无怨言。因此之故,英美民主政治之效用大显,由人民之自动各尽其爱国之义务,视法西斯国家钳人之口,钳人之手足者,令人起天堂地狱之感想矣。

由以上两时代之经过,可以发见民主与非民主之得失利害之比较矣。英美始终相信民主,其对于民众之信赖,采一种渐进态度,如选举权之由限制而进于普选,即为显著之一例,然其政治上尚无菲薄人民信仰少数贤人与夫迷信铁血容许军人擅权之举。故其政治上所遵行者为议会政治,责任政府与夫以选举求人民同意,毫无赫赫之功如拿翁、如俾相、如希氏之所为,然常能于自由之中保持人民之一致合作,万非德法两国中持帝王大权或军人政治论者所能及也。

窃以为民主政治,自发轫期迄于第一次大战之理论与实际,不外下列各点:第一、人格之尊严,以人为目的,不以人为工具;第二、各人既有独立人格,应许以不可移让之权利,此之谓基本权利;第三、人民既有基本权利,故规定于宪法与法律之中,受其保障，此项权利为政府所应尊重；第四、国家之主体为人民，故曰主权属于人民全体；第五、主权既属于人民，故国家所制定之法规及预算案，应得人民所选代表如国会议员之同意；第六、主权既属于人民，政府由人民代表之信赖而产生，政府所作为，应得人民同意，其信赖也，此政府留，不信赖也，斯政府去，此之谓负责的政府；第七、多数人民之向背，由总选举之结果以决定之；第八、政党政治，或为两党之更迭上下，如英美，或为多党之联合政府，如德法；第九、少数服从多数，惟少数派之言论与活动，不受限制。上所云云，乃欧西各国在第一次大战前共守之原则也。及苏俄革命后，民主之理论为之一变。列宁氏于《国家与革命》一文中有言曰：

"吾人细察资本主义的民主政治之机构，如选举权细目之规定，如代议政治之技术，如集会之限制（大厦非贫人所能使用），如日报之为资本家所操纵。无一处不见到对于民主之重重限制……此种种者，其大目的不外乎限制贫者对于民主政治之积极的参加。故马克思氏以为资本主义的民主之一点，在乎被压迫者于每隔数年后，选举其压迫阶级中之某人为代表，再对贫者加以压迫而已。"蒲哈林氏于《共产主义爱皮西》中之言曰：

"资本主义国家中所用之精神的压迫之手段，有三事应特别指出：第一、国立学校；第二、国立教会；第三、官办报纸。资产阶级亦知但恃强力之无法管制工人阶级矣。故其所用之法，即将工人头脑陷之于网罗中，如置之于蜘蛛网中然。资本主义的国家须养成若干专家以压服无产者，乃有教师、教授、教士、作家及新闻记者。此乃资本制度所以维持其自己长存之要道也。"列宁氏之所谓国家，非谓同一语言风俗之民族团体，乃指其国中维持权力之军警言之，故列氏力持以强力夺取政权之论。彼谓国家乃强力之组织，以为压制某阶级之用者也。其为贫民者惟有夺取国家，以粉粹资本阶级之抵抗。列宁氏又曰："工人需要国家，以压服剥削者之抵抗，惟有无产阶级能领导此项消灭国家之工作，且导之以达于实现之境。"俄国共产党力持暴力无限制使用之说。托劳孽几氏在《恐怕主义之辩护》一文中之语曰:"革命问题与战争问题同,在于屈服敌人之意志。所以破碎敌人之阶级意志者,惟有暴力之彻底的使用而已。"列宁氏更藉面包票制度与手工劳动为驯服资本阶级之计。其《鲍雪维几能否维持政权》一文中提出面包使用之议,更建议强迫富户从事于手工劳动以抵制其消极的抵抗,其意以为面包分配之减少,手工劳动之增加,可以使资产阶级不堪其苦而甘于屈服也。

共产党不许人民以出版言论自由之故。可于德国高孽几与托劳斯几之辩论中见之。高氏曰共产党不许人民以言论自由,其理由之归宿,将为独有共产党之所见为真理,他人则否。托氏答之曰:此为革命,亦为两阶级生死之斗争,决非如高氏之坐而论道所以确定真理之谁属者也。彼自之为所见至深远,孰知其愚挫若是。吾人亦知真理原非绝对的,但吾人正在流血之际,非争真理何在,故无法对于指责吾人尽一切武器而使用之者互为理论的争辩也。

如是共产党之立场与人权论之立场迥乎不同可以见矣。第一,共产党主义之出发点为对于资本阶级之革命。第二,为扫除资本制度计,只有阶级斗争,只有使用暴力。第三,共产革命,须先夺取政权,以列宁之名词言之,即为国家。第四,在共产革命之过程中,所谓人权只好剥夺,除无产阶级之言论结社自由外,其他人之自由则剥夺之。第五,其政体为无产阶级专政,所以选举权只属于工农,资产阶级不得享有,他若资本主义国中之议会制度与责任内阁自然无法采用。

〔国民政府国史馆档案〕

2. 中国民主社会党组织委员会宣言

(1946年8月31日)

政党之所以成立,非起于一时与人逐鹿之观念,乃有其环境上不得不然之故。人谁不爱其国，有见于国家之混乱，必思勉尽其国民一分子之责任，对于国中他党之所为，不能使国家达于治安之境，必思起而矫正之。中国国家社会党，创立于民国二十年，正值东北沦陷之时，当时内政上之制度，为一党专政，而吾人乃毅然提出民主政治之主张，时政府剥夺人民权利，吾人乃毅然提出保障人民基本权利之条件，时国内有主张阶级斗争及世界革命之说者，吾人毅然拿出国家本位之立场，时国内有主张共产主义者，有徘徊于资本主义之左右者，吾人乃首先提倡计划经济政策。中国国家社会党既成立，其组织上言论上之准备，尚待完成，而"八一三"中日战争爆发。八年以来，一因爱国先于爱党，一因交通难如蜀道，党务之进行，几至完全停顿。然八年之内，吾人之指导政策，不外两语，曰拥护政府实行抗战，曰要求政府扩大民意机关（如国民参政会之成立，如宪政实施协进会，如替参政会要求讨论预算权），并实行民主政治。

中国民主宪政党，发起于康南海、梁任公两先生，实为中国政党史上第一政党，设置报馆，开办学校，使海外同胞热心国政，其成绩乃永可纪念者。昔日主张政治革命，与种族革命派相对立，民国后所努力者为宪政，为民主，在抗战之中，集合华侨捐款，援助国内抗战，与中国国家社会党之主张一致。现今吾两党已经决议合并为一，名曰中国民主社会党。

中国民主社会党既立，对于中华民国抱负安在？有政党必有抱负，否则何取于林林总总之中，再加一党以乱人观听，对此问题，谨举吾人之主张以答复如下：

一、奠定和平

和平二字，为目前之口头禅，人人口中如此说，心中如何，窃所未解。假令所谓和平，是一人一党一阶级独裁之和平，此种和平决不能长久，决不能普遍，适足以延长武力使用，延长纷乱。夫革命自不离武力，唯有武力，乃能将社会之分配，政权之结构，在激烈手段之下,加以改造。惟革命之目的应归宿于和平,有和平,人民方能安居乐业。我中华民国三十余年来之情况,始终陷于内战之中,甲派推倒政府之后,其所作为,不满人意,乙派代兴,再以一番武力,将甲推倒,但乙派作为,或为专制,或为贪污,或为营私舞弊,于是丙派丁派又在旁窥伺,待机以推翻之。如此循环起伏,人民之死亡,财源之枯耗,实不可以数计。如是而言革命,徒造成内战,予执政者以腐化机会而已。各国历史上何国无内战,如美国之南北战争,不过四五年之久,苏俄上次大战中之革命,起于一九一七年,至一九二八年走上建设之路。可见内讧停止,是全国人民之愿望,是政府之责任。政府能如此,人民自然拥护,不如此,则难免于甲午后朝鲜与波兰之惨局。吾人对此情形,不能袖手旁观。所以今后要努力于国内和平之确立。

二、拥护统一

统一二字,亦为现时流行语。其真意何在,言人人殊。一言以蔽之,不能国中有国。换言之,即国内不应有两种军队。任何国家,不能无武力,不能无国防,惟武力与国防,所以防止敌国外患,非用以对内。惟其如此,兵力多少,军队指挥,装备如何,须经民意机关之决定,应受民意机关之监督。假定国中有一政党占有若干省,可以自练军队,联合若干地区,与中央对抗,假割据以遂其私,假革命以逞其欲,决非普通国家所应有之现象。反之假定政府借统一之名,消灭异己,要求他人放弃武力,以巩固自己之武力,此种统一,无异于拿破仑所谓统一,秦始皇所谓统一。统一其名,专制其实,亦非吾人所能赞同。夫武力固应统一于中央,但军队之统一,不能妨碍人民之基本自由,不能妨碍地方自治,不能妨碍国防部之由文人担任,不能妨碍军队调遣受民意机关之督责,要知现代立国方式,如瑞士国中有操意、德、法三种语言之民族,如爱尔兰与英国之世仇,可在大英帝国下构成爱尔兰自由邦,为其一部,所以国家统一之方式甚多,只须国家武力立于民意机关监督之下,较之一人指挥,反易于得到统一。

三、要求民主

民主二字,亦为流行之口头禅。所谓民主,各在玩弄种种花样之中,使此两字失去真义。甲、一党专政之民主,一个党派,握有全国兵力财力,以其广大党团组织,侦察人民,监视异党,或雇用无知识人民与异党捣乱,全国之省县市议会,由一党垄断。名为民主,实为包办。乙、一阶级之民主,在其势力范围之内,熔铸其民众于一个模型之下,名为民主,实为阶级专政。我人以为所谓真民主,为尊重人民之人格,养成独立之公民,以教育方法,使之有健全知识,在安居乐业之下,使之足衣足食,人民知荣辱,知廉耻,及至选举时,对于政府自知赞成与反对,各党各派应听从人民命令,非由各党各派自为国家之主翁,利用人民,伪造民意,此种政治,即国家主权属于全体人民之政治,自非一日所能达到。但国内停止内战,人民安居乐业,教育渐次推广,选举时能尊重民意,则人民主权之实现,自非难事。反是者,口说民主,挟武力以自保,握财权以自肥,更挟持人民为其工具。此种方式实民主之罪人。

以上三点,所谓和平,所谓统一,所谓民主,流行社会之日久,发生许多歧义,所以慎重解释,以明其真义。

四、实现社会主义

十八世纪末,法国革命后,群以为人民基本权利既有保障,理想境界不难达到。当时之所谓人民自由,有信仰自由,人身自由,言论结社自由,财产自由等等。不料工业革命后,财富集中于少数人手中,大多数民众,用尽血汗,仅得一饱。十九世纪中叶,第一、第二国际起而反抗,要求工资增加,工作条件改良,与组织工会,团体订约等事。此劳资对立情形,至今未曾解决。我人以为一国之士农工商,为劳心与劳力之生产者,应人人得到最低生活限度之满足,而后可以相安,从事于生产。否则,教师罢教,工人罢工,工厂不能开业,全国之产量总额必至降低,对内外必不能自给。今后为解决劳资争斗计，政府惟有实行大工业国有政策，累进课税方法，或集体农场，使全国富力操于国家之手，劳资两方同为其雇佣者，并以所得之盈余，除维持生产事业外，悉用之于全国人民之教育及卫生与社会保险等事。其余若轻工业、小工业，则让私人自由经营，免得国家行政处处干预人民，以保持人民自发自动经营之精神。此种国有政策，自以养成廉洁之官吏为第一义，然后其从业之人不致营私舞弊。

我人之目的不外四点，一曰大工业国有；二曰国有事业须为社会服务，其为国有事业之负责者，不许其在工商界金融界肆其操纵之伎俩；三曰将所得盈余谋国民福利之增进；四曰劳资冲突必须解除。

上文四大宗旨，将以何种方法实现？将赖议会乎？则吾国尚无代表民意之国会可言。将在选举场上决胜负乎？则吾国尚无正式选举可言。能得工人同情，藉工会以实现社会主义之要求乎？能以农会之团结，要求农民福利之增进乎？则工会农会力量犹甚薄弱。方今全国正在战争中，和平与秩序尚未建立，凡西方政党与工会农会所采之法，其在吾国无所用之，换词言之，吾国党派之胜负决于枪炮，不决之于口舌。欲以政治方式解决政争，不知尚待何年何月。吾人以为欲求政争决于选举，不决于疆场，则有必要之前提三。

第一曰：真诚

人与人之交涉往还，信义为前提，故曰人言为信。厥在乎心之所思，发之为文，与见诸行事者，三者出于一辙，而后一人一党之所言，可以取信于人人。反而言之，口之所说者为民主，而心之所思，行为之所表现者为一党专政；口之所说者为和平，而心之所思者为武力消灭异己，为扩张地盘；口之所言者为人民福利，而其心之所思者为升官发财，为官僚资本。如此思言行三者相去之远，真古人所谓颠倒是非黑白。此种思想文字大混乱之中，尚有何种凭藉，可以成为人与人往来之准则。孔子自"名不正"推及于"民无所措手足",正所以说明此种状态之演变。目前所表现之文字语言之颠倒,不外乎视政治上之言行为一种颠倒黑白手段。此吾民主社会党同人所引为深忧,不能不大声疾呼,期与全国各党派,力图矫正者一。

第二曰:容忍

世界文化之构成有一原则,曰无独必有偶。独阳不能成物,必有阴与之相辅而行,独动不能成物,必有静与之相辅而行。欧洲有宗教与科学之对峙,有保守党与激进党之对峙,有私有与国有之对峙,何在而非无独有偶之现象。昔日欧洲不惯于新奇思想之突起,与吾国今日正同。以宗教言之,除天主教,不许有其他宗派,尤其不许传布无神论。甚至因新教之兴,两方诉诸武力,与今日国共间战争,同一激烈。此历史上之所谓三十年战争,受其毒者德国为尤甚。人口三分之二归于死亡,村落五分之四破坏以尽。其惨酷视吾国今日殆尤过之。然此不相容之新旧两教,卒以何道而归于调和,曰容忍(Toleration)而已。其意义有二:(一)自消极方面言之,不干涉他人所持之不同之意见;(二)自积极方面言之,容许各人各保持其不同之意见之自由。此吾民主社会党同人所欲自勉而与各党共勉者二。

第三曰:爱民

孟子论伊尹之为人曰:"思天下之民,匹夫匹妇有不被尧舜之泽者,若己推而纳之沟中。"读此言者,殆无一人不想及伊尹感觉之敏锐,将民间每一人之疾苦,放在心上,遇无衣无食之人,发生不安,为之代谋饱食暖衣之法,其责任心之重,可说古今莫能与之比拟。然吾国人受伊尹在历史上遗传之教训,迄于今日,尚有几人能以人民之饥溺作为己身分内之事?灾荒遍地,全国上下心中感动者几人乎? 师不安于校,工不安于肆,商不安于廛,农不安于野,全国上下感动者几人乎?烽火遍于国中,人民流离迁徙,道路为之梗塞,全国上下感动者几人乎? 人心麻木如此,其原因何在?曰由于天灾人祸之多,各人立于饥荒线上,自身求一日温饱且不可得,何能顾及他人而恻然有动于中,于是各人之冷眼旁观,自私自利,甚至忌刻残忍之心,日甚一日,或且演成好乱之性,与惟恐天下不多事之习惯。然全国之大,各抱一个你争我夺之心,乖戾之气,充塞国中,人民何从而有安居乐业之一日,国家何从而有建设之一日。口口声声为人民已憔悴哀鸣于炮火之下,口口声声为国,而国家将破碎毁灭于苛政之中,此则吾民主社会党所以希望国中各党大挥其民胞物与之心,而决然以民之不获其所为政治活动之出发点者三。

以上三点,表面观之,不外一种理论,其具体解决方法,则有一语,曰对于国家基本事项之一致。同为国民,同在一国之内,苟执人而询之,你认不认是中华民国一个国民,任何人必答曰然,此所谓一致者一。既为一国,且同为一国之民,是不是承认一个国家只有一个政府,一种军队,吾想任何人亦必答曰然。推而至于国中各机关,曰国会,曰法院,是不是只有一个国会,一种法院,一种选举法,吾想任何人必应曰然。但国家在革命酝酿之中者,其答案未必能如是一致,甲要君主,乙要共和,则不一致因之以起;甲要国会,乙不要国会(如希氏、墨氏所为),则不一致因之以起;甲要拥护大地主大资本家,乙要工农专政,则不一致因之以起。可见一致者其常,不一致者变。吾国三十余年来,国家制度,始终未定,或宣誓服从共和而帝制自为,或托名民主而实行独裁,因此国家常在纷扰不宁之中,既为共和,则反对帝制者自有其正当理由,既标民权,则反对专政者自有其正当理由,因此全国政制、社会结构与科学思想,时在入主出奴,是乙非甲之中,难达于众论佥同之处,换词言之,惟其得不到一致所在,所以常在革命状态之中。然国内永远不一致,即人力物力之消耗,以云建设,河清难俟。况内乱愈长,国力之消耗愈甚,犹人之身,胃纳不佳,心血日亏,其何能延年益寿。幸也此次政协会召集,关于立国制度,如政府、军队、宪法等项,各党既以致一之表示,接受协议,立于同一政府,同一军队之下,此乃三十余年来所梦想而达不到之目的,而竟能实现于一旦,故吾人尊重政协之决议,非徒以其为协议之结果,乃以其为建国关键之所在,而吾人平日所祈求之和平统一,正在于是。故实现社会主义之先,尤应努力于国本上之一致。

抑吾民主社会党更有一种信念,即政党之所以为政党,在乎认识之明,持鞠之正,与其所以指导国民者,不为少数人之私利,而为全国之大公。其行事也,不图近功速效,群策群力,一心一德,更济之以锲而不舍之努力,置成败于所不计,其披发缨冠之精神,可与全国以共见。此则同人对于民主社会主义之信仰,不因外界阻力而有所动摇,愿以长期之努力,达此目的。所望全国四万万五千万同胞予以赞助。同人之幸,亦国家之幸。中华民国三十五年八月三十一日

〔国民政府国史馆档案〕

3. 中国民主社会党第一次全国代表大会宣言
(1947年8月4日)

本党自政治协商会议以来,所以努力于国事者,为统一,为和平,为民主,为法治与建设。去年四五月后,政府与共军进兵东北,武力争夺之端复开。时则吾人为企求结束兵祸,又复追随国共两党之后,奔走交涉。不图至六月卅日,关于东北停战实行整军方案与交通恢复等事之可以签订之条约,奈因苏北、承德等驻兵问题又终于破裂。十月间本党与第三方面人士,复参与邀请周恩来先生赴京,然因国大开会中共拒不出席,而一年来政治协商会议之成绩付诸流水矣。本党处此环境之中,其可操之途径有三:(第一)与政府对立,挟武力为政争之工具,然以本党平日既不以革命政党自命,又无武力与地盘可为凭藉,以策之难于采用,自为众所共见。(第二)国共问题既不解决,战争一日不止,不如超然局外,以待来兹。以态度自不失为一策,然身居壁上,自为得计矣,奈国事之紊乱何。

本党以为目下之国事，如百病丛生之人，肝疝肺病与盲肠一时俱发，虽明知病之不易霍然，但苟能除去一病，既元气多保存一分，本党因此于去年十一月参加国大之日，先与蒋主席交换文件，相约彻底执行停战命令与实现政协决议两大项。关于第二项有子目三项：一、宪草负责通过，二、保护人民基本自由，三、结束党治。凡此条件之规定，无外求一党专政之早日结束，与民主政治渐次建立。及至参加四机构，国府与行政院，同人自知本党公开之日未久，人才既未集中，虽有分负政责之要求，然终认为时机之未成熟。徒以政府急于废止最高国防委员会，非成立各党合作之国府委员会，则二十年来之党治无法结束。乃决定参加国府，且由不管部之政委二人列席行政院会议，至于担负行政各部之实际责任，将来待诸宪法施行之日。凡此参加政府之经过，不外乎政府既有此结束训政之雅意，吾人自不能不本与人为善之心，助其实现，何能因国民党昔日之独操大权，乃并其抛弃专政之善意而亦拒绝之。

本党自政协以来，所以自效于国家之赤诚，略如上述。继今以后，内战不停，通货膨胀，物价高涨，民生不安，国步日艰，较之抗战之日，殆尤过之。本党将以何种方策，解决国家与人民之困厄，此为国人所引领以望于本党，而本党同人不应自安缄默者也。

第一，内战问题。本党同人自抗日战争开始以后，常与国人讨论国事，每曰今后第一大事为永远消灭内战。盖内战一日不停，国力消毁于无形之中，终日相见于刀枪剑戟之下，尚何人民自由之可言。然自去年四五月来军事冲突再起，迄今愈益扩大，吾国民为"太平犬"之愿望，不知待诸何年何月方克〔可〕实现，闻之政府曰共军作乱为武力叛变，为颠覆政府，非以武力荡平，吾国将为分崩离析之国。反之共产党人曰苟无共产党之武力，并此政协会议而无之，结社自由为世界各国所公认，共产党凛然于自身生存之无保障，故不能不以武力相抗。凡此双方理由即为内战所由造成之根本原因，然吾人敢告共产党人士曰为公等今日继续内战，妨碍交通，毁坏生产，扰乱全国安宁，以为不如此者，将不足以制胜。然一国之生产力之毁灭，可以顷刻实现，而所以造成者，需时数年或数十年之久。以今日毁灭生产破坏交通之速度，结果必驱全国国民于无衣无食之境，而去社会革命之境界愈远。同时吾人亦须奉告政府曰：共产革命起于社会贫富之不平，惟有改良政治改进社会，方可使共产革命失其对象，决非武力所能摧毁，况兵连祸结之余，人力物力势难供应，此长久相持之消耗战。秦始皇并六国筑长城，功业灿烂，及乎二世而秦社遂屋，盖民不堪命有以致之。本党同人敢正告政府与共产党曰："兵犹火也，不戢将自焚也。"与其以两党之精力，消磨于内战之中，何如翻然改图，解甲释兵，协力于和平的统一的民主的中华民国之建设！

第二，实行民主宪政。吾国民主宪政将由国大通过之宪法之施行开始。然民主宪政之基础非赖乎一纸宪法空文，而视乎下列之多种因素，试举要言之。

（一）政府有无奉行宪法之诚意，不至有徇私枉法之举。

（二）总统选择阁员是否以人才为标准，而不专为同党打算。

（三）行政院对立法院负责，其应就应辞，是否服从立法院之决议，且有至公之标准，以为准绳。

（四）立法院责问政府，应根据事实不可过于苛求，以造成政潮为快，但亦不可过于阿其所好，专以扶植同党为事。

（五）政府应顾到人民衣食与教育，然后乃可言选举道德。

（六）文官应予以保障，不可视各部会为党员之差缺。

（七）就宪法之条文言之，其意义其解释，应有全国一致遵守之标准。

以上各事诚能一一顾到，或者吾国宪政之基础可以早日确立。此次宪法产生于政协之中，其大体无背于中山先生之宗旨，然与国民党十余年来心目中之宪法，其意义自不相同。蒋主席之国大开会辞，关于政权治权之解释，可谓为宪法新意义阐明之第一篇文章。

本党同人以为宪法意义之统一，实为国家长治久安之共同基础。其为议员与阁员者之党派虽不同，然其应遵守宪法则一。去年国大通过之宪法，其为弥缝一时之手段乎？其为长治久安之宪典乎？此则端视乎今后所以奉行之者何如：其一须确定其意义，然后国人之心志可以齐一；其二宪法之意义确定，然后总统与行政院与立法院之良好关系方可养成，进而蔚为我国之政风；其三今后选举，国民党将为大多数之政党，倘凭其多数以修改宪法，似非不可能之事，此项宪法一旦修改，则全国各党可以同意之法治基础从此毁坏，此本党同人心所谓危，而不敢不为国人明白言之者；其四今后选举应按法严格执行，不可但为一党胜利着想，而以舞文弄法为能事。再则在宪法施行之前，国民党与本党既合作于中央政府，但在各省之中，本党同人在各机关服务者，竟有藉故停职或警告其脱离本党，此实违反国民服务公职之权利，更违反友党合作之精神，今特提出于此，望国民党人士觉悟并彻底合作。

第三，参加大选。吾人深信凡信仰民主主义之人，不能不尊重民意，而民意重且大者，莫过于选举。今年秋冬之大选为今后行宪之第一大事。然吾国民处于一党专政下者垂二十年，国民党党部遍于全国，本党则缺焉未备，国民党党部能指挥乡保长，吾党则束手无策，本党同人处此现状之下，其为劣势至为显然。惟吾人认为选举权之行使为国民应有之权利与义务，倘此次因恐其失败而不参加，是为不尽其应尽之义务。反之参加而胜利不如所期，是为尽义务而不计成败利钝。观乎各国政党之初成者，其初期之竞选，大抵只得到较少数席数，而仍努力不懈，以期达到其愿望之一日。吾人对于此次之选举，曾以各党合作共同努力行宪为理由，与国民党成立协定，俾三党在大选之中，和协竞选，实现公道，如是乃能安定人民对于行宪之信心。

第四，政治改革。窃以为今日政治上之病象，由于二十年来之一党专政有以致之。国民党为革命政党，且有创造民国之功绩。初期之专政,养成党员自大之心理,凡所作为无不自以为是,名为实行训政,实则一般国民程度,绝未提高,而党员把持政局之习,则已养成。况乎抗战军兴,在战时状态之名义下,防止异党之网罗遍于全国,训练班之开设,与战事同其久长,凡此法网党网之周密,积之既久,养成一种自大心理,与越乎常轨之习惯。同时北伐后滥于民初以还之地方割据,力求各省之权集于中央,各省预算须经中央核准,一机关一官员之增设,须经中央核准,益以抗战以后中央法币增发,各省收入不足以资挹注,于是各省一丝一毫之支出,须听命中央,一角一元之收入,须依赖中央,各省之主席厅长名为坐镇一方,实则不过奉令承教之官吏而已。凡此党务之操纵人民,各省之依赖中央,养成一种集权趋势。其在中央除蒋主席作最后决定外,他人或不发一言或互相推诿,所谓多办事多错,少办事少错,不办事不错之风,即由此而来。各部会朝颁一法,暮行一令,省与县有无财力有无人才,则不先为之顾及,因之社会上流行"临表涕泣,不知所云";"百废俱举,一事无成"等类之讥评。至于胜利之初,接收人员,被称为"劫搜",尤为有口皆碑,无待烦言。此种政况,本党同人心所谓危,不敢不举而出之,非所以毁谤,乃所以尽朋友忠告之义务。本党同人之意以为国民党与蒋主席功在国家,自有千秋,但若一党专政之积习不痛加革除,则国事决无改良之望。

(一)国民党与其他各党应立于同等法律之下,否则国民党可掌握特权,能经营工商农矿,而他党不能;国民党因单独握有政权,可庇护其从政人员,排挤他党,而他党不能。此特殊地位之长久维持,自不易去其骄慢不守法与鄙视人民之心理,甚至从而干涉教育机关与地方行政,学校当局与地方行政长官将从何保持其尊严行其职权乎。

(二)蒋主席铲除军阀,树立统一,加以八年抗战恢复失土,亦正心以此故,大权集于一身国民党元老对国事之措施,鲜有出言相诤,且敢以负责之心情有所建议者。各人身上之自动性、负责性及主持大计之事，一切求之于主席。内而院部，外而封疆，除唯唯听命而外，无所表现。求一如前清之名督抚与夫一二正直有力之绅士竟不可得。何也？集权之风过重，自动与负责之政治家不敢出头露面矣。天下之大，国事之繁，内而各部外而各省，中而农工商矿百业，非先培养千百领袖人才，则各事何从而提倡号召，其坠废于冥冥之中者，不可胜计矣。本党同人敢本春秋责备贤者之义，特举以上两种病象以为高榷之资，其合于"言者无罪，闻者足戒"之意欤。本于以上两种病况，求所以治疗之方曰：国民党应真正立于普通政党地位，抛弃一切特权，尊重法治，建立国基。最近党团合并，即为党内趋于健全征象，倘推此方针以及于各部会与地方行政，则党与政之界限庶可严格划分，而教育与行政界可臻于健康之境。所谓应改革者此其一。政党之角逐于政治舞台，应在法轨范围之内，各党争取议席，然不可诉诸武力，对他党不可，更不能强同党之内；各党各争文官差缺，然不可因此破坏文官制度；各党各求经济基础之扩张，然不可因此破坏政府经济措施法令；各党各求其人才之有所表现，然人才之智愚贤不肖，应有一定之公正标准，倘必以己为智为贤，以人为愚为不肖，则党内人才纵得高位于一时，但全国人才必至忍气吞声，无可发抒而怨气偏腾于国中矣。所谓应改革者此其二。军事为国防大事，又为专门科学，所以训练将校士兵者，应有周密之计划。（甲）先养成其仁民爱物之心；（乙）珍惜公物；（丙）军械与供应设备，须平日以全力准备。昔之普鲁士、日本，今日之美国，皆有一种卫国爱民珍惜物力之精神表现，其于各个将官与士兵之身，初不仅以拔剑起舞为能事，故吾人所望于当局者，须注重将校之品德以及现代科学知识。军队则应采取精兵主义并提高火力，更进一步，应以文人管理国防部。所谓应改革者此其三。目前政费支出之大宗，厥为军费，中央所赖以挹注者惟钞票而已，然钞票仅应为交易之媒介，不可以之为财源，长此以往，虽日日呼号整理财政应收缩通货平抑物价，殆无收效可言。本党同人以为居今日而言财政，惟有一一而核实支出。不可藉口平乱,对于军费予取予求,同时财政上应有调整岁入之计划,惟有剔除中饱增加收入,方能减少通货膨胀,倘此项收支平衡不善自为计,则全国所引为大惧之经济崩溃,不久殆将出现。所谓应改革者此其四。我国财政与币制,既已失去常轨,于是进口商求外汇而不可得,出口商虽有可以出口之货,然官价外汇之收入不足以偿其货物之生产费,于是百业萧条,怨声四起,此乃极大危机。惟有先从整理财政收支做起,次及于稳定币制,而后百业乃能纳于常轨。所谓应行改革者此其五。近年内中央与地方之关系为中央集权,前已言之,虽至一微末官员之增设,少数预算之增列,在在均须中央核准,薄书周折,无补实际,徒使省政事权不专,运用不灵,今后亟应将中央与各省各县权限,重加厘订。(其一)应属于中央而委托于省者,如征兵征粮等事,或由中央自设机关直接办理或交由省方代办,经费则应明白规定由中央负担。(其二)不关中央而纯粹归各省之事应以法令一一列举且指定足资应付之省税为财源,此类事项均列入省预算,由省议会行使监督权,不必呈请中央核准,用人权亦如此。(其三)关于各县之事如教育、卫生、交通、农工、商业,中央但取立法监督之原则,规定大纲,在法律范围之内,地方得自定辅法或细则,由各县执行,而由省负监督之责。至县以下之区乡保甲应尊重士绅,如英国之治安判事,纯采自治之原则,不可藉此以为党派之工具或视之为衙前差役,而后真正之民治方克表现,所谓应改革者此其六。以上各项改革之中,尤以军费、财政、币制、外汇为改革之总枢纽,因军费之浩繁,财政遂不足以应付,因财政不足应付,而有通货膨胀,因通货膨胀,而外汇之周转失常,方今国内之谈经济金融者,每自外汇以言外汇,或自币制以言币制,或自财政以言财政,实则军事、财政、币制、外汇四者乃互有关系互为因果,有其连环性,如仅就某一项言,决无解决之法,故吾人以为不当专由经济或金融技术专家,但就技术立场讨论办法,而应由政治家自以上四项之连环关系上,合并寻求解决之法。换词言之,此为政治家之政策,政治决心问题非技术问题也。本党同人对于政治改革提出以上六项,非曰纲举目张,惟举其荦荦大者,细节自在其中矣。

第五,民族自力更生之决心。本党同人于"九一八"后呼号民族复兴之义提醒国人,不期抗战胜利,国内人士以为我国现已列为四强之一,即忽视本身之复兴,此则吾国人之错觉也。凡民族之兴,视其国防力、经济力、道德力与科学知识力之能否驾人而上之,此数者一日不充实不发达,但倚仗外援,获得胜利,谓之为幸运则可,决非民族之复兴。夫一家一兴也,必其人朝夕劳动,节衣缩食,努力于事业之创立,国家之兴也无以异此。譬如今日英国虽在战后配给之制仍未取消,扩充生产,增进输出,平日最精致之羊毛织品,求之英国,反不可得,以其运至外国出售故也。又如苏俄于大战中,死亡达七八百万,地方之毁坏者以数千里计,战后举国咬紧牙根,决不轻易求援外人,拟订第四个五年计划。如此英俄两国所为,方不愧为自力更生,我国之国防力较之两国何如,彼方伸敬国人,若祸至之无日,而我国多数人民,或冥然罔觉,或投机谋利,或则蹈常习故,以维持现状为得计,甚至富于警觉性者如共产党,但知以从事内战为长策,故本党同人不得不大声疾呼民族复兴,而民族之复兴,首莫重于道德之复兴,其精要之义有下列各点:

一、必先国家而后党派。

二、先公众而后个人。

三、斗争不能离开善群之规矩。

四、须了解不择手段之结果,必至并不择手段者之自身而毁灭之。

五、个人起家在乎勤俭,民族之兴起,亦复如是。

六、只问耕耘不计收获,先尽其在我,不问所获如何。

七、人与人之相爱,应培养信心,祛除疑忌然后合群之力,方能发挥。

八、为个人应有独立自尊之人格,不可以倚赖他人为事而后互爱互利互助之社会乃能养成。吾人列举以上各点,期于矫正今日彼此忌刻,彼此猜疑,彼此残害,彼此倚赖之风气。此本党同人念念不忘而欲自勉并与国人共负转移风气之责任者也。

吾民主社会党正式成立之日较暂,然同人中不乏于民国成立前后效忠国事之人,徒以十余年来,结社言论之不自由,不克充分发挥其意见与实现其主张,今既享受集会结社之权利,自不敢不以对以国事之见解,藉本党全国党员代表大会开会之机会,披沥奉告于政府与国人,非扬己抑人也,所以励己勉人者,在此而已。

卅六年八月四日于上海

〔中国民主社会党档案〕

4. 中国民主社会党的政治路线①

(1947年10月)

我们不走英美资本主义的路,亦不走苏联共产主义的路,而走资本主义与共产主义两者中间的路。

所以,我们的口号是:

一、走社会主义的路!

二、政治方面多采取自由主义与民主主义;经济方面多采取计划经济与社会主义。

三、我们要自由,但不要放任,也就是不要资本家垄断,不要资本主义。

四、我们要合作,但不要斗争,也就是不要阶级斗争,不要无产阶级专政。

五、我们不赞成现时国中流行的官僚资本,也不赞成共产党

---

① 本文发表于《再生》第186期(1947年10月18日)。

的激烈土地革命。

六、我们主张铲除官僚资本,农、工、商各业依国家所定的计划可以由个人努力来发展。

七、我们主张应有一个全国适用的土地改革办法,使耕者有其田的理想由和平方法得以实现。

进一步来说,我们民主社会党的路线如下:

一、勉为和平的政党,反对政党武装。

二、确立两党以上的政党政治,反对一党专政。

三、采用合法手段,贯彻主张,反对"有己无人"式的主张与宣传。

四、采用渐进方式,实现本党主义,以社会主义为改造国家的基本信仰,故其大目标为进化式的革命。

请看看我们的基本立场

一、我们要确立和平:我们坚信唯有和平,国家方能安定,大家方能安居乐业。但倘若所谓和平,谨是一人一党一阶级独裁的和平,我们反对,因为此种和平决不能长久,决不能普遍,适足以延长武力使用,延长纷乱。

口号:反对一人一党一阶级独裁的假和平假统一!

二、我们拥护统一:我们的统一观念就是"国中无国",换言之,即一国之内不应有两种军队。任何国家,不能无武力,不能无国防,惟武力与国防,所以防止敌国外患,非用以对内。

口号:一、国中无国!

二、一个政府,一个军队!

三、人民代表监督国防! 武力用于对外!

三、我们要求民主:我们反对一党专政的民主和一阶级独裁的民主。我们所谓民主,是要尊重人民的人格,养成独立的公民,以教育方法,使之有健全知识,在安居乐业下,使之足衣足食,人民知荣辱,知廉耻,及至选举时,对于政府自知赞成与反对,各党各派应听从人民命令,非由各党各派自居国家主人翁之地位,利用人民,伪造民意,此种政治,即国家主权属于全体人民的政治。

口号:一、反对一党专政的民主!

二、反对一阶级独裁的民主!

三、把主权归还给全体人民!

四、选举权真正由人民行使!

五、检举选举舞弊!

四、我们要实现社会主义:我们为防止国家走上资本主义的路,发生财富分配不平均和消灭流血的社会革命起见,所以主张和平地实现社会主义社会。

口号:一、大企业国有!

二、国有事业须替社会服务,负责者不许在工商界施操纵之伎俩。

三、国有事业之盈利应谋国民福利的增进。

四、劳资合作,增加生产。

五、推行社会保险,积极防止失业。

我们的政治主张

(一)我们确认国家的主权属于人民全体,所以人民的一切基本自由权应加以保障,一切自由权中又以人身自由为首要,本党鉴于人权之无保障,特提出以下各项保障人权办法:

一、无拘捕命令者不得擅行拘捕,捕人时应先交出拘捕证,被捕后应于二十四小时以内移解法院审询。

二、党部或中统军统局中人禁止其擅自捕人。

三、违犯以上两条之捕人者应严加处罚,以示惩戒。

四、对于军警,应将宪法上人权各条详为解释,使不违反。

(二)我们民主社会党视国家的利益为至高无上,而增进国家利益之唯一途径厥为民主宪政之实行,然二十年来国民党一党专政之结果,不独民主宪政之基础未立,且造成政治上之恶劣病象。

今宪法虽已制定,但真正民主宪政之实施,仍有其不可或缺之多种因素,吾人特列举于下,以决之于吾全国同胞:

一、真心诚意奉行宪法,杜绝一切徇私枉法的行为。

二、总统选择阁员应以人才为标准,反对专为同党打算。

三、政党经费停止由国库开支。

四、订立公正之标准,以为行政院对立法院负责准绳。

五、立法院责问政府,应根据事实不可过于苛求,反对故意捣乱酿成政潮之行为。

六、建立超党派的文官制度,保障称职人员,升黜应以能力资历为标准,不可视各部会为党员之差缺。

七、学校为养成国民与人才之地,各党应本为国育才之道,自动除去党化教育。

八、消灭权力主义,所有军人、警察、司法人员应一律宣誓脱党,如有协助党派活动,经检举证实者,即予撤职,并受应得之处分。

九、厉行法治,全国国民在法律之前一律平等,任何个人或党派不得享受超法律之特殊权利。

十、富人和穷人同享教育之权利,共负责任,同享其成。

十一、宪法条文之意义应有划一之解释,以为全国一致遵守之标准。

(三)我们深信实施民主宪政之又一重要条件为舆论民意之尊重和培养,务使舆论和民意在国内发生下面几点作用:

一、支持和压迫政党之上台和下台。

二、定选举和投票之胜负。

三、无法使应负责任者不负责任。

四、无法可以包庇纵容贪污枉法之罪行。

(四)根据我们所走的中间性的政治路线,我们坚决反对一切国际战争和破坏世界和平的行为,除去威胁世界和平的状态。所

以,我们必然循下面的途径:

一、做美苏间的桥梁。

二、促进国际间协调与世界政府之建立。

三、遵守联合国宪章,积极参加联合国组织,以确保世界之和平与繁荣。

(五)我们鉴于近年来中央对地方之关系为中央集权,地方政府中虽一微末官员之增设,少数预算之增列,在在均须中央核准。而党军机关亦无不有权命令地方政府兴革事项,致公文往返频繁,无补实际,徒使省政事权不专,运用不灵,今后亟应将中央对各省各市各县权限,重加厘订并改革几点如下:

一、中央委托地方代办事项,其经费应由中央负担。

二、省市县财政独立,中央不得干涉,仅可行使监督之权,省、市、县预算案及增加人民负担之立法应由省、市、县议会通过施行。

三、省、市、县行政,应由省、市、县政府负责,各党地方党部不得干涉。

四、文人主政,禁止军人任地方行政长官,以避免跋扈。

五、公正办理粮政役政,撤办舞弊者。

(六)我们对于外援的看法:我们明察内战不停,军费不能收缩,政治不改良,贪污中饱无法防止,所以任何外来援助实无补于国家之建设,而徒然增加后一辈之负担而已,我们为此提出一个口号:厉行节约!民族自力更生!

(七)我们民主社会党同人于"九一八"后即大声疾呼民族复兴,而民族之复兴,首莫重于道德之复兴,而复兴道德之精义,在乎:

一、先国家而后党派。

二、先公众而后个人。

三、斗争不能离开善群之规矩。

四、须了解不择手段之结果,必至并不择手段者之自身而毁灭之。

五、个人之起家在乎勤俭,民族之复兴,亦复如是。

六、只问耕耘,不计收获,先尽其在我,不问所获结果如何。

七、人与人之相爱,应培养信心,祛除疑忌,然后合群之力,方能发挥。

八、为个人应有独立自尊之人格,不可以倚赖他人为事,而后互爱互利互助之社会乃能养成。

我们对经济财政各方面的主张:

我们视军费、财政、币制、外汇四者为一大连环,互有关系互有因果。因军费之浩繁,财政遂不足以应付,因财政不足应付,而有通货膨胀,因通货膨胀,而物价高涨,而外汇之周转失常。故吾人主张经济金融问题,不当专由经济金融技术专家但就技术立场讨论办法,而应由政治家自以上四者之连环关系上,合并寻求解决之方法。此为政治家之政策。所以我们提出口号:

一、不要打手,要政治家!不用枪杆,用笔杆!

二、修订外汇政策,保障农产品外销,奖励生产机器进口。

三、加紧缉私工作!抑制官僚资本活动。

四、明白划分公私企业界限,保护民族工业与民族资本。

五、推行累进课税方法。

六、提高教育卫生经费。

七、整理征税机构,提高征税效率。

我们对于军事国防的主张:

军事为国防大事,又为专门科学,所以训练将校士兵者,应有周密之计划,必先养成其仁民爱物之心。珍惜公物,而平日尤须全力准备军械与供应设备,我们对此特亦提出口号如下:

一、实行征兵制度!

二、保障编余军人生活!

三、采取精兵主义!

四、文人管理国防部！

〔中国民主社会党档案〕

〔2〕对时局的态度

1. 张君劢：廿余年来世界政潮激荡中我们的立场
(1946年3月28日)

在第一次大战以前，世界政治经济制度可以说是在最稳定的状态中，在政治上为代议制度责任内阁；在经济上为资本主义自由竞争。到了上次大战结束时，忽而俄国发生革命，没收银行、工厂，宣布共产主义，当时欧洲国家看见这种情形的可怕，于是在一九二〇——二一年英法等干涉俄国内政，利用白俄以消灭红俄；西欧方面，基础不稳定的国家，如德国和意大利，多现出骚扰状态。德国一九一八年革命时，就有社会民主党激烈和温和两派的竞争，结果激烈派失败，温和派秉政，乃有威玛宪法成立。在意大利方面，因有罢工暴动等事，于是一九二一年墨索里尼向罗马进攻，所谓法西斯主义，从此开始。所以在当时有两种新主义出现，为廿世纪初年所未见者，一共产主义，一法西斯主义。

共产主义明白看不起代议政治，认为为资本主义之产物，虽未说明要推翻代议政治或民主政治，总认为共产主义之民主为经济民主，较代议政治胜过一等。意大利之法西斯主义拿职团所选之议会来代替分区选举的议会，也是看不起英美式民主政治。德国从希特勒推翻社会民主党与其他党派后，时刻以选举投票方法掩护纳粹之独裁，同样看不起英美式之议会政治。但法西斯对于英美政治的进攻，在初期尚不十分明显，到一九三九年德国向英宣战之后，他名英美政治为犹太的资本主义的富民政治。另外还有一方面，该提出的，即俄国革命以后，提倡第三国际，他们以为除共同来推翻各国现行制度外,社会主义或共产主义无法建设。所以,廿年中有六种主义互相对立:第一国家主义或民族本位与世界革命之对立;第二,共产主义或社会主义与资本主义之对立;第三,法西斯主义与英美式的民主政治之对立。我们可以分述如下:

一、国际主义——国家本位之对立

从这点来说,俄国革命之初期,共产党认为非将各国现有政府推翻,全世界共产主义无法实现。如德、意的专政和匈牙利的暴动,都是世界主义的表现。但德国和意大利都从民族本位做出发点来刺激国内人民反对共产主义,同时俄国一九二八年史太林第一五年计划颁布后,他觉得世界革命无希望,故标榜一国本位之社会主义的建设。中间经托劳斯几与史太林的斗争,实即世界革命派与国家本位派之胜败所系。

二、民主政治——独裁政治之对立

俄国革命初期,共产党认定银行工厂倘仍为私人所有,即社会主义无法实现,所以没收银行工厂,即否定十九世纪来各国宪法上所保障之财产权。就是说,不采用独裁政治,人民权利还存在,则社会革命无法实现,故从革命开始时,立刻宣布无产独裁,从来俄国做法为墨、希两氏所模仿,也走向独裁之路,除西欧英、法和美国外,欧洲国家很少不受独裁制度的影响。

三、资本主义——共产主义或社会主义之对立

欧西资本主义是财富集中少数人手中,劳动者所流之血汗变为资本家发财之工具。到了十九世纪中叶,就有所谓劳动运动与第一第二国际之出现,即工人对于资本主义之反抗。但是第一次大战前后,自由竞争、财产权利等制度,没有感觉得动摇,到了一九二九年,世界不景气,工人失业增加,于是有各国自足经济政策之出现,尤其在德国和意大利,这种学说最为盛行。在英国也放弃自由贸易,而采取特惠关税政策。在这时资本主义之国际如英美还未感觉到资本主义不能维持,其时英国方面劳动党当政,仅以取消金本位

来应付一时，在美国则有所谓新政策来补救生产过剩与劳工失业，但如何以社会主义主张来矫正资本主义之失败，英美尚未想到，可是俄国制度之优点，则已为英美人所承认。

在以上六种主义对立中，我们中国所受影响最大，（一）清末所接受之民主政治如议会政治政党政治等说发生动摇；（二）我们除了租界上有所谓若干工厂外，说不上资本主义，但在欧战后，社会主义共产主义之思想则已侵入；（三）受了共产主义之影响，自然有人相信世界革命或国际主义，虽不能忘了自己国家本位，但好像要使中国免居次殖民地地位，非走上国际主义之途径不可。在这六种主义相冲相激之中，我自己所取的立场及态度如何，值得反省一下：

为追溯我的思想起见，先把自己译著的文章列表如下：

一九一八年——译俄国革命后第一次宪法，现在流行之苏维埃三字即为此次宪法中之译名。

一九一九、二〇年——译德国威玛宪法，后来集有关德国制度之文章，成一书名《德国社会民主政象记》。

一九二六年——译拉斯基《政治典范》，著《苏俄评论》。

一九二七年——与李幼椿等合办《新路》杂志。

一九三一年——著《史太林治下之苏俄》。

一九三二年——译《菲希德对德意志国民演讲》。

一九三六年——译《全民族战争论》。

一九三七年——著《立国之道》。

民国十三年后，世界潮流天天在以上六种主义激荡之中。我们自己立场如何，可以说我们在国际主义日渐抬头之时，始终没有放弃国家本位。此为第一点。我从读书起，一直看重英美民主政治，这种民主政治是以尊重人民权力为基础，而以选举方法表示民意，始终觉得值得爱护。但在当时共产主义已经输入，痛骂英美政治为资产阶级之政治，拥护者亦遭受唾骂，我们不管陈独秀先生的责备，一贯的主张是反对独裁。此是第二点。关于资本主义与社会主义对立中，我可以说，从有知识时起，已经在二十世纪初年，与其说是受自由竞争与资本主义之影响，毋宁说我们从不敢明目张胆袒护资本主义，但也无法说出社会主义实现之具体计划。至于写《立国之道》时，已非社会主义之思想时代，而是社会主义在计划经济之下如何实现的时代了。

在民国十三年以后，我们感觉孤立，左面俄国鼓吹世界革命与共产主义，另一方面国民党正在国共合作时代，名为训政，实为一党专政。我们平时认为可宝贵者如思想自由，言论结社自由，一切为两党所抛弃。至于民主政治多党政治之都抛入大海之中。左右两方的炮弹互相发来，我们立在火线当中，可算得最危险时期。但我们仍坚持信仰：第一，我们未尝不想到国家离不了国际，然决不抛弃国家本位；第二，对民主政治下之人民权利，言论结社等自由，虽在政府高压之下，仍在秘密保持；至于多党政治，代议制度，宪法等，那时国共都不愿谈，但我们仍抱此为告朔之饩羊而爱护之；第三，对于资本与社会两主义之中，我们如上文所说，中国无资本主义之环境，自无庸我们保护，从第一次大战后，我从欧洲回来，在"解放与改造"中表现者，已表现了社会主义之倾向。除以上列举之译述著作以外，在事实上，我们受压迫之事实，亦可列举如下：

一九二五年——国立政治大学停办。

一九二七年——《新路》被禁刊。

一九二九年——在上海被绑票。

一九三一年——国家社会党成立。

一九三一、一九三二年——燕京大学教书因演讲一二八淞沪之战而去职。

一九三三、一九三四年——国立中山大学讲学中途废约。

一九三五年——与张东荪氏在粤创办学海书院，因粤变而书院封闭。

一九四一年——在云南大理办的民族文化书院,奉令停办。

在这廿年当中,我们所感觉痛苦者,即人民权利毫无保障,故出版办学之自由均被剥夺。

先从出版自由说起。我们出版之《新路》杂志,奉南京政府命令停刊,在北方办《再生》也是秘密的产物,并未经政府核准发行,更可笑者,我译《政治典范》,至今仍未用真名。事实是这样的:政大封闭后,在沪无事可做,乃译拉氏之《政治典范》,每月由商务印书馆拿二百元维持生活,一天世界书局主人想出版 ABC 丛书,要我做一本政治学 ABC,我以译书甚忙无暇,拒之,他说何妨先登广告,书可缓写,我以盛意难却,应之,谁知广告登出后,书局即得上海市党部通告,嘱其毁板,书局以为租界尚在,乃置之未复。数月后上海特区法院吴经熊院长接党部命令嘱封闭世界书局。吴先生是我的朋友,即来访告以经过,我说书尚未写,何从毁板,后由书局疏通党部,其事乃寝。事为商务印书馆所闻,乃托俞颂华先生告我所译之书不能用真名。我当时依此为生,连用姓名自由,都不敢坚持,所以改用"张士林",于"嘉森"二字中,士字取字之头,林字取森字之脚。这是在出版不能自由中所受之痛苦。至于所译著之书,北方党部曾收集起来,搭了七个塔,一举而焚烧之(有当时新闻记载可以作证)。后来中央训练团向我索取菲希德对德意志国民演讲,我因为书已焚毁,便无法应命了。

再说到讲学自由,我在民国十三年后办过三次学校,民国十五年,我名列入反动派,故政大为党部接收。后又到国立中山大学教书,未去之先,我再三向邹校长声明我的政党活动及所办之杂志等,与其时所谓"党外无党""党内无派"之旨绝不能相容,邹校长最初颇殷勤,待之半年后,即表示不愿意,并说某方将有暗杀举动云云,故请去职,因此离开中山。数月后,得陈济棠氏函约办学海书院,后因陈氏独立,粤军人不满于明德社,而学海书院与明德社自有密切关系，故中央军到时，即遭封闭，学海书院所存之典籍，不数日即出现于旧货摊头。所以我深信在一党专政下，学校无法办。抗战起，各党派与政府合作，我又起办学之念，乃在大理创办民族文化书院，那知太平洋战争起，因港渝间飞机运鸡运狗问题，昆明学生发生风潮，当局乃归罪于我，民族文化书院又遭停办，办学校尚且如此，办党更可想而知了！

最后，我再重复说一遍对于以上六种主义中所采之态度：我想任何人处在这廿余年当中，没有人不感觉到烦闷苦恼，要知处此主义对立时代，各个人必须经过读书与思索而后决定之态度，才是真正的态度。十九世纪后半叶，关于制度与思想上绝无争执，自己立场稳定，自然容易。及第一战以次大至今日，任何人不免彷徨动摇或反复，有自右派变左派，亦有本为左派忽因外界压迫变为右派。我们虽处此困难境遇中，我敢说自己确有立场，而非随声附和的人，在我的著作和文章内随时可以证明出来，因为我们是经过一番思索的，尤其《立国之道》一书是在汉口炮火之下写成的，自然不如拉斯基《政治典范》为思想之结晶，但于六种主义之态度，如何为之安排，是很明显的。此书初出时，在汉、渝、桂林、沪、港销行很好。我不敢说对于政治思想有所贡献，但对于以上六种主义，有一种配合折衷之法，不使其互相冲突，此乃苦心思索所得之结果，到底这种配合工作如何组成，略述如下：

① 国家本位与世界革命，在今日看来，孰是孰非，本来不易确定，苏俄史托斗争之日，是一重要问题，在青年脑海中为一大波澜，我对于苏俄世界革命政策，向取反对态度。俄国自有其国情，我国自己政治未好，如何谈得上世界革命。到九一八事变后，东北数省为日人攫之而去，更不能不感到国家地位的孤危，后来不但以国家为本位的人感觉领土主权之重要，原信仰共产主义者，亦标榜抗日，所以那几年以为生问题的，到九一八后也就不成其为问题了，从现在来说，无论如何，抱定国家本位宗旨的人，亦觉离不了国际

环境。所以上次大战后有国际联盟,这次有联合国会议,我自己是在联合国宪章上签字的人,对于联合国宪章,能否顺利实现,在参加时,已不免有多少怀疑,但对以世界各国,应该走上国际和平途径,大家应该努力,上次世界大战时我是如此的想,这次仍是如此。

② 民主政治与独裁政治中,我始终觉得民主政治有几多点是在历史上值得全人类视为珍宝的。甲、人权保护。乙、由思想自由之结晶所产生之科学和哲学之进步。丙、因人民参加政治而推行普选与政治上所表现之责任内阁制度或总统制度。丁、个人主义的人权论进而为社会意味的人权论。

这四点都是民主政治的产物,虽然其中不免染了资本主义彩色,但即使离开了资本主义,还有其存在之价值。独裁政治在俄国因三个五年计划之成功,成绩甚为虽著,但独裁政治在德、意之流毒,人所共知,毋庸细说,或者也可说民族光荣抬得太高,独裁主义之流弊更大。

③ 资本主义与社会主义之冲突,假定像俄国没收银行、工厂、土地,自不免流血之惨,但因为俄国革命使西欧国家感觉劳工阶级之痛苦与劳资冲突之不可免,因而使平和的社会主义有了成熟的机会。譬如说英劳动党成立以来之国有政策与法国第四共和下之国有政策,都表示英、法已走向社会主义的路线。这两种主义对立,不流血也可以解决。

以上我所解释的,还是六种主义对立之可以调和,还没及提到六种主义之参互错综问题。即(一) 非世界革命不能实现社会主义;(二) 英美式之民主制度下,难于实现社会主义,换言之,非独裁政治不能实现社会主义;(三) 法西斯主义过于推崇民族光荣国家本位,其结果则为民权与民生之压倒。

以上三项中,有的问题在世界历史中已有其答案者;暂搁不谈,我单就民主政治与社会主义之关系上来说,我记得在《立国之道》内提到中国今后之政治制度,是民主是联合政府,由各党各派共同推人组织政府,有人怀疑各党有各党之主张,何能以各党组织政府,来实行社会主义,我解释如下：

中国政府今后的政策,① 整顿国防。② 推广教育,促进科学。③ 发展工商业等,都无人反对。④ 说到社会主义,不外国营民营界限之划分：甲、铁道、电信、大铁矿、大煤矿在今日私人资本力薄弱时代,自然归于国有;乙、其他轻工业,消费事业,归于民营或合作社,丙、土地问题,三亩五亩之耕作单位,自说不上没收,百亩千亩之家,在我看来,只可说是中产,留美华侨可以有三千英亩或六千英亩(合中国一万八千或三万六千亩),较国内相差甚大,将来是否要平分百亩千亩之地权,可按耕作效率,加以调整。

德国、意大利故意提高民族光荣国家本位来实行独裁政治,其结果为民生民权之压倒,今则德、意两国已经失败,可见偏狭的民族主义是流毒很大的。反而言之,世界革命更无从实现,则国家本位上少去一个对立者,于是第一种对立消去,资本主义本来不是我们的传统,社会主义业已成为阁议席上之法案,则此二者之对立又消去,再则独裁政治,如意德所行者久已为吾前车之鉴,则所剩下来成为问题者独有民主政治与社会主义,此二者可以融合为一,互相调和,如吾前段所云云,则吾国政治上自有一条坦荡大道,夫复何疑。一九三七年《立国之道》写成,是在第二次大战未起之日,距英美民主胜利之日,尚隔七八年之久。可见我们所见,我们所说,是我们真信仰,决非阿附奉迎的。当时所指出之途径如此,以后我之所欲努力者亦即本此。

但有人怀疑社会主义之实现非易,俄国革命最初时期免不了杀人放火的痛苦,一直到一九二九年,第一五年计划开始,俄国建设曙光渐渐发现,况且还经过世界大战,德人侵略,几将俄国十数年经营之建设,一旦摧毁,可见社会主义之实现,如此之不易,如此之困难,你何以如此乐观,认定多党的民主政治与社会主义,竟如男女之好合,可以百年偕老呢?我可以答复我所以抱乐观见解的来源：① 十九世纪之人权论，以信仰、结社、宗教、财产为重，现在则推广到劳动权、生产权，可以说从前为个人主义，现在为社会主义。同一人权，其中意义一贯，绝无冲突。② 历史上的教训，易使人类发生警觉。苏俄革命，使西欧资本家不能不知道觉悟，不能不改弦更张，罗斯福总统之四大自由即为其证明。③ 英国劳工党的选举胜利，可见大多数民众靠了选举权，便能实行银行煤矿国有政策。因此三种原因，可以说在民主政治下实现社会主义不是乌托邦的理想，而成议会桌子上的法案。也许有人责我过于乐观，但我的乐观，不是没有理由的。（三月廿八日杨毓滋笔记）

〔国民政府国史馆档案〕

2. 张君劢：从外交内政两方面解决东北问题方案
（1946年6月2日）

一 引言

从日本投降到今日，已有九个多月，国内大多数人没有一个不希望我们国家和平统一，而且走上建设的途径。但到了今年三四月中政治协商会议结束后，东北方面反而又发生一场血战，国共两方动兵数十万，伤亡人数亦在数千或数万以上，东北同胞受了日本人十四年的压迫和苏俄退兵的惨痛，同时还要身受同胞的互相残杀，我们经过了八年对日抗战，早已应该有同胞不杀同胞的觉悟；但是从最近数月的情形看来，这种觉悟似乎是绝对没有，我们不必旁证远引，但举美国两个朋友的话，可以见盟国对我们的批评如何。

五月卅日美国阵亡将士纪念，马歇尔特使在墓前提到吾国之言如下："吾人于此时此地，方思对中国作真诚无私之援助，不要求任何代价与诺言，吾人现在中国正尽最大努力阻止历史上的一幅悲惨局面，使其不致扩大，并在停止中国之剧烈内战，中国人民遭受战祸，业已八年，时间不谓不长，此次大战即首先在中国爆发，中国人民受害时间最久,然而时至今日,世界各处和平均已恢复,独中国人民仍在继续受苦挨饿,且已面临一更大危机,此实似命运对吾人之一种讽刺,此种情形断不能令其存在,人类于消除意见差异时,绝望之救济法不可使用(此语有不到最后,不应走绝路之意.作者),猜疑、仇恨、怨毒及其他不良的情绪务须避免,为中国人民及现方忍受饥饿之妇孺等谋取幸福。"

同时柯克海军上将也说:

"这处虹桥之美国阵亡将士,都是在美国土地上生长的,现在他们的血与中国人的血混在一块,为了要对中国加以洗礼。

从有历史记载以来,有思想的人常想寻求并以决心争取人类在社会机构中之正当地位。

美国对于此问题之态度可略述如下:人民造成国家,故个人为国家中之一部分,以最有效的方法达到所以造成国家之目的,——即需要一种联系的个人主义,此种主义以林肯最为中肯的话表示之,即民治民享民有之制度是也。

我在中国逗留的日子很短,够不上分析中国问题,或将中国问题,以过于简单的方法来说出其所以然。

我们在中国,是在予人以可能之援动〔助〕,使中国解决此项问题。

据我看来,中国有他可以要得的个人主义;但缺少联系的力量,惟有此项联系,然后个人自由乃能充分发展,我们至诚的希望中国不但应成为自由的民族,而且变为一个强大的民族,我们和中国人抱有同样的希望,就是中国的问题应该拿美国内战时所应该求到而未曾求到之了解来解决她。"

这两位美国朋友的忠言,恐怕国人不大注意,所以我特别把它提出。

先问东北问题所以演成内战的原因何在?我不相信,在日本投降之日,中共早已有心抢夺东北,我更不相信,在今年二月上旬之前,中共有侵占东北的准备,我们从政协会开会,从整军方案的成立来看,可以说,中国共产党原来没有计划来同中央抢夺东九省的地盘,从去年十一月起,苏俄方面早已允许中央进兵长春,可见俄国也未尝妨碍中央接收东北的意思,但是我们中央政府的下意识中对东北有两种恐惧,始终不敢对于东北的接收,放手去做。

第一种恐惧是怀疑苏俄,因为大连葫芦岛的登陆交涉发生困难,万一沿长春路进兵,孤军深入,是不是俄国对我们军队要加以妨害;

第二种恐惧是对于线的占领的不放心,先要把线扩张为面,在面的根据地无把握前,感觉不安。

这两点是我猜度之词,但我相信,接收东北时受这两种心理的支配的影响很大,如其不然,东北问题不会糟到像今日那种地步。中共方面看见你在那里运大兵到东北去,自然不免有染指之意,在热河一仗中,中共军队已迂回到中央军的后方了。后来二月中间学生示威运动,高呼苏联撤兵之日,中共更加得到机会,扩张他在东北势力,中央根据中苏条约对于有权接收之东北,自然不能放弃他外交内政上的责任,必须要和中共一决雌雄。在中共说来:"你是中国人,我也是中国人,你能接收,为什么我不能接收?"但是国民政府是国际上承认的政府,根据中苏条约,他的接收权,自然在中共之上。况且中苏条约的办法,三国公告中又加以一番承认。所以中共方面单单根据他的内政上的反抗权来抗争,那是争不过的。

从政治协商会议后,因国民党二中全会的态度,及其他不幸事件等等的发生,国共双方的怀疑一天一天重新表现出来,甚至扩大而为大家以为胜利后所不必有而且不应有的公开内战了。人心惶惶,以为这个大波澜将蔓延到长城以内。东北问题,不但是国共双方孰得孰失,而国内能否和平建设,也决之于此。所以这问题,不能不尽心思考推求一个解决方案。

二 外交

所谓东北问题,决不仅是中国内政问题,而是一个国际边界问题,东北九省在地理上的处境,极似德法间的阿尔萨斯劳兰或德俄间的波兰。他的地位,两国之间所必争,可以成为国际间的火药库。我们只要想想过去六十年的历史,可以说这块地方的主人,已经换了几度了。(A) 甲午以前东三省是我们的领土,甲午战后日本夺了我们的辽东半岛,经过德俄法三国的干涉,于是日本只好从口吐出,变为俄国的租借地与势力范围。(B) 后来日俄战争起,日俄两国的地位又来了一种变化,南满让与日本,旅大也变了日本租借地,九一八与"伪满洲国"成立后,俄国又将北满铁路卖与日本。(C) 这次世界大战后,美国为使俄国加入远东战局计,又拿满洲权利许给俄国,我们政府为适应俄国要求起见,乃有中苏协定的成立。从以上三时代来看,一个地方易主之多,至于如此,只好拿波兰与阿劳两省来相比了,或者可以说东北易主速度,超过阿尔萨斯劳兰之上,因为阿劳两省在一八七〇年割让德国,到第一次大战后一九一八年,这块土地又回到法国手里去,中间隔了十多年,而东三省从甲午到日俄战争不过十年之久,从日俄战争后到九一八,又不过廿七年,所以东北地方易主的速度,还超过阿劳两省以上。这次战争中,经过雅尔达会议、中苏协定,虽然地方主权问题似已解决,但是这个地方的危险性仍不亚于甲午与日俄战争前后,所以我们朝野上下应如何戒慎恐惧,谋这问题的妥善解决,我们以为妥善解决之法有两个原则:

第一,彻底实行中苏条约;

第二,对于苏联的亲善政策,不可有丝毫忽略。

前年十二月十四日我离开中国时,曾向蒋主席提议,说起中苏条约之不可不及早缔结,后来旧金山会议中,宋院长也采取对英美苏平等亲善态度,不久就看见中苏条约的订立。但是条约尽管订立,而友谊的彻底实现是一件不容易的事,拿二月中旬的学生示威运动来说,虽然不能说我们对苏友谊有何变更,但是不免给苏联一种刺激。今后这种事情不可不竭力避免,望后友谊方能长久维持,或者有人怀疑我们这种态度，同国家主权两不相容，要知道主权的性质，并非绝对的而是相对的。主权的表演又看自己国力如何，不能拿主权两个字，靠了口舌来与人家争辩的，一个国家的某地，对于邻国有密切的关系，彼此有相互的影响，其能善于自处，两国同受其福；反之，两国同受其害。我现在举两个例子来说明，一个是善于自处的国家和另一个是不善于自处的国家。第一个是波兰，这个国家处于两大之间，一面有德国，一面有苏联，波兰于第一次和会中得到了独立，在国基尚未巩固之日，即一九二一年，她看见俄国正在内乱，就要恢复一七七二年的疆界线，而俄国不允，俄波之间就起了战争，到一九二一年三月十八日缔结所谓《里加条约》，波兰得到了所要求的大部分；但是《里加条约》遂种下了后来一九三九年德俄瓜分波兰的祸根。波兰西边是德国，对德关系亦是波兰外交的大问题，原来波兰曾于一九三二年与俄国缔结互不侵犯条约，她同德国向来不大友好，因为有走廊问题，希特勒夺取政权后，一九三四年希氏向波兰保证不以武力恢复波兰走廊，于是年一月廿六日德波缔结十年不侵犯条约；但是波兰外长贝克极想在德波之间求得平衡，所以将一九三二年与苏联所订互不侵犯条约又延长十年之久。贝氏这种忽亲苏忽亲德的政策，到底无补于事，无法挽回德国的对波宣战与德苏的瓜分波兰。这种忽亲德忽亲苏的政策，不免使波兰陷于前后反复与弄巧成拙了。同时波兰人又有一种出言不慎和好于夸大的毛病。我曾听见一位外交界朋友说过一段故事：此次世界大战之前，波兰举行一次秋操，德国军人参加其间。这个德国军人和一个波兰武官谈天，他说："你们有战车有重炮自然是很好的；但是你们国内的公路如此之坏，到了战时此项战车重炮如何能运用？"奇怪得很，这波兰武官竟答复说："我们的战车重炮是预备用在国外，而不是用在国内的。"这种谈话不免令德国人吃了一惊，但是波兰人的夸大狂，也由此可见。我说这一段故事，无非要说明一国实力如果不足，要同强邻相处，应该谦虚退让，不要轻易惹事。其次说到善于自处的国家，加拿大。我们知道加拿大是英帝国主义的自治领，是英帝国的一部分，照主权的原则来说，应该事事追随母国之后，不应该跟着美国，但是从纽约到渥太华的距离，好像就是从杭州到上海。如果我们走过这条路，才会知道加拿大与美国经济关系的密切到了何等程度。加拿大介于英帝国与美国之间，好像媳妇侍候婆婆；真有两姑之间难为妇的感觉。她虽是英帝国之一部，但是政策上能适应美国时，她毫不踌躇地追随美国。第一，她的币制是同美国一样，但须要贴水一角钱；第二，她反对英帝国的英镑集团制度政策；第三，这次大战起后，总理金氏与美国缔结共同防御协定。他甚至提出不许加拿大人士接受英王所赐予的贵族称号，加政府这种作风，无非表示尊重美国的地位，故其政策不得不与母国有立异之处。

从以上波兰与加拿大的实例来看，可见一国与强邻相处，不是没有方法的。我们用孟子一句话来说："求则得之，舍则失之。"加拿大是求而得之的国家。波兰是不求而失之的国家。我们对苏俄既有中苏协定来作根据，那么除条约限制以外，我们的固有主权，是不应让人家冲破的。但是苏俄在东北地方有特殊的利害关系，亦是我们不得不承认的。所以对于苏联的友好，不得丝毫忽略，此其一。东北对于苏联的经济关系，我们不妨模仿加拿大对美国的关系，谋双方有利的解决，此其二。东北地方的经济建设，我们只好放弃国防工业，因为东北既在苏联飞机射程以内，俄国可在数分钟内把我们的兵工厂悉数破坏，何必再踏张作霖时代的奉天兵工厂的覆辙供人破坏呢！我们应该对苏联说，我们在东北仅希望和平建设，并不需要国防线与国防工业的兴建，此其三。我以为国际方面用这种方法来解决，使中俄之间有一个缓冲地带，俄国不必对我们有所顾忌，我们内部也不致因东北再有内争，实在是一种两利的政策。我不相信东北问题是单靠内政及军事，而不用适当的外交政策来配合，所能解决的。

三　内政

这次东北的国共战争,虽然限于长春路线,但不是两方在东北的得失问题,同时牵及全盘内政问题。我们分为一停战,二东北政府机构及三中央政治三方面来说。

一、停战　东北战事从何而起?在政府说来,共产党不应该阻挠政府接收。但是这次战争,实在是军队没有国家化、政治没有民主化阶段中自然的现象。虽然国共两方各有是非,但在全局来看,总是不该有的现象,因为国内政治的争执,不靠法律,不靠议会,竟凭着武力来解决,这种国家我们只可以名之曰乱国而不是治国。现在大家正在商议停战,据报所载,政府主张以恢复主权为前提;但是主权这个名词是一国对外交涉时适用的,决非内政上的名词,从敌国夺回领土,是收复主权,从苏联手中收复东三省,或自英法手中收回上海租界,是主权的收复。对于东北问题的解决,第一要点是政府法律命令能否贯彻,第二军事问题是否依整军方案解决,第三东北各省政治是否服从东九省最高当局法令而定。为彻底实现以上三项原则,国共之间应早日开始协商,这目的是不难达到的。万一中央以为法令之贯彻与否,须视中央兵力达到一村一落为止境,那末收复中东路还不够,还须进兵至穷乡僻壤,甚至东北各县收复亦还不够,更须收复山东、河北两省与延安边区。此种方法便是武力解决而已。我们看来东北战争无旷日持久的必要,而应即日宣布停战。中央政府最初说长春接收后,一切问题可以付诸谈判,现在这目的既达,所以停战命令应即日宣布,其应同时解决者有以下各项:第一,恢复长春路上交通;第二,两方军队各撤退若干里,以免冲突;第三,据报载国共双方对哈尔滨有所协议,那么国共两方的观点更易接近了。

二、东北政府机构　假定中国政治局面为一党专政的继续,那么不但东北问题无法解决,即国内政治亦将不免于混乱。我国政治腐败已达极点,经济破产亦将临头,亟须集合全国力量使国家走上和平途径,而后政治经济两方面乃有解决方法。

共产党方面所最怕的,就是国民党要消灭他。所以整军方案应该早早实施。此项方案中仅规定兵数,但驻扎地点及活动范围亦应彼此说定,免得稍一调动,便有遣兵调将的嫌疑。此外国民党还应对共产党予以保证,认共产党是一政治团体,有他生存的权利,国民党不加妨害。至于言论结社等自由,各党派当然共同立于人民代表所议决的法律之下,亦是立宪国的常规。但是国民党对共产党也怀着一种疑虑,就是共产党的目的,总是要推翻政府,目前口口声声说民主,这是他们的手段,而不是真意,因为他们最后目的,还是要推翻政府。假定共产党能声明说:"我们目的,的确在要求民主,不是推翻政府。"这种说法,国民党尽管不相信,但中共可能用一种极真诚的态度,向全国人民表示一下,亦未尝没有益处的。所谓合作的诚意,自然不仅靠声明,还要有事实的表现。在我们看来,今后既经要求一个联合政府和政治民主化,那么这两项便是大家共同的目的,应该大家平心静气来追求这二项目的实现,不可因一二小事,便忘了此项大目的。最近三四个月来因较场口事件、新华日报事件和东北事件的影响,政局走向歧路上去,愈走愈远,竟不回到本题上去了。所谓"失之毫厘,差以千里",恐为有识者的共同感觉罢。有一次我与几个朋友聚谈,他说两个人既经提到恢复友谊,那么友谊便是大家所要求的有目的。倘某甲忽然把乙的脚踩了一下,或是碰碎客厅中桌上的茶杯,某乙就认踩脚或茶杯打烂为大问题,藉口打起架来,或是到法院去打官司,这可以说是寻仇,而不是合作了。我也知道新华日报,东北内战,较场口等事件,不能以踩脚或碰茶杯相比,但天下事自然有根本与枝叶之分,既然注重根本,那么枝叶便只得看轻些了。同时我也知道这责任不但在共产党身上,国民党也要负起一大部分。所以我们要求今后共合作,首先要除去彼此间军事上的威胁。双方驻军地点,调兵区域,应该明白说定,不可因一团一师的调动,便怀疑对方在发动战事。其次,在共产党占领地区内,各省政府中,共产党究应占若干成份,须予以明白承认。其三,共产区域内地方政治那几样可以自由实验,那几种应立于共同法律之下,也应明白说清或承认,或另谋解决方法。第四,人民所享受的基本自由,共产党与其他党派间,不可稍有例外。但国民党员心中存着一种恐惧,就是共产党手段高明,十分可怕。那不是法律规定所能解决,应以国民党的警觉性改善自己。和平建设为我国今日惟一活路,这活路只能求之于政治解决之中,决非武力斗争所能达到的。惟其如此,就东九省言之,其应适用此项原则,正与关内相同,所以东北政务委员会经济委员会之类,应由国共两方,其他方面及东北人士共同组织一个集思广益的政府。其原则有二:

第一,东北政治经济委员会,应着手改组,容纳国民党及外界及东北人士充任省主席及厅长;

第二,县乡地方政治,按照新宪规定,实行自治。

以上两项不但中共如此希望,恐怕东北人士亦所乐闻,由此可见政治民主化,自然可以解决内争,而不是必须诉诸武力的。

关于东北地方政治机构,我还有一句话要声明:我们当然应该保护东三省领土主权的完整。但是东北在地理上与俄国既如此接近,犹之加拿大为英帝国的一部而处于美国肘腋之旁。加拿大政府不能不处处想到在政治上经济上采取与美国合作的方针,所以今后共产党在东北于不妨碍国家主权范围内,应许以较广大的活动范围,不但使信仰共产主义者可以行使一种试验,也可以使邻国苏联安心下去。我与一个朋友在旧金山会议之日,曾经讨论过这一问题,最近这一位朋友同另一朋友乙谈天,其谈话要旨:甲说:"为国民党打算,应该让中国共产党在东北有较大的活动范围。"乙说:"苏联这个国家是不好惹的,中央即令想以东三省为地盘,也应极力避免与苏联接近的嫌异,免得在国际间生出纠纷。"后来有第三位朋友丙,说:"如甲所言,乃是为国民党打算,要他在东北容纳共产党,如乙所言,乃是替共产党在东北打算一条自处之道,甲乙两种主张,虽相反而实相成。"我以为国共两方如能有此种了解,此种雅尽,双方虽相反,而对于国际上采一种合作态度,那么东北边境上,因国共合作,在中苏之间确立一个缓冲地带,这实在是国家百年大计,不能不望国共两党,在相互了解之条件下,共同实现的。

三、中央政治 中央政治应调整的,有根本原则二:

① 整军方案的彻底实施;

② 国共拿出诚意来,从事于政治民主化之工作。

上文说过,国内政治上决没有拿武力解决的道理,假定天天拿刀在人家面前玩弄,那就不必谈民主谈法治了:因为武力的使用在国际政治上来说,尚且不合道理,如何能应用到国内呢!所以和平建国纲领中有确保军队编制之统一与军令之统一两项,更有军政分离,军民分治的规定。关于军队问题协定中,更禁止① 一切党派在军队中有公开或秘密之活动,② 任何党派或个人不得利用军队为政争之工具。

这种规定,可惜协商会后,没有立刻生效,所以演成这次内战。我们受了这次教训,更有一种新要求向国共两党提出。此项要求是:军队调动与作战命令,非经国防部中所设一各党委员会同意后,此种命令不得发出。不仅共产党应受这限制,就是中央军队也应如此。此制实行之后,双方猜疑庶几可以减少或竟然断根,亦未可知。

整军方案,应照原案彻底实施,然后党派玩弄武战的习惯,自然消灭。政府按整军方案,按年按月逐步进行,此项成绩须明白公表于人民之前,自然大家以此为准则,责成两党共同遵守。要知道此项计划与其藏在三人会议的皮夹中,不如公诸全国人民耳目之前。如果有民众的拥护,此方案的实施,当更为有力。

所谓政治民主化的工作,不外政府改组,国民代表大会开会,宪法草案议定,这三件事有的大部分已经准备完成,有的还是悬案,这是大家所共同知道的,可以不必细说。我听见好几个人说,假定协商会议闭幕之日,政府立刻改组,各党各派业经参加,那么此次内战或者不至于爆发。这话虽然也有理由;但是我不敢十分相信,因为政协会结束以后,两三月来国共双方的表现,都是满肚子不愿意,因此发生了较场口事件、新华日报事件以及其他各地的骚扰,可见两方的和好相处,实非易事。我们以为除了政府改组,国大人数多少,与夫宪法草案以外,还须有一个精神上的前提,就是两方是否有合作的诚意。先说国民党方面,譬如关于人民基本权利,如言论结社等自由,即使在宪法未颁布前,亦应想出合理的办法,如国库养党之例,应及早废除,大家口中都说到治,那么各政党应同立于同一国法之下,不可藉口于国民党有功中华民国,将国库养党拖延下去。日本投降以后,没收民间报纸与敌伪报纸,改之为国民党一党的党报,这也是一种不公道的事情。因为敌伪财产属于国家,不属于一党。以上各事,国民党如能自己更正,而后我们才能认为国民党具有政治民主化的诚意。

我们希望两党从心理上和态度上表示诚意的合作,虽不像两个国家订一个五年十年的同盟条约,至少以三年为期,在互助互信的条件下,共谋国家的和平建设。这实在是我们第三者对两党的衷心期望。

以上从停战一直说到中央政治,可见东北问题与中央问题,实是一个问题的两面,决不是两个分开的问题。所以东北停战问题,尽管重要,而中央政治的重要,也决不在其下。

四 结论

协商会结束以后,国共两党关于国大延期,政府改组,东北和战的处置,不问谁是谁非;总而言之,在国内造成了一个骚然不宁的状态。我们睁眼一看全国情形,有的省份土匪遍地,治安不保,有的省份人民因为粮荒,濒于饥饿,更有因为物价飞涨,求饱暖而不可得。人民负担方面,或者供应过境大军,或者每县应缴军米几万担,而政府所付代价不及十分之一(如江苏某县每负担军米两万担，米价已达六万而政府所付不过每石四千，即其一例)，或者军队征发船只车轮、交通工具更加缺乏。况且通货膨胀，从事工商者无法计算盈亏，除贩卖洋货外，无以为生。经营工业的人，则碰到要求增加工资与罢工风潮。公务人员薪水所入，无法安家度日，只好营私舞弊，人民向政府请求之事，除行贿以外，无法得到各机关通过。试问政象如此，苟不从和平着手，而仍许黄河以北与白山黑水之乡战事继续，那么民不堪命之日，不久就要到来。所以我们认为东北问题尽管国共双方各有是非，而所以结束之者，要不外乎和平解决四字。因为战争一日不停，和平便无法实现，南北交通无法恢复，军队无法裁减，军费不能节省。彻底来说：要求整理财政，稳定金融，那是不可能的事。所以我们除去号召和平外，从未说出第二句话，其道理即在于此。

现在我要说到国内政府党所号召的联合政府主题。我以为各政党如其要求组织联合政府，那么先决条件是① 同以国家为前提。就是说大家所争执的，不外国家利益，并不是一党一派的私利，如其所争执的为一党的私利，甚至目的达不到时，不惜兴师动众，那么要在一个政府之下共同合作，是不可能的。譬如说英国去年的选举，工党胜利，保守党失败，假定邱吉尔自己认为对于战事胜利有莫大的功劳，不肯退让，其结果一定要举兵相抗，那么英国还成一个国家吗？乃至最近，为埃及撤兵问题，邱吉尔也以为放弃英帝国的海通要道，是不应该的。但贝文以为惟有撤兵，乃所以适合现时的国际环境。就是允许印度自治也是出于同样用意。双方遂各有争执，但所争者，无非英帝国的利益。② 遵守同一法律。大家既然要民主。民主政治的原则，不外乎放弃武力，服法治。所谓法治的基本原则，不外遵守宪法、法律及政治上的普通习惯。譬如选举揭晓之日，多数党上台，少数党下台，就是一种习惯。如上文所说，假定邱氏以战功甚大，不肯下台，不遵守少数服从多数的惯例，还要盘踞高位，甚至动武，那就够不上说法治了。此项法律应为人民代表所议决的。倘无法律，便无以立国。③陶冶于同一政治风气之中。政治上各党对立，犹之两个球队比赛，谁先谁后，谁输谁赢，自有一定规则。同时先请一位公正人，遇有争执时由他解决，不得稍持异议，假定甲造因乙造稍有不合，便即动武或谩骂，那么一举一动便都可造成打架风潮。各党在政治舞台上亦应如此相待，民主政治下最重要的是法律，议事规程即为法律的一种。谁先发言，谁后发言，应按规则与议长指示来进行。如其措词有越出范围或侮蔑他人之处，议长可禁止其发言或令其道歉。此等等无非说明民主政治下仅有在心气平和之中，才能逐步前进。同时民主政治离不了舆论，一家报馆对于侮蔑私人处尚且可以提起毁坏名誉诉讼，其在各党间的争辩，应出之以委婉曲折的态度，更不用说。但是关于以上三点提倡，应由执政的国民党以身作则。除组织政府之权力以外，其他所享的特殊权益，一律加以限制，然后法律的公道性方能表现出来。各党在法律面前一律平等的精神乃能贯彻。否则尽管说宪政说民主，恐怕各党不平之气无法消除，而政治上良好风气亦没由养成的。马歇尔特使在美阵亡将士纪念日所说："个人于消除意见差异时，绝望之救济法，不可轻用。猜疑，仇恨，怨毒及其他不良的情绪务须避免，为中国人民及现方忍受饥饿之妇孺等谋取幸福。"这句话里无非是说，处置国家大事，务须头脑冷静，居心公正，不可有猜疑仇恨怨毒加在里面。如果此种心理潜伏在内，那么双方怨气只有增加，而无法消除的。我们希望全国人民了解，要达到民主政治，必须具冷静的头脑，公正的存心来论事论理，来辨别是非，不可本其平日仇恨之心，预先推定对方的恶劣动机。总之，彼此心理上不能不有一番改造，必须有曾文正所谓"以前种种譬如昨日死，以后种种譬如今日生"之更新态度，然后政治方有轨道可言。这件事便是中山先生所谓心理建设。（六月二日）

〔国民政府国史馆档案〕

3. 中国民主社会党改组政府方案

(1946年8月31日)

改组政府好像是国民党的事,又好像是国民党和共产党两党的事,其实,这是错误的,这是全国人民和其他党派共同的事。所以中国民主社会党主动的提出了以下的对于改组政府的方案,这方案经此次联席会议通过、发表以后,并希望各方对这方案予以批评指教。

中国现在因为政治不良,招来历史上空前的厄运,乃是全世界公认的实事,所以需要改一党政府为联合政府以求革新政治,是全国人民的愿望,是各党派的要求,是各友邦的渴望。执政的国民党也不能不作如是呼吁。但从政治协商会议到马、司两使调停的现阶段,为期八月,改组的希望,愈来愈渺茫,全面的内战,愈来愈剧烈,好像非用武力不能解答这个方案。这里的最大原因虽多,综括可分为二:

(一)组织联合政府之希望虽殷,保障一党专政之制度未废。国民党不无欢迎各党合作之言说,而各党犹感自由在在受威协,使向心之力难建,离心之力易增。

(二)国共两党虽俱有救国之心,而缘于第一项原因,党见难销,互信之心毫无。其他党派亦各有其报国独立之观念,执政的党则倾注于如何维持领导,在野的党则倾向于如何求得保障,乃相互不择手段,迷信武力,把陷在水深火热中的人民忘掉了。只凭着社会主义的空想没有一定之方针,在自私中求改组,何怪彼此的距离愈走愈远。

根据以上的理由和症结,我们所要确立的改组方针有四点:

一、改组后的政府应该完全站在人民的立场,要充分表现民意,所以要多加容纳无党无派分子,以减少各党派间的对立性。

二、改组后的政府应该消灭权力主义的存在,所有军队、警察、司法、人民,须绝对超越党派。

三、改组后的政府应该有计划有组织地实施一切政治、军事、经济、社会、文化等各部门政策,使各党派不致各行其是。

四、地方政府亦须改组,因为现有各地方政府妨害人民自由,尤甚于中央。

根据以上所述改组方针,我们提出改组方案如下:

(一)国府委员、行政院政务委员及各省市政府委员人选应以三分之一属诸国民党,三分之一属诸国民党以外各党派,三分之一属诸无党派。三分之一无党派人选,应由各党派提出应选名额半数之候选人名单,再由各党派混合选举之。

国府委员会为政府之最高国务机关,决定一切立法原则,施政方针,军政大计,财政计划及预算,各部会长官及不管部政务委员之任免,暨立法监察委员之任用。

(二)军队国家化。彻底调整国防部组织法,国防部长由国共两党以外人士任之。参谋总长以下至伍长为现役军人,一律应宣誓脱党,如有协助党派行动,经检举证实者,即予退役,并受应得之处分。

全国军队可依照美国顾问所提计划整编。

(三)全国警察应一律宣誓脱党,如有协助党派活动,经检举证实者,即予撤职,并受应得之处分。

(四)全国司法人员应一律宣誓脱党,对法律负责,如有协助党派活动,经检举证实者,即予撤职,并受应得之处分。

我们相信这是使权力政治成为过去,渐向民主政治的最低要求。这个要求如能达到,人民的权力和自由已有相当保障了。反之在国民党方面也并没有完全放弃他的领导权。在理论上是应该可以接受的。所以这个最低限度的方案,或不能接受,那就可以证明对政府的改组是毫无诚意。希望全国人民以及各党派团结起来,完成这个使命。

(八月三十一日)

附录　　孙宝刚：释中国民主社会党改组政府方案

近年来政治、经济、军事、文化以及社会各部门，充满着恶化、腐化以及不良的现象，这是中外所周知的。归纳其原因，不能不说总其成的现政府没有尽其职责，已经不能完成其应完的使命，所以要中国进步，或要现在的病根除去非改组现政府不可，这也是中外，或国民党党内党外所公认的事实。但是从政治协商会议到马、司的联合声明，为时半年余，改组的希望，已经由可能而至于微薄，这几天虽改组政府这件事又热闹起来，但另一面全面性的内战已经展开，更使微薄的希望渺茫起来。我们在这里便要问：是不是非打个你死我活，才能改组政府？在你死我活以前，能不能提出一个方案，可以达到政府改组，实现和平统一，使人民可以稍喘一口气，国家渐渐走上建设的路上去？

我们认为打个你死我活，绝对不是办法，以往改组政府所以不能成功的最大原因，还是因为国共两党，各党各派，乃至全国人民都有几个不正确的观念，在阻止着政府改组的成功。一般人在意识上都好像政府是国民党的私产，现在共产党的势力强大了，世界潮流上一党专政已不通行，所以要容纳共党和各党各派来参加政府，几个月来冠盖往还，所讨论的却不外乎：怎样使各党各派力量的对比，使各党各派都能接受。但在朝的党确仍在考虑怎样还能继续领导，在野的党则在考虑怎样可以得到保障，他们没有想到国家是人民的国家，政府是人民的政府，专讨论如何维持党的领导和党的保障，而不以民意为归依，使民意如何真真能来领导政府，或至少渐渐领导政府，以及人民如何真真能得到保障，是患着根本上的错误。因为中国有党派性的人民，比较还是极少，党得了领导和保障，并不能代表人民，人民在水深火热之中，党的领导和保障又能维持多久呢？反之，个个党员都是人民，如其人民能领导和得到保障，那各党各派就不愁没有保障和领导了。这一个基本认识没有确立，所以就不择手段,利用私有的武力,想打个你死我活,以为武力胜利了,刀锯之下,对方就是有正义,有真理,也不敢出声,只可忍气的由此方搬布,而此方遂作之由我,自鸣得意,自命民主。这真是极大的错误。姑无论其内战究竟能不能打到你死我活,即是到了你死我活,试问整个社会在崩溃之中,得意和民主又从何做起呢?所以迷信武力,不站在人民的立场,以求国事的合理解决,是终竟不能解决问题的。再加上各方面所谓维持领导和求得保障,却没有一定的标准,都在机会主义之下,利用一时环境之有利与否,而得寸进尺,所以今天讨的价,双方都经同意了,明天每以某一因子的改变而推翻前案,试问国家的政治这样办法,怎能得到一个同意的协议,使国家走上轨道呢?所以我们认为这几个基本观点不纠正,无论那一党那一派,甚至那一个人,都是错误的,都是在自私之中来寻求自利。

至此或者有人说,我们在唱高调了,政治是一个现实的东西,她一方面须要论理来做政治的鹄的,另方面不能和现实脱节,而成为空谈。国民党执政及二十年,政府即不能为私产,也得居于领导地位。蒋主席是国民党的领袖,过去对国家有功勋,自应居于首要,使他能继续地为国努力。这许多话都讲得很对。我们现在强调人民的立场,并没有抹杀党派的立场,更没有抹杀国民党的立场,在理论上党是比较上对于政治有兴趣,有心得的人民的一群,在政治中他们有其优越的地位,不过因为现在党派的对立性太激烈,人民的立场太没有顾虑到,所以我们要来强调一下,以解决目前的危机。我们认为改组后的政府,如能无党无派的分子增加,一方面可以增加民意,另方面可以冲淡党派的对立性,因为在政府中多了无党无派的人,那末政府要通过一条专为一党利益的议案,比较困难,有时在党与党之对立上,也比较能得到仲裁和调停的作用。又国家权力之所在,不外军队和警察二项而保障人民权利与自由的,当然是司法。所以前二项如能国家化而再能司法独立,超出于权力和党派之外，人人在法律前一律平等，人民和党派自然俱有保障，而权力或武力的政治，是可以相当过去的。那时如更有计划地和有组织地实施政治、军事、经济、社会、文化的计划，那末改革社会，使国家达于隆盛之域，并不是困难之事。

上面说的还是属于理论方面，于此我们根据了上述的理论，和现在国内的实况，提出几个具体办法：

一、关于国府委员会，行政院的政务委员以及各省府的委员，其委员的构成，应以三分之一属之国民党，三分之一属之各党各派，三分之一属之无党无派，这样比政协所规定的二分之一属国民党，二分之一属之各党派及无党派，似有弹性而较能代表民意，至三分之一无党派之产生方法，可由每个党派提名应选名额之半数，然后由各党派混合选举之。国府委员会为政府之最高国务机关，对于立法原则、施政方针、军事大计、财政计划及预算，各部会长官及不管部会政务委员之任免，暨立法监察委员之任用均属之。

二、关于军队国家化者，须先将国防部组织法彻底调整，使其系统化，效能化并合理化，国防部长由国共两党以外人士任之，参谋总长以下至各连排伍长为现役军人，一律宣誓脱党，其有常任各党派党务工作者应予转业，以后军人绝对超此党派，如有协助党派行动者，一经检举并证实，即予退役，或受应有之处分。全国军队可照美顾问团所提计划整编。

三、关于警察者，全国警察，一律宣誓脱党，其有长期曾任党务工作者应排除于警察之外，以后如有协助党派活动者，一经检举并证实，即应撤职，并受应得之处分。

四、关于司法者，全国法官，一律宣誓脱党，专向法律负责，其有长期任党务工作者，一律排除于司法界之外，以后如有协助党派活动者，一经检举并证实，即应撤职，并受应得之处分。

我们相信，这是使权力政治，或武力政治过去，而渐渐向民主的路上走的最低要求，上面的方案，完全是以全党人民为立场的，全国的人民以及全国的党派,能够接受这一个方案,我们就可以和他们合作,以促进政府的改组。国事到了今日,任何人不应再守缄默,希望大家起来,造成和平统一的庞大运动,以救救这水深火热的人民,而把国家走上建设的坦途罢!

〔国民政府国史馆档案〕

4. 中国民主社会党关于对国事抱负及时局态度招待记者谈话
(1946年9月6日)

中国民主社会党招待记者谈话
——九月六日上海国际饭店二楼

我们对国事抱负,分下列四点:

(一)奠定和平:我们认为我们中国应即舍弃惨酷的内战或革命方法,寻求和平的建国途路,我们中国才有前途,所以我们第一个要求,是立即停止内战,奠定法治基础,从事建设。这不但是我们的要求,而且是全国受尽苦难人民的愿望。

(二)拥护统一:国家应统一,是任何人所不能反对的。但我们认为这统一,不是一党一人或一阶级的统一,而是全国的真正统一。换句话说,不能国中有国,不能有两种武力,政党更不应有军队,国家应有兵力多少,军队指挥,装备如何,军事行动,统以民意机关为惟一决定的所在。如此,军队自不致成为政争的工具,而国家的真正统一,也就达到了。

(三)要求民主:所谓民主,决不是一党的民主,也不是一阶级的民主而是主权属于国民全体,一切由人民决定。再清楚些说,我们所谓的真正民主,在尊重人民的人格,养成独立的公民,以教育方法,使之有健全知识,在安居乐业下,使之足衣足食,及至选举时,选择其所赞同的政党。

（四）实现社会主义：我们固愿求民主制度的实现，然不敢只注意于个人自由，并一循英美资本主义的旧路，而忽视经济上社会公道与各人平等发展的原则。换言之，不愿停留在资本主义的阶段上，而愿逐步踏入社会主义的领域内。

我们对目前时局态度，分四点言之：

第一、改组政府：联合政府说之发生，在国共分裂时代。后来政治协商会议正式成立，有种种决议，即所以团结全国。我们本抗战以来之宗旨，对于有益于团结之政府，自应勉尽一分子之义务，助成其事。

第二、国民大会：国家之统一与否，视其能否统一于宪法。宪法是一个，斯国家统一，宪法是两个，斯国家破裂。吾们愿赞助统一的宪法，以促成统一的国家，不愿与闻由分裂宪法的途径，促成分裂的国家。

第三、整军方案：今后国家统一与否，尤视国防军之为一为二。目前整军方案，国共两方均已承认，其比例一与五，依旧不变。只非将驻军地点划定，此后调动军队办法规定，则军政军令之统一，为转瞬即可实现的事。所以彼此应就此事商洽，不必争一区一地之得失。

第四、和平统一高于一切：蒋主席之抗战大功，已为世界所公认，今后之建设工作，蒋主席亦引为己责，吾党自乐于赞助。要知国家的和平统一为全国人民的共同的希望，倘因一地一区之得失，或宪法上甲条乙条权限之或大或小，引起武力争执，则一区一地一机关，反重于全国之和平统一矣。吾人甚望政府以和平统一为重，而对于一区一地或一条文，或损或益，以容忍态度出之，自易于促成统一。谅政府熟权利害，自知所以善处之道。

〔国民政府国史馆档案〕

5. 张君劢代表中国民主社会党对于时局问题之意见

(1946年10月1日)

张君劢先生代表民主社会党对于时局问题之意见

本月廿八日各报登载吴文官长对法国新闻社发表谈话中,有一段如下:"政府方面,仍望中共及民主同盟参加国民大会,邀请书业已发出,中共与民盟均在被邀之列。若谓彼等必须拒绝参加,殊无理由可言,推行政治协商会议决议,召开国民大会,乃政府之政策。"记者问:"中共倘于最后拒绝参加,而使会议破裂,则政府又将如何?"吴氏称:"无论如何,国民大会,当依照预定日期,即本年十一月十二日召开,别无更张,目前仍望中共能参加会议。"

我们读完这段文章,觉得他给人一种印象,即政府决定依照预定日期,召开国大,而中共及民主同盟在接收邀请书后,有拒绝参加之意。这种说法,恐怕引起全国人□全世界的误会。民主社会党是与民主同盟为合作的团体,政府谈话中既有牵涉到民盟的地方,所以民主社会党应将立场说明。

自从正月政治协商会议开始以后,各党对政治问题有一个了解,即以协商方法解决一切,彼此不诉诸武力。但在协商闭幕之后,国府名单与国大代表名单,因东九省问题发生,影响政府改组与国大召开等等问题,以致国府委员国大名单,竟未能交出。四月下旬蒋主席召集五方代表,商议国大召集问题时,大家因为国大问题关系国家统一,如由国民党一党召集,其他党派不同意参加,国家所赖以统一的唯一机会,从此丧失,无法弥补。换言之,中国政治上之伤痕,仅靠此一条橡皮带,使他生出肌肉,疗治伤痕。当时我个人在场,极力主张延期。这意思承蒋主席采纳,而且现在经济部部长王云五先生在决定延期后,又起立发言,要求决定日期。而蒋主席答以倘定日期,必须依期召集,有日期而不召集,不如不定日期,因此决定延期。依政治协商会之精神来说,以协商决定延期，应该再用协商方法，决定召集日期，但政府方面在七月初忽又单独决定国大须于十一月十二日召集。在七月中看来，召集日期既在十一月相距尚有四个余月。所以大家也并不着急，有四个月的从容期间，国家大事，一定有转机。所以对于政府单独决定的召集日期，并未反对，亦未表示赞同，只望各党能共同参加，自然是一件最满意的事。

但是六月三十日马帅折衷方案未能签字，此后国内局势日坏，到了现在已经演成全面战争。这种做法与正月中开政治协商会之情形，迥然不同，是不须说的。在炮火隆隆之中，同胞互相残杀，财力人力之牺牲不知多少。政府的意思要将苏北、承德及其他问题，决之于武力，此种情形等于英国历史上之蔷薇战争及美国之南北战争。在此情形下，要各党各派参加国府，参加国大，任何人都知道是不可能的。所以，我们的意思，在国大召集以后，应该解决两件事：（一）停战，（二）国府、国大及宪法草案之协商。

（一）停战问题

今后国内能否统一，决之于整军方案能否实行。整军方案，犹之棋盘之全局支配。这方案在重庆时代早已签字，到了六月三十日马帅折衷方案中重行提出。共产党方面，亦已承认五与一之比例仍旧不变，并且说两军在六个月内集中防地，加以编练。依此方案，所谓全局支配权，还是在政府而不在共党。虽尚不能说军队已经国家化，但第一步工作，算已经做到。马帅提出此方案，蒋主席在事先定必同意，而共党也已承认。所以在我们看来国内和平之基础，已因此方案而确立。

除整军方案外，另有一区一地之得失问题，如苏北，如承德，乃至东九省驻军问题。这点我们以为实在是这次战争的主要原因。我们愿提出下列各点作为解决方法：（一）苏北共产党在六月三十日早已承认只留一军，所争执者是驻军地点应在淮安或在陇海路以北。我们希望中共同意将军队退至陇海路以北。（二）当时共产党提出：一、保留保安队，二、地方行政不变两条。我们希望中共放弃这两点，由政府另任命一个为双方所信托之人如冷御秋者为苏北行政长官，来抚辑兵燹后之苏北，不许人民彼此间有报复行动，并将土地问题按照耕者有其田之原则，妥为解决。（三）关于承德。承德一地所以为国共双方所必争者，在中央言之，该地足以威胁平津及山海关铁路；在中共言之，为张家口与东北交通之要站；在我们看来，依五六月间所谈，中央占领承德，以承德之城为界，城以北可让与中共，自不失为双方满意之解决方法。（四）张家口。张家口一地，在五六月谈整军问题时，蒋主席原有要中共退出张家口之意，后因马帅力劝，蒋主席同意，所以六月折衷案中张家口仍留归中共，此次政府所以进攻张家口，起于中共先攻大同。现在大同既已解围，政府自应将进攻张家口之举，及时罢休，以实现蒋主席对马帅之诺言。并且表示不因一时军事胜利而另有扩大要求之意。（五）东九省问题，在六月谈判之中早已决定齐齐哈尔以北及延吉划归中共，中共应将哈尔滨交出并将中东路交通恢复，俾中央得履行其对苏条约之义务。

国内战争问题应照上交所定，作一结束。

（二）政治问题

内战问题，照上文方法解决。而吴文官长谈话中有"各党各派有拒绝参加国大之意"，还得说明一下。在战争现状之下，其他党派无法参加国大，因为这种国大，一定是单方面的国大，中央有中央的国大，延安有延安的人民大会。其他党派参加在内，即等于参加内战。三十四年来不停的内战，使大家痛心，我们总希望这一次对日抗战结束后，全国各党团结一致，从事于建设。所以在四月下旬我主张国大延期便是因为要留下这个机关，以达到全国之团结。假定中央与中共各开各的国大，其他党派参加其间，就等于助甲打乙，或助乙打甲。我们不愿意让这种现象继续存在于今后，所以极力主张有统一的宪法，统一的国大，以造成国家的统一。如其中央平日号召统一，此次偏要单独召开国大，我想此种做法，正与平日主张统一大相违反。蒋主席平日以抗战建国自任，在抗战八年之后，造成分裂的国家，想来决非蒋主席所愿，所以我们主张先停战。停战以后，各党各派自能团结，自能协力于建国工作。如上文所说的停战问题，诚能办到，则正月以来，政治协商会议中和谐的空气，决不难恢复。

所谓政治问题不外三项：一、国府，二、国大，三、宪草。

一、我们先从宪草来说。在三四两月中，五方面对于宪草问题，在宪草小组中所表现者，并无甚相悬殊之处，所以已经得到一致之结论。虽然还有一部分未能完成，但是百分之八十总算完成。末了一天，中共曾经起立说明，"这是一个记录而不是草案"，但是我们知道他所以如此说，便因为当时有在五月中召集国大的决定，而中共还未决定参加。如其有一个中共不参加的国大，而这份宪草拿出来，说这是中共赞成的，中共怕有这种情形，所以特别声明，这是纪录而非草案。至于当时大家业已同意各点，我想到了现在，中共还是承认，不会反对的。宪草问题如再加上一两星期的功夫，宪草一定可以完成，并且照当时协定，拿来作为唯一的宪草，各党约束其党员，负责通过，我想宪草完成，是没有什么困难的。

二、所谓国大问题。朋友听到中央方面的意见，好像中央总在怀疑中共没有参加国大的意思。在我们从政协会以来的接触，我们不感觉中共不愿意有统一的国大或宪法，只要中央同意于停战，中共不难有参加国大之表示。至于国大之数依照四分之三与四分之一强的比例来商量，也决不至于有大困难发生。

三、国府之改组，其中有几个问题（一）所谓十四人问题。原来所谓政府，应该有同样的意见与政策的人来组织的，政府应该是一个内部意见一致的单位，协商会中决定民盟与中共占有十四席，好像已经假定国民党是一方面，民盟与中共又站在一方面，成了一个两方对峙之情形。当时所以有此否决权之规定,在党外人心理上便是怕三件事:一、内战,二、破坏人民基本权利,三、在财政军事文化各方面仍旧有维持一党专政之行为。假定中央政府能一变平日所为,专心致力于和平建设,拿出公平的精神,执行国家的法律与行政,不要说民盟可以与国民党一致,即中共亦何尝不能与国民党一致。所以政府之中,不要拿十四人问题当为难题,只要问他的政策是否民主。政府诚能避免一党专政之行为,各党各派决现与政府为难或在政府中与国民党对立的意思。(二)除去国府十四人之外,还有行政院改组问题。行政院是执行政关,国府委员是决策政关,所以行政的实权在行政院而不在国府。假定目前行政院不改组,要到宪法颁布以后改组,恐怕行政院之改组尚在一年以后,因为从现在起召集国大讨论宪法,至少还要三四个月,而宪法颁布之后在六个月内举行选举,可见行宪之时期至少在十个月后。假定联合政府中之国府委员在国大召集前名单决定,而负行政实际责任之行政院,要到十个月以后来改组,恐怕与一新天下耳目之意,太相违反,决非全国人士所能满意的。所以我们看来,国府与行政院之改组不是两个问题而是一个问题。

从以上停战与政治问题来说,假定政府立刻停战,政治问题之谈判,必定在和谐空气中完成,所以我们愿意从团结一方面协助政府。如其不走这路,还是以单方面之意思召开国大,那末,一定有三种结果:(一)单方面之国大,令各党无法参加;(二)延安一定召集解放区人民代表大会,促成中国分裂的局面;(三)我们内部分裂后,俄国拿华北做根据,美国拿中国南部作根据,因我们内部之分裂,更促成美苏两国在远东的对立。前几天,有一个外国人来谈话,有一句话给我一种深刻的印象。他说:"分裂的中国便是第三次世界大战之发端。"我心目中有如此一幅未来的图画,所以常有一种栗栗危惧之意,所以极力希望政府先行停战再商政治问题,达到中国之团结。从统一的国大,议定统一的宪法,来造成统一的国家,

这是我们民主社会党唯一的希望。(十月一日)

〔国民政府国史馆档案〕

6. 中国民主社会党招待各方面代表的致答词

(1946年10月19日)

(中央社本市讯)十月十九日下午四时,中国民主社会党在愚园路七四九弄三十一号该党总部举行茶会。招待政府、中共、青年、民盟、社会贤达各方面代表,到吴铁城、邵力子、周恩来、李维汉、陈家康、华冈、曾琦、左舜生、李璜、陈启天、余家菊、杨永浚、周谦冲、黄炎培、沈钧儒、罗隆基、章伯钧、胡政之、郭沫若诸氏,首由主人张君劢致简短之欢迎词,继该党宣传部长徐傅霖致词,略称"各党及社会贤达诸位先生共聚一堂,商讨国家大事,任务非常重要。本人极希望各位能使和平大局,早日实现。政府方面,要放大眼光,在国家人民利益之前提下,有所让步;共产党方面也要为中华民国全国同胞着想,有所让步;其他党派方面,则须尽自己的力量,促进和平成功。诸位这样劳苦功高,一定可以建设新的中华民国"。徐氏致词毕,宾主略进茶点,握手交谈,情绪至为愉快。

吴铁城致词:主人张君劢首请政府代表吴铁城致词,吴氏称:今天承民主社会党招待非常高兴,特别能够听到老友徐傅霖先生很诚恳的致词,令人非常的感动。现在要向各位先生说明的,就是政府要求和平,要求国家统一,与各党派一样的迫切;不但如此,因为政府要对人民负责任,其要求和平统一,或者比各党派更为迫切。我和邵先生来沪,唯一任务,就是代表政府、政协代表,敦请各位到南京去,商谈一切。我们的任务,现在已经告一段落,各位如不能和我们同时晋京,我们当先行返京,准备欢迎各位。

周恩来致词:次请中共代表周恩来致词,渠谓:刚才听到徐傅霖先生的话,很感谢,很兴奋!今天各党各派,社会贤达,聚首一堂,很不容易。因为自从政协开会以后,大家都欢欣鼓舞,希望它成功,不幸中间生了波折,特别是到南京以后,政协不得重开,大家憾然而走,停顿了五个多月。这五个月中,尤其是第三方面,包含国共两党以外的其他党派及社会贤达,大家为和平奔走,我们对于这种热忱,非常的感谢。现在重新商谈,各方面都一致承认,这是非正式商谈的开始,我们很愿意和第三方面人士共同努力,能够实现和平、民主、统一、独立、团结,照政协决议实施,使这次努力获得成功。

曾琦致词:继请青年党代表曾琦致词,渠称:今天朝野各党及社会资〔贤〕达各方面代表,都能相聚一堂,就是团结的象征,也就是国事前途有光明的表现。现在烽火尚未停止,政府很谦虚,愿意采取我们的意见,中共也表示尊重我们的意见,真使我们一则以喜,一则以惧。喜的是我们的意见,能够得到国共两方的采取,希望从此可以化干戈为玉帛;惧的是我们的精神不够,不知能不能得获成功,可是我们自问却是诚心诚意,不偏不倚,总是在各种不同的意见中,觅取调和折衷的方案。古人说"中立而不倚,强者矫",可见得这是很不容易的事。最后,谨以最大的热诚,希望从此把烽火熄下,内争停止,大家共同团结,努力建国。曾氏词毕,主人请民盟及社会贤达代表致词均谦让未发言。

张君劢答词:嗣由主人张君劢致答词,渠称:今天承国共及其他党派社会贤达参加茶会,相聚一堂,谨代表民主社会党敬致谢意。就政党成立的时期说,本党成立最迟,现在还没有一年,在诸位先进政党中,他是一个最年轻的"小弟弟"。就政党发展的历史说,在民国十三年以后,国共两党发展最早,再次是青年党,再次是民盟,我们民主社会党,当然也是"小弟弟",希望"老大哥"多多指教。我们知道,从十三年到日本投降,是中国政治上最险恶的一段时期,大家各自东西,今天共坐一堂,实在是很不容易。我们愿以"小弟弟"的资格,追随诸位"老大哥"之后,共同努力,促进民主、和平、统一、建国。

最后吴铁城氏起立举杯称："民主社会党出生虽不到一年，但先天很足，一定有很好的发展。谢谢今天招待的盛意。"全体聆悉，一致举杯致谢。五时许，始尽欢而散。

〔国民政府国史馆档案〕

7. 中国民主社会党对目前时局意见
（1946年10月19日）

政府攻下张家口，同时又颁布国大召集令，时局至此就万分严重。在沪的第三方面自与孙院长洽商之后，继之以雷震秘书长的衔命来沪，继之以蒋主席的八项文告，又继之以政府代表吴、邵、雷三氏的来沪，我们可见国事的和战前途，实决定于这几天内的有无转机。

我们民主社会党既是中国政党之一，当不愿见国家之陷于战争与分裂，所以近来毅然出而奔走于国事者以此。虽迄今尚无具体结果，但国共两党既都一再誓言实施民主政治，并遵守政协决议，如果他们确有诚意的话，我们实在看不出何以他们不能找出一条和平与团结之路。

根据以上前提，我们认为：目前最最亟需者是赶快停止战争，因为战之停不停，有关于国家的生存死亡，其重要超过于其他任何问题，所以我们希望国共两党不要以一己的利益，无视国家民族的全体利益。至于战之如何停法，更是一个不重要的问题，因为战之停不停是个决心问题，而战之如何停法是个军事技术问题，不妨可以慢慢讨论解决。

同时，我们认为：一国内政治斗争的是否有意义，全视是否有助于民主对反民主之争。现在国共两党都同想实行民主政治与政协决议，则基本大前提可谓已经一致，不但无内战的必要，且惟有民主方面各求事实有所表现。所以关于改组政府以及国大问题，争论于名额的多少，在我们看来，不免有对民主与和平无信心之嫌。

我们认为政治是一种现实，所以今日的政治谈判应重现实，而不应重面子或意气。然而历史上亦往往有因一二人的争面子和闹意气而害大事。这是因为他们把私利放在国家和全体利益之上之故。

我们认为：中共既表示"如果政府不立即停止张家口的一切军事行动，中共不能不认为政府业已公然宣告全国破裂"，而政府硬要攻入张家口，这是两件不幸的对照。假定两方有实行整编方案的诚意，张家口在谁手里，都是暂时的现象，不是国共两党的生死问题。但和平与战争，才真是国家民族生死存亡的问题。所以我们希望国共两党不要因一城一地把国家民族陷入万劫不复之境。

最后我们认为：政协是解决我国问题的惟一平坦之路。我们应该遵照政协的决议和程序，解决一切问题。国大召开日期，既以协商决定延期，自应再用协商方法，决定集开日期。现政府既定期召开，我们亦不愿坚持己见，但我们总以为在国大召开前应该把应做的事做完。譬如说：国府应该改组，国府委员政务委员及国大人数应该谈妥。各党派下能把国大代表名单提交这改组后的政府；修正五五宪草的宪草应该完成，并且按照当时协定，拿来作为唯一的宪草，届时国大才能圆满完成，而使我国开始走上民主宪政之大道。

总之，我们民主社会党要求民主，要求和平，要求统一，而反对内战，反对分裂，反对一切推翻政协的行动。我们希望从统一的国大，议定统一的宪法，来造成统一的国家。在炮火隆隆之中，在分裂状态之下，要我们参加改组政府，参加国大，是不可能的。为什么我们要如此呢？乃是因为我们要力求我国能够实现民主、和平、统一之故。我们本"国家兴亡，匹夫有责"之义，自当对国事有所效力，但我们是有上面所说的我们的立场的。（十月十九日）

〔国民政府国史馆档案〕

8. 张君劢关于参加"国大"问题与蒋介石往来函

(1946年11月)

(1) 张君劢致蒋介石函(11月20日)

介公主席勋鉴：自今岁一月参加政协以来，所系念不忘者，厥为和平统一。将国内各党融合于国大之中，制定全国共守之宪法，我公之所祈求者，谅不外乎此。孰料事与愿违，国共之始合于政协者，终以国大召开日期未获协议而睽离。君劢曾力主延开十五日以宽商谈之限，亦未能得各方之共谅，至令希求和平之人心惴惴焉！群疑国共之和谈无日，停战令虽下人民仍恐难逃战祸之苦；国大虽能召开，而所制定之宪法，恐将难邀共守，政协代表亦将剖而为二。此种疑窦，如果演成事实，则国家将万劫不复。然君劢窃以为局势虽危，尚不无挽回之望，厥在钧座善为运筹，而先尽其在我者：(一)如何彻底执行停战命令，以防战事之扩大，而示诚心争取和平之至意；(二)如何彻底实现政协决议之精神，以昭示实行民主之决心于国人。

彻底实行停战命令者：

第一，三人会议所主席之军事调处执行部，应继续积极工作，力免冲突之扩大，预留恢复和谈之余地。

第二，依照整军方案，政府应以最大之忍让，求其实现。

第三，政府迭次声明，以政治方式解决政治纠纷之主张，应坚定不变，庶几达到真正和平，财政得以整理，国力得以巩固。

彻底实现政协决议者：

第一，政协宪草审议会所修改之宪草，应在国大之内，各方应负责使其通过。

第二，切实保护人民身体言论结社讲学之自由，令人民能畅发扬其心中之抑郁，政府亦因此知民心之向背，而有所鉴戒。

第三,政府既决心实行宪政,应自动早日结束党治,以下数端,宜先实行:

(一)自宪法颁布后,各级党部经费停止由国库开支。

(二)政府改组后,中央既有国府委员会为决策机关,其省市县行政,自应由省市县政府负责,地方党部不得干涉。

(三)学校为养成国民与人才之地,倘令青年学生参加党团政治工作,徒滋纷争,政府应本为国育才之道,明定办法,消除党化教育之嫌。

凡此各端,倘政府能切实施行,自能引起人民了然趋向民主之决心,而造成国内和祥之气,殊有助于和谈之恢复。

第四,改组政府,各党合作,旨在刷新政治,应本用人惟贤之宗旨,一新天下之耳目,自政协以来,似乎各党争执为国府席数与政院部务之担任,然实质上,所急需者,为行政全部精神之刷新与人才之不分界限,倘国民党籍之人对于改组后之政府或多方控制,或相互牵掣,则行政机构将益形瓦解,而无法运用。君劢对于宪草既已随政协之后参加于事先,自愿完成审议工作,倘宪草能一本政协之决议,而同时政府能迎之于机先,早日自动表示结束党治,一面彻底执行停战命令,一面彻底实现政协决议之精神,则民主社会党同人,虽深以各党不克共聚一堂为缺憾,然在此还政于民之日,自当出席以赞大法之完成。国中不乏怀疑于此项将成之宪法实际执行之成效者,然君劢不敢加以臆测,而置身审议之外。今后建国大业之成败,固系于此,即全国人心同背,亦视宪法执行成效如何而定矣。诸维亮察,伫候明教。中国民主社会党组织委员会主席张君劢谨启。三十五年十一月二十日。

(2) 蒋介石复张君劢函(11月21日)

君劢先生大鉴:

接读十一月二十日大函,表示数事,悉为政府今日之所蕲求,具见先生谋国之忠,不胜感佩。此次召开国大,旨在完成国父毕生奋斗目的与实现政府结束训政还政于民之夙愿。此为国人所共晓,尤必为先生所赞助。顷悉贵党拟即参加,至为欣慰。函中指示各点,或为政府所已办,或为政府方实施,要皆真知灼见,与政府不谋而合。中共问题政府始终抱定以政治方法觅取途径,此次停战令必须彻底执行,执行小组应继续有效,而整军方案为达到军队国家化之目的,尤应期其实现。政协宪草既经协议,各方应负责设法使其通过,保护人民自由,政府已前后颁布实行办法,今后自应一一求其实行。

至于来信所言结束党治诸事,本党早有决议,并已逐步实施,自当于宪法颁布后,准如来函所云,早日完成。

关于改组政府,于政治问题必须集中各方人才与提高行政效率,使建国工作得以迅速推进。总之,函中列举诸端,俱为政府所当为,亦即中正个人所愿竭全力以求实现者。先生平素主张早日实施宪政,此次召开国民大会,即在制定宪法,俾本党结束党治,还政于民,正亦先生之所蕲求。故此国民大会,甚盼贵党人出席,共同参加制宪工作,使宪政早日实施,则先生所有政治与主张,一切皆可迎刃而解,务希贵党与各党人士,及社会贤达,一本抗战初起时精诚团结共赴国难之精神,与本党通力合作,以促进建国大业之完成,国家前途实利赖之。专此布复,即颂勋祺!中国国民党总裁蒋中正。三十五年十一月二十一日。

〔国民政府国史馆档案〕

9. 中国民主社会党全美恳亲会对时局重要宣言
(1947年6月20日)

本党自民宪、国社两党合并组成,瞬将一载,以新生之力量,促宪政之实施,责重时艰,愧少建树,然为和平民主而奋斗,固未敢稍懈也。

近者国际情势,日趋恶劣,第三次世界大战,已在酝酿之中。而国内政策,益新混乱,国共内战扩大进行,政治贪污未能改善,人权剥夺,特务横行;通货之整理既告计穷,经济之崩溃不能遏止,生产停顿,苛税横征;加以潦水为灾,边患又起,民皆饥馑,国命堪忧。呜呼!此亘古未有之巨变也。

同人等痛心国难,集会组约,佥以今日欲安定世界,必先安定国家。而安定国家,必先以停止内战,抢救饥民,革新政治,稳定金融为最低限度之条件。今不忖愚昧,特提供办法八项,就正于国人。

第一、各党派各社团应即自动奋起,联合组织"内战调解会",主持和平运动,以中立纯正之立场,要求国共两方,立即停战,恢复和谈。而政府方面,尤须先行下令停战,藉示求治之诚意。

第二、目前饥民千万,急待救济,其原有之救济机关应尽量使当地各党及各社团派员参加致力抢救工作外,政府应将所借外债,切实举办大规模之屯垦及其他生产事业,并须赶筑全国公路干线,藉以安插饥民,解决粮食问题。

第三、政府既已宣示还政于民,应即根据新宪精神,彻底实行责任行政院制,使早日组成"人才行政院",负责推行宪政。

第四、政府应切实执行协商会议决议案及最近颁布之共同施政纲领,俾各党分离、军民分治之原则得早日实现;其关于整军方案,尤须提前彻底实施。

第五、政府应明令解散特务,保障人权,并停止征兵、征实、征借,藉解民间疾苦,尤须即日停止摧残学生及禁止报馆之暴行。

第六、对外借款全部,应指定为生产建设及稳定通货之用,并须准许各党派及各社团派人参与其事,使能分别监督其用途,藉示大信。

第七、政府应请各党派及各社团协同组织"财政整理委员会",协同整理财政;同时应公布法币发行实额,并即颁明令停止发行,俾便整理。至关于一切不合理之经济制度与政策,应即予以撤除。

第八、政府应请各党派及各社团合力,分别组织统制物价、工资、店租、屋租等委员会,对上列事项,谋合理之统制与配给。

以上八项办法,同人等虽不敢谓为唯一之救济良方,然民亡无日,国命将倾,今不急救,悔之何及。幸我国人奋起研讨,督促实施,本党志在服务人民,抢救国难,凡有利于国家社会者,敢不竭力以从。谨此宣言,伏祈公鉴。

中华民国三十六年六月二十日
中国民主社会党全美洲恳亲大会

〔冯玉祥档案〕

10. 中国民主社会党关于办理总统选举等态度决议

(1948年)

中国民主社会党对于办理选举总统及反对修改宪法之态度经中央执行委员会临时会议通过决议,兹发表如下:

查此次办理选举,为中国历史上创举,技术方面未能周到事属难免,本党愿本谅解之心怀以承认之。然有故意舞弊、操纵选举,致使不能公平竞选者,本党不能不引为遗憾。国大选举,形式上尚有少数选民参加投票,立委选举多为地方有力者把持支配,选票数目任意增减,竞选活动无从实施。此为本党所不能同意者。

本党同仁闻国民党总裁蒋中正先生在国民党中央常务委员会表示不愿为此届总统候选人,并提出总统候选人应具之几项条件,同仁等认为蒋先生之领导地位为二十年之史实所造成,当此国步艰难之际,总统之人选非蒋先生莫属。至蒋先生所提总统候选人之应具条件,此种人才必须培养于平素,非可语诸于今日。是以本党基于以上理由,认为此届总统候选人应一致拥戴蒋先生,副总统之人选亦为本党同仁重视。国民党为绝大多数之政党,本党同仁原冀其提出唯一之人选,本党出席代表自亦乐于赞同,则本党未尝不可免提副总统之候选人。今国民党出而竞选副总统者达四人之多,使本党不得不从党内考虑人选之准备,经一致通过徐傅霖同仁为副总统候选人。

此届国民大会系根据"中华民国宪法"而选出而召集,对尚未付诸实行之中华民国基本大法不应轻言修改,而前岁签名于其上之代表尤不应有修改之动议与赞成。倘未全实行之宪法即加修改,则前年之通过为多事。所贵乎宪法在其能为政治行为之准绳,必待其施行然后是非得失方能见诸实际。若徒昨非今是于白纸黑字之间,其何以昭示宪法之实际效用,是以本党为维护宪法之尊严,为保持国家之基本,绝对同情蒋主席在国大开幕词,反对修改宪法之主张。

本届国大代表及立法委员之议席,国民党皆占绝对多数,而本党皆居少数党之地位,多数党应负组织政府之责任,揆诸各国往例,毫无疑义。本党同仁深愿国民党担负建国之重责,而预祝其成功。本党同仁当以少数党地位出席于民意机构,竭绵薄之力,掏诚挚之心,以助其有成。

〔中国民主社会党档案〕

〔3〕组织活动概况

1. 中国民主社会党总章
(1947年7月31日)

中国民主社会党总章

卅六年七月卅一日第一次全国党员代表
大会第四次大会之读通过

第一章 总则

第一条 本党定名为中国民主社会党。

第二条 本党以实现民主社会主义为宗旨。

第三条 本党中央总部设于上海,并于各省市县设立省、市、县党部,及国外侨胞区域设立总支部、支分部。

第四条 本党党徽为白底绿色井字。

第五条 本党党旗定为红白黑三色横条,并于白色横条中嵌以党徽。

第二章 党员

第六条 凡中华民国人民,不分性别,年满二十岁,信仰本党主义者,由党员二人介绍,填具志愿书,经中央总部核准后,得为本党党员。

第七条 本党党员有左列之权利:

一、建议权,发言权,质询权及表决权;

二、选举权及被选举权;

三、其他规定党员应享之权利。

第八条 本党党员有左列之义务:

一、遵守党章,服从所属党部及上级党部决议及命令;

二、尊重〔守〕纪律,接受制裁;

三、缴纳党费及捐款;

四、其他规定党员应尽之义务。

第三章　全国党员代表大会

第九条　全国党员代表大会,为本党最高权力机关,每两年举行一次,由本党主席召集之,但必要时,得延期举行,至迟不得逾一年。本党主席,经中央常务委员会议或中央执行委员三分之一以上之连署或省市党部三分之一以上之请求,得召集临时代表大会。

第十条　全国党员代表大会代表之选举办法及代表名额,于每届选举前,由中央常务委员会订定之。

第十一条　本党主席副主席及中央执行委员中央监察委员,为全国党员代表大会之当然代表。

本党主席对于党员中具有特殊劳绩或贡献者,经中央常务委员会议之决议,得遴选为代表,但总额不得超过全体代表十分之一。

第十二条　全国党员代表大会开会时,应先推选主席团,轮流担任大会主席。

第十三条　在列事项,应经全国党员代表大会之决议:

一、党章之制定及修改;

二、本党主席副主席及中央执行委员监察委员之选举;

三、党务进行方针之决定;

四、本党主席交议,中央常务委员会及代表提议事项之决议。

第四章　中央执行委员会及中央监察委员会

第十四条　全国党员代表大会选举中央执行委员中央监察委员分别组织中央执行委员会、中央监察委员会。

第十五条　中央执行委员、监察委员及候补执行、监察委员之名额,由每届全国党员代表大会决定之。

第十六条　中央执行委员、监察委员及候补执行、监察委员之任期为二年,如任期届满,而全国党员代表大会未能召集时,其任期延长至党员代表大会召开之日为止。

第十七条　凡对本党具有特殊贡献之党员,得由主席提名,经中央常务委员会决议,遴选为中央执行委员,但其名额不得超过中央执行委员总数四分之一。

第十八条　中央执行委员会执行全国党员代表会大会之决议及一切党务,每年举行一次,由本党主席召集之。但于必要时,得由主席或中央执行委员三分之一请求,召集临时会议。

第十九条　中央执行委员互选常务委员若干人组织常务委员会,于中央执行委员会闭会期间,代行其职权,前项常务委员于每届中央执行委员会议时改选之。

第二十条　中央执行委员会开会时,中央监察委员应全体列席参与讨论,但无表决权。

第二十一条　中央监察委员会之职权如左:

一、关于各级党部及党员违反党章与纪律之纠举事项;

二、各级党部提请惩戒事项;

三、本党决算之审核事项;

四、本党报告之审核事项;

五、监察委员提议事项。

第二十二条　中央执行委员、监察委员,如与海外侨胞,不克回国出席会议时,不影响会议之法定人数。

第二十三条　中央执行委员会、中央常务委员会及中央监察委员会议事规则另定之。

第五章　中央总部

第二十四条　本党设主席一人,综理党务,并对外代表本党,设副主席一人,于主席因故不能执行职务时,代行其职权。

第二十五条　主席副主席之任期均为二年,如任期届满,而全国党员代表大会未能召集时,其任期延长至下届全国党员代表大会召开之日为止。

第二十六条　本党主席对于中央常务委员会之决议案认为窒碍难行时，于七日内提请复议，否则应予执行，前项请求复议，如有出席常务委员三分之二仍维持原决议时，主席应予执行，或召集临时中央执行委员会议决定之。

第二十七条　本党中央总部设左列各部会：

　　一、组织部；

　　二、宣传部；

　　三、社会部；

　　四、海外部；

　　五、政务研究委员会；

　　六、妇女部。

第二十八条　前条各部设部长一人，副部长二人，下设秘书、专员、助理员若干人，委员会设主任委员一人，副主任委员二人，委员及专员助理具若干人。

前项部长、副部长、主任委员、副主任委员及委员，由本党主席提名，经中央常务委员会议通过后委托之。

第二十九条　中央总部设秘书长一人，副秘书长二人，承主席之命，协同中央各部会处理党务。

第三十条　本党为集思广益，得由主席聘请党内外人士组织顾问委员会，其组织规程另定之。

第三十一条　本党为筹集基金及保管支应财物，设置财务委员会，其组织规程另定之。

第三十二条　中央总部各部会之组织规程及办事细则另定之。

第六章　各级党部

第三十三条　各省市设省市党部，各县市设县市党部，下设区分部，区分部下设小组。

第三十四条　各省市党部，设执行委员五人至二十一人，监察委员三人至九人,书记长一人;各县市党部设执行委员三人至九人,监察委员三人至五人,书记长一人。以上任期均为二年,并各设候补执行委员三人至五人,候补监察委员一人至三人。

前项各级党部执监委员由党员代表大会选举之,就所选出之执行委员中,由上级党部指定一人为主任委员,一人为书记长,其有特殊情形者,全部委员得由上级党部遴选之。

各区分部设执行委员三人至五人,监察委员三人至五人,各小组设组长一人,其任期均为一年。

第三十五条　各级党部下之特殊职业团体,遇有必要时,得设特别党部。

第三十六条　各级党部之设立,均须先由上级党部以书面委托筹备人员办理之,并层转中央总部备案,其设立程序另定之。

第三十七条　各级党部组织通则及选举规则、会议规则、工作纲领,由中央总部制定之。

第七章　纪律

第三十八条　凡属本党党员,必须遵守左列各项纪律:

一、遵守本党各项规章及中央命令与决议案;

二、会议须遵守议事规则;

三、保守党内秘密;

四、不得参加任何党派及违反本党主张之活动;

五、不得在党内有分化组织及对外有危害本党之言行;

六、不得利用党之地位或职务,以谋私人利益;

七、其他有关纪律之遵守事项。

第三十九条　党员违反纪律,应由所属党部或上级党部之监察委员予以纠举,其情节重大者,应报由中央监察委员会予以惩处,其惩处规则另定之。

第四十条　被开除党籍之党员,如有悔悟实据,经监察委员会调查属实,移付中央常务委员会通过后,得恢复其党籍。

第四十一条　各级党部如有违反党纪情事,得由主席召集中央常务委员会与中央监察委员会举行联席会议,予以改组或解散。

第八章　附则

第四十二条　本总章各条条文如发生疑义时,其解释权属于中央常务委员会。

第四十三条　本总章得由中央执行委员、中央监察委员联席会议出席委员三分之二以上决议修改之。

第四十四条　本总章自本党第一次全国代表大会通过之日施行。

附　录:

(1)中国民主社会党征求党员办法

中国民主社会党征求党员办法

三十五年九月二十六日订

一、所有各地支分部全体党员均应积极征求新党员。

二、征求对象:

(一)教师、学生、青年及农工商界;

(二)富有资产而无腐化行为者;

(三)社会上知名之士;

(四)失业青年而才识卓越者。

以上不分性别籍贯,惟年龄应在二十岁以上。

三、对象选定后,应即调查其身世家庭经济、学历、职历及其交游。

四、调查确实后,由介绍人作个人访谈,谈话方式如次(介绍人应站在非党立场上):

(一)先作交际应酬语,以表示对其身世之关心与同情;

(二)由时局批评现在政府及人民生活之不安,以政治上之苦闷激动其心情;

（三）说明国民之责任及应有之抱负，应参加一种政治团体；

（四）政治团体之目的：甲、实现个人之信仰；乙、在私人方面为一种道义及学识上结合；

（五）批评国内各政党，并提示本党之政纲、组织历史、活动及人物；

（六）表示自己颇赞同本党刻正有人征求加入之意见；

（七）赠送《再生》或其他本党刊物，征询其意见；

（八）请其考虑，如赞同，则要求同时入党。

五、介绍者于第二次访谈得其同意后，即向本小组提出报告。

六、由小组组长本人或派组员分别访问，除考查其思想志趣外，并赠以党章，如得其同意并判定可以加入本党，即向小组报告，由小组议决请求分部核示。

七、由分部派员或用其他方式间接调查确实无误后，由分部议决，准其加入本党，并通知小组照办。

八、由小组通知介绍人发给愿书。

九、入党：

（一）地点：以在介绍人家中或小组会议点为原则。

（二）时间：先期通知月日，届时由介绍人引至入党地点。

（三）出席人：本小组全体及支分部代表。

（四）程序：

　　　　甲、开会。

　　　　乙、向党旗行礼（仍用原有党旗）。

　　　　丙、组长报告并致欢迎词。

　　　　丁、介绍人报告介绍经过。

　　　　戊、行入党礼：

　　　　　　1. 向党旗行礼。

　　　　　　2. 举右手宣读入党愿书。

　　　　己、支部或分部代表致词，并告以党员必须遵守之事项：
　　　　　　1. 遵守纪律；
　　　　　　2. 参加会议及小组；
　　　　　　3. 工作；
　　　　　　4. 缴费；
　　　　　　5. 秘密。
　　　　庚、入党人答词。
　　　　辛、组长致词，颁发党员须知并宣告编入某小组。
　　　　壬、缴入党愿书及党费。
　　　　癸、礼成。
　十、考核：
　（一）使之提出研究本党刊物之报告。
　（二）在小组会议时报告个人一周生活。
　（三）给予一种或数种工作，视其成果。
　（四）出席小组之次数及到达之时间。
　（五）便中访问其家庭。
　十一、每一新党员入党应由分部将经过检同入党愿书及编入小组名号，一并呈报支部转中央总部备案。
　十二、注意事项：
　（一）在最初三个月，新党员必须参加小组会议，不能任意缺席，以增强其对党之信念。
　（二）新党员仅限与本小组党员认识。
　（三）新党员应与介绍人在一小组内，新党员过多时，则组员另编一组。
　（四）新党员如有要求，必须予以解决；如有困难，必须予以协助。
　（五）新党员加入后，如认为可疑时，应即调查，并报告上级党部处理。

(党员须知正编印中)

(2)中国民主社会党党旗及说明

中国民主社会党组织委员会通知书

组沪字第 384 号

三十六年六月十四日

查本党党旗业经本党第二次组织委员会通过,用红白黑三色横条,中嵌深绿色井字,其长短尺度及表示意义,均有详细说明。兹将党旗式样附加说明随书颁发,即希依照规定格式,仿制应用为荷!此致

东北党务筹委会

附本党党旗式样及说明乙份

主　席　　张君劢
副主席　　伍宪子

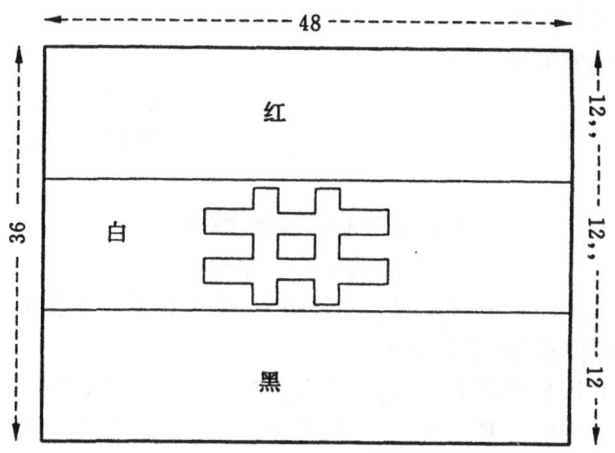

说　　明

大红：表示热烈之同情心。
纯白：表示光明磊落与公道。
铁黑：表坚毅之意志与纪律。
绿井：井田为我国固有之社会主义之一种制度，绿色象征和平，表示本党目的在实现温和之社会主义。
以市尺标准。

（3）中国民主社会党党歌
中国民主社会党组织委员会通知书
组沪字第399号
三十六年六月廿一日
查本党党歌歌词，业经第三次中央组织委员会议决通过。兹检发该歌词原文，并征选歌谱，以便择用，党员中对于音乐有专长者，得向就地支部投稿转送中央，一经选用，酌予奖励。除分行外，即希查照转知为荷！此致
东北党务筹委会
附党歌歌词一份

主　席　张君劢
副主席　伍宪子

本党主席手订本党党歌歌词
中国民主社会党党歌

伟哉中华！万世常青。埃及希罗，孰与比伦。闭关称雄，百年苦辛。睡狮既醒，民国遗臻。

今而后合德同心，努力于国命更新。孟言民贵，孔患不均。货恶弃地。力出己身。不独子子，不独亲亲。斯为民主社会主义，吾党之北辰。

〔中国民主社会党档案〕

2. 中国民主社会党中央总部组织概况①

(1947年9月)

张君劢领导下之民主社会党在其第一届一全代会七月三十一日通过之党章中,规定该党"党徽为白底绿色井字","党旗为红白黑三色横条,并于白色横条中嵌以党徽"。(另据说明:大红——表示热烈同情心;纯白——表示光明磊落与公道;铁黑表示坚毅之意志与纪律;绿井——绿色象征和平,井字取井田之义,因认井田为我国固有之社会主义制度,总言之,为表示其目的在实现"温和之社会主义"。)

该党以全国党员代表大会为最高权力机关,两年召开一次(必要时得延长),选举主席、副主席及中央执监委员,其任期为二年(可随全代大会延期),中央执行委员会,每年举行会议一次(中监委列席,无表决权),中执与互选常委并组常委会代行中执委会闭会期间之权责,□委在每届中执委会议中改选之。

该党主席权力最大,综理党务,并对外代表全党。其中央总部在主席(一人)副主席(一人)之下设秘书长一人,副秘书长一人,设组织部、宣传部、社会部、海外部、政务研究委员会、妇女部等六个部门(部设部长一人,副部长三人,会设主任委员一人,副主委二人),另聘党内外人士组顾问委员会及财务委员会。

中央以下设省市党部,依次而下设县市党部、区分部、小组、省至区级,均有执监委若干人,并由各该上级就执委中指定一人为主任委员(省县在主委下设书记长一人),小组设小组长。各级党部下之特殊职业团体,遇有必要时,得设特别党部。

兹就其组织机构及系统列表于左:

---

① 此件摘选自国民党中央联秘处编《中国民主社会党概况》。

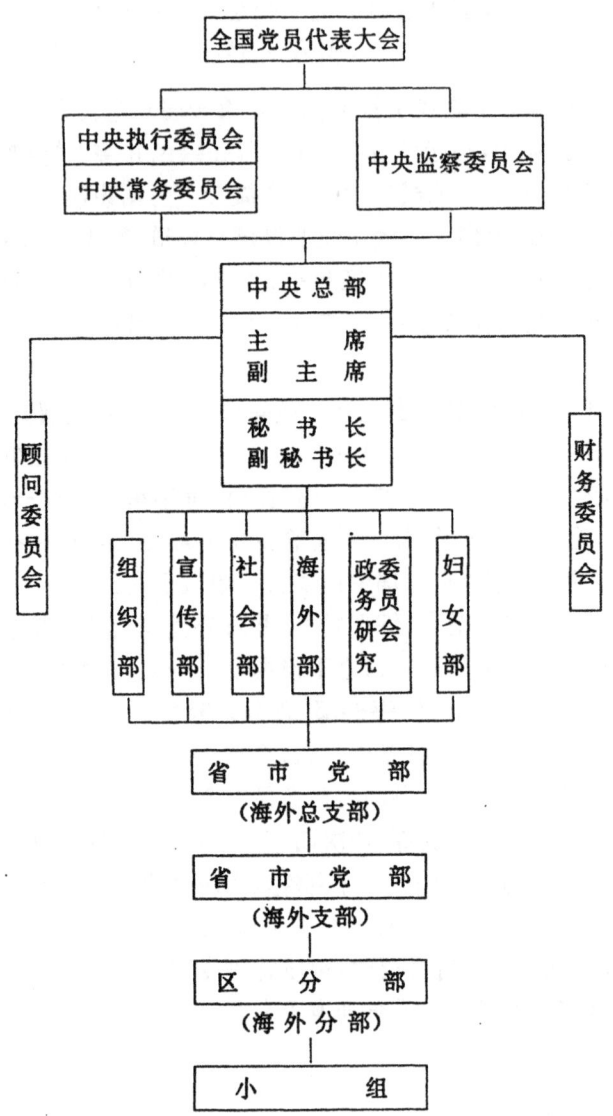

该党党章有"中央执行委员、监察委员,如为海外侨胞,不克回国出席会议时,不影响会议之法定人数"一条,系为钳制伍宪子等之藉口而定(当时伍等尚未正式宣布退出);另有"被开除党籍之党员如有悔悟实据……得恢复其党籍"一条,系为"革新派"个别分子留拉拢之余地;又"各级党部如有违犯党纪情事,得……予以改组或解散"之规定,则系防制"革新派"破坏组织。

该党一全大会选出之中央执委、监委、常委及中央总部之人事如次:

中央执行委员

徐傅霖	戢翼翘	蒋匀田	胡海门	伍宪子	罗静轩	李蕴华
冯今白	程缉之	杨毓滋	郑天栻	毛立羽	刘中一	毕蔚生
崔心一	蒯卓之	金龙章	杨浚明	萧觉天	向构父	李圣策
汪仁浚	汤住心	金侯城	石志泉	朱亚雄	钟介民	许绍删
陈烈	陈志良	刘宗渤	吴时俊	王若非	殷瑞	罗晓峰
黄公远	刘毅	洪少植	王世宪	沈柏任	翁原庶	缪光钰
李明	汪真	张仲宣	李华裕	朱颂真	张远清	刘家麟
朱季福	杨曾勖	徐卜麟等八十五人				

中央监察委员

陈子和	王雅陔	汪行之	李微尘	梅文杰	成开勋	朱寿天
李心园	汪浩然	孙渠	朱良甫	魏世元	赵友兰	佘仁美
杨汉魂						

中央常务委员

徐傅霖	杨毓滋	孙亚夫	戢翼翘	蒋匀田	冯今白	程缉之
罗静轩	崔心一	万鸿图	金龙章	罗致波	金侯城	汤住心
李圣策	向构父	胡海门	张浚高	钟介民	林中煊	

中央总部人事(主席张君劢为当然常委)

主席　张君劢

秘书长　金侯城　　　　副秘书长　杨毓滋　孙亚夫

组织部长	戢翼翘	副部长	程缉之	冯今白
宣传部长	徐傅霖	副部长	蒋匀田	崔心一
社会部长	吴　正	副部长	陈述昆	李志慎
海外部长	杨浚明（暂代）	副部长	杨浚明	郑天栻
妇女部长	罗静轩	副部长	陈定秀	
政务研究委员会主任委员		李微尘		
中　常　会　秘　书		刘中一		
驻　京　代　表		蒋匀田		
发　言　人		崔心一		

又该党为参加国大竞选，临时设置"选举事务所"，主任为王世宪。

〔国民政府国史馆档案〕

3. 中国民主社会党各地支部组织活动概况

（1948年1月）

（一）上海

该党上海总支部设委员三十五人，下分组织、宣传、社会、妇女等处，各设处长一人，副处长二人。三十六年五月廿八日该党组织部长程缉之，召集各支部负责人邱子平、郑子良、蒋作屏等廿一人，举行谈话会，讨论总支部成立及委员提名问题，五月廿九日，复在原处举行支部负责人谈话会，由组织部长戢翼翘主持，与会者有蒋匀田、程缉之、谭开运、金龙章及各支部代表三十一人，即席决定委员名单，并提请该党中央组织部圈定，五月三十日召开上海总支部全体委员会议，推举金龙章为主任委员，蒋作屏为秘书主任，蒋鉴、胡梦为副秘书主任，沈铭之为组织处长，方秉权、许剑为副处长，顾亦吾为社会处长，郑子良、黄孟刚、方秉权、王需霆等十一人为常务委员。革新派亦成立上海市党部，由各支部代表一百廿余人，投票选举市党部执监委员。七月一日复举行执监委员联席会议，由孙宝刚任主席，推选执监主任委员，当由孙宝刚、姚永励二人分别当选，并推选金良本为组织部长，周静来为妇女部长，王公严为研究部长，徐匀为宣传部长，陈震初为财务部长，秘书宋右郭担任，市党部每月经常费三百万元，议决由各执监委员认捐，宣传方面议决设法联络各通讯社各小型报广为宣传。

（二）南京

该党南京总支部，内部组织负责人，计为：主任委员蒋匀田。委员兼宣传处长沈正仑（已参加革新派任南京总支部筹备主任），委员兼组织处长刘光化，委员兼社会处长徐公维，委员兼秘书刘蛰公、朱高寿，委员石学鸿、孙秉臣，研究委员会召集人强伸友，妇女运动指导委员主任委员王涌德，秘书冯琏，财务委员会召集人吴晨公等。

民社党革新派南京负责人沈正仑，于三十六年廿三日晚上八时于中央饭店三百十四号召开支部委员会议，选举该党南京市党委员（南京总支部以后改称南京市党部）。计到沈正仑、杨开文、邹初之、史佛、沈雁北、刘文虎、徐艺民、王振亚、李东海、孔君畏、李杰、柳溪等廿余人。当选出委员张经天、杨开文、邹初之、王振亚、夏源兰等。

（三）江苏

民社党鉴于东、南各省基础毫无，故急图发展，南京总支部正式成立后，即筹组江苏省总支部，并拟向苏北开展基层组织，已由蒋匀田保荐民声周刊总编辑岳震霆，前往江都负责筹组高邮、宝应、兴化、泰县等县支部，岳已启程前往（岳原名晨曦，在敌伪时期，曾为中华联合新闻社南通分社社长）。

（四）武汉

该党武汉所有之组织，以前在系统上系各自独立，总部命令合并，乃于三十六年四月二十日下午一时在汉口合作路三八号广济药房楼上朱伯勋住宅,举行会议,议到史鲁岩、袁岳樵、汤悟庵、成开勋、朱伯勋、汤龙梅、陈汉存、郭资平、伍行之、向道、曾哲之、孙春海等十二人,由成开勋主席,朱伯勋记录,讨论决议:(一)凡到会人均为武汉总支部委员。(二)职务分配,依据组织法用书面投票方式互选决定,票选结果,主委成开勋,组委朱伯勋,宣委袁岳樵,财委曾哲之,秘书长向道。(三)如事务需要,得设各种专门委员会,其人选仍以票选,其中汤悟庵、陈汉存、郭资平、孙春海等四人,均与革新派孙宝刚等关系甚密。

（五）重庆

民社党重庆支部,业经筹组成立,并亟谋开展党务,暗中吸收党员颇为活动,该党在渝之联络人为中委张君鼎(新民报经理),其党务实际负责人则张烈邦,张为四川西充人,年五十岁,成都师范校毕业,与该党党魁张君劢有密切关系,为前次该党遴出之国大代表,现住寓于张家花园七十号楼上,刻该党渝支部即以张寓为联络地点,至该党现在渝党员仅有一百二十人。

（六）安徽

该党在安徽省支部主任委员为刘中一,已组设芜湖、蚌埠两支部。

甲、芜湖支部

一、主任委员杨忠,又名杨绍中。二、书记由常江兼任。三、组织股长,由委员何明新兼任。四、宣传股长,由委员李祖昌兼任。五、研究股长由委员胡志鹏兼任。六、社会股长由委员常江兼任。七、交际股长由主委杨忠兼任。八、支部之下设有七个分部。

乙、蚌埠支部,设于蚌市朝阳街三号,已召开蚌埠市支部成立大会,出席党员计有蒋锡林、蒋小磐、万翔民、梁树慈、蒋少如、孙群山、王道、周华之、蒋建群、林琳、何重豪、蒋民山、蒋明玉、余瑞三、吕养民、杨瑟孚、段广仁、蒋乃酢、吴觉如等十九人,当决定蚌埠支部下辖三个部分支部内设总务、组织、宣传、研究四组,并推定蒋锡林(天主堂小学教员)为支部主任,秘书为蒋小磐,总务组主任万翔民,组织组主任蒋少如,研究组主任孙群三(蚌埠杂货糖果公会理事长),宣传主任梁树慈(建华烟厂经理),第一部主任王道,第二分部主任周华之(蚌埠统税局秘书),第三分部主任蒋建群。

(七)东北

该党东北总支部负责人为卢广声,卢前随国军出关,在锦州、沈阳、长春、永吉、哈尔滨各地,吸收文化教育界人士,及青年学生甚多,并于三十六年二月在长春正式建立"民社党东北总支部",积极推进各项工作。最近该总支部吸收党员六千余人,党员分布以长春为最多,次为沈阳、哈尔滨,并在沈阳设立长白通讯社,由吕光远负责,长春分社由张建东负责,吉林分社由周顺负责,专以掩护该党之活动。

(八)北平

该党在北平已成立五个支部及三个分部,在总支部未成立前,暂由改组委员会王雅陔、曹屏藩、汪崇屏、蒯超、毕蔚生、贺松岩、杨琳、贺振华等负责督导党务,每月经费前由各该支部设法筹募一百万元(每支部月支二十万元),暂行维持,其大部款项多系由第四支部委员常德(即常铸九,现任北平恒银号总经理)按月接济。

(九)云南

该党在云南省党部已租定昆明崇仁街愉园为办公地址,于三十六年八月四日在该处正式成立。内部设四处,二委员会,执行委员会主任委员冯子钧,委员郭培之、朱和安、沈沆镇、李少镇、李少苹、沈峻卿、杨德清、胡慕羹、张文杰、景士奎、朱静,监察委员冯子玉、李吟秋、潘鸣图、戴锡锟、王澄、顾周润沧、庚敬侯,财委会冯子兼政委会,李吟秋兼宣传处,朱安和兼社会处,沈沆镇兼组织处,朱静兼书记处。

(十)广东

该党广东省支部于三十七年七月一日正式成立,由中央常务徐傅霖兼主任委员,省参议员林正烜任副主任委员,温伯等任委员,企图参加广东地方政权,以掩护各县党务之发展。

(十一)河南

该党河南负责人郭伯韬,陕州人,现任立法委员,杨永乾,唐河人,曾任国大代表,已在开封公开活动,其情形如左:

一、郭伯韬、杨永乾二人之分工如次:郭专司对外发展,与省政府高级负责人之拉拢与联络;杨专司内部工作,负责党内一切发展组织等工作。二、大量吸收党员,其方式公开与秘密两种,公开者可与政府发生关系,秘密者不得与外界发生关系。

(十二)青岛

该党青岛负责人为柴春霖、周钟岐(山东大学总务长)、谭镇达(中兴周刊社社长)、赵刘美琴等,已吸收党员百余人,多系退伍军人商人及少数教育界人士。

(十三)江西

该党中央指派高锃(又名粹光)为江西省支部主任委员,张建中、高警铭(又名今民)、胥慕萍(又名苹荪)、饶伯午(又名明端)、傅镇群、李才彬、韩庄俊等为委员。惟该党内部派系混乱,致各权势之争,且为准备将来改选,必须拥有群众力量,乃各积极发展党员,争取分部小组之直系领导权。故各委员中,每有虚设小组成立分部,自兼委员,藉以夸张个人势力之情事。现南昌市已有五个分部,实则党员人数殊不足五个分部之条件。呈各县党务之建立,均内支部,委员就其各人之原籍人事关系,分别吸收党员,指派筹备委员,计各地已经在筹备成立分部者有:宜春、分宜、万载、临川、吉安、九江、萍乡、上饶、玉山、奉新、清江、定南等县,并指定赣县成立支部,派高锃为主任委员,负责策划整个赣南工作。现该党中央认为江西党务发展迅速,已派方景来赣视察,并改选党部。该党中委朱嵩寿(浙江人)、汪尉晃(上饶人)亦来省布置选举工作,汪则接替本省选举事务所委员杨大膺之职务。该支部各委员正积极展开党务,准备改选,惟经费困难,中央所发月仅十余万元,故印刷文件,多由该党党员江西轮船公司经理刘济之出资捐助。

(十四) 绥远

民社党前曾利用绥籍商人郭连荫在归绥活动,吸收党员,最近该党派元柏香为绥远选举事务所委员。郭即在元之指挥下,大肆活动,并宣称民社党已正式参加政府,将来普选时,绥远民社党可得立监委若干席,国大代表若干席;其次省市县等机关,凡民社党党员均可参加工作,因此一般失意者纷纷参加,业于九月在归绥正式成立民社党绥远省党部,并由元柏香指定郭连荫为主任委员。当时该党内多数党员,因感郭系一奸商市侩,既无资历,又无作为,均拟推崇委员阎继璈为主任委员,惟元柏香一力主张郭任委员,以致引起一般党员对此不民主之作风表示不满,现该党在绥仅有党员卅余人。

(十五) 四川

该党四川省总支部,有张力邦负责筹备,卅六年七月一日成立,张力邦任主委,张凌高、刘之介、唐波澄等廿余人为委员。现在川活动颇为积极,除广泛吸收党员,普遍建立各级党部外,兹将四川省该党总支部组织情形及人事、经费分述如下:一、四川总支部下设支部、分部、组或队,总支部设于省会,支部设于省属市及各行政督察专员区,分部设各县及设治局、各乡镇设组或队。二、该党在川党员以教育界人士为多,并以在各教会学校中服务之教育人士为主。该党在四川未正式成立省党部前,因未取得公开活动地位,乃藉建国学会掩护活动,故建国学会实系该党在川正式成立前之化身,现建国学会分子张凌高、唐波澄、刘之介、刘少文等,均系党内重要分子,分担各部重要任务。三、该党经费,以各党员捐募及征收党费,或以文化事业经营为来源。

(十六) 福州

该党福州支部筹备员李圣希(现任闽省盐管局场产股股长)、

郑林宽（协和大学教授）、许绍珊等三人，活动费由富商蒋亨明（闽人现在沪营工业）负责供给，一次曾交李携回法币五千万元，对外以三党共同执行为号召，扩大吸收党员。

（十七）陕西

该党陕西省支部，负责人为宋寿夫，于九月间由京到陕开始筹备，办理党员登记，宋系陕西蓝田县人，原任职审计部。

（十八）台湾

该党台湾省党部已正式成立，颜钦贤任主任委员，谢维德任副主任委员，两人皆为台省人。据发言人谢汉儒宣称，该党三十五年七月即在台北设立筹备机构，现有党员五千人以上，其中以青年学生为多，女性党员则占百分之十二。依照该党中央对于台省党部之指示，今后工作重点有三：一、组织以台胞为骨干，但并不拒绝外省人士参加，或从旁辅导协助之机会；二、广泛争取社会同情，并与友党相忍相扶，群策群力，共谋国家社会之向上；三、吸收细胞，质量并重，并表示对于现行国策及即将实施之宪法绝对拥护。国大代表及立法委员选举在即，该党现在正准备提名候选人，在台参加竞选。台湾亦有民社党之革新派分子，人数约在一百人以上。

（十九）河北

该党在北平成立河北省党部，由现任国府委员之该党中委胡海门出任主任委员，王子邠副之，因胡氏在国府供职，故党务均由副主委王子邠主持，现因王转任河北省选举委员会委员，势难兼顾，已公推委员赵太初（第五支部主委）以书记长名义行代主委职权。现该党部各执行委员，已报请胡海门遴选，尚未正式发表，内部暂由赵太初负责，下设有机要秘书叶振民（第三支部主委）秘书倪震寰，兼管理组织处工作，总务主任王文翰，庶务主任穆泽玺（直属分部主委），会计主任王宜卿（第九支部主委），书记赵恒一、王亚卿、田佐汉等三员。并已成立二十个支部，拥有党员一千一百九十名，外县在唐山、梗阳、天津、大成、通县、静海、宝坻七县已设立县党部筹备会,准备推行党务。

(二十)广西

该党广西省党部于三十六年十一月卅日起至十二月一日止,在桂林九岗岭西勋商专校内召开成立大会,到覃连芳、高国材、张星南等百余人。该党中央党部指派张星南出席指导,选执监委员。其名单如后:执行委员计廖葛民、覃连芳、廖竞存、成炳南、徐康泰、高吉人、余乃经、王啸、高国材、唐自成、陈映源等十一人,候补执行赖昆山、朱幼元、陆虬瑞、为显等四人,监察委员计唐徽泗、黎连城、李逸露、廖任天、王彝等五人,候补监察计蒋世贤、罗云二人,并拟租用专附近之前财厅长王逊志已出卖之某庐为办公处所。

〔国民政府国史馆档案〕

4. 国民党中央联秘处关于民社党活动情况专报
(1947年2—5月)

(1)党派活动专报第十、十一号(2月×日)

一、筹组南京市总支部

民社党南京市总支部,近经该党派刘蛰公、沈正仑、汪子震、孔君畏等负责筹备,决定分设京市、市郊、苏南、皖南四个支部,闻京市有工商业人士百余名加入,该党中央并派孙宝毅指导。孙氏在该党颇具潜势力,并与民盟关系密切。至刘蛰公原名为刘志恭,胜利前与敌伪颇有关系,知识水准甚低,但在帮会中尚有潜势力,并善活动云。

二、伍宪子、李大明对该党总部之声明

民主社会党副主席伍宪子及海外部部长李大明等两人前因参加国民大会,分别由香港及美国返华。刻以职务关系不能久留国内,故决定于本(二)月十四日赴杭游览,十六日晚车回沪,十八日同赴香港。李大明至港后即行转赴美国。查伍、李两人对民社党参加政府曾拟有具体方案，前次该党中常会对参加政府所作之决议，即以该项方案为讨论蓝本。现伍、李两人以离国在即，诚恐该党不能实现该项主张，特向该党总部声明，如民社党参加政府，所有决定事项须征得彼等同意。

三、与中共仍采取联系

民主社会党主席张君劢，前由张东荪之拉拢，曾与中共董必武晤谈，对于参加政府问题，张君劢表示民社党决不参加国民政府及行政院，但为安插追随其个人数十年之党员及维持其生活起见，故参加政府之立、监两院及参政会与宪政实施促进会四机构，希望中共予以谅解。董必武对之颇具同情，表示中共以后决定不再攻击民社党，并承认民社党仍为第三方面之中立党。张君劢曾召见该党中常委孙宝毅、卢广声等，嘱今后对中共方面仍应加强联系，并勿对中共作文字上之攻击。又谓吾人（指民社党）决不参加政府，但为安插党员，须尽量要求政府允许多数人员参加宪政实施促进会等语。

四、在贵州展开活动

民社党近为展开贵州活动，已派负责人彭初开赴筑，以该党各县书记长职务为引诱，吸收贵阳省立农业学校学生饶广福、刘应忠等，按彭某曾任丹寨县教育馆长及县中教员，故复利用丹寨县县中"有农会"名义设置机构，吸收该县学生云。

五、武汉党员要求参加政府

民社党武汉党员负责人汤震龙，因回乡度岁，将武汉该党印信案卷交与孙春海代管。孙因受民盟罗觉天、程伟初（民社党员）等鼓惑，不愿该党参加政府，并将该党上海总部发来有关改组政府之函件全部隐匿，以致引起武汉该党党员之不满，遂纷纷要求孙某以汉口民社党支部名义致电张君劢，要求参加政府改组，孙某被迫遂致电张君劢。兹将该电原文附录于后："上海海格路范围张主席劢公钧鉴：顷武汉方面同人集议，愈以为上次国代武汉无人，已引起群情疑虑，此次参政报纸宣传卅四人中，武汉又无人。照现在局势环境,本以不急参政为宜,但中央(总部)既准备参加,十室之邑,必有忠信,未必武汉一大部分同人绝无一人预选,事关武汉党务荣枯,请速电示,以定进行方策为祷。韩志福叩。元。印。"

六、胡海门、梁秋水不愿参加政府

民社党参加政府人选,几经研讨,最始经决定,并先参加立法、监察两院及国民参政会宪、政实施促进会等四机构,名单已交由蒋匀田呈送政府,胡海门、梁秋水经该党推定参加参政会,并由该党总部去电征求意见。顷胡、梁两人已有复电到沪,反对参加政府之立监两院及参政会与宪政实施促进会,并对该党推定渠等为参政员一节,请求辞去。

七、在四川自贡之活动

民社党出席国大代表罗斯佛自返四川自贡后,即召集秘密会议,决定以"互助社"、"和平社"名义向各县吸收党员,并在贡井小溪信用合作社正式组织自贡市支部,由曾执天、杨佐儒、彭敬忠等三人任常委,下设文书、宣传、组织三科,拟培植地方自治人员以参加竞选,并拉拢地方有力士绅,积极发展势力。

(2)党派活动专报第12号(3月15日)

一、南京总支部之活动

民社党南京总支部筹备处设秋原坊七号,筹兼人员为谭开云、沈正仑、孔君畏、刘蛰公等。查谭开云系伪中央政治训练班毕业,在京学友有三十余人,拟由同学刘光化(住补钉巷十六号二楼)、黄子元(住珠江路文联书店)负责策动,现刘已参加该党并从事积极活动,黄尚犹豫未定,可能为该党沈正仑方面拉去。该党党员入党须填写登记表三份,一呈中央,一呈总支部,一存支部,并缴最近半身像片四张。登记表之内容为:(1)姓名,(2)别字,(3)化名,(4)性别,(5)年龄,(6)籍贯,(7)现在住址,(8)永久住址,(9)入党时间地点,(10)介绍人姓名,(11)学历,(12)经历,(13)家庭,(14)

特长,(15)其他等项。又讯,该党中常委兼组织部副部长孙宝刚,与中常委兼宣传部长蒋匀田,均欲获得控制权,负责筹组人沈正仑系孙之干部,谭开云系蒋之干部,分别在京发展党员,暗中竞争日趋白热化。本月五日,孙宝刚参加召集该党在京干部谈话后,于临时曾授意沈正仑与孔君畏二人从速筹组南京市党部,党内任何阻力当可由彼负责,似对沈、孔期待颇殷。

二、上海总支部之活动

民社党主席张君劢,鉴于该党缺乏群众力量决定在沪组织沪市总支部。其下分设卅余支部,下设八分部,每一分部下辖八组,每组由党员九人组成之(组长在内)。总支部额定主委一人,委员七人,下设财务委员会及宣传、组织社会三组,秘书一人(支部组织亦同)。现已受命孙宝刚、孙宝毅、金龙章三人进行,孙、金等奉命后立即拉拢商人蒋作屏(由政转商)、陈志良、许达杰(律师)等三人。该蒋作屏、陈志良等正因营业失败,拟利用此机会自抬身价,即假圆明园路169号许达杰之事务所为办公室,积极向各方拉拢,截至现在止已提出支部以下干部名单五百余人。同时并秘密拉拢海员公会、码头公会等,以某种保障为条件,要求全部职工参加其组织。又悉,陈志良转请该党蒋匀田,要求政府以该党名义在沪设立电台一所,作为该党宣传机构。

三、武汉总支部之活动

民社党汉口总支部筹备主任汤震黻(孙春海代),近接该党沪总部指示,其内容略谓:武汉方面繁荣,人口甚多,最少须成立五个至十个支部,由各部成立武汉总支部,各部委员均须照章选举,以增加武汉本党之实力云。

四、最近之重要决定

民社党于二月廿二日上午十时,在海格路范围举行中常会,到张君劢、伍宪子、李大明、沙彦楷、冯今向、孙宝刚、卢广声、戢翼翘等人,由张君劢主席。决定事项如次:(1)通过党员在政府机关服务规程;(2)通过组织委员会法规"组织部设主任一人(戢翼翘),副主任二人(孙宝刚程继之),下分总务名籍训导三组";(3)决定财务委员会由卢广声、汪世铭、张幼仪(君劢之妹兼管出纳)、全候域四人负责,社会部由汪世铭(正)、王世宪(副)负责,海外部由李大明(正)、杨浚明(副)负责;(4)由基金委员会(现由王世铭、卢广声负责)发动各地党员筹募基金,其分配数额预定海外美金一万元,东北三千万元,从政党员各捐薪津一个月,常委每人筹募五百万元,国大代表各募一百万元;(5)对罗隆基等攻击民社党事,决采不理态度。又悉张君劢于该党中常会中报告谓:该党经费现仅存四千万元左右,而再生周刊必须支付一千万元,党内经费极感困难。

(3)党派活动专报第 13 号(3 月 30 日)

民社党自去岁参加国民大会后,内部即发生裂痕,张东荪等脱党及另组新党之传说甚嚣尘上,旋归沉寂。近因该党业已参加四民意机构,并将进一步正式参加政府,因此反对派又有分裂之新酝酿。张东荪、梁秋水、胡海门近由平致函上海民社党总部刘景尧(张等所派代表)转致汪世铭、孙宝刚、郭虞常等,内容略称"张君劢背弃信义,卖党求荣,弟等决另行组织独立民社党,希兄等加入共襄盛举,并已约请伍宪子、李大明两兄取一致行动,以资对抗"云。张君劢闻悉此事,极感焦虑。惟闻伍宪子对张东荪等提议另组独立民主社会党事表示不满,伍曾致函梁秋水责其不可轻举妄动一切应有详密计划并促梁即行到沪共策进行。

二、伍宪子对改组政府之态度

民社党前派蒋匀田、卢毅安二人由沪乘机飞港,劝请伍宪子、李大明来沪,共同商讨参加政府事宜。现李大明已应邀由蒋匀田等陪伴乘机抵沪,惟伍宪子因身患肺炎,热度刚退,未能同来,稍缓始能来沪。顷据李大明谈称:伍宪子所致雷秘书长震及民社党主席张君劢函件之内容,大要如次:(一)致雷函,略述其个人对于改组政府之意见，主张实行责任行政院制，国民党应同为一普通政党，党与政明确分开，现役军人应退出政治，并还军于国。同时应改良币制，刷新政治，并严惩贪污。（二）致张函，略谓：张处理事务过于犹疑，举棋不定，以致弄成今日局面而无法自解，倘对参加政府事宜早有计划，决不至此。

三、最近在沪之动态

（一）民社党秘书处工作人员，均由张君劢受孙宝刚包围而派定徐傅霖之私人，因不能插入，故深表不满。现徐、孙虽同住愚园路七四九弄卅一号宿舍内，但彼此谈话极少，态度极为冷淡。

（二）该党新党员之加入，须有前国社党之老党员一人介绍，现正网罗工商界人士入党，对学生则不甚欢迎。又闻该党筹组沪市总支部，亦假愚园路七四九弄三一号为筹备处所，经月余来之推动，先后吸收群众颇多，现计划编组卅五个文部支部，以下设组。最近张君劢以初步工作已有成就，即经指定筹备委员十人，筹组正式成立总部，其委员名单如下：蒋匀田、冯今白、万仞千、孙宝刚、毛以亨、张清源、陈志良、蒋作屏，其余二人未详，并指定冯今白为召集人。其支部代表名词□□支部，参加□□支部之□□人员姓名住址：一、江枫，卅二岁，闸北江中路一四号。二、江涛，卅一岁，浦东杨思桥一〇四号。三、王正平，长沙，二五岁，环龙路一六四号。四、吕剑华，桐城，廿四岁，窦乐安路二〇二弄六一号，女。五、蔡茂，阜宁，四四岁，浦东张家滨路七七号。六、赵振华，镇江，二九岁，华龙路三官堂弄十三号（江枫介绍）。七、葛容，浦东杨思桥二七号（江涛介绍）。

四、南京总支部内讧情形

民主社会党总部，前派谭开云、沈寒涛、朱嵩寿、陈位凝、蒋静心等，为南京总支部筹备委员，并指定谭开云为主任委员。数月以来，在蒋匀田、汤住心等指导下，吸收党员已有千余人，现拟从速成立南京总支部，而对总支部主委人选问题，谭开云（与蒋匀田接近）

与沈寒涛（与孙宝刚接近）暗争甚烈。该谭开云为打击沈寒涛计，曾去函上海该党总部，密告沈寒涛预定名单，企图操纵选举，吸收分子庞杂，并请从速纠正等语。事为该党副组织部长孙宝刚得悉，除在该党总部代沈支持外，并专函告沈注意，且嘱其亲信者转告沈寒涛：应即将有关系之支部成立起来，并在最近期内即召开支部联席会议，进行选举，产生总支部，以便一举而克复"政大系"（即张君劢之学生等谭开云属之）之把持。选举前对总支部主委及各组长（组织宣传社会三组）人选，亦应商定，作有计划之选举。选举时可通知谭参加，但其来否听便，但须注意此计划勿使谭开云等知悉。如谭以种种口实攻击，即与之在总部办理交涉，届时群众在手，定能得总部之支持，如有攻击者，即予以反击等语。该沈云涛现已将各支部以下之人选不管成立与否，一律填表报请总部备案，以增加成立总支部之基础。

五、最近在北平之动态

民社党在北平现已成立五个支部，下设三个分部（以九人为足额）。在总部支部未成立前，暂由改组委员会王雅陔、曹屏藩、汪崇屏、蒯超、毕蔚生、贺松岩、杨琳、贺振华等负责督导党务。每月经费，在民社党中央党部未发给前，由各该支部设法筹募壹百万元（每支部月支廿万元）暂行维持，其大部款项多系由第四支部委员常德（即常铸九现任北平恒兴银号总经理）按月接济。

（4）党派活动专报第14号（4月15日）

一、在南京之活动

民社党南京办事处，于三月二十二日下午八时在秋元坊七号举行，南京市干部会议，出席者有：该党中委蒋匀田、孙宝毅、李大明、谭家骅暨支部筹备人岳震霆、孔君畏、刘蛰公、□晓□、马光明、郭乃□等二十人。主席蒋匀田报告商谈参加政府经过，并谓今后需要的人才很多，希望多吸收中坚分子，以便充实党的力量。继即讨

论各重要议案,经决定如下:

(1)京市党员第一期征求工作三月底截止,开始整理。

(2)组织总支部筹委会,由各支部主委担任之,谭开云、沈正仑负责召集。

(3)总支部一切准备工作,限四月十五日前完成,总支部成立日期决定于四月十五日至廿日间择定一日。

(4)南京总支部决定设秋元坊七号。

二、发展组织吸收党员

民社党近经中常会通过修改组织法,增设中常会副主席二人,推徐傅霖、伍宪子担任,并推徐傅霖、汤住心、李大明、胡海门四人为党务督导员,指导国内各区及国外各地党务。又该党登记党员已告结束,定四月一日起开始征求新党员,预定发表〔展〕廿五万人。又闻该党对于组织之发展,现已由点至面,并积极推进苏北党务,近派岳震霆至江都筹组高、宝、兴、泰各县支部。【岳】原名晨曦,曾任伪中华联合新闻社南通分社社长,现任《民声周刊》编辑,对于苏北情形□为熟悉。

三、参加政府意见分歧

(1)民主社会党主席张君劢对该党参加政府事已允除参加国府委员会外,并参加政务委员会,张氏且拟提徐傅霖、伍宪子、胡海门、戢翼翘四人为府委,蒋匀田、万仞千两人为政委。该党中常委孙宝刚认为,胡海门前曾在平与张东荪、梁秋水等计划组织独立民主社会党,企图脱离该党组织,且胡现尚为民盟华北负责人之一,显与该党退出民盟意旨相违,万仞千前曾参加冀东伪政府,其通缉令至今尚未取销,且曾假伪华北新民会会长燕卿之手,供给日人情报,是故胡、万两人实无代表该党参加政府资格。因而曾向张君劢提出质询,但张氏未作任何表示,该党内部因官位问题,已呈分裂迹象。

(2)徐傅霖因不愿就任府委空职,向中常会提请坚辞后,经决议先将胡、伍、戢三人提出,徐之缺额另提人选递补。

(3)徐傅霖近在党中常会中,提议中常委张东荪本为国社党员,未符本党许可,仍作民盟领袖,而本党将其列入中常委名单内,殊属费解。今民盟即表示摒除本党,本党亦应立刻开除张东荪党籍,但张君劢因欲利用张东荪为该党与中共间之桥梁,故未予讨论。

(4)民主社会党主席张君劢,于三月三十一日告汤芗铭谓:"政府对民社党参加政府所提出人选之名单中,并无阁下名字"等语。汤即以此事询问雷秘书长震,雷答以"政府并无为民社党提出名单之事"。因此,汤认张故意对彼刁难,使其不能参加政府,故对张极表不满。

(5)民主社会党副主席伍宪子,前由该党决定提出参加政府为国府委员,但经该党电港征询伍之意见后,伍复电表示不愿就任该项职务。该党李大明表示渠亦不愿参加政府任何部门,且将于日内乘机飞港转美,待返美后,仍将以民主宪政党名义活动。

(6)该党中常委徐傅霖、汤芗铭、李大明、汪世铭、沙彦楷、孙宝刚、卢广声等,于四月八日下午三时在沪台拉司斯脱路大陆新村十一号汪世铭寓所召开会议,对于张君劢单独处理该党全面参加政府问题,颇表不满。当经决定:(甲)徐傅霖、李大明等七人署名,致电香港伍宪子,即速来沪主持党务。(乙)致函张君劢,请尊重四月二日中常会对全面参加政府之决定,对参加政府人选应由中常会公选,最低限度应提请公决,参加国府委员会名单及参政府之人选名单,应一次提交政府;同时对参加地方政府问题,亦应与政府商定具体办法,对参加政府所有问题向政府提出时,应得中常会之同意与签署。(丙)以中常会名义上书蒋主席,说明该党对参加政府问题,已经四月二日中常会决定全面参加,嗣后对参加政府如人选等问题,必应征得多数中常委之同意,如有该党对政府提出问题时,必由中常会签署始能生效力。

(5) 党派活动专报第 15 号(5 月 20 日)

一、南京总支部纠纷内幕

民社党因南京党员复杂，组织散漫，恐日久整理困难，乃派该党中委蒋匀田及金龙章二人负责整理及扩展事宜。经召集谭家骅、刘光化、沈正仑等十余人开会，决定：(1)南京总支部(即市党部)定于本(四)月二十日前后成立；(2)总支部设委员九人，互选主委一人，并内定以谭家骅为主委，朱嵩寿为委员兼秘书，刘光化为委员兼组织处主任，冯某(女)为委员兼妇女处主任；(3)党员一百人推选代表一人出席党员代表大会，选举总支部委员(事先授意各代表按内定人选补行选举手续)，代表大会日期预定本(四)月廿日，总支部成立后，由组织处办理审查党员素质及调整各级组织。闻因竞选问题，雇人员中业已形成新旧两派之对垒，旧派方面以谭开云为中心，新派方面以沈正仑为中心，明争暗斗，意见纷歧，颇影响组织工作之进行。就发展党员之成绩而论，沈正仑占绝对多数，本来预计沈于此次可以当选主任，惟因沈与孙宝刚较为接近，谭与蒋匀田较为接近。

二、筹设苏省总支部

民社党鉴于东南各省基础毫无，故急图发展，近拟俟南京总支部正式成立后，即将筹组江苏省总支部，并拟向苏北开展基层组织，已由蒋匀田保荐《民生周刊》总编辑岳震霆前往江都，负责筹组高邮、宝应、兴化、泰县等县支部，闻岳已定日内起程。查岳原名晨曦，在敌伪时期曾为中华联合新闻社南通分社社长。

三、在北平之活动

民社党北平支部近召开干部联席会议，出席者计有戢劲成、石友儒、罗致坡、王雅陔及各支部委员等十余人。由王雅陔主席，商讨此后党务推进及提供改组地方政府方面名单等问题，决议如下：

(1)扩充北平支部，筹设第四支分部，推定汪崇屏为该部主任,汪在沪期间暂由杨擎天代理,准备容纳胡海门所介绍之新党员卅二名。

(2)北平支部党务由王雅陔、张仲宣两人全权负责,并负与国民党北平市党部方面及改组地方政权实现时与各参考员之联络事宜。

(3)根据中央组织部长戢翼翘同志之指示,嗣后平支部对梁秋水,胡海门采取敷衍态度,免生枝节,阻碍党务之推进。

(4)将来改组地方政府时,准备提出名单如下:曹屏藩、贺松岩、贺振华、杨琳、杨擎天、张国桢、许鹏飞、杨的庵、孙蹜、夏起龢、邓季伟、丁竹铭、钱公武(钱系世界日报编辑梁派分子)、罗展青(胡派)、马士奇(胡派)、王慕梁(留法学生士)等十六名。

(5)平支部所提名单,以参加北平市下列各机构为原则:(甲)市参议会;(乙)市教育局;(丙)市社会局;(丁)市公用局;(戊)中央在平有关之农林教育机关。

民盟北方元老胡海门,企图掌握该党北平支部,曾以其私人名义介绍大量人员加入该党,派其亲信罗展青、李国栋两人访晤该党北平支部负责人王雅陔,面交梁秋水、胡海门介绍参加民社党新党员名单一份。该王雅陔接获该项名单后,即派人调查各该新党员之履历,结果发觉其中若干人员均曾参加民盟组织,当与该党平支部戢劲成、石友儒等商议结果,为敷衍梁、胡等起见拟另筹设第四支部以容纳此项新党员。

四、在东北之活动

民社党中常会最近通过追认,设立东北区总支部,并推选卢广声兼东北区总支部负责人。查卢广声前在汤住心支持下,随国军出关在锦州、沈阳、长春、承吉、哈尔滨各地吸收文化教育界人士及青年学生甚多,并于本月二日在长春正式建立"民社党东北区总支部",积极推进各项工作。最近该总支部报告称:

(1)该支部现有党员二千七百余人,估计至三月底可增至六千至七千人。

(2)党员分布,以长春为最多,次为沈阳、哈尔滨。

(3)东北知识分子多如中国政治趋势,现开始准备行宪,参加政治活动最好时机,而民社党政纲适合实际,分子优秀,故颇表好感,乐于参加。

五、在武汉之活动

民社党总部以武汉为华中门户,交通便利,拟在武汉扩大组织,成立华中总支部,辖区与武汉行辕相等。而武汉筹组委员增为十二人,其姓名如左:汤震龙、史鲁岩、袁岳樵、郭治平、孙春海、朱伯薰、成开勋、汤汝梅、陈汉掩、向圣风、伍行之、曾哲之等(部内孙春海一人与民盟关系密切)。

六、在上海之活动

民社党近在上海各学校内大肆活动,并有宣传品到处发行,该党在诚明文学院之党员亦少,并有分部之组织。又该党对沪市之中国新闻专科学校极为重视,并拟控该校之未来新闻界人物,将于最短期内在该校组织分党部,现有郝金鑫(中国新专研究科一上学生)负责活动。又民社党上海市党务筹备委员会况派员在南市各小学大肆宣传该党政纲,拟邀六个校长组织六个支部,每支部设主任委员一人,并推派代表二人,组织上海市总支部。现正向各方拉拢党员积极推进中。

七、在安徽之活动

民社党在安徽蚌埠朝阳街三号召开蚌埠市支部成立大会,出席党员计有蒋锡林、蒋小磐、万翔民、梁树志、蒋少如、孙群三、王道、周华之、蒋建群、林琳、何重豪、蒋鸣山、蒋明玉、余瑞三、吕养民、杨瑟孚、段广仁、蒋乃酢、吴觉如等十九人。当决定:

(1)吸收国民党党员为民社党党员,但须严防军统、中统人员混入,并拒绝青年党、共产党加入。

(2)推定杨瑟孚等至合肥及涡阳、蒙城等处,拉拢各县书记长及参议会人员。

（3）分拆政府改组情形，认为水利、农林、邮电等部与民社、青年两党将来内部人员必为国民党控制，仍形成空头部长。

（4）确定蚌埠支部，下设三个分部，支部内设总务、组织、宣传、研究四组。并推定蒋锡林（天主堂小校教员）为支部主任，秘书为蒋小磐，总务组主任万翔民，组织组主任蒋少如，研究组主任孙群三（蚌埠杂货糖果公会理事长），宣传主任梁树德（建华烟厂经理）。第一分部主任王道，第二分部主任周华之（蚌埠统税局秘书），第三分部主任蒋建群。

〔国民党党务机关档案〕

5. 国民党中央联秘处关于民社党纠纷内幕专报

(1947年5月31日)

民社党纠纷内幕

民社党内部发生纠纷，起因于参加国大问题。张君劢、徐傅霖、蒋匀田、汤住心等力主参加，张东荪、梁秋水、胡海门、孙宝毅、叶笃义等则反对，参加双方各持己见，互不相让，张东荪曾致函张君劢谓："民社党参加国大之日即弟退出民社党之时"，以示坚决，复经梁秋水、胡海门等由平到沪，与张君劢面商，又经石志泉从中斡旋，请双方为顾全友谊及大局，勿公开决裂，始商定该党出席国大代表，虽仍由张君劢以首领资格向政府提出，但张君劢本人则不参加，以留日后参加和谈之余地，纠纷暂时告一段落。及至国大闭幕后民盟在沪举行二中全会，要求民社党退盟，该党亦即声明退盟，张东荪、叶笃义等既仍为民社党党员，竟而出席民盟二中全会，张东荪且当选民盟秘书主任，叶笃义代理民盟宣传委员会副主任委员。张君劢以张东荪、叶笃义等违反党纪，遂召开中常会决议，停止彼等之党权，实际上已等于变相之开除，不过尚存万一之希望，期待彼等之最后悔悟。张东荪等受民盟之指使，既不接受民社党停止党权之处分，亦不声明脱党，以图牵制张君劢之行动，同时并声言将另组"独立民主社会党"，以与对抗，惟终未成事实，纠纷遂一度平静。改组政府之声浪又日益增高，为参加政府问题该党内部的纠纷又应时而起，最初是参加不参加的原则问题，张东荪等仍坚决反对参加，张君劢等则原则上决定参加，惟张君劢所领导下之各首要分子虽对参加政府的原则表示同意，但对参加的限度又有不同见解。张君劢主张先参加政府四民意机构，立法院、监察院、国民参政会、宪政实施促进会，后又修改为参加到国府委员会为止，最后又经再修改到参加行政院政务委员为止（不兼部会），对于参加政府采渐进政策，孙宝刚、叶笃义、卢广声、汪世铭等则主张必待政府实施政协各项决议后再行参加，蒋匀田、戢翼翘等则主张立即全面参加（自国府委员会政院各部会以及地方政权），内部意见分歧异常，北方代表胡海门、梁秋水二度南下，商讨结果梁秋水仍坚持不参加，胡海门则改变态度同意参加。该党内部对参加政府问题商讨数日均无具体办法，最后乃由张君劢以中常会主席资格，毅然决然不顾一切之阻挠，决定参加政府，于四月十六日与国民党青年党签定三党共同施政纲领（新政府施政方针），并提出伍宪子、胡海门、戢翼翘、徐傅霖等四人为国府委员（徐傅霖坚辞临时未提出），蒋匀田、李大明等二人为行政院政务委员，经国府明令发表后伍宪子表示党内纠纷未解决前不愿就职，徐傅霖公开表示不愿干空头委员（意欲任部长或省主席），李大明亦滞美不回，而孙宝刚、沙彦揩、卢广声、汪世铭、汤住心等因参加政府未被提名老羞成怒，乃藉口张君劢独裁及所提参加政府名单未经中常会通过，公开宣言表示否认。主张参加政府最力之蒋匀田亦不甘示弱，声言孙宝刚等违反党纪应行开除党籍，孙宝刚则请张君劢摒弃宵小（指蒋匀田等），并提出条件请张君劢采纳，纠纷愈益扩大，在平之梁秋水与在港之伍宪子应该党之敦促，相继到沪负责调解，当经伍宪子将孙宝刚等所提

出之条件修改为九项,转交与张君劢兹分列于下:

1. 中常会为党之最高决策执行机关,一切事宜均应由中常会议决定交由秘书长负责执行,秘书长由中常委按月轮值主席,及各常委之私人秘书与办理党务之秘书应予划分。

2. 对外一切交涉及赴各地视察党务人员由中常会临时推举人员担任,事先受中常会之指示,事后对中常会报告。

3. 党内所有重要人事之任免(如各地党务筹备委员等)须由中常会决定,凡未经中常会决定而委派之人员一律撤销。

4. 所有参加政府人员均应由中常会公推,此次所提之行政院政务委员二人既未经中常会讨论通过,应予撤回。

5. 参加政府人员不得兼任党内职务。

6. 财政公开彻底清查帐目。

7. 为健全党的组织起见,应组织法规委员会,整理并起草一切法规。

8. 张东荪既已脱党,所遗常委缺应由以末一次组织委员会选举得票须多数者递补之。

9. 所有中央各部会处递一律改组。

孙宝刚等除对调人伍宪子频加催促静候张君劢之答复外,并准备四项对付方策,以便于谈判决裂时施行:

1. 发布告党员书,指责张君劢之领导错误,如:(子)过去派冯今白、陆鼎揆等与汪伪及日本勾结经过,(丑)与政学系勾结事实,(寅)卖党求荣事实(据张君劢自称政府给于上海市土地卅亩等)。

2. 强占沪愚园路七四九弄卅一号该党总部(该屋系陆鼎揆经手购来,用张万山名义款,由汪逆付给)。

3. 派党员三五百人至张君劢处请愿,同时邀请记者参观并拟殴辱张君劢。

4. 即日通知各地总支部召开全国代表大会。

同时孙宝刚等为扩大纠纷,争取同情,又联名致电张东荪,请出面维持一切,张东荪亦因前被停止党权,心有未甘,与梁秋水密议在表面上声言居间调解,实则欲利用张君劢与孙宝刚等之冲突从中取利,藉争取群众。张君劢亦不肯放松,乃派蒯超由沪飞平,分头向各单位接洽,劝使勿参加反对方面,致为人利用现北平各支部领导分子多不愿为张东荪、梁秋水等所利用,梁秋水在赴沪前曾密使刘景尧之妻,诱劝北平支部贺振华、曹屏藩赴沪参加反张大会,一切经费均由梁等供给,惟遭贺、曹等婉言拒绝,不为所用。

张君劢对于由伍宪子转交之反对派孙宝刚等所提条件,表示决置之不理,若彼等再有于党不利之行动,即宣布其罪状,根据各地党部之请求,开除其党籍,现除上海支部外,其他各地党部均已有书面请求开除彼等党籍(此项文件不至必要时暂不发表),否则过于姑息迁就将来仍为祸根。反对派孙宝刚等以张君劢对彼等所提之条件为时甚久,仍不答复,显系缺乏诚意,遂酝酿另组"党务整理委员会",但未成事实,继又发动"革新运动",召开所谓"党务革新会议",此项会议于五月廿、廿一两日在上海礼查饭店举行,到会者有九十人,决定组织中央革新委员会,选出孙宝刚、卢广声等十五人为中央常务委员,并发表宣言,要点为:

1. 对张君劢今后有关民社党之决定一概不予承认,其所决定者应由其个人负责。

2. 重新确定党之政策,清除宵小健全组织,与民主自由势力合作,共为和平统一而努力。

3. 于最短期内召开民社党全国代表大会,共商大计。

另一方面张君劢则召开第三次组织委员会,通过对张信任案,以示抵抗。

民社党内部纠纷发展到现阶段,已至公开决裂时期,事实上已无法挽回,回溯该党内讧,先为张君劢与张东荪两巨头之争,过去大多为主张参加国大及参加政府者所以出此者,主要原因为"求官未遂老羞成怒",又加以中共及民盟复乘机大施其分化政策,同时张君劢个人缺乏魄力,不善处置,蒋匀田辈之行为卑鄙,召致党内多数首要分子之不满,致使该党内纠纷演变到不易收拾的地步。

〔国民党党务机关档案〕

6. 国民党中央联秘处关于民社党动态专报
(1947年6—11月)

(1) 党派活动专报第十九号(6月30日)

(甲)民社党组织派动态(组织委员会)

民社党中央组织委员会主席张君劢,近以孙宝刚等组织革新委员会致使民社党声誉日趋低落,因受刺激甚深。张为挽回党誉决心整顿党务,最近重要措施如下:

(一)订期召开全国代表大会:该党中央组织委员会□近发出沪字第三□七三号通知,订于七月廿日至八月一日在沪召开全国代表大会,限各地支部将党员名册、入党志愿及照片等,于六月底以前呈报,以便分配代表名额不得延缓。

(二)张君劢手订三不政策:张君劢以该党负责人过去发言过滥,且多次妥协,致予社会人士以不良印象。最近对胡海门发表关于学潮处置及保障人权问题,尤为不满,特订三不政策,通告该党参加政府者遵守:一为不发言,二为不提案,三为不附署。

(三)企图建立经济基础:该党近正筹划兴办实业,拟先成立浙东渔业公司,及浙西天目纸厂,以增加党费来源,并藉此吸收党员。

(四)成立广东省支部:该党广东省支部,前经张君劢派徐傅霖为筹委会主委负责筹备业于七月一日正式成立,并向广州地方当局要求公开活动,徐傅霖专程由京飞往主持。

(五)指拨南京支部经费:该党南京总支部经费困难,前发动之万元募捐运动,亦无成效,张君劢特指拨该党参加监察院之二监委,以三个月之薪津一千二百一十万元,作为活动经费。

(六)调整内部重要人事:该党中常会近决定调整内部重要人事,杨毓兹任副秘书长,崔心一补孙宝毅缺为宣传部副部长兼上海发言人,冯今白补孙宝刚缺为组织部副部长,徐傅霖兼南京发言人,并新设政治讨论委员会,以李微尘任主任委员。

〔下略〕

(2)党派活动专报第二十五号(10月31日)

民社党之活动

一、中央常会重要决议

民社党近在沪召开中常会,出席中常委张君劢等二十余人,由张君劢主席,除作党务报告外,并讨论问题。兹将其决议要案列下:

(1)关于参加国大竞选名额及参加地方民意机构问题,应如何进行案。决议:由本会再向政府磋商,从速实现。

(2)关于请求普遍开放地方政权,并重新拟具办法予以解决案。决议:推徐傅霖、蒋匀田等负责进行。对立委国大提名问题,须请国民党保证名额数字不变(立委一百名,国大代表四百名),并须国民党负责选出,国民党如无法让步或保证当选,则民社党决不提名。

(3)副总统问题:应由民青二党提名候选,意图以曾琦、张君劢为副总统候选人,同时表示绝对反对李宗仁或国民党内任何人为副总统候选人,最后提及国民党表示民社党如能赞助孙科出任副总统,则立法院院长将让予张君劢。

(4)关于进行改组各地总支部成立各地省党部,应如何完成案。决议:令组织部赶速办理。

(5)关于革新派联络民盟滥自成立台湾省党部,应如何应付案。决议:去函警告限令非法之台湾省党部,即日撤销。

二、北平总支部派系纷争

民社党北平总部党员,月前曾酝酿分裂,惟自该部委员张仲宣由沪出席该党首届全国代表大会返平转达该党主席张君劢慰勉之辞后,情况又稍好转,一般党员似已舍弃过去激烈主张,转取缓和步骤。缘该支部各委员间,貌合神离已非一日,尤以品类不齐,背景不同,莫不各为私人打算,现该支部内在派系约略可分:(1)汤芗铭系(即汤住心),由王雅陔领导,张国桢、曹屏藩等为辅,但以思想落伍,缺乏领导能力,无大作为;(2)石志泉系,此派较有力量,与张君劢发生直接关系,对北平总支部虽不满意,但不愿首先发难,现正等待时机;(3)张仲宣系此派拥有相当潜势力,张本人又有领导才干,且抱相当野心,无如在党内资格较浅,与张君劢无直接关系,然彼实握有多数党员,为今后该党足堪注意之人物;(4)杨擎天系,该派纯为投机分子,任何人均可合作,亦均能对立,其着眼点,全以与本身是否有利为依归。以上为该支部之四大派系,其中,□石志泉、张仲宣尚无接近,亦未交恶,该二人对汤住心系之王雅陔均甚不满,目前正传汤将来平刷新调整现有人事组织,惟如不能获合理解决,则石志泉、张仲宣等,将联合党员发动倒曹屏藩、张国桢运动(亦即倒王雅陔之先声)。

三、在贵阳之活动

民社党贵州省支部主委杨汉扬,曾赴沪与该党领袖张君劢商洽在贵州设一企业或金融机构,以作该党在贵州方面之经济基础,并解决一部分党员之职业问题,曾经张氏采纳,现已由该党驻黔委员胡德渊与贵阳聚康银行总经理孙蕴奇洽商,拟以三十亿元承顶该行名义与一切财产,并邀孙蕴奇参加该党活动。进行结果,颇有成功可能,近因孙蕴奇赴沪汉等处视察各该地分行业务,杨汉扬已嘱其就便往访张君劢,洽商此事,一俟孙、张二人商谈妥当,即可决定。

四、在绥远之活动

民社党绥远省党部,近召开常务会议,出席者元柏香、郭连荫、阎继璇、杜思恭、陈楷、朱秉温等人,其余常委均未出席。讨论决议事项如下:(1)扩大吸收党员,各委员以及现有之党员,均须个别推介亲戚朋友入党;(2)电请中央党部拨发经费并印制党证;(3)杜思恭、童济人草拟之党员须知初稿,先请元柏香核阅后,再付印,发给时按实价收费。

五、对各地总支部之指示

该党中央总支部近对各地总支部指示如下:

(1)已成立之总支部支部,一律改称为省市县区党部,省市党部执委名额最高不得超过二十一人。

(2)新党员登记重质不重量,须于各阶层起领导作用,申请入党时,事先应由介绍人签请省市党部主委核准,再派组织处同仁前往约谈,认为够得上水准者,再由申请人亲至该省市党部办理入党手续。

(3)未成立总支部之各省市所有前派之党务筹组人员,一律无效,须由中央或省市党部委员签呈中央党部介绍,不问新旧人员,均须经中央加派,方得有效,否则中央不负保护责任,各地筹备委员会,筹备期间不得超过两个月。

(3)党派活动专报第二十六号(11月30日)

民社党在各地之活动

一、南京市党部内部分析

民社党南京市党部基层实力,刘光化派约占四分之二,谭开云派约占四分之一,刘蛰公派约占四分之一,壁垒分明,不相调和,自蒋匀田调任京市党部主任委员,一般基层人员,均知蒋匀田操纵跋扈狡猾难信,深感有团结一致之必要。各支部主委朱嵩寿、石学鸿、孔君畏、刘毅等三十余人,设宴欢送谭开云、刘光化,而不同时欢迎蒋匀田者,即图将旧有力量融和一体,以窥蒋匀田之作风,现除刘蛰公之力量仍旧保存外,余如刘光化、谭开云之力量均转中立派之孔君畏、石学鸿二人。

二、在四川各地之活动

（1）省党部工作分配——民社党川省党部于十月五日假蓉市白云寺街甘焘宅召开改选后之第一次执监委联席会议，决议要案如下：① 在大选每周星期六午后一时假文庙前街赵季珊处举行执监联席会；② 省党部选举落选之沙铁帆、吴绍东等提请中央直接遴选为执监委员；③ 推赵季珊为秘书长主持省党部选务，朱守一、甘焘为组织处正副处长，柯仲生、舒鹏遐为宣传处正副处长，马秋帆、廖瞩飞为社会处正副处长；④ 推选李思纯为政务委员；⑤ 成立四川民社党选举合作委员会，由李思纯、柯仲生、舒鹏遐、黄昌烈、苏俊生等为筹备人（按此会目的在于拉拢张烈邦方面提出之竞选人及联络各县选委用收达成协议一致之效）。

（2）自贡活动情况——自贡市民社党罗师佛，于十月五日在自贡广济火柴厂，宴请贡井仁字袍哥同仁社分子一百九十余人，席中罗称本人奉民社党中央党部命回并竞选国大，决不似其他竞选国大者，图发财不惜出卖全市民意，图升官借此机会镀镀金，以便交欢上级大员，本人决不作以上两种代表，定能作各位理想的代表，复于六日藉票盐同业公会名义，召开会员大会，举行秋季聚餐以作其竞选国大。

（3）罗江活动情况——罗江县民社党重要分子林涵一为罗江人。该县参议员，尹镜亚为隆昌县人。前任罗江县府军事科长，现虽离职仍住罗江渠之未婚妻范姓家中。王炯民为罗江人，退伍军人，罗江选举事务所委员。黄丕臣为罗江人，失意政客，曾任县长职务。沈福星为罗江人，彼等决在罗江各阶层吸收党员，由林涵一负责主持。王炯民吸收帮会分子，沈福星、尹镜亚两人担负宣传，及往返成都与各地接头等项责任，刻已展开工作，林涵一、黄丕臣二人在行政教育方面，已吸收少数党员，王炯民在罗江哥老会中亦吸收数十名，尹镜亚并赴蓉，向上级请示办理罗江民社党务事宜，渠等之用意，系把握罗江选举票，支持林涵一竞选国大代表。

三、在东北各地之活动

（1）安东活动情况——民社党安东省党部主任委员王友全（系该党中委东北负责人之一，为李星恒派，亦即所谓正统派）海城人，东大肄业，沦陷期间，于安东经营铁工厂，兼任地方分区长，光复后任安东爱国先锋团团董，异常活跃，去年并曾任安东旅沈同乡会会长，现在沈阳经营成城公司。委员金绍贤、潘正基均为该党中委东北负责人之一，与冯宜吾有密切关系。潘某为安东市人，日帝大毕业，曾任伪满要职，共匪盘据时，亦曾任安东市府要职，接收后，任安东市府民政股长，善投机。金某为安东人，曾去后方，光复后任东北房地产管理局副局长，金、潘现均任辽东学院教授。金绍贤、潘正基近已介绍洪纪庚、袁华东、陈品一等加入该党，彼等均安东土豪劣绅。洪为安东市人，曾任伪满上校队长，及回民部队职盛极一时，现任辽北省政府参议，为安东省有数财阀。袁安东县人，事变前曾从事警政工作极为活跃，光复后曾任安东市府参事，为市长包景华之亲信，后假包及潘正基之力量，当选商会常务理事及市参议员。

（2）吉林活动情况——民社党吉林省筹备委员会主任委员刘明悦（现任吉林地方法院院长）在长春筹设民社党办事处，并召开会议，参加会议者约卅人，筹组长春市支部，经选出刘明悦等七人担任该支部委员，并分设组织、推动、劝募等三组，决定俟在沈之中委王伯康抵长后，增加筹备委员至十五人，然后正式开始活动。

四、在徐州之活动

民社党在徐州所主办之中国联众通讯社徐州办事处，于十月二十日在徐州下洪村十二号正式成立，主任王春山分函各机关协助。该党现派岳震霆为江苏省第七选举区事务所选举委员，办理选举事务，已到徐布置该党活动事宜。该党又派朱天生、徐公维等主持徐州党务，已发展党员数十人，前任徐州地方法院院长仲汉桢亦参加,准备于十一月底正式成立徐州市党部。

五、在安庆之活动

民社党安庆支部主委刘恕安,副主委兼组训组长江汝汉,委员兼秘书俞澎,委员兼社会组长刘英,委员兼宣传组长陈孝述,委员华培基、汪馥之、杨竹清,财委会主委许子会,委员曹庆藩、王宥凡。该部各专辖区负责人安庆为刘英、汪魁山、章树青、江筱波,东流负责人为陈杰,石牌负责人为姜素华、刘宗武,高河埠负责人为董禽,岳西负责人为华培基。

六、在云南之活动

民社党云南省党部自本年九月三日在昆明正式成立后,对于工作积极展开,主任委员冯子钧,亲赴各县视察,指导各县党部之成立,现已成立党部者,计有昆阳、玉溪、开远等三十余县。至省党部内部组织,分组织、宣传、妇女、社会等四处及研究委员会。其主要人员计执委(即省委)有冯子钧、李少华、郭佩之、萧益斋(蓁)、沈元镇(静安)、景士奎、朱竞、胡忠舜、邓泰坤、沈嵝卿、杨德清、朱和安、文杰(候补执委)等十三人;监委有李吟秋、冯子玉、潘鸿图、王澄、张文澄、戴锡琨、王裕如(候补)、杨文安(候补)等八人;政务委员会由吟秋负责,组织处长杨德清,妇女处长朱竞,社会处长沈嵝卿,宣传处长朱和安,其余办公人员共有二十人左右。该党吸收党员照规定新党员须有二人以上党员之介绍,经该党认为思想纯洁,意志坚定者方可加入,如无介绍人亦可自行报告,本重质不重量之原则,目前该党在滇已有两万人左右,以滇西昆明籍人占多数,其分子分布于社会各阶层。

〔国民党党务机关档案〕

7. 国民党中央联秘处关于民社党各地党部派系斗争等情况专报

(1948年2—6月)

(1) 党派活动专报第二期(2月×日)

民社党在各地之动态

一、京市党部纠纷未已

民社党代理主席徐傅霖近在其私宅召开中央常会，专门讨论该党南京市党部各支部主委联谊会呈请中常会主持公道之报告。当时蒋匀田极力反对，并向各到会人声明谓：彼既奉中央党部之命令，对市党部应兴应革等事务，应有全权处理，中常会不应有所讨论或参加意见，所有调整党务之办法均已拟定，故彼望中常会停止讨论及不支持京市各支部主委之要求。惟徐氏答复称：中常会并非自愿多事，为顾及党之前途与信誉，不得不予过问。当时与会人员以徐之意见为然，决定派金龙章、杨光扬、张仲友、刘中一等四人居间调处，以免再度发生不幸事件，并力劝蒋匀田在民社党主席张君劢氏出国期间，一切应忍让，不可使事件恶化。蒋匀田经徐氏等劝说后，始允容纳三分之一支部，其余仍须办理手续，否则根本不承认党籍。惟经各调解人调处后，仍难解决，蒋匀田乃决定断然执行原定计划，以南京特别市党部名义在《中央日报》登载启事，通告党员携带证件前往登记。而反对蒋匀田者，则以京市各支部联谊会名义登报，否认蒋之市党部。负责调解之金龙章四人遂亦居中调解。反蒋派支部主委刘蛰公、刘毅、马予、金崇轩等决定在不分党不离党及爱党护党之立场，誓与蒋匀田斗争到底，决不中途妥协。并于元月十九日晚八时假南京琵琶巷廿六号召开第四次支部联席会议，计到丁超然、马予、刘蛰公、刘毅、任矞、张伯英、吴养公、刘梦九、曾英、杨侠魂、张静知、庞杰、谢榕、采良帆等十余人，由丁超然主席，经讨论决议如次：

(1)为使全国及海内外各级党部明了京市党务纠纷真象起见,决定通电全国及海内外各级党部,电稿推由马予、刘蛰公、任鼐、张伯英四同仁起草。

(2)为使京市党务纠纷经过事实公诸社会,并争取社会舆论同情起见,决定定期招待中外新闻记者及向海内外广播,推由丁超然、刘毅、陈维义、杨侠魂、刘梦九、金崇轩、孙兼臣、谢蓉、张静知等九同仁负责办理。

(3)为拥护党章,争取党权,使京市党员坚定爱党信念起见,决定发表告全体党员书,推由吴养公、采良帆、刘梦九、曾英等四同仁起草。

(4)定期召开全京市党员代表大会,改组南京市党部,电请中央总部派员指导,并柬请在京中委莅临,及通知各支部推派代表出席会议,大会日期另订。

二、组织干部联谊会

民社党川省主委候选人江志道,在重庆李子坝三江村宴请民社党干部曾光倩、陈志标、徐性坚、高锦章等,藉此发起组织民社干部联谊会,并推张烈邦、江志道、徐性坚、曾光倩、高锦章、王治隆、陈志齐等为发起人,邀集该党在川国大代表、立法委员、省县参议员、各级党部负责人为会员,俾联谊会成立后为西南党务之设计机构。当推定曾光倩、陈志齐、高锦章三人负责筹备,并由张烈邦捐二百万元,徐性坚等各捐五十万元,其余未捐现款者,决定参加五千万元之储蓄会,预计基本金为一亿元,经常费三百万元。

三、筹组中庸新闻社

民社党四川省党部决定在蓉市筹组"中庸新闻社",定于三十七年元月发稿,内部人事如下:发行人为朱荫久,社长张政信,副社长赵森樵(赵系四川省政府民政厅职员),经理彭先逸,编辑主任罗洪智,秘书兼采访主任刘汉辉,资料室周梦熊、王鹏俊(王系大邑税捐处会计主任)。社址暂设古中市街(前大中日报隔壁)。

四、绥远省竞选提名起纠纷

民社党绥远省党部曾经先后召开全体委员及党员联席会议，决议推选朱英、安玉山、马级三、章济人、朱秉温、魏世有、陈楷、郭连荫、杜思恭、杨凌云等十人为国大代表候选人，石寄圃为监委候选人，阎继璈为立委候选人，并推定安玉山、马级三、魏世有四人参加绥省参会。殊该党省选举委员元柏香以受陈世华贿赂五百万元后，将陈楷改为陈世华呈报上级，至国大代表发表时陈楷无名。元香柏又授意其干部李泽生，为其孙在天津举行弥月庆贺，规定被推荐之国代立、监委每人馈廿万元，省参议员十万，县市选委十万，经众反对，要求不遂，乃于去年十一月间私自电呈该党中央，改元本人为监委候选人，参议员名单中除魏世有、马级三二人外，亦将其余两名除去，又私改其本人为参议员。因此引起该党绥省多数分子之不满。元月四日该党绥远省党部以全体执监委员会及全省党员名义，向该党中央控告元柏香贪污违法及其受贿情形。

五、重庆遴选参议员起纠纷

重庆大东宾馆经理仁字袍哥大爷李孟凡，经民社党员周命新介绍加入该党，李并默允以三千万元捐助该党而求提名为市参议员。自政府公布后，该党渝支部即向李积极索款；同时该党提名之参议员同心银行总稽核王桂华，复于去年十二月廿一日在该党高干联谊会时公开追收李款，李认为有辱其声誉地位，更以周命新本人请求党方提名未遂，乃促李脱党。几经周折，李始登报声明，放弃参议员席位及脱离民社党；复于本年一月十日，将民社党所发指令及民、青两党合作竞选名额分配表、遴选参议员证书等件退交民社党渝支部秘书处。现该党以参议员缺额提补困难，一月十日由该市委龚琳琲、荣汝霖等至李孟凡处，劝彼出席市参议会及不退党，但李孟凡避而不见。

(2)党派活动专报第三号(3月×日)

民社党各地党务之纠纷

一、南京市党部之纠纷

民社党南京市党部主委蒋匀田,因把持京市党务以致引起该党京市各支部之反对,并组织支部联谊会,曾招待记者,发布通电公开反对,并准备召开代表大会,另成立南京市党部。蒋匀田于获悉反对派此项举措后,即以私人资格授意该党中央委员朱亚雄等,分向反对派刘蛰公、马予、谢蓉等解释,一面并于召开第二次执监委员联席会议时提出讨论,决定:(1)刘蛰公、刘毅等非法组织支部联谊会,交监委会处理,报请中央惩戒(监委会推朱亚雄为召集人);(2)对谭开云之出面调解,予以接受,推须刘蛰公等履行登记手续。冀以软硬兼施手段,消弥此一纠纷,现反对刘蛰公等见蒋匀田既已有所表示,故决对原定代表大会暂缓召开,以观究竟。

二、绥远省党部之纠纷

(甲)纠纷原因

民社党绥远省党部,自元柏香负责筹备成立后,即发生纠纷,其原因如下:

(1)人事不健全——该省党部领导人元柏香系天津人,保定军官速成班毕业,曾任陈树藩部团长,因贩运毒品被撤职查办判处徒刑二年六个月,出狱后匿津经商,于三十六年参加民社党,以金钱活动获派绥远省选所委员,并负责党务,既无政治认识又乏工作经验且贪婪成性,毫无人格。主任委员郭连荫,不学无术,因贩运毒品致富,卅年破案被捕,判处徒刑五年后越狱潜逃,此次充任该党绥省主委,亦纯以金钱活动得来。其他各委员如阎继璇、安兆麟、丁一峰等,皆以猎取名利为目的,并无一人以信仰而从事党务者。

(2)党员成分复杂——该党绥省党部党员人数据其对外宣称有一千余人,实际不足四百人,皆为跨党分子、失意军人、政客及中下层投机分子,党员入党只经宣誓手续,即算正式党员,平时与党毫无联系,权利既属渺茫,义务亦尽推卸,形成貌合神离精神涣散。

(3)经费拮据——该省党部自筹备迄至成立所有经费,全由郭连荫独立支持,其后郭连荫与元柏香互争权利,郭连荫随即离绥,以致经费来源枯竭,无法活动。

(4)组织松弛——按该党党章规定,应由小组进而为区分部、市县党处部,而省党部,目前各市县支部小组及区分部全未建立,仅空有省党部名义而已,对于各项工作多不负责任,每星期常务例会,初则尚有一部分委员出席,讨论几件普通事件,议而不决,决而不行,现此种形式集合,亦无一□停顿。

(乙)纠纷经过

(1)元柏香与郭连荫互争主任委员——民社党绥省党部成立之初,决定省党部主委为郭连荫,省参议员为马级三,其后元柏香竟将郭、马二人名为撤换,全改为元本人兼任,以致党内人员群起反对,尤以郭连荫痛恨异常,一面联络各党员反对元柏香非法专横,一面赴平晤胡海门,陈述原委,并表示如不获主委,决定宣布该党种种不民主事实,及元某卑劣不法行为,并领导绥省党员全体脱党。后经胡海门调停,维持原议,元柏香见形势不利,佯为允诺,此事乃暂告平息。

(2)立监委候选人提名之争——该党绥省立法委员候选人,原决定为阎继璈,监委候选人为石寄圃。讵该党中央来电指定元柏香为立监委候选人,阎、石当即向元提出质询,元答允代为电请中央更正。其后元即藉因公离绥赴京机会,以路费不足为词,向该党国大代表及立监委候选人,各索贿五百万元及一千万元不等,除该党绥省国代候选人陈楷及常龄二人,各暗送五百万元外,余均一致予以拒绝。

(3)绥省党员一致反对元柏香——三十六年十二月初,绥省党部接获该党中央总选所电令,绥远立监委统让予青年党之杜羮孔及柴亲礼,国大代表原提名候选人十名,结果仅由该党中央指定郭连荫、杨凌云二人。石寄圃、阎继璈等接得此项电令后,继定此事完全由元柏香一人从中作祟,故特于元氏返绥后,召开会议,即席提出严重质询。元柏香当时诿推不知,并拒不答复,会议遂不欢而散。会后该石阎等发动成立"绥远民社党护党驱元委员会",计划筹款印制反元柏香宣言,展开护党活动。

三、贵州省支部之纠纷

(甲)纠纷起因

民社党贵州省支部系该党杨汉扬,于卅五年在黔筹组,当时仅有杨之同学朱穆、潘墀、许一中等数人加入,并未公开活动。嗣有杨怡如者(系早年加入国社党与张君劢熟稔)与杨取得联络同谋活动,乃由杨怡如介绍渠元、杨雨生(贵阳人,曾任王家烈部下军职)加入。杨雨生鉴于杨汉扬等之声望地位,均不足以号召,转游说谢汝霖,欲拥谢为该党黔省领袖,惟谢汝霖为人谨慎,当以未悉该党内容,故虽允加入,但不肯负任何名义,对于以其个人声望号召展开该党黔省党务一节,更严加拒绝。于是杨雨生又游说胡德渊(贵阳人,曾任王家烈之副官长及黔省警察厅长),胡允加入,惟不愿位居杨汉扬之下为条件,经杨雨生从中商洽,乃由杨汉扬报请该党中央任胡为贵州省第二支部主委。胡既获此名衔,乃开始从事活动。旋因杨汉扬由该党中央提名为参政员,须赴京出席会议,又将渠所负责之支部委胡代理,胡见有机可乘,即大量征集党员,希图独霸,该党黔省党务,杨胡摩擦于兹开始。

(乙)派系斗争情形

(1)省党部主任委员之争——胡德渊乘杨汉扬留沪期间,积极吸收党员至二千人,适该党在沪召开第一次全国代表大会,胡遂商请谢汝霖、杨雨生、赵德生、周匡时等为委员,正式成立第二支部,报请该党中央备案,并将党务上有关文件携赴上上海出席该党全□代□大会,经各方活动,颇得该党党魁张君劢之赞许,允予以贵州党务领导权,俟改组省党部时,即发表胡为黔省党部主任委员。胡得渊得此结果,欣然返黔布置改组事宜,对杨汉扬之亲信朱穆等乃各凑川资汇沪,催杨汉扬返黔,杨返黔后,即以总支部秘书处名义撤销胡之第二支部,胡拒不接受,并向该党中央提出控诉。

(2) 国大代表候选人提名之争——国大代表候选人提名,该党中央因杨、胡二人均为贵州党务负责人,且二人同为该党中委,胡同时发送电文一份,原冀杨、胡协商后提出统一名单,讵杨、胡互不商议,各将名单径寄上海该党总部。杨汉扬之亲信朱穆等,恐杨所提者被黜,于是又集资供杨赴沪活动,结果杨大获胜利,黔省国大代表候选人,均依杨所提者发表。胡在失败之余,即以杨所提候选人九十九不属黔省籍而大肆攻击。

(3) 立法委员候选人提名之争——立法委员候选人提名,杨汉扬提朱峋,胡德渊提胡及杨怡如二人,经杨(怡如)、胡二人通力合作,多方活动,始得该党中央电告照准,向政府提名,列为贵州省立法委员候选人。胡即四出活动选票,杨汉扬对此颇表不服,即嘱吴兆祥等以胡吸贩毒品嫌疑向警局密控。经黔省省会警察局派刑事警察至胡宅严密搜查,于其同一院落胡弟之住所楼上,检出破旧烟具数件,当将胡德渊兄弟二人一并带局拘押三月后,移送贵阳地方法院审理,经法院开侦查庭后交保,后经检验无瘾乃予不起诉处分,是以胡、杨二派对立,已至水火不容之势。

(丙)谢汝霖派之企图

谢汝霖任该党黔省党员中,声誉及社会地位较高,虽与胡德渊相交甚久,但素不齿胡之为人,尤不愿屈居胡、杨之下,故对胡、杨之斗争,除暗中尽量播弄外,并尽量运用各种关系,使贵州党政各界对杨派施以压力,使杨汉扬在黔不能立足,极力促成胡之立法委员成功,使胡离黔利用与该党有关系人物,向该党中央反映胡、杨斗争情形,间接打击胡、杨二派,坐收渔人之利,以达控制该党黔省党务之目的。

四、江西省党部之纠纷

(甲）内讧原因

民社党江西省支部,原设赣县,迨三十六年十一月,始迁南昌,由高铚为主任委员,饶伯午为书记长,张建东、高锃、刘寿元、张玉民、殷慕萍等五人为委员。因主委高铚现任资源委员会江西特矿管理处科长,委员张玉民、殷慕萍服务赣县中学,均常驻赣县,故该党江西支部向不举行会议,亦不推行工作,支部事务悉交由书记长饶伯午代行,但实权全操诸委员高锃(高铚之兄)之手。此种情形,深为一般非高派之党员所不满。

（乙）省党部筹备委员会主委之争

民社党江西省支部党员中,有李才彬者(江西兴国人,留日学生,曾任江西省立工专校长),领导有大批党员,自成一派。该李在参加民社党后,即赴上海与该党主席及各重要分子联络,活动结果,经该党提名为江西立法委员候选人。李并向该党徐傅霖、戢翼翘等活动,下令改组江西支部,为江西省党部筹备会,由李出任筹备主任委员,原任支部主委高铚等均改派为筹备委员,另由李保荐十三人为委员。

高铚于接获改组之命令后,即来南昌召开干部会议,计到杨大膺、陈显礼、杨天涛、傅文中、潘维岳、戴之彦、王澈清、聂振培、韩拔群、裘今宸、唐斌、高克正、张鹏九、陈德、高今民、邹紫常、张建东、饶伯午、高铚、车乘华、张仲符、汪国晃、倪作舟等二十三人。开会后首由饶伯午报告开会意义,继由汪国晃发表攻击李才彬言论,旋即讨论决定：

（1）江西省党部筹委会主委,以胡静如、高温两同仁最为确当,即电请中央就胡静如、高温两同仁中指定一人为筹委会主委,若中央认为有考虑之必要,则请从缓成立,仍以江西支部为本省党务最高机构,负责筹备省党部。

（2）请中央委员杨大膺向中央转达本部意见。

（3）关于经费依据与会各同仁经济状况自由认捐。

(4).党章政治路线入党等亟须翻印,估价后即在捐款中开支。

五、四川省党部之纠纷

民社党四川省党部内部派系争执日烈,如郑邦达派、县训派、张右龙派、柯仲生派、赵(季珊)朱(守一)宋(孔征)等派,目前为夺取该党省部执监委员及各处长职务,明争暗斗,无时或已。主委张凌高,因难以统率,至为消极,虽一再调解,亦无结果。最近张右龙、郑邦达、朱守一等协商结果,始将人事决定,汇电该党中央。柯仲生等,为争权势,颇受张右龙等之打击,极为愤懑,因之与张貌合神离,到处造谣中伤。关于县训派人物,亦因争夺执监委员失望,乃向赵季珊方面旧有关呼吁团结。而该党为罗致各方人才计,乃一再筹商,决定除各处外,并增设政务、财务、设计、文化、党务督导、党务审核顾问、妇女等八个委员会,其人事仍由张佑龙、郑邦达、朱守一商谈决定。兹将执监委员及各处会负责人调查如下:主委张凌高,执委兼秘书张右龙,执委兼组织处长朱守一,执委兼社会处长吴毅侯,执委兼宣传处长柯仲生,执委兼总务处长杨经西,执委兼妇女处长张振华,执委闵西如、罗师佛、罗永杨、廖鹏飞、晏天午、古伯五、刘国镛、甘熹、汪咏龙、马秋帆、宋时仙、陶公若、苏俊生、舒适遐,监委李思纯、刘公藩、罗泽洲、刘汉升、尤继等。

六、福建省党部之纠纷

民社党在福建之活动,始于该党分子许绍珊返闽后多方拉拢,乃于三十六年十月十五日在福州南台百货公会内,召开第一次代表大会,正式成立该党福建省党部:下分秘书、总务、财务、组织、宣传、农委会、文化、教育等六部门,并推选许绍珊、叶广麟、林观建、林浩然、杨伯祥、叶云绅等七人为委员。对筹备最出力、介绍人员最多之郑光远、傅一震二人仅给以一财务组长名义,郑、傅二人于心不甘,乃拉拢与彼二人关系密切之福建学院出身之党员结为一派,叶广麟亦拉拢厦门大学干部,林观建亦联合大夏大学同学为对抗。事为许绍珊得悉,乃增加委员名额为十七人,候补执委四人,监委员五人,复召开代表大会,改选结果,郑光远、傅一震二人仍未当选,而新进之杨柏祥等仍当选为委员,因此郑、傅二人,乃率一批福建学院同学脱离民社党而转入青年党。

综合上述,可知民社党各省市党部几无处不生纠纷,而且纠纷愈演愈烈。究其原因实因该党为参加政府需人太多,遂在各地普设党部,滥收党员,举凡失意军人、政客、汉奸流氓,无不趋之若鹜,以致分子复杂,无法统驭,在组织上原无基础,一旦大加扩张,必然造成"恶性膨胀"。该党为装璜门面,招收党员,愈多愈好,大有来者不拒之势。而入党者亦以求官或提名竞选为目的,更有经济汉奸为富商一类人物,以金钱换取位置,若有所恃,致使上级党部不能统驭下级,下级党部不服从上级,各地之纠纷,一波未平,一波又起,该党中央总部亦从无妥善解决办法,因此威信已丧失殆尽,何况尚有革新派与之对立。总之,该党目前虽幸获参加政府,前途亦未可乐观。

(3)党派活动专报第四号(4月 日)

民社党最近之活动

一、蒋匀田对副总统人选之表示

蒋主席为我国现任之元首,德高望重,本党决一致拥护,其当选为第一任大总统,至副总统一席理应让与其他党派,以期实现民主政治。若仍由其一党把持,本党决不同意,如由国民党外人士出任,则青年党曾琦虽有声望,但其一向多病,恐不能胜任愉快,本党主席张君劢先生,实为最理想之人选,张先生现在美国讲学,美国朝野均对其重视,若以张先生之法学知识,勷助蒋主席,则中国政治必有一新进展。因此副总统一席最好先行协商,以免将来引起三党不快之纠纷。

二、元老派集议打击蒋匀田之办法

民社党元老派徐傅霖、戢翼翘、胡海门等,近因不满蒋匀田之

跋扈与扩张权势之活动,曾秘密集议多次,拟予以打击,现已决定办法如次:

(1)上书该党主席张君劢,详陈蒋在党内不尊重组织之跋扈情形,并请求加以制止。

(2)以中常会名义通过议决案,以宣传部长徐傅霖为中央正式发言人,以胡海门为南京地区发言人,以取消蒋之发言权。

(3)透过组织部正副部长戢翼翘、程缉之之关系,控制各地方党部,打击蒋之小派系中人物,并防止其发展。

(4)怂恿党内少壮派内之反蒋分子积极活动,予蒋以多方牵制。

三、天津市党部成立经过:

民社党天津市党部前由该党蒯超、元柏香、段骏良等分别筹备成立,各自为政,致纠葛已久。最近获得协议于二月廿五日正式成立该党天津市党部,由该党中央指派北平曹屏藩出席指导,经选举段骏良为主任委员,石蓝田为书记长,沈伯任、孙嘉彦、王裕仁、孙英伯、刘志鸿、李杰三、郑晓帆、李葆桢、赵宝序、韩志杰、曹有义、李洪岳、蔡端儒、曹世芝、王儒林、王文铎、崔世恩等为执行委员,赵光远、陈文源、潘振华、葛敬新、王敬玺为候补执行委员,裘世廉为首席监察委员,朱瀛山、翁原庆、石松亭、赵城瑞、王真、刘紫垣、王瑞、马候侣、王子周为监察委员,王介三、刘宁愚为候补监察委员。

四、广西省党部改组经过

民社党广西省党部,原系由该党廖竞存筹备,于卅六年八月成立后,廖出国赴美,所有该党桂省党务交由廖葛民代理。讵廖葛民代理主委后,野心勃起,即派员四出活动,大量吸收党员,培植势力,卒于二月中实行改组,廖葛民正式被选任为广西省党主任委员,覃建芳、廖竞存、成炳南、徐康泰、高吉人、余乃经、王啸、高国材、唐自我、陈春源等为执行委员,赖昆山、朱幼光、陆虬瑞、马显谟为候补执行委员,黎达城、李逸露、廖任夫、王彝、唐德泗等为监察委员,蒋世贤、罗云为候补监察委员。

五、广东省党部成立第九督导区

民社党广东省党部,近在琼崖成立第九督导区区党部,由王梦云为主任委员,龙道孔为副主任委员,吴正夫为书记长,韩灼华为组织处长,王道棠为宣传处长,林明伦、王才、钟玉书、刘继桓、王中兴、金毓祥、陈畴游、尚文、王业勤、王茂兴、王梦燕等为委员。

六、福建各县市之发展

(1)民社党福州市党部,由许绍玥负责指导成立,叶云绅任主任委员,王羽(即王华锬)、薛一平、张斌、陆杰等任委员,现正积极展开活动。

(2)民社党林森县县党部,由潘正(即潘蔚青)筹备成立,潘自任主委,由林丈文、陈尊行(陈幼钦)、许贞铨、朱石夫(即朱立成)等为委员。

(3)民社党福安县县党部,现在正由该党关东特派员林苇负责筹备,已聘定林农(福州人,金陵大学毕业,现任白砂农职校教务主任)、林守端(福州人,现任直接税局会计主任)、缪伟(年廿四岁,闽省立三都中学毕业)、王元璋(福安人,廿五岁,省立穆阳师范毕业,现任实岐中心小学校长)等为筹备委员,现正积极吸收党员,筹备正式成立中。

(4)民社党连江县由卢先仰(连江县政府科员)负责筹备,并聘定陈有勋、陈益卿、谢方谆、湛克辉、黄金和等为筹备委员,拟在连江县属之鳌江丹阳象夏琯头等乡设立区分部,但为该县民社党员游开平、陈哲松(连江县教育科长)、陈有勋(县立鳌东校长)等所反对,目下游陈等正从事大量吸收教育界人士,拟另筹成立连江县党部,与卢等对抗。

(4)党派专报第五号(5月　日)

一、四川省党部之活动

民社党四川省党部近召开会议,重要报告及决议如下:(1)中央党部来电谓:此次参政可望得一院二部或三部,工作人员可预备简历送中央党部;(2)主委张凌高、主任秘书杨绍西奉召晋京述职期间,职务由副处长廖鹏飞暂代;(3)四川及西南各省区党务,奉令由张凌高任西南督导员;(4)今后党务处发展应严密基层组织,出版周刊、月报,以广宣传,并尽先参加民意金融新闻等机构,力争四川教育厅,请以张凌高担任以便安插省党部科秘人员(张氏颇得张君劢之信任,该党西南党务均系张凌高督导,现西康省党部筹备主委由张推荐建国问题研究会之闵锡如前往负责,闻该党中央党部已复电照准);(5)由省党部电请中央党部拥护张出任教厅厅长。

二、湖南省党部之纠纷

民社党湖南省党务,自民国卅五年冬至卅六年四月为地下活动时期,负责工作者为颜其闿、文志杰、吴炳华三人。去年五月该党中央发表向构父到湘主持党务,颜、文等与向意见不合,向为稳固自己势力,遂呈请该党中央,委派黄用中、张超、周世升、王启人、向贤荣、连懿伯、陈有觐等七人为湖南党务筹备委员,成立湖南党务筹备委员会,颜其闿等以向构父滥用私人,喧宾夺主,大不满意遂向中央总部控告向构父,呈请该党中央委派李光摸、高伯融、郭威廉、张仲谋、蒋绍葵等五人为湖南筹备委员,遂致形成颜派向派两大堡垒,颜在该党中央之背景为徐傅霖、蒋匀田,向则与张君劢有直接关系。

该党中央总部以向、颜斗争,影响党务,遂将何键之私人秘书萧中旦(即萧涵)发表为湖南党务书记长,并暂兼组织处长,藉资调处。但萧涵到湘后,亦即培植实力,以大懋银行为经济大本营,利用向、颜斗争机会,以原何键在湘之乙派分子及道路协会之干部为基干,企图假民社党招牌,使乙派干部替伏开展,以为布置将来在湘竞选省长之基本,并具有夺取民社党湘省主委之野心。向构父、颜其闾等发觉萧之阴谋,于是言归于好,共同抗萧。向、颜合作下,业将省党部筹备就绪,于本年二月一日正式成立省党部,所有执监委员亦经该党中央总部派定,至各县组织亦已委派负责人进行筹备云。

三、革新派内部起纠纷〔略〕

四、南京市党部执监委调查

民社党南京市党部纠纷业已平息,仍属蒋匀田派获胜,兹将其执监委员调查如下:

(1)执委兼主委蒋匀田,现任行政院政务委员,民社党中常委。

(2)执委兼组织处长朱嵩寿,现任资源委员会保险事务所秘书。

(3)执委兼组织处副处长许义均,现任金陵神学院编译。

(4)执委兼宣传处长周树声,现任中央饭店董事。

(5)执委兼副宣传处长孔君畏,现任南京市参议员,新闻记者。

(6)执委兼社会处长范叔寒,现业律师,南京市参议员。

(7)执委兼副社会处长石学鸿,现任京市参议员,京声通讯社社长(不发稿)。

(8)执委兼妇女处长陈家庆,国立政治大学及国立音专教授,民社党提名立委。

(9)执委兼副妇女处长吴荫华,现任教员。

(10)执委周云程,现任京市参议员、中国地产公司经理。

(11)执委崔毓俊,现任京大农学院教授。

(12)执委兼书记长曹念诚,民社党提名国大代表。

(13)执委刘炽畅,现无职业。

(14)监委兼召集人朱亚雄,现任国大筹委会秘书。

(15)监委何元甫,现任京市参议员,及黄埔被服厂经理。

(16)监委姚叔磐,现任京市参议员,中国地产公司副总经理。

(17)监委张仲友,现任水利部秘书。

(18) 监委杨浚明,现任行政院参事(民社党代理海外部长)。
(19) 监委叶绍华,无职业。

(5) 党派活动专报第六号(6月　日)
民社党最近在各地之活动
一、蒋匀田态度消极原因

民社党主席张君劢在未返国前,曾接获党内若干高级人士反对蒋匀田之信件,抨击蒋匀田提名国代立委时,私心太深,颇失公允。此等分子系与现在留欧之冯今白比较接近者。冯与蒋匀田同为张君劢之信任弟子,冯在未出国前即与蒋磨擦甚烈,冯亦拥有不少干部,过去能与蒋匀田对抗者仅冯一人。因此张君劢返国后,对蒋颇多责难,信任之程度亦较前降低,蒋虽极力主张不待立委问题解决,先行参加行宪政院,但遭该党多数之反对,因而蒋之政院政务委员亦不得不辞去,故蒋匀田近来态度颇消极,所主持之该党南京市党部虽已接收数月,仍无若何进展。

二、上海市党部改组经过

民社党上海市党部,于五月十六日下午三时在愚园路七四九弄卅一号召开各支部代表会,到会代表四十余人,由金龙章主席,其讨论各项列后:

(1) 讨论修正各区党部组织法及办事细则,呈请中央总部审核。

(2) 编组各分部及划分全市各区党部区域,推胡蒙、蒋永清负责办理。

(3) 编组各支部,并限一星期内造报党员名册。

(4) 推选市党部执行委员廿五人监察十四人。

执行委员为:金龙章、蒋作屏、瞿乃忠、张远清、徐润泉、蒋亨灏、陈述昆、黄孟刚、魏晋、赵锡雯、陈九如、姜福霖、毛家华、陈志良、张骥、李志慎、高永强、王培基、徐国伟、刘正明、张长、蒋持平、戴恩溥、陆赞君、王让,公推金龙章为主任委员。监察委员为:毛立羽、丘子佩、王君健、许建杰、王霈霆、朱念慈、申铭、陆炳塱、陆鸣伯、高君湘、姜维良、周文美、周斐杰、任正杰,公推毛立羽为常务监察委员。

〔国民党党务机关档案〕

8. 中国民主社会党中央总部关于解决各地党务纠纷办法函

(1948年7月22日)

中国民主社会党中央总部组织部函

组沪字第一一三四号

民国三十七年七月二十二日

查(37)沪中总组字第四一〇号党令,为鉴于各地党务科纠纠〔纷〕,订定解决办法四项,希各遵照,并转饬所属一体知照一案,系奉经主席指示办理。除令饬现有纠纷之机构遵照外,合行检发该项党令函请参考,藉资警惕为荷。

中国民主社会党组织部启

中国民主社会党中央总部党令

(卅七)沪中总组字第410号

民国卅七年七月廿二日

事由　为鉴于各地党务纠纷,订定解决办法四项,希各遵照,并转饬所属一体遵照为要由。

　　令东北筹委会

　　查本党各级地方党部,自先后筹组成立以来,得以顺利推进者固属不少,然因内部人事不调协发生纠纷窒碍进行者亦属孔多,稍有不合，即便交相诟病，函电中央；尤有甚者，乃至发泄私忿，互相倾轧，言之实堪痛心。对人无容忍精神，对事不求法理，各逞一己之私，或违众人公意，如此作风，实非吾党人所应有。际此战乱方殷，民不聊生之时，吾人集志同者之全力，尚不足以挽救危亡于万一，况乎新组之初，基础未固，即有此权利之争，谋植私人羽翼之情形发生，用心何在？百思莫解。或谓爱党，或谓健全组织。若以理性为出发，互相尊重，互相忍让，自己反省，自己检讨，则无不可解决之问题，何至造成纷争，使党务停滞。有志者裹足不前，投机者乘隙而动，即违当初接收委托之诚，更负同仁今日仰望之□，内之不睦，即为外人所轻视，宁不惧哉！

吾人今曰：办党要在组织群众，宣传主义，俾能发挥集体力量，以求国是。兹按照历次纠纷情形，订定解决党务纠纷办法如次：

（一）各级党部有纠纷者，在纠纷未解决期内，其上级党部与之停止文件往还，并令其暂行停止一切活动。

（二）纠纷之解决，除由上级党部处理外，应自动招集全体执监委员及纠纷当事人员举行检讨会议，开诚提出意见所决公意。

（三）如已获得合理解决办法，应由全体签名，并附送会议记录及决议案呈核。

（四）如两个月内纠纷仍不得解决者，除参加检讨会之全体执监委员申明理由签请延期外，即依据总章第七章第四十一条之规定，予以解散或改组。

上列四项办法，至期能以养成吾党人之自肃自觉之精神，除分行外，合行令仰遵照，并转饬所属一体遵照为要！

此令

主席　张君劢

〔中国民主社会党档案〕

9. 中国民主社会党四川省党部请解决党务纠纷呈

(1948年9月9日)

中国民主社会党四川省党部呈　　容省秘字四一五号
　　　　　　　　　　　　　　　卅七年九月九日

窃凌高猥以驽材，谬邀宠遇，权主川中党务，瞬将一年于兹。溯自受命回川之初，适当人事纷争之际，行装甫卸，攻讦遽施，迭电恳辞，未蒙俞允，迫不获已，勉荷巨艰。当时本欲慎选贤能，藉资臂助，庶可步趋齐一，共赴事功。无如情势拘牵，不容自主。为使各方分子，冶为一炉，不惜忍辱负重，委曲求全，因之，所有正额及候补执监委员，暨各处处长人选，概系各方提出，转请照委。其间，如廖鹏飞、郑邦达、马秋帆、甘焘、傅迪光辈，或系凌高返川之日，首倡反对，备极丑诋之人，或为凌高就职以后，阳奉阴违，遇事要挟之流。然皆置诸心膂，假以事权。总期感之以诚，导之于正。初固不意其别具肺肝，终为厉阶也。以组织处而论，凌高何尝不知其关系重要，不能付托非人，故去年在沪之日，曾向钧座建言，拟以美国留学归来，曾任大学教授十五年之唐波澄，出任书记长，而以凌高相知较深，互信较笃之张右龙，出任组织处长，殊其后此议未行，乃以失守一，仍长组织，而于其职掌内，划出部分业务，另设审核委员会，以郑邦达为副主委。嗣朱返里，不及兼顾，又力荐廖鹏飞代之。自是廖郑二人沆瀣一气，狼狈为奸，弊窦丛生，纠纷四起。并于矇蔽要挟，径行舞弊之余，犹且暗假宋孔征、张烈邦两同仁之名，倒填年月，滥委筹委，制造对立，益滋纷扰（此种事实，前已于川组整字第三一一号及第三一七号文内具报在案）。尤可恨者，甚复暗中勾结少数，要求不遂，无端反噬之徒，如甘焘、文正林、傅迪光等，以其一手造成之纷乱，作为责备凌高之口实。半年以还，诪□为幻，波谲云诡，几无宁时。其为首之甘焘，烟癖甚深，声名素恶。去岁因邛崃田粮处长任内，交案不清，被粮食部清粮团，查拿未获，为求本党予以有不合，即便交相诟病，函电中央；尤有甚者，乃至发泄私忿，互相倾轧，言之实堪痛心。对人无容忍精神，对事不求法理，各逞一己之私，或违众人公意，如此作风，实非吾党人所应有。际此战乱方殷，民不聊生之时，吾人集志同者之全力，尚不足以挽救危亡于万一，况乎新组之初，基础未固，即有此权利之争，谋植私人羽翼之情形发生，用心何在？百思莫解。或谓爱党，或谓健全组织。若以理性为出发，互相尊重，互相忍让，自己反省，自己检讨，则无不可解决之问题，何至造成纷争，使党务停滞。有志者裹足不前，投机者乘隙而动，即违当初接收委托之诚，更负同仁今日仰望之□，内之不睦，即为外人所轻视，宁不惧哉！

吾人今日：办党要在组织群众，宣传主义，俾能发挥集体力量，以求国是。兹按照历次纠纷情形，订定解决党务纠纷办法如次：

（一）各级党部有纠纷者，在纠纷未解决期内，其上级党部与之停止文件往还，并令其暂行停止一切活动。

（二）纠纷之解决，除由上级党部处理外，应自动招集全体执监委员及纠纷当事人员举行检讨会议，开诚提出意见所决公意。

（三）如已获得合理解决办法，应由全体签名，并附送会议记录及决议案呈核。

（四）如两个月内纠纷仍不得解决者，除参加检讨会之全体执监委员申明理由签请延期外，即依据总章第七章第四十一条之规定，予以解散或改组。

上列四项办法，至期能以养成吾党人之自肃自觉之精神，除分行外，合行令仰遵照，并转饬所属一体遵照为要！

此令

主席　张君劢

〔中国民主社会党档案〕

9. 中国民主社会党四川省党部请解决党务纠纷呈

(1948年9月9日)

中国民主社会党四川省党部呈　　容省秘字四一五号
卅七年九月九日

窃凌高猥以驽材,谬邀宠遇,权主川中党务,瞬将一年于兹。溯自受命回川之初,适当人事纷争之际,行装甫卸,攻讦遽施,迭电恳辞,未蒙俞允,迫不获已,勉荷巨艰。当时本欲慎选贤能,藉资臂助,庶可步趋齐一,共赴事功。无如情势拘牵,不容自主。为使各方分子,冶为一炉,不惜忍辱负重,委曲求全,因之,所有正额及候补执监委员,暨各处处长人选,概系各方提出,转请照委。其间,如廖鹏飞、郑邦达、马秋帆、甘焘、傅迪光辈,或系凌高返川之日,首倡反对,备极丑诋之人,或为凌高就职以后,阳奉阴违,遇事要挟之流。然皆置诸心膂,假以事权。总期感之以诚,导之于正。初固不意其别具肺肝,终为厉阶也。以组织处而论,凌高何尝不知其关系重要,不能付托非人,故去年在沪之日,曾向钧座建言,拟以美国留学归来,曾任大学教授十五年之唐波澄,出任书记长,而以凌高相知较深,互信较笃之张右龙,出任组织处长,殊其后此议未行,乃以失守一,仍长组织,而于其职掌内,划出部分业务,另设审核委员会,以郑邦达为副主委。嗣朱返里,不及兼顾,又力荐廖鹏飞代之。自是廖郑二人沆瀣一气,狼狈为奸,弊窦丛生,纠纷四起。并于矇蔽要挟,径行舞弊之余,犹且暗假宋孔征、张烈邦两同仁之名,倒填年月,滥委筹委,制造对立,益滋纷扰(此种事实,前已于川组整字第三一一号及第三一七号文内具报在案)。尤可恨者,甚复暗中勾结少数,要求不遂,无端反噬之徒,如甘焘、文正林、傅迪光等,以其一手造成之纷乱,作为责备凌高之口实。半年以还,请□为幻,波谲云诡,几无宁时。其为首之甘焘,烟癖甚深,声名素恶。去岁因邛崃田粮处长任内,交案不清,被粮食部清粮团,查拿未获,为求本党予以掩护,始于赵季珊同仁处,夤缘入党。初拥宋赵最力,为之居中策划。凌高甫归之际,亦曾力主拒绝。乃宋孔征同仁为之提名立委,久无消息,疑其未予尽力,遽尔倒戈相向。甚至捐助党费二百万元,亦认为借款,迫令赵同仁按日计息偿付。寻即纠合多人,改倡"和谈",转而欢迎凌高,力表亲善。殊凌高迭徇所请,提为立委,未蒙核准,仍以凌高应选,遂又妄生疑怨,日以疏远。适值文正林谋充组织处副处长,傅迪光谋充主任秘书,均未得众意赞同,仅以总务处副处长及秘书,分别畀之,阴怀觖望,集矢凌高。于是甘文傅等与廖、郑等,内外勾通,组织团体多起,随时鼓动风潮。并曾屡次于开会时间,咆哮议席,茶房酒肆,辱詈同仁,或捏名密控,或公开讪谤,种种手段,兼施并用。要皆不外摭拾影响之谈,捏造中伤之语,冀以荧惑观听,发泄私忿。如所谓"建国学会把持党务"之类,固属不值一笑,无庸置辩。然其用意,实极险毒。盖欲藉此将融化已久之门户之见,重新挑拨离间,使之牢不可破,乃可居间自重,左右逢源。且以此相訾,更可使钧部疑其树立私党,尾大不掉,而减轻信任,牵制提防,则彼辈上下相蒙,奸技以售。事实上,今日川中党务,只有君子小人之判,绝无任何畛域之分。该廖、郑、甘、文、傅等,动辄以宋孔征、张烈邦两同仁之嫡系自居,假名号召。其是否忠于宋张两同仁,为宋张两方旧有同仁所许可,当不难一查即明也。至所谓"建国学会"一节,无论党外之一学术团体,能否指挥党员,支配党务,为稍有常识者之所明辨。纵令能之,事实安在?果有任何不公不法之举,阿好徇私之事,尽可据实指出,何必空言驾诬?矧以事实而论,凌高与张右龙等加入本党以后,即经声明,与"建国学会"正式脱离,而该会亦因而解散几已一年矣。若夫劝善规过,绳愆纠谬,本属朋友之义,何况同志之间?苟尽忠言,谁不乐闻,若非狂愚,何至拒纳?其理至明,谅荷洞鉴。数月以还,凌高默察内外情势,宵小环伺,荆棘四伏。欲感化之,则披肝沥胆,终不见谅,反以为巽懦可欺,日益狂悖无忌。欲屏去之,则城狐社鼠,盘距已深,一发全身,不无顾虑。清夜自思：束发受书以来，虽行能无似，一无足取，而服役人群，卅年有奇，自信清白乃身，幸免小人之归。今以献身本党，致力国事，竟为群小窘辱，声誉为之大损，既有玷钧座知人之明，亦有乖个人自处之道。况兼孱躯多病，亦复难胜繁剧。爰于本年四月，来沪面恳辞退，敬避贤路。乃蒙钧座温语慰留，情词恳挚，不容固执。致拂雅爱。划有鉴于扰攘数月，无所建白，如遽悄然引退，亦恐贻笑有识。因仍再贾余勇，勉为其难。回川之日，首即分约廖、郑诸人，以刷新党务趋于正轨之义，剖心相告。冀其接受。讵意廖、郑等，佯为应付，操纵益力。廖鹏飞则于一日之间，估提督导员五人，迫令副书记长罗永扬，判行照委，郑邦达则无故将什邡筹备委员会委员更动十人之多，并欲将主委一职，畀其私昵，亦同时威胁罗副书记长，予以照办。罗仅答复，俟提执委会通过再办，即触渠等之怒，目为"官腔""官架"赓即嗾使组织处全处人员罢工三日，并于六月廿六日，密派科长袁金石、周梦熊，贪夜潜入，将组织处全部文卷表册，盗走一空。凌高闻耗震惊，犹以宽大为怀，不欲深究，特派书记长张右龙，衔命往晤清理。孰知该廖、郑等恃有甘、文、傅等小团体为之外援，不惟怙恶不悛，毫无悔意，且竟一面提出荒谬条件，迫令承认，始允复工退卷。其条件有三：撤换正副书记长张右龙、罗永扬，其一也；组织处超然独立，不受主任委员及正副书记长之干涉，其二也；要求凌高加强渠等信任，其三也。一面又与甘、文、傅等，组织所谓"忠党护法大会"，印发宣言，诬蔑备至，并用私函，支使各县，响应反动。推其用心，岂仅玩法弄权，便利私图，直欲将本党组织，败坏无余而后快。凌高忍无可忍，乃召开第四次执监联席会议，提付讨论，群情愤慨，金主交由监委会从严议处，并以过去组织处，不幸落于一二金主之手，舞弊营私，至于此极，应即由主任委员遴聘若干公正同仁，特设"组织整理委员会"，暂时接办组织处业务，切实予以整顿。旋经函准监委会议复，该廖、郑等行同盗窃，意存挟持，应一面由主任委员自行处分，一面由该会报请中央监委会议处。凌高以

325

年来川中党务,阴霾重重,迄今未澄清,症结所在,厥惟迁就人事,党纪不伸,有以致之。该廖、郑等罹此重大咎戾,如仍曲予优容,则影响所及,纪纲荡然,群起效尤,党将不党。乃本毒蛇螫腕,壮士断臂之训,而为芟夷稂莠,保全大局之举。先将该廖郑等本兼各职,一并停止,呈报中央处分,用平公愤,而维党誉(以上各情已以蓉省秘字第一六九号及第三〇七号各文,具报在案)。凌高又以组织处因仍旧贯,未予更张,致为奸人割据,太阿倒持,既经第四次执监联席会议,决议有案,自应就此机会,彻底整顿,用期廓清积弊,健全组织。兼以当时组织处陷于停顿,为日已久,而本部函请警局清追文卷,亦仅清回六包,其余十九,均被窃留。如不立即推动工作,势将一切废弛,无从衔接,因即依据原决议案,就执监委及政委中,遴定刘鸿逵、赵季珊、李思纯、柯仲生、刘国镛、唐波澄、张德辉、张振华、吴毅候、宋时仙、张右龙、罗永扬及凌高等十三人为委员,并公推柯仲生兼总干事,主持会内日常事务。自八月五日正式成立以来,所有案件,无分巨细,概系由总干事及干事等,联名签具意见,提会公决后,再行拟办。前此藉党渔利,一切弊端,已一扫而空。积压数月,延未处理之文件,及廖、郑等蓄意制造之各县纠纷,亦经逐一清厘,依法处理。凡属忠党同仁,靡不同声称许。所有经过详情,节经呈报在案(详见川组整字第三一一号第三一七号及第四一〇号各文)。整委会成立之初,以组织处表册文卷,被盗殆尽,整理工作,窒碍孔多,不能不向各市县,直接清查。第因各县党部及筹委会地址,廖、郑等未将底册交出,以致令饬补报表册文件之公文,投递难周多所遗漏,为使失去联系之县市组织,获悉本部情形,并将被盗表册文件,补报来部,乃于八月三十一日起,在新中国日报,登载通告三日。所有文句,均经斟酌至当,绝无刺激任何人情感之语。孰知通告揭出之翌日,即有所谓"四川党务改进会"之启事一则,紧接本部通告之后,赫然登出,对凌高大肆抨击。整委会同仁,以事实具在,不容抹杀,随于次日登载启事,略有声辩。殊其翌日,又有所谓

"四川省党务改进委员会"于西方日报,刊出启事一则,仍对凌高多所指摘。同时复接唐尚珍、甘焘、晏懋材、傅迪光等代电一件,亦于整委会组设之义,故为曲解,备加责难,当经饬由秘书室,依据事实,予以答复去讫。正拟呈报间,复接由邮寄来署名"四川党务改进会"之未寝代电一件,文末注明,该会收件处,为成都白云寺街七十二号,即甘焘住宅是也。又据内江县筹委会主委邱肇仑,缴还"忠党护法大会"宣言一纸,谓系郑邦达之所寄与。由是足以确切证明,所谓"四川党务改进会"及"四川省党务改进委员会",暨前此散发宣言之"忠党护法大会",皆系廖、郑、甘、文、傅等之所制造。甚至以所谓"改进会"名义,先后投登启事两则,亦经新中国日报及西方日报正式函复,系由盗卷主犯周梦熊,亲自送登,兹谨将报端所载各项有关文件,及唐尚珍等来函,暨秘书室复函抄本,与所谓"四川党务改进会"快邮代电,一并检呈钧部,恳予俯赐察阅,用凭核办。伏维一年以来,川中党务,未臻上理,有负殷期,固由凌高德望不孚,才职有限,而廖鹏飞、郑邦达等,包藏祸心,逼处肘腋,窃权专擅,假公济私,甘焘、文正林、傅迪光等,不遂所愿,顿成仇雠,蓄意寻衅,阻挠进行,亦属主要原因,责有攸归。今该廖、郑、甘、文、傅等,竟复变本加厉,不惜毁灭党誉,一再侮辱,并敢组设机构,公然对抗,是而可忍,孰不可忍?顷读钧部八月廿九日组沪字第一一七三号函,以钧部对凌高具有充分之认识与信赖,嘱照所拟六项意见,努力为之,等因。仰见钧座信赖之专,倚畀之切,纵属木石,亦当感奋。窃以为钧部将凌高前后呈报事实,公正评断,如认为本案主要各犯,有违党纪,应予制裁,即请将主使盗卷之廖鹏飞、郑邦达二人,本兼各职,一并撤销。实行盗卷之袁金石、周梦熊二人,党籍开除。领导反动之甘焘、傅迪光二人,执委及候补执委,明令撤销。至文正林迭次肇乱,俱为谋主,钧座之前,谤书盈箧,千篇一律,皆其手笔,亦应请开除党籍。其余如唐尚珍、晏懋材等,多系认识不清,囿于私情,拟均不予追究,听其翻然自返。倘钧部对于凌高为人,未能尽信,或于此次事件,有所偏听,则惟有引咎辞职,洁身退党,以谢钧座,以告国人。郁处轻年,悲愤万端,迫切陈辞,宁候钧裁,激越之情,戆直之语,尚蕲曲宥,勿罪是幸。再有不已于言者:本案发生后,呈报各文,迄无复示,众意惶惑,揣测纷纭。而钧部所派查办大员张君鼎同仁,迭函奉迓,亦未莅临,下情壅塞,何由上达?近日该廖、郑、甘、文、傅等谣传钧部于本案之处理,有将正副书记长暨廖、郑等,不分曲直,同时撤职,及以某某继任书记长之说。此固无稽,不足置信。顾风声所播,已骇物听,而群小气焰,亦愈嚣张。所谓"改进会"之宣言内,既公开宣称与本部脱离关系,直受中央领导,该廖、郑、甘、文、傅等,复到处扬言,上有中央友人,为之奥援。空穴来风,谅不无因。所有本部先后报各文,务乞迅赐核示,俾释群疑。将来关于本部执监委员之调整,与组织处长之人选,尤恳事先垂询,再为决定,用维本部威信,而利工作推行。又执委马秋帆,在华西大学素为同事及学生所轻视,原系绰号"跳舞党"之中国民主党四川省委,又与"乡建派"及国民党,多所结托。去岁由朱守一介绍,在赵季珊同仁处,加入本党,仍暗中跨党,四处招摇。此次又复利用盗卷事件,双方蛊煽。经副书记长罗永扬,烛破其奸,严加警告,因而恼羞成怒,竟至登报退党。而所谓"改进会"者,亦竟傅会其事,以"学者名流相率退党"之语,妄冀耸惑视听。兹谨随文检附该马秋帆于八月廿二日在西方日报所登退党启事一则,敬呈钧览,藉明真象。又顷据查报,该廖、郑、甘、文、傅等所制造之所谓"改进会"者,刻于甘煮住宅,设立办公处,内置组织宣传社会总务等处,直与本部无异。且制定章则,自刊印信,发布命令,指挥各县,并将以大批传单标语,四处张贴。迹其所为,殆已驾"革新派"而过之。如不采取紧急措施,断然处置,行见钧座艰难缔造之堂堂政党,即将为此三五奸佞所摧毁。况川情复杂,迥异他省,奸伪充斥,活动甚力,该项非法组织,显有绝大阴谋,非徒破坏本党,抑恐扰乱地方。值此戡乱期间,非法组织,大干厉禁,设使钧部不有迅速制裁,听其演变,万一酿出意外,祸及全党,则凌高及本部同仁不任其咎,亦无法以善其后。幸勿谓言之不预也。究应如何应付,始协机宜？务乞立即明白电示祗遵,合并陈恳！谨呈

中央总部主席张

　　附呈新中国日报二份,西方日报二份,唐尚珍等来函暨秘书室复抄本各一件,所谓"四川党务改进会"快邮代电一件。〔略〕

主任委员　张凌高

〔中国民主社会党档案〕

10. 中国民主社会党中央总部关于各地党务活动办法党令
（1948年12月4日）

中国民主社会党中央总部党令　　（卅七）沪中总组字第六七九号
　　　　　　　　　　　　　　　　中华民国卅七年十二月四日

　　本党为民主政党而非武装政党,自行宪以迄于今,所处于在野党之地位。就路线言,无所谓左,无所谓右,无所谓中间,合民主者与之,反民主者非之,乃系民主路线。系本于此,所有全党所应努力之工作有六：一、为慎求党员,作育党员,选提党员；二、为筹组各级党部,健全各级党部；三、为宣传本党民主社会主义及政纲政策,以促民主政治与社会主义之实现；四、为准备及参加各级国家职务、立法人员之竞选,以争取选举之胜利；五、为监督及协助政府改进政治经济；六、为调配及指导党员之事业,以增进社会之福利。现在战乱扩大,政局险恶,本党重要决策及态度,除另通知外,所有今后各地党务应遵照左列规定办理：

　　一、各地党务,遵照党章及历来党令办理。惟机构与征求党员二者更应审慎从事,即简单与重质是。

　　二、稳定第一,事功第二；国家利益在先,党的利益在后；化异为友,应谨防暗算。

三、中共部队接近地区,应即严密紧缩,准备结束;遇有中共部队到达地区,应即停止活动。

四、所有各地各级党部之主任委员,均应随同当地政府同进退,并与当地政府切取联系。

五、各级党部仍本自动自发之精神,在(一)反独裁反集权;(二)和平;(三)民主;(四)统一四大纲领及本党总章及历次党令之下,各自推动工作,除非常重大情事必须呈报者外,所有党务工作一律由各级党部径行决定与处理。

以上办法,除俟国内局势安定,另令拟销并分行外,希即转饬所属各级党部及各地同仁一体遵照,并将奉到及实施日期呈核为要!

此令。

主席

〔中国民主社会党档案〕

〔4〕民社党革新派组织活动

1. 中国民主社会党革新委员会告全国同仁书
(1947年8月)

告民主社会党全国同仁书

去年八月以国社、民宪两党为主体,参加一部分爱好民主人士,正式组成民主社会党。其目的,是想在国共两条路线以外,另辟一条民主社会主义的路线。换言之,我们想组织一个真真民主的,有计划的,有组织的,尊重理智的一个党,以实现民主政治和完成社会主义的理想。

但本党刚刚组成不久紧接着国民代表大会的召开和政府的参加种种问题,相继而来,成了本党本身的一块试金石。在张君劢的领导及其几个私人的支持之下,自食其言的参加了国大;接着又忸忸怩怩的参加了所谓四民意机构,又支离破碎的参加了国府。使本党失尽了政党的风格。同仁等在每一个关头都基于国家民族的利益,基于正义的理智,予以力争与纠正,乃张氏受少数人的把持,竟一意孤行,前后翻覆,置大多数同仁意见于不顾。七个月来事实的表现,使得爱好民主的国际盟友失望,使得国内爱好和平民主的人士失掉同情,更使得爱护本党的同仁感到痛心。同仁等一而再的委曲求全,苦心规劝,合力纠正,原冀张氏翻然觉悟,一本民主原则,慎审党的政策,改变独裁的作风,为民主和平致力,为国民福利奋斗,以符合组党的崇高理想和基本精神。奈张氏总不睬理,近更愈演愈烈,不顾与国民党蒋总裁交换之文件,不顾共同施政纲领,竟由其高足蒋匀田倡言武力统一之说,并派遣其高足谭家骅慰劳内战军队。同仁等为爱国护党起见,迫不得已,只有将经过事实缕述于各位同仁之前,希望爱护本党的各位忠实同仁,一致觉醒团结起来,共同反对并纠正张君劢所领导的政策的错误,以及其反民主的一切作风。

（一）关于本党的组织:在去年八月组成本党的时候,通过了"临时组织法",决定由下而上,全部用选举方式来完成党的组织。中央的最高机构是由组织委员会推选出来的常务委员会,再由常务委员会公推一位主席和一位副主席,一切的决议是以合议的方式来产生的。而各地党部的组织,亦先由小组而后选出主任。这表示组织的民主化,自与独裁制全然不同。我们相信稍有民主思想的人,都该知道一个政党而没有彻底的民主制度和民主作风,是决不能改变不民主的现实政治的。

可见七个月来的事实,告诉我们,本党的主席张君劢常常固执己见,不甚考虑中常会大多数人的意见。而他个人的意见又往往前后矛盾。至于各地党亦违反由下而上的原则,而由张君劢擅自发委任书任命。各地党部主任近且变本加厉,通令全国除其"本人书面委托或亲笔函托"方可筹办外,其他均不准组织党部,这根本违背了临时组织法。

（二）参加国大的经过：参加国大的前夕,张氏还口口声声主张不参加。而中常会讨论的时候,九个常委除了蒋匀田外,也都不主张参加,但他突然来了个相反的决定;提出国大代表名单。我们如果一究那次的决议是怎样通过的,真要令人啼笑皆非。那末来参加会议的人,有常务委员,有组织委员,也有中央部的办事人员和普通党员,简直说不出是个什么会议,大家不分皂白的会议于一堂,就这样作为通过了参加国大的决议案。后来在南京提名单时,也是如此。试问这是民主作风么？这是组织化么？这是理智行动抑是情感和私欲在后面作祟了。这在明眼人就不难一一识破的。

（三）参加四机构的经过：国大参加后政府接着要本党参加政府,当时大多数中常委的意见,认为所以不赞成参加国大的目的,促成（停战和平）,既已因参加国大而丧失,我们应当利用有原则有计划的全面的参加政府,使民主基础真真能培养起来;同时以改良政治和安定经济的方法,来解救人民的倒悬。而且政府由于民主和平分子的加多了,可以减少中共的疑惧,而敢于放下武器,使中国达到真正和平统一的境地,更接近一步。所以那时我们大多数中常委会签名提出一个计划,希望政府在制度上,政策上和风气上,都有一个新的气象,使民主的目的,真可以达成。可惜大多数中常委的意见,竟为张君劢之独裁方式以及掼纱帽的作风所抹煞,糊里糊涂的提出了四机构名单,而参加者四十余名中其家族亲戚门人(尚有未加入本党者)竟占二十余名之多。复于二月十五日亲笔撰拟宣言公告国人曰：至于担负决策与行政之责任,待之全国各党一致协力于和平民主之日。

（四）参加国府的一幕：但在发表上述宣言墨□未干的三月初旬,张君劢忽又推翻过去的决议,抹煞二月十五日的宣言,从新主张参加政府,但仅至参加国府为止。同仁等苦心劝告,以为朝言为止夕言参加,翻翻复复,太不象话。如参加政府就应当本过去多数中常委的提案有原则有计划的全面的参加,不应只参加国府而不谈制度与计划,至四月二日中常会上,始通过全面参加政府,而参加的步骤,则由张君劢独裁制定。四月九日曾由多数中常委连名致函张氏,说明在参加政府具体计划未决议前。暂缓提出国府名单,乃张氏又悍然不顾,竟赴京签订施政纲领并提出国府委员名单。更使人失望的是:当提出名单时,连仍旧是一党专政的国府组织法都在事前不去看一看,自称民主斗士的勇气往那里去了?

总括以上的事实,我们可以看出我们冠民主的政党,被数十年来戴了民主帽子,自命为倡导民主的张君劢先生的作风蹂躏得干干净净了。换言之,完全毁灭净了我们组党的意义和精神了。

同仁们!我们的组党意义和精神在什么地方?是不是为了实现民主政治,以民主方法渐进到社会主义的途径?是不是想使国家弄好,想使国内和平统一,想使国内政治修明,想使国家经济安定,想使国民生活改善,想使进一步为稳定世界和平的一环?如果是这么的话?我们考量一下七个月来的张君劢的独裁作风和领导的政策。我们可以至诚告诉大家:已经犯了无可补偿的错误,使民主政治的前途,增加了许多障碍,使和平建国的前途多增加了许多困难,使人民的生活加重了许多艰苦。而所谓交换文件与共同施政纲领,亦只是一种幌子而已!

试问一个争取民主的党,其前途将获得如何的恶果?

但我们鉴于团结始能发生力量,所以不愿因此而使党内发生分裂,是故我们虽坚持党内须民主化,制度上须革新,然而始终愿意听从本党副主席伍宪子先生的公平调处。不幸正在调处之中,张君劢于五月十二日召开中常会,因不够法定人数,先由已经去平的胡海门先生留下签名,当时伍宪子先生即严词声明,不能作为中常会,只能作为谈话会,并于会讲录上涂去以后不请汤、沙、汪、卢、孙等出席等字样。不但如此,最近且已由秘书处发出通知,于本月内召开组织委员会,在通知书上写明"兹经议决",我们真不知道议决从何而来。张君劢既擅自召开组织委员会,则证明其不但无调处的诚意,且已不要伍宪子先生的调处。同仁们!请大家平心静气的想一想,本党分裂的责任究竟在谁?

各位同仁要明白,我们的党是有崇高的政治理想的党,是应合法合理组织的党,不是张君劢一个人的党,也不是某几个私人的党,更不是为党外某系某几个人作政治工具的党。而今日表现的事实可以说完全是以上的三点,这与我们组党的精神和理想完全相反。这实在使我们痛心疾首,忍无可忍,所以来唤起各位同仁的注意:希望各位爱好民主爱护本党的同仁应当一致起来行动,立刻健全各地党部的组织,从速召开全国代表大会,来打倒(结党营私)反民主的人,我们把握住时代的潮流,在我们的基本民主精神之下,以大多数的意旨为意旨。以求我们理想的实现!不但是本党前途幸甚,就是我国民主和平统一的前途亦幸甚!

〔中国民主社会党档案〕

2. 中国民主社会党(革新派)正式成立公告
(1947年8月)

中国民主社会党正式成立公告

查本党之组织,系由国家社会党与民主宪政党协议而合并,在筹备期间,成立组织委员会,选举常务委员十五人,互推张君劢、伍宪子为筹备期间之组织委员会临时主席、副主席。在两党尚未合开全国代表大会议决党章政纲以前,本党尚未正式成立,彰彰明甚。乃张君劢一意孤行,未经中常会之决议,擅自召开组织委员会,并拒绝民主宪政党组织委员出席会议,旋复非法召开少数国家社会党党员之代表大会,窃用本党名义。兹本党组委会之多数中常委,与国社党最初创办人暨国内自由民主进步分子合组之革新委会,并征求海外民主宪政党各总支部同意,在沪召开本党第一次全国代表大会,已于八月十五日至十八日,议决党章政纲,选举中央执监委员,宣告正式成立。所有前日张君劢召开之少数国社党员之代表大会而成立之党,决非民主社会党,凡参加张君劢组织之党员,决非民主社会党党员。除分函外,特此郑重声明。

中国民主社会党中央常务委员会主　席　伍宪子

副主席　沙彦楷

〔中国民主社会党档案〕

3. 中国民主社会党(革新派)第一次全国代表大会宣言
(1947年8月)

中国民主社会党第一次全国代表大会宣言

本党系国家社会党、民主宪政党与多数民主自由分子联合组成,其目的在以民主社会主义为中心思想,纯粹站于人民立场,求一中正和平之路,使创巨痛深之吾国,能本互让精神,徐趋于民主统一富强康乐之境。不幸筹备期间之组织委员会临时主席张君劢先生,在本党尚未正式成立前,即被左右三数投机分子所劫持,违背本党原定之宗旨与路线,开一见利思迁之恶例。在党方面言,失大信于天下;在国家方面言,既无补于国计民生,且摧毁中间势力之养成。此国社党元老与中坚分子,以及海外民主宪政党与多数民主自由分子所以决心成立一纯正合法之民主社会党,而召开全国代表大会之所由来也。

本党对当前国是之主张,约如下述:

(一)吾国抗战八年,亟应休养生息,以苏民困,不宜再迷信武力,徒事同室操戈,故为保存国家元气计,为避免生灵涂炭计,惟有彼此发挥互让精神,共赴艰巨之建国工作,此本党之所以仍欲以力之所能,祈求和平之早日实现。

（二）在和平未实现之前，为求减轻人民疾苦，培养民主精神，凡人民基本人权之保障，尤应力谋巩固，不应以战争与任何理由为藉口，而为反民主之措施。

（三）国家应为人民谋福利，不应以人民为刍狗，盖人民不能生活，则政治失其意义，国家建设更无所归依，目前政府种种财政经济措施，如通货无限制膨胀，以及不合理之国营管制等等，应即有所修正，而应根据民主社会主义之原则，发展农工商业，使人民有饭吃，有屋住，有衣穿，有工做，保障最低限度之安定生活。

（四）近来吾国在国际上地位之所以日落，一方固由于内争不息，政治混乱，而外交之不能自立自主，要亦不失为其主因之一。故本党主张对于目前美苏两大壁垒之纷争，吾国应抱无所袒倚之态度，蕲能作美苏间之桥梁，俾对世界和平有所贡献，最低限度亦不应自贻伊戚，甘为第三次世界大战之导火线。

以上荦荦数端，虽未能罄本党对当前国是之主张，但本党同仁等愿以坚定不移之立场，言行一致之精神，在未达上述目的以前，决以在野之身份，联合第三方面各民主党派社团，共同奋斗。盖欲求吾国走上和平统一独立民主之途，胥视乎此中间民主力量之能否兴起为断也。谨此宣言。

〔中国民主社会党档案〕

4. 中国民主社会党（革新派）政纲
（1947年8月16日）

中国民主社会党政纲　民国三十六年八月十六日
第一次全国代表大会通过

社会为整个的，虽可分为政治、经济、社会、文化等部门，但其关系，相互错综，实不能分题独论。十九世纪之人士，偏重政治民主，未能兼顾经济，致形成个人主义的资本主义，产生贫富悬殊之现象,造成世界普遍之不安,而政治民主,因亦落空。故吾人认为:今日欲解决国家诸问题,非将民主精神扩大至政治、经济、社会、文化各部门不可。但空言民主,而无一定计划,甚易被人利用或滥用,尤以经济方面如此。故吾人又认为,国家一切措施,须有具体计划,但计划之目的,在增进个人之自由与福利,不然,如现今权力主义者所为,利用计划以剥夺人民之自由与福利,则与吾人之目的,直南辕而北辙矣。

兹根据上述原则,吾人决定当前之政纲如下:

(甲)政治

一、确认国家主权属于人民全体,反对任何方式之专政或训政。

二、全国人民不分男女种族,在法律上一律平等,任何个人与党派不得享受超法律之特殊地位。

三、切实保障人民身体、行动、居住、迁徙、思想、信仰、言论、出版、集会、结社、工作等基本自由。

四、各党派应放弃武力作政治斗争之工具,其纠纷应以政治方法解决之。

五、军队国家化,实行精兵主义,其数量应减少至能维持国家安全为限。

六、各党派地位平等,组织联合政府,实行责任内阁制。

七、实行普选,厉行地方自治,确立民主政治制度。

八、确立超党派之文官制度,保障公务人员生活,严惩贪官污吏。

九、现役军人及警察绝对不得参与或协助党派活动,如有违犯,经检举证实者,应予以严厉处分。

十、实行军民分治,现役军人不得充任行政官吏。

十一、厉行法治,司法绝对独立,法官应为终身职,并应提高其待遇。

（乙）经济

十二、规定限制私有财产与土地最高额之办法，以期达到民主社会之目的。

十三、扶植国民经济，划分国营、公营、民营之界限，国家举办关键工业，在整个计划之下，期国营、公营与民营事业之相辅并进。

十四、筹划发展天然资源之区域计划，实行时应尽量获得人民之参加与管理，以树立民主社会制度之基础。

十五、国家财政金融政策，应以调节贫富，扩张生产，促成充分就业，平均分配与社会安全繁荣为目的，一切税赋，亦应本此精神而订定之。

十六、禁止官吏经营商业，铲除豪门官僚资本，保护民间资本。

十七、奖励对外贸易，实行保护政策，以利民族工业之发展。

十八、奖励合作及集体农场，实行农场工厂化，扶助贫农，提倡农村副业，增高农民生活，普及其教育程度及现代科学知识。

十九、工资以生活指数为比例，应以公道及保障康健为原则，提高劳工知识与技术水准，推行劳工分红制及劳资共同监督管理制，以期逐渐达到生产工具分配、交易之公有及工业之共同发展。

（丙）外交

二十、确立独立自主之外交方针，对世界列强保持平衡之友好关系。

廿一、**拥护联合国机构**，反对强权外交，确保世界之和平与安全。

廿二、援助弱小民族之独立解放运动。

廿三、中国应成为亚洲和平之安定力，防止任何侵略之再起。

（丁）社会

廿四、举办社会福利事业，推行社会保险。

廿五、倡导儿童福利及保育事业。

廿六、普及公共卫生，推行公医制度。

廿七、增进国民体育，提倡民族优生。

廿八、赈恤难民，救济灾荒，扶植就业，并举办防止一切灾荒事宜。

廿九、提倡妇女职业教育，并扶助其就业。

（戊）文化与教育

三十、保障学术思想研究之绝对自由。

卅一、积极推行扫除文盲运动，普遍推行民众教育与职业教育，县以下教育费应尽量充实，避免学校集中都市，小学教育应予免费。

卅二、党派退出学校。

卅三、中等以上教育，应尽量扩充公费制度，使天才不致因经济关系，而失其受高等教育之机会。

卅四、优待教育界文化界人士，并以国家力量奖励其研究与创作。

（己）侨务与边疆

卅五、确保华侨生命财产之安全，必要时以实力护侨。

卅六、推行华侨教育及边疆教育。

卅七、政府应以公平合理方法，奖励华侨回国投资。

卅八、推行屯垦制度，奖励移民，开发边疆。

卅九、充实边疆、巩固国防。

四十、尊重少数民族之地位。

〔中国民主社会党档案〕

5. 国民党中央联秘处关于民社党革新派召开第一次全国代表大会经过报告

（1947年9月15日）

民社党革新委员会前为与张君劢所召开之一全代会对抗起见，订于七月底在沪召开全代会后，因日期迫促，筹备不及，兼以期望张东荪、伍宪子出而领导，故决定展期举行。迨张东荪由平来沪从事民盟活动，伍宪子亦因在张君劢召开之全代会中受辱一怒而退出调人地位，自告奋勇出而领导，海外派与革新派合作，惟海外第二领袖李大明已由美电告伍宪子，表示海外党员要求退出民社党，恢复原有之民主宪政党，伍氏复电劝阻，几经波折，革新派召开之全代会乃于八月十五日在上海开幕。兹将会议经过及内幕情形分述于后：

一、全代会开幕情形：八月十五日在上海逸园饭店开幕，出席国内代表四十名，海外代表廿五名，由伍宪子任临时主席。致词略称："民社党之分裂，系因政治路线不同，并非私人意见之争。"次由张东荪以该党顾问资格发言（按：张东荪前已声明脱党，乃由该派聘为顾问），略谓："应把握政治路线，不能见异思迁，投机取巧，此时代之诱惑性大，尤须注意，党员应对党尽义务，而不能希望由党而猎取地位，应避免党内有派，此乃政党扩大常有之病象，应慎之于始创立民主作风。"词毕，孙宝刚临时动议，请张重行加入该党，经一致通过，张连呼"不必不必"而去。旋即推选伍宪子、张东荪、梁秋水、万武、沙彦楷、孙宝刚、汪世铭、卢广声、唐才质等九人为主席团，金良本、王屏正为大会正副秘书长，并决定分组审查委员名单。

二、全代会重要决议：重要决议第一项，为党名问题。梁秋水等提议改称"独立民主社会党"，以示脱离张君劢而独立。罗坚白、沈寒涛等提议改称"社会民主党"，一则以保持历史，一则与张君劢之民社党有所区别。伍宪子则主张沿用原名"民主社会党",至下届全代会再行讨论改名问题,并力言"我们(指革新派)已为民社党三分之二以上党员所拥护,我们才是正统的民社党"。大会讨论结果,决定仍用旧名以表示正统。第二项,为党章。系参照原有组织加以修改通过。第三项,为政纲。计分政治、经济、教育、社会、文化等三章,共廿五条,讨论时辩论激烈,有主张将序言中之"不民主""军阀""豪门资本"等字样删去者,惟遭受激烈反对,双方相持不下,后经孙宝刚、汪世铭劝解,后者让步,始行通过。

三、选举中央执监委员:大会选出中央执行委员七十五名,中央监察委员卅五名,共为一百一十人(按:与张君劢派民社党中委人数相同),计为伍宪子、张东荪、梁秋水、汪世铭、卢广声、孙宝刚、李大明、金良本、罗坚白、姚永励、左林岚、黄伯英、卢毅安、孙宝毅、沈雁、陈伯清等一百一十人,并互选伍宪子、张东荪、沙彦楷、汪世铭、孙宝刚、卢广声、姚永励、罗坚白、李大明、金良本、卢毅安、刘丙午、朱鸿儒、卢泽俊等十五人为中央常务委员,复经第一次中常会互选伍宪子为主席,沙彦楷为副主席,孙宝毅、金良本为正副秘书长,汪世铭为组织委员会主委,孙宝刚为宣传委员会主委,卢广声为联络委员会主委,卢泽三为财务委员会主委,姚永励为政治计划委员会主委,刘丙午为社会事业委员会主委,李大明为海外委员会主委,沈雁为妇女运动委员会主委。

四、全代会宣言要点:宣言系由孙宝毅、朱鸿儒、孙斯鸣、罗坚白、陈学文、汪世铭、张东荪、梁秋水、郑雪庵等负责起草,提经大会通过,内容要点为:(1)张君劢被左右三数利欲薰心之徒所劫持,违背党的宗旨与路线,不承认张君劢所领导之民社党;(2)希望和平早日实现,争取人权之保障,反对以战争为藉口作反民主之措施;(3)应对目前无限制膨胀之通货及不合理之国营管制等有所修正,根据社会主义之原则,保障最近限度之安全生活;(4)对于美苏两大壁垒之纷争,应抱无所袒倚之态度,作美苏之桥梁,俾对世界和平有所贡献。

五、大会通过政纲内容：政纲内容大要为：(1) 切实保障人民基本自由,实行普选,各党派地位平等,组织联合政府,军队国家化,实行精兵主义,厉行法治,司法独立,任何个人与党派不得享有超法律之特殊地位,确立独立自主外交方针,对美英苏等国均保持友好关系;(2) 财政金融政策,应以调节贫富,扩张生产为原则,承认私有财产,扶助自由企业,禁止官吏营商,奖励对外贸易,提高劳工知识与技术水准,工资以生活指数为比例;(3) 学术思想研究绝对自由,党派退出学校,积极扫除文盲,小学教育应予免费,中等以上教育应尽量扩充公费制度,推行社会保险,倡导儿童福利及保育,推行公医制度,增进国民体育提高民族优生。

检讨民社党革新派,此次全代会经过,有四点值得注意：(1) 此次出席者国内代表四十名,海外代表廿五名,总计六十五名,结果选出中央执监委员一百一十名,是则以全体代表完全当选中委尚差半数,其选举之滥可以想见。所谓廿五名海外代表,并非来自海外,李大明已在美声明恢复民宪党,已与伍宪子分离,伍是否能代表海外全体党员更属疑问。(2) 出席张君劢召开之全代会代表廿余人,因不满张君劢之包办中委选举而要求出席革新派全代会,革新派则要求彼等必须登报声明脱离张君劢派始可出席,结果未成事实。(3) 张东荪先被该派聘为顾问,再以顾问出席,由孙宝刚临时提议请张重行入党,且当选主席团及中常委,显系事前有计划的步骤,张氏既未否认,自然已默认入党。同时,该派并有聘罗隆基、黄炎培为顾问之说,足见民盟欲透过张东荪之关系,利用该派为外围。

〔国民党党务机关档案〕

6. 中国民主社会党革新派组织概况①
（1947年9月）

"革新派"在其第一届全国代表大会（八月十五日）通过党章中，仍定党名为"中国民主社会党"，以"实现民主社会主义为目的"，此与"正统派"规定者无异。其党章之特点，在于：

（一）在"党员权利"一条，规定"在党外有请求本党支持各项正当活动之权利"；"凡失业失学及遭受重大不幸事件时，有请求本党救助之权利"；颇有以诱惑求发展之作用。

（二）该组织以小组为细胞，以分部为基层。五人至九人组织小组（设小组长一人），五小组至九小组成立分部，三分部以上成立支部，三支部以上成立县党部，五至十个县党部成立总支部（称××省第×总支部）三个总支部以上，成立省市党部。凡省市县因不合上列规定，不能组成省市县党部，称某省市县独立支部或总支部分部以上之各级，均组织执行委员会。海外组织比照国内组织办理，以求统一。

（三）该党中央执行委员会（半年开会一次），在全国党员代表大会闭会期间，为最高权力机关，对外代表党；执委会闭会期间，以常委（十九人）会代行其职权，常委会互推主席（一人）副主席（一人）对外代表常委会；常委会设正副秘书长各一人（此与"正统派"同）及各会部处（详下表），监委会亦互推七人为常务委员，组织常务会，常委又互推一人为主任委员，执行监委会闭会期间之职权。

其组织机构及系统如下表：（见第344页）

其他全代大会两年一次，执监会任期两年，均与正统派同。该派经全代会选出之中央执委（监委不详）、常委及中央机构之人事如左：

---

① 此件摘选自《中国民主社会党概况》四，沿用原标点。

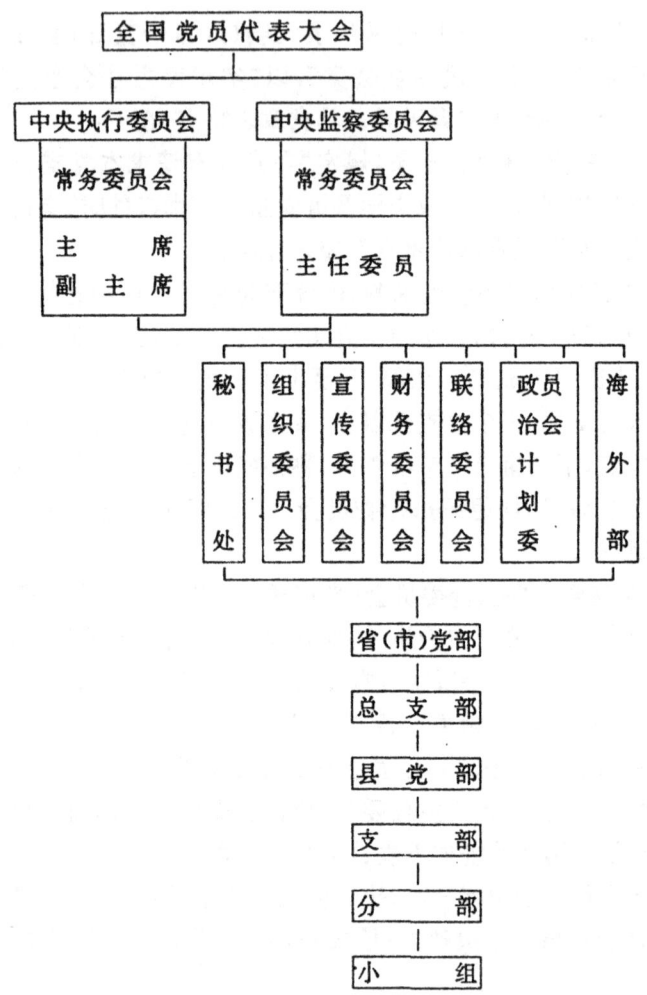

中央执行委员及常务委员

★伍宪子　★卢广声　★汪世铭　★梁秋水　★李大明　★沙彦楷
★张东荪　★姚永励　★孙宝刚　★卢泽三　★罗坚白　　李治平
　张烛寰　　左林岚　　王屏南　　冯春生　★卢毅安　★刘丙午
　周静寀　　孙宝毅　　柴继文　　佟　光　　徐德著　　侯北人
★金良本　　沈　雁　　胡伯威　　王靖东　　王振亚　　何　蒙
　王大川　　沈正仑　　李知白　★朱鸿儒　　黄伯英　　王树其
　唐才质　　杨　骥　　张策安　　林涵斋　　李丹惕　　姜大可
　田叔忻　　周　正　　郑雪庵　　蔡自我　　张介人　　黄振华
　徐无忌　　曾纪荣　　吴家齐　　李至道　　潘叔玑　　朱绍基
　龚连生　　陈策新　　姚志伊　　高方中　　麦倩曾　　叶廉方
　蔡增基　　宋石郭　　何　伟　　管荫棠　　舒景祥　　罗昭铭
　徐　均　　郑梨村　　薛桂轮　　李松峻　　黄绍先　　言乃克
　王维哲　　刘　庆　　刘鑫岩

注:有★者为中常委。

中央候补执行委员名单

李　烈　　尤　均　　陈伯清　　屠去非　　徐定安　　何康生　　夏晋惠
张友农　　刘菊坦　　郑梅茵　　孙己立　　陈学文　　杨巨源　　赵　奔
阮化虹　　孙斯鸣　　朱宗熹　　杨　柏　　陈文华　　谢道怀

中央机构之人事

　主　席　伍宪子　　副主席　沙彦楷
　秘书长　孙宝毅　　副秘书长　金良本
　组织委员会主委　　汪世铭
　宣传委员会主委　　孙宝刚
　财务委员会主委　　卢泽三
　联络委员会主委　　卢广声
　社会事业委员会主委　　刘丙午
　海外运动委员会主委　　李大明

妇女运动委员会主委　　沈　雁

〔国民政府国史馆档案〕

7. 国民党中央联秘处关于民社党革新派动态专报

(1947年9—11月)

(1)党派活动专报第二十四号(9月30日)

〔上略〕

贰、民社党革新派之活动

一、中常会重要决议

民主社会党革新派,近在上海召开中常会议,出席中常委伍宪子、沙彦楷、卢广声、汪世铭、梁秋水、罗坚白、金良本、刘丙午、朱鸿儒、姚永励、孙宝刚、卢泽三等十二人(张东荪、李大明、卢毅安未出席),当经决议各案如次:

(1)规定每星期三为定期常会日期。

(2)决定该党中央人事如次:

一、主席伍宪子,副主席沙彦楷。

二、组织委员会主委汪世铭,副主委卢毅安,委员王大川(清华大学学生),张铸寰(军校高教班毕业),张耀先(汉口市参议员),陈学文(广东人属伍宪子系),沈正仑。

三、宣传委员会主委孙宝刚,副主委姚正伊(上海市西报公会理事长)。

四、联络委员会主委卢广声,副主委胡伯威(昆明银行经理)。

五、财务委员会主委卢泽三(军校毕业生)。

六、政治计划委员会主委姚永励(律师)。

七、社会事业委员会主委刘丙午(字芹堂,建国银行董事长,前孙连仲之驻渝代表),副主委王屏南(军校毕业生)。

八、妇女委员会主委沈雁（罗坚白妻）。

九、海外委员会主委李大明，副主委黄伯英。

十、秘书处处长沈正仑，副吴家齐（李大明代表）。

（3）各部门提出之组织规程由沙彦楷、朱鸿儒、罗坚白三人审核之。

（4）宣传委员会迁至礼查饭店四十五号办公。

（5）定期招待记者及各界。

（6）于各党派对孙宝刚在广州发表谈话之误会，乃决定：（一）在报章登一启事，否认孙之谈话（原载十二日中央日报启事附后）；（二）决定每月经费一千五百七十万元，中常委共捐一千一百七十五万元，余不足数由财委员会负责；（三）筹办招待会，决定由主席伍宪子发表欢迎词后请来宾指示后即散会；（四）由卢广声、孙宝毅、汪世铭分头向各党派领袖解释孙宝刚谈话误会。

二、加入民盟未获实现

民社党革新派加入民盟事，曾由张东荪将加入条件秘密交与章伯钧。章氏当与罗隆基提出讨论，章伯钧认为革新派对民盟有利，而罗隆基则认为革新派之产生非为与张君劢之政治意见不同而分裂，是因争权不均而分裂，革新派思想不稳，恐难与民盟合作，故对章之意见当即表示不赞成，于是革新派加入民盟之议乃暂作罢论。另闻民盟因革新派首要分子孙宝刚在广州公开表示（革新派虽不参加政府，惟以宪法产生于民主故表拥护，对中共之主张及行为不能同情），故拒绝革新派入盟。

（2）党派活动专报第二十五号（10月31日）

〔上略〕

肆、民社党革新派动态

一、在港粤之活动

民社党革新派首要分子，近纷纷赴各地活动，企图建立组织，吸收党员。该派中常会主席伍宪子,已赴香港,对外宣称,系送其家属返港。真正之任务:(一)为该派筹募经费,已电在美之李大明,即为拨汇美金二万元来港;(二)与该党海外中委黄伯英、陈伯清商讨海外党务,及商出版报刊;(三)会晤民主促进会主席李济琛,及共匪在港负责人,俾取联系。该派在港有党员四五百人,大多数均为前民主宪政党党员。伍宪子在港,并拟拉拢脱离民治党之司徒美堂,聘为该党顾问,已遭司徒之拒绝。

该派中常委孙宝刚,近由沪赴广州,因渠曾服务广东军界,此行拟向各方联络,并吸收党员。自称在广州已征得党员一千余人,实际上不过百余人。孙曾招待记者,发表谈话,对张君劢大肆攻击,其要点为:(一)张君劢不顾党内之极端反对,擅自参加政府。故另行组织革新委员会,推举伍宪子领导;(二)对国大之选举,认为腐化黑暗不民主,该派绝不参加。(三)希望各地文化界教育界及工商界参加该派。闻孙宝刚正加紧筹备该派广东省支部,预定十月底或十一月初正式成立。近又赴香港与翁照垣、谭启秀等联络,作军事活动。该派近又掌握民社党港澳总支部,另派陈介叔为主委,汤镇国、李巽仿、黄传达、黄忠、张沛松、伍益年等为委员。

二、组织政党联盟

民社党革新派,鉴于本身孤立无援,民盟虽表同情,又无法给予切实之支援,故拟发动组织"政党联盟",企图以此项组织,代替所谓"新第三方面",进行的步骤:(1)在政治方面拉拢民主党中央总部秘书长侯野君,及青年党中央委员会(革新派)委员长周济道,民治党已脱党之首领司徒美堂,以及其他小党派,以新第三方面为号召,该派从中取得领导权。(2)经济方面,由卢广声负责筹措,卢愿献助上海之私有房产;孙宝刚愿献助香港之私有袜厂,不足之数,向海外募捐。民盟财委会主委沈钧儒,亦允为设法。

三、在北平之活动

民社党革新派首要分子梁秋水,原为民社党之元老,颇能号召一部分北方党员。梁近在平策动该派党员,反对该党北平总支部。此次该党参加北平市参议竞选,因提名问题,引起纠纷,多数党员均对总支部代理主委王雅陔不满。梁秋水则从中极力挑拨,乘机吸收不满总支部之党员,扩充该派势力。

(3)党派活动专报第二十六号(11月30日)

〔上略〕

叁、民社党革新派最近之活动

民社党革新派,自本年八月十五日全国代表大会闭幕后,即积极发展组织,依照组织纲领第一期工作计划,首先组织中央总部,调整人事,并建立地方组织,规定第一级地方组织为省市支部(海外特别总支部同),第二级为总支部,为省支部未成立前,数县之联合组织,第三级为县市支部,第四级为分部,第五级为小组,兹将各地组织进展情形分列于后:

(1)上海市党部:主持人由孙宝刚兼(孙为总部宣传委员会主委),执委有金良本、左林岚、王清东、何蒙、宋右郢等,监委会主持人姚永励,监委有石文、沈志澄、丁子书等,该部每次会议,均为执监委联席会议制,尚未单独分开举行,目前为止已举行至第五次。

(2)北平市党部:主持人由该党常委梁秋水兼,另由张东荪、卢毅安协助指导。据该党人士称,平市为文化发展之地区,学府林立,知识分子较多,对民主社会主义较易接受,惟经费毫无,活动颇感困难,该地高干尽先为各方所认为最能干之一干部。

(3)海外总支部:主持人由海外委员会主委李大明负责,地址设旧金山,李近曾向其中常会报告谓海外总支部正依照党章根据海外实况,积极发展组织一切工作,甚得当地人士之同情,李并于月前赴纽约华盛顿各大城市活动。

(4)东北党务实际负责人为卢广声,以该地情形特殊,活动地址未定,故至今迄未设立总的机构,现经决定以辽宁省与沈阳市分区为原则。

（5）南京市党部：主持人沈正仑（沈现已来沪，另由该部委员徐步青、秘书韩剑秋共同负责），该部日内将另行改组，现其活动中心工作，专在打击张君劢派。

（6）港澳总支部：主持人李庆增，该部地址设香港，现正着手改组，不日行将成立正式支部云。

（7）江苏省党部设苏州其主任委员为郑梨村，郑曾任云南大学教授，云贵监察使署秘书，现充吴县参议员，乃章太炎先生之亲戚，在地方上颇能号召，现在吴县之党员，已号称有三百余人，但实有多少尚待考证，江苏省第一总支部亦在苏州，郑兼主之，现有无锡、昆山、常州各支部，但省党部现仍无固定地点，党务推进亦甚松懈，郑与民社党关系乃孙宝刚所介绍者，故江苏省党务实权仍操孙系手中。

〔国民党党务机关档案〕

8. 国民党中央联秘处关于民社党革新派活动情况专报

（1948年2—9月）

（1）党派活动专报第二号（2月×日）

〔上略〕

叁、民社党革新派最近之动向

民社党革新派自去年□月召开所谓一全代会后，迄今数月并无若何之发展，该派首要分子伍宪子（中常会主席）、孙宝刚（宣传委员会主委）已长期驻港，致使上海之中央总部群龙无首。兹将该派最近之动向分析如下：

（一）对于大局之态度举棋不定。该派之形成，原为党内一部分干部不满意张君劢所决定的参加政府人选，并反对冯今白、蒋匀田等之操纵把持，为了装璜门面，并争取民盟等所谓民主党派的同情，不得不标出民主和平的招牌，反对参加政府。正因为求官未遂，自政府宣布全国总动员，实行剿共戡乱后，各党派态度均已逐渐明朗，惟该派则仍举棋不定，一方面由伍宪子、孙宝刚等在港与所谓民主党派联络；一方面由汪世铭、姚永励等在沪与政府及美方保持接触，深感追随共匪事实上不可能，接近政府又碍于张君劢之阻力，故力求透过美方关系，唱议和谈，重弹组织"新第三方面"之老调，走其中间路线。伍宪子最近在该派发行之《人道周刊》创刊号《中国之前途》一文中，提出三条路摆在眼前：第一条路，帮国民党打共产党；第二条路，帮共产党打国民党；第三条路，再起和平运动，要求国共两党息战实行民主，妄图于国共再行和谈时，相机参加政府，同时又欲结欢于所谓民主党派，以提高其地位，并壮其声势。是故迄今对时局之态度仍在举棋不定中，久欲发表宣言，亦因而一再延缓。

（二）内部意见分歧，颇有各奔前程之趋向。该派内部因对于时局意见不同，且无基本信念，故动摇者甚多。如中央妇女委员会副主委顾明，脱离该派转入青年党，彼遴选为沪之参议员；中央执委周静彩，为参加汉口市立委竞选，宣布脱离，张耀先经张君劢提名为国大代表，亦自行脱离；秘书主任兼组织委员沈正仑、财务委员会主委卢泽三，均因不满该派中央之措施，辞职赴港活动。该派每次中常会缺席者均甚多，足见其精神萎靡不振。近决定中常委无故不出席会议者，由副主席沙彦楷具函警告，干部消极转变，颇有各奔前程之趋向。

（三）党务经费困难异常，一筹莫展。该派党务经费三七年度每月仅预定二千万元，由中常委分别认捐。伍宪子、刘丙午、郑雪赓、卢泽三等每月捐一百万元；蔡自我、胡伯威、金良本等月捐一百万元；汪世铭、卢广声、姚永励、罗坚白、沈雁、何蒙、杨巨源等月捐五十万元；沙彦楷等月捐廿五万元；孙宝毅、高方中、吴家齐、石人伟、周栋良等月捐十五万元；并规定数目每半年调整一次。该派因经费困难，中央总部迄今尚无确定地址，仍分散于各饭店及公司内办公，前为建立经济基础，筹办同德企业公司，预定资本为五亿，仅募到二亿，故无法开张，党务经费困难，一筹莫展。

（四）该派首要伍宪子、孙宝刚向该党中常会建议，在香港设立中常会驻港办事处，负责指导港澳两广及海外党务，并藉便与在港之所谓民主党派联络。伍、孙两人之用意，在将该派活动中心南移，近与李济琛采取联系，关系日益密切，惟表示国民党之专政系由共匪学来，共匪如取得政权亦必为一党继续专政，故极力主张走第三条路。

(2) 党派活动专报第三号（3月×日）

〔上略〕

肆、民社党革新派之徬徨

民社党革新派中常会主席伍宪子与宣传委员会主席孙宝刚决定长期驻港活动，并创办《人道周刊》，以为该派之喉舌。该派在港与伪国民党革命委员会联络颇密，与民盟亦有接触，意欲侧身于所谓"民主党派"之列。关于政治路线问题，伍宪子前已明白表示"再起和平运动，要求国共两党息战，实行民主"。该派认为既在政府控制区活动，如直接与中共联系，难免遭受严重之打击，故对中共之是否民主，避不讨论，以免开罪国共任何一方，致失去第三方面之立场。此乃系"中间路线"之策略。但孙宝刚则发表"民主阵线论"，认为"中间路线的改良者，并不是一个好东西，他们是反动和革命间的一个产物，只没有右翼那样坏的彻底罢了"。该派明明想走中间路线，惟恐遭受中共与民盟的攻击，反而巧妙的批判中间路线，并强调其"民主阵线是没有阶级性的，而是国共两集团以外的，所有无特权的人们，都可集合在民主阵线之下"。结果仍是吃力不讨好，遭受中共所出版的报纸刊物严厉的批评与刻毒的谩骂，并公开指孙宝刚为反动分子,因为中共在港正对所谓第三方面与中间路线者,施以压力,要求彼辈态度明朗,勿稍暧昧,该派自然成为对象之一。中共暨痛骂该派,民盟自亦不能见谅,因此迩来香港所谓各民主党派酝酿中之所谓"民主联合阵线",亦未将该派列入各种集会,亦不予通知,该派显然已遭受摒弃。伍宪子、孙宝刚虽极力与所谓"民主党派"人士联系,但并不亲密,且有更加疏远之势。同时,由于民主之高调,弹唱已久,又与该党之正统派不能合作,亦不便接近政府。该派际此境遇苦闷异常,近经在港之伍宪子、孙宝刚与留沪之沙彦楷、汪世铭书信往还,商讨结果准备作如下之决定:

(一)在争取和平与争取民主上,应尽量与国共两党以外之各民主政团党派及一切自由民主分子,密取并增强其联系。

(二)派遣与"民主党派人士"素有关系之卢广声、汪世铭、孙宝毅等三人,由沪赴港,向各方面极力疏解。

(三)准备以"独立阵营"、"民主阵线"、"联合政府"三个口号,代替以前所使用之"第三方面"与"中间路线"。

(四)重新考虑以前所决定之一切策略,并逐步修正,使更明显,以消除"民主党派"之误会。

由上所述,足见该派目前在港虽遭受歧视,然仍在竭力寻觅新途径,以便与"民主联合阵线"接近。惟因所谓"民主党派"对该派甚为鄙视,其成功之可能性甚少,故目前之该派可谓在徬徨中。

该派首要孙宝刚,在港以"第三方面"立场发表"反国反共"言论后,引起左派人士之攻击,孙氏苦闷之余,适值越废王保大代表在港招收中国军官,乃与洽谈。当时保大代表希望孙代为招请正式军校出身(以日本士官、云南讲武堂、东北讲武堂毕业者为最好)之中国军官二百至三百名,暨义勇队若干名,赴越筹组军队协助保大复国,孙允为设法,但须保大承认三事。

(1)此项军队于保大复国后,须全副配备开回中国,听其自由调遣。

(2)一切费用与装备须由保大负责。

(3)若有必要与可能时,即须与胡志明谈和而不应固执到底。

现此事已有进展,于保大抵港后即可确定,孙氏现已委托在港之孙铭九(西安事变主要人物)、张祥麟二人,代为在东北、湖南等地招募过去伪军下级军官及帮会人物前往参加,并邀约与胡志明有深切友谊之沈正仑赴港,以备赴越游说胡志明。

该派主席伍宪子,近因在港遭受共匪及左倾人士之激烈攻击,颇为郁闷,故有意出国赴美一行,其目的为:

(1)整理海外党务。

(2)为该派筹募款项。

(3)拉拢美国关系。

现正设法向港政府请领去美护照中。

(3)党派活动专报第四号(4月×日)

〔上略〕

(肆)民社党革新派最近之动态

一、……

二、成立澳门支部

民社党革新派,近在澳门成立支部筹备委员会,由伍公博为主任委员,卢若怡、伍照楠、赖镇东、林植之、梁贵道等为委员,并于二月廿九日在伍公博寓所召开第一次筹备会议。该派主席伍宪子之第三妾代表伍氏参加,由伍公博主席宣称:(1)国际情势,美苏矛盾,国共内战,国大代表立监委等选举丑剧与公务人员之贪污不法,汉奸仍居高官等现象。(2)扩大民社党革新派组织,加强活动,吸收有地位人士及文化界思想先进分子参加,展开党务。继由该派中委沈正仑训示略谓:

(1)本党前主席张君劢因贪图官位出卖本党,并曾致函张群,建议将本党解散,自私自利,寡廉鲜耻,实不配领导,故经本党开会议决,公推伍宪子先生主持常务。

(2)本党虽经政府承认为合法政党,惟一切活动仍受限制,如拟在沪开设报馆一事,多方阻难,结果停办,由此可知政府表面民主,实则独裁,故本党同志仍应秘密活动,并在各大城市设法吸收德高望重及文化人士,广为宣传,展开党务。

(3)本党乃独立政党,自有党纲及主张,党员应为党而努力,对国共两党应持中立态度,争取民众,建设基础,俟国共纷争无法解决时,即乘机领导民众,以期组织民主政府。

旋即开始讨论决议如下:

(1)澳门支部筹备会经费,由各委员认捐,计伍公博葡币伍拾元,伍照楠肆拾元,赖俭、林植之、梁贵道各三拾元,卢若怡、赖镇东各二十元。

(2)党员之吸收,应规定由各委员每人介绍五人,再由所介绍之新党员,每人介绍五人入党。

(3)党员入党费分为葡币二元、四元、八元三种,一次缴纳。

(4)每月开会六次,以逢五逢十为开会日期,尽量讨论工作,以期支部迅速成立,展开党务。

三、各首要分子之动向

民社党革新派首要孙宝刚、汪世铭等,自组织第三条路线失败后,备受共匪及民盟分子之责难,且疑其受政府之利用,故被摒弃于所谓"民主统一阵线"之外,目前孙等颇为苦闷,如再回头向政府方面活动,又碍于张君劢之阻力。孙宝刚近党务无法开展,拟赴南洋一带活动,伍宪子亦拟赴美募集经费,并与李大明晤谈,惟李大明在美仍以民主宪政党名义活动,最近并发表宣言及对时局主张,要求国共以外的政团组织"民主建国政团同盟",建立第三势力,以发动和平民主运动,召集"国是会议",协商政治问题。该派组织部长汪世铭,赴港与主席伍宪子及卢广声、孙宝刚等会晤,并晤见港中左派人士,对该派今后政治路线问题经会商决定,仍采取"中间偏左"，惟在执行上，决定较以往更加偏左，大体与左翼党派采同一趋向，但并不完全公开反对或谩骂政府，亦即不采取公然敌对地位。各左倾党派因鉴于该派组织力量全在国内，故对其主张亦表谅解，而民盟激烈分子则仍认该派此种政治策略，乃属投机取巧，故不甚同意，对伍宪子、孙宝刚等尤表不满。该派分子近多攻击该派主席伍宪子，责伍氏不但毫无作为，且态度欠缺明朗，同时对李大明之对外以民宪党副总裁自居，致影响民宪党党内人士亦对伍氏不满，是以伍氏甚感苦闷，有脱离该派之意向，原拟函上海民社党革新派副主席沙彦楷辞去主席职务，发表文告，说明民宪党之立场暨公开声明《人道》周刊为渠私人出资创办，非革新派刊物，惟经万武劝告后，已暂为搁置。

四、整理南京市党务

民社党革新派南京市党部，为整理该派京市党务，特召开常会，计到王振亚、胡其华、林蔚青、韩化民、徐步青等五人，因出席人数过少，临时改为座谈会，对该派京市党务整理问题商决如后：

（1）根据总部原则，整理京市党务，仍由各常委负责，再在党员中遴选精干热忱同志协助。

（2）京市党部挂名委员必须取消其委员资格。

（3）原有胜利新村十四号市党部地址，因过于狭小，且交通不便，应速设法另觅适当房屋，经费由王振亚负责。

(4) 党派活动专报第五号（5月×日）

〔上略〕

三、革新派内部起纠纷

民社党革新派中常委张东荪等，近由北平致函香港该派首要伍宪子，表示该党对目前时局应采如下之方针：（1）坚定民主立场；（2）确保中间路线政策；（3）如政府须要该派参政时，则须坚持政府应尽量容纳各党派人士为条件。闻伍对此项主张已表示同意。该党中常委卢广声过去系主张该党加入民盟最力之一人,到港后曾批评伍宪子之思想不前进,对伍主编之《人道周刊》亦复如此。尤其对伍批评共党及民盟口头宣传民主,而不实行民主,表示不满,曾主张将该刊温和态度改为积极性(即增强攻击政府)及重新声明该党立场,因而与伍意见冲突,同时因伍于私人谈话中,批评左倾分子反蒋反美均有所不当,伍谓"没有蒋谁能统治中国,没有美国中国还能谈什么建设"?此话传出后,共匪及民盟分子乃向伍大肆攻击,卢亦因而与伍闹翻,现仍在争持中,《人道周刊》十五期中伍作之《假如我是蒋先生》一文,内容措词仍甚温和仍表示严守中间路线。

(5) 党派活动专报第六号(6月×日)

〔上略〕

三、革新派港澳总支部成立

民社党革新派港澳总支部,近在香港该部召开第一届党员代表大会,由该部筹备主席李庆增主席,选举执监委员后,即由当选之执委举行第一次执行委员会议,选举该部各部门负责人。兹将当选执监委及各部门负责人分列如下:

(1) 执行委员会

主任委员　李庆增　　副主任委员　霍荣光
委　　员　李庆增　伍学海　杨锦藻　霍荣光　梁玉田
　　　　　王鸿基　林恒之　伍照栴　潘保翔　梁策庭
　　　　　胡精祥　赖竹君　张旋一
候补委员　林景祥　刘　庆　简朗如
秘书处　主　任　潘保翔
　　　　副主任　王鸿基
组织处　主　任　沈正仑
　　　　副主任　梁玉田

宣传处　主　任　赖竹君
　　　　副主任　傅力生
社会事业处　主　任　杨锦藻
　　　　　　副主任　曹国辉
财务委员会委员　霍荣光（召集人）　伍学海　张　炎
　　　　　　　　刘　庆　梁策庭　伍照栂　陈仲瑜
（2）监察委员会
委　　员　何　伟　蔡介公　陈　发　曹国辉　伍韬庵
候补委员　关　苏　梁　展

(6) 党派活动专报第八号（8月×日）

〔上略〕

肆、民社党革新派近况

一、机关刊物《人道》停刊

民社党革新派首领伍宪子主编之《人道》（周刊），原为代表该派宣传之机关刊物，但因出版以来，该派分子多认为不够前进，态度中庸，尤其该派首要汪世铭、万武等抨击最烈，谓该刊言论之保守与温和，不足以代表"革新派"。伍在众人责难下，已决定将该刊由廿一期起停刊，听候该派中央常委员会处理。据悉，该派首要意见纷歧，有主张参加反动集团联共者，有主张仍走中间路线者。

二、发表对"新政协"声明

民社党革新派近发表对新政协之声明，内容除指斥张君劢藉该党名义作自私自利活动外，并申述该党立场，在以和平与民主方式实现社会主义之理想，并强调：(1) 自始即反对在内战未止和平未复以前召开任何形式之国民大会制宪行宪；(2) 反对参加国民党控制下之所谓联合政府；(3) 反对任何方式之独裁；(4) 反对借助任何外援。此外则响应共匪"五一"号召，并提出三点意见：(1) 必须严格分辨清楚谁是真正人民代表，才能保证新政协之成功；

(2)新政协之成份必须扩大基础,包括有真正进步之民主党派与真正自由人士,将一切反民主分子排斥出去始能保证成功;(3)希望国民党内开明分子迅速团结,中共亦应宣示对未来民主联合政府之信心与表现。在此声明中已说明该派目前之政治趋向。

三、港澳总支部发生纠纷

民社党革新派港澳总支部委员沈正仑,近因该党有人攻击他操纵《人道周刊》与伪革命委员会李济琛有秘密勾结情事,同时于会议时对沈加以讥嘲,沈恼羞成怒,拒不出席会议,并纠集傅力生、吴敬生等人组织"民社党港澳同志联谊会",发出代电,抨击该部工作错误,并表示辞去原任职务,经派港澳党部秘书处召集双方主事人及执监委等开临时会议。商讨结果如下:

(1)由执委会派梁玉田赴十、十一小组,向各组员询问是否对沈正仑所发代电各点表示同意。

(2)由主委李庆增根据沈正仑所抨击各点,向中常会提出报告,并代电通知该党各地机构,说明真相。

(3)推定监委蔡介公、执委杨锦藻、王鸿基、潘保翔向主席伍宪子及驻港中常委报告经过,并请纠正沈正仑、傅力生之错误行动。

四、在上海组织外围团体

民社党革新派上海支部负责人沙彦楷、汪世铭,最近颇努力于该支部外围团体之组织,已成立者计有:(1)"青年学生进修会",吸收沪市各大中学青年学生为会员,主持人季之平,尚无固定会址;(2)职工服务会,吸收沪市各业职工为会员,由汤炳权主持。

(7)党派活动专报第九号(9月×日)

〔上略〕

一、伍宪子答复美情报员之询问

美国国务院近派情报员麦克罗斯抵港,协助美国驻港副领事

谢伟思工作,彼为"新政协"问题,特于八月廿七日上午十时访问民社党革新派主席伍宪子,提出问题数点:

1. 民社党革新派现有党员若干?为何与张君劢分家,不参加政府?

2. 目前在港各党派人士多通电响应中共五一号召之新政协,为何民社党革新派人士并无参加签名?

3. 中共有无邀请伍氏参加新政协?伍氏是否愿意参加?

4. 毛泽东所号召之新政协是否民主?抑以各党派作招牌?

5. 最近民主人士反美情绪浓厚原因何在?可否改善?当经伍氏一一答复如后:

1. 民社党革新派国内党员约有七万余人,因政见不合,故与张君劢分家,又因许多主张不能实现,故不愿参加政府。

2. 关于响应中共"新政协"之签名,系在各党派星期聚餐会所办,本党(伍氏自称)无人参加星期聚餐会,故未签名,我们对新政协原则同意,但必须民主和平而解决国是者。

3. 中共曾派人与我谈话,但未作确实答复,既未拒绝,亦未应允。

4. 此问题无法批评,因中共对新政协内容迄未详细透露。

5. 因美国帮助中国政府,对中国老百姓之要求并不重视,苏联则与此相反,故民主人士对美国颇为不满,美国对此点如能加以改善,则民主人士对美国之态度亦可改善。

二、万武由港到沪活动

该派监委会主席万武,于八月十六日离港绕道广州汉口,于八月卅一日抵达上海后,曾致函该派中常委卢广声,内称:弟今午安抵沪上,手书拜悉。此次途经粤、湘、鄂等省,均有意外之收获,如湘中国民党老党员与无党无派之社会贤达,及张记(张君劢领导之民社党)人士等多愿与吾人一致行动,鄂中邹君亦把握,彼新旧号之生意(系指民社党新旧派党务之意),均有发展之趋势,渠欲抽暇来港办货（按系去港请示机宜），与公等一谈，时先函告。万武复致函伍宪子，主张在上海召开第二次全国代表大会以加强党内组织，并认为该党自有立场，不应受外力之影响而有所转变，反对参加无意义之政治活动，闻万武之赴沪与该派分裂之酝酿有关。

三、着手整顿京市党务

该派南京市党部委员沈正仑自沪返京后，积极整理南京党务，九月八日下午八时，假新街口社会服务处会客室召集该派在京首要分子开会讨论，出席者有沈正仑、王振亚、邵初之、杨开文、林蔚青、张鹏（建国学院学生）、胡其华等七人。由沈正仑主席，报告整理党务意见后，即席决议：1. 凡已参加民社党革新派，且已办理登记手续之党员，均应分别予以联络；2. 党费每人每月增收廿万元；3. 重新登记之党员，确对党务热忱者，列为基干同志。至新党员之吸收对象，必须对现状认识清楚，头脑冷静，而且有活动能力者为合格，否则宁缺毋滥；4. 开展党务之方式，以知识交换情感交流，事业合作，而达到政治目的；5. 公推王振亚、胡其华、韩剑秋等三人负责整理小组。

四、内部近又发生分裂

本年五六月间，香港酝酿所谓"中间路线"，各反动党派均热烈赞同，一时空气颇为浓厚，其中尤以该派在港主办之《人道》倡导最力，惟该派中坚分子孙宝刚、孙宝毅等与张东荪、卢广声、汪世铭等之主张不同，伍宪子本人意志并不坚定，在孙宝刚与汪世铭等互相摩擦之间，颇有左右为难之势，"中间路线"之活动亦因而停顿，但汪世铭等左派声势较大，终至开除孙之党籍。兹将其真象缕述如次：

（1）张君劢图再拉拢革新派——自孙宝刚、汪世铭等中坚分子发生分歧意见后，该派对外之路线，即无法采取一致行动。张君劢有鉴于此，乃派员赴港与革新派联络，欲利用其内部矛盾，重商合作事宜。孙宝刚、孙宝毅等颇为愿意，伍宪子、汪世铭则竭力反对,致商谈未获得结果。

(2)《人道》停刊,孙宝刚首遭排挤——革新派在港主办之《人道》,其言论内容据汪世铭函梁秋水称:"有许多左右开弓或对现政权仍存改良幻想,或谓封建及帝国主义已不存在种种言论,引起各方对本党误解"等语。该刊内部人员即多为孙宝刚派所控制,且孙又愿意与张君劢重商合作,似此情形,致革新派对内对外均极不利,故伍宪子乃下令《人道》停刊,藉调整内部人事,将孙宝刚排出;而汪世铭、张东荪等更提议于本年九十月间筹备召开二中全会,欲藉此将孙氏兄弟打倒,澄清内部,故孙在港之环境渐趋恶劣。

(3)孙宝刚返沪活动力谋对抗——孙在港遭左派分子排挤后,又获悉汪世铭等拟召开中全会,予以打击,为预防计,乃于八月中旬由港返沪,欲重振其京沪一带之实力,以与抗衡。并一面与张君劢接洽重商合作,另谋出路。孙抵沪后,即将总部主任秘书高方中免职,并改组宣传委员会,企图孤立左派分子汪世铭之势力。据孙八月廿五日函,该派港澳党部谓:此事进行已获有相当成效,孙宝刚于九月廿三日以该派中常会名义招待记者,发表谈话称:"本自去年八月十五日在沪召开第一次全国代表大会,正式成立以来迄今已值周年,在此一年之中,以限于环境,只致力于对内之整理与扩大组织,对外方面,虽无显著表现,但仍能站住脚跟,不失中间党派立场,未曾随声附和,向任何一方妥协,此则堪可告慰于全国人之前者也。换言之,本党迄今仍恪守第一次全国代表大会宣言,继续奋斗不懈,亦即在全国和平未实现之前,在人民基本人权之保障未获巩固之前,在现政府未根据民主社会主义之原则,为人民谋福利并保障最低限度之安定生活之前,在外交政策不能自立自主,对美苏两大壁垒抱无所袒倚之态度之前,仍一本在野之身份,联合第三方面各民主党派社团共同奋斗。至于外有本党参加'新政协'之谣传,已有本党前所发表对新政协之态度之声明及本党中常会主席伍宪子在港发表谈话,只可表明。兹为使国人明了本党立场及近况起见,故特招待各位并发表书面谈话"。如上又孙氏于答复记者询问时批评共党片面召开"新政协",排斥国民党。

(4)沈正仑返京恢复活动——革新派南京总支部主委沈正仑,自去岁赴港后,该派在京即停止活动。八月初沈由港来京,拟整顿该支部工作,据沈透露在港与孙宝刚意见不合,与汪世铭则相处甚得,言外之意,即在藉整理党务,以打击孙宝刚之活动。故当该派中央决定开除孙之党籍后,沈正仑领导之南京总支部即首先通电拥护,足见汪世铭预谋破坏孙宝刚之京沪活动。同时,沈在京又竭力拉拢民社党南京市党部旧委员刘蛰公,因刘在京拥有相当群众力量,前为反对蒋匀田愤而脱党,刘参加民社党时即为沈正仑所介绍,相交有素,沈某乘机拉拢自易合作,故刘拟将其掌握之"民社党南京各支部联谊会"人员集体参加革新派,沈当表示联谊会人员均系过去老同志,自甚欢迎,惟集体参加为该派,规定所不许,主张个别参加。张君劢唯恐南京党务又生纠葛,乃嘱徐傅霖与沈晤谈。据徐表示,只要彼等不捣乱,党方(指民社党)可能予彼等生活上之协助。此一问题,刻尚在演变发展中。

(5)孙宝刚终被开除党籍——《人道》停刊后,孙宝刚被迫返沪,革新派人士即声称要开除其党籍,尤以汪世铭主张最烈,终由该派中常会决议,开除孙宝刚与罗坚白二人之党籍。当汪、孙斗争激烈之时,该派一般中和分子,主张将汪、孙二人均开除党籍。嗣因该党北方派领袖梁秋水从中关说,谓汪为革新派之中坚分子,故得免遭与孙宝刚同样之命运,孙在沪得悉上项消息后,甚表愤慨,声称拟清算梁秋水之旧账,刻孙与民社党总部尚保持联系。

(6)伍宪子意态消极——汪、孙内讧明朗后,不仅该派之中和分子认为革新派再行分裂,则实力肢解,无所作为,将遭社会人士所不齿,即伍宪子亦至感焦虑。据其八月六日函梁秋水称:"吾党基础未固,目下处境危险,彼此合力,前途尚觉艰难,岂可自毁,而况宝刚与世铭合力革新,从君劢党里退出同患难之人,而不能相处又闹分裂,不只为君励笑,今后亦何以处友?何以办党?即望兄等即函沪双方劝解之,万不能再闹笑话。若果如此,弟惟有宣告脱离,今后亦不复办党"等语。讵梁并未从其言,函双方劝解,消弥党变,且袒汪责孙,终至分裂,则伍宪子今后意态将愈趋消极。

综上所述,民社党革新派又趋分裂,孙宝刚等目前之活动或已与张君劢进入讨价还价阶段,可能再度合作。

〔国民党党务机关档案〕

9. 中国民主社会党革新派各地党务概况①
（1948年3月）

一、南京市党部之成立

自民社党内部分裂以后,孙宝刚即往南京拉拢总支部宣传处主任沈正仑,当即由沈出面发表响应革新运动声明,并颁发革新委员会南京总支部党务整理办法。七月一日南京总支部声明参加革新委员会,并于七月七日举行干部会议,计到有八个支部负责人及原有南京总支部宣传处人员,讨论党务进行及吸收其他支部等问题,并遵照孙宝刚之意见改称为南京市党部,原有之支部改称为区党部。七月二十五日下午八时,假中央饭店三一四号举行第一次委员会,到沈正仑、徐步青、邹永之、徐艺民、王振亚、杨开文、许雁北、夏浣兰、张经天等九人,指导人为孙宝刚,主席为沈正仑。孙宝刚训话后,即讨论提案,最要者为市党部负责人选案,经决定:主任委员为沈正仑,组织处长杨开文,联络处长王振亚,宣传处长徐艺民,秘书韩剑秋,对外发言人沈正仑,沈正仑调任中央主任秘书,主委一职则由组织处长杨开文代行;继则由联络处长王振亚任主委,徐步

---

① 此件摘自1948年3月国民党中央联秘处编印的《中国民主社会党革新派概况》,沿用原标点。

青任宣传处长,其余各委并无更动。惟经费极感拮据,目前似已陷于停顿状态中。

二、上海市党部之成立

该派上海市党部,因原有组织系由孙宝刚等所把持,故工作进行较为顺利,乃于三十六年六月二十五日召开市代表大会,成立上海市党部。出席各支部代表共一百二十余□,□选出执行委员孙宝刚、金良本、陈震初、朱鸿儒、何蒙、孙令衡、沈雁、包又新、徐均、宋石郛、周静寀、姜鹤春、龚一飞、朱□熹、巫兆祥、王公严、左林岚,候补执行委员李慎思、胡白良、杨巨源、张国庆、刘春□、叶云卿、徐正芳,监察委员姚永励、予子言、薛恭甫、沈志澄、石文、孙道衡、钱存棠、陈谟、谢仰青,候补监察委员胡淼、王敏、王朝良。

七月一日,举行第一次执监委员联席会议,推选孙宝刚、姚永励分任执监委员会主任委员,金良本为组织部长,周静寀为妇女部长,王公严为研究部长,徐均为宣传部长,陈震初为财务部长,宋石郛任秘书,每月经常费定为三百万元,由各执监委员认捐。

三、其他各地党务概况

1. 北平市党部:主持人由该派常委梁秋水兼,另由张东荪、卢毅安协助指导。据悉该派认平市为文化发达之区学府林立,知识分子较多,对民主社会主义较易接受,惟经费毫无,活动颇感困难。

2. 海外总支部:主持人由海外委员会主委李大明负责,地址设旧金山,李近曾向中常会报告谓海外总支部正依照党章根据海外实况,积极发展中。

3. 东北:实际负责人为卢广声,惟以该地情形特殊,活动地址未定,故迄今尚未正式设立总的机构,现经决定以辽宁省与沈阳市分区为原则。

4. 港粤总支部:主持人为李庆增,该部地址设香港,现正着手组织,不日行将正式成立总支部云。

5. 江苏省党部:该派曾派潘序东与郑雪庵等先后赴镇江筹组

江苏省党部,惟以经费无着,以至无法进行,迄今仍陷停顿中。

6. 浙江省党部:该派曾于三十六年九月十七日派宋石郢赴杭筹组省党部,惟因种种关系,迄今尚未正式成立。

〔国民党党务机关档案〕

10. 中国民主社会党革新派对时局声明①
(1948年3月)

民社党革新派主席伍宪子,于三月二日在九龙深水涉福荣街十九号三楼寓所召开第二次该派驻港执监委联席会议,计到孙宝刚、卢广声、刘丙午等十四人。席间以时局为讨论中心,伍、孙提议对目前时局应有一明确声明,伍氏并提出所拟声明草稿,当即决议通过,送经平沪等地中常委同意后发表。闻其内容如次:

中国民主社会党对时局声明

自大战结束,世界两大壁垒,激成国际纷争,因而牵涉我国形成国共两党相持。中间民主党派与民主人士戚戚忧心,为国家前途人民幸福计,于是有调停国共之政治协商会议,希望组织联合政府,以和平统一建设国家。假令国共两党皆能以国家人民为前提,民主党派与民主人士皆能不负初衷,站定中间立场,结成第三路线,国共之争,尚能言归于好。然而,不幸两年来国共两方各不相让,内战愈演愈烈,中间党派民主人士亦颇多动摇,其中间立场,而分为左右袒;尤其是半年来局势急转剧变,和平前途渺茫,第三路线为双方否认。国共两党均拥护有庞大之军队,均具有高度排他性,民主党派与民主人士既无武力,其受藐视自在意中。空言不足以唤起人民,其被迫而放弃中间地位固无足惜,然因此对本党关怀倍切者,每为本党忧危。本党在今日所以不得不重新声明本党之一

---

① 此件摘自国民党中央联秘处编的《党派活动专报》1948年第3号。

贯主张与对当前时局之态度。

本党以民主社会主义为基本政纲,主张以民主方式,逐渐实施社会主义之理想,合成一个政治民主化,经济社会化之健全制度,因为现在事实上证明,资本主义与共产主义各走极端,均不符合民主,相信民主社会主义必能获得世界人类共同拥护。不幸中国现状两面夹攻,一方面官僚资本剥夺人民生计,一方面农工阶级不能代表全民,各走极端,挟兵斗争,国家将沦于毁灭。国家危殆之势日深,然人民徬徨求治之情亦日急,内战尽管否认和平,和平终必克服内战,故本党始终坚信第三路线之正确必不错误。本党所主张之第三路线,是积极向研求建设中国之共同方案,树立真正民主力量,不仅是消极的调停国共目前争端,而且永远站在国共中间,作和事者,所以在炮火连天中,本党同仁不愿做任何一方面之内战对敌,因为建设目的在一个国家全体人民,而不在任何一方面,此即第三路线之主张与责任。第三路线固然是希望和平,但并非希望分赃妥协式之和平,而是希望彻底改造之和平,以真正国家人民立场所形成的民主力量促和平实现,现在和平希望虽渺茫,而第三路线依然存在。第三路线不是为和平而始成立,更不是为不能和平而遂撤消愿民主党派与民主人士,明了斯旨,合力团结,领导人民感动国共早日觉悟,俾内战寝息,建立真正民主之联合政府,此为本党区区之意,幸邦人君子共鉴之。

〔国民党党务机关档案〕

11. 中国民主社会党革新派对新政协声明
(1948年6月28日)

本党对新政协的声明

当此遍地烽烟,举国动荡,人民水深火热之时,凡负国家责任,爱护人民者,应念国家为人民公有,非一党所得而私,应念民主政治，在尊重民意，不在护兵自固。前年政协会议之精神，为军队国家化，政治民主化，经济社会化，各党地位平等，实为和平统一建国之大道。然不幸政协决议终被撕毁，去年春间，有所谓三党联合民主政府之组织，今年复有所谓行宪国大之召开，与总统之选举。本党具有远识者，皆怨焉忧伤，以为是国家祸乱之增加，民主政治，非此等虚伪行为所能粉饰也。因此，毅然决然不参加所谓三党联合政府，更反对所谓行宪国大，虽然张君劢挟政府之力，负本党名义而趋，亦只是暴露其浅识与急图近利之自私行为，本党具有远识者，皆抱壮士断腕决心，绝不同流合污，自毁党誉，此海内外民主人士所共谅，亦本党同人所自慰者也。

本党一向立场，在以和平民主方式实现社会主义之理想，自始即反对在内战未止、和平未复之前，召开任何形式的国民大会制宪行宪；自始反对毫无原则毫无保证的参加国民党控制之下的所谓联合政府；自始主张以政协决议为基础，以全国各民主党派和平团结为前提，共同走上民主政治的建国大道；自始反对任何方式的独裁，并反对借助任何外援以延续内战，而陷国家于万劫不复的境地。此乃本党始终不变的一贯主张，并久而弥坚。

中国共产党五月一日文告，内有联合各民主党派、人民团体、社会贤达召开新政治协商会议之号召，本党几年来以力之所能，谋求国家的和平团结与民主进步，所以不论何方，如有诚意协商国事，无不表示欢迎，并寄予深切的希望。本党对此问题，愿提出几点意见，备供国人参考。

一、经过二年来的沉痛教训和经验，我们要深深检讨，谁才是真正替国家人民打算，谁才是真正以国家人民的利益为利益，谁才是人民真正的代表？谁才是真正站在人民一边的真正的民主战士？必须在这种严格的分辨清楚之后，才能保证新政协的成功。

二、上次政协会议，缺乏全国全民代表性，当时只是以现政府所承认的几个政党和政团凑合而成。这二年来政治局势日日在演变之中,多数民众已觉醒了,新兴的政党和政团起来了,国民党内部开明进步分子分出了,旧有的政党和政团亦多变质了。我们必须承认这二年来政治上的变化,重新估定新政协的成分,并须扩大其基础,包括所有真正人民团体、真正进步的民主党派和真正进步的自由人士。同时更须将一切反民主分子排斥出去,非如此不能保证新政协的成功。

三、我们还有一点希望,即国民党内部的开明进步分子应迅速团结,推翻顽固反动派的专横;中共亦应进一步明白宣布他们对未来民主联合政权的信心与表现。如此内战可以缩短,和平可以恢复,更足以保证新政协的成功。

国事已到了最严重的关头,凡足以招致和平统一与民主团结的号召,我们莫不竭诚拥护,促其实现,特提供上列几点意见,冀能改革目前局面,树立中国永久的和平。我们坚定不移的志愿,在建立一个自力更生的,政治自由的,经济平等的,社会正义的,个性尊严的健全制度。近之,使中国成为现代化的民主进步国家,远之促进世界永久和平与繁荣。我们愿坚持上述信念与全国人民共同作最大之努力,以抵于成。

中国民主社会党常务委员会主席伍宪子　副主席沙彦楷
民国三十七年六月二十八日

〔中国民主社会党档案〕

12. 孙宝刚关于恪守中间党派立场对新闻记者书面谈话
(1948年9月23日)

九月廿三日本党中央宣传委员会主任委员孙宝刚
在国际饭店招待新闻记者时之书面谈话

本党自去年八月十五日在沪召开第一次全国代表大会正式成立以来,迄今已值周年。在此一年之中,以限于环境,只致力于对内之整理与扩大组织,对外方面,虽无显著表现,但仍能站住脚跟,不失中间党派立场,未曾随声附和,向任何一方妥协,此则堪可告慰于全国国人之前者也。换言之,本党迄今仍恪守第一次全国代表大会宣言,继续奋斗不懈,亦即在全国和平未实现之前,在人民基本人权之保障未获巩固之前,在现政府未根据民主社会主义之原则为人民谋福利并保障最低限度之安定生活之前,在外交政策不能自立自主对美苏两大壁垒抱无所袒倚之态度之前,仍一本在野之身份,联合第三方面各民主党派社团,共同奋斗,至于外有本党参加"新政协"之谣传,已有本党前所发表对新政协之态度之声明,及本党中常会主席伍宪子在港发表谈话,足可表明。兹为使国人明了本党立场及近况起见,故特招待各位并发表书面谈话如上。

〔中国民主社会党档案〕

13. 孙宝刚为党事纠纷告全党同志书
(1948年)

为党事纠纷告全党同志书　　　　孙宝刚

本党中执监委及全体同志公鉴:党内近来以两三个常委和二三个中执监委,利用其盘据总部的机会,想控制整个的党,走向共产党的路线上去。这件事在去年底已经酝酿着,当汪世铭与万武来港的时候,他们一面把《党讯》改变作风,鼓吹共党的理论,汪世铭的《民社党与时局》一文,很露骨的要跟共党走,并且不惜把党分裂。其后在《党讯》上的言论,愈来愈不成话,"共产国际情报局遣责狄托"的事件,也为文响应,真和共产党没有什么分别,或许在中共方面的所谓土共一派,还不愿这样说。另一方面他们逼伍宪子和我,要赞同这个路线,记得那天在香港思濠酒店的一间房间内,汪世铭声色俱厉的对我说,"我们既不和国民党合作,怎么能不和共产党合作呢?宝刚!你有勇气能把美苏国共都打倒么?不然你这样的两面作战，我决计不能赞同。"我说："世铭兄！我们今天在领导一个政党，千万不要说外行话，民主的政治是多党政治，为什么不能在国共二党之外，独立存在？不合作就要打倒，这是法西斯蒂的思想，我们不应该这样想。我绝对没有打倒国民党和共产党的心理，因为我并没有想一党专政，可是在今天的状况下，要是国共双方的作风都不变，我认为无法合作。并且照我的想法，党与党的合作总是局部的和暂时性的，所以在欧西各国，大都在改组政府，或为某一法案而奋斗时，才在这个限度下求得友党的合作，今天无目标的讲合作，似乎无此必要，也无从着手合作，除非你亦步亦趋，愿意做人的尾巴"。当时不得要领而散，过了两天汪也回上海了，万仍留港，过了几个月卢广声到了香港，卢是一个圆滑的人，见人说人话，见鬼说鬼话，同样是一个专做幕后工作的人，见了面可以和你说得天花乱坠，他可以把你想说的话先说了，使你无从提出抗议，背后他仍在进行他一套。随后香港的小报上，常常有开除刚党籍的消息，我认为这是无聊的谣言，所以也没有理会他，我是一个中常委，一年来我也根本离开中央党部，我用私人的名义住在香港，我的言论，全未越出本党第一次全国代表大会宣言的范围，想为国人所深知。我是党的中央宣传委员会主委，我当然应该时时代表党发言，而我们是一个民主的党，应当重理性，讲法定手续，不是一两个人，以莫须有的罪名，可以开除我的。那里知道，今天竟闹成了这一件滑稽戏，试问他们脑子里面到底还有没有民主思想，所谓一切事情要本着理性依照法定手续取决于大多数，这一个民主政治的基本原则没有？进之他们的这种作风，和去年张君劢等的，又有什么不同？所以照理性讲，乘这机会和这些根本不相干的人分离了也好，因为这样可以使我们的内部澄清一些，只少我们这一个民主的政党，清除去了一批不民主的人，而使我们的旗子更鲜明，团结更坚强，有的人以为这样不是削弱了力量么？这是自欺欺人之谈。今天我们如要讲力量，至少应以国共两党的力量为标准，试问就是不分化,又成怎样一个对比。所以我们今天根本谈不到力量,我们所靠的是我们的主张,适合时代的要求,人民的愿望,要如我们坚定的干下去,可以得到人民的信心,将来才能形成一个力量,所以我们不应以今天的力量,自己眩惑了,我们要坚定我们主张,鲜明我们的旗子,才是形成力量的基本条件。不过话又说回来,我们要清除这些人,应当按照党章,经过一定手续才可以,不然我们不是同流合污么?宪子先生这一次因反对开除我和坚白兄而辞职而退党,在情谊上似乎过得去,可是以一现代的政治家言,我认为他所取得的行动,不是最适宜的。我们所以组织党,就是要为国人谋是非,盖是非明,党格乃见,党内之事也是如此,所以应当在是非上着眼,不能以莫须有开除来解决纠纷,假如我和坚白兄是有其开除的罪状在,那末为什么反对开除呢?因为这样做,才能使内部的分子不会腐化恶化下去;反之,如系无辜,则应力明不白之冤,现在不从这里下手,而即自引退,太消极了一些。办政党不是儿戏,可以任意干和不干的,办政党并且还是一个积极的举措,如以小小的一个捏名造谣,连常务委员会都没有召集一次来处理这问题,而即以退党闻,未免太心急一些。所以我认为在那时伍先生只少应来沪召集一次中常委,我想许多问题是可以解决的,只少在是非上是清楚了,政党是讲求理性为人民求是非的,她不是一个封建的集团,可以盲目地用感情来维系的。我常常讲:朋友、同志和朋友兼同志,三种关系完全不同,希望所有的朋友都成同志,或所有的同志都成朋友,果然最好,可是事实上有时不可能,因为情与理的结合确是立在两个基础上,只要能了解这个道理,使朋友并不因非同志而疏远了,同志亦不以非朋友而生了隔阂。那末这两个范畴虽没有合在一起必不紧要的。

　　末了,我对伍先生又有一些怀疑。伍先生是参加过香港的共党所召集的新政协预备会议的,因为在会议时有些小小的不如意,而民盟和革命委员会也在反对共党的邀请伍、卢参加,所以后来不愿继续参加了,据刘丙午兄及李庆增兄均这样说。我怀疑,今天共党所召集的新政协是否和我们决议的声明内所讲的政协,内容是否相同,而伍先生等去参加了,伍先生口口声声求和平,今天去参加新政协,可以得到和平么?除非照国共两党所谓把对方的武力消灭了,和平自可达到。伍先生在《大公报》上有一段谈话,香港《华商报》也有同样记载,说:参加新政协与否,须由民主党派共同决定。这话怎讲?我们认为,应该参加我们就去参加,反之即不去参加,这完全是思想和原则的问题,若须由民主党派共同决定,不是失去了独立性,就是存着观望态度,这都不是政治家或政党所宜有的。所以我不免有一个感想,这样的一个党,几个人非法的胡为,而一辈高级干部,也毫无是非的袖手旁观,常务会主席的态度又这样,我不相信,党是有前途的,可是实际的环境,又不能立刻召集全国代表大会来彻底解决,全国的人民,经过去年我们与张君劢等的分裂,现在又有这一批在运用党的名义,想跟共产党走,简直已弄到五花八门,使人真伪莫辨,所以我主张我们尚确信要坚持原有路线的同志们,不如改换一个名称,来振作的干起来。第三路线已成今日的普遍要求,刚此次自南至北,接触的人不少,个个都在苦闷中,因为眼前的二大势力。易言之二大路线,都不是他们所愿走的,所以今天在思想和路线上我们已经全部胜利,可惜干部不足,不能全面去推动,要是我们努力的话,这一个力量,在不久之后,定可形成的。放胆努力做去罢!下面附着几篇文字,请大家自己辨别,到底谁弯曲了党的路线。

民社党与时局

(汪世铭 《党讯》37年3月15日)

(一)时局的方向

今天中国人民所走的道路依然是反封建、反独裁、反帝国主义,所追求的目标,也依然是独立、民主与和平。

中国人民在十余年的民族抗战中,虽然赢得了日本帝国主义,却不曾赢得国内的反动势力。在战后统治者还是原来的一群变本加厉的勾结着帝国主义,骑在人民头上,剥削压迫,无所不用其极。人民不仅没有了集会、结社、言论、出版、通信、居住的基本自由,连生存的权利也被恐怖与内战所剥夺。官僚、买办、大资本家、大地主们团结的统治集团,凭藉着帝国主义的撑腰,用人民的膏脂血汗与祖宗留下的土地,换取消灭中国人民的炮火。这种末代王朝的政治作风,无论如何伪装粉饰,现实早就教育了人民,中国还是一块半殖民地。

局势的发展,摆在人民面前的道路只有两条,一条是争取个人生存,国家独立,政治民主,经济平等;一条是把生命与土地供献给反动集团与帝国主义。历史与现实都指示人民,只有选择前者。两年来,人民一直是朝向着这条路线而且已经汇成一个时代的巨流,与反动的封建的末落的势力展开斗争。中国人民所追求的道路,尽管前途仍横列着无数的艰苦困难,但时局的发展已经很明白,子夜已经过去了,人民将面临着天亮前后。

(二)中国的明天

中国人民斗争的目标,正是中国人民的生活要求,它不能战胜了反动集团与帝国主义,它便只有被奴役与死亡。时代付给人民以任务,只许前进不许后退,只许胜利不许失败。然而横在人民面前的敌人,是有着很大的阻力与巨大的背景的,因此在战略上它必须团结着包罗着各阶层的人民,集合一切革命力量,工人、农民、中小资产阶级、自由进步分子,以形成最伟大广泛的力量,就是说应当是也必须是形成一个对抗反动集团与帝国主义的人民民主统一阵线。

这是一个转扭历史与创造历史的民主革命的斗争,也是有着社会性的农民战争。因此中国的明天应当是一个民主、自由、平等、进步的新局面。未来的政权必然与今天完全不同,它将经历一个相当长时间的联合政府,政府将是由为人民服务为人民所喜的民主党派组成。一切官僚买办、大资本家、大地主以及压迫奴役人民的人将遭到清算,帝国主义势力也必然会退出中国。人民不仅应当获得充分就业的机会,而且应当使贫农、雇农、佃农们都获得适当的土地。渐渐的根绝了人剥削人的种种制度。

明天的中国,应当完全不是资本主义,但也不能是共产主义的社会,它将是一个新型的民主的社会主义的社会。

(三)革新民社党与时局

我是革新民社党员,我与我们党的忠实同志们,一贯的相信中国未来的历史应是人民创造的历史。惟有产生自人民为人民所信任的政党才有其光明的前途。我们必须效忠于人民,也必须做其他人民政党的忠实伙伴,成为革命的一部分力量。

我们不能否认革新的民社党存在着许多值得遗憾的缺点,然而我们也相信这只是过去乃至于现在的现象,这阶段将完全成为过去,我与忠于吾党的同志们,完全相信这是可能,而且正走向这个方向。

最近有许多人曾为了应否有"第三方面"与"中间路线"而引起论争,并且牵涉到革新的民社党。我与忠于民主社会主义的多数同志,曾做过一番讨论。我们得到这样一个结论:(一)民主社会主义应当是也必须是进步的、革命的、科学的主义,它必须摒弃任何机会主义,而成为这时代的一种思想路线;(二)忠实于这个主义的政党,无论是中国的外国的,也应当是并且必须是站在人民与民主的一边,跟所有民主的革命的党派与进步的自由主义分子精诚合作,绝不应当抱观望的态度;(三)没有这个内容便不可能是进步的主义与进步的政党。

革新民社党与人民将靠得更紧,它将接受时代的影响也有力量影响时局。未来的光明历史,应当有它一页。

南国的变局

录自《党讯》37年7月15日

最近资本主义国家报纸似乎抓到一个反共反苏的宣传机会，特别夸张报道九国共产党情报局遣责南斯拉夫共党领袖之新闻，用以予人以"东欧即将分裂"的印象，且描写为"史太林与铁托失欢"或"南国受苏干涉"之类，对此缺乏详尽报道，但依照常识判断，此事绝非可以分裂东欧新民主主义国家的大事件，也不会像范登堡所判断的"苏联企图占领南国，进入地中海"那样奇诞。南国在东南欧诸国中地位非常重要，从抗战胜利，迄至人民共和国成立，国势甚见澎涨，独立岂能受到干涉，根据《大公报》所载九国共局遣责南共领袖的原文分析，所谓南国的变局，顶多不过是南共领袖们在领导上犯了错误。路透社说波兰报纸对"铁托主义"下定义，即"具有元首狂，自负感，缺乏远见及协调所夸张性计划的主义"。这就暗示着南国变局的主因，还是几个南国共党政治领袖的错误问题，不是南国政治的基础起什么变化，从过去的例子看，此事结局可能为二：一是被遣责的南共领袖承认"错误"改变领导方法，一是南共领袖易人。

〔中国民主社会党档案〕

14. 罗坚白：民社党如此"再分裂"
（1948年）

民社党如此"再分裂" 　　　　罗坚白

捏名开除的滑稽戏。前月底上海《大公报》登载一段广告，用中国民主社会党中央执行委员会及中央监察委员会名义，公告开除孙宝刚及本人。关于该项所谓公告的发出，党的对外代表——中常会主席伍宪子，党的对内事务首长——中常会秘书长孙宝毅，事先都不知道。并且在所谓公告上联合具名的中执会中监会，实际上都未曾召集过会议,该两会在闭会期间的代行机构——中常会及中监会,则前者自本年七月卅一日以后,因出席不足法定人数,久已停会;后者因各监委大半为羁身海外的华侨,根本的尚未互选出常务委员及主席等等而成立组织。然则该项所谓公告,只不过是一种捏名传单;所谓开除,只不过是阴谋篡党者藉此发动叛逆。任凭彼辈夸称有三分之二以上中委同意及各地党部函电请求云云,然横竖无名无据之同意或请求,任何人均可更夸大假冒之,以骗三尺小儿,岂不滑天下之大稽?所可痛惜者,党的元老梁秋水,被阴谋者利用为提议开除的领衔人,亦为该项公告中唯一不曾隐匿姓名无所逃避责任的人,乃事后不仅未予否认,竟屡在报端继续为叛逆张目;而党的领导人伍宪子,却也不对叛逆及被利用者加以弹压或纠正,而仅宣布辞职脱党,只求自己免累下台;致令孙宝刚及本人,虽各忝居党的最高权所付托的中常委地位,欲为党讨伐叛逆,但偏偏无从下手,只好人云亦云,承认本党"再分裂",而无所施其掩讳。

在中间路线大旗之下民社党何故分裂再分裂,说来当然话长,但可一言以蔽之,曰为争"路线"。民社党采取中间路线,不仅明白表示于全国代表大会宣言上,且实先天的包含于所信奉的民主社会主义中。因为我们需要民主主义的政治,却反对美国式民主主义制度下的经济,我们需要社会主义的经济,却又反对苏俄式社会主义制度下的政治;天然的站在两极端的中间。然中间路线之"中间"云者,只系约略对极左与极右而言:在"中间"的内部,又应有正中及偏左偏右三种;而偏左偏右,又因程度之不齐,可能演变为无数种。就民主政党立场言,我们在中间路线大旗之下,开放门户,包容正中及无数种偏左偏右的理念,且听任其在党内斗争发展,原是对的。因为我们深信,政治上理念的发展,必须藉斗争以资磨炼,始能臻于健全;只须各各自己约束,务使斗争以折衷互补为第一目标,其次始凭胜负分别伸屈,而胜负又必取于理性之选择,绝对排斥暴压与欺蔽。如此则小异不至于影响大同,党内议论虽多,依然无伤于团结。然而不幸在我们的阵营中,除了理念的歧出与蔓生以外,并有完全离弃理念的投机分子,与夫伪装与我们理念相同的极左分子,我们也曾一视同仁,兼收并蓄。这两种分子,在我们党里各自发酵,且互相纵横捭阖起来,使得我们的理念斗争,不知不觉变了质,便铸成了一再分裂的大错。

投机分子与极左分子。为甚么我们的阵营中,会有如许离弃理念的投机分子,与夫伪装与我们理念相同的极左分子?大家都知道,自政治协商会议召开以后,国民党口口声声结束一党政治,开放政权;我们民主社党里,有不少天真而乐观的同志们,梦想风云际会,视青紫如草芥,只愁拾取无人;于是党外以青紫为目的,并不知民主社会主义为何物的九流三教分子,由羡而慕,由慕而攒,一时如潮涌一般钻进了我们并不深严的门墙。又自政协决裂以来,共产党早知将有一日,被政府宣布其存在为非法,为在政府治下继续活动发展,不得不找寻适当掩护,以避免政府之打击与摧残;同时想到与共产党合作无间的民主同盟,既被一般人称为共党尾巴,便再不适于掩护之用;于是我们民社党很光荣的适中其选,陆续有他们的地下工作精干分子,混进了我们的藩篱。我们一时焉能识别而拒斥之?

反对武力的理论。我们对于现阶段的中国,始终希望国共两党都放下武器,互相妥协以求和平:一方面固然有鉴于内战太久,火热水深,需要给与人民以喘息昭苏的机会;一方面也因为政治理论的实现,应委诸人民自由决择,而不应以武力强制人民服从。毛泽东曾以"革命与反革命没有中间"之语,否定我们所倡导的中间路线,我们可以答复他,我们所谓中间,也就是需要革命而不需要武力革命,倘谓革命非以武力为手段不可,甚或谓武力压倒异己即系革命,那末抹杀了历史上的事实和真理。我们认为政治倘能民主,使任何理论都可经人民自由决择而实现,便是不断的革命。卅五年政治协商会议的决裂,我们认为国共两党都有错误,误在双方都不肯将军队国家化,都想伸张自己的武力,仅以协商为权宜缓兵之计。我们自己因无武力,在调处时不为双方所重视,但我们毫不悲观自馁,只须我们的主张,能引起广大民众的共鸣,他们的武力自然会失效的;我们应不至忘记,武力的运用者不是武器本身,而是人民;国共双方握有武器者,不论阶级高下,都是人民的一分子。为贯彻我们的主张,我们最低限度,决不直接间接助长双方武力的伸张,与其对于武力的自信。所以在卅六年联合政府酝酿时,我们以为倘若在未来政府中,能发生促进和平民主的作用,我们可以参加,否则只为我们党员个人猎取官位,既大可不必,若并为国民党粉饰武力政策,尤其违反我们的本愿。然而当时党内的投机分子太多,卒包围逼迫张君劢背弃信誓,纵容彼辈厕身廊庙,成为花瓶以自豪。因之我们不得不发起革新运动,将此类分子加以清除,遂演成本党第一次分裂。

革新阵营的微妙立场与其所包含的矛盾。我们无庸讳言,在分裂以后的革新阵营中,上述伪装与我们理念相同的极左分子,几乎全部倾附而来;同时上述投机分子,亦往往有在张君劢方面碰壁失望,转而投奔革新阵营以求快意一逞者,更有本欲趋附张君劢而因平素不甚注意政治,闹不清民社党内部的分野,反误踏入革新阵营者;我们在未看出各种狐狸的尾巴以前,只有一律收纳,当作忠实同志,万不料此辈即为今日企图篡党的叛徒。

党中央如此太阿倒持。本人对于极左分子在我们党里潜伏活动,最初从政府有关方面听说,但不肯相信。去年冬天,本人自朝鲜经日本返沪,在东京遇见中国代表团一位老朋友,看他对我有些故意保持疏远的样子,忍不住问他究竟为什么,他也不言。后来他知道我所去的朝鲜,确系南韩而非北韩,才相信本人虽隶属民社党革新阵营,但并不是政府所需要看察的极左分子,于是顺便忠告我,对于党内的极左分子,应该提高警觉。入本年来,有一位同乡的党员,在政府某机关混着差事,他屡次对我说,政府在他周围已布下了侦察网，希望另找职业，摆脱现在环境。我总安慰他，不要这样神经过敏，因为本人是中常委，尚未曾感觉政府对我有何暗中监视。但我一方不禁开始怀疑，是不是这位同志自有心病，换句话说，他是不是潜伏在我们阵营里的一位极左分子。二月初，北平当局逮捕有共党嫌疑的学生，中有三名是社会科学联盟的主持人，自称是我们的党员。我们在上海的党中央正商讨如何营救间，忽然某中执委接到卢毅安中常委自北平来信，略谓此次事件是他人借屋檐避风雨，但政府从我们党部捕去了人，如不交涉放回，恐我们此后无立足地云云。关于"借屋檐避风雨"之说，经查询结果，得悉中常委梁秋水据报平市党部房屋中，常有多数面生青年前来开会，其形式至为严肃且有一定仪式，散会前必定唱歌，司会者即为被捕三人中之一。梁发现党内有小组织，深感不满，曾函告伍宪子在香港同时防范，未数日即有三人被捕事件发生，梁慨然语人："谁知竟是他人借我们屋檐避风雨。"而梁之此语，嗣后竟成为党内辗转引用之名言。未几被捕三人获释，中执委高方中在所主编之《党讯》中，发表某律师在法庭上辩护该三人系民社党员及"社联"系该党正式组织，经该党中央党部来函证明属实等语，高并在文中公然攻击中常会对该三人之态度不够热烈云云，令我感到，极左分子在党内潜伏问题，竟非寻常而极严重。因为本人在中常会中，从未看见本党有组织所谓社联之决定，更不知何时通过议案，令秘书处致函北平法院如此这般予以证明。由此知道，我们党的中央，如组织委员会，如秘书处，如党讯编印室等重要机构，彼辈极左分子都已潜入。

中间路线存废之争。正在北平与上海间因"借屋檐避风雨"问题大伤我们脑筋之际，香港与上海间又爆发了中间路线存废问题。本来中间路线，因看取两极端都有毛病，所以主张应站在无过不及的适中点，采取两端之长而去其短；人们就误会为，没有革命勇气而中途妥协，站在革命与反革命之中间。在毛泽东发出"革命与反革命没有中间"的论调以后，香港民盟系统的所谓前进文化人等雷同响应，傲然宣告中间路线的死刑。其实完全错误，那时适值伍宪子在港创办《人道周刊》，孙宝刚、宝毅兄弟，陆续在该刊上发表了好几篇拥护中间路线的文章，宝刚笔锋尤锐，公言为坚持中间路线，两面作战在所不惜，按我们民主社会主义的政党，与中间路线的理念相依为命，已如上述。不能因为共产党今天军事形势好转，已不需要第三方面代为缓颊，不能因为共党今天已忌恨自由进步分子受了我们理念的影响，不肯盲目附和他们，我们便需要取消中间路线去献媚于赤色帝座之前。本人也认为，如果共党要强迫我们献媚，我只有赞同孙宝刚的意见，以"作战"答复之。无奈我们党内的极左分子，认为从赤色帝座颁下来的旨意，是绝对的，正如古人所谓"父欲子死子不得不死"。于是高方中在《党讯》上，一方以加厚三四倍于平时之全篇幅选载党外否定中间路线的文章，党内仅选有张东荪赞仰东欧新民主国家的一篇，以资点缀；一方用中央组织委员会主委汪世铭名义，发表对时局意见，公然违反本党全国代表大会对美苏不作左右袒的宣言，大骂美帝国主义勾结中国统治层，用武器骗取中国祖宗遗产人民血汗，使统治层得以屠杀同胞云云。同时他们攻击伍宪子不应不顾民社党主席身份，亲办落伍刊物，有碍党誉，结局逼得他一气停刊。他们这种种动作，都为的是孙宝刚碰触了毛主席的逆鳞，他们不得不自己重新表示效忠以固宠。因此孙宝刚成为他们的眼中钉，港澳支部委员沈正仑便揭竿而起，表面检举港澳支部主委李庆增，实际都是针对孙宝刚而发，想先杀鸡继续杀猴子。因为本人在中常会中加以镇压，并制止京沪党部响应，于是他们又将怨毒分集于我。

　　新政协问题。先是中央联络委员会主委卢广声由上海赴香港久住，行前去后，对中常会都无片言只字，通知说明；未几，沈正仑辞去中央秘书处主任秘书，继之南下；又未几汪世铭藉口巡视党务，由沪飞港，稍后卢广声忽亦飘然北返。他们这一联串的神秘行动，终于六月十二日在上海礼查饭店中常会议席上，将幕揭开。原来五月一日共产党广播,拟召集新的政治协商会议,解决时局;汪、卢极力主张本党应亟表赞成,俾免落伍于民主党派之列,并应正式派卢在港,与各民主党派加强联络。本人当即表示,对共党该项广播虽然值得注意,想系共党只是响应苏俄当时对美和平攻势之官样文章。且国共两党不先放下内战的武器,新政协云者,根本的无可想像。倘共党一面内战,一面开会,则只是拉人为共党武力政策捧场,与国民党过去所召集的国民大会无异,我们焉可重蹈张君劢之覆辙?至关于与各民主党派加强联络,我们不可忘记,在全国代表大会宣言中,指明联络之对象限于第三方面各民主党派社团。又对第二方面之共党,与其恣谈加强联络,不如劝其先行撤去解放区铁幕,示天下以开明之诚,为与各方联络奠下基础。临散会本人警告汪、卢,对新政协不必过存奢望。嗣后卢再赴港,港方遂盛传革新民社党也决定参加新政协。伍宪子虽力主镇静,但敌不过卢广声对外厚颜迎合,对内巧言弥缝。加以《人道周刊》早已停出,我们失去发表意见的工具。致令关于本党如何对新政协,不仅外间,即内部基干同志,亦茫然坠入五里雾中。于是孙宝刚不得不仓皇北上,以求统一步骤,澄清视听。与孙之北上相先后,另一中常委卢毅安亦由北平南下。七月卅一日,久已不足法定人数之中常会,又得于上海礼查饭店开会,到孙宝刚、卢毅安、沙彦楷、汪世铭、姚永励、卢泽三、金良本、朱鸿儒及本人,列席秘书长孙宝毅,主任秘书吴家齐,中央妇女运动委员会主委沈雁,为中常会半年来空前之盛会,亦为本党再分裂前最后一次中常会议。会中除孙、卢分别报告港平情况外,孙以中央宣传委员会主委资格,提议解除高方中主编《党讯》职务,通过后主席即宣布散会。对新政协问题,双方均未及提。但因高与中央组委王大川同为极左分子,在中央的实际领导人,亦卢广声之腹心羽翼,尤其王大川且为汪世铭之背后操纵者;他们已感唇亡齿寒,恐对其他非法行动,更有追究,故八月七日中常会预定再开会,竟因卢毅安突患腹泻不能出席,汪世铭、卢泽三故意不到,终于流会。以后中常会即无法再开。

极左分子与投机分子狼狈相结合。论民社党最高干部中的极左分子,我深信只有卢广声一人。汪世铭、梁秋水,都是受卢卑礼甘言所玩弄。论次级干部,较值注意的极左分子,可姑举出高方中、王大川、沈正仑三人。高曾在郝鹏举军中,担任过政工要职,绰号淮南之虎,卅六年我们发起革新运动时,高正匿迹沪上,夤缘加入我们的阵营。王大川常往来沪平;沈正仑亦往来沪港,其任务均不得闻。彼二人均于最近山雨欲来风满楼时返抵沪。高、王、沈或谓均有中共党籍,但本人讫未得见确证。卢为前西北工业合作协会经理卢广棉之弟。因西北工合在抗战期中,担任中共与美共的经济联络站广棉曾被中统局逮捕,得国际问题研究所主任王芃生极力奔走营救无事。广声时正服务于国研所,深为王所亲信。本人在五六年前即疑卢氏兄弟均有中共党籍,但亦未有确证。高、王、沈三人无论言行,一律表现共党作风;卢则言行均不易捉摸,但大的方向总是倾共。按民社党中常委十五人中,只卢一人是极左分子,中执监委百余人中,本人亦只能明白指摘高、王、沈三人是极左分子,故极左之势力本不足道。然而其他抱有理念之干部现因正中与偏左偏右之间,互有若干距离,不易一致积极动作;离弃理念之投机分子,又太不耐威胁利诱,且人数可观;以致少数极左分子,竟能裹胁多数恣意横行。尤其关于新政协,投机分子认为有机会向"解放区"猎取官位,如蚁慕膻,如蝇逐臭,轻易即被极左分子牢笼劫持。此两种分子之狼狈结合,虽不能直接打击我方理念坚强之同志,然我方惯被玩弄及稍觉动摇与夫过于洁身自好之同志,往往堕入其包围圈而莫由振拔;我们因此遭受消极而严重的间接打击。例如伍宪子,反对他们的言行,本甚显明,惟因过于洁身自好,致被彼辈绊住脚跟,竟自放弃其讨伐叛逆与护党的天职,而远引旁观,即其一例。彼辈左倒分子,自闻共党五月渡江之喧嚷以来,早已口角流涎,如黄老鼠梦想天鹅肉吃;但时而兴高采烈,时而意气消沉。迨继闻新政协可能召开，且将于双十节在济南召开，而济南果忽陷落，乃迫不及待召集任何会议，仓卒发动篡党。于是捏名开除的滑稽戏，遂于脚本未熟、行头未齐、锣鼓未备以前上演，而民社党遂复以第二次分裂闻。

再分裂以后之前途。对于再分裂以后的民社党，外间观察不一：有谓本党一分再分，只有瓦解者；不知民主社会主义及中间路线，当全世界左右对立抗争之今日，负有顶天立地的时代使命；此使命未达成以前，信奉民主社会主义及中间路线的人，有如长江后浪推前浪，奔流不息；故民主社会党，不断会有新的血液灌入体中，元气永远旺盛，虽受任何严重打击决无死灭之可能。有谓革新阵营的民社党，既分为极左派与中间派。而中间派又与张君劢似有一脉气息相通，将来中间派可能乃与张君劢之偏右派合流者；不知张君劢领导下之一派，本以猎取官位为目的；猎官不得者，逐渐离去，猎官已得者，满志罢休；张君劢成为孤家寡人，独抱民主主义之残，守社会主义之阙；彼如犹有朝气找寻新的血液，则只有欢迎其个人前来，作客于我们的中间阵营。有谓本党已分成三派，虽不立即瓦解，但三派都被削弱，都无前途者；不知政党只要其主张坚，立场稳，党的实质，决不因党员数量的减少而削弱；民社党为先天中间性的党，只有中间阵营之主张最坚，立场最稳；张君劢派荣任国民党的花瓶，今已不用以插花，被收入古董橱里，人所共见；将来之极左派，因共党不要瓶只要尿壶，尿急时随便用用，过后嫌其骚臭，即将破而弃之，波兰捷克，殷鉴不远；故本人敢自夸口，将来只是我们中间阵营，大有前途。

多余的话。我们中国人对于团体的习惯，重感情，逞意气，不辨是非。我以为任何团体，都不该逞意气；私的团体，该重感情，可不辨是非；公的团体，该辨是非，不可重感情。尤其政党之为团体，是以辨是非为生命；例如民社党，论其立场，守中则是，左右倒则非；明知孰是孰非而不能择，不问其误于意气或感情，都不够为政治家。或谓辨是非则难免于分裂，分裂乃党之不幸；不知若因逞意气或重感情而分裂,诚为党之不幸;若因辨是非而分裂——即因主义主张不同而分裂,则分裂只是坚定者淘汰动摇者,忠实者淘汰反复者,愈淘汰,愈健强,实为政党之大幸。伍宪子脱党是重感情,梁秋水提议开除孙宝刚及本人也是重感情;我深信他们两位都是能辨是非的,惟暂不肯辨,汪世铭倒不是重感情或逞意气,我观察他不能辨是非,但将有一日,是非自辨,其他叛逆及附逆诸公,予欲无言。本人前闻被梁秋水提议开除,曾寄梁一诗,梁认为好诗,交由平津报纸发表,亦可证吾言梁能辨是非之不谬。盖诗之末两句,明明道破民社党所以再分裂之症结,与夫本人之立场。梁发表此诗,足见其心中业已接受本人之所预测,以为阴谋篡党者一片雄心,将来也不过落得春梦一场,无异于张君劢。兹再录此诗,以示党内同志,并党外之关切本党本人者。诗云:

居然剖瑟自鸣筝,憔悴何须惜紫荆;
断腕吾身或去疾,多歧众志不成城。
山中高卧容安石,崖上回鞭望祖生;
能贵贱人等赵孟,眼前春梦太分明。

〔中国民主社会党档案〕

三、中国少年劳动党

1. 中国少年劳动党敬告全国同胞书
(1945年8月)

中国少年劳动党敬告全国同胞书
履行联合国任务,团结国内各党派爱国人士。
继续发扬廿年来大侠魂主义平爱的真精神。
共同建设富强康乐少年劳动的民主新中国。
抗战胜利,普天同庆,政治民主,国家统一。

大家怀着欢愉的心情,应该精诚团结,握手相见了!

全国亲爱的同胞们!劳动阶级的同志们!大侠魂的同伴们!

中国的宪政正即开始,民主先奏的各党各派早在陪都活跃,为响应和拥护政府宪政号召,我们党的整个全貌,也该必须郑重介绍于国人的前面,这便是最富有革命历史意义的中国少年劳动党。

中国少年劳动党,是一个代表劳动阶级利益的急进社会党。它的成立,是继承中国孤星社、中国铸魂学社倡导的大侠魂平爱精神而兴起。它已经有它二十多年的历史背景,也已经有它二十多年的文献证明。它是积极、奋斗、勇敢、坚定、进步,现已有它全国广大的劳动群众,志同道合,是一个有生命、向上、创造的革命生活的强大集团。

这个强大集团,是我们一大部分大侠魂信仰者,及其广大的同情者,包括农民、工人、商人、军人、青年、公教人员及久经脱离其他党派的党员,以及一切劳动分子与中国铸魂学社一部分社友,从革命的、文化的运动圈里,踏上建国运动路线一个政治的伟大结合。它将从过去革命的、文化的救国爱国运动上放射灿烂的光芒,展开今后科学的、民主的建国运动,纪录历史上无限的光辉。

我们对这"少年"的解释:

一、有思想上的少年。

二、有行为上的少年。

思想的少年,是革新,非守旧,不仅温故,还贵知新。是前进,非落后,人生的价值在前进中。是生气朝气,非暮气死气。科学的日新月异,人文的代有进步,以至今日电传写真与原子弹的发明,这是"思想少年"的功效。故思想少年,便是"思想自由"与"思想革命"的别名。它是含有自由的与革命的特质。

行为的少年,是迅速,是确实,非拖延与苟且。是求工作效率,不是敷衍门面,认识环境,争取时间,知过必改,择善而从。最近美国正值大选竞争全国骚动之后,太平洋战事热烈紧张之际,罗斯福总统猝然病逝,杜鲁门以副座递补总统,三军不惊,内外翕然,内政军事,不受丝毫影响,这是美国人民一种"行为少年"的表现,也是全美民族宪治守法"思想少年"的结晶。又如我国吴稚晖先生,早几年就有"白头少年"之誉。故行为少年便是"理性行为"与"道德行为"的别名,它是含有真理的与道德的特质。

这"思想少年"与"行为少年",前者是因,后者是果,因果一体,不可分离,并非两者绝然对立。"少年"的反面,便是老大、麻木、腐败与没落。

我们对"劳动"一词,也须认识它的伟大意义:

一、宇宙现象,一切动,一切流。世界文化的延续与进步,都是人类劳动累积之成果。

二、一夫不耕,或受之饥,一女不织,或受之寒。"劳动"即是"生产",故民生在勤。而劳力与劳心,实是相需相成。

这"劳动"是创造宇宙,建设社会之使者!所谓"逸豫亡身",是受自然律之支配;"不劳动者不得食",是受社会律之支配;实际上都是受了劳动律权威的支配。"劳动"的反面,便是懒惰、苟且、退化与有闲阶级。

有"少年"精神的党,必定是服从"真理",尊重"自由",富贵不淫,贫贱不移,威武不屈。从"道德"与"革命"上说,必是临财不苟,临难不避,共集团,同甘苦,负责任,守纪律,不投一时之机而源远流长,有独立不惧精神而舍身殉道。有"劳动"工作的党,必定是人人劳动,个个平等,各尽所能,各取所值,给与每一个人民自由发展工作的均等机会,创业传统,成己成物。这才合乎大侠魂平爱主义的要求。

建设新中国整个的方案,已经有国父三民主义作最高原则。不过世界历史与社会组织,是永远在日新月异的变动中;人类生活与科学文明,是永远在博大昌明的进步中;知时识势,斟酌损益,发扬光大,这是后起的责任。此其一。国父天下为公之旨,应为每个同胞与信徒所服膺。一切反奴隶的民主政治的国家,该在不违反国家最高利益原则下,每一个国民都该有他发挥聪明才力,获得自由竞争的机会。在合理的平爱主义的社会中,为使社会安定,国家生存不受威胁,不该有英雄埋没,不该有怀才不遇,更不该有黄钟弃,瓦釜鸣,冠履倒置。故民主国家法定的新闻自由,集会结社自由,以及党员脱党转党自由,是每一个国民采取和平方式"自用其才"的出路与试验。这是公民的基本权利,也是爱国的神圣义务。此其二。这次大战,扑灭了德日"法西斯"独夫民贼的凶焰,为保障今后世界的永远民主和平,为配合新时代国际政治的迫切需要,我国应有更高度的惊觉和最开明的国策。有些人反对多党不好,然而一党腐朽,两党合污,较之法国多党乱政,其弊伯仲之间。以英美为例,于是必须两个有安定力量的大党以外,至少还须有几个有力政党,互相监督,观摩,砥砺,才能达到这个艰巨伟大的任务。至于无力的政党,必然受到自然淘汰。故本党对"政治结社法"的限制,认为宪法以外的宪法,剥夺人民的基本权利,不表同情。此其三。我们大侠魂平爱主义的运动,有了廿年以上的历史,再接再厉,贯彻始终,这是历史赋予的任务。当前的憔悴民生,痛苦社会,一切封建,剥削,贪污,及遍地官僚主义的余毒,为争取我劳动阶级的全体利益,慨然奋起,大力廓清,乾坤洗涤,造成一个富强康乐独立自由幸福的现代国家,该是当仁不让,义不容辞。此其四。综上四项理由,这是中国少年劳动党诞生之历史的,时代的,社会的根据。

  本党过去对于国是主张及贡献,献身于革命与抗战二役,覆按我们过去刊物丛书二十年来的纪录,真是百感丛集!殉国死义,前仆后继,讲学风世,可歌可泣。本党最近政治主张,我们曾以"国民劳动建国同盟",发表庆祝抗战胜利的宣言、今后的动向,除详载本党的建国政纲外,现在此摘录说明我们几个重要原则。

  甲、实现全民的(无性别)政治地位平等,经济地位平等,法律地位平等，以一人一票建设平爱政治的民主的现代国家。

乙、根据大侠魂平爱主义，忠实履行联合国任务，反对日本天皇制度，同情其进步思想的民众，与列强平等互惠合作，提携弱小民族，以建设和平繁荣的平爱世界。

丙、推行民主的计划经济，实现经济平等。及切实普遍倡办城乡各种合作社。以提高全国人民生活水准，使得到衣食住行之舒适安全。

丁、培植科学人才，奖励发明，实行教育机会均等。并切实尊重思想自由，言论自由，信仰自由，及出版自由，以促进国家文化之昌荣与进步。

戊、实行国民兵制。提高军人待遇，改善役政，健全基层机构。更以公明作风，消灭军队派系观念，养成国军意识，根绝军人干政割据。并以完成现代化科学化之坚强的积极国防。

己、完成乡村建设，提高地方自治县长权力，缩小省制，及发挥中央政府统一的民主的力量。

庚、调整租佃制度，实行累进税，及征收土地，贷款佃农有优先承买权，以实行耕者有其田。

辛、制定劳工法，实行保险制度，提高工人生活与文化水准。劳资双方处于人格平等，协调合作。

壬、取缔官僚资本。确定国营民营事业范围，促进工业化。扶助私人中小企业，增进民族生产与民族资本。对国家动脉铁道公路航线等交通事业，除干路必须国有外，奖励人民经营，以促进国内交通建设之迅速完成。

癸、节制官民私产。制定国民劳动法，实行国民个个劳动政策。切实保障妇女职业及保护侨民政策。并包括文官考试任用与保障。给与工作机会均等，防止失业，根绝游民乞丐，维护人权，增进国家富力。

抗战胜利了，今后全国国民奋斗的是在共同建国。这建国责任，不是一党一派所得私有，也不是任何匹妇所得逃避。尤其我们"劳动阶级"的同志们，无论或劳力或劳心——这是劳动一体之二面，无分高低——都有我们一份的责任。攸关民生国计及为大众服务的劳农劳工们！一切劳动职业的广大群众！我们都是顶天立地继往开来——支持和创造世界的真正主人！

中国是世界之一部分。任何一角的治乱，都足影响到全体。故本党对于世界的看法，深信天下一家，爱国而无国等，强种而无种见。独立自尊不甘奴隶的世界"劳动阶级"的朋友，都是我们大侠魂的姊妹弟兄，应该握手起来，团结起来，行动起来，推翻封建阶级，压迫阶级，官僚阶级，剥削阶级，争到我们"世界主人"的真正自由。

美国杜鲁门总统有言：战争非为制造富豪。我们亦谓抗战非为造福投机，造福官僚。而内贼重于外寇，国蠹甚于汉奸。我们敢说：所谓"汉奸"，不仅仅限于降敌分子，一切斫丧民族生存机能的自私分子，都是道地汉奸，都该揭发，而被陷于沦区内的，也尽有沉沦的爱国之士。我们应该嫉恶，也该同情无辜，发挥春秋之笔！故一切真正的恶化、腐化、堕落、贪污、败类及投机分子，应该大量扫除。复员非复原，革命求进步。我们要求建国，要求进步。劳动神圣是我们建国的惟一武器，机会均等是我们革命的唯一出路。人人各得其所，各尽所能，各取所值。不容有封建阶级的颠倒是非，压迫阶级的摧残良善，官僚阶级的污贱人格，剥削阶级的榨取血汗。我们要爱宇宙之当爱，平天下之不平，以完成建设我们"少年劳动"的现代国家，平爱世界。

同胞们！同志们！同伴们！一切劳动阶级的广大群众！国必自伐而后人伐，人必自侮而后人侮。我们不要自伐，不要自侮，我们要联合起来！要团结起来！要行动起来！孤立主义是决不能生存于今后的世界。

同胞们！同志们！同伴们！一切劳动阶级的广大群众！我们为什么要加入中国少年劳动党？这不仅仅是要发扬朝气，表现正气,团结力量,运用力量,尤要辨白是非,维护良善,争取人格,珍惜血汗,为了本身阶级的利益;我们一方面是中国国民,另一方面又是世界公民,故要发挥人性中固有"真情""热肠""无畏"的革命精神,正视"联合国"的动向,我们更要扩充强大力量,爱宇宙之当爱,平天下之不平。我们要为建设少年劳动的新中国齐努力! 我们要为实现平爱世界的联合国齐奋斗!

最后我们高呼:
大道之行天下为公!
劳动建国机会均等!
起铸大侠魂革命之魂,
看开大侠魂平爱之花。
奏胜利还都之凯歌,
建少年劳动之中国。
联合全世界劳动阶级,
拥护"联合国"和平宪章。
中华民国万岁!
劳动阶级万岁!
大侠魂平爱世界万岁!
中国少年劳动党万岁!

〔全国慰劳总会档案〕

2. 中国少年劳动党成立宣言

(1945年9月27日)

中国少年劳动党是起源于"中国孤星社",逐步演进发展而来。

孤星社的成立,是于公元1923——民国十二年——经伟大的革命导师孙中山先生赞许扶植,是抱定"平其所不平,爱其所当爱"的一般革命青年和各都会广大的职业劳动群众所结合的一个革命集团。在"五卅惨案"爆发,爱国运动和反帝国主义运动达到最高潮的时候,社内若干分子本来就主张用独立政党的形式,向帝国主义者及其卵翼的军阀政府作经常的政治斗争。然而,这一阶段的中国革命,在客观条件上,是注定了必须通过武装政党从事大规模的军事行动才能完成,它的本质是各阶级联合战线,争取共同利益,求得国家独立和民族解放的斗争。当时一切的运动,天然的与"国民革命"合流。因此孤星社虽一直演进到"中国铸魂学社",及其隶属的抗敌工作团,战时行动委员会,以及后来的宪政同志会及国民劳动建国同盟,经过了二十多年的时间,建立了并且联系了广大农工群众基础,仍然是无例外的和各党派一样,保留思想上文化上的社团活动。同时,我大侠魂同伴更积极地埋头下层工作,及广泛发动各地游击战,或参加军队及地下工作,进行血的斗争,成仁取义,可歌可泣,以协力促进国民革命的最后成功,对外抗战的最后胜利。

时代的巨轮不断的向前推进,它不容许人们作逆性的停滞,或悬空的跳跃。今后的新中国,将由国民革命转入到社会革命,经济革命;由一党专政推进到和平统一和民主建国的崭新阶段了。这个历史任务,必须最觉悟的知识分子,坚持劳心劳力合一,与劳动大众结合一体,利害打成一片,以独立自主的行动,肩负着领导责任,跃进于广泛政治活动的领域中。为保障这个使命的完成,需要在阶级联合战线中,有一个强大的,进步的,集体化,民主化的农工劳动群众作基本力量;更需要高度知识水准,生产技能,工作热忱和政治自觉的分子参加,以缩短新中国建设的时间。本党盱衡全局;认为时机已熟,不容放弃责任。为接受这个历史任务,分担这项艰巨工作,不得不公开面目,应运而诞生——中国少年劳动党。

中国的社会结构和特质,及世界历史的认识和新趋向,是规定了本党的任务和群众基础。我们从一九二三年孙中山先生和第三国际代表越飞先生联合宣言起,就认定了中国知识分子与劳动群众结合一体,是建设民主统一富强康乐新中国的基石,是消灭阶级对立,达成社会主义新中国的唯一路线。运用纯理科学,扩大应用科学,把"劳心"的智慧通过机械的劳动,扩大到无限;把"劳力"的效能通过科学的组织,扩大到无限!只有这样,才能把握中国问题的基本动力和真实基础。中国广大的农工群众,清苦的公教人员,以及爱国的自由职业者,他们一向是以"孤臣孽子"的心情,为国家民族奋斗牺牲,流血拼命,而其所得到的代价,是贫困,饥饿,恐惧和失业!这一大群无名战士,今后依然是建设新中国的主力军,本党誓必与之共祸福,同休戚。我们无意于追求政治上的"乌托邦",及猎取个人荣位的政党投机,造成分赃局面;我们主张实事求是,要以不妥协精神,生根在"只手万能""手脑并用"之劳动神圣的基本原则上:不但要把握着当前的"民主",更要把握着百年的"建国"!

中国是产业落后的大国,世界已进到原子能的时代,今后应以迎头赶上的速度,使农业工业化,工业电气化。中国的生产落后,即决定了本党的"党性"的基本因素,在转瞬来临的产业革命大变动中,本党是领导劳苦大众,摆脱大贫小贫,以至赤贫地位的急先锋!是披荆斩棘,平衡贫富悬殊的挺进队!我们的基本任务是积极的生产,是为充实人民生活条件而造产的劳动党,是要把中国全民生活提升到世界标准文明之上的前进政党。谁障碍我们前进的道路,谁就是我们必须扫除的敌人!

今后的中国问题,毫无可疑的应放到世界政治的范畴中,才能求得解决。我们很清楚的认识,现中国不适宜亦不可能采取少数阶级——豪门资产阶级或无产阶级专政的狭窄轨道。我们在二十世纪的四十年代中,已看到先进工业国家,普遍的实施了资本主义的"自由经济"与社会主义的"计划经济"合流的制度。我们相信,社会进化的原则是后来居上,因为人类究竟是有智慧的高等动物,自不必拘泥于观念与形式,再作"刻舟求剑""削足适履"等不智之事!只有在全民政治下,防止"资本独裁"制度的兴起;依阶级协调,劳资合作的方式,清除官僚资本及封建贪污剥削的压迫阶级;执行国营实业和民营企业的合理生产与分配,和平渐进,建设一个社会主义的少年新中国。和平建国,是今日全中国人民的迫切要求,也是世界繁荣,人类幸福的安定力量。中国如果不能避免为资本主义体制与共产主义体制作政治斗争的场所,那是少数政治野心家愚昧无知的罪恶,不是世界人类思想主潮所应归宿的结果。本党坚信:中国应作国际协作的桥梁,这桥梁的设计,即是二十五年前孙中山先生所创立的实业计划。他主张国际共同开发中国实业,以外国的资本主义,造成中国的社会主义,惟发展之权,"操之在我则存,操之在人则亡"。这个巨大计划,我们虽不必刻板的无条件奉行,然无疑的是国际协作比较的万全途径,亦就是本党奋斗的时代背景。基于"操之在我则存"的明确指示,迫使中国人口百分之八十以上的农工大众和多数职业劳动者,不得不产生一个独立自主的劳动党,来把握中国存亡所系的实业发展之权!

中国今后的政治,决不会也不许再有一党专政的制度,我们希望中国的每一个政党,都坦白的承认自身应在宪政常轨中求发展,把人民利益,超越于党派利益之上。因此,我们也就放下枪杆,拿上笔杆,愿与各党派,各阶层,各集团,和平共处,通力合作。我们要以中国民族五千年来未曾消丧的精神遗产——伦理道德,和西方的法治精神、科学体系,联系融汇,根据兴更继绝,济弱扶倾的大侠魂精神,平天下之所不平,爱天下之所当爱。要扫荡一切翻云覆雨,颠倒黑白,只问目的,不择手段的腐恶作风。以"流汗"代替流血,以"投票"代替战争。同时把党的领导与业的推进,在"民主建国"的大前提下,公开于全国前进分子,社会领袖,及各界善良公民之前!打破中国历来政党"教主式"的把持操纵,自私自利的卑怯风度,及其附属的"排他性"与"不可入性"。我们要以天下为公的精神,与四海豪杰携手,选贤任能,建立一个劳动造产的崭新政党,民主进步的少年中国。

本党特别唤醒全国人民和劳动大众：我们全国一个伟大的时代精神，快要出现，那就是开始建设工业国家的"企业精神"。这精神被帝国主义者和封建恶势力压伏了一个世纪，使中国沦为次殖民地。本党是要配合这个精神，努力作最大的贡献，准备迎击任何压伏这个精神的恶势力！我们迫切企求全国人民和劳动大众站定生产工作岗位，扫清政治建设途程上的荆棘，一致实行农业工业的平衡发展，迈进于——

知识与生产合一！

劳动与知识合一！

生产与机器合一！

透过"知识""生产""劳动""机器"的合一，建设无恐惧，无匮乏的民主新国家；建设无支配，无剥削的合理新社会；以完成中国的社会革命，经济革命！同时，我们更须拥护联合国宪章，唤起全世界劳动弟兄们亲爱携手，为防止第三次流血大战，应该制止反动阶级和野心国家的片面扰乱。同伴们起来！自由幸福的天下一家，人类解放的平爱世界，它正在前面向我们含笑招手，欢迎我们大踏步前进，前进！

我们回溯过去光荣的史迹，无数先烈同伴前仆后继的精神，为的是：争取国家领土的完整，主权的独立，民主的开放，民生的幸福。今后我国既经八年苦战，跃入五强之林，世界潮流所趋，不容闭关自存。我们更须一本先烈过去斗争牺牲的精神，齐心协力，沉着奋斗，进一步认识世界，改造世界。

最后我们高呼：

继续旧同伴合作！

欢迎新同伴携手！

发扬真理的革命的大侠魂精神！

建设科学的民主的少年新中国！

英勇的前进的同伴们团结起来！

全世界的劳动弟兄们携手起来!
中国少年劳动党万岁!
中华民国万岁!
世界人类解放万岁!

一九四五年九月廿七日于重庆

〔中国青年党等党派档案全宗汇集〕

3. 中国少年劳动党呼吁全国和平团结通电
(1945年10月4日)

国民政府、国民参政会、各政党领袖、中国民主同盟、各法团、各报馆、各界先进暨全国同胞公鉴：抗战胜利，普天同庆，此固赖同盟国家之协力，亦由我最高统帅贤明领导，朝野合作，及全国军民牺牲之成果。惟以国家经此次之战祸，民生益陷于艰苦。举目河山，伤疮痍之待拯；惊心劫难，感建设之万端。时局纷纭，愧列四强之称；民心扰攘，急求长治之策。甚愿我全国贤达，齐集一堂，共同商讨，解决国是！本党除发宣言、代电及告同胞书外，特再吁请全国和平团结，更须公平团结，不必借重武装，借重斗争，而爱国之士真能聚集一堂，开政治上良好之作风。示国人以公平之典范。本党承大侠魂革命之精神，爱国运动，历史悠久，公道在乎人心，功过早有定评。本党多年奋斗，再接再厉，窃谓生命之烈火，非一勺可灭；倘果是非之长泯，将何人足劝？本党坚决要求出席国民大会代表，取得相当席数，稍申民众疾苦，并求集思广益，实现真正的和平民主团结。建国幸甚！中国少年劳动党酉支印。

〔全国慰劳总会档案〕

4. 安若定关于中国少年劳动党组织性质答客问

(1945年10月)

答客问　　　　　　安若定

问：贵社历史悠久，这次改组，其意义何在？

答：本社孤星时期，为革命阶段；铸魂时期，为救亡阶段；这次改组，把原有政治性和文化性的综合使命，分别开来，各自发展，是走上建设阶段——这是迎上宪政时期的需要。这种分段，并不是主观上决定要如此，而是受客观环境的"时"与"势"之支配决定了的。

问：贵社社员广泛深入全国的各阶层，将来社员是否个个都是中国少年劳动党的党员？

答：并不如此。这是仍依各社员自己的志愿而决定的。

问：假使贵社社员参加其他党派，甚至发生斗争、磨擦，贵社抱何态度？

答：在本社今后的立场，是无党无派的。故对于任何党籍之社员，应该一视同仁的。例如各国政党，虽父子之亲不必同隶一党，同一基督徒不必同隶一党。本社今后为纯社会团体，超然政派之外，对社员间政治主张，绝不加以过问的。

问：贵社高级负责人员，有无利用社务发展党务之可能？

答：如以友谊介绍入党，这是他个人的行为，与本社立场无涉。但假使利用本社名义，借团体势力强人入党，这不但要受本社纪律处分，社会上人士都可以起来检举的。至于社员自动来入本党，兄弟合作，大家欢迎，自不烦言。

问：中国少年劳动党为贵社产物，则贵社难免有党的色彩，负责人员身兼党务，岂非终有了把持嫌疑？

答：这种一般看法，是难免的。不过本社理论上既经有了分开发展的主观原则之确立，而在事实上也早经有两个客观条件之证明：（一）本社绝不发表政治主张，且本社负责人员，不将限于同一党籍;(二)本社如有举行学术演讲,政治演讲,对任何党派的知名之士,或无党派的社会贤达,都将在邀请之列,不分界限。

问:贵社最高负责人,是否许其有党籍?

答:这是个人的政治信仰自由。譬如同一基督徒,可以做共和党党员,也可以做民主党党员。

问:先生为大侠魂发明人,如有党籍,将来各党各派都有大侠魂信徒,岂非先生要同各信徒对立起来?

答:大侠魂虽是我所发明,但不是我所独有。人人都有一个大侠魂的本性,与先天以俱来。只要出发乎理性,归宿于真理,人人都该为大侠魂而低头的。

问:真理殊无绝对标准,且人之禀赋不齐,见仁见智,又将何择?

答:真理本身不是凭空独立,只要把握了空间与时间两个客观条件,真理就有了标准。至于仁智各执之际,那末表决于最大多数,谁是为最大多数谋最大幸福,这种民主政治的作风,就是大侠魂信徒共同遵守的最高原则。

问:贵社的大侠魂,是否有宗教色彩?

答:大侠魂是主张科学的,民主的,革命的,进化的,不妨碍学术思想的自由发展。故从大侠魂主观的本身说来,它不是宗教。但是人人都有这种大侠魂的基本态度和信仰,为个人行为的动力,历史进化的动力,那末在客观的条件说来,大侠魂也是一种宗教精神。

问:过去大侠魂是提倡领袖制的,现在是否已经有了修正观念?

答:所谓领袖制,除了尊重先知先觉外,是行政技术上不可推翻的原则,中外古今,绝无例外。如过去某些组织设三个常务委员之类,实不敢苟同。

问:政治是脱离不了权术的。一个天真的大侠魂信徒,如何可能走上错综复杂的政治舞台？岂不要书生误国么？

答：各国用兵的将帅，各国政党的政治家，外交家，并没有妨碍了他们信仰上帝作宗教的信徒。而且过去"马上天下"时期，大侠魂信徒既能纷纷为革命献身，则此后转入宪治时期，值世乱纵横之后，谁能开诚心，布公道，以纳民轨物，示天下大信，这才是第一流的大政治家。孟子主张人人可为尧舜，中山先生认政治是管理众人之事，也是众人管理自己的事，人人都是人中人，则人人都可锻炼为政治家。

问：先生与一般同伴，过去是国民党党员，过去大侠魂是参加国民革命阵线，现在自成一党，岂不于政治操守上有问题么？

答：中山先生的国民革命阵线，原是容纳各党各派分子。各党各派分子也可应时势需要而结合，应时势需要而分离。故从道德看：这就是真理必须把握了空间和时间的客观条件，那真理才有存在的价值（标准）。过去军训两政时期，是革命党天下，今后转入宪政，是政党国家了，目前已踏进一面准备，一面开放，这点时间空间，必须辨清。就事实看：过去本社社员以无党籍为多，但近时来走入各党各派者与日俱进，故本社如不自立一党，同时强调本社之超然性，那末所有近三十年来共患难的同伴都要纷纷离散了，大侠魂将成了一个空虚。再从法律看：立宪国家人民有入党自由，也有退党自由，这政治信仰是国民的基本权利。换句话说：这基本权利，便是国民对国家的一种责任感。

问：先生对国是的看法如何？

答：这个有中国少年劳动党的政纲可以解答。不过我有一个基本看法必须指出：我国文化，最重伦理，说到伦理，最重孝道。儒家论孝，以养志为先，而不同意于口腹的犬马之养。故真正的中山信徒，必能体念遗教，完成宪政之治。这次当局宣布还政于民，使国民党五十年光荣历史，得到功成圆满的结果，如造七级宝塔，最后盖结了庄严的金顶，这自是不可掩没的一种贤明政策。

问：今天政人，半数不讲政德，奸伪欺诈，相习成风，扑打杀伐，腥血遍地，先生对之，有何感想？

答：政治家的政治生命在仁德，在信义，不在权诈与暴力，尤不在乎掌权与失权，在朝与在野。民主政治的作风在和平奋斗，用口舌，用笔墨，不是拳足与枪刺。然各国革命建国前后，都有一个纷乱阶段。我国承数千年专制政治与宗法社会之敝，今天还是封建与进步两种势力交替过渡之际，一切纷乱现象自属难免。然可判断谁赶上时代，谁即生存，谁愿落伍，谁就淘汰。

问：中国铸魂学社与中国少年劳动党，今后将发生一种什么关系呢？

答：并无特殊关系。中国铸魂学社欢迎任何党派人士或无党派人士的参加。中国少年劳动党党员，也不个个都是中国铸魂学社的社员。

问：少年劳动党，是否都是少年人的结合？

答：所谓少年，是精神的，意志的，不是年龄的，容貌的。少年人暮气沉沉，意志颓唐，便不配称少年。老年人有朝气，有思想，那便是白头少年。今日中国整个国家正陷于老大衰弱，麻木不仁，用少年精神来建设少年中国，这是今天国家客观条件一个迫切的要求。

问：先生个人，今后将致全力于党务呢？社务呢？

答：社务已经有了相当基础，名义上也不便一时决然摆脱。党务还在开创，当然必须多加努力。然而这时间并不太长，见义勇为，功成不居，这是我侠的基本信念，高贵本色。华盛顿、戴高乐的退让精神，足够模范。我不过等于一个打图样的工程师，作一个政党发起人，房子造成以后，让爱惜房子的人大家来居住。

问：先生预料组党几年可以成功？

答：这在各人如何看法。有些人以为掌了政权是成功，不知政策失败，受人唾骂，实际仍是失败。倘使百年掌不到政权，但它的政纲政策，宣传复宣传，人民大众一天一天增加同情，建立起党的信誉来，纵使在野也是成功。或者给反对党暗地采用了部分，使人民获到幸福，这是功成不必自我，也可算是成功。

问：那么先生尽可发表一篇政论就得了，何必结党？做一个干净的在野学者，不更好么？

答：名正而后言顺，结党所以表示我们的政见立场，政人人格。惟组织才有群众，惟团结才有力量，惟行动才有成效，惟政党才有宣布政纲政策的权力，亦惟政党宣布的共同纲领才能引起世人的重视。否则言而不行，将如纸上谈兵，何补实际？孤军作战，何以为继？

问：少年劳动党现有多少党员？

答：从前中山先生革命，不问先有多少党员，只问自己主张对不对？立志诚不诚？释迦，耶苏，谟罕默德，以至科学家，都是如此，大侠魂初期结社，也不过数人。对了，诚了，有号召，有定力，一个人便是千万人的力量。主张不对，立志不诚，病民蠹国，纵使富有四海，贵为天子，也随时可以土崩瓦解，失其凭藉。

问：铸魂学社有世界性的，少年劳动党是否也有世界性？

答：然。我们同各国旨趣相同的政党，都该站在一条阵线。不过人家政治办得好，外国民族已经很有少年精神了，何须再来一个少年党呢？

问：少年劳动党将取革命的路线？抑取议会的路线？

答：议会的路线，群众的路线，不妥协的精神。

问：贵社大侠魂理论，其要旨如何？

答：要实现我们最高理想，经济政治与学术思想，同为不可少的两大工具。前者重究制度，后者重究知识。欲求真知识，必须真方法。思想自由，学术自由，仅是方法之前提。铸魂学社发扬大侠魂理论，有前提，同时是完成求取真知识的新方法，它是主义之主义，知识之知识，工具之工具。它是领导思想发展的开路队，是探讨宇宙奥秘的新锁钥，是撒布人类福音的十字军。换言之：大侠魂是科学的权威,民主的前哨,进化的象征,革命的动力。它是人类独立自尊至高无上的信仰,是修心立命之本,匡人救世之学。它是一个开天地,造万物,掘人性,转世运,完成亿世太平之投大遗艰的工程。

问:关于铸魂学社,尚有剩义相告否?

答:此外,铸魂学社特别提倡尚公尚实尚武的精神。古今来国是败坏的症结,全在一个私心用事。逞私见,植私党,泄私欲,亲信小人,疏远君子,制造奴才,排挤人才,扼杀天才,制法毁法,弭乱酿乱——一切猜忌,暴虐,仇恨,战乱,都由此而起。近年抱道忤时者,率退处林野,激起讽议朝政,裁量人物,使东林遗风,复盛今日。本社初起时节,除呼号救亡运动外,即以讲学姿态,本天下为公之旨,发善与人同之论,隐以东林学派自命,为时代之前驱。其次是不实。所谓推、拖、混、诈、骗,成了一时风尚,处处敷衍打算,个个虚伪面目。无分贤愚,与世浮沉,同卷漩涡。不肖者更欲貌饰仁义,以一指掩尽天下耳目,其不从者,利诱不足,继以威胁,务使人人昧良,方寸之地,是非泯灭,浸假而成禽兽社会。再次,便是不武。社会正气既息,人人苟全乱世,病奄奄,懒洋洋,不奋斗,不进取,听天问卜,消沉消沉,作慢性的自杀,丧失了自信力,日趋于颓废没落之境!不肖者更屈己媚世,贪狠取巧,入黑市,走小径,图个人享受,乞求余沥。所谓见义勇为,功成不居,意气慷慨,肝胆照人,其人不可多得。更谁怀经国济世宏愿?谁抱旋乾转坤之志?

问:贵社今后任务,愿闻其详?

答:总之不公不实不武,小则性灵毁灭,大则大局败坏。公生明,实生行,武生力。故大志必公,大仁必实,大勇必武。本社同人,今后仍愿以此三德自勉,并以建议于国人之前。至于政治得失,不再闻与,非敢放弃匹夫天职,因已有中国少年劳动党分负其使命。本社今后任务除根据章程规定推进外,更将提高警惕,充实自我,宏扬大侠魂修心立命之旨,作人格斗争,以立己为先,自尊自助,怒美双持,求取个人性命之皈依。至于被称东林学派,救国团体,这是过去本社留着社会的一点痕迹。今后正名定物,虽不敢以铸魂学派及大侠魂宗教自居,但不再走上政治路线,更不议论朝政,不裁量人物,洗尽政治彩色,洪炉陶铸,皈依性命,求得人我解放,万物同流,这是本社今后唯一的指针。甚愿海内外先进学者名流,各界贤达,不吝匡教,共同合作,无任企幸。

〔各社会团体全宗汇集档案〕

5. 中国少年劳动党总章
(1946年2月)

第一章　总纲

第一条　本党定名为中国少年劳动党。

第二条　本党本大侠魂动的哲学(行动主义)及其平爱原理,奉行互尊互觉互助的新人运动精神,创造劳动文化,促进机械文明,完成均富制度,消除阶级对立,以建设一个和平的民主的科学的社会主义少年新中国;并以支持联合国宪章,提倡沟通国际文化金融组织,成立世界政府,实现天下一家为宗旨。

第三条　本党以尚公尚实尚武为最高精神。

第四条　本党以结合贤能分子,排除投机分子,整肃党的纪律,精炼党的品质,及实践劳动神圣,职业平等,生产建设为神圣守则。

第五条　本党采用民主集权,推行干部政策,及各级分层负责为组织制度。

但到了非常应变时期,经全国执行委员会三分之二通过,得特别提高各级负责人之领导权力。

第六条　本党联络国内国外劳动生产者文化工作者之团体及个人,以促进民主合作国际合作为提携方针。

同时对国内各政党均抱平等友好态度,除政策主张不苟同外,不作恶意的攻击及偏狭的仇视,以保持本党大侠魂之风度。

第七条　本党以自由竞争为理想,合法竞争为手段,自卫竞争为立场,集体竞争为实行,并以"议决必行"为集体竞争之保障。

第八条　本党总部设于上海。必要时经总部决议得移置地点。

第二章　党员

第九条　凡具有中华民国国籍之公民,有正当职业,能自食其力,并有自强不息奋斗进取与大公无私之牺牲精神,信仰本党主义,赞成本党使命,遵守本党党章,履行本党决议者,不论老少男女均得自动申请加入,经本党通过为前期党员。

前期党员经过六个月小组工作,经公认合格,并由组长或后期党员一人作介绍保证者,由总部发给党证为后期党员。

但入党时经本党后期党员一人之介绍保证者,得即认为后期党员,满六个月后发给党证。

第十条　本党党员介绍新党员入党,须负连保责任。但如党员行为失常,介绍人得向党部声明退保理由,实行退保。凡失去保证之党员,如无人续保,应即退为前期党员。

每一党员,介绍保证新党员,除组长不受限制外,不得超过十五人以上。本党创立人,除积极出钱出力外,仍须实行连保,以示平等并明责任。

第十一条　前期党员有发言权,建议权,选举权,工作权,幸福权及检举权。

后期党员有发言权,建议权,工作权,幸福权,表决权,选举权,被选举权,检举权及罢免权。

第十二条　党员之建议权,检举权,视其性质需要,得直接投送上级党部受理,毋须层转,以收上下沟通之效。

第十三条　本党为一个"同伴战斗体"。党员与党员间,互称同伴,必须发挥高度的"同伴爱",有事业互提携,患难互扶持之义务,以增进同伴本身之幸福。

本党各地党部,均须附设同伴俱乐部。

同伴俱乐部除正当娱乐及供应书报阅览外,必须酌设法律顾问、医药顾问、常识顾问、学术顾问、金融顾问、职业顾问、婚姻顾问及其他顾问等,以供给同伴之便利。其顾问人选,由各地党部聘请同伴义务或半义务担任之。

第十四条 后期党员入党五年以上,并对党务有特殊劳绩表现,或经济特殊贡献者,由总部发给模范证书为模范党员,受全体同伴之尊敬。

模范党员游历各地,得受当地党部之开会欢迎及一周内食宿招待。

第十五条 凡工作党员奉有党部委派任务,因公到达各地者,得受其简约之招待。

第十六条 党员有缴纳党费党捐之义务。

第十七条 党员有保守党的秘密及供职本党之义务。

第十八条 党员有服从党的决议之义务。

第十九条 党员不接受决议案逃避义务者,以逃党论。

第二十条 党员不论迁居或旅行,凡转移新地址在留居五天以上者,必须亲到所在地党部持证报到,并访候主持人,取得联络及幸福权。否则以逃党论。

第二十一条 党员必须出席小组例会及各项会议,如无故缺席,以逃党论。

〔注〕铸魂学社为"同伴之家",本党为"同伴战斗体",尤须淬厉奋发,切求政治工作效率之提高,及其步伐之一致。凡本党同伴,幸三致意焉!

第三章 全国总部

第二十二条 全国代表大会为本党之最高权力机关,每三年举行一次,由全国执行委员会召集之。

第二十三条　代表大会设主席团,轮流担任大会主席,其人选由全国执行委员会提出三倍人数,经大会决选之。

代表选举法及大会组织法,由全国执行委员会于六个月前公布之。

第二十四条　代表大会之权力如左:

一、厘订本党政纲政策;

一、通过本党三年工作计划大纲;

一、检讨过去党务及人事得失;

一、受理党员党务诉讼;

一、恢复党员党籍;

一、检讨党的经济政策;

一、选举全国执行委员,监察委员;

一、修改本党总章。

代表大会闭会期间,其决议案及其权力,由全国执行委员会代行之。

第二十五条　代表大会选举全国执行委员二十五人至五十人,组织全国执行委员会,任期三年,连选连任。

全国执行委员会开会,公选主席团三人,轮流主席。

全国执行委员会闭会期间,其决议案及其权力,由全国常务委员会代行之。

第二十六条　全国执行委员会互选常务委员五人至七人,组织全国常务委员会,任期一年,连选连任。

第二十七条　常务委员会不设常任主席,开会时以委员轮流担任临时主席,以委员过半数之同意成立决议案;其对内行文,以决议有关之常务委员会临时主席名义行之。

但决议案经反对一方有二人以上之一致坚决抗议,其决议案应暂保留,召集临时执行委员会解决之。其反对派在一年内经过两次临执会决议之失败,该反对派应即辞去常委职务,由执委会另选常委递补。

凡执行委员会经过委员半数以上通过之决议案,应即执行。

第二十八条　常务委员会组织全国党务局,设秘书长一人,执行决议案,并综理日常事务。秘书长由常务委员会互选常务委员一人兼任,任期一年,连选连任。

秘书长以连任三次为限。如第四次当选,须经间歇一届(三年)以后,方为有效。

全国党务局得于各省设立分局。

第二十九条　常务委员会设全国法制、财务、人民、政治、外交五个委员会,为研究及设计之专管机构。委员会各设主席一人,领导会务,由常务委员会互选常务委员各一人兼任,任期三年。

人民委员会主席,为本党法定对外之总代表人。本党对外行文,以人民委员会主席名义行之。

人民委员会主席,以连任两次为限。如第三次当选,须经间歇一次(三年)以后,方为有效。

前列五个委员会各设委员四人至十四人,由各主席提出人选,经常务委员会通过聘任之。

五个委员会之组织规则另订之。

第三十条　全国党务局设全国宣传、组织、劳工、劳农、商民、青年、自由职业、公教、妇女、党史编纂及选民指导各委员会,推进日常党务。

各委员会各设委员三人至七人,均由常务委员提出人选,经常务委员会通过后任命之。

各委员会互选主任委员一人,主持会务。主任委员不称职时,得由各委员会自动另选之。

各委员会不能达到任务时,得由常务委员会改组之。

各委员会之组织规则另订之。本党各地对外发言人,其人选由常务委员会决定之。

第三十一条　代表大会选举全国监察委员七人至十五人。组织全国监察委员会，负执行纪律审核财务，及监督全国执行委员会之责任。

监察委员任期三年，连选连任。

第四章　特区组织

第三十二条　凡工厂区、边疆区（不设省者）、海外华侨区，均得设立特区支部，监导各该地之党务活动。

特区支部下设特区分部，特区小组。同一地区有三个以上特区支部时，得成立特区总支部。

第三十三条　本党必要时，得划分全国为数区，成立区党务局，受常务委员会节制，辅助总部党务之进展。

第五章　省总支部

第三十四条　省总支部，代表总部执行决议案及传达命令，检讨本省党务工作得失，及监导各县支部党务之活动。

凡一省有十个县支部以上时，得成立省总支部。但有必要情形时，得成立临时总支部。

第三十五条　省总支部，以党务委员三人至五人组织省党务委员会，其人选由全国组织委员会提出，经常务委员会通过派任之。

省党务委员会开会，由委员轮流主席。

省党务委员会，互选主任委员一人，为省总支部法定对外之代表人。省党务委员会不称职时，得由全国组织委员会提请常务委员会改组之。

第三十六条　省总支部组织省党务分局，设副秘书长一人，执行决议案，暨宣传委员，组织委员，党史编纂委员，选民指导委员各一人，均由党务委员互选兼任之。

决议案及党务工作报告，应每月报告总部一次，以备考查。

第六章　县支部

第三十七条　县(市)支部为本党之基干组织,受全国总部之监导,省总支部之指示,执行命令及决议案,及监导一县(市)党务之活动。

第三十八条　县代表大会每年举行一次,其职权如左:

一、执行上级党部之决议案;

一、策进全县党务之活动;

一、检讨党务工作之得失;

一、受理党员党务诉讼;

一、执行党的纪律;

一、提供意见建议上级党部;

一、审查财务;

一、改选县执行委员,监察委员。

县代表选举法及大会组织法,由县支部决定后呈准上级党部先三个月公布之。

县代表大会闭会期间,其决议案及其权力,由县执行委员会代行之。

第三十九条　县代表大会选举县执行委员五人至七人,组织县执行委员会,任期一年,连选连任。

第四十条　县执行委员会不设常任主席,开会时以委员轮流担任临时主席,以委员过半数之同意成立决议案。

决议案及党务工作报告,应每月向上级党部报告一次,以备考查。

第四十一条　县执行委员会设县法制、财务、人民、政治、外交五个委员会,为研究及设计机构。各委员会主席,由执行委员互选兼任。

县人民委员会主席,为县支部法定对外之代表人。

第四十二条　县执行委员会组织总书记处,设总书记一人,由执行委员一人兼任,执行决议案,并综理日常事务。

总书记处得于各区设立书记处。

第四十三条 总书记处设县宣传、组织、劳工、劳农、商民、青年、自由职业、公教、妇女、党史编纂及选民指导各委员会，推进日常党务。其委员人选由执行委员会遴选党员任命之。

第四十四条 代表大会选举县监察委员三人，组织县监察委员会，负执行纪律，审核财务，及监督县执行委员会之责任。

监察委员任期一年，连选连任。

第七章 区分部

第四十五条 区分部代表上级党部，执行决议案及传达命令，检讨本区党务工作得失，及监导各小组党务之活动。

凡一地有五个小组以上时，得成立区分部。其编制，以成立先后之数目字定之。

区分部之中心任务，为指挥小组服务及整肃党的纪律，精炼党的品质。

第四十六条 区代表大会选举执行委员三人至五人，组织区执行委员会。选举监察委员三人，组织区监察委员会。任期各一年。

区代表大会，每年一次，由区执行委员会召集。

区执行委员会开会时，以委员轮流担任临时主席。

区执行委员互选主任委员一人，为区分部法定对外之代表人。

第四十七条 区分部组织书记处，设副书记一人，执行决议案，暨宣传委员（得兼党史编纂）一人，组织委员（得兼选民指导）一人，均由执行委员互选兼任之。

区分部会议录，及党务工作报告，应每月报告县支部一次。

第八章 小组

第四十八条 小组为本党之基本组织，单位动力，受上级党部之监导及指示，执行命令及决议案，以及组训或策动，直接领导人民之政治活动。

凡一地同伴在三人以上者，应成立小组，其最多人数不得超过三十人。每个小组分子,必须说服一部民众或联络一个社团。

小组为不公开对外之组织。其编制名称,如"小组1""小组2"……等。得由后期党员一人向党请求自动组织之,自任组长。

第四十九条 每个后期党员请求组织小组,不得超过三个以上。

小组设组长一人,副组长二人,由上级加派,非受检举,不得停职。

第五十条 小组除坚信"一以抵百"提高服务精神外,其任务如左:

一、研究及宣传政纲政策;招待过境公务同伴膳宿;

一、检讨决议案及上级命令之是否执行;通过同伴新提案;

一、同伴生活自我批评;研究大侠魂理论,练习各种技能及歌咏;

一、通过新同伴入党;转请上级党部发给同伴旅行证明书;

一、尽力解除同伴之公私困难问题;供应同伴各项顾问;

一、同伴轮流演讲(包括政治、教育、经济、社会及切身各项问题);

一、审核财务、贡献财力、厉行公私生活节约;

一、加入或发起为民众谋福利之社会服务工作;

一、举办公积党员月费取息;提倡同伴体育锻炼体魄;

一、鼓励同伴积极参加生产事业及职业岗位。

第五十一条 小组开会如有难决问题及党员人数增减(如新同伴加入,旧同伴旅外或死亡等),均须由组长报告上级党部。

第五十二条 小组例会,不发通知,由各同伴按时自动到会。小组紧急集会,由组长召集,并任主席。凡因故请假者,仍须服从决议;否则受逃党处分。

小组开会,主席对缺席同伴,必须据实报告上级党部;否则如被检举,须受同样处分。

小组例会每周举行一次,称乙组。每两周举行一次,称甲组。均以出席党员轮流主席,先于上周会中推定。其某次决议案之执行,由某次开会之主席负其责任。

小组会议纪录,及党务工作报告,应由组长随时报告上级党部。

第九章　开会

第五十三条　本党各级党部各种组织之开会,除有规定外,特列举如左:

全国执行委员会,每年举行一次,由常务委员会召集之。

全国常务委员会,每月举行一次,由轮值主席召集。

全国各种委员会,每月至少举行一次;由主持人召集。

省党务委员会,每月至少举行一次,由轮值主席召集。

县执行委员会,每月举行一次,由轮值主席召集。

县各种委员会,每两周至少举行一次,由主持人召集。

区执行委员会,每两周举行一次,由轮值主席召集。

各种委员会得开联席会议,由秘书长总书记等召集之。

以上各会议,必要时得召集临时会。各委员因故不克出席者,得以书面取得表决权。

第五十四条　甲种小组两周例会一次。乙种小组每周例会一次。

甲乙小组之成立及其改变,得视实际情形之需要定之。并须得上级党部之核准。

各小组除受上级统一指挥服外,以不相联系,各自活动为原则。

第十章　经费

第五十五条　党员入党费:五千元。月费:前期党员五千元;后期党员两万元。

第五十六条　本党视业务及事务性质,以"量入为出""量出为入"之原则,执行党的经济政策。

本党为执行党的经济政策,特实行"就地取""就地给"制度,以贯彻"党员养党"之原则。各级党部自成一个经济单位,经费收支各自独立。其体系如下：

一、总部单位；

一、总支部单位；

一、支部单位；

一、区分部单位；

一、小组单位。

第五十七条　凡党员须参加两个经济单位：即组织的地区单位及小组的基本单位。

凡经济单位关于经费负担之决议案,视款额多寡,以党员"平均分摊"或"量力捐输"为择一采用之原则。党员如对某种议案(包括经济的与非经济的)认为不合理时,得向上级党部提出检举。但未接核示前仍须接受决议案,表示服从纪律精神。

本党各级党部如有举行大规模筹款时,须经上级党部会议之通过。

党员无力缴费者,得申请减或免缴。

第五十八条　本党经济政策,开源节流同时并重。各级党部务须力戒形式排场之浪费,以精神克服困难,以意志战胜环境,注重其实际效能之发挥。

第十一章　纪律

第五十九条　党员违反党章,或有妨害本党名誉者,视其性质之轻重,受下列处分：

一、戒告；

一、严重警告(或停职)；

一、停止党权；

一、开除党籍。

凡党员被处分时，其原介绍保证人应受同样议处，但自请处分者减议。

停止党权及开除党籍之处分，须经全国总部之核准，方生效力。

第六十条　党员有逃党嫌疑者，经本党质询并通知原介绍保证人后，如无圆满答复时，由全国执行委员会通过公布"小鬼魄"，永远开除其党籍。

凡党员被公布"小鬼魄"者，不得恢复党籍。全体同伴均须永远断绝其公私关系，不与往来；违则受本党撤职及剥夺党权五年以上之处分。其原介绍保证人，如无法代为履行义务时，亦须停止党权三年。

第六十一条　各级党部各种组织如有违反党章，集体抗命时，应即解散其组织。必要时得举行党员再登记。

第六十二条　凡受纪律处分之同伴或组织，不服时得逐级向上级提出辩诉书，声请复议。但在未奉到复议撤销前，仍须执行其处分。

本党各级委员职员，均须参加基本组织之小组例会；否则以逃党论。

第十二章　附则

第六十三条　本总章解释之权在全国代表大会及全国执行委员会。其第五条所称各级负责人，以本党各级法定对外代表人，暨秘书长、副秘书长、总书记、副书记及组长为限。各级候补执行监察委员人数，得临时酌定。

第六十四条　本总章由公布之日起发生效力。

〔中国青年党等党派档案全宗汇集〕

6. 中国少年劳动党政纲

(1946年)

一、实现全民的(无性别)政治地位平等,经济地位平等,法律地位平等,以一人一票建设平爱政治的民主的现代国家。

二、根据大侠魂平爱主义,忠实履行联合国任务,反对日本天皇制度,同情其进步思想的民众,与列强平等互惠合作,提携弱小民族,以建设和平繁荣的平爱世界。

三、推行民主的计划经济,实现经济平等及切实普遍倡办城乡各种合作社,以提高全国人民生活水准使得到衣食住行之舒适安全。

四、培植科学人才,奖励发明,实行教育机会均等,并切实尊重思想自由,言论自由,信仰自由,以促进国家文化之昌荣与进步。

五、实行国民兵制,提高军人待遇,改善役政,健全基层机构,更以公明作风,消灭军队派系观念,养成国军意识,根绝军人干政割据,并以完成现代化科学化之坚强的积极的国防。

六、完成乡村建设,提高地方自治县长权力,缩小省制,及发挥中央政府统一的民主的力量。

七、调整租佃制度,实行累进税及征收土地贷款,佃农有优先承买权,以实行耕者有其田。

八、制定劳工法,实行保险制度,提高工人生活与文化水准,劳资双方处于人格平等协调合作。

九、取缔官僚资本,确定国营、民营事业范围,促进工业化,扶助私人中小企业,增进民族生产与民族资本,对国家动脉铁道公路航线等交通事业,除干路必须国有化,奖励人民经营,以促进国内交通建设之迅速。

十、节制官民私产,制定国民劳动法,实行国民个个劳动政策,切实保障妇女职业及保护侨民政策,并包括文官考试任用与保障,给予工作机会均等,防止失业,根绝游民乞丐,维护人权,增进国家富力。

〔中国青年党等党派档案全宗汇集〕

7. 中国少年劳动党政纲说明
(1946年)

中国少年劳动党之最高政治理想,与并世的"革命政党"所主张者并无二致。然今后中国既必须走入民主宪政的大道,"革命政党"自必化为"普通政党",所以,本党主张在宪政常轨中,以和平渐进的方法,求得最高理想的实现。既须把握"切于实际"的现实性,仍须把握"推进理想"的可能性。不尚空谈,不唱高调,先求平易可行。兹特依据本党既定的全部政纲,提出一个综合性的说明,以期得一简单明了的建国方案。

甲、总　则

(一)本党本劳动神圣之信条,机械生产之方式,社会主义之理想,自由主义之企业,民主政治之原则,阶级协调之基础,而以大侠魂平爱精神为出发点。内求民主建国,外求平等联合,以建设全民政治的国家与全民福利的社会;并遵守联合国宪章,促进"世界政府"之早日实现。

(二)民主政治的真谛,为主权在民,即世人所谓民有,民治,民享是也。本党确认"民治"为实现此项真谛之中心力量。民治既不是少数阶级的寡头政治所可以庖代,亦非未经合法选举的任何机构所能僭窃,占有中国全人口百分之八十以上的农工劳动大众,应为推行"民治"的主体。必须此一主体彻底发挥其力量,始能完成名副其实的民主与名副其实的建国。

(三)民生为建国要务,生产为民生灵魂,而生产完成于劳动。盱衡中国内外情势,在建国途程中,不容许我们从容缓步,踽踽独行于资本主义的旧路,亦不容许我们生吞活剥,逞快一时,憧憬于超越现实的政治空想。本党主张阶级协调,而尤主张劳心劳力者结合一体。既可争取时间,争取空间,大量造产;复为消灭阶级对立关系,达成社会主义的捷径。此为中国生产落后的特殊条件所决定,亦即本党的特质。

(四)中国的产业现状,必须全部改组,亦即中国的社会结构必须变化。从中国有其自身之劳动党起,这一变化必更显著而激进。由于八年对外抗战的结果,一切财富集中于"既得利益阶级"和"官僚资本阶级"之手,形成了社会大众的贫血与瘫痪。凡被战争所摧毁的生产基础,亟待恢复,建国所需的社会潜能,尤待扩充。中等阶级之觉悟及其直接参加劳动生产,即为劳动群众之壮大。此一新兴的社会结构,必能防止少数既得利益阶级再事其高度利润的累积与扩张,必为促进产业革命的基本势力。亦必须此一势力之加强,才可以保证民主建国事业的顺利开展,才可以保证透过国家资本主义发展到社会主义的政治前途。

(五)建国大业,不在哓哓多言,而在力行实践。欲期全民政治的实现,必先争取"最大多数之最大幸福"和"多数取决"的民主权利。本党要代表中国人口最大多数的劳动群众,为其自身应享的"福利",应得的"权利",及应尽的"义务"而奋斗,并保证实行"人民利益高于党派利益"的诺言。

(六)本党顺应着内求"自力更生",外求"共存共荣"之大势而建立。凡我同伴必须认识直接参加劳动生产,较之直接参加政治活动更为重要,这在中国历史上具有显著的进化意义。我们并不漠视政治效能与经济建设的关联性,只特别以直接生产,直接劳动为重点,促进广大的劳动大众与科学机器紧密结合,以迅速完成中国的工业化。

乙、纲　领

(一)政治建设:本党主张由国民大会制定国家根本大法——

宪法。由宪法规定建立民主政体的国家,保卫中国固有领土的绝对完整。人民有集会,结社,请愿,言论,出版,身体,居住,思想,信仰及研究之完全自由。各党派合法存在,一律平等,但不得私拥武装,图以武力暴动,夺取政权。各省区域应断然重划缩小,为一个自治体。省与中央的职权,应在宪法上作概括的划分,省得订自治法,但不得与宪法的规定相抵触。各级民意机构应即时成立,各级政府的年度预算,必须经民意机构审核通过,方得执行。全国实施普选制(直接无记名投票制),自中央首长以及省县市乡镇村长,悉依宪法所规定的制度选举之。确立文官制度,保障事务官的独立性,并须防止政务官的职业化。严格执行铨叙制,必须选贤任能,为事求才,才尽其用。军人非有大勋劳于国家,而具有政治修养之智能,及业经退役者,不得充任政务官。官吏以"专职厚薪"为原则,文武官的待遇不宜畸轻畸重。凡贪污官吏,除依法治罪,没收其财产,永不录用外,并须追诉其荐举人或其直接长官。妇女不特在法律上与男子平等,在政治上社会上亦应与男子有同样的参政机会与职业机会。农工劳动人民更应有充分无碍的机会,以参预各级政权。

(二)民族建设:本党深感民族的"生物基础"为一切建设的基础,应即改造加强,奠定先天体质的优势,以充实民族潜力。主张实行优秀两性配合,由国家设立婚姻指导机构,以社会教育方法,逐渐完成,制定优秀父母生育奖励办法,优生法令等。结婚离婚高度自由,增加择偶机会。提倡国际通婚,及防止恶性遗传,尤须改造"营养环境",以充实其后天的素质。改造"文化环境",创造民主文化,劳动文化,发展个性,养成其心理健康为积极奋斗与劳动生产的向上人生观。改造"地理环境",普行移民政策。

(三)经济建设:本党是主张社会主义的经济建设,曾于成立宣言及上述甲项总则中,强调申述。在建设途程上,对于不劳而获的"有闲阶级资本",与坐地分肥的"地主土地",不能不切加排斥与转变。同时,严防"官僚资本""独占资本"的再起猖獗。更须登记及限制私人财产。这样,才使中小工商业者获得解放机会,使劳动大众的"合作企业"求得发展,而使全民的生活乃得安定与向上。我们不否定"私有财产",更肯定"公共造产",争取劳资合作,达成合作农场工场之普遍设立,使生产分配趋于合理化,大众化,社会化。我们的主旨:在以"劳动"代替"榨取",以"建设"代替"斗争"。防止土地集中,必须耕者有其田。在节制资本的原则下,发展民族资本,保障民营企业。更须严防"国家资本"其名,寡头独裁其实;"国营实业"其名,官僚操纵其实。关于企业上国营民营之分,不宜苛细争持,除有"独占性"者划归国营外,一切可依"国有民营""民有国营"的方式求解决,以发扬企业精神。惟其"利润"必须大众化,社会化,使"经济民主"为"政治民主"的动脉,才可望真正民主政治的实现。复次,本党赞同经济的国际主义,然以发展中国企业,使中国人民获得大西洋宪章所订之四大自由为先决条件,排斥任何垄断独占,巧取豪夺之对殖民地式的经济措施。

(四)文教建设:厉行普及教育,以人人识字为先决条件。过去虚应故事,一曝十寒的所谓"民众教育""平民教育",几成为一般官僚政客的寄生手段,政府应痛加改革,限期扫除文盲。国民教育水准,应提高至现时的初中毕业程度,政府岁出预算上所规定的教育经费,以及地方随时筹集的教育经费,均一律特设专管机关,独立保管,教育行政机构不得掌管事业经费,藉以防止挪移。自小学至中学,以一律免费强迫入学为原则,大学及研究院应由中央政府统筹办理,并使其有绝对的讲学与研究之自由。战时大学中学免费贷金制度,应尽量扩充,使教育机会均等。过去教育制度,忽视个性启发,人格陶冶,只知着眼于五花八门的各种考试,重视于无关宏旨的一纸文凭。一切形式化,贵族化,不知埋没了多少天才,困厄了多少贫苦子弟?故必须改弦易帜,以期求真才,收实效。政府应宏奖私人兴办中小学,尤应致力于民生教育之发展。旧有的留学制度,徒为一般特权阶级的子弟们作终南捷径,养成无数"数典忘祖""不知稼穑"的洋商买办阶级。今后凡政府派遣的留学生，必须在大学毕业，对其所学有专门研究或著述者，方为合格。规定留学期限，归国不许改业，否则应赔偿其留学所耗一切费用。大学校长，研究院与一切学术机关主持人，必由名流学者或教授中选任，大小官僚政客，一概不许滥竽混充，藉作传舍。在文化方面，应以发扬"民主文化"和养成"世界公民"为基准，倡导"文化科学化"，而以"机械文明"之创造，配合进行。政府应普遍筹设科学馆，博物馆，图书馆，艺术馆，讲演厅，演剧场，练武场，展览会，以及电影、音乐、游艺、体育等文化事项，以为人民享用。

（五）社会建设：本党主张由"阶级协调"以逐步达到无阶级的新社会。此在中国，本属易行，因中国并无强大的资产阶级与封建贵族；只有近世以来，由资本帝国主义所卵翼之商业资本的买办阶级，剥削农村的土豪劣绅，少数投机操纵的官僚资本集团。这些人无疑的是新社会的障碍物，然他们必在产业革命上，社会立法上，民权发展上，受到无情的清除，成为时代的渣滓。国家应切实保证人民有"工作权"，根据人民与国家所需，制定全部就业计划，负责实施。一切救济事业，必以贫苦无告的劳苦大众为对象，由社会低层着手。凡交通蔽塞的地方，应首先从事卫生事项的设备。对于劳动生产的成果，应有合理的分配标准与分红制度。尤其认定"技术"与"资本"同等，实现劳本制度。工厂会议制应即确立，以增进劳资合作，同时，保护童工女工。普遍的推行合作制度，但须革除战时所表现的"商业性"，恢复其为社会大众谋福利的本来面目。至于失业保险，健康保险等制，农贷工贷，及小本贷款各办法，更须竭力推行，予大众共享。

（六）国防建设：本党主张"陆主空从"政策，而以海军足敷沿江沿海的防御为标准，即以"攻势防御"为原则。世界已临"空军时代"，中国亦不能不具有攻击性的强大空军和基地。我们指的"国防"并不限于陆海空军备，如高度工业之建设，资源之开发，人民生产与生活工具之机械化,摩托化,民族体力之改进培养等,尤为国防建设的根本要图。中国素尚和平,无意侵略他人,故其国防建设,不应以支持世界"强国"为目的,而以支持"弱小民族"及"弱小国家"在联合国宪章中,取得自由平等的地位为旨趣。军队必须国家化,减少常备军,实行国民兵制,改善兵役法。凡将官以上晋级,必须经中央最高民意机关通过,其军饷领支,亦必设有独立机构,全权办理,以免造成私人军队,养成酋长式的私人系统。编余及退役军人,应分别授田,奖励并扶助其垦殖,更须保障残废军人的生活,由国家教育其子女。

(七)世界建设:本党之创立,无疑的富有世界性。然而我们既非因袭已经消失的第二国际路线,亦非以早已宣告解散的第三国际为背景。我们要以"自我创造"的精神,与世界的劳动大众精诚团结,携手同行,共求"世界政府"之提早实现。我们认为:联合国这次在战争中既能合作赢得胜利,在将来亦必能合作赢得和平。除巩固联合国组织,建设国际警备军外,更当努力国际间文化交流,发行世界性货币,撤消关税壁垒,以消除"货币集团"及其可能引起的国际纠纷。"托治"与"殖民地"制度,及早废除。实行联合国宪章,使世界人类都能得到无恐惧、无匮乏的自由生活,则天下一家的理想,马上可演成事实。各国更无需任何秘密外交,一国的外交部,等于联合国事务所联络机构而已。今日科学的进步,地球的空间距离已经缩小,全人类的生活方式,日趋大同,过去一切种族成见,肤色差别,皆不应残存其印象于世人脑海中,这是物质文明与文化进步的自然结果。

以上七项,乃本党政纲的大要,我们确定认为这是建设新中国与新世界的平坦大道。我们诚挚的希望世界人士与广大劳动群众为了民族的利益,为了自己的利益,为了世界的光明,为了人类的幸福,多加批判和指示。我们只求耕耘,不问收获,只问是非,不计成败,更愿改革风气,为打下百年的建国基础,世界和平,而不断努力,而坚决奋斗到底。本其所信,誓以"真情以立,热肠以行,无畏以至"的宗教家精神,不怕环境的艰苦,向着我们理想的目标,唤起人民觉醒,共同前进!

〔中国青年党等党派全宗档案汇集〕

四、中国民主党

〔1〕党纲党章宣言

1. 中国民主党组织纲领
（1945年9月）

一、我们的目的

（一）推进中国之民主运动。

（二）发扬世界之民主精神。

（三）实现民有民治民享的和平自由幸福的新中国。

二、我们的看法

（一）民主政治制度,不仅为现阶段世界潮流之趋势,更为中国今日所必需,是故中国今后必须实行民主的政治制度。

（二）中国国民党总理孙中山先生,曾提出"民有""民治""民享"之精神,中国国民党总裁蒋中正先生亦昭告全世界中国决将实行宪政；还政于民。

（三）中国共产党,虽有其远景,及其一贯之哲学理论；与其一贯之阶级立场,然中国今日之所需,揆诸事实,中共亦倡导"新民主主义",以发扬民主精神,而促进民主政治。

（四）此次大战之前,世界尚存有反民主的法西斯之主义和政制,而今日则已为世界民主主流所冲倒,就历史之发展而言就人类幸福之依归而言,民主理论,实为今日最正确之思潮。

（五）中国不但不能离开世界主流的所趋；时至今日，且更为世界思潮所支配。不仅今日需要立刻实现民主树立宪政，而且来日尤须高度发扬民主精神，此为朝野一致之认识；各党派共同努力之目标。

（六）本政党在民主高潮中产生，以推进中国之民主运动，发扬世界之民主精神，实现民主的新中国目标作己任，在现阶段中，实有其伟大意义！故我们号召愿为民主而努力之各阶层人士，参加本政党，齐一步调，集中力量，为民主的新中国奋斗。

三、我们的作法

（一）不"斗争"，但必须"竞争"。

（二）合于各阶层的要求。

（三）不具"排他性"，只要为民主而努力的政党；我们以之为友党，只要为民主而努力的人士；我们以之为友人。

（四）不含"阶级性"。因为我们认为在推进民主实现的当中，无论金融家、工厂主、大小商人、中层分子、知识分子、工农大众等，都各具有其作用，况且中国现阶段的民主运动，尤应该广泛而深入于各阶层。

（五）大我重于小我，一切以国家民族之利益为前提，脚踏实地为民主之发展而努力，为群众之福利而奋斗。

四、我们的行动：

（一）合理的以竞争代斗争。

（二）不放弃过问政治的权利，同时我们也竭力尽到为群众谋个利的义务。

（三）积极宣传民主意义，藉以发动广大的群众参加民主运动。

（四）代表人民的利益，创造社会的福利。

（民国三十四年九月印发）

〔国民政府档案〕

2. 中国民主党政纲

(1945年9月)

本政纲基于左列十大项目

一、计划经济　二、民主政治　三、国家军队　四、全民教育　五、文化普及　六、民生幸福　七、民族自治　八、和平外交　九、种族平等　十、阶级消除

一　计划经济

第一条　整个国计民生，均应制定计划，使生产为分配作有计划之施行。并由计划化步入社会化。

第二条　为提高社会福利，保障人民享有之公平，达到民生之幸福，凡关于独占性之企业，应由国营（基于全民之福利，决非不合理之统制）非独占性之企业，鼓励自由竞争。

第三条　政府应切实扶持民营工业，使之尽量发展，达到国家工业化之标准。

第四条　关于土地问题，第一步用平均地权办法，使土地不致集中。第二步政府应鼓励举办合作农场，由合作农场过渡到国营集体农场。然后使土地私有制度消除，完成土地国有之最后目的。

第五条　商业贸易，原则上在目前应采自由竞争，政府逐步施行分别管制政策，达到控制其无限自私利欲之发展。

第六条　关于银行，最后目的必须国有化，但在自由竞争过渡期中，政府应加强合理而有效的管制政策，控制其操纵社会之潜势力。

二　民主政治

第七条　政府对人民之基本自由，除宪法应予规定外，并应切实予以保障。

（一）言论出版自由

（二）身体居住自由

（三）集会结社自由

（四）思想信仰自由

第八条 人民应绝对有"权"，政府应绝对有"能"，以权监督能，用能维护权。

第九条 中央与地方〈省〉权责应明确规定，自省级起以下各级行政官吏，应用民选。并推行切实之地方自治。

第十条 实行"政党政治"，组织各政党之联合会议，政府向政党负责，政党向选民负责。

第十一条 树立良好官吏制度，以确保行政效率之高度化。

三 国家军队

第十二条 军队应绝对国家化，政党不应具有武力。

第十三条 编制足用之统一的国防军，加强训练，提高技术，坚实装备。

第十四条 厉行征兵制度，凡国民均应以当兵为一种光荣的义务和公民资格的权利。

第十五条 各级将士有服从法定统帅之绝对义务。

第十六条 现役军人不得过问政治，如须竞选，应以解职之身份参加。

四 全民教育

第十七条 小学教育，应为义务教育，凡属中华民国国民均得无条件享受。

第十八条 政府应奖励省、县、市各设立一个以上之中级学校，各校应设置二分之一的贫寒免费额。经费来源由省、县、市级筹拨，并鼓励私人捐资兴学。

第十九条 大学讲学自由，研究自由，不受任何牵制。

第二十条 根据国家需要，中央政府或省级政府，应广设技术之专科学校，（或职业中学）完全免费，以造就国家需要之干部。

第二十一条 确定足用之全国教育经费，提高教育工作人员

425

之待遇,并予以切实之保障。

五　文化普及

第二十二条　电影、戏剧为宣导文化之最好工具,政府应尽量提倡,使其普遍化,并保障其从业员,使之专心作学术上之发挥。

第二十三条　文化工作者,政府应予切实之保障,其思想发展不受任何拘束。

第二十四条　鼓励民间艺术,尽量使其发展。

第二十五条　广设文化馆,使人人均无条件享受。

第二十六条　确定普及文化之经费,成为国家预算之一部。

六　民生幸福

第二十七条　政府应绝对负责人人有就业之机会,如失业时,政府应予无条件之救济。

第二十八条　规定劳动法,工厂法,工会组织法,并切实推行。

第二十九条　厉行法治,各级政府,各级人民均应绝对遵守。保障善良,惩治奸暴。

第三十条　厘定社会福利政策,使老者安之,少者怀以。

第三十一条　衣、食、住、行、育、乐,政府均应绝对负责,为人民忠实办理,使达到健康幸福之境。

七　民族自治

第三十二条　国内各少数民族,应使其有自治之能力,其语言、文化、生活,均保留其个别发展。政府应根据民族自治之目标,促其实现。

第三十三条　加强中华民族之自信心,发扬中华民族优秀之传统,摒弃中华民族不合理之根性。

八　和平外交

第三十四条　中国之外交应以和平为基础,反对侵略的帝国主义行为,并促进世界之和平。

第三十五条　努力"世界和平机构"之实现,以确保世界之永久和平。

第三十六条 加强中美、中苏、中英、中法、中日(民主之日本)平等互惠之关系,并确保永久之合作。

第三十七条 政府外交政策,应根据现实情况,作明确之路线(但基于国家民族之需要)。

九 种族平等

第三十八条 本党主张全球之种族一律平等。

第三十九条 今日尚残存对种族之歧视或压迫,本党坚决反对,并用各种努力,期其消除。

第四十条 全世界任何种族,本党主张教育均等。

十 阶级消除

第四十一条 由于经济的社会化,土地的国有化,政治的民主化,教育文化的全民普及,本党认为可由有阶级之差别到阶级之消除。

第四十二条 在阶级尚存差别的过程中,政府之措施,本党认为应着重工农大众生活之改善,中层分子生活之安定,资产富有者阶级私欲之限,使阶级之等差逐渐对消,最后达到无阶级之幸福合理的社会。

〔中国青年党等党派档案全宗汇集〕

3. 中国民主党党章

(1946年4月15日)

中国民主党党章

(卅五年四月十五日第一次全党代表大会通过)

第一章 总则

第一条 本党依据本党组织纲领及政治纲领所提示之原则为基础,制定本党章。

第二条 本党章之解释权属于本党中央执行委员会。

第三条 本党名称,中文为"中国民主党"(简称民主党),英文全衔为 Chinese Democatic Party (简称 C.D.P),对外使用均以中英文正名为依据,其他任何文字释文,均以此为正名。

第四条 本党任务,在阐释民主理论,发挥民主精神,力求中国民主政治之彻底实现,在彻底实现中国民主政治中之过程中,本党依据党纲提示原则以树立中国政党政治之行动示范。

第二章 党员

第五条 凡年满二十岁以上之中华民国国民,不分性别,其有民主思想赞成本党政纲,并愿意为民主的新中国而努力,经本党党员二人之介绍,报由本党分支部认可者,即为本党党员。

第六条 入党时应填具左列内容之志愿书:

"兹经×××、×××两先生介绍,志愿参加中国民主党,决遵守纪律,服从决议,誓愿为建设民主自由幸福的新中国而努力。"

第七条 入党志愿书填具后,交介绍之党员转该地方之高级党部(省支或直属市支)审查完竣后通知定期宣誓编入小组。

第八条 党员入党后,即应绝对遵守党纪,服从决议,履行党员对党之责任。

第三章 信条与纪律

第九条 本党党员应忠实笃信左列各条:

(一)忠信三民主义,并为其彻底实现而努力。

(二)毕生发扬民主精神。

(三)用民主精神以身作则,推己及人。

(四)信任真理,遵循法治,贯彻主张。

(五)竭尽对人类及国家民族之责任。

(六)发扬政治家大公无私之道德,树立政治家为人民服务之风度。

(七)尊重别人,警惕自己,力求虚心,力求进步。

(八)倡导杀身成人〔仁〕,舍生取义之气魄。

（九）政党过问政治,是责任不是权利。

（十）反对政治上的官僚政客习气,树立忠于民众的优良作风。

第十条　凡党员须恪守下列各项纪律：

（一）遵守纪律,服从决议,履行党员责任。

（二）严守党的组织系统。

（三）不得妨碍党誉,及在党外攻击党员与党部。

（四）不得有背叛党之动机和行为。

第十一条　凡违反前条纪律者,分别予以下列处置：

（一）警告。

（二）停止党权。

（三）退党。

第十二条　党员退党由小组报分支部转报中央,经中央组织部审查属实,通知退党党员,必要时由中央正式公告某某业已退党。

第四章　义务与权利

第十三条　党员对党应履左列之义务：

（一）如党有所需,贡献自身精神和时间为党工作。

（二）党之政治活动（或经济事业）,党员如有可能,应尽力支持,或直接参加。

（三）对同志之公私事业,应予以协助,使之更能扩大社会影响,或增加事业力量。

（四）党所指派之工作,应忠实执行。

（五）保守党应有之秘密。

第十四条　党员应享受党有之权利如左：

（一）享有党参加各级政治竞选活动之候选人。

（二）享有参加党举办之经济事业优先股东之权利。

（三）自身如有困难（或失业）,可请求党设法或津贴定期之生活费。

（四）享有党对党员之福利措施。

（五）党举办之文化教育事业，本身及其家属均可免费享有，并得参加工作。

第五章　组织

第十五条　本党基于民主集中制之原则，发挥由下而上之组织精神，鼓励批评建议，服从最后决定，忠实议案执行。

第十六条　本党组织系统如次：

（一）中央执行委员会——简称总部。

（二）省市执行委员会——简称支部。

（三）县市执行委员会——简称分部。

（四）乡镇执行委员会——简称区部。

第十七条　各级执行委员会由左列权力机关选举之。

（一）区党员大会选举区执行委员。

（二）全县代表大会选举县执行委员。

（三）全省代表大会选举省执行委员。

（四）全党代表大会选举中央执行委员。

第十八条　省级执监委员经选出后由中央总部复加任命，县乡级执监委员经选出后由省支部复加任命后报请中央备查。

第十九条　各省市县乡执行委员会，以其充分发挥独立工作之精神，并充分提高党务之效率计，可以党的政纲立场，对外执行其业务并在辖区内，吸收党员，进行活动，惟每月应将其工作结果层层陈报中央备查。

第二十条　各下级党部执行委员会须受上级党部执行委员会之指导。

第二十一条　各下级党部之成立启用印信须报上级备查。

第六章　总部

第二十二条　总部设执行委员会及监察委员会由全国代表大会选任之。

第二十三条　全国代表大会之职权如下：

（一）选举中央执监委员会并决定人数。

（二）修改本党政纲及党章。

（三）听取各级报告。

（四）决定本党政策。

第二十四条　中央执行委员会职权如次：

（一）对外代表党部。

（二）执行全国代表大会决议。

（三）组织中央及各地党部机关并领导之。

（四）建设全盘性的党务事业。

第二十五条　中央执行委员会组织如次：

一、正副主席。

二、秘书长。

三、组织部。

四、宣传部。

五、训练部。

六、事务部。

七、联络部。

八、财务部。

九、海外部。

十、资料部。

附注：各部得调用同志若干人助理部务。

第二十六条　中央执行委员会必要时得设特种委员会。

第二十七条　中央监察委员会之职权如次：

（一）执行本党纪律。

（二）稽核中执会财政。

（三）考查下级党部党纪。

　　第七章　省支部

第二十八条　省支部设执行委员会及监察委员会,由全省代表大会选举之。

第二十九条　全省代表大会之职权如次:

(一)选举省执监委员。

(二)听取各级报告。

(三)决定本省党务。

第三十条　省执行委员会之职权如次:

(一)执行中央指示及全省代表大会决议。

(二)设立并领导全省各地党部。

(三)支配党费。

(四)建立省区的党务业务。

第三十一条　省执行委员会组织如次:

(一)正副主委。

(二)秘书。

(三)组织处。

(四)宣传处。

(五)总务处。

(六)联络处。

(七)经济委员会。

(八)各特种委员会。

第三十二条　省监察委员会职权如次:

(一)依据本党纪律执行处分。

(二)稽核省财政收支。

(三)审核全省党务。

第八章　县分部

第三十三条　县分部设执行委员会及监察委员会由全县代表大会选举之。

第三十四条　全县代表大会职权如次:

（一）选举县执监委员；

（二）决定本县党务方略；

（三）听取下级报告。

第三十五条　县执行委员会职权如次：

（一）执行上级党部之指示及大会议案；

（二）设立并领导全县各区党部；

（三）支配党费建树县级业务。

第三十六条　县执行委员会之组织如次：

（一）书记。

（二）组织科。

（三）宣传科。

（四）财务科。

（五）事务科。

（六）特种委员会。

第三十七条　县监察委员会之职权如次：

（一）依据本党纪律执行处分；

（二）稽核县财政收支；

（三）审核全县党务。

　　第九章　乡镇区党部

第三十八条　区党部设执行委员及监察委员由全区党员大会选举之。

第三十九条　乡镇区党员大会之职权如次：

（一）选举区执监委员；

（二）决定本乡镇党务进行之方策；

（三）听取执委会报告。

第四十条　乡镇区党部执行委员会职权如次：

（一）执行上级党部之指示及大会决议；

（二）组织属区党务并领导进行；

（三）支配党费并建设乡镇党务事业。

第四十一条　乡镇区党部执行委员会组织如次：

（一）书记。

（二）组织股。

（三）宣传股。

（四）财务股。

（五）评议股。

（六）党员小组。

（七）特种委员会。

第四十二条　党员小组每组至少九人至多二十一人编列如次：

（一）组长一人；

（二）组训干事一人；

（三）宣传干事一人。

第四十三条　区监察委员职权如次：

（一）依据本党纪律执行处分；

（二）稽核区财政；

（三）审查党务进行。

第十章　会议及任期

第四十四条　本党会议分左列各项：

（一）全国党员代表会议每三年举行一次；

（二）全省党员代表会议每二年举行一次；

（三）全县党员代表会议每一年举行一次；

（四）全区党员大会每六个月举行一次；

（五）党员小组会议每月至少一次。

第四十五条　非会议期中党员如有任何意见、建议均可随时通过小组汇转省支（或中央），如答复不得满意时再可辩述请求复答。

第四十六条　党员不得无故不到会议,如有不能到会之理由,必须事先请求许可后行为之。

第四十七条　各级执监委员连选得连任之,其任期如次:

(一)中央执监委员任期六年;

(二)省执监委员任期四年;

(三)县执监委员任期三年;

(四)区执监委员任期二年;

(五)小组组长干事任期一年。

第十一章　党费

第四十八条　本党党费分左列各项:

(一)各级党部经营之生产事业盈余收入。

(二)党员经募捐,党员向外党募捐。

(三)党员月捐,分甲乙丙丁四等,经全国党员代表会议决定等级之数目,由中央执行委员会通告施行。

(四)党员所得捐,按职业收入(或固定收入)向党捐百分之五,无收入党员免捐。

(五)党员乐捐,富有党员因党兴办特别事业自动向党捐助若干。

第四十九条　各种党费收入以省为单位由省自办收支(但每年终应将总结向中央报告),除省区自行分配支付外,应将其收入总数三分之一缴中央总部开展全国性党务事业用费。

第五十条　各省支收入,如以工作所需,经查尚不足时可逐级申请中央补助。

第五十一条　县区党部之党费收入,不得自行支付,原则上每月应缴省支部,惟以工作方便计,可先支付后报请县支部追认,但每月至少应缴省支部总收入三分之一,如经查收入不足开展工作时,得申请县分部补助。

第五十二条　经费收支会计系统另定之。

第十二章　附则

第五十三条　本党章增删权属于全国代表大会,但须经出席党代表三分之二通过始得修改。

〔中国青年党等党派档案全宗汇集〕

4. 中国民主党第一次全党代表大会宣言
（1946年4月16日）

抗战胜利结束后,全国一致的需要是安定和平的局面,以便集中力量来建设一个以三民主义为基础的民有民治民享的现代化新中国。其间在政治上必须实现高度的民主精神高度的民主形式,然后乃能达到真正的意志和力量的集中,否则就是统一也仅是表面的,何况就今天的既成事实看来,表面又何补于事呢?世界在进步,中国不能脱离国际趋势所影响,我们应该做什么?如何做?这是有识之士看得非常清楚的。

不过道理虽是如此,然而我们的国家在今天仍然具有许多令人愤慨和隐爱的微妙因素,使问题陷入更曲折,更辣手,更艰苦。但是我们坚决信任真理只有一条:那就是我们一向提出的——民主统一和平建国这八个字。

本大会际此曲折、辣手、艰苦之局面中开幕,集合本党全国的干部代表,对国外战之现况,逐一加以检讨,逐一加以推论,认为:

第一,我们党的十大政纲的主张,证诸今日的现势与来日的推论,更显得具有充分的正确性和充分的现实性。我们远在三年前就曾以三民主义为基本精神:实现民有民治民享的现代化国家之立场为组织纲领,以号召全国有志之士请参阅本党组织纲领。据此以发挥的计划经济,民主政治,国家军队,全民教育,文化普及,民生幸福,民族民治,和平外交,种族平等,阶级消除等政纲内容,无不正确,无不实现。

第二,今日问题的症结,事实摆在面前,不是主义的是否(三民主义已为全国共同信守建国主义),也不是现实估计的出入(民主已为朝野一致的必需),我们深切的观察到而是一种信任,一种作法。怎样才能为人民所信任呢？我们认为国共两大主流应该从许多现实问题上基于国家民族,基于人民福利,互相忍让,互相敬重,以取得一致的协调,否则全中国人民的命运就太悲惨而不可想像了。

第三,国家必须民主,但亦必须统一,谁也无法反对,谁也无法阻挠,而达到这个民主统一的艰巨过程:蒋主席为自然趋势所形成的领导人,这点亦谁不能有所异议,纵在作法上容有轻重之不同的意见,我们认为彼此应该以一种令人可以感动的风度来消除这种轻重不同之于无形。

第四,本党在中国来说,是一个中和而具有进步意识的政党;世界先进国的民主党早已为世纪创造了许多的丰功伟绩,我们在中国的进步过程中愿意贡献整个组织的力量,为中国人民服务,无论在朝在野均以忠实诚恳的风度来为人民服务。

〔中国青年党等党派档案全宗汇集〕

〔2〕组织活动概况

1. 中国民主党对国共谈判第一次提供六项意见
(1945年9月6日)

为团结商谈第一次提供意见六项(三十四年九月六日)

毛泽东先生应蒋主席之诚恳邀请,惠临重庆,连日商谈全国系念之团结统一问题,全国人士均感无限欣慰。本党中央执行委员会代表全体党员,除向蒋主席暨毛泽东先生致崇高的敬意外,并贡献原则意见六点:

一、我们八年来艰苦抗战,于今胜利获得之后,应有民有、民治、民享之和平自由幸福新中国建设的实现,但为保证彻底完成,孙中山先生之三民主义,既为"中国今日所必需",即应切实力行。

二、为保证国共两党永久之和平团结计,军队应绝对国家化,政党不应私有军队,政党的武器,我们认为是政策的竞争,理论的批判,武力应为国防之安全,全国之福利保障而使用。

三、民主政治之所以值得吾人取法者,乃是一切由下而上,层层具有民主精神。人人具有民主作风,故今后政府形式,政制体系,均应切实民主化。

四、政治既是管理众人的事,服官既是公仆之职务,既应本"选贤任能"之旨,彻底调整现政府之阵容,改革不合理之制度。

五、各党各派应即刻予以承认其合法地位,以便推动政府向至善之途迈进;而达到共同竞争,共同监督之效能。

六、国共两党,事实上已为中国最大党,早已起着主流作用。此次商谈,理应尊重全国人民之期望,巩固胜利国之国际地位,并应发扬两党之革命传统精神,共谋解决一切悬案。

〔中国青年党等党派档案全宗汇集〕

2. 中国民主党为国共谈判第二次提供十项意见
(1945年9月14日)

为团结商谈第二次提供意见十项(三十四年九月十四日)

全国所期望的团结商谈,历时已届两周,就传出加以审度,前途似可乐观,本党为促进此次商谈,具体而有效,曾于九月四日提供意见六点,兹以全国人士之悬念,特再提出下列几项:

一、团结商谈,非仅关系国家民族整个命运,且于吾人切身利益脉脉相关。我们认为前命祸福均在此一举。故须重申我们的意见:"一切问题之解决,均应以国家民族为前提,党派私利应予排出"。此次国共商谈,如尚有不能具体者,何妨公诸舆论,凭由全国人士参加意见,以供决策。

……

五、军队应绝对国家化,最近蒋主席并保证可行,昭告全世界,推其各种技术问题,应使之合理,如此次商谈能得合理解决,当属幸事,否则本党认为可由国共两党,并国内各党派及无党派人士,暨美苏两国代表人共同组织一特种委员会,处理两党之军队国家化各项问题,并授权该委员会执行决议,以示公允,而免藉口。

……

七、无论收复或沦陷区,无论中央政府或地方政府各机关,一切公务人员,只要适合需要,均须任用,不应以一党之狭隘限制,窒塞行政效率,以符合孙中山先生之"选贤任能"主张。

……

十、孙中山先生之三民主义(特别是民生主义)迄至目前尚不失为建国之最高准绳,国民应予示范之倡导,切实力行,并推动各党各派共同努力,以完成民有民治民享和平幸福的新中国。

〔中国青年党等党派档案全宗汇集〕

3. 中国民主党对当前时局宣言
(1945年9月17日)

对当前时局宣言(三十四年九月十七日)

八年来极艰苦的抗日战争在最高统帅的英明领导之下;在全国将士奋勇的牺牲之下;在全国人民苦痛的忍受之下,现在取得了胜利的果实,但是展望前途,我们不能如一般纯感情者那么兴致,我们只有痛定思痛!

我们为什么要抗战?因为敌人阻挠了我们的建国,我们要建什么样的国？当然是要建立一个以三民主义为准绳的民主现代化国家。如果我们不能这样的实现，那么，我们的抗战牺牲就算白费，何况我们的敌人——日本帝国主义者，正是不民主，听由少数法西斯的野心军阀操纵了日本的命运，所以致有今日的结果。

这次中共主席毛泽东先生，应蒋主席的诚恳邀请，也就是为实现民主而来，蒋主席迭次文告国内外，亦以中国必需民主为刻不容缓之急务。可见民主这个"论争"，在目前已是不成问题。

然而民主一事，在力行实践，否则因循敷衍一拖再拖，恐将成为大错，国家民族将陷于不可想像的地步。

当然我们也意识到很多"微妙"的问题，但是我们认为执政党的英明领袖蒋主席和奋斗了二十年的中共领袖毛泽东先生，彼此都应该面对着现实，公允合理的打开一条光明的坦途。

本党是为民主而努力的政党，在目前我们仅以在野的身份，号召全国民主人士，推动中国民主的实现，协助朝野为民主之努力而工作。

最后，我们表示我们的坚决意志和主张：

（一）我们誓用一切努力，争取中国民主政治之实现。

（二）我们虽是无"武装保障"的在野党，但我们有千百万的民主主义者（到今天可以说全世界的人们都可以作我们的支持者），我们要前仆后继，用"殉道"的精神来为中国民主之实现而奋斗到底。

（三）我们认为政党具有武力，也仅是中国的特色（当然有造成这特色之原因），但我们始终坚决反对！在目前既成的事实下，我们希望国共两党，迅速公允而合理的解决这个问题。我们目前虽未直接参与其事，但我们誓用一切可能的宣传，贯彻我们这个正确的主张。

〔中国青年党等党派档案全宗汇集〕

4. 中国民主党中央秘书处为要求参加政治协商会议致蒋介石函

(1945年12月25日)

蒋主席钧鉴：全国人民热切期望的政治协商会议即将召开，此一会议将决定中国和平民主前途，所关至大。本党仅提出下列重要意见七点，敬备抉择采纳。

（一）政治协商会议必须以立即停战为前提，本党认为会议如不面对现实，难望解□问题，一边打一边谈，协商断无成就。故主张在会议开幕之前，双方必须立即无条件停止军事行动，凡一切足以引起冲突与对方疑虑者，均一律停止，或至少必须以讨论并决定有效的立即停止内战的方法，列为政治协商会议的第一议程。

（二）政治协商会议本质上既为党派性会议，又系由政府邀请各党派代表及社会贤达参加以商决国是，则必须能充分反映并代表全国人民之意愿。根据已内定的出席代表人选，不仅社会各界未多网罗，即最能集体代表人民利益的现存党派亦未完全包括（如代表着大部分民主人士的本党竟被摒会外），此对党派为不公允，对会议本身为一大损失。本党认为应重行考虑扩大代表名额，对于各党派必须尽量网罗，不应歧视，必如此政治协商会议开来乃能代表普遍人民的利益，并满足其意愿。故严正要求将政治协商会议代表现有之缺额一名畀予本党，以便有所贡献，否则本党对会议所作一切决议保留批评之权。

（三）政治协商会议既由政府召开，主要问题当为如何实现民主，而民主之具体实现必须尊重人民之基本自由。故本党主张举凡限制人民自由之一切战时法令，应于政治会议召开之前明令废除，并重新予以切实保障。

（四）本党认为政治民主化为军队国家化的前提，而地方自治又为政治民主化的基础。故主张切实履行国共"双十协订"所载之诺言,结束一党专政,由政治协商会议产生一比较民主化的联合政府,容纳现存各党派参加,在正式民选的联合政府未成立前,由这个政府执行国家最高统治权,处理并解决一些现实的切迫问题。如万一不能成立临时联合政府,即加强政治协商会议的拘束力,并扩大其范围,作为过渡时期的国家最高权力机构,以代替临时联合政府。

(五)政治协商会议必须适应现实,根据民意制订适切可行的和平建国纲领,其内容必须以国家民族利益为前提,绝不能迁就党派立场,违背人民利益。

(六)国民代表大会代表在政府改组之后筹备重选,使能真正代表普遍人民的意见。在一党专政时期中所订之选举法、组织法及五五宪草等已不能适应现势。故本党主张由政治协商会议产生之联合政府于最短期间予以彻底修改,期能产生真正民选代表制宪行宪,所有党派在法律之前一律平等,必须如此真正民主乃能实现。

(七)本党主张政治协商会议必须完全公开,允许新闻记者列席旁听,并应将会议经过逐日公布,以便人民及舆论得以自由批评和建议。

谨此敬颂

公绥

中国民主党中央执行委员会秘书处启
卅四年十二月廿五日

〔国民政府档案〕

5. 中国民主党关于无条件停战有条件接收东北问题建议致蒋介石函

(1946年5月9日)

主席蒋钧鉴：关于东北问题之现状，敝党激于正义感与责任感，并就事论事，经由中央干部召集会议，慎重研讨，特提出绝对中立之建议意见数点。除分寄马歇尔特使暨中共外，谨将是项建议敬上察阅，如蒙惠予考虑，不胜企祷。谨此。并致崇高的敬意。

中国民主党中央执行委员会

卅五年五月九日

中国民主党对东北问题之建议无条件停战有条件接收

敝党近以东北问题势须立刻解决，否则演变结果将不堪设想，特慎重提出下列建议：

第一，东北应无条件停战，盖以东北之战影响所及，如刻间尚不能得到一致之协议，演成全面性和持久性，非常可能。今日全国之大部分人民，已在饥饿线上待救，国家整个经济已濒于极端危机，就中国政府为使美国友人不致失望而论，亦不能以非和平状态所能与美国对华基本政策以满足，为自身计，为对外计，双方应立即停战，以待马歇尔特使及第三方面人士之公正调处。

第二，停战后关于接收东北问题，我们认为应该作如下之条件商讨：

（一）民主联军问题，由政府与中共暨马歇尔特使，根据和平团结与政协决定之精神，予以合理的改建，或予以合理的复员。

（二）东北民主政权问题。某些地方如已产生出真能为民众拥护之行政官吏，政府不妨使其仍旧，以孚众望，其他地方应绝对本民主精神，由人民选举地方行政官吏，以达到自治及民主示范的目的。盖政党所争者我们认为乃是否合人民之福利要求，非偏私之把持,如仍沿用官僚作风,非仅人民之不幸,亦是政党之不幸。

(三)关于东北驻军比例问题,在此过渡期间,仍应照政协决定之原则,然后双方以民主统一,和平建国之基础,在马歇尔督导下,完成切实军队国家化之方案。

(四)东北领土,应为国家主权之不可分,此为至理,亦为任何一方所不能反对者,目前问题,是在各具不同的角度观之。我们认为应该统一,但更应该民主,政府如能切实民主,统一当不成问题。

(五)政府接收东北,是属应该,但东北的现实状况亦不能忽略,应合理而切实的本民主原则,以为解决接收之前提,否则问题将无法解决矣。

第三,我们认为政府与中共,均应考虑马歇尔特使的道义意见,和立于当事者外的中立而公正的意见。

中国民主党中央执行委员会
三十五年五月九日

〔中国青年党等党派档案全宗汇集〕

6. 中国民主党紧急呼吁和平并提出制止全国性内战办法

(1946年5月19日)

紧急呼吁和平　卅五年五月十九日
并提出办法有效制止全国性内战

中国民主党秘书长侯野君,顷发出紧急呼吁,请全国中间人士,有效的制止全国性内战,并提出下列办法,以待全国人士之采纳:

(一)各中间党派及政团联合起来,电请政府与中共,反对武力解决问题,并立刻停止军事行动,请由马歇尔特使暨第三方面人士公正之调处。

(二)发动全国无论政府区或中共区之人民,不纳税,不上捐,不当兵,用以抵制。

（三）"组织誓死停止内战呼吁团",即刻赴京面恳蒋主席及中共代表团,应念国家民族之前途,应体人民水深火热之苦痛,代人民陈述一切,如不达到目的,绝食绝眠,不畏艰苦,不惧强权,誓死作继续之呼吁。

（四）请美苏两国,为保证世界和平计,对中国之内战,无论其演变如何,应向全中国人民全世界人士表示明朗之态度,不作任何物质和精神的支持,并为正义出而作有力的制止。至于东北区域,为保证美苏两国之"安全感",在政府未切实改组,在军队未切实国家化之前,双方均暂不驻兵,由东北之立于国共两党外超然而公正人士,组织"地方自治委员会"暂行维持治安(以警察协助之)。

（五）政府与中共之谈判,务宜公开,凭由全国人士发表意见,再由中间人士请由美苏两国代表参加,根据世界和平精神,中国团结民主原则,谋求合理解决途径。

最后侯氏大声疾呼:事急矣,我们中间人士,如不立即作有效之制止,全面而持久性之内战,将使我们国家蹈前"西班牙内战"之覆辙,长期战祸之痛苦,又将加之于吾人矣!事急矣,望全国人士以救火之精神,作有效之制止。

〔中国青年党等党派档案全宗汇集〕

7. 中国民主党再度呼吁和平及其七点建议
(1946年5月28日)

再度呼吁和平并向政府、中共、美国提出切实可行之意见(卅五年五月廿八日)

中国民主党中央总部刻以目前局势,和平虽见端倪,而内战危机仍在潜伏,为正本清源计,兹再向政府、中共暨马歇尔特使及美国当局,提出切实可行之意见七点,备供采纳。该项意见如次:

（一）东北政治应切实民主化，无论省级县级之政府机构，均应容纳各党各派及社会贤达人士参加，以符合民主宪政之精神。

（二）为消除内战之根本危机，政府军不应再向前推进，中共军亦不宜在其他区域用兵，应互昭大信。而便于求得政治之解决，和平之谈判。

（三）前中共所支持选出之地方行政官吏，如真能为当地人民所拥戴，应使其仍旧，以孚众望。

（四）新任各级行政官吏，政府应慎重人选，勿囿于偏私之成见，应以人才为前提，使其切实厉行民主化。

（五）全国各冲突地区，自即日起，应保持原有态势，由政府、中共、第三方面人士暨马歇尔特使，将一切悬案迅速解决。政治民主化，国家军队化，为刻不容缓之急务。

（六）苏军及其侨民，既已全部撤除东北，中国政府并已接收，美国似无任何约束，再协助政府进行接收之义务，希望美国当局既刻撤除其协助之行动。

（七）政府中共双方，彼此既均以人民为重，兹人民所企祷者，为和平安定：（甲）凡足以引起猜疑之宣传和行为均应即刻停止，（乙）凡足以引起冲突之运输与调防均亦应即刻停止，要取信于人民，正其时也。

本党再度大声疾呼，如此次和平又告失望，仍本一贯精神，不畏艰苦，不惧强权，发动政府，区区中共区之人民不上粮，不纳税，不缴捐，不当兵，并继续组织和平呼吁团，恳请政府及中共为民请命。

〔中国青年党等党派档案全宗汇集〕

8. 中国民主党对当前时局意见

(1946年7月27日)

对当前时局之意见(三十五年七月二十七日)
关于国民大会　　关于改组政府
关于美苏关系　　关于人权保障

目前国内战争的烽火,正在形成燎原之势,我们早就指出,内战一经爆发,就是全面性和持久性的,这个战争会毁坏民族仅有的生机。

那么战争是否可以制止呢?当事双方是否尚可以临崖勒马呢?照我们看来是可以的,也是当事双方容易办到的,问题是在要"视事实"不折不扣的基于国家民族的前途,基于人民的福利,来正视现实,解决现实。

现在摆在面前,有几个重要的问题必须加以合理的解决,所谓"合理的解决",就是针对现实;行得通,办得到,使今日的一切现象,变成安定正常,如果"变质的去解决",或者是"孤立的去解决",也许可达"一时之快"的目的(不过照我们看都不可能),然而问题是否可以解决呢?那就难以想像了。

对于这些现实的重要问题,我们特提出我们的意见来,以供全国有心人士的参考。

一、关于国民大会

国民大会,原则上我们赞成定期召开,不过应该有个问题,就是在未开前,政府应该面对现实(不要回避问题),与在野的各党派(特别是中共),暨无党无派贤达之士(最好是政协代表),先求得一致的协议,然后召开,乃能圆满而有力,我们早在去年九月十四日,第二次对时局之意见第四项指出:"国民大会之召集,固为政府实施宪政,结束党治,还政于民的重要措置,惟关于如何使大会乃能切实而有效,事先均应求得解决,否则国大之召集,亦徒具形式。徒引纷争。"照日前中共对国大"不受约束"的声明看来,如果政府不先解决许多悬案问题,断然到期召开,这个结果是什么呢？不难可以想到,但是国大既一再延期,政府既认为不能一延再延,故毅然决定本年十一月十二日召开,在这种情况下,我们认为促进团结民主和平统一,应兼顾双方,一面要顾到许多事实的必须合理解决,一面也要顾到政府一再声明实施宪政决议,故我们主张：

(一)国大距召开日期,尚有四个月之久,政府与中共不妨通过马歇尔特使暨司徒大使,双方真诚相谈,把一切问题廓清……照我们看来如果真为国家民族着想,展望世界远景和中国的未来,彼此不妨降低其"自信力",加强其"互信力"。再说人人都希望安定和平,就国内外的条件看,也只有安定和平,才能如愿于蒋主席所提示的建设"富强康乐的新中国"……双方既均不能反对政协决定,就应该以政协议案来解决军事和政治的诸般问题,这样才能使美国友人与中国中间人士便于调处。

(二)在这四个月中,如果问题能够廓清,我们希望中共暨其他党派尊重政府召开国大的会期,并选出自己的代表参加,举国一致达到为国家为人民的目的。揭开来说："南北朝的对立局面"是徒增人民之苦痛,也非一个国家的正常体统。至于"一统江山的独占鳌头",就目前世界潮流,和国内现势看来亦不可能,而且最为危险,我们认为只有民主统一,在实行三民主义和厉行民主宪政的条件下,把中国推进一步……

二、关于改组政府

政府的改组不仅为时势所需,亦为政府引为必要的诺言,更为美国友人和全世界关心中国人士所认为应该的作法。现在问题关键所在,在于中共认为："应该共同负责,不愿被邀作客"这点上面,因而政府感到一种难以说明的困难。其实照我们看来,为使将来的政府有效的实施宪政计,应该使参加政府的党派能够切实发挥其负责力量,将来参加政府的各员,在民意强有力的监视和真实的民主条件之下,"做官"并不是好玩的事,更不是"贵而后富"的办法,是为人民服务的公仆,也可以说是政党的义务,同时要使政党纳于常轨,必须以竞争代替斗争,大家都共同一个向善的目标,国民党是继承国父孙中山先生精神的政党,如果大家都向着三民主义至善的方向去竞争,在国民党来说,这是一种发扬光大的时机,如果把"搞政治"当成是为人民服务,而不是人民服务于你的话,那么照我们的想法,今日的政府又何惧于其他党派(特别是中共)共同来切实为人民负责呢?总之我们认为:实际需要政治的真实民主化,应该有一个以民主为基础而可以限制它不走上变质方向去的有能的政府。

......

中国民主党中央执行委员会七月二十七日

〔中国青年党等党派档案全宗汇集〕

9. 中国民主党上海发言人马冀关于该党政策谈话
(1946年9月28日)

民主党政策　□上海发言人马冀谈话(卅五年九月廿八日)

中国民主党上海发言人马冀,顷对记者称:"国大问题,全面内战已使中国人民的生存,受到根本的威胁,最近时局发展有使国家演成分裂之虞,在此时期,中国一切问题的关键,而和平绝非武力可能完成。故本党对国大之如期召开,固不愿反对,但必须在和平状态之下,根据政协决议召开,始有意义。在和平未获实现或未获得确切保证之前,任何类似国大之集会,本党均拒绝出席。关于美国的调解,美国对华的两面政策,复使中国内战加剧,美国单独调解既已失败,而中国内战长此不停,势将影响世界和平。此时任何足以助长中国内战之国际援助,实即为对中国内政之干涉,故本党坚决反对美国此时对中国的片面援助。中国人的事,应由中国人民自己决定,美军来华,在目前有涉足中国内战之嫌,应立即撤退。本党欢迎波茨坦协定签字国家善意的调解,但反对有损国家主权之任何国家干涉。

〔中国青年党等党派档案全宗汇集〕

10. 中国民主党秘书长侯野君关于蒋介石连任国民政府主席与和平统一问题答记者问

(1946年10月12日)

关于主席连任与和平统一侯野君答记者问

(卅五年十月十二日于成都)

记者日昨特走访来川视察党务之中国民主党秘书长侯野君,承于百忙中在渠寓所抽暇接谈,并答复左列诸问题:

(问)中央依国府组织法第十三条议决蒋主席连任,阁下对此有何所感?

(答)在目前情况下,蒋主席连任非仅为事实上之必要,亦为国人衷心的愿望。目前有两个大问题:一为如何召开全国一致之国民大会,使不致发生分裂现象,然后启导举国一致的民主宪政,国民党乃能依法结束一党政治,还政于民,一为如何由安定到建设,目前国家需治,人民求安,无治无安一切建设都谈不上,要有效的达到治与安,和有效的开始建设,审度内外情势,蒋主席在当前实为唯一的领袖,况且国父的三民主义既为今日中国所必需,其发扬而光大正待国民党之示范努力,以作各党各派的鼓励,蒋主席为国民党之总裁,其责任更属伟大而重要,故本党过去现在,均一贯主张"拥护蒋主席领导各党各派建立三民主义新中国",此理有即在此。

(问)阁下对目前局势是否认为已属绝望?

(答)我不这样认为,就事理而论,要解决当前的问题,也只有和平谈判才能拿出办法来,战争如果有人认为是"达到和平的手段",那末现在也是应该休战的时候了。为什么呢？可以从两方面来看。一方面,中共提出的新建设,其内容诸点,已可能接近协议,毛泽东先生答美记者问已提到政治、军事、经济,与乎国民大会之召集,强调遵照政协决议,这样我认为问题已较简单；另一方面,蒋主席国庆播讲,亦再强调国内政治问题仍坚持以政治方法求得解决,政府决不放弃和平解决途径打开僵局,仍用和平商谈方式以协商改组政府,实施整军方案。据此以观和平,不但未至绝望,且即有实现的可能。

（问）阁下对统一有何见解？

（答）统一为近代国家所必需,世界上没有分裂现象存在的国家对内对外会有效力。不过本党主张的统一,是"民主的统一",能够彻底民主,才能够彻底统一,就是说统一于具有充分民主内容的宪政常轨之中；这个统一是以建设三民主义新中国为目标的统一,因此这个统一才是具有正确的目标,和具有正确的内容,才是真正的统一。

〔中国青年党等党派档案全宗汇集〕

11. 侯野君对时局态度声明
（1946年10月26日）

对时局态度　　侯野君发表声明（卅五年十月廿六日）

中国民主党总部秘书长侯野君,特代表该党对目前时局发表如次之声明：(一)目前问题关键,在当事双方是否具有真实之诚意,否则和谈仍是姿态,仍是绕圈子,问题并不能解决。(二)卡尔逊在"中国与远东大会"上提议并已通过之美苏调停中国问题方案,此项见解本党表示不能苟同,如此一事,势将问题更弄复杂矣。本党一贯主张中国之外交应发展美苏平行政策,但中国之内部问题,应由自己解决,任何一国,际此时机如予所谓调解,目前似属不甚必要,国人应注意及之。(三)蒋主席之八项谅解声明,本党表示拥护,除于酉筱代电各党派外,并为人民请求,希望相〔双〕方不妨委曲求全,使中国之民主统一得以开端。本党认为中国之进步,应该是走一步发展一步,否则是是非非,因果争执,前途真不堪设想。(四)当前朝野之紧要任务,本党认为应在如何求得和平安定与团结建国,人民已陷于水深火热之中,如真为人民求福利者,似应郑重考虑云。

〔中国青年党等党派档案全宗汇集〕

12. 侯野君对蒋介石"八日声明"之四点感想
(1946年11月13日)

民主党秘书长对蒋主席八日声明发表感想四点

(卅五年十一月十三日)

中国民主党总部秘书长侯野君,对蒋主席八日手令全国停止军事行动,并发布声明各节,发表感想如次:(一)主席手令全面停战,在当前实属重要而可贵,过去第三方面之调解意见,认为不能"边打边谈",此时正是调解进入较易阶段,第三方面更应加倍努力,以竟全功,正如蒋主席所称:"吾人必须克服偏见、猜疑、仇恨之情绪",吾人甚愿各方面均本此而行,则问题不难解决。(二)"一方面保留中共及其他党派在国民大会应提出之代表名额,仍望其随时参加制宪,一方面希望中共,立即派出代表参加军事三人小组会议",政府此种措施,甚为英明,其间弹性颇大,中共与民盟人士,似可依据此路线,而达其督促中国进步之目的,否则遥远的目的,不从事实的因果中而开展,吾人认为中国之问题则太难解决矣。(三)行政院之改组,实属应该,以按政协决定论,亦不能不加以慎重,蒋主席认为"国民大会未闭会前不能遽作此重大变更",吾人认为亦属应该,政协方案,虽为各党派贤达所共同决定,然究非所有党派贤达所深谋远虑者。如经国大各代表再加以慎重思考,一则使问题顾虑周到,再则更符合民主之精神。况国大之名额,中共暨各党派均保有适当数目之发言权和表决权,又何虑于是非之不明耶?(四)再以改组政府而论,中共暨民盟尚保有十三票至十四票之否决权,一切立宪行宪之宝贵主张,又何虑不发生适当之效用耶!总之吾人认为中国之和平团结,为中国之民主统一,蒋主席宣布全面停战,并发表如此诚恳而切要之声明,本党除为此号召而作努力外,并热望中共暨民盟欣感此时机之真实效用,否则此一局面之发展,真不堪设想也。

〔中国青年党等党派档案全宗汇集〕

13. 中国民主党关于当前时局建议致马歇尔书
(1946年12月16日)

致和平使者马歇尔元帅对当前时局的建议书(译文)
三十五年十二月十六日

目前中国的局势已到了极端严重的关头,和平如不能获得实现,各方纵有很好的意见和办法,均不能妥善展开。本党认为当前问题的关键,在如何有效的取得和平。取得和平的条件,本党认为在办法上要行得通,做得到,政府与中共两方不能不需要和平,但问题在彼此信任不够,中共提出的条件似乎距离太远,故欲求得解决,本党经缜密研究,特提出如次之原则建议:

一、国大既已召开,且将闭幕如中共所提出之以"以解散国大"作为和谈前提之一,客观而论,国民党及其政府实无法接受。本党建议:(一)中共可否保留此项前提,另行即刻筹开新的党派暨社会贤达会议(简称扩大政协)共谋协调办法。(二)由政府正式宣布国大再延期若干日,国大与扩大政协分别同时进行,扩大政协会议如能取得协调,中共与民盟随时可以参加国大制宪。

二、双方军事行动,就地即刻切实停止,静待"扩大政协"之和平决议,然后圆满制宪,圆满改组政府。为避免双方部队可能冲突,严格执行就地停战,可由美方、政府、中共暨其他党派,推选代表,随时随地巡回调查,报告扩大政协,提出制止。

为和平团结,民主统一,此一艰巨任务之推进,本党愿号召全国党员为此任务而致力不懈,虽任何困难,任何艰辛,均愿为国家之前途,人民之福利而努力到底!本党为中和而具有极浓厚进步意识的党,且为极富青年性能极有新的生命力的党,有绝对的自信和勇气,为中国之民主政治而供其策效,并光荣的予以完成。此祝马歇尔元帅健康并致崇高的敬意!

〔中国青年党等党派档案全宗汇集〕

14. 中国民主党秘书长关于当前时局声明
(1947年2月17日)

民主党秘书长论当前时局

(卅六年二月十七日)

中国民主党秘书长侯野君,特就当前局势代表该党发表综论声明如次:(一)目前局势,由于内战之不能止,变方战略,采用"迂回试探击破主力"的情况下,和谈虽为各方贤达所呼吁,然在"军事解决问题"者看来,不过是聊备一格的调调而已。故反映在政治手法上国大既已召开,宪法既已公布,似不能不粉饰民主而"改组政府"即为课题之一,然而所谓"改组政府"之内容与形式,在中共方面固不足以重视,且具有与此完全相反之一种看法,成竹在胸,即以宣称"改组政府"的政府方面而论,亦再再表示若片苦闷与矛盾,试问如此所谓改组,能否解决今日中国问题之本质?能否开端真实民主宪政的道路?实属可疑!吾人认为今日政治之重要问题,第一,在于国民党与共产党之间看法和作法的根本不同,如不能使两者趋于一致,则问题依然问题。第二,共产党在今日既已有其存在的依据,若改组政府无中共参加,决不可能解决任何问题,反而加强问题之矛盾性与对立性,况以粉饰民主手法来改组政府,为国家民族计,能否完成对人民之责任,能否达到和平民主统一团结颇成疑问,国大的硬性召开,宪法的硬性公布,这个措施,已增了问题的更复杂因素,如再硬性而粉饰性的片面改组政府,中共态度兴其作法已甚明显,故吾人认识对此问题,政府实应郑重考虑,被邀参加之党派与社会贤达,更应郑重考虑,否则一念之差,可置国家民族于何地步耶?(二)由于内战不能停止,政治民主不能真实彻底,反映在经济政策上,第一,官僚资本的寡头独占,经济政策的自私自利,由于自私和自利,一切措施,仅为少数集团。甚至于少数个人打算,对于整个国计民生,不顾其危机重重,崩溃在即。第二,一面不能改变超度的通货膨胀,以应付现实所需,一面悬想美国贷款以济燃眉,但官僚政治与官僚资本,双重厌〔压〕力之下,美国贷款即使取得,又何能真正有补于国计民生?(三)人权迄今尚未得到依法的保障,和蒋主席的诺言所许,政府虽亦一纸空文"保障人权",然证诸事实,此伏彼起的血案,一而再的发生,此非与宪法诺言一种极大的讽刺而何?法治无效,政府无能,已使中外人士引为谈话资料。(四)今日局势已到极端严重,而临危机关头,达官显要,如能排除自私自利,决策者如能予以极英明而极勇气的,对正义者开明者以信任,彻底去掉矛盾心情,真实民主,则中国今日所以成问题者,亦可能渐次解决,国共两方问题,亦可能接近解决,否则来日局势之发展,今日权贵显要可否想及之耶!

〔中国青年党等党派档案全宗汇集〕

15. 中国民主党对当前时局宣言

(1947年3月11日)

由于近日局势演变,非仅引起民主人士恐怖之揣测,即社会人心,亦感极大之浮动。盖中共被撤以后,双方军事行动更趋积极,全国期望之和平谈判,尤属渺茫。但中国今日问题,凡有识者均认为"硬性"不能解决,只有和平团结,然后乃能民主统一。我们是拥护国家统一的,但统一之彻底实现,必须民主之真实施行,能真实民主,和平团结当不成问题。政府再再诺言民主,中共特别强调和平,但何距离愈来愈远?时至今日,更发展到了极高峰的严重阶段?平心而论无他,和平需要保证,民主需要事实。如能确保民主之实现,同是中国人,同是为祖国,扪心自问,又何不可以解决之耶?言念及此,殊深痛心。为中国之前途,为父老兄弟战祸之悲惨,我们大声疾呼,披沥陈词,尚望双方英明当局,予以慎思熟虑,尚望全国贤达,予以热情支持。

一、政府既诺言民主,各级官吏即须切实遵行,民主之程度如何,即视人民之基本自由是否获得。即言法治,不法之措施应彻底取消。就近日各地情势看来,政府最高当局,不仅应申言确保人民之自由,并应有效约束官吏之不法,其"超官吏"之特务动作因而造成之恐怖状态,尤应制止。

二、凡非武装性之党派人士,暨一般努力民主运动之青年学生,政府应重申前令,严饬各级所属,切实保障,不得违法逮捕或变相失踪,如有必须调查询问者,亦须依法执行。

三、一切苛胜于战时之政务措施,尤不能再行之于今日,中国人民已是"超级良善",今日局势,人民何辜?当兵,纳粮,上税,缴捐,即不言为"主",亦应有作"仆"之保障,中国人民如以言"仆",确属最善良之"仆也"。

四、内战必须立刻停止,目前已到如此地步,为有效制止计,应由全国民主党派政团,和社会贤达组织"和平呼吁团",就理论事,标本兼顾,提出双方可能停战,双方可能接受之条件与办法,分别向政府暨中共当局,代表全国人民,恳求接受履行。

五、政府暨中共双方,彼此既均以人民为重,兹人民所企祷者为和平安定,长期战祸的结果,将给国家以何种变化,吾人可以想象得之,如政党所争者仅为"权势",试问人民得极端厌恶之时,恐"权势"亦不能维持之也。古今中外,历史昭然,二次大战德意日法西斯政权之崩溃,更可借镜。

本党为非武装性的政党(而且极端反对政党具有武装),所谓"书生之见",为正义感与责任感,出之于至诚而纯洁的心灵所发,大声疾呼,披沥陈词,如能得双方当局所慎思熟虑,如能得全国贤达所热情支持,人民幸甚!本党幸甚!

〔中国青年党等党派档案全宗汇集〕

16. 中国民主党关于国民政府改组严正声明
(1947年4月)

关于政府改组,综合近日情势,民青两党虽各有发言,各有所持,然给予吾人观感,仍不过一种权利之争,党私之议,而国民党中部分人士之热切于速成,竟不顾其前途如何,是否符合人民之需要?是否有补于问题之解决?一意孤行,冀图幸获其所想像之目的。本党基于国家民族之前途,基于保障人民福利之获得,不忍缄默,特提出严正声明如次:

(一)目前中国问题之症结所在,为如何实现和平。而和平未能实现,侈言"改组政府",试问此种"改组"后之政府,为和平欤?抑为战争欤?如为和平,而民青两党所争者却在权位之分配。即以"共同施政纲领"观之,其第一第二两项,表面上似在图谋"和平",细察之,不仅为不合逻辑之空言,且发展下去,和平更不知依于胡底！而目前热衷于组阁人士所肆应者,仍不过权位分配之"讨价还价"范围。须知今日人民尚处于水深火热之中,如此"改组",即就事论事,即以消极观点言之,亦难令人有几许同意,诚恐长此居心敷衍粉饰,亦将感无善法也。误国误民,断送自己政治声望,岂为智者所愿为？

（二）民青两党为参加政协之签字人,今之"改组"是否合乎"政协程序"？是否合乎"政协精神"？而政党参政又是否不顾人民之需求,仅为自身权位着想？政协纲领为朝野各党派社会贤达,共同商讨,共同签字,共同议决,尚未能付诸实行,退一万步说,十二条"共同施政纲领",即算可以解决问题,然在三党部分人士所决定下,能否成为全体"施政"之准绳,实难令人相信。何况今日最低限度之人权尚未得到保障,遑言其他。

（三）吾人反对官僚之自私自利,吾人反对政府之腐败无能,然而今日"改组"议论所表现者,正是自私自利,正是向腐败之路前进。国民党暨民青两党,其中均不乏明达之士,尚希加以郑重考虑。吾人认为政党不仅在"为政",尤其必须要"负责",如此次改组之事实所及,将何以避免国人不以官僚政客而反对之？不以腐败无能而批评之？

（四）政协方案固不能认为完备无缺,前此本党虽未参与末议,而揆诸中国现况及国际大势,尚不失为可循之路线,今日之问题,本党仍为必须：

甲、原则上应遵循政协之精神和路线,以解决中国今日诸问题。

乙、如言施政,应以"和平建国纲领"为准绳,所谓"三党共同纲领",其效力不能大于和平建国纲领。

丙、无论中共、民盟是否参加改组,但必须和平促其实现,如在内战中继续从事改组,而参加者并不实现和平为前提,如此参加,与所希望之"政治解决中共问题",岂非更增加距离之因素。

丁、为民青两党计,目前应力争和平之实现,应力争"政治解决中共问题"之保证,更应力争"人权之彻底保障",否则何以为国？何以为民？又何以自圆其说耶！

〔中国青年党等党派全宗汇集〕

17. 国民党中央联秘处关于中国民主党活动情况报告
(1947年6月—1948年8月)

(1) 中国民主党在四川之活动(1947年6月)

中国民主党在四川党务之进行,原由该党秘书长侯野君往返渝蓉之间亲自领导。自侯野君赴京沪活动后,即交由中委李华峥、方茂山、张隽客等负责。李华峥四川犍为人,现年三十八岁,曾任巫山县长,因案免职后即流落成都,生活异常窘困,现住蓉君平街九号。彼因与侯野君系旧识,遂被邀赴渝加入该党任中常委兼四川省委员,与方茂山、张隽客(系蓉市雕镂家)、李俊夫、甘绩熙及华大教授马秋帆等筹组省党部积极推进工作,其初所发展之党员多系哥老分子(因方茂山系蓉哥老领袖之故),惟甚少作用最近乃改变方针,吸收大中学生,着重青年运动,由华大马秋帆负该项组织责任。此外,该党尚在渝设有办事处,由该党中委兼省委甘绩熙(即川省府前财政厅长甘绩镛之弟)为主任,并负指挥该党川东一带组织之责。又该党在蓉机关报原为《民主导报》(由其省委李俊夫负责)嗣因经费无着旋即停刊,继乃创办大华通讯社,其发行人即李华峥,社长尹道耕(乐山人现年四十三岁,国立北平师大毕业,曾任川南师范校长),副社长王体明(为该社实际主持人),总编辑黎灼,又名汝耕,笔名鲁耕(奉节人,现年三十岁,华大文学院毕业),编辑潘培作〔下缺〕

(2) 中国民主党最近动态(10月)

中国民主党书记长侯野君,自组织中国小党联盟失败后,曾消

沉一时,近又来沪潜居狄思威路七四三号该党临时党部内,并与该党重要干部刘子文等商讨该党今后活动中心,其重要计划如下:

(1)重提该党与吕中尊(即吕无畏)领导之中华民主党合并问题。此事于民国三十五年曾由中国民主党四川省负责人张公牧与中华民主党四川省负责人郝寇英,在重庆作初步商讨,并无结果。该党决定复派刘子文为代表与中华民主党代表吕荣策重提此议,曾于本年(卅六)十月二日在武进路中卅路五号中华民主党党部进行商谈合并事宜,惟以合并后之党名问题难以解决,故仍成悬案。

(2)如合并无望,中国民主党决定设法建立其本身之经济基础,刻正拉拢沪市一般商人参加合作。查有华西兴业行上海分行经理谢鹤龄(广东人,住于西摩路四一四号)现已参加该党,刻正计划投资及招股,设立民利实业公司。

(3)为扩大该党宣传工作计,拟将该党前在重庆主办之民主导报报社移沪复刊。

(3)中国民主党之活动(11月)

中国民主党总部秘书长侯野君,住京市水西门七家湾七十八号,现准备在京出刊《民主导报》月刊一种,登记许可证已接内政部核发。据称,该党吸收党员分子将以专科以上学生为对象,现该党并开始国际活动,准备上书美国驻华大使,提供该党对国是之意见,企图提高该党之地位。文稿已拟妥,悉其中文稿内容全文如下:

司徒大使先生阁下:我们的国家多灾多难,常为贵国朝野所关怀。阁下膺命斯土,贤劳亦倍逾于普通国家的使节。而年来中国问题益形严重,影响所及,不仅关系东亚的安定,而实深刻地系及今后整个世界,人类的使命。依我们的看法,在未来三月至六月中,中国军事政治发展的态势,尤其是贵国对华政策的实际步骤,将为决定中国前途及世界政治安危的枢纽。我们愿在这紧急频届的前夕,向阁下发抒我们的见解,并想借取你几刻宝贵的时间,和你把晤畅叙。我们先用书面写给你的意见有下列三项：

（1）民盟解散后，中国政治的危机，又显然逼进一步。我们觉得要解决中国纷争，安定国际局势，惟有中间势力出来，仗义执言。此种中间势力，过去民盟能代表一部分，而大部分现在仍然是自在的存在，还未能自为的出而问政。今后是否可能有新的中间势力起来，承负中国政治的需要，颇与贵国对华政策有关。证以由于马歇尔特使在华时，彼欲协助中国走上和平民主的道路。在政协的路线上，民盟乃成为中国的确定势力，则我们的论断就不会错误。今日政协路线虽然已成过去，民盟已告解散，而和平民主仍为中国广大人民所期盼。因为大家一致相信，战争终竟不能解决中国问题，仍须从和平民主才能解决中国问题；而且目前两大武装集团，壁垒相对，中间只有一条鸿沟和真空，诚恐逾扩逾大逾陷逾深。这个现象是很可怕的，要谋补救，惟有实事求是。是以本诸和平民主统一的目标，团结在野各党各派及无党无派的温和自由前进分子，从而与政治形成一新力量，向着和平民主努力于中国问题的大道，解决与国际局势的安定。

（2）关于援华问题。中国经济处境日艰，已濒临最后崩溃的关头，其急须援助实有逾于西欧各国，我们在原则上希望贵国的援助。最近王世杰外长返国，援助报导又形乐观，我们愿意见其实现。但我们有几项希望，过去曾向魏德迈将军提及，今愿在此重提出来：（甲）有计划的援助，而计划的基础应建筑在救灾救火的意义上，避免用火上加油，越发加重中国的内在矛盾和困难；（乙）构成纯粹建设性的援助，避免消耗性的支付；（丙）数量巨大的物资和贷款，应交付予民主基础更行扩大行政机构整理就绪，决心从事和平建设的民主。

（3）中国政治民主化问题。我们相信中国政治民主化解决中国问题的关键，一向为贵国朝野所重视，阁下及马歇尔将军对此饶有卓识。前者在华所努力者，即想在这个要点上获有功效，可惜践履不力,中途而退,功败垂成。今后中国仍亟须走向政治民主化之途,我们愿意贵国相机相助和鼓励中国朝野完成:(甲)政治基础扩大,政权实质开放,过去改组一直维持到现在的政权,仅由三党包办,实不符民主政治的原则及人民的要求,创少数党派包办民主之恶例,应再求进步;(乙)大选及行宪的实施,宜多采民主的步骤,仅由二三党派假大选之名,行分赃之实,对中国是有害的;(丙)近年来政治民主的尺度逾来逾窄,人民及社会的自由,日益缩小,缺乏民主的气氛,我们希望能迅速变更这个情势,乃能增进团结和统一的可能。

以外的话,留待与阁下当面请教,我们推定代表四位,专诚晋谒,请你指定会晤时间,以便趋访,不胜盼祷。专此,肃布敬候健康。

中国民主党总部秘书长侯野君敬启

(4)中国民主党近况(1948年3月)

一、举行扩大改组会议

中国民主党秘书长侯野君,近在南京新街口社会服务处文化沙笼举行扩大改组会议。参加人员,除该党在京之干部外,并有民社党革新派委员徐步青、秘书韩剑秋及知行学社负责人陈健夫等,京市参议员改复初、尚武等亦到场出席。讨论扩大组织民主党事宜,内容为安排人事及综合各方面之力量,闻侯野君并允改复初、尚武、陈健夫、沈正仑、徐步青等均为该党中委。惟改曾要求负责整个组织任务,并以个人贡献相当经济作交换条件,然并未经大众通过。闻斯项扩大组织问题,仍在继续交换意见,每日在该社会服务处文化沙笼地方接触频繁,将再举行正式会议,决定各种问题。

二、筹组南京市党部

民主党秘书长侯野君,拟将该党之社会活动正式公开,并积极筹组南京市党部。关于人事问题,每日均在文化沙笼与各有关人士商讨,侯本人意见拟拉拢黎剑虹为京市主委,因黎以竞选立委失利,对政府深感不满,兼黎颇具地方号召力量,但数度与黎商讨,均遭拒绝,刻侯仍在积极活动中。至于市党部内部人事,亦正在分别征求中。

(5) 中国民主党近况(8月)

一、召开高干会议

中国民主党秘书长侯野君,近在南京卫巷该党张少清寓所召开高级干部会议,计到侯野君、张少清、萧文哲(民盟分子)、陈鲁等十余人。当由侯野君报告该党最近政治路线,并加以解释,谓该党不变过去中间性立场,但现在态度则需偏左,党内取民主集中制等。嗣经讨论决定:(1)原有政治路线正确,应予切实执行;(2)魏仲愈去港与各民主党派联络失败,现仍须另派专人前往,应先筹足旅费,除张少清负责一亿元外,再由大家凑集。

二、民盟分子渗入〔略〕

三、发动反美扶日

中国民主党渝市党部副主委萧白瑶,近接获该党秘书长侯野君由京寄渝宣传品《为反美扶日正告美国政府》及《对行宪首届内阁之声明》后,即照原文翻印散发各学校及各社会团体。其内容如后:

(一)为反美扶日正告美国政府:

甲、错误的远东政策将自食其果;

乙、反苏扶日是战争导火线;

丙、应该正视中国,确保世界和平。

(二)对行宪首届内阁之声明:

甲、国民党、民社党、青年党三党不能精诚合作挽救国家危机,故提出意见报告。

乙、政府须稳定人民生活:(1)清算豪门;(2)须推行社会经济政策;(3)普遍实行土地改革;(4)保障人权。

丙、政府须切实革新,彻底实行民主政治。

丁、翁内阁如不能实现人民之需要及真实行宪,则必加重时局危机,而致误国误民。

〔国民党党务系统档案汇集〕

五、中国人民党

1. 中国人民党临时总章

(1945年10月)

第一章　党纲

一、刷新政治,安定社会,解救民生为党纲,以三民主义为准绳。

第二章　党员

二、凡志愿接受本党党纲,实行本党决议,遵守本党纪律,履行本党义务,照章申请入党,经本党许可者为本党党员。

三、党员入党时应举行宣誓,其办法另定之。

四、党员有发言权、表决权、选举权及被选举权。

五、凡本党党员,须在所属党部领取党员证书,其办法另定之。

六、党员移居时须即时在原住地方之区分部报告,向所到之区分部登记,同时即为所到地方之党员。如移居两个月不履行报告或登记者,以违反党纪论。

第三章　党部组织

七、本党组织原则为民主集权制。

各级党部之重大决策,须经各级权力机关通过,未决定前得自由讨论,一经决议即须服从。

八、本党党部之组织系统如下：

（甲）全国　全国代表大会，中央执行委员会。

（乙）全省　全省代表大会，省党部执行委员会。

（丙）全县　全县代表大会，县党部执行委员会。

（丁）全区　全区党员大会或代表大会，区部委员会。

九、本党之权力机关如下：

（甲）全国代表大会，但闭会期间为总部委员会。

（乙）全省代表大会，但闭会期间为支部委员会。

（丙）全县代表大会，但闭会期间为分部委员会。

（丁）全区党员大会或代表大会，但闭会期间为区部委员会。

十、本党得依产业职业之性质组织党部，其办法得由总部委员会另定之。

十一、县以上各级党部设监察委员会，均由代表大会选举监察委员组织之。

十二、各级党部应执行上级党部之命令，但在执行上有困难时得用书面陈述意见，若上级党部仍令其执行时，应即遵照执行。

十三、本党于必要时，得组织特种党团其办法由总部委员会定之。

第四章　特别地方党部组织

十四、凡特别行政区域，（如蒙古及西藏）其党部与支部同。

十五、各地关于党务如有设置特别区之必要者，由总部决定之。

十六、特别市党部与支部同直接受总部之指挥监督。

十七、重要市镇党部与分部同直接受支部之指挥监督。

十八、重要市镇党部之设置由各该支部开具计划经总部委员会之许可方得设立。

十九、国外党部支分部等于支部。

第五章　总部

二十、本党全国代表大会每二年举行一次，但总部认为必要或有支党部及等于支党部半数以上请求时,得召集临时全国代表大会。

总部委员会遇有不得已情形时,对于全国代表大会常会之召集得通告展期,但不得超过一年。

二十一、全国代表大会开会日期及重要议题须于三个月前通告全体党员。

二十二、全国代表大会组织法及代表选举法,由总部委员会制定之。

二十三、全国代表大会之主要职权如左:

(甲)修改本党总章;

(乙)检讨总部委员会监察委员之工作报告;

(丙)决定本党政纲政策及讨论党务政治问题;

(丁)选举总部委员、监察委员、候补总部委员、候补监察委员。

二十四、总部委员及监察委员之人数,由全国代表大会决定之。

二十五、总部委员监察委员出缺时,由候补总部委员、候补监察委员分别依次递补。

二十六、总部委员会之职权如下:

(甲)对外代表本党;

(乙)执行全国代表大会之决议;

(丙)组织各地党部并指挥之;

(丁)支配本党经费。

二十七、总部委员会有执行总部监察委员会决议,但认为必要时得移请复议一次。

二十八、总部委员会全体会议,每半年开会一次,候补总部委员得列席会议,总部委员有缺席时得由到会候补总部委员依次照额递补,在会议中有临时表决权,余只有发言权,但候补总部委员有表决权者,不得超过出席执行委员人数三分之一。

二十九、总部委员互选常务委员若干人组织常务委员会,在总部全体会议闭会期间执行职务,对总务部负其责任。

三十、总部遇必要时得设特种委员会。

三十一、总部得派总部委员、候补总部委员,分赴各地指导党部执行党务。

三十二、总部监察委员会之职责如下:

(甲)决定各级党部或党员违背纪律之处分;

(乙)稽核本党经费;

(丙)审查全国党务进行之情形;

(丁)监察本党党员之政治活动是否根据本党政纲政策。

三十三、总部监察委员会全体会议每半年开会一次,候补监察委员得列席会议,监察委员缺席时由到会候补监察委员依次照额递补,在会议中有临时表决权,余只有发言权,但候补监察委员有表决权者,不得超过出席监察委员人数三分之一。

三十四、总部监察委员互选常务委员若干人组织常务委员会,在总部监察委员全体会议闭会期间执行职务。

三十五、总部监察委员得派总部监察委员、候补监察委员,分赴各地执行职务。

三十六、总部执行委员会总部监察委员会组织条例另定之。

三十七、全国代表大会及总部委员会、监察委员会全体会议,应在总部所在地举行之。

第六章 支部

三十八、支部代表大会,每年举行一次,但有左例情形之一者,得召集临时代表大会:

(甲)总部委员会训令召集时;

(乙)支部委员会认为必要时;

(丙)分部委员会半数以上认为必要时。

三十九、支代表大会组织法及代表选举法由支部委员会拟定后呈请总部委员会核准。

四十、支代表大会之职权如下：

（甲）检讨支部委员会监察委员会之工作报告；

（乙）决定支部党务进行之方策；

（丙）研讨本党政纲政策之实施状况；

（丁）选举支部委员、监察委员、候补执行委员、候补监察委员，其人数由总部委员会定之。

四十一、支部委员会之职权如下：

（甲）执行总部之命令及支代表大会之决议；

（乙）组织支部各地党部并指挥之；

（丙）支配支部党务经费。

四十二、支监察委员会之职权如下：

（甲）决定所属支部或党员违背纪律之处分；

（乙）稽核支部党务经费；

（丙）审查支部党务进行情形；

（丁）监察支部党员之政治活动是否根据本党政纲政策。

四十三、支部委员会每星期开会一次，候补委员得列席会议，支部委员有缺席时由到会候补委员依次递补在会议中有临时表决权，余只有发言权，但候补委员有表决权者不得超过出席委员人数三分之一。

支监察委员会同。

四十四、支部委员会监察委员会各选举常务委员若干人执行日常党务；

四十五、支部委员会监察委员出缺时由候补委员监察委员分别依次递补。

第七章　分部

四十六、分代表大会每六个月举行一次，但有下列情形之一者，得召集临时分代表大会：

（甲）支部委员会训令召集时；
（乙）分部委员会认为必要时；
（丙）区部委员会半数以上请求时。

四十七、分代表大会组织法及代表选举法由分部委员会拟定后呈请支部委员会核准。

四十八、分代表大会之职权如下：
（甲）讨论分部委员会监察委员会之工作报告；
（乙）决定分部党务进行之方针；
（丙）研究本党政纲政策之实施状况；
（丁）选举分部委员、监察委员、候补委员、候补监察委员其人数由总部委员会定之。

四十九、分部委员会之职权如下：
（甲）执行上级党部之命令及分代表大会之决议；
（乙）组织分部各地党部并指挥之；
（丙）支配分部党务经费。

五十、分部委员会每星期开会一次，候补委员得列席会议，分部委员缺席时得由到会候补委员依次照额递补，在会议中有临时表决权，余只有发言权，但候补委员有表决权者，不能超过出席执行委员人数三分之一。

分监察委员会同。

五十一、分监察委员会之职权如下：
（甲）决定所属分部或党员违背纪律之处分；
（乙）稽核分部党务经费；
（丙）审察分部党员之政治活动是否根据本党政纲政策。

五十二、分部委员会监察委员会各选举常务委员三人执行日常党务。

五十三、分部委员监察委员出缺时由候补委员监察委员分别依次递补。

第八章 区部

五十四、区部为本党之基层组织党员人数以十人至五十人为准。

五十五、区部党员大会每月开会一次,其职权如下:

(甲)检讨区部委员会之工作报告;

(乙)决定区部党务进行之方策;

(丙)研究本党政纲及讨论党务政治问题;

(丁)选举区部委员及候补委员。

五十六、区部设委员三人,候补委员二人组织区部委员会,其职权如下:

(甲)检讨代办之工作报告;

(乙)征求并训练党员;

(丙)分配并考核党员工作;

(丁)宣传政纲政策;

(戊)举荐所在地区优秀人才;

(己)收集党费及党员所得捐特别捐。

五十七、区部执行委员会每两星期开会一次,候补委员得列席会议,区部委员缺席时,由候补委员照额递补,在会议中有表决权,余只有发言权。

五十八、区部委员互选代办一人执行日常党务。

五十九、区部委员缺席时由候补委员依次递补。

第九章 任期

六十、代表于会期终了时其任务即为终了,但须向所代表之党部报告大会之经过及结果。

六十一、总部委员监察委员任期二年,支部委员监察委员任期定为一年,分部委员、监察委员任期定为一年,区部委员任期定为六个月。

第十章 纪律

六十二、凡党员须恪守下列各行纪律：

一、遵守党章，服从党的命令及决议；

二、严守党的秘密；

三、不得脱离本党基层组织；

四、不得于党外攻击党员及党部；

五、不得加入其他政党；

六、不得有小组织。

六十三、犯有前条所举纪律者分别予以下列之惩戒：

一、警告；

二、一定期间内停止党员应享之权利；

三、停止联络；

四、开除党籍。

开除党籍处分经下级各部检举支部判决总部核准后执行，如地方全部违犯前条列举之纪律者须受以下处分：

（甲）全部党员重行登记分别去取；

（乙）全部解散。

六十四、凡党员个人或地方全体党员被控告或弹劾时须由所属各部监察委员详细审查议定处分，交由该部委员会执行，如被处分者认为不当时，得上控于上级该部委员会以至于全国代表大会，但未得上级委员会或全国大代（代表）大会决议办法以前，此项处分仍须执行。各部被控告或弹劾时其办法亦同。

全国代表大会得判决党员个人或地方全体党员恢复党籍。

第十一章　经费

六十五、本党经费以党员所纳之党费与特别捐及其他收入充之。

六十六、党费由总部委员会决定之。

六十七、党员未得允许而不缴纳党费至三个月，即暂行停止其党员应享之权。

第十二章 附则

六十八、本总章解释之权属于总部委员会。

六十九、本总章由总部委员会决议公布之日起发生效力。

〔中国青年党等党派档案全宗汇集〕

2. 中国人民党政纲

(1945年10月)

一、基本精神民主进步

第一条 贯彻三民主义的革命精神,实施和平建国。

第二条 各党派长期合作,共同努力于民主幸福强盛的中国之建设。

第三条 政治民主须与经济民主共行不悖,政治改革须以增进全国人民幸福为目的,以适当手段进行经济改革。

二、人民权利高于一切

第四条 国家主权属于人民全体,人民为国家之主人,不分种族贫富性别知识,在政治之地位一律平等。

第五条 人民有身体、思想、信仰、言论、出版、集会、结社、游行、居住、迁徙、行动、通讯不受恐惧,不虑匮乏及谋求生活等自由,取消所有妨害人民自由之特殊机构及法令。

第六条 国家应制定民主宪法,实行宪政保障人民在政治、经济、文化、教育上一切权利,任何人不得处于特殊地位。

第七条 实行地方自治,建立地方基础机构,省长以下,一切由人民选举。

第八条 中央与地方权限应明确划【分】,实行中央与地方之均权制度,地方得制定因时制宜之自治法,但不得与宪法相抵触。

第九条 中央行政组织应实行责任内阁制,由多数党组织内阁,或由各党组织联合内阁,对人民代议机构负责。

第十条　司法独立,司法官处于超党派地位。

第十一条　国家应建立健全之文官制度,公务员之任职应受充分之保障,不以长官之更换而进退,用人尤不以政见不同有所歧视。

第十二条　严惩贪污吏,并没收其财产,鼓励人民自动检举。

三、经济机会人人平等

第十三条　安定人民生活,发展社会生产力,提高人民生活水准。

第十四条　逐步实行经济计划,整个国计民生均应制定计划,使生产与消费作有计划之分配,减少社会浪费;计划之订定,须依民主方式,使人民在计划规定之下有充分经营企业之自由。

第十五条　实行耕者有其田,分配土地给贫农佃农。

第十六条　彻底实行三五减租,改善农民生活,严禁对农民之高利盘剥,并由政府对贫苦农实行无息贷款。

第十七条　开辟国营农场,提倡合作农场,并促进农业机械化,生产集体化,土地国有化。

第十八条　促进国家工业化,厉行工业建设,保障民营工业,扶助其发展,制止官僚资本。

第十九条　凡有垄断性之企业,如银行、交通、矿业、森林、水利、动力、公用事业等,均以国营为原则。

第二十条　取消苛捐杂税,以累进方式征收遗产税、所得税及利得税等。

第二一条　提倡生产消费运输合作制度。

第二二条　国家财政大部分应用于建设及文化社会福利事业,减少军费至最低限度,政府每年预算、决算及收支状况须向人民作详细报告,财政应绝对公开。

第二三条　在不损害国家主权原则下,欢迎外资与技术合作。

第二四条　保护华侨在国外之一切正当利益,并鼓励华侨回国投资工商业。

第二五条　整理交通系统,举办水陆空联运,增筑铁路、公路,加辟航线。

四、一切党派退出军队

第二六条　军队国家化，军队设置，是适应国防之需用，其任务为保障国家领土主权之完整。

第二七条　现役军人完全处于超党派之地位，不得参加任何政治活动。

第二八条　大量裁兵，整编统一之国防军，提高素质，加强训练。

第二九条　实行征兵制，人民有服兵役之义务。

第三十条　保障建设及残废军人之生活及职业机会。

五、文化教育绝对自由

第三一条　人民应有享受教育的权利。

第三二条　以民主与科学的精神教育人民，普及与提高人民知识。

第三三条　限期扫除文盲，小学教育、补习学校及职业教育应为义务教育，并逐渐达到人人有普及享受高等义务教育的机会。

第三四条　教育学术研究及讲学绝对自由，不受任何拘束。

第三五条　国家应保障学术工作者之生活安定，救助清寒学生，改善教育人员待遇，有特别成就者均应给予奖励。

第三六条　提倡社会教育，发展电影、戏剧，广设图书馆，奖励人民自由，发展出版事业。

第三七条　一切国营宣传机关，必须采取民主方式管理，不得为少数人操纵。

六、积极兴办人民福利

第三八条　人人有工作权，失业者应由政府负责救济。

第三九条　普设职业介绍所及弃婴院、孤老院、平民宿舍、平民食堂、平民工厂等救济事业。

第四十条　举办一切保险事业，推行老弱、疾病、残废、死亡、失业、妊孕等保险政策。

第四一条　推广公共事业,提倡公医制度,免费为贫苦人民医疗,并推行乡村卫生。

第四二条　实行八小时工作制,限制雇佣童工,规定最低工资,同工同酬,不得任意解雇工人。

七、提高妇女社会地位

第四三条　彻底取消社会上一切束缚妇女之风俗习惯。

第四四条　保障妇女在政治上经济上社会上法律上之平等地位,确定妇女享有完全平等权利。

第四五条　广设托儿所、儿童保育院、膳堂、缝衣工厂,减轻妇女在家之负担。

第四六条　保障职业妇女在妊孕生育时期之生活及休养。

八、扶助边疆及少数民族

第四七条　国内各民族一律平等,得有自治权与自决权。

第四八条　国家对边疆少数民族之文化语言风俗习惯应予尊重。

第四九条　国家应尽量给予边疆人民以教育职业参政之机会,不得有所歧视。

第五十条　国家应协助各少数民族之经济文化等事业之发展。

九、国际合作永久和平

第五一条　外交必须公开,中国之外交政策应以尊重联合国宪章,保障国家主权,维护世界和平为基础。

第五二条　本平等互惠原则,与有关各国增进友好关系。

第五三条　积极参加国际和平机构,尽力保障国际永久和平。

第五四条　扶助世界上各弱小民族之解放事业,反对殖民政策。

第五五条　提倡国民外交及国际文化合作。

〔《中国党派》中联出版社一九四八年一月一日初版〕

3. 中国人民党二周年纪念宣言

(1947年10月1日)

全国同胞们:

今天,我们中国人民党为争取中国人民的利益,为促进和平民主的实现,为建设独立自由的新中国,已经奋斗了整整的两年了。

我们今天以非常沉痛的心情,来纪念这个节目〔日〕,我们祖国经过八年的苦战,获得胜利,但是,我们并没有善自爱护胜利的果实,两年以来,举国在战乱的烽火中,人民终日在死亡线上挣扎,想一想,我们今天过的是什么样的生活,无论种田的,经商的,做工的,读书的,甚至安分的公教人员,那一个不是怨声载道,三餐不饱,面黄肌瘦,现在战争一天天打下去,了无终日,出钱出粮,抽丁纳税,都压在我们老百姓身上,请看国共双方皆各自宣传他们的胜利,试问那些为战争所牺牲的冤鬼,那一个不是我们的可怜的老百姓。

同胞们,这种局面任他们拖下去吗?不能,我们悲观失望吗?不,中国是有希望的,希望在那里,中国的希望寄托在我们千千万万和平的人民身上,我们团结起来,就会发挥无比的力量,结束今天的悲剧扭转这个不幸的局面,把国家带向光明的新方向。

两年以来的中国人民党,一直是处于层层压力重重包围,双方夹攻之中奋斗,我们是一个在思想上和组织上独立的党,我们从不会依人作嫁,仰人鼻息,受人左右,正因为如此,我们敢于为大多数人民的要求大胆的说话,一个政党为着自己的理想奋斗,纵然粉身碎骨,亦所不惜,我们只有一个准绳,任何方面如果符合人民的利益,我们一定加以支持,如果违反人民的利益,我们一定加以痛击。

今天我们大声疾呼,向政府和中共当局请命。

立刻恢复你们的理性和良知,实现和平。

立刻停止摧残人权,屠杀人民的行为。

立刻放弃统制思想的措施和作风。

立刻安定人民生活,减除苛杂。

立刻抵制外货倾销,扶助民族工业。

立刻救济全国的清寒学生。

我们希望,一切和平的人民团结起来,一切新兴的中国的民主党派团结起来,建立强有力的新的第三方面。

我们始终坚定的相信,人民的意志决定一切,中国人民将一定能够克服和平民主的障碍,走向胜利。

中国人民党临时行动委员会

中华民国三十六年十月一日

〔中国青年党等党派档案全宗汇集〕

4. 国民党中央联秘处关于中国人民党活动情况报告

(1947年11月—1948年2月)

(1) 1947年11月的报告

一、在重庆之活动

中国人民党,系马义于抗战胜利后(三十四年十月一日)在重庆所组织,三十五年春,政府各机关复员,政治中心移至京沪,马义亦随同还都,现以上海大江东通讯社作为掩护,以中国民主青年协会为外围,从事人民党活动。重庆支党部则以中国青年协会重庆分会号召青年,由新闻快报经理谭清镕负责,至本年马义以能力薄弱召其返沪,改派该党党员商务日报编辑覃熹继之负责,地址原在上清寺八十六号同成印刷厂,后该厂纠纷顶打他人,该支部乃迁大井巷十五号,现覃熹为推动该党工作,召集该党原负责人谭清镕及王兴中(该党重庆支部宣传委员曾任时事新报副总编辑),假心心大厦召开党务会议,决定:(1)开始党员总登记,(2)筹办大江日报重庆分社用以号召,人事方面拟笼络有钱者充任社长,覃熹(又名少居)担任副社长,赵展担任总编辑,王兴中担任采访部主任,资本额暂定五千万,并决定谭清镕不离重庆协助覃熹,现因经费困难,拟将原拟《大江日报》改为《大江晚报》,饬刘西北寻找房屋办公。谭并致函上海马义,函索大江通讯社业务计划,发行证在上海制成照片寄渝,以便设立分社之进行。

二、在上海之活动

中国人民党于十月二十六日下午三时在沪举行会议,计到吴仁勋、王震川、强光英、陈化鹏、高乐平等十人,由吴仁勋主席,陈兆湘纪录,开会后,首由主席吴仁勋报告略谓:"最近各地纷纷来函响应本(人民)党主张,本党各区党部应积极活动,加紧吸收党员开展党务。"继由高乐平宣读西安、常州、宝丰等地来函,后旋即讨论决议如下:

(1) 如何解决本党经常费案议决:(甲)最近各种印刷费用暂由吴仁勋筹垫。(乙)召开大会及特种较大开支款项,由各常务委员平均分摊担负。(丙)对外招待费用由个人自筹。(丁)党员党费在召开党员大会后征收。(戊)今后经费唯一基础,应建立在关桥码头,限于短期内实现。

(2) 规定入党申请书格式案,议决:照原格式通过。

(3) 本党应否向政府登记案,议决:先查明其他各党是否向政府登记核准及其标准如何,然后再作决定。

(4) 讨论修改党章,决议:(甲)第一条党纲解救民生下加"实践民生"。(乙)第八条总部委员会改为"中央执行委员会",支部委员会改为"省党部执行委员会",分部委员会改为"县党部执行委员会",以下同。(丙)第五十二条常务委员一人改为三人。(丁)第六十三条之(二)应享之权下加利字,同条之(三)改为停止联络,同条之(四)删去永远二字。

(5) 改组筹备委员会内部人事案议决:政务由陈兆湘、陈化鹏担任,组训由王震川、高保身担任,财务由张本兴担任,总务由洪博范担任,侨务由王某(名不详)担任,另分设东、南、西、北、中一、中八、浦东、七区,南区负责人为朱思锦云。

(6)发展各地组织案决议:派员前往香港、厦门、西安等地设支部。

该党并于十一月一日(该党成立二周年纪念日)发表宣言,内容为要求政府及中共恢复理性和良知,实现和平,立刻停止摧残人权,屠杀人权的行为,放弃统治思想的措施和作风,立刻安定人民生活,废除苛杂,抵制外货倾销,扶助民族工业,救济全国清寒学生,新兴的民主党派团结起来,建立强有力的第三方面。

(2) 1948年2月的报告

人民党近为保守党秘密计,特由该党之魁吴仁勋于元月上旬向其□□□□□□星期例会,如有会议以个别方式进行,曾有人劝该党党魁吴仁勋赴港一行,并□□□□□庆令介绍卡片一张,谓"此去港若有任何困难可请项康元设法"(按项某为政府□□□□奸)。但吴尚未作决定,惟表示不单独赴港,该党经费除由吴仁勋私人筹措外,其他干部亦有捐助者。又悉吴本人所经营之事业有勋记行及凯旋电影制片厂一所。蔡力行为该党宣传部长,徐良、朱思锦负该党向各方联络之责。该党前与重庆人民党马义合并事因互争领导权颇有分裂之势。

〔国民党党务系统档案全宗汇集〕

5. 中国人民党临时全党代表大会紧急公告
(1948年12月)

中国人民党临时全党代表大会　　紧急公告　中华民国三十七年十二月

鉴于目前极度紧张的时局,中国人民党于三十七年十一月在沪举行了临时全党代表大会，大会首先就目前整个情势详加研讨，一致决议，重申本党一贯主张的人民路线，争取民主进步，实现和平建国，为此，本党号召全党同志，全国同胞，团结起来，抢救当前的民族危机，要求国共双方立刻停止内战，召开包括全国所有民主党派的新政治协商会议，解决当前国是，本党认为，倘内战不予停止，和平不获实现，则一切无从谈起，今日人民遭受战乱长期蹂躏，身家倾荡，饥饿之惨，流离之苦，怨愤之深，双方当稍具良知，安能忍心再拒绝人民和平之要求！

中国人民党特向国共双方提出忠告：为政府为中共打算，无论任何方面，立刻首先主动提出和平，以争取广大和平人民的支持，实为最明智之举。

中国人民党号召，一切自由分子、民主斗士，彼此应该破除门户之见，加紧团结，形成有力的新第三方面的力量，以促成和保障中国和平民主的实现。

中国人民党成立迄今，现已三年于兹，抗战期间，本党同志均曾出生入死于敌前敌后，伟大的民族战争呼唤我们，义之所在，虽赴汤蹈火，亦所不辞，但今日战乱所为何事？同胞互杀，骨肉相煎，有心人能不同声一哭！

中国人民党在此次临时全代会中，对于过去工作，曾经严格检讨，为充实党的领导机构，统一行动起见，特决定所有过去总部委员会及临时行动委员会，自即日起，一律撤消，改造中央，今后本党对内对外，概由中央执行委员会负责。

中国人民党同志献身人民民主事业，虽在今天环境极端复杂之下，不敢稍懈，我们坚决的相信，和平的胜利，将一定予广大人民的！

中国人民党临时全党代表大会

〔中国青年党等党派档案全宗汇集〕

六、中国国民自由党

1. 中国国民自由党沿革
(1946年)

一、历史任务

中国历史之进程，其间曲折而复杂，历代政治，自周以还，厉行官僚专制，其结果，造成层出不穷之社会乱源，与外族之乘虚入寇，于是"民摇手触禁，不得耕桑，徭役烦剧，而枯旱蝗虫相因"，不仅危害社会生产之改进，而且是统治王朝颠覆之直接原因。近代二百六十年之满清统治，其对人民之压榨奴役，自由权利肆意剥夺，非不严厉周密，结果招致国际帝国主义相继入侵，陷国家民族于万劫不复之地，使革命势力空前高涨，终而自掘坟墓。

抗战胜利结束，本是建国空前之良好机会，可惜政治未臻民主，纷至沓来的问题，便涌上历史面前，惟不管问题如何复杂，历史提供人民之任务，基本上不外是如何消灭法西斯思想以及产生此种思想的根源，和如何肃清封建余孽，实行民主的问题。这是达到国际和平，国内安定所必由之途径。

由于中国社会之特殊条件，使广大中产阶级及知识分子一方面基于其本身所属之社会关系对政治具有先天之敏感，为他方在社会落后力量之不断胁迫下，要求政治之改革便愈益迫切，中国需要民主，人民渴望自由，这是历史的铁则，不能也不容改变的。近代民主政治皆系凭藉政党来运用，因为政党的产生有其一定之社会关系发展的结果，中国社会的特质，客观上需要一中间性政党才能加速促进中国民主政治的完成，而中间政党便应成为中产阶层及知识界先进自由分子之组织形式，这也便是中国国民自由党产生之社会基础及其所应负之历史任务。

二、组党经过

中国国民自由党的领导者是林东海博士,他是一位革命家教育家及外交家,早岁在加拿大留学时即追随孙中山先生,致力于革命工作,民国四年,袁世凯称帝推翻民国,林氏在海外参加倒袁运动,号召华侨捐款帮助国内革命,第一次世界大战后巴黎和会时,参加打倒北京政府签订卖国条约的运动,华府会议时,曾协助中山先生之代表马素氏,以争取我国的国际地位平等,回国先后从事教育政治外交工作廿余年。当抗战初期老革命志士罗文干及林氏由京逃难至汉口,复由粤汉路乘火车南下,罗林二氏适遇于火车上,对时局之发展及中国政治制度问题畅谈甚洽,均认为中国非团结无以图存,非深入"唤起民众"展开全面抗日运动无以挽回军事之颓势。但为保证团结保证胜利,则必须放弃独权政治,使政府能成为一有组织之强有力之政府。故拟模仿英国政党制度组织中国自由党以代表中产阶级及知识分子,并为促使民主政府之实现而奋斗。罗文干氏为一有地位之司法家及外交家,并为一模范部长,对政治之窳败,深恶而痛绝之。故不愿作官,而决心为民族解放与政治改革而奋斗。林氏对此,深具同感,一面即恢复其教授生活,一面则从事于组党活动。到长沙下车后,罗氏赴桂林,林氏留湘开始进行组党工作,曾经集合志同道合之同志约百余人在圣经学校及遵道会召开数次会议,讨论党纲及今后工作计划。于民国廿七年元月一日成立中国自由党。不久林氏执教于桂林广西大学,并任该校文法学院院长,其时罗致人才颇多,嗣后罗氏往昆明执教于西南联大,在党务上仍保持密切之联系,更因沿海各大都市相继陷落敌手,桂林已成为战时大后方文化中心,入党者日众,遂于香港南洋各地成立分部,党员已逾二万余人。

民国廿九年冬林氏赴渝回外交界服务,党务暂告停顿。卅年十二月太平洋战事发生,抗战局势并无好转之迹象,而国内问题益趋严重,政府腐化,弊端滋生,致使我国距离现代化国家的路程日臻遥远,尤其最近五六年来贪官污吏比比皆是,政治日渐官僚化,民族资本被窒死,官僚资本买办资本则独占一切经济部门,致使绝大多数人民濒于饥饿绝境,社会经济危机益发深刻化。林氏凛于时艰,乃于卅一年回桂林养病时,重新整理党务,至三十四年八月敌人投降后,世界已步入一人民世纪之新时代,国内外民主潮流汹涌澎湃,中国自由党遂改组为中国国民自由党。于三十五年元月一日在渝宣布正式成立。三月三日发表宣言及政纲,推选中枢负责人事,推定林氏为中央执行委员会主席兼组织部部长,并分推赵蔚文、萧铁笛、李奎安等九人为常务委员。

三、组党原则

(1) 认为三民主义适合今日中国国情,必须求其认真实现。凡对三民主义有正确认识,并愿为其实现而奋斗者,均欢迎其参加。

(2) 不左袒也不右倾,保持党的独立性。一切以人民意志为依归,唯真理是从。

(3) 着重国家人民之利益,如各社团愿以实践本党政纲之实现者当欢迎其参加。

(4) 中国民主事业是中国人民共同艰巨的历史任务,不是某一党某一派所能单独肩负,本党当本正义立场,致力于国内团结和平之工作,并从事于各项有益于民主前途之教育文化及社会事业。

(5) 组织上采取民主集中制,不采总裁制。其最高机关为全国党员代表大会,其次为中央执行委员会、中央监察委员会及中央政治会议,中央执行委员会设主席一人,执行委员五十人,候补执行委员二十五人,监察委员三十人,候补监察委员十人,常务委员九人至十一人,常务委员之下为中央秘书处、组织部、宣传部、侨务部、训练部、外交委员会、设计委员会、文化运动委员会、妇女运动委员会、劳工运动委员会及农民运动委员会。中央秘书处设秘书长一人,副秘书长一人至二人,各部置部长一人,副部长一人至二人,各委员会置主任委员一人,副主任委员一人至二人。

〔中国青年党等党派档案全宗汇集〕

2. 中国国民自由党宣言
(1946年3月3日)

经过了八年的艰苦斗争,中国又跨进了一新的时代。现在是黑暗与光明,腐朽与新生,混乱与建设,贫苦与康乐,半封建半殖民地与民主自由现代化国家的交叉点的时代。我们必须打退黑暗、腐朽、混乱与贫苦的半封建半殖民地的现状而建立光明、新生、康乐的民主自由的现代化国家。

什么使中国坠向黑暗、腐朽、混乱与贫苦的境地?是代表一般新旧政客利益的官僚政治!

官僚政治,他使在前方杀敌的爱国男儿吃不饱,并使镇定后方之一般奉公守法的公务人员及从事文化工作者挨饥饿。

官僚政治,他使出钱出力之侨胞的家属陷于无接济的饥馑苦境,而政府当局又不设法救济。

官僚政治,他使最高领袖是非不明,他层层蒙蔽,处处掩饰,以期包办国事。

官僚政治,他使具有才干及富有革命精神之人无从服务国家,而使碌碌庸才及腐化分子把持政治、经济、金融和教育文化事业。

官僚政治,他使战时经济与金融的每一措施变为那一群人自肥的烟幕,而使正规的工商金融陷入不可救药的混乱。

官僚政治,他使胜利后工业停顿,物价高涨,通货变为游资的巨浪,接收成为抽梁换柱的戏法,使胜利的果轻轻地落入他们的袋囊,而使中国广大诚朴的人民坠入恶劣生活的泥坑!

我们是中国的一个新生政党,不左倾,也不右袒,我们党员的主要成份有一些是革命数十年的战士,有一些是高级学术岗位的大学教授、文化宣传者、中学教员和大学中学的觉悟而热情的知识青年，有一些是远在海外从事各种职业活动的华侨，有一些则是国内的工业家、金融家与进步的商业者，及中产阶级的有识之士，我们党员也包括致力生产的诚朴农民与工人，我们为着中国的新生、建设与独立自主的现代化国家的建立对官僚政治将以全力搏斗，我们也为求社会承认中产阶级（即士农工商）是中国社会的重要分子而努力。

我们所持的武器与旗帜是民主与自由。

我们的民主要冲倒封建的顽石。

我们的民主要挣脱官僚的枷锁。

我们的民主要铲除一切特权，使每个人在民主的法律之前真正平等。

我们的民主要使每个人在经济上获得生活与发展的机会，不受少数特权者的垄断与把持。

我们的民主在国际上也同样实用，对任何联合国会员国在政治及经济上都互助互利，我们不愿自己的国家作他国任何形式的附庸，也正同我们不愿别的国家作我们国家的任何形式的附庸一样。

我们认为得到政治与经济的民主才能谈到自由，不然，遍身束缚，遍地束缚还有什么自由可言。

我们认为三民主义最适合中国国情的主义，我们愿坚决地实行他，以求名副其实，但在组织与方法上还坚持我们自己的主张，我们反对把那主义作为符咒而实际上作相反的行为。

我们以为认真实行三民主义必须锻炼自己，使我们更能尽力服务，尽力奋斗，我们愿意与各党及各派无党无派的同导者共同奋勉，以期达到国家民主人民自由的目的。

〔中国青年党等党派档案全宗汇集〕

3. 中国国民自由党政纲

(1946年3月3日)

甲、总纲及政策部分

(一)以遵奉并实施三民主义为我们的纲领。

(二)以蒋主席所倡导之"政治民主化","军队国家化",及"各党各派平等合法"为和平建国的具体政策。

(三)以遵奉国父遗教,努力废除一切不平等条约,以期达到国际地位完全平等为对外政策。

乙、关于人民基本权利者

本党与人民大众争取下列各种自由:

(一)人身之自由;

(二)思想、信仰及宗教信仰之自由;

(三)言论、出版及通讯之自由;

(四)集会及结社之自由;

(五)居住及迁移之自由;

(六)免于匮乏之自由;

(七)免于恐怖之自由。

丙、关于妇女者

本党力主男女平等,妇女不论在政治上、经济上、教育及职业上均与男子一律平等。

丁、关于政治司法及行政制度者

为建立一有能之政府起见,本党主张:

(一)加强各党各派及无党无派所组成之政治协商会议之权力,俾达到选举国民代表大会之代表以制定宪法及完成民选政府之目的。

(二)国家应完全法治,司法应完全独立,非经法定程序人民身体自由不得侵犯,同时解散非司法人员之"特种"机构,使该种人员以合法方式服务国家。

（三）实行地方自治，各级官吏一律民选，举凡县长、市长、省长由人民选举，而各级参议会之权力，尤应逐渐加强。

（四）采取英美文官制度，使供职人员不以长官之更换而进退，政府用人不应分派别，长官不得兼职或滥用私人。

（五）中央与地方之权限，应划分清楚不以中央政府之过于集权而使地方政府无权，亦不使地方政府之职权太大而致中央政府无能。

（六）推行监察制度，并推选各级参议会之公正参议员作为各级政府之监察人，使政府之任何官吏无由玩法舞弊。

戊、关于经济建设者

本党主张：

（一）遵照中山先生之建国方略，建国大纲，制成建设计划，欢迎友邦资本及技术之合作，以造成富强康乐之国家。

（二）防止官僚资本，禁止现任各种官吏利用地位从事工商业之投资与经营。

（三）保护民营工商业并扶助其发展，采取机动之津贴或合理利润收购制，以免被低价外货之狂澜所冲倒。

（四）对佃农实行减租减息，在适当时应实行耕者有其田之政策，以逐渐达到平均地权，使农业科学化。

（五）实行劳动法，改善工人生活及提高其知识水准。

（六）鼓励侨胞回国投资工商业，并加强其组织使事业不致受政治之干涉。

己、关于外交者

本党主张：

（一）遵守大西洋宪章、九国公约、开罗三国宣言、莫斯科四国宣言及联合国宪章，并参加联合国组织，使各民族自由平等，使各民族政治独立领土完整。

(二)采取主动外交,与美、英、苏、法及其他联合国会员国敦睦邦交,切实合作,并保护海外侨胞之一切合法利益。

庚、关于财政与金融者

本党之主张为:

(一)财政公开,每年国家之收入与支出须向人民详细报告,并推行预算决算制度。

(二)财政政策与经济政策密切联系,执行政策之人员须受各级人民参政团体之监督,以免营私舞弊。

(三)稳定货币,并移用在美之冻结资金,对印行新钞及发行公债,严行限制,于各条件具备时采行新币制。

(四)改革税制并与各人民团体合作,改变收税办法,以期断绝贪污而增国库收入。

辛、关于教育与文化者

本党之主张为:

(一)保证讲学自由,政府不得无理干涉学校行政或控制思想,凡大学教授及专家之在国内外研究应受极大之奖励。

(二)建立学士院,以奖励科学上之发明发现与艺术上之制作。

(三)改革各级教育制度,对工业上之实验应附以工厂,农业上之实验应多予森林及土地或牲畜,培养师资,并提高其待遇。

(四)扶助出版业,对报纸、通讯社、电化教育尤应特别鼓励。

(五)普及国民教育、社会教育,对职业及师范教育更应扩充,其从业员应有优厚之待遇,其贫苦学生应免费受教,而对于华侨之子女之回国就学应特别注意。

壬、关于社会救济者

(一)采取养老金及其他恤金制度。

(二)设立养老院、弃婴儿、孤儿所、贫民工厂及垦屯区。

(三)设立失业工人介绍所,以资工人就业。

（四）建筑贫民免租住房，及免费医院。

（五）设立免费法律事务所，以助平民伸张正义。

（六）设立全国性之旱灾水泛救济院，使人民避免意外之损失。

（七）设立荣誉及退伍军人指导所，以协助其从事生产或就业或修养。

癸、关于国民代表大会者

本党之主张为：

（一）除去政协商会议商定之二千零五十名代表名额外，应另增加九百五十名，其代表名额应由（甲）各大学教授及文化界人士中推选之；（乙）全国专科以上之学校学生推选之；（丙）海外侨胞推选之；（丁）各边疆民族中推选之。因为制宪是义务而非权利，有更广泛的代表，就更广泛的代表，就更能代表民意，也更能推进民主。

以上十项是本党的纲领，我们是由人民来，应当代表人民的广泛意见，假若环境改变，我们的政纲也仍然根据广大人民意见去修改的，我们愿意随时接受社会贤达的意见，为人民、为正义、为真理、为民主自由的新中国而奋斗到底！

中华民国三十五年三月三日

〔中国青年党等党派档案全宗汇集〕

4. 国民党中央联秘处关于国民自由党在四川活动情况专报

（1948年3月）

国民自由党在四川之活动

中国国民自由党，原名中国自由党，二十七年元旦成立于长沙，三十五年元旦，在重庆改组。经第一次全代会推定林东海为中央执行委员会主席兼组织部部长，赵蔚文、萧铁苗、李奎安（已故）

等九人为常务委员,迫林东海等赴京后,该党渝市负责人李奎安又已病故,所遗一切党务,复经该党中央遴定中央执行委员胡西侯(安徽人,四十余岁,上海大学毕业,住渝市民生路一一七号附一号)负责,并责成主持该党西南支部,以胡为主任委员。该支部秘书长一职则由该党中央候补执行委员石雪瓶兼任(石为渝市新生广告公司秘书,曾任中政校助教)。其在渝次要负组织责任者,计有胡天涯(渝市全力日报采访副主任)、韩康黎(巴县参议员,住南温泉,为巴县工会理事,拥有工人群众)、陈维岳(巴县参议员,现任巴县县银行副经理)、杨均谷(重庆市地政局科长)、张其勋(南岸中华警犬学会主持人)、陈君谋(中益被服厂经理,同生福银行襄理)等,及其较要干部孙迪煌(川大毕业,大中日报采访主任)、余隐耕(新生广告公司总经理,《全力日报》社长)、王兴中(原为《全力日报》主编,现充《时事新报》编辑)、郭荣达(渝警备部新闻处第二科科员)等。该党最近活动方式,则设西南支部于中山一路四六号新生广告公司,并在该公司内附设《全力日报》作为机关报纸(现该报已停刊,正图复刊扩大篇幅中)。在川盐银行四楼筹组海通贸易行,胡西侯担任总经理,用以充裕该党经费。该党西南支部办公地址亦将于短期内移住该处。胡西侯为展开党务计,曾竭力拉拢巴县参议员及士绅,企图在巴县各乡拉拢群众,并图藉帮会力量吸收该党干部。据胡自称,该党在重庆及巴县各处准备争取党员三万人。

〔国民党党务系统档案全宗汇集〕

七、中国民生共进党

1. 中国民生共进党成立宣言

(1946年3月)

中国民生共进党,由清、洪、汉、礼、白各帮会及回教同志为基础所组成。此六大支系,在近三百年来对于中华国家民族有悠久奋斗之光荣历史。值兹抗战胜利,暴力崩溃,世界提倡和平,我国宪肇始之时,同人等为生存演进,决议作进一步之民生建设,公开为政党之组,秉承"唯中哲学"三纲五常八德之祖训,立己立人,达己达人,以建民国,以臻大同。敬布宣言,伏维公鉴。

〔国民党党务系统档案全宗汇集〕

2. 中国民生共进党总章

（1946年3月）

第一章　党纲

第一条　本党党纲依照本党政治纲要之规定。

第二章　党员

第二条　凡清、洪、汉、礼、白稳健人士及回教教胞,身家清白,具有现代知识,志愿接受本党党纲,实行本党决议,遵守本党纪律,履行本党义务,经本党党级党理监事会许可者得为本党党员。

第三条　凡中华民国国民志愿接受第一条所示本党政治纲要者,经本党党员二人以上介绍,各级党部理监事会许可者,得为本党党员,举行入党宣誓,领取党证。

第四条　党员有发言权、表决权、选举权、被选举权、罢免权与请求患难救济权。

第五条　党员移居时,须即在原住址之区分部办理转移手续,到达该住地时,应即向该住地之区分部报到登记。

第六条　党员有扶助同志,劝善规过,锄强济困之义务。

第三章

第七条　本党组织原则为民主集权制,各级党部之重大决策须经各级党部党务会议通过,未决定前得自由议论,一经决议即须服从。

第八条　本党之组织系统如下：

1. 全国代表大会——中央理事会
2. 全省代表大会——省理事会
3. 全县代表大会——县理事会
4. 全区代表大会——区理事会
5. 区分部党员大会——区分部理事会

第九条　本党之权力机关如下：

1. 全代大会为本党最高权力机关，但闭会时期，其职权由中央理事会执行之。

2. 省全代大会为本党省党部最高权力机关，但闭会时期，其职权由省理事会执行之。

3. 县全代大会为本党县党部最高权力机关，但闭会时期，其职权县理事会执行之。

4. 区全代大会为本党区党部最高权力机关，但闭会时期，职权由区理事执行之。

5. 区分部党员大会为本党区分部最高权力机关，闭会时由区分部理事会执行之。

第十条　各级党部均设置监事会，由代表大会选举之。

第十一条　本党为政策政纲之实施，所有组织各种社团应由其所在地党部领导并监督之。

第十二条　各级党部应执行上级党之命令，如执行有困难，可以以书面陈述意见，若上级党部仍令其执行时，应即遵照执行。

第十三条　党员对党组织之命令应绝对服从，如监事会发现党员有违背本党之行为，冒犯党纪，经监事会议议决后通知理事会召开党员大会（党员代表），将当事违犯党纪行为事实经过情形制成议决案，逐级呈报中央党部裁定，予以警告或开除党籍。

第四章

第十四条　本党全国代表大会每年举行一次，其地点临时决定,但中央理事会认为必要时或省党部半数以上联名,中央党部裁定。

第十五条　全国代表大会日期须于三个月前通知全体党员。

第十六条　全国代表大会职权如左:

1. 修改本党总章。
2. 检讨中央理事会监事会之工作报告。
3. 决定本党政纲政策及讨论党务政治等实施问题。
4. 选举中央理监事会及候补监事。

第十七条　检讨本党各级党部与党员之互助精神及现实。

第十八条　中央理监事之人数每省三人,监事每省一人,候补理事每省二人,候补监事每省一人,理事监事出缺时由候补理监事分别依次递补。

第十九条　中央理事会之职权如左:

1. 对外代表本党。
2. 执行全国代表大会之决议。
3. 指导各省(特别市)党部之业务。
4. 支配本党经费。
5. 筹划本党之互助事业。

第二十条　中央理事会有执行中央监事会决议之义务。

第二十一条　中央理事会于每半年得开联席会议一次,候补理监事得列席会议。

第二十二条　中央理事得互选常务理事若干人,组织常务理事会,中央理事会全体会议闭会期间执行其职务。

第二十三条　中央贯彻其主张得派理事分赴各省领导党务之推进。

第二十四条　中央监事会之职权如左:

1. 决定各级党部或党员违背纪律之处分。
2. 稽核本党经费。

3. 审查全国党务进行情形。

4. 监察本党党员之政治活动是否根据本党政纲政策。

5. 监察本党党员有否违背信义事项。

第二十五条 中央理事会为推行党务设总书记一人,以下设立各会部处。

设计会

秘书处：1. 组织部,2. 宣传部,3. 调查部,4. 经济部,5. 文化部,6. 其他。

(应与时势所必要部门)其组织法另订之。

第五章

第二十六条 省代表大会每年举行一次,但有左列情形之一者得召集临时代表大会。

1. 中央理事会训会召集会。

2. 省理事会认为必要时。

3. 县理事会半数以上联名请求时。

第二十七条 省代表大会之职权如左：

1. 检讨省理事会监事会之工作报告。

2. 决定本省党务进行之方策。

3. 研讨本党政纲政策之实施状况。

4. 研讨本党党务之利弊及下级党部工作之检讨。

5. 选举理监事及候补理监事与省代表其人数由中央党部决定之。

第二十八条 省理事会之职权如左：

1. 执行中央党部之命令及省代表大会之决议。

2. 指导本省各县(普通市)党分部党务工作之进行。

3. 支配本省党务经费。

4. 关于本党党员之互助及设计福利事宜。

第二十九条 省监事会之职权如左：

1. 决定所属党部或党员违背纪律之处分。
2. 稽核本省党务经费。
3. 审查本省党务进行情形。
4. 监察本党党员之政治活动是否根据本党政纲政策。

第三十条 省理事会每星期开会一次，监事会每月开会一次。

第三十一条 省理事会得各选举常务理事若干人执行日常党务。

第三十二条 省理监事出席时由候补理监事分别依次递补。

第三十三条 省理监事会设总书记一人，下设处组股，其组织办法仿照中央党务由代表大会决定之。

第六章 县党分部

第三十四条 县代表大会每六个月举行一次，有左列情形之一者得召集临时代表大会。
1. 省理事会训会召集时。
2. 县理事会认为必要时。
3. 区理事会半数以上请求时。

第三十五条 县代表大会职权如左：
1. 检讨县理事会监事会之工作报告。
2. 决定本县党务进行之方策。
3. 研讨本党政纲政策之实施。
4. 选举本县理监事及候补理监事其人数由县代表大会决定之。
5. 研讨地方自治及本党党员与民众工作情形生活方式事宜。

第三十六条 县理事会之职权如左：
1. 执行上级党部之命令及县代表大会决议。
2. 指导本县区党部党务工作之推进。
3. 支配本县党务经费。
4. 设计及指导本县本党员之公私事业及社会活动。

第三十七条　县理事会每星期开会一次,县监事会亦同,必要时得举行联席会议。

第三十八条　县监事会之职权如左:

1. 决定所属党部或党员违背党纪之处分。
2. 稽核本县党务经费。
3. 审查全县党务之进行。
4. 临察本县党员之政治活动是否根据本党政纲政策。

第三十九条　县理监事会各选举常务一人兼总书记,执行日常党务。

第四十条　县理事会得设干事若干人,承常理事暨总书记命令办理党务。

第七章　区党部

第四十一条　区代表大会每三个月举行一次。

第四十二条　区党员大会之职权如左:

1. 检讨区理事会之工作报告。
2. 决定本区党务进行方策。
3. 研讨本党政纲政策之实施状况。
4. 选举本区理事及候补理事。
5. 检讨地方自治及党员与民众之工作情形与生活方式。

第四十三条　区理事会之职权如左:

1. 执行上级党部之命令及区分党员代表大会之决议。
2. 组织区分部及指挥区分部党员会议事宜。
3. 支配本区党务经费。

第四十四条　区理事会每星期开会一次,区理事互选举常务理事一人兼任总书记,并得任用干事若干人执行日常党务。

第四十五条　区党部应设若干区分部,每区每分部以当地人数之便利,而组织之直辖于区党部。

第四十六条　区党部以下设区分部,区分部以下应征求党员,训练党员,登记党员,甄别党员。

第四十七条　每区分部以数目字排列次序,由区党部规定之。

第八章　任期

第四十八条　各代表于会期终了时,其任务即也终了。但须向所代表之党部报告大会之经过及结果。

第四十九条　中央理监事任期三年,省理监事任期二年,县区理监事任期一年。

第九章

第五十条　凡党员均应恪守下列各项纪律:

1. 遵守党章,服从本党命令及决议。
2. 遵守国法,在法律范围内活动。
3. 不得脱离本党基层组织。
4. 不得于党外攻击党员及党部。
5. 尊重他党立场,不得肆意攻击。

第五十一条　凡党员犯上列各项纪律者应分别予以下列之惩戒:

1. 警告。
2. 一定期间内停止党员应享权利。
3. 开除党籍其处分,须经下级党部之检举。省党部之处分,听候中央党部最后之决定。如县区党部违反前条所列纪律之一者,须受以下之处分:

一、全部解散。

二、全部党员重行登记。

第五十二条　凡党员或全体党员被控告或弹劾时,须由所属党部监事详细审查,议定处分,交由理事会执行。如被处分者认为不当时,须向上级监事会或全体代表大会抗告。但未经上级理事会或全国代表大会决定办法以前,其处分仍须先予执行。各级党部被控告或弹劾时其办法亦同。

第五十三条　全国代表大会得决定党员个人或地方全体党员恢复党籍。

第十章　经费

第五十四条　本党经费以党员所纳之党费、特别捐及其他生产事业收入充用之。

第五十五条　党费预算由中央理事会决定之。

第五十六条　党员未得允许而不予缴纳党费至三个月者，即暂时停止其党员应享权利。

第十一章　附则

第五十七条　非党员不得参与本党组织之任何工作。

第五十八条　本总章由全国代表大会议决之，实行修正时亦同。

〔国民党党务系统档案全宗汇集〕

3. 中国民生共进党政治纲要

（1946年9月）

一、凡人类均须求生存保护、生存延续、生存方式，须日新月进，以期至善。

二、本党人生观依据我中华五千年历史，以唯中哲学为基础，取人我互助不相侵犯为原则，不采唯心唯物二大极端理论。

三、人人要有生活，人人要有事做，人人要有拿出力量贡献于社会国家民族，其老幼残废智能无可贡献社会或因天灾人祸一时无告者，公共保其生存。

四、政治方式以全民意见为基准，治权竞争以民心向背决定。

五、经济以人尽其才地尽其利物尽其用、生产多消费少为原则，排除剥削与掠夺。

六、教育机会均等，学用一致，依国家整个计划与资产培养之。

七、武备只求维护生存,反对外争及内争。

八、外交与信义为主,敦交睦邻,排除部落思想,以期世界大同。

九、在道德立场全民自由。

十、在法律面前人我平等、男女平等、种族平等、宗教平等、职业平等。

〔国民党党务系统档案全宗汇集〕

八、中国民主自由大同盟

1. 中国民主自由大同盟成立宣言
（1946年3月）

中国经过了八年的长期抗战,幸赖蒋主席坚苦领导,全国民众,踊跃输将,以及同盟各国的精诚合作,始终弗懈,到今天才赢得了抗战的最后胜利,固然值得全国欣庆,然而远瞻未来,却使我们深深的感觉到前途仍极暗淡,我们认为这次的抗战,只是建国过程中的一个阶段,建设民主自由独立平等的新中国,那才是全国上下即应努力的极终目的,八年抗战,虽然倍尝艰苦,然而建设工作,仍极艰巨,既非少数人所能包办,又非全国民众所应袖手旁观,必须群策群力方能事半功倍,以促建设新中国之早日实现,此即本大同盟所以成立之主要动机,当此成立伊始,谨愿揭橥,四点如下,敬告全国父老兄弟姊妹。

第一,争取民主。二次世界大战以来,民主巨潮,高唱入云,成为世界政治之一致趋向,法西斯的独裁政治,已绝不容许再度复活,重登舞台,扮演扰乱世界和平,杀伤无辜人民的悲剧了,这一次的大战,就是民主政治对抗独裁政治的战争,同盟国的胜利,也就是整个民主政治的胜利，所以有人说，二十世纪，是人民的世纪，这也是说，二十世纪乃是民主政治的世纪，这次大战中，同盟国能够战胜法西斯独裁者，也就是说明了世界人民力量的伟大，民主政治的必然抬头，谁想反对民主，谁就要步希特勒、墨索里尼以及日本法西斯罪魁的覆辙，这已成为铁一般的定律，不容再有什么疑问了。在这世界政治主潮趋向民主的今日，中国要想成为四强之一，要想迎头赶上，当然也非实行民主政治不可，民主是什么？简单的说，就是人民应该成为国家的主人翁，一方面人民都有参加政治，过问政治的权利和义务，另方面所有政治的措施，都应该以谋全体人民大众的福利为目的，贪污必须铲除，政治必须开明。此其一。

第二，争取自由。西谚云"不自由，勿宁死"，于是可见自由之可贵，惟自由二字，不容曲解，只许自己自由，不许别人自由，即失去自由之真谛，我们所要争取的自由，可以分两方面来说：（一）在国内人民大众的思想信仰、言论、出版、集会、结社以及身体自由等等，必须予以保障，此种基本的自由权利，应该不分种族，不分阶级，不分性别，在法律上，一律平等享受，因之我们反对国内再有妨害人民基本自由的任何举措，以及任何党派间，再有碍及人民基本自由的武力斗争行为，我们主张国内各党派各集团，应该互相谅解，团结统一，安定国家，共同为建设新中国而努力，以谋整个中国人民的自由和福利。（二）我们应该知道这一次的八年抗战，人力物力受到极大牺牲，其目的，无非是为了争取整个中华民国的独立自由，于今抗战虽告胜利，压迫我们的日本帝国主义者虽被打倒，然而正视前途，仍然是到处荆棘，不敢乐观，国际间企图掠夺中国自由权利的野心家，仍在滋长，在蔓延，甚至已经伸出狰狞的恶掌了，这是我们所要绝对反抗，并要提请国人重视的，我们反对从日本手里争取回来的国家领土和民族自由，再不要落到任何国家的手里去，故争取人民的基本自由，争取国家民族的整个自由，乃是本大同盟所要努力的主要目标。此其二。

第三,崇尚仁义。本大同盟深认中国过去之固有道德,就是维系中国悠久历史的基本精神,今后建设新中国,在科学方面,固应要迎头赶上,尽量吸收他人之所长,然在国民精神方面,尤须崇尚仁义,发扬固有道德,以期人人均能成为健全的国民,然后才能与各列强并驾齐驱,维护世界永久和平,第以建国大业,诚千头万绪,不过古人所谓修齐治平之一贯大道,仍不失为建设新中国的基本方针,所以本大同盟特定崇尚仁义,发扬固有道德,作为全体同志以及全国同胞共同努力的方针。此其三。

第四,和平建国。本大同盟的成立,主旨在为争取民主,争取自由,并以崇尚仁义,发扬固有道德作为本大同盟努力方针,已如上述,另一方面,我们深认识民国成立以来之内乱,以及经过八年来的长期抗战,已使中国国力民力摧残殆尽,在中国国境之内,再不容许挑起内战了,因之我们最后特别提出了和平建国的主张,现在国内各党派,经受主张不同,见解互异,然而均应为整个国家着想,和衷共济,捐弃自私自利的成见,放下武器,携手团结,只有相互让步,相互容忍,然后中华民国乃可复兴。反之,兄弟阋情,势必予外侮以可乘之机,试观英美各国政党,纯以选举票为对象,均认武力斗争为可耻,因亦绝少因政争而酿内战的事实,可供吾人参考,是故本大同盟今后将以和平建国的原则,号召全国同胞制止内战,以期全付精力用以建设民主自由之新中国。此其四。

以上四端,仅系针对当前局势提要而言,时危势迫,不容旁观,成立伊始,谨此宣言,愿与全国同胞共勉之。

中国民主自由大同盟

中华民国卅五年三月十日

〔国民政府行政院档案〕

2. 中国民主自由大同盟呈报成立日期电
(1946年3月10日)

重庆国民政府行政院均鉴：吾国自对日抗战结束以来，外则强邻窥伺，内则政争日烈，外蒙独立于前，新疆酝酿于后，东北既延未撤兵，东蒙复高唱自主，诗云：兄弟阋于墙，外侮其御，凡属黄帝子孙，应如何团结奋斗，以谋国是，乃闻各党各派仍有不即捐弃成见，披发缨冠，督促政府收复山河，从速努力建国工作，反集国门，争夺政权，要求政府改组，置国家独立自由主权领土于不顾，言念及此，殊堪浩叹！本大同盟痛国亡之无日，感时机之迫切，千钧一发，未忍坐视，爰集结全国各地同志，以救祖国，御外侮为己任，争民主求自由为目的，于是乃有中国民主自由大同盟之组织，兹于民国卅五年三月十日假云南省垣召开成立大会，即日加紧工作，同赴国难，庶几跻国家于列强之林，救人民于水火之中，誓与其他民主国家，共维世界和平，耿耿此心，天日共鉴，特电奉达，邦人君子，幸垂察焉。中国民主自由大同盟寅灰印。

〔国民政府行政院档案〕

九、中国和平党

1. 中国和平党成立通电
(1946年5月1日)

南京中国国民党蒋总裁介石、延安中国共产党毛主席润之、重庆中国民主大同盟张主席表方、中国青年党曾主席幕韩暨全国各党派、各报馆、各贤达、全体同胞、中外一切爱好和平人士均鉴：慨自同盟轴心两大壁垒之世界大战序幕揭开，强暴摧于正义，公道奠于和平，卒使牵羊郑伯，甘订城下之盟，御璧子婴，忍屈阶前之膝，东西强寇，相继沦胥，人类之正义已伸，世界之和平斯建，我国经八年之坚苦抗倭，与友邦之并肩作战，得以苌虹碧血，幻来胜利之花，壮士头颅，结成自由之果，光昭史册，荣跻四强，实悉出于同乱忾之举国一心赴国难，及列祖宗之灵奕呵护有以致之也。

今者五强同盟，四海辑睦，应举世之殷望，谋人类之安全，共倡组世界永久和平之机构，行见文明演进，寰宇重光，耳不闻金马之声，目不睹烟尘之家，化干戈为玉帛，登大吕于熙台，天下瞩望，此其时焉。

我国以强国之地位，列和平之盟坛，对人类和平之维持，世界秩序之安定，其责任之重大，使命之艰巨，应如何艰苦自励谋所以自救救人之道？

自胜利至今，为时半载，自由民主，高唱入云，政治协商，应运以起，举国上下，嗣嗣求治之殷切，有若大旱之望云霓，乃数月以还，各党各派在政治协商中，不日争取党之地位，即日要求参加政府组织，及国大议席，同床异梦，形类分赃，对于人民之利益，建国之宏谟，不过鸣虫候鸟，应时点缀而已，甚至国共之冲突日益加剧，东北之形势更趋紧张，虽有友邦之星轺使节，仆仆斡旋，所谓三人组议，调处势行，无非海市蜃楼，难期实现，加以天灾人祸，梦乱骚然，四伏危机，疮痍满目，民生国运不断丧于乱寇之侵蹂。而断丧于同室之操戈，煮豆燃萁，腾讥盟国，自身之症结尚不得解，遑足以腆顾四强，以谋世界之和平，自责反躬，宁不滋忾。

嗟夫！庆父不除，鲁难末已，仲连不出，纷难谁排，杌棒相寻，迫于眉睫，漫漫长夜，噩梦正多，追维因抗战而转死沙场，暴骨原野之数百万忠勇将士，及列祖宗在天之灵，而不锥心泣血者，实非三皇帝胄也。

本党凛时局之阽危，痛邦国之鼎沸，爰团结举国悲天悯人之士，组织中国和平党奉行和平主义，倡和平之呼声，发救世之宏誓，以和平，民主，自由，平等，互助，安定六大目标，奔走周旋，齐趋一鹄,先求国内之和平团结,民主,自由,追臻世界之平等,互助安定,筹备以来,各方酷爱和平贤达,风起云从,纷纷同情参加,今党员已逾百万,正式组织成立,除本党之主义政策及六大目标理论另电阐明外,兹提出对目前国是之十六项主张,附本党党章,以与政府当局,各党各派,及各方贤达全国同胞见面,并以在野党之超然立场,为国命民生而向国共两党诸公,作掬诚之谏劝,尚希各抒爱国之真诚,共商建国之大计,与过去之合仇私怨,悉予废除,将目前之冲突战争,立时停止,庶已几陷水深火热之人民,早离苦海,各安生业,胜利之光荣得保,盟邦之同情可期,臻国家于康乐,□世界于和平,临电彷徨,不胜奉命。中国和平党临时中央执行委员会主席张沆、政治部长郭无怀、组织部长刘众生、训练部长李乐、宣传部长李方舟率全体中委全国各省(市)县(市)执监委暨一百七十五万党员同叩。

〔冯玉祥个人档案〕

2. 中国和平党对目前国是之主张

(1946年5月1日)

一、实行人民利益第一,和平安定至上,牺牲党派利益,完成真正民主。

二、正视民间疾苦,挽救经济危机,扩大救济灾害,解决粮荒问题。

三、不尚空洞理论,从事积极建设,安定人民生活,繁荣农村经济,强化合作事业。

四、强制平抑物价,彻底整饬币制,肃清官僚资本,没收私人在外国银行存款,提高劳工福利,实行二五减租。

五、实行党派平等,承认国内一切党派合法地位,共同担负建国责任。

六、停止支付党费,大量减少军费,裁并一切骈枝机关,移其费用以改善人民生活办理建设事业。

七、关切国家生存,发扬固有道德,把握胜利光荣,争取国际独立地位,运用政治途径解决党派斗争,采取有效方式,制止军事冲突。

八、增进盟邦友谊,共维世界和平,实行国民外交,废止党派外交。

九、保障人生基本权利,实行人民身体、居住、通信、信仰、言论、出版、组党、结社、结会、请愿、罢工、游行之绝对自由,所有妨碍人权之法律一律废止。

十、赞成真正军队国家化,实行党派退出军队,所有全国军队编由民选之中央政府统辖,专作国防之用。

十一、废止党派教育,提倡人格教育,奖励研究科学,大量增列教育经费,扶助研究科学团体。

十二、改良考试制度,保障服务安全,主张用人惟贤,不依党籍进退。

十三、运用社会政策,解决社会问题,停止一切高压手段。

十四、整肃政治风纪,严格惩治贪污,提高公教人员待遇,实行中央省县各级公务员薪给平等。

十五、主张国民大会延期举行,促使国内所有党派,暨社会贤达,真正人民代表,一律参加共谋建国之计,东北问题及一切国家大事,交由国大彻底解决。

十六、厘订战后税制,减轻人民负担,努力开发边疆,实行生产建设。

〔冯玉祥个人档案〕

3. 中国和平党党章

(1946年5月1日)

第一章 总纲

第一条 本党定名中国和平党

第二条 本党以团结爱好和平之士,实行和平主义,光大和平、民主、自由、平等、互助、安定六大学说,先促进中国和平、民主、自由,进而建设平等、互助、安定之和平世界为宗旨。

第三条 本党党徽用红灰白兰黄棕六色制成正方形,中央设一圆球为白色,球上右方为红色,左方为灰色,球下右方为兰色,左方为黄色,于黄色中加十二小星为棕色,以代表民主、自由、平等、互助四大学说,其样式由中央党部定之。

第四条 本党组织采民主集权制,各级党部组织法另定之。

第五条 本党固定之政纲政策,以本党之和平主义第五编代替之,并察酌世界及中国大势,随时发表对时局之政治主张,以谋主义之实现。

第六条 本党党员一律在所属党部领取党证,是项党证由中央党部制颁。

第二章 党员

第七条 凡中国人民在二十五岁以上,信仰和平主义,赞成本党宗旨,遵守本党党纪及一切决议案,经党员二人以上之介绍,完成入党手续者,得为本党党员,其入党手续另定之。

但外国爱好和平人士,如未经加入和平主义青年团径入本党时,须得党员十人以上之介绍,并经中央党部之核准,余与中国人同。

第八条 本党党员有退出本党及加入他党之自由,但请求退出之党员,须于三个月前,提出理由书,经所属监察委员会请中央党部之核准,在未退出期间,仍须服从决议。

第三章 组织

第九条　本党以各级党员大会为该级之最高权力机关,大会闭幕时由该级之执行委员会代行职权,其组织系统如左:

一、全国党员代表大会——闭幕时由中央执行委员会代行职权;

二、全省(市)党员代表大会——闭幕时由省(市)执行委员会代行职权;

三、全县(市)党员代表大会——闭幕时由县(市)执行委员会代行职权;

四、全区党员代表大会——闭幕时由区执行委员会代行职权;

五、小组党员大会——闭幕时由小组书记代行职权。

第十条　本党各级执行委员会,对外均称党部,各级党部中并设置监察委员会,分别执行监察任务。

第十一条　中央执行委员会,设委员三十五人至五十五人,内中互推九人至十七人为常务委员,组织常务委员会,推动日常党务。中央监察委员会,设委员十一人至二十三人,均由全国代表大会选出之。

第十二条　省(市)执行委员会,设委员九人至十三人,省(市)监察委员会设委员五人至七人,均由全省(市)代表大会选出之。

第十三条　县(市)执行委员会,设委员五人至九人,县(市)监察委员会设委员三人至五人,均由全县(市)代表大会选出之。

第十四条　区执行委员会,设委员三人至五人,区监察委员会设委员三人,均由全区代表大会选出之。

第十五条　小组设书记一人,由全体党员选出之。

本党各级执行委员会,均由全体委员互推委员一人兼任主席,综理会务。

第十六条　本党各级执监委员会,均得设置候补执监委员,其名额以不超过该级正式执监委员三分之一为度。候补执监委员得列席执监委员会议,提供议案,发表意见,惟无表决权。

第十七条　本党于海外各大都市普设支部于蒙古西藏台湾特

别党部,其组织准用省(市)党部组织法之定规,变通办理之。

第十八条 本党各级执监委员在任期均为一届,每届三年,连选得连任。

第十九条 本党得组织各种党团,以策进和平运动,设置顾问团,以延揽各方贤达赞助党务,其办法另定之。

第四章 青年团

第二十条 本党设置和平主义青年团,以为团结爱好和平青年研究和平主义之机构。

第廿一条 和平主义青年团设团本部,置团长一人,由中央执行委员会主席兼任,设指导长一人,由中常会推选常务委员一人兼任,设分支区团若干团,各置主任一人,指导员一人,由团本部任命,区团以下设小组,置组长一人,由全组团员选出之。

第廿二条 和平主义青年团为世界性组织,凡全世界爱好和平青年,年在十五岁以上二十五岁以下,不分性别、国籍、种族、宗教、阶级,能信仰和平主义,拥护本党经团员二人以上之介绍,完成入团手续者得为团员。

第廿三条 团员年满二十五岁,应无条件加入本党为党员,但志愿永远作团员者,听其自由。

第廿四条 和平主义青年团,视同本党之预备党,其团员以研究和平主义,学习本党为主要任务,不从事直接政治活动,其学业与事业,由本党指导及扶助之。

第五章 干部会

第廿五条 本党为推动艰巨工作起见,特设干部会,由中央执行委员会主席指定党员若干人为干部组织之。

第廿六条 干部会设会长一人,由中央执行委员会主席兼任,设总书记一人,由中常会推选常务委员一人兼任,设分支会若干个,各置书记一人,由总书记提请会长任命,每分支会内设工作会议若干组,各组置召集人一人,由总书记任命。

第六章 临时中央党部

第廿七条 本党在创立之始,为便利推行党务计,得于筹备就绪成立临时中央党部,代行正式中央执行委员会职权,由全体发起人互推三十五人为临时中央执行委员,就中互推九人为常务委员,组织常务委员会,由全体常委互推委员一人兼任临时中央执行委员会主席。

第廿八条 临时中央执行委员会主席之职权如左:

一、对外代表全党。

二、对内指挥全党。

三、对各级会议决议有提交后议权。

四、对一切党务有最后决定权。

五、对第一届全国代表大会为当然主席团总主席。

第廿九条 临时中央党部设左列各部处:

一、政治部	二、组织部	三、训练部
四、宣传部	五、财务部	六、交通部
七、海外部	八、社会事业部	九、监察部
十、秘书处	十一、参事处	十二、会计处

十三、党团运动指导处。

第三十条 临时中央党部不设监察委员会,其监察任务中监察部执行,俟正式监察委员会成立,监察部即行解任。

第三十一条 在临时中央党部期间,各省(市)县(市)区执行委员会及特别党部人事,暂不选举,由临时中央党部任命之。

第三十二条 正式中央党部于全国省(市)党部成立过半数时举行第一届全国党员代表大会,选出中央执监委员组织之,临时中央执行委员会同时解任。

第七章 党费

第三十三条 本党党员入党时,须缴纳基金一百元,以后按月缴党费拾元,贫困党员得呈准免缴。

第三十四条　党员缴纳党费时,得以劳力易之,其办法另行规定。

　　第八章　党纪

第三十五条　本党党员应遵守之要点如左:

一、遵守党章,宣传主义。

二、服从党中一切规定及决议。

三、对外绝对保守党的一切秘密。

四、担任党的工作,发展外围组织。

五、缴纳党费,介绍党员。

六、参加小组会议,健全品学修养。

七、放弃私人意见,贯彻本党主张。

八、敬爱同志,服务社会。

九、不畏艰难,不避牺牲。

十、养成殉主义之精神。

第三十六条　本党党员违反党纪之处分种类如左:

一、警告。

二、记过。

三、停止党权。

四、开除党籍。

五、特别处分。

第三十七条　执行党纪之程序规定另定之。

　　第九章　附则

第三十八条　本党青年团干部会及各种党团顾问团应用之单行法另定之。

第三十九条　本党章如有修改之处,由全国党员代表大会通过修改之。全国代表大会闭幕期间,其解释权属于中央执行委员会。

〔冯玉祥个人档案〕

4. 中国和平党临时中央执行委员会名单

(1946年5月)

职　别	姓　名	备　考
常务委员兼主席	张　沆	
常务委员兼政治部长	郭无怀	
常务委员兼组织部长	刘众生	
常务委员兼训练部长	李　乐	
常务委员兼宣传部长	李万舟	
常务委员兼财务部长	黄正辰	
常务委员兼干部会总书记	邹崇鲁	
常务委员兼和平主义青年团指导长	马冀东	
常务委员兼监察部长	张驭鲁	
执行委员兼交通部长	刘　汉	
执行委员兼海外部长	袁清宇	
执行委员兼社会事业部长	林　飞	
执行委员兼秘书处长	雷雨辰	
执行委员兼会计处长	王利器	
执行委员兼参事处长	毛风祥	
执行委员兼党团运动指导处长	邵　光	
执行委员兼顾问团秘书	杨铁生	
执行委员	袁　远	
执行委员	罗真玉	
执行委员	邱义东	
执行委员	马　乘	
执行委员	文声振	
执行委员	薛　汗	
执行委员	白云间	

职别	姓名	备考
执行委员	潘文虎	
执行委员	杨永堪	
执行委员	王者归	
执行委员	陈友珊	
执行委员	鲜德望	
执行委员	刘深寒	
执行委员	欧阳杰	
执行委员	叚行	
执行委员	先伯常	
执行委员	曹邱	
执行委员	刘首之	
候补执行委员	赵伯迁	
候补执行委员	韩汉杰	
候补执行委员	廖化辰	
候补执行委员	邓方策	
候补执行委员	杨哲	
候补执行委员	何晴村	
候补执行委员	沈予	
候补执行委员	常存	
候补执行委员	何无克	
候补执行委员	徐思进	

〔冯玉祥个人档案〕

5. 中国和平党临时中央执行委员会为该
党成立致冯玉祥公函
(1946年5月)

中国和平党临时中央执行委员会公函　　临秘字第一号

敬启者:本党已于中华民国三十五年五月一日成立,临时中央党部暂设成都,真诚为国命民生努力,不避劳怨艰险,策进和平运动,挽救人民浩劫,良以任重道远,非可一蹴而就,有待众志成城。台端领袖名流,主持至计,为民导师,素所钦仰,倘希共襄斯举,发为高论。兹奉上本党成立通电、国是主张及党章名单,以作正式之见面。并祈惠予协助为荷。此致
冯焕章先生

　　　　　　　　　　　　　　临时主席　　张　沆
中华民国三十五年五月　　　　日
〔附件略〕

〔冯玉祥个人档案〕

十、中国洪门民治党

1. 中国洪门民治党第一次代表大会宣言
(1946年8月)

本党由一具有深长历史革命性之社会组织,适应国家需要,迎合世界潮流,进而组成政党,以肩负"复兴民族安定国家"数百年来传统之使命。当兹组党定名之际,自应向国人有所告陈,以阐述其要义,并表白其对于当前国是之主张。

溯自满清入寇,明祀告绝,炎黄子孙,不甘奴役于清者,起而结合组织洪门团体,发动民族革命,仁人志士,先后参与者,何止万

千？顾炎武、黄梨洲、王船山、李二曲、颜习斋、傅清主诸先儒，皆为当时之领导人物，因而造成洪门初期"反清复明"之伟大革命运动，光辉史乘，国人咸能道之。康乾而后，洪门组织益见巩固，对于国家民族之贡献，尤为壮烈，其中最显著者为乾隆五十二年林文爽台湾之役，嘉庆十四年胡炳耀江南之役，道光十二年两广湖南之役，道光三十年洪杨之役，光绪二十四年李主亭、洪振年广西之役。洪杨事败后，杨辅清率同志走美洲，黄德滋率同志走澳洲，其他奔避南洋各地者为数尤众，遍设洪门团体，形成革命势力。孙中山先生初期革命，奔走海外，在檀香山加入洪门，所得海外洪门精神与物资援助者，更助其功效，例如当时美洲及南洋各地洪门设置筹饷局，资助革命，即其一端。黄花岗之役，七十二烈士为国殉难，内中以洪门志士牺牲者为多。事败之后，美洲洪门团体，再接再厉，捐助巨款，接送同志至日本南洋各地，继续其革命工作，此皆载诸史迹，可以稽考者。七七抗战军兴，国家面临危难，我海外洪门团体八年间人力、财力、物力捐献者尤多。只以功成不居，为洪门之风尚，故三百年来为参加革命运动，保障国族安全，愿牺牲个人以作无名英雄者，为数萃众，而我整个洪门团体对于国家名族之贡献，及其所树立之威望与信誉则由此与日俱增，事实昭彰，此自非国人所可否认者。

本党对于国家民族之奋斗历史，固已三百余年，而党名之由来，则以民国十二年双十节全球洪门代表大会于旧金山，定名"民治党"，民国二十四年三月全洲洪门代表大会于纽约，定名"洪门致公党"，实为其先河。此次召开国内外洪门致公堂代表大会于上海，经一致决议改定名称为"中国洪门民治党"简称"民治党"，其含意在一方面发扬洪门本身过去奋斗之光荣历史，一面在促进中华民国走上民有、民治、民享之坦途。"周虽旧邦，其命维新"。本党自此改组定名后，决将以新的态度，奋起新的精神，担负新的任务，以与各党各派通力合作，建设新的中华民国。

本党旷观国际大势之所趋，国内事实环境之需要，认为我国今日所应创建与革新者，从政治方面言：必须提早完成地方自治，颁布宪法，以实现民主政治；建立文官制度，规定政务官任职期限，至改善公务员待遇；奖励廉洁，严惩贪污，以增加政治效能。从军事方面言：应实行征兵制，并将现有全国军队整编为国防军，所有国防军官兵一律宣誓，永不参加任何党派战争及永不干涉国家行政。从外交方面言：必须保持国家领土主权之完整，赞助其他国家独立自主之运动；并拥护联合国机构，及保障与国际和平有关之一切公约，以维持世界永久和平。从经济方面言：在提高国民生活，充实国防需要之计划生产原则下，尽量发展国营事业，保障民营事业。又为免致贫富悬殊激起社会变乱，彻底举办全国财产总登记，并确定私人土地及资产最高限额，时使用种种方法，增进农业生产，以发展农村经济，厉行保护关税，防止外货倾销，以保障民族工业，在不妨害国家主权原则下，利用外资及国外技术人才，以开发富源，侨胞人力、资力之用以开发祖国者，尤予以鼓励；并推行各种合作事业，以利生产运销分配而制止中间人剥削垄断，渐渐达到社会财富之均衡，从文化教育言：吾人认为须发扬中国固有之文化，以培养国民道德，提高科学之研究，以改进国民生活；实施义务教育，工读教育及各种补习教育，以期教育之普及；提倡举办各项文化事业，奖助文化界人士进修，以求本位文化之发扬；奖励科学发明及外文译著，并与各国交换大学教授及学生，以期国际文化之沟通。最后，从社会方面言：吾人认为应从速制定国民共同遵守之礼仪，革除社会恶习，养成良好风气；并推行社会保险，实施劳工保护，及举办各种社会福利事业，以达到人心及社会之安定。

凡上所陈，乃本党对于当前国是之主张，并悬为目的，制为政纲，愿本党同志尽心竭力以赴，一一求其实现。

此外尚有不已于言者，本党之组织，从其数百年奋斗之历史言，固以洪门志士为其重心，但以"复兴民族安定国家"之政治主张言,则此伟大使命,艰巨责任,非仅限于洪门人士单独肩负与完成者,因此全国同胞,青年志士,凡对本党宣言政纲及对国是之主张表示同情拥护并愿努力以求实现者,一律欢迎其入党为本党党员。再本党对于关内各党派亦皆表示至诚友好之态度,盖吾人之政治主张,尚未一致,所采取途径,未必尽同;但保障吾人国家之生存及民族之生命之延续,则为共同之目标,殆无疑义。故今后与各党派间之相互为援,共同努力,以求此最高目标之实现,乃必然之事,亦必然之势,本党对此特郑重而表示之,仅此宣言。

〔中国青年党等党派档案全宗汇集〕

2. 中国洪门民治党政纲

(1946年8月)

总纲

本党以内谋民利益,臻国家于富强;外谋全人类幸福,进世界于大同,为最高目的。

(甲)政治

一、实行地方政治,实现民主政治。

二、简化行政机构,缩小行政省区划分。

三、建立文官制度,规定政务官任期,并改善公教人员待遇,确立公务员保障法,奖励廉洁,严惩贪污,以实施廉能政治。

(乙)军事

四、实行征兵制,提高官兵生活,刷新军事教育,应建立健全之人事与经理制度。

五、整编全国军队为国防军,分驻于编练区及国防战略地,军量以配合国家需要为定。国防军官兵,一律不得参加党派战争,及干涉行政。

(丙)外交

六、保持国家领土主权之完整。

七、实行自主的外交,争取国际之真正自由平等。

八、拥护联合国机构,应保障有关国际和平之一切公约,以维持世界永久和平。

(丁)经济

九、在提高国民生活,充实国防需要之计划生产原则上,尽量发展国营事业。

十、确立私人土地及资产之最高限额,彻底办理全国财产登记,并限期完成。所有超额财产,在未登记前,可听私人自由处分。

十一、发展农村经济,增进农业生产,奖励联营农场,促进农业工业化,务使都市农村,平衡发展。

十二、厉行保护关税,开拓国际市场,防止外货倾销,保护民族工业。

十三、奖励侨胞人力资力开展祖国。

十四、在不妨碍主权之原则下,利用外资,并聘用国际技术人才,开发富源。

十五、推行合作事业,制止剥削垄断。

(戊)文教

十六、发扬中国固有文化,培养国民道德,提倡科学研究改进国民生活。

十七、实施义务教育,以达到各级学校免费为至终目的。

十八、实行计划教育,根据实际需要,作育人才。

十九、推行工读教育,及各种补习教育,以培植贫困及失学青年。

二十、奖励举办文化事业,优待文化界人士。

二十一、奖励科学发明,及外文译著;并与各国交换大学教授及学生。

(己)社会

二十二、制定社会礼节,养成良好风尚。

二十三、实施保护劳工政策,推行社会保险,及各种福利事业。

〔中国青年党等党派档案全宗汇集〕

3. 国民党中央联秘处关于中国洪门民治党组织活动情况专报

（1947年5—10月）

司徒美堂与赵昱冲突

洪门民治党内部分为二派:一派以司徒美堂为主,其力量在美洲（司徒美堂为美洲致公党主持人）,一派以赵昱为主,其力量在南洋（赵别字寿彭,乃致公党总理）。自司徒与赵合作改致公党为民治党后,不设主席,由九位常务委员执行党务。常委中隶于司徒美堂派者有:朱家兆（古巴代表）,相天孚（又名健夫,美国代表兼组织部长,燕大毕业）,朱今石（加拿大代表）;属于赵昱派者有:张书城（浙江衢县人,该党秘书长）、任荣野（河南人）、高仁缓（陆军中将,山东人）。赵昱授命张书城,收买杨天孚、朱今石等,以谋孤立司徒美堂,朱家兆旋即同情赵派,司徒之地位乃趋低落。追中间党联盟成立,民治党以发起人资格参加,司徒美堂乘机反对并公开否认。但据该党秘书长张书城表示:司徒美堂受民盟分子包围,破坏民治党参加中间党联盟甚为荒谬,民治党只有常委而无主席,司徒美堂以主席名义登报殊为不合,民治党参加联盟,系经常委会议通过,事后司徒亦以既成事实表示同意,此次登报否认实□反复之嫌。现除派代表向司徒劝告更正前项声明外,倘执迷不悟,即将开除其党籍,通令海内外。

二、赵昱赴香港活动

洪门民治党首要赵昱来港后,洪门分子顿逞活跃,赵现每月均约晤各洪门负责人,并访政府驻港机关及港府各机关李济琛、蔡廷锴、黄精一等均往晤谈,原拟对彼加以利用及拉拢,惟赵昱言行均表示拥护政府,奸伪颇为失望。赵来港积极筹组港澳总支部准备向港当局正式呈请备案。查该总支部全体委员均已内定,中有刘宝钧、黄适缘二人为奸伪分子。查该党港澳方面约有党员十万,拟短期内征收党费每人一元,为办报创设学校、通讯社之经费。

(2)民治党在南洋之活动

民治党系国内外洪门帮会所组织,内分两派:一为司徒美堂所领导,其力量在美洲各地,一为赵昱所领导,其基础在南洋一带,双方互相争夺领导权,暗斗甚烈。司徒美堂反对该党参加中间联盟,赵昱则坚主参加,冲突益趋表面化。赵昱为巩固彼在南洋之基础,并谋组织之发展,特往南洋活动,兹将其活动情况分述如下:

(一)在港澳之活动,赵昱到香港后,其党徒曾往码头献花欢迎,并举行盛大之欢迎会。赵昱在港曾拜访政府驻港各机关及香港政府各部门,并与李济琛、蔡廷锴、黄精一等晤面。该党之港澳总支部,自赵昱到港积极筹划,业已正式成立。由熊少豪任主委,黄沧海任副主委,刘锦灿任主任秘书,陈伟涛任总务科长,叶碧珊任组织科长,另于港澳各区分设支部。总支部设于香港于诺道中一三四号,公开挂牌。又赵昱曾一度赴澳门活动,被澳门当局以扰乱治安罪驱逐出境。赵昱受辱回港后曾发动党徒,向澳门当局抗议,并拟继续在澳门活动。

(二)在菲岛之活动,赵昱以菲律宾洪门人士甚多,决定前往发展党务,先由其菲岛亲信党徒筹备欢迎,并为筹募美金八万元,作为活动费。赵昱乃于六月中旬乘美琪将军号邮船赴菲,寓马尼剌苑伦那街侨商杜泽生处。赵昱到菲活动,主要目的为筹募大批经费。洪门在菲岛之组织,有中国洪门青年团、青年尚武国术社、洪光学校、侨商公报、抗日锄奸义勇军同志总会、乘公社竹林协议团、协和社等，均与该党采取联络。赵昱预定在菲岛作一个月之逗留，于捐款集有成数后，再行转往南洋各埠活动。

赵昱字寿彭，原为致公堂总理，在南洋各地之洪门帮会中，颇有号召力。前因欲参加国民大会，未蒙邀准，故对政府甚为不满。对该党中央总部组织部长杨天孚、秘书长张书城之亲近政府，亦不同意，此次赴南洋各地，实欲自行树立基础。

(3) 洪门民治党内部分化

一、司徒美堂声明脱党

洪门民治党于卅五年八月在上海成立，主要负责人为司徒美堂、赵昱、张书城、朱家兆、骆介子等。该党成立前，洪门内部意见分歧，有主张党（原名致公党）堂（致公堂）合一者，有主张党堂并立者。迨该党成立后，即有洪门人士张子廉、王知本、郑和本等另组"洪兴协会"，许君武、林有民等另组"洪门民治建国会"，声明民治党不足以代表全体洪门。陈其尤等在香港仍称致公党表示不合作。该党虽承认司徒美堂为领袖，但又表示中央宜采理事制，由常务理事共同负责，且不承认司徒美堂为主席。国大开幕前，司徒美堂曾代表该党来京向政府要求国大代表一百席，未能邀准，致遭党内不满，司徒美堂即表示消极。该党另一领袖赵昱，原为南洋致公堂总理，在南洋一带侨民中颇有潜势力，且能号召各地洪门因欲取司徒美堂之地位而代之，故极力设法培植其个人势力，曾代表该党参加"中间党联盟"，与司徒美堂意见相左，骆介子、张书城等又从中挑拨，双方益趋恶化。赵昱为建立该党在南洋之基础，曾先后到港澳及菲岛大肆活动。司徒美堂近已深知该党内部复杂，本身年老力衰（八十二岁），徒有虚名实力不足，遂由消极态度，而正式宣布脱党。司徒美堂于九月六日在上海大西洋菜社，公开招待记者，发表脱党声明如下："去岁自美返国后，鉴于国内时局动乱，乃有集合海外洪门同志组党，以发扬洪门传统精神，而协助政府安定人心之志，惟民治党成立一年来,徒见多数党内分子致力于党派之纷争,而未能从事于国家生产建设事业之努力,舍本逐末实违初衷,个人意见既不同于众,脱党亦不致影响党之前途,近复经华北华南及海外洪门同志李梅林、魏大可、王慕沂、张逊之、陈铁吾、张辅邦、王志圣等二百余人通电赞成,乃毅然宣布脱党,今后将竭力教育以实现"不争之为争"的建设本志。司徒美堂脱党,复该党由赵昱继续领导,最近将进行改组,今后之活动中心,亦将移往华南及海外,另有该党重要分子谭护等五十余人通电挽留司徒美堂。

二、港澳总支部发生纠纷

洪门民治党首要赵昱前次来港时曾委出执监委员六十一人,近因该党中央按照编制重新委出执监委卅四人、候补十六人,遂引起施伦佐及熊少豪二派之正面分裂,该部举行新执监委员就职时施等拒不参加,认为"现在新任之委任状系由该党中央驻会委员高天绂一人所署委,而司徒美堂及赵昱均未签署,真相不明,现施等拟进行另组"整理委员会",并电催司徒美堂、赵昱等来港。查业已先就职之执监委员,计有熊少豪(主委)、黄沧海(副主委)、叶碧珊、陈直中、刘宝钧(奸伪)、黄晓山、宋约云、曾玉波、彭天雄、林维德、钟懋将、陈绮云、赵善灿,纠纷原因:(1)因赵昱前委出之执监委员及各部主任被最近该党中央推翻而重新委出,遂引起大部党员之反对,(2)该部现分三派,即朱家兆派,赵昱派,司徒美堂派,查朱家兆派有熊少豪、黄沧海、朱灼云(朱家兆之子)、陈直中等;赵昱派有施伦佐、黄大枢、赵长庆等二十余人(三派中占最多数);司徒美堂派有刘锦东、刘锦灿、梁创仲等,现赵派与司徒美堂派合作抵抗朱派,此外则以该部主委熊少豪在洪门历史短浅,且把握党务引起各人反对,亦为原因之一。查反对派在施伦佐领导下,已组有执监委员整理委员会,并在大中华酒店五楼七号房设办事处,强调排除跨党分子及出卖该党者口号,必要时将另组新民治党,以为要挟。查该党整理委员会推定刘锦东、施伦佐、梁创仲、区标、赵礼东、刘锦灿、梁国权、林飞熊、张海若、陈伟涛等为常委,杨大枢、杨馥、黄启林、谢佐基等为委员,并推定施伦佐、赵礼东为该会对外发言人,又查赵昱即将来港调解。

(4) 民治党在香港之纠纷

民治党港澳总支部的主干人物,是熊少豪(主任委员)和黄沧海彼等,背后的支撑人是美洲方面的朱家兆,由赵昱支撑的反对派施伦佐,月前虽曾登报公开否认,熊少豪领导下的港澳总支部,可是反对派在香港的洪门弟兄群中缺乏号召力量,结果他们的活动静止下来,任由熊少豪这一派继续活动。

熊少豪原本是青帮人物,在香港置有产业,手头相当松动,黄沧海在香港洪门弟兄群中颇有钱财,因此他们的活动,较为容易,同时他们还得到美洲方面朱家兆领导下的洪门弟兄供给,民治党港澳总支部的经济来源也可以依靠美洲方面挹注。

熊少豪这一派在香港洪门里,亦不能完全取得控制的地位,党员实际上不过六七百人,洪门弟兄们只知道凭藉帮会组织找生活,没有闲心去组织或参加什么政党,更因港澳帮会中人都要依靠警界庇护,才能够明比为奸,他们不肯参加任何政党,以致引起当地政府较高当局的注意。该总支部向各方面联络,委员名中就有民盟分子存在,冯啸天在民盟的资格虽然很浅,但他是一个在香港活动的民盟分子,其他党派也有分子渗入民治党港澳总支部,企图把这一个新组织争取过去。

香港政府对于民治党港澳总支部的组织,虽然不曾阻挠,但予以严密的监视,尤其对于民治党所号召作党员的洪门分子监视更严,洪门帮会中人,不管他是否民治党党员,只要参加帮会的械斗或做出其他法律所不许的事情,警察方面断不放松。该总支部第一区党部(设湾仔轩尼诗道4887号三楼),自成立后,因所属党员"连胜"(黑社会堂口)分子与"冬"字头分子争地盘利益问题,酝酿斗殴,为警察当局到该部搜查,捕去十九人。查该部负责人张若海,现参加施伦佐之反对派,该部已无形中与熊少豪主持之港澳总支部脱节,该党美洲等地尚不知该部发生内哄,近美洲洪门分子捐汇该部美金二千元,为熊少豪截收。又熊少豪近接该党美洲召开之代表会电称:将拨十万元美金在港办报。另拨五十万美金建筑大厦,作招待华侨及洪门分子之用,熊除电谢外,近拟筹办《民治月报》为宣传喉舌,已派冯啸天、李子诵等负责筹办,将来亦由冯李二人主持。

该党中央常务委员兼驻会委员兼粤港菲特派员赵昱在港登报启事,谓该党中执会秘书处推翻其本人所委之港澳总支部职员,而另行委派,此举未经常会通过,其委任状亦未经驻会委员三人之签署,为不合法,当属无效。又革除施伦佐党籍事,并未经中常会之通过,亦未经驻会委员三人之签署,亦属无效(按该会驻会委员为赵昱、司徒美堂、朱家兆、黄守中、高仁绂五人,凡有关文件经驻会委员三人签署始为有效)。唯熊少豪派主持之港澳总支部,为使社会人士注意,造成既成事实,以抗拒改组计,于十月十二日,在香港大同酒家举行正式成立大会,事前发出请柬甚多,计是日到有蔡廷锴、何香凝、余兆麒、潘公弼、徐季良、卫文纬、沈慧英、陈公哲、马叙朝、王志圣、黄翠薇(港府政治部主任)、张沛松(民社党港澳总支部代表)暨该党中委钟仲芍及党员约二百人,礼堂分挂国旗及该党五色党旗,中悬"义气团结"、"忠诚救国"、"义侠除奸"三大信条,由熊主席阐述该党工作及主张,并强调今后愿与各友党合作为民主政治而努力,后由副主委黄沧海致谢词,并分发开幕特刊,是日并未请来宾演讲。反对派施伦佐对熊少豪所领导之港澳总支部认为非法,表示反对到底。

〔国民党党务系统档案全宗汇集〕

十一、中国中和党——中国中和社会党

1. 中国中和党宣言

(1946年10月)

本党领导者尤公少纨列,自前清光绪二十三年,即将本党组织成立,而香港,而东京,而南洋各埠,迄今垂六十年历史,同志散布于海内外,总额已逾二百余万众。乙巳年,同盟会成立之日,首由尤公提出兴国父孙中山先生制定"中华民国"国号,随领导组织中和军,发动辛亥革命,推倒满清,建立民国。本党同志前仆后继,勇往迈进,数十年如一日,未尝稍懈。辛亥革命以后,袁贼称帝,张勋复辟,尤公仍继续领导同志,复组救世军,讨伐袁、张两贼,率能先后将专制余孽敉平,奠定国基。惟本党同志,多属劳动农工阶级,不求显达于当时,乃以在野政党地位从事生产事业,发展经济,以裕民生为职志,尤公功成不居,退寓香江,悬壶济世,并致力发展教育,六十年来,本党对于国家建设事业无不广为发动,出力出钱,慷慨输将,贡献尤大。然每当国家存亡绝继之秋,莫不勇往直前,共纾国难,民二十年秋"九一八"事起,东北四省沦陷,国民政府召开国难会议于洛阳,尤公被选为国难会议代表,时尤公以外侮日亟,乃通电全国主张统一御侮,扶病晋京,陈述救国方针,旋因劳瘁过度,遂于民国二十五年十一月十二日溘然长逝。尤公逝世后,本党同志乃公推其哲嗣尤永昌先生继续主持党务。追七七事变,本党主席尤永昌先生乃本尤公遗志,于抗日战争展开始,即登高一呼,通电海内外同志,全体动员,共赴国难,并将遗产拍卖,悉数汇送国民政府为天下倡,同时诰诫本党同志,不必以中和党名义,同志乃悉自动参加抗敌,拯救国家之危亡。民二十九年,本党同志鉴于战局严重,对于国事须有更具体之贡献,乃扩大本党组织,改为委员制度,公推李纪堂、曾克齐、李天德诸老同志为中央执监委员,普遍发动海外同志归国参加抗战服务,于是直接参加前方作战部队,与敌拼命者有之,间接从事看护、运输者有之,奔走呼号筹募巨资以为救济者有之,从事国民外交运动、争取兴国者有之,努力文化运动宣传动员者有之,各本岗位,殊途同归,无不尽量发挥本党一贯为国家民族牺牲奋斗之传统精神,争取抗战建国之最后胜利。今日抗战已得胜利,国家地位已跻强国之域,政府正欲如何召集国民代表大会、实行民主宪政,还政于民,欲如何完成军队国家化,努力国防之建设,欲如何统一建设以复战后国家之元气,欲如何振兴教育以谋国家百年之大计,而不幸正在抗战胜利之后,纠纷继起,人民痛苦未除,战祸已迫在眉睫,因是民困不苏,政乱不治,哀鸿遍野,贪污横行,经济恐慌,教育破产,国几不国,本党同志凛国家缔造之艰难,抗战胜利之不易,不忍坐视国家之艰危,乃挺身而起,本革命之传统,作正义之呼吁,深望本党同志、全国同胞,以同一之步骤共赴时艰,故谨将本党对于目前国事之十大政治主张宣言如次:

(一)国家民族至上,复员建设第一,应即停止战事,相诚协商国是。

溯自"七七"事变,日本倾全国之师以来谋我,我举国一致在最高领袖蒋主席领导之下,为求领土之完整、主权独立,使中华民族永久适存于世界起见,乃不顾一切,全国总动员,展开神圣抗战,牺牲之烈,死伤之惨,为旷古所未有,而结果在国家民族至□之最高原则之下,卒能一德一心,群策群力,打倒日本争取最后胜利。今者战事结束,复员建设开始,而不幸有内战之发生,同室操戈,祸起萧墙,几引起国际干涉,举国惶惶不可终日,而我侨胞尤为愤慨,姑勿论任何党派,不得拥有武力参加内争,姑勿论任何理由,凡动兵者皆为国民之公敌,故非立即停止内战不足以定人心;非立即停止内战,不足以协商国是;非立即停止内战,不足以制颁宪法,还政于民;非立即停止内战,更不足以复员建设,但政治上之根本问题在一诚字,只有精诚无间始能开诚相见,协同一致,共克除国家民族之困难。否则只知有一党一派利益,势必至置国家民族之利益于不顾,国计民生于度外,于是无从复员,无从建设,故本党主张应立即停止战事,相诚协商国是为大前提。

(二)主张全民政治,各党地位平等,惟应以三民主义为建设新中国准则。

自北伐以至抗战,二十年来,中国政治均在国民党领导之下,以前进诚有不可泯灭之功勋,亦殊有足多之处,惟国事演进至今,中国已成多党政治,且依照国父建国程序,已届训政进入宪政时期,军事时期政治已成过去,各党地位在法律上应取一律平等,乃国民一致所要求,亦为宪政时期所必循之途径,况一党统治,最易违背全民政治精神,而与三民主义政治"民有"之本质发生矛盾。故今后中国之任何政党,皆当放弃其一党统治,尤应放弃其以武力夺取政权之迷梦,务使一切政党以及全体国民皆有参加政府及贡献政见之自由,而全民政治中,各政党地位平等,则更无疑义。至于国策问题,三民主义为建设新中国之最高准绳,为全国各政党、全体人民所公认,各政党勿论对于国是之主张如何,而断不能违背三民主义为建国之原则。本党致力革命,数十年如一日,其目的厥在实现现代化之新国家,今后尤当贯彻初衷,悉力以赴,与各政党全体同胞一心一德迈步前进,集中全力,建设富强康乐之中国。

(三)依期召开国民代表大会,希冀各政党派代表出席,实施宪政,还政于民。

中华民国成立迄今,三十五年矣,而代表全民政治之宪法尚未公布,而宪政尚未实施,还政于民无从实现,是诚中国政治之大患,亦中国政治之乱源。本党先总理尤公于民十六年发表宣言,对于国事主张有云:"我民国成立既十六年,宪法未有成就,历年变乱,端在此点,亟宜召集宪法会议,务此大中至正,先行制定草案,通布全国,人心厌乱,必获欢迎,南北可藉此而罢兵,反动者亦可藉此而震慑,而无穷之外侮亦将藉此而融和。昔刘邦入关,约法不过三章,卒定天下,可知宪法草案胜于百万雄兵多矣,一高瞻远瞩,至理名言,非常正确。本党六十年来,对于国民革命之牺牲奋斗,其最终目的不外为:争取民主政治之代价,时至今日,推倒满清,肃清军阀,打倒日本。而吾人革命大业已告泰半,惟距理想尚遥,困难尚多,袒言之,则有少数政党对于选派代表出席国民代表大会问题,尚感缺乏现代政党磊落光明之态度,所以本党极希望中国各大政党同时警觉,皆以国家民族利益为重,选派代表出席参加国民大会。在制定宪法、还政于民之外,对于国是问题,尽可提供意见,付诸大会表决实施,苟藉故延宕时日,拒绝选派代表出席参加国民代表大会者,实则别有怀抱,无疑反对实施宪政,反对还政于民,实事上则为人民之公敌,自失其政党之地位。惟政府方面对于政党之态度,务须公正诚恳,给予政党政治上自由发展之机会,同时尤应密切联系,不可隔阂于其间,绝对不可含有高压、包办支配之气息,促成对立现象,形成分裂破碎之局面,此则本党对于政府之期望。

(四)扶植世界弱小民族独立争取兴国,加强国民外交。

本党先总理尤公少纨及国父孙公倡导革命之初即以联合世界上以平等待我之民族,共同奋斗,及扶植世界弱小民族独立为职志。中国在抗战胜利以前亦为次殖民地、弱小民族之一,然经八年抗战,一跃而登四强之列,实由于中国无帝国主义之思想,只知积极发挥"亲仁善邻"的外交政策,促成中、美、英、苏的同盟阵线,卒将德、意、日轴心国家打倒,以自求解放。但目前一般弱小民族如朝鲜、安南、缅甸、印度等尚存在于被压迫、被统治之状态中,故吾人应本其传统之外交政策,扶助培植其独立,成为自由平等之国家,纵不论任何困难,必须完成扶植世界弱小民族独立之任务。在中国本身同时必须运用国民外交,争取兴国,对于中、美、英、苏、法等有地位国家之邦交,尤应同时增进,在平等互惠原则下,联合世界上一切爱好和平与正义之国家,共同奋斗,建立世界永久之和平。

(五)协助华侨,健全海外机构,扶导侨胞事业,发展侨务。

本党为代表华侨利益而奋斗之政党,盖本党同志亦从华侨党员为最众,而数十年来对于祖国之贡献亦以华侨同志为最多。惟检讨事实,政府对于华侨利益方面尚感缺憾,北洋军阀时代,任其自生自灭,姑且勿论,而自北阀成功,奠都南京以来,虽有侨务委员会之设立,然实际上关于战时救济及战后复员工作,侨胞得其实惠者甚鲜。政府对于华侨问题虽感鞭长莫及,挂一漏百之苦衷。然华侨为革命之母,不论过去、现在、将来,祖国与华侨实有密切之关系,故本党站在华侨利益方面,敢大声疾呼,政府对于侨胞绝对不容忽视,祖国对于侨民之痛苦亟应解除,易言之则为海外华侨之外交、经济、政治、教育、文化、社会、救济等问题务须切实协助扶导,从计划力行上积极努力求其实效,万勿徒具官僚政治作风,有名无实,甚以官僚资本力量剥削侨胞利益。今者抗战胜利,国际地位提高,而华侨在海外受居留政府之压迫者如故,甚至华侨复员遥遥无期,华侨一入国门,诸多留难,困苦重重,不胜枚举,以上所举诸端,均属当前亟待解决之问题,深望国人共同努力,不许再予侨胞以失望者也。

(六)消灭官僚资本彻底解决民生。

十年来中国政治之失败,民生痛苦之最大原因为官僚资本罪恶之发展,盖凡滥用职权之优越地位,不论军人、政客、公务员之身份,藉公营私,予夺社会经济以自肥,或勾结封建地主、财阀、奸商、市侩以经济手段榨取民脂民膏,复凭藉其雄厚资本、政治地位、经济力量,垄断国民经济,操纵社会金融,凡此种种,吾人皆名之曰为**官僚资本**。官僚资本与封建势力相依为命,在抗战阶段以至今日,尤为发达,甚至犯法乱纪,包庇贪污,卖官鬻吏,影响国计民生,为患之烈,甚于洪水猛兽,迨乎抗战军兴,战乱动荡,陷区辽阔,国家政令难免鞭长莫及,于是乎官僚资本乃得大肆活跃于青黄不接之区,尽其跋扈搜括之能事,武装走私,骗瞒关税,偷运资敌,屯积居奇等,已成司空见惯之事实,无一不渗透官僚资本为之支持,整个国计民生已受其垄断与控制,沦使中国五万万之同胞皆成为官僚资本之奴隶。计自胜利复员以后,物价指数方兴未艾,洋货充斥,国货破产,农业、工业均陷停顿状态,粮食恐慌,尤为更甚,人民战后生活更苦于战前,在经济学观点,其中原因虽然复杂,而官僚资本作祟,实为最重要之因素,苟任其发展,其结果迫使民变,激起民族经济革命,国家民族必被官僚资本所灭亡。本党鉴于国民革命成败之关键在乎民生,而官僚资本为民生主义之大敌,官僚资本一日不消灭,则民生问题永无实现之时,故本党极力主张政府亟须调查登记官僚财产,在合理原则之下,使官僚资本变为国家民族资本,纳入正常轨道,国计民生之大患既除,然后始足以进行民生主义之建设。

（七）扶植国内农、工、商业,保障与发展轻重工业,确定公营、民营工业与矿业等。

中国实业之开展,应分为两途进行。（一）个人企业,（二）国家经营是也。凡关于国家农业、工业之开发,必须具备国家奖励与法律保护二大条件,同时自杀之税制,应即废止,紊乱之货币立须整理,各种官吏之障碍必当排除,尤须辅以利便之交通,对于实业开发之先,尤须注意：（一）确定公营、民营之范围,（二）必须防止官僚资本之投机,（三）尽量便利华侨投资,运用友邦技术器材,（四）应选国民之需要者,然后循其扶植保障之途,求其发展。否则,抗战虽然胜利,而中国之国民经济已无复苏之机缘,消费愈多则危险更甚。夫经济者人类社会之基础也,实业者为经济生产方面之现象也,生产力既遭破坏,简言之则为经济破产；经济濒于破产,欲求建设一富强康乐之国家,安可得乎？故当此抗战胜利告成之际,建设发端之始,关于扶植国内农工业,保障与发展轻重工业及确定公营、民营工业与矿业问题,于民族、国家兴替盛衰之前途关系甚巨,不论吾国朝野上下,务须一致根据民生主义之经济原则共同努力,从事中国农业、工业、矿业等实业之建设。

（八）积极发扬孔教，注重心理建设。

心理建设为社会建设之基础，而革命志士所应具备之条件，则为精神重于物质，义务重于权力，正义重于生命，国家民族重于一切，然后始足以投身革命、领导革命、完成革命之伟大任务。然心理建设之首要在乎革命思想之健全与坚定，然后始足以表现革命之行动，发挥其革命之力量，达到革命之目的，本党为民族求独立，民权求自由，民生求幸福之政党，故对心理建设一端认为非常重要。本党先总理尤公毕生以孔教革命为己任，其能领导本党贰百万同志，六十年来如一日，从事革命，推倒满清，建立民国者，其所恃以成功者何？一言以蔽之曰，笃信孔子之道而已矣。夫孔子之道博大精深，莫可能名，约而言之，厥为忠、孝、仁爱、信义、和平而已，本党名之为中和亦取义于孔道之精华而定之，盖中则大道之行也，天下为公，和则天地化育，万物生焉，在革命破坏时期固本和中之精神，而奋斗，而革命建设，尤应本中和之精神而努力。中国二千年来文化之精神，实一脉相传的道德思想，直为中国文化之大原，万世之师表，故中国全部文化史，可以相传儒家一派学说为其代表，孔子之伦理思想在乎"求仁"，仁者为良知良能之根本，苟人人能知仁行仁，则人与人之间的社会问题自然解决，可以陶成社会之风范，以济国家制定法律之不逮，孔子热忱于救世，自成其有系统之政治思想，而极终之目的在乎大同，为实现其政治思想，所以主张整个政治、哲学建筑在乎养成"贤人"、"君子"己立而立人，己达而达人之革命人格。今日中国口言仁义而行若盗贼之官吏，私尔忘公，见利忘义之社会风气适与孔子之伦理、政治思想相反，吾人为继续尤公孔教革命之遗志，端在发扬孔子忠恕之道，即为三民主义心理建设之工作，此心理建设如不成功，则一切建国大计付诸东流，永无实现之日。凡我同志、同胞务须深切警惕身体力行者也。

（九）提倡科学运动，建设现代国家。

本孔子之道，以努力心理建设，同时必须提倡科学运动，以建设现代国家，盖社会建设与社会科学关系至深，物质建设与自然科学之关系尤切，苟发扬孔教之心理建设，虽然成功，而不同时注重提倡科学运动，则等于空谈哲理，不务实际。夫建设现代国家之主要条件有三：一则曰教，一则曰养，一则曰卫，而教养卫三者之具体表现，则为教育、经济与军事，而现代教育、经济、军事之建设，必以科学技术为骨干，然后始足以发挥教养卫之力量，永久适存于世界。中国为一科学落后国家，国际地位虽然提高，而缺陷、不足之处尚多，如与列强比较，相差不止半个世纪，苟不急起直追，迎头赶上，中国命运之危险恐将百倍于今日，且战后世界已经进入科学原子时代，国家对于科学知识之训练、研究科学运动之提倡指导、科学建设之计划实施，虽然已略具雏形，然感不足之处甚多，其最大原因为中国科学人材之缺乏，故对于科学人材作有计划之登记与训练，有计划之分配与使用，有计划之储备与保障，最为首要。同时，国家用人，当以科学技术人材为重点，其待遇亦最优，以示奖励，使其与天争利、与地争利，转变中国数十年来与民争利之风气。今日之政府骈枝机关触目皆是，而工厂、农场、矿场、牧场、渔场、林场、医院、学校等数字，微乎其微，而工程师、技士、医生、记者、教员如与政府公务员比较，则相差更远，因此消费者多，生产实力将何如建设现代之国家。

（十）切实保障人民身体自由。

人民身体自由，在法律上最为神圣，故本党政纲规定人民非依法不得加以逮捕、羁押或处罚，并禁止任何机关团体对人民施行体罚，对于民主政治前途关系非常重要。查现代文明国家未有政府视人民如犬马，任意踩躏人权，而能使政治上于轨道者，夫推倒满清民国成，人民为国家之主人，政府不过为人民之公仆，受国家之给养、人民之付任，以执行政务而已。而政府官吏不得以统治者之地位自居，不得以国家之主人为被统治、被压迫之对象。致三十年来，中国官吏仍受数千年专制余毒所习染，对于人民身体自由动辄不知尊重、保障,实为民主政治之最大障碍,最易使人民与政府间发生磨擦,故兹此实施宪政,还政于民之际,尤应切实保障人民身体自由,贯彻本党对于全民政治之主张。

抗战胜利之后,复员建设开始,中国政治进程已到实施宪政、还政于民阶段,是诚我四万万同胞额手称庆时机,本党为唤起全民达成建国之历史任务起见,谨以至诚,对于目前国事十大主张发表宣言,深望本党同志努力贯彻,促其实现,并希望全国同胞、党国先进、社会贤达共济时艰,一致迈进,继往开来,完成此最艰巨、最伟大之时代使命。幸甚!幸甚!谨此宣言。

〔小党派全宗汇集档案〕

2. 中国中和党政纲

(1946年)

(甲)总则

确定尤列先生遗教,及三民主义为建国之最高准则,发动本党全体同志及全国同胞,在三民主义领导之下,实行全国政治,拥护国家统一,加强国家民族团结,共同努力建设永久和平,自由、繁荣、康乐、幸福之现代国家,特制定本党政纲如左:

(乙)外交

一、本独立自立精神,切实增进世界上爱好和平、正义之国家及民族在平等互惠之原则下共同合作,沟通经济、文化、学术关系,建立世界永久和平。

二、协助世界一切弱小民族独立与解放。

(丙)政治

一、实行民主宪政,使人民有充分参政之权利。

二、厉行法律,保障人民之思想、言论、出版、集会、结社、居住、迁徙、身体、财产、信仰之充分自由。

三、人民非依法不得加以逮捕、羁押或处罚。

四、禁止任何机关及团体对人民施行身体处罚。

五、保护妇女在政治上、经济上、法律上、教育上、社会上地位之平等。

六、厉行法治，培养人民守法习惯。

七、严惩贪污渎职及违反人民利益之官吏，并准许人民检举。

八、应立即宣布人民行使四权，实现民主政治。

九、各级民意机关之选举，应以普遍平等自由之原则行之，绝对禁止操纵舞弊。

十、各级民意机关并具有监督、协助同级政府之职权。

十一、严禁赌博、鸦片毒品。

十二、应立即处理积狱，并实施冤狱赔偿，保障人民法律上之利益。

（丁）经济

一、扶植自耕农，保护佃农，防止土地集中，以期达到"耕者有其田"之目的。

二、调查登记官吏、地主土地，依照民生主义办理地政。

三、促进劳资协调，改善劳工待遇，增进工人福利，并保护童工、女工。

四、增进农工商及海外侨民之生产技能，提高其生活水准。

五、反对重利剥削及一切不合理之租金。

六、人民对内贸易绝对自由，政府除输运物质、调节市场外，不得采取任何干涉政治。反对官僚资本与民争利，并尽量简化检查手续，蠲免不合理之捐税。

七、各级行政机关、军队及公务员不得经营商业及银行。

八、对外贸易须予人民以自由经营之权利。

九、各种工业、农业、渔业、矿业，除依照中央规定，应由政府经营外，均应奖励民营。政府官吏不得垄断与独占。

（戊）军事

一、应立即依照国民政府的整军方案，造成军队国家化之任务，统一军令、军政。

二、各政党不得组织军队为原则，并永久反对使用国家军队参加内战。

三、积极建设科学国防，完成现代军事建设。

四、注重军队素质，提高军队待遇，并增进军队纪律、学术、道德训练。

（己）文化教育

一、尊奉孔子学说及尤公遗教，提高国民道德教育，发扬中国文化。

二、发扬三民主义之文化教育，启发国民思想，确立中心信仰。

三、提高科学技术教育，增进经济生产。

四、加强国民劳动训练，发挥服务精神。

五、发展国民艺术教育，以期达到国民生活艺术化之目的。

六、普遍积极推行识字教育，扫除文盲。

（庚）民众运动

一、普遍组织国内外农、工、商、学等团体开展民众运动。

二、救济难民及国内外失业民众，施以有计划之生产训练，参加生产机构。

〔小党派全宗汇集档案〕

3. 中国中和党对目前国事十大政治主张

（1946年10月10日）

（一）国家民族至上，复员建设第一，应立即停止内战，相诚协商国是。

（二）实行全民政治、政党地位平等，并由各政党及社会贤达，参加政府，惟应以三民主义，为建国之准则。

（三）依期召开国民大会，希冀各党派代表出席，实施宪政，还政于民。

（四）世界弱小民族独立，争取兴国，加强国民外交。

（五）协助华侨健全海外机构，扶导侨胞事业，发展侨务。

（六）消灭官僚资本，彻底解决民生。

（七）扶植国内农工，保障与发展轻重工业，确定国营民营工矿业与交通事业等。

（八）积极发扬孔教，注重心理建设。

（九）提倡科学运动，建设现代国家。

（十）切实保障人民身体自由。

〔小党派全宗汇集档案〕

4. 中国中和党复员后上海第一次干部会议宣言
（1946年12月）

推翻帝制，建造民国，中华民族革命之成功，莫不知有孙中山先生，而或不知有尤列先生者。溯当年孙、尤两公与群贤诸烈结集海内外同志，始创兴中会，合组同盟会，继乃各自领导国民、中和两党，名虽分立，而实仍为兄弟一家。历次起义发难，输财捐躯，均皆以一心一德，当仁必让之精神，全力以赴，但我中和党尤总理，澹泊明志，成功不居，不为名利之争，故不言禄禄亦不及，而不求见知于世，遂使世人亦易于遗忘。同时本党全体同志咸知以首领之心为心，谨守人民本位，从事工商事业，对政权势位，未尝一作逐鹿问鼎之图，此非放弃责任，亦非爱国之心后人，实不忍于连年内讧纷争之漩涡中，轻作附和偏袒，以为滋乱助虐之资耳。不幸国祚坎坷，灾害并至，内难未已，外患继起，九一八噩耗惊传，日敌称兵入寇，方此之时,我尤总理痛于国脉垂绝,民族濒危,忧心警惕,毅然奋起疾呼,通电全国,要求上下朝野、各党各派,立即化除界域,平消意气,召致举国贤能,集中全部力量,同心同德,一致对外,宣言愿率海内外数十万同志整饬待命,同赴国难,随而应当局之召赴京参预计议。无如天不假年,衰龄婴疾,悲愿未遂,溘然长逝,致使吾辈后死者永留深刻之印象,益坚砥砺之初志,沉毅坚忍,誓必一日为先总理继光明、伦遗教,实现一贯主张。后此之期,日寇包藏祸心,把持既成事实,策动预定阴谋,乃有九一八而一二八,复由七七而八一三,为遂建设东亚新秩序之妄念,引起世界大战争之惨祸,我国撑持最久,伤害至甚,沦陷地区之内,国民受尽水深火热之苦,侨胞亦惨遭同一亡命运。幸而八年苦战,赖有英明当局,坚定国策,道义盟邦,固联阵线,历尽艰困,卒将戎首罪魁,奸慝降伏,全世界回复和平。此正千载一时,可为国家谋建设复兴,应为人民求休养生息,内强政治效率,外固国际地位之唯一难逢机会,何堪复见同室操戈,然〔燃〕其煮豆,固执一是,各走极端,阻碍建设进步,破坏现状秩序,使朝为笑而暮为啼,亲者痛而仇者快哉。本党懔于国家治乱兴亡之责,民心好恶向背之要,大义当前,天职所在,已知有不容再事逊让,以洁己独善为自得之暇豫,漠视现局,坐视成败,而不作公道正义之主张,行中庸和平之调处,今为代表非强制式之真正民意,为承继有历史性之纯洁任务,业已正式公告复员,复经本党中执行委员会议决指派杨孝权同志为驻沪党务特派员,负责本党上海方面复员工作及党员登记事宜,同时力求健实基层组织,加强机构之力量,持正己正人,矢忠矢诚之戒约,保不偏不私,无固无我之原则,兹以上海复员工作大致就绪,经本党中央核准,订于三十五年十二月二十二日在上海召开复员后上海第一次干部会议,检讨过去工作,推进今后党务。至于对当前国是局势,一秉本党中央当局既定决策,坦白主张,直言不讳,国体至上,民命为重,家不分,乱不可长,毋以党权夺民权,勿仁力武争势力,断然只有还军于国,返政于民，制定宪法，实施宪政，方是完成全国统一和平，促致世界安全合作之正道。且当认定政党应有其独立性格，超然地位之存在，对国家对人民，只许有义务之报效，绝不容有权利之计较。不作分赃政党，不藉政党分赃，不以附从而取容，不以反对而树敌，是者是之，非者非之，为所当为，急所当急，顾全国体，保全党格，本党上海干部同志唯知谨以中正和平，大公博爱之基本主义，自勉共勉，以身作则，愿我全体国人，各方贤达，进而有以教之。

〔小党派全宗汇集档案〕

5. 中国中和党上海总支部第一次党员代表大会宣言
（1947年2月）

查本党自三十五年十二月一日，开始在上海展开复员工作，办理党员登记，一秉中正和平之态度，大公博爱之精神，洁己持正，与民兴利，数月以来，成效卓著，端赖社会各界人士热烈赞助，与乎本党同志坚苦奋斗，使本党精神得以发扬光大。本党同志，始终持正己正人矢忠矢诚之戒约，保不偏不私无固无我之原则，不事政权之争，不为名利之夺。兹以上海复员工作，逐步完成，上海总支部所属各级党部机构，亦已先后调整就绪，经呈奉本党中央执行委员会核准，订于三十六年二月十六日，在沪召开上海总支部第一次党员代表大会，检讨过去工作，推进今后党务，同时为健实机构力量，加强组织效率，即日选举执监委员，成立上海总支部执监委员会，整肃阵容，充裕活力，共同仔肩巨艰，从而致力于复员建国之重任。惟是国家历经八年抗战，万里焦赤，继以国共争持，兵连祸结，朝野骚然，烽烟遍地，工商毁灭，农村破产，外货充斥市面，经济濒于崩溃，而内乱日益扩大，和谈欲续又绝，全国人民日处水深火热之中，国际地位为之一落千丈，西班牙内乱之惨祸，实已重演于今日，此正我中华民国危急存亡之秋，而亦本党同志奋发救亡之日也。当此之时,舍和平统一,无以挽狂澜于既倒,惟生产建设,方可期国脉之延存,各党各派,应以国家民族与人民之福利为重,不可视自党自派之权利驾凌一切。本党上海总支部全体同志,谨以一心一德,在国家至上,民族之上,复员第一、建设第一之最高原则下,为中正和平而努力,为民主自由而奋斗,同时吁请国共双方,就地停止军事行动,由全国民意代表与各党各派合作,以挚诚态度,聚首一堂,重新召开政治协商会议,一切未经调协之纠纷,即可迎刃而解,化干戈为玉帛,由和平而统一,从而还军于国,还政于民,如期实施行宪,加强生产,努力建设,致国家于康乐富强之域,有厚望焉。

〔小党派全宗汇集档案〕

6. 中国中和党中央党部关于调整组织机构训令

(1947年3月4日)

中国中和党中央党部训令　　沪祖字第484号

令中央直属上海第三特别支部支部长陆创甫同志

查本党为加强党务进行,调整组织机构起见,于三月二日召开留沪中委会议,议决如下:

一、本党主席办公处即日宣告成立,同时上海办事处着即撤销,所有该办事处原有人员另行任免。

二、上海办事处直属各支部一律裁并于上海总支部。

三、派杨孝权同志为上海总支部长,贾汉铎同志为副总支部长,韩景琦同志为书记长。

四、派戴持平同志为主席办公处主任秘书。

五、派杨志千同志为上海总支部设计委员会主任委员。

六、上海总支部原有一至二十支部仍予保留。

七、上海办事处原有支部改为上海总支部第二十一至三十六支部,必要时得增加四个支部。

八、调整机构后之上海总支部各支部负责人选着由总支部报请中央执行委员会,另行核委。

九、上海总支部与上海办事处之各支部合并于上海总支部后,所有各该支部党员藉限于三月三十一日前造册,报请中央执行委员会核□。

十、本党中央党部现有证章一律缴销作废,另行颁发新证章佩用,以示识别。

十一、中央直属上海□□特别支部取销"特别"两字,在中央党部迁址后,归上海总□部统一指挥。

十二、原有上海办事处及直属各支部之一切印刷品、文件、印信等,因调整而不适用时,由总支部负责办理。

十三、调整后之总支部,在六个月后得召开临时全体党员代表大会。

十四、本党党员证件,统由本党中央党部颁发之。

十五、本党有关中央性及本党整个关系之新闻,应先期送请主席办公处核定后,宣发关于各级党部之新闻,得自行审慎负责对外宣发之。

十六、关于中央党部核发之组织法规等文件,及上海总支部所发出之文件,必须加上中央名义者,应经留沪各中委通过后,方可施行,以昭慎重。

以上共计十六案,除分会外各行令仰该部长遵照办理具报为要。此令。

代主席　尤永昌
组织部长　高谪生

中华民国二十六年三月四日

〔小党派全宗汇集档案〕

7. 国民党中央联秘处关于中国中和党组织活动情况专报

(1947年4—11月)

（一）

一、在上海之活动

中和党上海新总支部办公处暂迁至长治路一三二号，近该处召集各级干部代表临时会议，到五十余人，由兼总支部叶裕华主席，经过如下：

（1）叶裕华报告开会宗旨及整理上海总支部经过。

（2）叶裕农（中央党部福利部长）报告筹办娱乐、救济、职业介绍、医药等福利设施。

（3）高诵生（中央党部组织部长）报告尤永昌赴京任务，力斥外传为活动参政，称系要求国府国葬该党故总理尤烈（政府已允拨一千万元），兴办纪念尤烈之大、中、小学校（教育部称无经费，后允先办一中、小学，由政府及该党各认资半数，共同合办）及恢复中和广播电台。

（4）各级干部代表多人报告杨孝权劣迹——此外，又决议前组江南造船所及招商局警卫队组织支分部，现奉政府命令国营机关人员不许参加其他各党派，故将该二处支分部撤销改为小组，对警备司令部饬宪兵第二十三团派宪兵强迫停止本党广播电台播音事，呈请中央党部核示，呈请中央党部印刷本党先总理尤烈遗像，规定征收入党费洋一万元，其中六千元缴中央，四千元为总支部经费。初党总支部办公房屋、地址派各支部设法觅寻，及通知未来报到各支分部从速登记等事项。

二、尤永昌对杨孝权之处置

讯：前中和党上海总支部杨孝权领导之各部、处长，已被全部免职，避匿他处，杨孝权本人以滥发支票被捕，解地枪处，业以罪证不足,交保释放,彼与广东之中和党党务整理委员会迄未正式取得联系,且已无取得联络可能。开杨孝权接受中共指示,除设法控制该党一部分支部外,并在上海、镇江同乡会举行秘密会议,议决将中和党上海总支部脱离尤永昌之领导,改为中和党上海特别委员会,由该党党务整理委员会李少奇负责,前所签发之空头支票由中共拨款收回,以免受法律处分,继续吸收党员,发展组织。

三、尤永昌与杨孝权分裂之原因

近彼中和党主席尤永昌开除党籍之杨孝权,系湖南人,现年三十三岁,于民国二十四年在广东蕉棠军官学校毕业(该校由陈济棠所办),并无其他学历。但其自称:曾在中央大学文学系读书,于抗战期间在浙西一带打游击受伤,曾被敌人捕获,幸后逃逸。曾在香港某报馆及上海东南日报充任记者及副编辑。自其担任该党上海总支部长以来,团结该党在沪,既无优良干部,又无经济后台,因此其所吸收之党员多系低层分子,并有若干支分部长一字不识,或为当地无业游民,同时因沪地生活昂贵,党部内之办公人员生活费用均仰给于党费,事实上殊多困难。又该党分子知识甚低,花钱领到党证和党章后,即如身为高官,在外招摇,而杨某以发展党徒七百多人,竟以该党上海党魁身份自居,对尤永昌视为无能,自己得意骄傲,大肆交际,以经济力有所不及,不免招摇。此种行为被尤永昌发觉后,即将杨禁闭,并开除其党籍,而杨则愤慨万分,已于三月二十九日假福来饭店以中和党整理委员会名义招待记者四十余人,申述该堂苦衷,谓以后该党工作方针俟该党党务整理委员长李少奇来沪决定(按:李少奇系该党之有力领袖,住香港)。又闻尤永昌不日亦将招待新闻记者,宣布杨孝权罪行,现经该党中常会决议:委派叶□裕兼任上海总支部长,单文启为秘书,苏明为组织部长,其下层组织及党员则分别至该处登记、报到。

四、尤永昌拟将主席让徐朗西

中和党内部争执甚烈,尤永昌自知不能久任主席,曾连日派该党秘书长戴思平(即前邵式军之秘书长)往访徐朗西,意欲请其出任该党主席,以继尤氏。闻已经徐氏拒绝。又,该党中央党部原设香港,兹拟迁往海南岛。该党南京第二支部长何金龙已定于三月底赴沪,向该党中央党部有所请示。

(二)

一、在南京之活动

中和党因党员分子良莠不齐,颇受舆论攻击,该党首领尤永昌及其重要干部对党之前途殊为焦虑,曾缄默一时,近因又静极思动,尤永昌近又在京出现,住于太平路安乐酒店一四四号房间,并命干部招收优秀青年,俟其本人谈话后,认可即委予重要职务,并称:如能于短期内建立干部五十名者,即升任为支部长职位。并极力在京展开活动,拟在京成立四个总支部:第一总支部业已成立,负责人为东区警察局尖角营派出所警员文质刚,四川人,年二十余岁,分子散布在珠江路一带。第二总支部亦已成立,其分子散布在光华门一带。第三、四两总支部尚在策动中。查该党在南京负责筹备者为周伯芝(又名周雪岩),四川蓬安人,年二十三岁,为渝市警察出身,曾任小学教员,据周某称:该南京总支部筹备就绪后,将返川任该党川、黔、滇办事处副主任,彼经常借宿于铁管巷七十七号。据悉,该党筹备人员其所以利用警察人员者乃系以警察与民众较于接近,可以控制将来各种选举之故。

二、在沪、苏之活动

中和党近受各方攻击,欲图挽救信誉,近在沪长治路一三一号该党上海总办事处召开干部会议,由该处副主任戴持平任主席(主任贾汉铎因病未到),各支部正、副部长、干事等约六十余人,并有该党驻沪中央委员冼江、陈洁参加其会议,内容:除开除前沪支部长杨孝权任内参加之党员及规定党员费四千元,与积极扩大下层组织,吸收码头、工厂工人外,并委张荣生为总办事处、总务科长

(张系沪西中新二厂职员),准直属三支部委郑玉峰、桂阿成、栗李海等(均系码头工人)为南市大达码头分部负责人。

该党在京、沪一带活动情形如下:(1)苏州方面:该党于一月前,派许久香(曾任吴县社会科科员)在苏活动,以行为失检,致受舆论攻击。许曾一度敛迹,现忽于四月一日在苏城内九胜巷十七号制衣公所内公开成立办事处,门首悬有"中国中和党江苏省第二总支部办事处"衔牌,负责人仍为许久香,现正积极向各方发展关系中。(2)昆山方面:昆山方面负责人王升平,自抵昆后,虽积极活动,惟誉欠佳,参加者寥寥,近日王某鉴于城区工作难以展开,派男女党徒数人连日赴该县茜璜区乡间活动,大肆宣传,谓入党者可以免兵役,致一般无知乡民受愚弄入党者甚众,尤以鱼船帮为多,除每名收党费二万元外,并发给八角形梅花或证章一枚、小册一本。因此,茜璜区署以该党淆惑不法,已收宣传员王阿福、蔡晋山予以拘捕。(3)嘉定县负责人王季春近积极展开工作并组织"中国中和党江苏省第一总支部嘉定县支部",该县练西乡副乡长赵廷珊(即赵锦裔)已参加该党。

三、尤永昌、李少奇两派协商

中和党尤永昌、李少奇两派于四月十日下午四时,在上海饭店四零五号举行协商会议,出席者:尤永昌、高谪生、申屠铉、叶华裕、戴持平、李逸俦等六人,常推举叶华裕为尤派代表,李逸俦为李派代表,其协商内容如次:(1)中央增设各部会,以容纳各派系人士,或欢迎社会名流参加。(2)拟派李少奇为联络部长。(3)中央秘书长及副秘书长职任推选吕信之、王贴时二人充任,孰正孰副尚待李少奇意见裁夺(吕信之与胡汉民同时参加革命,曾任尤列之随从秘书,冯自由著《革命史》中曾记其名;王贴时,曾充旅长,民十九年任尤列之秘书,乃洪门大哥,其徒众遍华南各地)。(4)拟以李逸俦为生产部长。(5)中央部门人事暂不变更,而所委示之各中委亦予承认,以维党之威信,以上议案已由李逸俦抄录,寄往香港征求李少奇意见,并请其来沪共商内求团结、外求发展之计划。

四、在马亚之活动

中和党自三十四年八月二十四日复员后,该党南洋党部即推派陈德荣(广东新会人,南洋吉隆坡之华侨,曾在国民党中央党部任职多年,现兼任国民政府侨务委员会顾问)为总代表,回国参加活动,曾随尤永昌来京,旋该党亟欲发展南洋党务,乃授与海外部副部长名义,复于本(三十六)年一月十二日由沪转港遄返南洋。现陈德荣已在马来亚吉隆坡哥洛士街六十四号成立该党办事处,推选郑滨、何乐如、周南等为正副主任,傅文明为秘书,伍恩为财政科长,唐科为总务科长,并已由该党中央加委,其各地党部则均以各种俱乐部名义从事活动。又,该党为全面发展南洋各地党务,计已派何世从为联络专员,专事南洋党务之联络、指导,何之住址为南洋新加坡戏院后街十六号三楼。

五、杨孝权组新中和党

前被中和党开除党籍之该党上海总支部长杨孝权,曾一度匿迹,近又活跃于沪西一带,另行组织新中和党上海筹备会,设麦根路五一四号内,委邱总民(中纺二厂职员)为干事,傅恒山(阜丰粉厂杂股股员)为支部长,从事吸收一批新党员,与原有中和党形成对立。其吸收目标,拟着重工厂职员、工人。此次新加之党员改收党费五千元,该党之经费开支则利用入党有声价者,拉拢合股经商,并规定利润该党得三成为原则,现已拉拢多人。

(三)

中和党纠纷不已

中和党于三十五年八月二十四日,在广州举行全党代表大会,重行制定党纲,登记党员,并推定该党创始人尤烈之子尤永昌为主席,发表十项政治主张。当尤永昌此来京沪发展组织及活动参加国大时,另有李少奇、钟达潮、高白瑛等九人在广州各报刊登启事,自称为"中和党非常委员会",否认尤永昌为该党主席。尤仍不顾反对,极力在上海活动,并委派杨孝权为京沪特派员兼上海总支部主任,吸收党员不少,并于本年一月正式成立上海总支部,选出执监委员。杨孝权因手握大权,对尤永昌逐渐傲慢,且假藉该党名义在外招摇撞骗,擅发空头支票,积尔旅馆饭馆之费不付,经人控告,捕入警局,后经取保释放。尤永昌以杨孝权有损党誉,将其开除党籍。杨则不服从尤永昌之命令,通电各处与尤永昌所领导之"中央党部"脱离关系,另行成立中央党务整理委员会,并维护非常委员会委员长李少奇主持,但尤永昌仍被彼等列入整理委员名单中。尤永昌则坚决否认整理委员会,仍分派其亲信干部继续发展组织,整理委员会委员长李少奇遂于本年九月十二日发出通电称:"为严肃党纪,经八月十五日第七次全体整委紧急会议议决,将尤永昌罢免本兼各职,永远开除党籍,所有在各地由尤永昌设立之机构一律暂予停止活动,另候接收整理。"该党整理委员会并定于十月一日在新加坡、上海两地同时召开全党代表大会。尤永昌方面亦不甘示弱,近在上海召开全体中央执监委员联席会议,决定十月五日至八日在上海举行全党代表大会,由上海办事处负责筹备,所需费用由各省市党部摊派,其分配数额如下:苏省五百万元,粤省五百万元,上海市五百万元,滇省五百万元,港澳五百万元,鄂省三百万元,浙省三百万元,皖省二百万元,台省二百万元,闽省一百万元,黔省一百万元,豫省一百万元,川省一百万元,其不足之数由中央执监委自动捐募,其数额至少以拾万元为原则,于九月十五日以前送缴中央办事处。此外,并推定办理各省市出席代表驻沪负责人如下:两广及南洋马相轩,湖北及河南彭学模,江苏魏浩然、华晶,上海魏浩然、杨干衡,安徽汪震,黔鲁戴持平,滇张文杰,台湾文亮,南京孙育九、吴颐伯、予津虑、元极,东北姚君博,浙江李项宣,川、甘、宁、青杜重,湖南吴剑虹,福建董炳勋,香港邓照发、张孝意,澳门卢养平,江西戴持平,山西郑宇,西康张栾山。

（四）
中和党二全大会经过

（一）二全代会开会之前

中和党中央党部主席尤永昌鉴于该党自开除杨孝权后，各地党务因杨之扰乱，颇受影响。杨与反对派首领李少奇联合组织党务委员会，以与尤永昌相对抗，故决定于本年十月在沪召开第二届全国党员代表大会。尤永昌为缓和港澳反对空气，特于全代会前（九月二十三日）飞往广州，先行布署。尤于十月二日，在该党广州支部办事处招待记者，报告该党党务近况："自三十五年八月间复员以来，为配合党务发展，将总部迁沪，经年余之努力，已获相当发展，如：南洋、马来亚、香港、澳门，并国内之京、沪、浙、闽、台、粤、皖、赣、湘、鄂、黔、川、滇、康、鲁、晋及东北、平津等地，均先后设立办事处，或省市总支部。现为适应目前环境，健全组织，及决定今后政策起见，决定十月五日在上海召开全党代表大会，作详密之研讨。"并谓："本党向以发扬孔教精神，挽救世道人心，达成和平建国，为中心工作与永恒任务。目前政治主张认为应以政治民主、企业国有为最高原则，一方面应开放政权，使各党参加政治活动，不能以无法律根据之政协决议阻碍各政党之平等参政。一方面扶植民营事业，严惩贪污，以安定民生，作为经济建设之中心计划。至于国大立委、监委选举问题，本党绝对主张普选，反对以政治力量包办，或利用投机取巧威胁、阻碍之行动"等语。并谓："该党拟争取国大名额三百名，立委百名，现正向政府磋商中。"

（二）二全代会开幕情形

该党二全代会原拟十月五日在沪举行，因各地代表未能及时赶到，故延至十月七日上午九时，始假座贵州路湖社召开，到有各地代表九十余人，先由主席尤永昌报告召开大会意义及分析国内外情势，演辞计分四点：（1）为报告国际形势，（2）为分析国内情势,(3)为决定普选方针,(4)为检讨该党本身问题。尤氏对国际形势,指斥美、苏对峙,危机四伏,渠将集中全党同志意见,遵照该党中正和平之原则,以确定对目前国际态度,惟语甚空洞。渠对国内武装政党,以武力争取自身之利益,表示极端反对。渠认为全国人民莫不一致要求政党放下武器,以求国家之建设,及民生之解决。渠将于此会中,集中全体同志之意见与力量,以求建国安民之实现。尤氏表示该党将于本届普选,在宪法规定普选之原则下,合法争取国大代表及立委。经议决,公推尤永昌、杜重、魏浩然、田觉非、叶华裕、姚润章、吴剑虹、戴持平、苏明、卓荣、瞿明治、郑宇、李幼欢,董炳薰、陈镇南等十五人为主席团,至十二时二十分散会。下午四时至五时四十分继续开会,审查提案及党章。

(三)二全代会重要决议

中和党二全代会第二次大会于十月七日下午举行,由杜重主席即席推定各组审查委员会负责人,计政治组卓荣,经济组瞿民治,文化组姚润章,组织组苏明。十月八日上午举行第三次会议,主席尤永昌首先为该党海门支部长沈希珍、施文汉被害致哀,并通过函请政府惩凶,经讨论提案总计二十三条。下午第四次会议主席杜重临时通过数项要求:(1)以大会名义通电蒋主席致敬。(2)选举出尤永昌、杜重、魏浩然等一百五十五人为中央执行委员,贾汉铎等四十五人为中央监察委员。(3)选举尤永昌、杜重、高谪生、戴持平、卓荣、姚润章、魏浩然、吴剑虹、苏明、郑宇、瞿治民、田觉非、李幼欢、叶华裕、董炳薰、李颂宜、孙育凡、李铁铮、欧阳洞钦、容可量等二十一人为中常委,并互推尤永昌为主席,推选陈镇南、陈公涛、苏明望、罗线崧、袁克伶、瞿振言、应森、钟月、贾汉铎、吴文祥、甘番等十一人为中央常务监察委员。

(四)反对派召开全会与之对抗

中和党整理委员会上海方面主持人杨孝权,于十月一日与该党主席尤永昌开始谈判,杨之要求有三点:(1)准许其恢复党籍及中执委地位，并任命其为中常委，如能办到，彼当登报声明否认有整理委员会之组织。（2）中和党应参加民主政党同盟，并开除杜重等特务分子。（3）如以上二项不能办到，当不择任何手段，打击尤永昌。后尤召集高干会议，决定不予置理，而告决裂。十月十五日，杨即以整理委员会名义登大公报，公然开除尤永昌及其所属干部之党籍，并决定于十月十二日上午在沪市西藏南路该党联谊社举行全国党员代表大会，出席代表及整理委员李逸群、杨孝权、钟达潮等二百余人。同时，李少奇领导之党员亦在香港、新加坡分别举行党员代表大会。

（五）发表最近对时局之主张

该党全代会开幕后，尤永昌以主席资格代表该党发表最近对时局之主张：（1）拥护政府动员戡乱，迅谋币制稳定，抢救工商危机，订定合理救济方案。（2）各政党排除异见，竭诚合作，消弭内战，共御外侮。（3）美苏两国对立，我国所受威胁甚大，应稳定国策，自力更生。（4）发挥国民外交精神，与各邦民族共同致力世界永久之和平。

（五）
中和党二全代会后之动态

中和党自二全大会后，力求加强阵容，将增设副主席一人，由曾任上海市商会会长（民十六年）之冯少山氏充任，以便在沪吸收优秀人材，冯现任东方联合营业公司董事长，广肇公所董事，原籍广东，在沪颇具声望，洪门弟兄拥戴者甚多，现正由董云山（洪门大哥）接洽中，以后尤、冯合作，尤则负责两广、港澳方面，华中以北则由冯氏为主体。尤永昌近日并与梁玉明接触，频请梁敦促冯少山，冯已有就副主席之意，惟两人仍须先行赴京，探询政府态度，以定进退。尤又拉李可量加入，并委为财务部部长。李为永安纱厂郭琳爽之部属，此次参加中和党，将供给大量经费。李可量此次参加中和党,第一目标为藉以参加国大竞选,第二目标颇有改组中和党之企图,如能掌握某一政党,则过去永安系附逆之劣迹,或可藉以消灭。

该党于十月二十三日,在沪假长阳路三十七号申培中学,召开第一届第一次中执监委会,当场发表秘书长杜重、副秘书长卓荣、戴持平、组织部长尤永昌兼、副部长姚润章(君博)、训练部长苏明、副部长为吴剑虹、宣传部长文亮、副部长为沈江、海外部长郑宇、副部长为吴烈、福利部长陈海荣、副部长为张孝慈、财务部长魏裕晨(改李可量)、妇女运动委员会主任李可量、副为卓奇。

中和党第二届全代会当选监委名单如下:

南洋区	邝艺良	莫润	刘永川	
香港区	张孝友	桓力行	卢家宇	温东汉
	钟达潮	李远虑	陈鑑泉	
澳门区	刘少铭	罗绍崧	梅直廷	
广东区	傅绍矜	何辉南	薛民望	陈公策
	潘岳南	谢剑平		
上海区	魏铣	杨干衡	张琼	瞿治国
浙江区	沈心抚	戎寅虎		
江苏区	贾汉铎	汪洋洋	冯训济	
台湾区	杨杰			
云南区	黄浯	陆家隆	乔咏然	
贵州区	刘熙乙	王耀西		
西康区	汤乐群			
平津区	唐忍			

共三十六人。

该党上海总支部主任耿志三,为扩大活动起见,现正在沪西工厂区积极吸收党员,预计在年底前吸收二千人,每人每月收费一万五千元,则可收入三千万元,其目标为男女工人,并拟在大自鸣钟

549

及三角场各设一支部。耿本人居江苏路生生里三号,对沪西活动便于指挥。

中和党反对派李少奇主持之"中和党党务整理委员会",业已结束完竣,现正式成立"中和党中央执行委员会",确定中央执行委员八十五人、候补执行委员二十五人、中央监察委员二十九人、候补监委十一人,该党总部各部负责人亦经分配就绪。主席李少奇、副主席关仁甫、秘书长李逸俦、副秘书长韩雅平、秘书处长杜树模、组织部长钟达庙、宣传部长杨孝权、副部长徐大公、海外部长刘华胄、副部长袁仲明、联络部长陆甫、副部长黄耀池、妇女部长蒋璇雯、副部长黄保宇、福利部长程克藩、副部长史正中、特别党员部长杨孝权兼、副部长孔令伟、法律顾问陈家荫、黄一鸣。

〔国民党党务机关档案〕

8. 国民党中央联秘处关于中国中和党近况专报

（1948年3—9月）

（一）

中国中和党自经反对首领之一杨孝权公开声明解散后,正统派领导该党主席尤永昌则坚决否认解散,依旧在各地活动,并责成上海总支部负责人魏浩然、李颂宣等积极征收工人、店员党员二万人,及筹办党员福利事业,尤永昌前曾数度到京活动参加政府,均未得要领,现已赴香港。惟其内部亦颇有摩擦,一派由卓莘为首,以香港为活动根据,欲参加李济琛之伪国民党革命委员会;一派由杜重为首,则表示反对,以上海为活动根据。该党中央总部之人事最近亦大加更调,其名单如下:

(1) 秘书处　　主任秘书杜重,秘书卓莘、戴持平。
(2) 组织部　　部长由尤永昌兼,副部长姚君博、苏明。

(3) 宣传部　　　部长冼江,副部长彭学模、郑宇。
(4) 训练部　　　部长吴剑虹,副部长文亮、余国智。
(5) 海外部　　　部长吴烈、副部长陈德荣、张孝慈。
(6) 财政部　　　部长李可量、副部长黄克正、李正。
(7) 福利部　　　部长魏裕农、副部长王逸公。
(8) 妇女部　　　部长卓奇,副部长华晶。
(9) 中央党部驻沪办事处主任由组织部副部长姚君博兼任,秘书李颂宽。
(10) 上海特别市总支部长由训练部长吴剑虹兼任。

反对派之杨孝权声明解散中和党以后,仍在上海继续活动,计划联络文化界人士另组中和宪政党,虽经多方活动,仍无丝毫进展。

(二)

中国中和党主席尤永昌前与该党上海支部负责人杨孝权发生冲突,杨孝权曾独立组织,否认尤永昌,并曾一度另行组党,亦无结果,乃宣布解散中和党,后又互相谅解,党内唱议"复合运动",杨孝权于本年四月间由沪赴港由云实诚居间调解,并往探视尤永昌之病,不意尤永昌因心脏病加重而逝世,弥留时曾作遗嘱告该党同志,由郎璧泉笔记,尤亲手签名。在场见证有:该党党员云实诚、邓长虹、冼江、张孝慈、邓照德、王慧雄、郎璧泉、刘相、司徒露明等。该党主席继任人选将由六月一日至五日召开全国代表大会中选举,目前一切党务遵照尤氏遗嘱,由中央常务执行委员十五人决定,平时由五位驻会常委云实诚、邓长虹、高谪生、王慧雄、邓照德等主持,并以兼秘书长云实诚为粤方召集人,兼宣传部部长邓长虹为港方召集人,海外副部长陈德荣为马来亚联邦总代表,兹录其遗嘱如下:"余幼承庭训,追随先总理,奔走革命三十余年,未尝稍懈。三十五年冬,召集同志于京沪,间期对和平建国有所贡献,不图事与愿违,诚无以对海内外同志之热望,现心力俱瘁,抱疾不起,微躯不足惜,所望诸同志精诚团结,发扬孔孟学说,忠恕仁义之旨,对当前国际局势应循民主途径,联合弱小民族,争取人类自由平等。本党发祥地乃在海外,对于侨胞事业尤须尽力扶植,并应从速召开全国代表大会,健全中央与海内外各机构,矢诚矢公,群策群力,以实现本党一贯主张。此嘱。"

尤永昌病逝后,该党留沪中委杜重、魏雨农、董云山、姚君博、吴剑虹等发起召开紧急会议,乃于五月十日下午五时,假沪长阳路三十七号申培中学内举行讨论该党善后及继任主席之人选等问题会议,出席中央委员四十余人,议决重要党务外,并成立追悼大会筹备会,推董云山、杜重、魏裕农、吴剑虹、姚君博、华晶、瞿治民、李幼欢、陈如灼、文亮、李可量、周鸿山、孙育凡、吴成中、李项宣等为筹备委员,并推董云山为该会召集人云。

(三)

中国中和党自主席尤永昌于本年四月二十二日病逝香港后,内部因继承人问题争执甚烈,吕信之自称遵奉尤永昌之遗嘱,暂代主席并在该党两广办事处(广州市中正路贤藏路二十五号)设立中央总部办事处,以代理主席名义通告党内外,该党内部颇多表示不承认者。吕信之近为争取沪方党员之同情,已决定八月初由粤赶往上海,筹备开全国党员代表大会。该党反吕派,由云实诚、高谪生等等为先发制人起见,业于七月十五日在香港新界、屏山、廿三味、红水桥、柏园内民族艺术学院举行大会,经费系由熊略补助。惟只有一部分党员参加,计第一日参加人数共四十八名,至第二日(即十七日)减为三十五人,由云实诚为临时主席,旋举高谪生、邬璧泉、吕纯、云实诚四人为主席团。第一日议程仅由各级党部代表略为报告,并讨论修改党纲,议而不决,结果交下届常委会修改;第二日为选举中央委员,事先由监选委员会印发提名选举票,由一四五人中圈选七十五人为中央执行委员,再由其中互选二十一人为常委,再选七人为驻会委员。于执委会下分设宣传、财政、妇女、海外、社会、秘书等部,暂以深水埗福华街八号地下为临时党部。该党代主席吕信之曾于该会召开前声明否认,并派宣传部长洗江来港调查一切,及与尤烈义子刘相等会商对付方策,终未能阻止该派全代会之举行,兹将该派所选出之中央委员名单列下:

中和党获选第三届中央执行委员名单

熊　略	林少鹏	高谪生	姚君博
王慧雄	邓长虹	邬璧泉	尤　崧
梁宗武	邓照发	杜　重	云实诚
魏雨农	蔡洪流	简成芳	罗树华
黄　华	谭展鸿	马　骥	刘　峻
陈德政	姚雨萍	周重尧	赵坚泯
朱丹枫	陈德荣	邹汉英	卓　莘
戴持平	张孝慈	尤嘉伊	刘少铭
郑云盦	马慈航	郑　滨	陈　陶
曾宪宗	麦景开	苏　明	刘华胄
冯训志	戴鸿钧	王启后	黄达观
陈公哲	汪　震	黄季樵	云　腾
李佩鸣	叶华裕	刘志强	尤　毅
高白瑛	谢剑平	黄更生	陈行健
谭达谦	黄春鸿	田觉非	司徒霞明
张　云	李浩深	尹冶纯	余国智
黎锦堂	林冠忠	杨寿春	王鹤年
莫　关	杨晓生	杨照信	伍廷杰
吴静仙	尤　峻	彭　学	

(四)

尤永昌继承乃父尤烈所领导之中国中和党,因无明确之政治主张,且吸收党员良莠不齐,以致内部纠纷迭起。尤永昌未逝时,即有非常派李少奇之反尤,继之以正统派内部又有杨孝权之反尤,致使该党陷于四分五裂。本年四月二十二日,尤永昌在香港病逝,吕信之在广州自称奉尤之遗嘱代理主席,邓长虹等则激烈反对,已在港召集全党代表大会另组中央总部,因此,正统派中再分裂为吕、邓两派,彼此钩心斗角,各不相让。九月四日,该党中委彭学在港号致函该党上海办事处主任董云山,对内部纠纷透露甚详,该函系交党中亲信送达,内容极为机密,归纳所述约有如后诸点:

(1)吕、邓分裂原因:该函首述分裂原因,略谓该党自尤永昌逝世后,吕信之及邓长虹对继承主席一事争执颇烈,吕派洗江及陈德荣为骨干□遵遗嘱,代理主席职务,并已宣布就职,规定代理期间为两年,自以为名正言顺。邓派田觉非、司徒露微为骨干,对吕把持党务,深表不满,当利用签名方式发起召开全党代表大会,但极草率,手续亦不合法。邓之反对理由有三,即:甲、委托遗嘱系洗江自己捏造。乙、吕信之缺乏领导才能。丙、吕不应把持党务达两年之久。由此各持己见,遂造成分裂形势。

(2)双方是非曲直:彭在该函中表示,其个人对事件看法极为客观,认为吕代理主席职务之遗嘱系洗江起草,尤主席亦虽签字,以洗江之意,恐邓派及云实诚等藉党之名,而作他种活动,故应支持尤派力量。邓之反对意见理由充足,但邓之野心亦在争取主席,惟邓虽留法,在党资格不深,传闻邓如野心不遂,即行另组"民族社会党"(编者按:据报确有其事,并闻将与李济深勾结)。邓所召集全党代表大会,虽云有一百八十人签名,但非中央委员,多系党员资格,亦未经签署人开第一次筹备大会,推举筹备委员及推举大会秘书处等机构,又非中常会提出,居然以私人名义召集,殊不合法。根据以上认定,彭学之反对意见亦有两点(原函称云以个人资格对双方提出）：甲、吕如确实依遗嘱行事，即行召开中常会，讨论今后一切进行，在未开中常会以前，不能对内对外行文，以昭审慎。中常会不能在穗召集，应行在沪举行，议定中央大计（此点吕同意）。乙、召集开会不论吕派、邓派都好，应即就下列两项手续而择其一：A、由中常会提出开会日期及筹备委员。B、签署合法人数后，筹开第一次发起人会议，推举筹备委员进行筹备，但不能草率从事或个人召集（吕同意，邓支吾其词）。

（3）解决问题办法：吕邓现在正商谈折冲，彭个人又虽提出解决问题具体办法：甲、吕即可暂代主席对内对外不能行文，如要行文用中常会名义。即行召开第二次代表大会，最好召集中全会讨论一切进行。乙、或不召集两种会议，可向各方疏通调整，人事提出中常会议决施行，中央办事处可迁港，原有常委于会议后即赴港办公，如不能来即辞职，另推贤能代理。丙、中央各部会长亦均集中办公，如不能来港，名义仍保存（辞职者例外），由中常会另推举在港、穗同志补充，用代理部长名义。

原函末称以上办法如不能得到结论，双方弄出是非，彭即代表沪、汉一部党员提出反对董云山出面主持党务，并嘱董将沪上同志意见迅即提出，以便争取。邓长虹派又续行公布监委名单，计有董云山、莫润、刘相、罗觉非、李少奇、钟达潮、丁一、罗弼巨、吕信之、萧翼如、符泽波、杨森、黄国华、何耀南、罗绍崧、卢养平、叶志青、邝艺良、潘炽芳、潘建夫、陆铁生、刘永泗、邹明芳、杨干衡、贾汉铎等二十五人，中央委员会下设之各部负责人亦已决定，计秘书长高谪生、副余国智，正组织部长王慧雄、副云腾，正海外部长尤崧、副谭达谦，正社会部长云实诚、副黄春鸿，正宣传部长邓长虹、副刘峻，财务会由熊略、王启后、梁宗武、高白瑛负责，妇女会由李佩鸣、司徒霞明等负责。此外，并在二十五名常委中选出熊略、林少鹏、高谪生、邓长虹、王启后、尹治纯、云实诚、尤崧、梁宗武等九人为驻会委员，现该党以"民族社会主义"为中心信仰，并进行筹组"民族社会主义青年团",积极向各方面青年拉拢参加。

〔国民党党务机关档案〕

9. 中国中和社会党中央组织委员会秘书处关于该党改组成立公告

(1948年7月5日)

中国中和社会党
中央组织委员会　秘书处公告

秘组八示字第一号
民国三十七年七月五日

查本党原名中国中和党,自中和党宣布解散后,各地爱党同志纷纷发起护党运动,吁请恢复组织,乃联合自然学会等学术团体合并,加强改组,经由三方协议,定名为"中国中和社会党"以"确立人民本位之民主政制,暨温和的社会主义"为最高政治指导原则。筹备数月,现已竣事,爰于民国三十七年七月五日正式宣告成立。同时,设立"中国中和社会党中央组织委员会"以为本党临时最高权力机关,并定期本年八月十二日至十五日在上海召开全国党员代表大会,整订党纲政策,推定中央负责人选,奠定党基,完成建党任务。除分别函电宣告中外周知外,特此公告。

秘书长　杨孝权

一、本党定名为中国中和社会党,简称中社党。
一、本党人民本位为最高政治指导原则,事事以人民为本。
一、本党为中国人民结合组织而成之政党。本党之立场为人民,并非站在人民立场,乃是人民立场。
一、本党坚持树立"自主独立精神"。
一、本党主张世界各国相互承认"生存权",建立"人格平等保障",使国际间互助合作,以谋解除纷乱,致世界予平和。

一、本党基于"中庸和平"之学说,以建立中和性、各得其所之社会。

一、本党以促进人民自救力量,解除纷乱,争取团结,建设和平、统一、民主的新中国,安定世界为目的。

以上各点请先生等加以阐述,包括全精神,列入本党党纲政策。

〔小党派全宗汇集档案〕

10. 中国中和社会党与中国新社会革命党联合招待记者资料

(1949年4月2日)

中国中和社会党
中国新社会革命党　　联合招待记者资料

一、时间:四月二日下午三时

一、地点:九江路伯乐饭店

一、出席招待者:(1)中和社会党中央书记长杨孝权、副书记长徐大公、执行部部长杨德、中委任道一、李宗白。(2)新社会革命党主席陈健夫、秘书长顾福漕、中常委邱岘章、刘华瑞及上海市党部负责人。(3)平和原理研究所代表陈曼生。

中国中和社会党招待记者资料:

本党自经"再组织",正竭力以求基础之健全,期能克尽"救人民"、"救国家"、"救世界"之责任,此在本党二中全会之宣言中已阐明之(附见宣言)。兹与新社会革命党对时局之看法和主张大致相同,而对"和谈"态度一致,故特联合举行记者招待会,共同发表声明(附见两党对和谈声明)。

附言〔略〕

中国新社会革命党记者招待会参考资料

一、本党正式成立于民国三十七年元月十日,前身为中国知行学社,前后历史将近十年。组织普遍全国各阶层,拥有干部三万余,党员二十余万。

二、本党立场为人民,其自身虽为党派,但其利益并不代表党派,而是超党派的。本党崇信新社会主义,即以民主进步方式实行政治自由,经济平等,使人民确实获得生活与生命之保障。

三、本党中央党部设在南京升州路颜料坊八十三号,上海办事处设于吴淞路四四四弄三十五号。上海市党部通讯处为东台路一五三号。

中国中和社会党招待记者资料之一:

(1) 名称:本党定名为中国中和社会党,于三十七年七月由前中国中和党联合正谊学会、中庸学会合并组织而成。乃中国人民思想结合,自然组成之政党。

(2) 制度:本党采用三权鼎立机动制度,废除执监委员会旧制,统设中央委员会,互选中央常务委员十一人,组织中央常务委员会,置书记长一人,分设执行、设计、审监三部。中常会主席由中常委十一人按月轮值之(地方组织另见党章)。

(3) 政治原理:本党确定"人民本位"为最高政治指导原理(任何国家、民族、宗教主义皆不得不以"人民本位"为原则,否则不能存在于现代,盖此原则有通性、世界性、人类性)。

(4) 精神:自主独立(任何国家、民族、宗教主义之生命,皆寄托于自主独立之精神,丧失自主独立者,其生命即被丧失)。

(5) 立场:人民(本党为中国人民所组织成立之政党,故吾人之立场为人民,并非站在人民立场,根本就是人民立场)。

(6) 目的:建设平和、统一、自由、民主之新中国,安定世界。

中国中和社会党招待记者资料之二:

时局意见

1. 本党对当前严重时局,曾在三十七年五月发表宣言,现虽时过境迁,吾人坚定之主张与立场,则初无二致。

2. 自蒋总统元旦文告发表,我国延续三年余之内战,业已透露和平之曙光,今日之局势,舍"和平"而外,实无他途。本党对于国共之争执,始终坚持应循政治途径解决,而反对一切祸国殃民之战争,故当竭力以争求和平之实现。

3. "和谈"固为解决纷乱之途径,但□证之以往之"政协",则不免使全国人民失望,盖党派间均以自党自派之利益驾凌一切,而忽视国家与人民之利害、祸福,故"和谈"终至失败,而"政协"适足以分赃。中国人民久经战乱,故需要和平,而不知今日尤其需要"团结"。舍团结无以与列强抗争,更无以救国家、民族之危亡。

4. 我国今日之内争,论者多以为是美、苏战争之前哨,实则国际复杂尚不止此。现在美、苏均因时期未熟,相互趋避战争,皆未将"作战敌意"透露。对于我内战,除"阴谋国"别有用心而外,美、苏两国目前均抱"适可而止"之观望,彼等非真欲中国之和平与富强,但求拖延时间,以资局势之缓冲而已。中国人民如能利用此时间空隙,争取团结,发挥人民自救力量,一举而解除枷锁,树立自主独立之国家,实乃最好之机会。

5. 半个月来,和平呼声,弥漫全国,足见民心之向背。就现阶段国共双方之环境与情势言,并非空言和谈,或者议订条约可能藏事,必须寻求一共通性之原理。无论任何主义、任何政体,在任何情况之下,均不得不共同遵守,如和平能建筑在此原理上,方是真正之和平。

6. 日来国际调处内争之传说,甚嚣尘上,本党认为如不妨害国家主权,而能有利于"平和"之实现者,固未可厚非也。

7. 本党以建设平和、统一、自由、民主之新中国,安定世界为□志,必竭力以求解决纷乱,争取团结,同时重申"不作分赃政党"、

"不籍政党分赃"之决心与立场。

(发于三十八年元月二十五日之招待会)

〔小党派全宗汇集档案〕

11. 中国中和社会党关于国共和平谈判声明代电

(1949年4月18日)

中国中和社会党代电　民国三十八年四月十八日

〔衔略〕公鉴:此次"政府和谈代表团"与"中共和谈代表团",在北平举行"和谈",以决定人民及国家之命运,如此重大问题,而事不公开,其何以释人民之疑虑。欲使人民不疑,唯有将"和谈"内容公开,让人民取舍抉择,寻求解决纷乱之道。本党认为从纷乱到解决,其中应有"未解决阶段"之认定(即所谓过渡时期),在此时期:(一)停止武力斗争。(二)开始政治竞赛。(三)事事公开,使人民自由发抒意见。(四)各党各派得在双方势力范围内发表政治主张。凡此四者,均需得到保障,本党坚持主张,国体不可变更,政体可以改进,中华民国必须统一,倘欲变更国体、破坏统一者,即是国家之罪人。至于"混合组织"无责任中心性,一失平衡,即生纷乱,将失"和谈"之本意,政府应为"合理组织",须对人民负其责任。所望各党各派举国贤达,发表国是意见,对本党主张赐予严正评论,并希函商时间、地点、集议,群策群力,共挽危亡。人民幸甚,国家幸甚(附:奉四月二日本党与新社会革命党对"和谈"共同声明一份)。中国中和社会党中央委员会书记长杨孝权、副书记长徐大公叩、卯、巧印。上海长阳路九六五号。

中国中和社会党中国新社会革命党对"和谈"共同声明

中国当前局势:内因政治腐败,缺乏立国精神,外受英、美、苏备战影响，形成两大堡垒，故纷乱臻于极度，频年战祸徒然殃及人民生命，危害国家生存，吾人深信战争不能解决任何问题，必须循诸"平和原理"，方可建设平和。现在国共两党似皆已觉悟战争之非是，正代以"和谈"方式谋致两党间争执问题之解决，值兹和谈开始之际，吾人特予殷正声明：

一、中国政府为国际所公认，为中国人民所公有，故其法律地位确立。国民党诚然控制政府，但不得以政府之名义与中国共产党进行谈判，盖中共非交战团体、或交战国，虽具有武力和占有地盘，其地位仍是属于国家之党团，政府无宜代表国家和全体人民督促国共两党息争言和，何可因武力之威逼而损及国家之尊严，违法悖理，腾笑万邦，宜为各党、各派及全体人民所不敢苟同。

二、国民党控制之政府，乃腐败无能、缺乏自主独立精神之政府。数十年来，并未实行该党所奉行之三民主义，为今之计，必须激〔彻〕底改组，建立民主政府，使人民得到主权，则人民方可将主权集中于国家，付托于政府，今后之中国政府，决非任何党派所宜包办、垄断或控制。

三、国民党及共产党为两个主义不同之革命党，既称革命，当无妥协之余地，而仍能谈判或妥协者，是其两种主义间必具有共通之原则，只须寻出此共通原则，即可解决纷乱，建设平和，吾人断言此共通原则，必为"人民本位"。盖"人民本位"有共通性、人类性、世界性，故能成为"平和原理"，而为任何国家、民族、宗教、主义所不可缺少者也。

四、国民党或共产党及任何党派，同属中国人民所组成之政治团体，在法律上同为法人，故其人格平等，自应相互承认生存权，建立人格平等之保障，如此乃可并行而不悖。

五、全国人民对于此次"和谈"，深切寄以期望，只许成功，不容失败，即有不能解决之问题，应尽量公开让国人研究，必在战争以外寻求解决之方法。吾人于此郑重声明：

凡以任何理由,任何名义,继续战争,延长纷乱,残害人民者,皆为国家之罪人,人民之公敌,必将自食其毁灭之恶果,谨此声明。

〔小党派全宗汇集档案〕

十二、光 复 会

1. 光复会中兴宣言

(1946年11月)

本会在前清未来,致力革命,丁未之秋,起义安庆,先烈徐锡麟先生等事败就义,领袖秋瑾女士,因以中道成仁,迄后数载,同人等继续奋斗,得见辛亥之光复成功,此本会已往之革命历史也。今世界扰攘不已,国内忧患骈臻,水深火热,人不聊生,而多党参政,共商国事,本会爰办中兴会务,协同建国,相期众志成城,同舟共济,全民奋起,本会今后建国任务也。

愿本会同志,继承革命先烈遗志,共同努力,国事并希全国人民有志之士,蜂拥参加本会,共同为国为民,群策群力,协同政府建设国家,发扬民主精神,促进世界和平,竭盼乡镇市各地人民,起来组织,民国幸甚,人民幸甚。

〔中国青年党等党派档案全宗汇集〕

2. 光复会政治纲领及组织纲要

(1946年11月)

(总称)全民建国。(一纲)全民团结。(二纲)全民职业。(三纲)全民体育公医。(四纲)全民教育公学。(五纲)全民德育。(六纲)全民政治。(七纲)全民经济。(八纲)全民国防。(九纲)提高妇女。(十纲)保育儿童。

一、政纲要旨——注重体育及教育,以健强民体,培养民德,提高民智,而渐次达到全民建国之实效。

二、政治态度——协助国民党及青年团,拥护蒋主席信任政府、对各党派平等独立。

三、组织——各省市县区乡镇会皆有成立,每处会员人数自数百人乃至数千万人,未成立者在继续组织。

四、会员——一部为光复会老会员或其后裔,余者为新会员,所有新会员之一般情形如左:

1. 性别——有若干处以女会员居多,一般以男性居多。

2. 年龄——长少皆有,概系素知光复会历史而具有崇信心者。

3. 职业地位——地方各种职业之各阶层有业者。

4. 党籍关系——大多数为未参加政治组织而原无党籍者,中有少数曾有国民党或青年团之党团籍而闲散不负党政军要职者。

五、训练——目前只提倡乡村保甲自治及实行新生活等,简单行之。

六、宣传——对于体育及教育,由心理建设上作"公学、公医"之初步准备运动。

七、经费——会员缴纳小额会费(以农村民众会员之经济力为准),节约开支。

八、誓词——会员入会,除填具申请书外,并须宣誓,誓词如下:

余遵奉秋会长遗旨,与力民主建国施行宪政,敬以至诚恪守会章,勤谨服务!此誓。

宣誓人
监誓人

〔中国青年党等党派档案全宗汇集〕

3. 光复会总会部报送"政团协决国是"与"政团组织联合会"两建议案致内政部函件

(1947年1月19日)

径启者：本会兹发子皓代电，建议"政团协决国是""政团组织联合会"两案。事关组织，特检奉原文，谨祈赐察为荷。此致
内政部

　　　　　　　　光复会总会部启　三六年一月十九日

附：子皓代电一件

　　光复会——政团协联建议　三六子皓代电

　　中央通讯社暨全国各通讯社各报馆转：中国国民党、中国共产党、中国青年党、中国民主同盟党，暨全国各政治团体（党、会、社、派、系）公鉴；国民参政会公鉴；国民政府文官处、立法院、行政院、内政部、社会部公鉴：

　　国步进展，政权公关，各政治团体，光复兴起，主张政策代表民意。本光复会在前清时代，由前故会长秋瑾女士领导革命，其成仁后，同人等继续奋斗牺牲，以迄辛亥光复成功，近于民国三十四年，中兴会务，参列政团，共同建国。原以埋头服务，少涉言论为旨。兹因时局动荡，国势艰危，事实所至，有难缄默。特谨建议"政团协决国是"、"政团组织联合会"两案。

　　第一案——政团协决国是案

　　民主建国，责在全民，而精诚团结，齐心协力，为全民建国之根本初基。今抗战早告胜利，建国亟须进行。乃干戈扰攘，经济凋敝，协商决而未行，宪章颁而议废。民生颠连，民意烦闷。际此时局，各政团实有齐心协力，共谋解决之责。特谨建议前有政协，重行改组。除原有政治协商会议各代表照旧外，现有新兴政团，不论兴起先后及团员多寡，每团均参加代表至少两人，共商国是。

第二案——政团组织联合会案

民宪国家,例多政团,中国之政团政治虽属后起,而组织运用当期有以超先。夫政团代表民意,产生政府,自由组织,原无管隶。但成立漫无标准,相互亦无联系,则似非行宪建国所宜。中央曾望本届国民代表大会产生"政治团体登记办法",俾有准绳,事属需要,惜未实现,目前事实,政团本身相互之间有生摩擦。各级政府机关对于政团应付无据。人民对于政团不明其性质任务,夫如加管制,固背民宪原则,而只行登记,亦不足以尽其需要,兹谨建议由政团组织"政团联合会"。凡已成政团,不论成立先后及团员多寡,均各出代表三人,参加组织,首就有关政团事项,厘定规章。以立政团与政府人民及政团相互间之应有法则,嗣后斯会即为处理政团事宜之常置组织,以上两案,为本光复会同人管见所及,谨以建议,如承赞同,则并议推请国民参政会秘书处担任筹备召集,各政团及有关机关所有提案意见,径送请其收集整理。是否有当,谨请鉴察。

建议者光复会总会部

　　　　会　长　尹锐志　三十六子皓
　　　　副会长　周亚卫
　　通讯处——重庆光街三十二号附一号
　　　　　　　　光复会总会部

〔中国青年党等党派档案全宗汇集〕

十三、中华社会党

1. 中华社会党成立宣言

(1946年)

自二次世界大战告终以来,东西人士,努力和平,均乏根本之计,而国际间凌弱暴寡之事,远东近东,不幸消息,又复时有所闻,加以两雄不并存之局面,其轮廓尤至显露,和平之神,于今日之世界,尚乏长久安身立命之条件。吾国以八年征战疲惫之余,当此厄运,尖端矛盾,深入膏肓,来日阴影,反映于吾中邦领土之上,不特善良之路幽渺难期,且此危殆之机,实策励吾人,有非努力不可之必然趋势,此乃吾辈关怀治平之人士,所日夕戒慎恐惧之第一感觉也。

反观国内情况,对外之不自主,对内之不和谐,朝野上下,虽以八年忍辱负重之牺牲,取得今日随人俯仰之胜利,恐惧修省之心与民族更始之念,于官于民,省虑无多。而贪污官吏之横行,党派争执之剧烈,腥臭叫嚣,鼻耳交震,釜底游鱼,方犹沾沾自喜,以为时会之假我,未有便于此时者也。岂知今日之事,不自觉必自杀,不自立必自亡,历史铁则,陈于目前,未有丝毫宽假,此又吾辈关怀国是之人士,所日夕戒慎恐惧之第二感觉也。

然而吾人于今日国家世界之事及其前途,虽至恐惧,亦至乐观。盖以未来世界之和平与幸福,及道路之寻求,不在乌托之邦,不在均势局面集体安全之苟且希望,其历史前途之未来昭示,只有以被压迫民族之全力,洗涤国际一切帝国主义之魔障,只有以大同社会主义之真谛,代替纷歧惝恍之对策,然后治平之道,乃有根基,何幸此力此理。悉在吾华,十二万万被压迫民族中,吾华实占三分之一,而礼运大同之义,不特为华族所深信,其简要隐括,包举无遗,精到无比之点,实早驾世界各国百余种社会主义而上之,吾人循此历史所昭示,祖宗所遗留之全力至理,以救国家,以救世界,此乃天职之所在,成功必然性之包含,是实不待筮龟之事也。

军事敉平,国家民主政治之企求日切,国民党既放弃一党专政之理想,让各党各派于合法地位之上,悉能分头存在,共肩国是,于是旧政党复出,新政党产生,志士仁人,纷纷继起,其间利禄之徒,容不乏人。然而实心真意沥胆披肝,欲与海内贤豪一德一心,共求努力于国事,而无丝毫富贵功名之念参杂其间,事业进行,一本正轨,尺度昭揭,一本大公。吾人相信今日国运转变之交,未赏不少此等政治团体之存在,以维系一线国脉于不坠,此等公式,亦吾人引以自勉而不敢自外之同一轨道也。

自抗日军兴以来,吾人以社会基层人士之集团,当时深惧日寇深入,重演金元席卷之局,乃相率以近代化之方式,改进组织,以坚实地下之基石,以备地下斗争之使用,政社虽立,因恪遵抗战纪律,未便轻露头角,侈言国事。今幸大局不变,各党各派,又因国家力行民主,悉与以合法存在之机缘,共谋国事,同人不敏,乃再求改善,成立正式组织,期与朝野国人,共作正肃精诚之见面。

民族灵魂,托于任侠,任,则天下无油滑苟偷之人,侠,则天下多慷慨好义之士,晚周此风颇见端绪。两汉以后,不幸中衰,迄于有明,因顾、黄、王、郑之倡导,民族大义之激励,旨趣组织,相继并兴,深入人心,卒覆清室。推此任侠之义,求国家之中兴,求世界之和平,超人类以入大同之正轨,舍吾辈其谁与归?今后谨以来自田间之群众,充实其刚健严格之纪律与组织,明定行动纲领,以求共尽救国救世之职责,吾人之精神,果能充沛于当世,则未来之世界国家,必然能获无疆之福,此乃丝毫无所用其或疑之愿望也,志士仁人,其共察之。

〔中国青年党等党派档案全宗汇集〕

2. 中华社会党党章

(1946年)

第一章　总纲

第一条　本党根据礼运大同之中国社会主义,采用近代方法,建设新的经济新的政治,新的社会,最终以实现大同世界为宗旨。——礼运原文即:"大道之行也,天下为公,选贤与能,讲信修睦,故人不独亲其亲,子其子,使老有所终,壮有所用,幼有所长,矜、寡、孤、独、废、疾者,皆有所养;男有分,女有归,货恶其弃于地也,故不必藏于己,力恶其不出于身也,不必为己,是故谋闭而不兴,资窃乱贼而作,故外户而不闭,是谓大同。"

第二条 本党最近活动,以左列各项为最高原则:

甲、实现彻底对外独立自主,对内和谐民主之政治。

乙、促进中国民族本位的伦理与文化。

丙、促进中国社会主义化之工矿农商事业,俾其充分发展。

丁、正肃并发扬游侠风尚,以坚实民族社会之基本组织,本党之详细纲领另定之。

第三条 本党组织,采用民主集权制,各级党部组织法另定之。

第四条 本党党员,由党部制颁党证。

第二章 党员

第五条 中华民国国民不分性别阶级宗教,凡能信仰本党主张,遵守党纪,服从一切决议,经党员三人以上介绍,完成入党手续者,均得为本党党员。

第六条 党员有退出本党之自由,但须于三个□前提出,经各级监察会之批准,在未正式退出期间,仍须服从决议。

第三章 组织

第七条 本党之权力机关如左:

一、全国党员代表大会——闭幕时,由中央执行委员会代行职权。

二、全省党员代表大会——闭幕时,由省执行委员会代行职权。

三、全县(市)党员代表大会——闭幕时,由县(市)执行委员会代行职权。

四、全区党员代表大会——闭幕时,由区执行委员会代行职权。

五、小组党员大会——闭幕时,由小组执行委员或书记代行职权。

六、各级组织中并设立监察委员会,分别执行监察任务。

第八条 中央执行委员会,设委员十一人至四十一人,中央监察委员会,设委员七人至十九人,均由全国代表大会选出之。

第九条 省执行委员会,设委员七人至十七人,省监察委员会,设委员五人至七人,均由全省代表大会选出之。

第十条 县(市)执行委员会,设委员五人至九人,县(市)监察委员会,设委员三人至五人,均由县(市)代表大会选出之。

第十一条 区执行委员会,设委员三人,均由全区党员代表大会选举之。

第十二条 小组设执行委员一人。

第十三条 各级监察委员之任期与执行委员同。

第十四条 本党选举法及各级党部委员任期另行规定。

第四章 总裁及干部

第十五条 本党在创立之初,为推行党务便利起见,得由发起人中推举三十五人为临时中央执行委员,组织执行委员会,并由中委会公推总裁一人,由总裁选任干部若干,在执委会下担任协助各项工作。

第十六条 总裁有左列之权力:

一、对外代表全党。

二、于各级会议决案,有提交复议权,及一切党务最后决定权。

三、第一届全国代表大会,为当然主席团主席。

第十七条 干部会议,为总裁之参谋团,辅佐总裁及执监会处理一切党务,干部开会法另行订之。

第十八条 总裁任期,自筹备时起,至第一届正式全国代表大会闭幕止,干部同时撤销。

第五章 党员

第十九条 党员除入党时，须缴纳基金××元外，并分季缴纳党捐，贫困党员得呈准免缴。

第二十条 党捐之征收，视党员所得之多寡采取累进制度，办法另定之。

第六章 党纪

第二十一条 本党党员遵守之要点，及违犯党纪时之处分，有以左列各项：

甲项：

一、党员应遵守党章，及一切规程决议。

二、党员对外，应保持本党秘密。

三、党员必须参加小组会议并参加工作。

乙项：

一、警告。

二、记过。

三、停止权力。

四、开除。

五、最严厉之处分。

第二十二条 执行党纪之程序规则另订之。

第七章 附则

第二十三条 本党章有未竟处，由全国代表大会修改之，全国代表大会未开会前，释权属于临时中央委员会。

〔中国青年党等党派档案全宗汇集〕

3. 中华社会党行动纲领

(1946年)

一、争取民族自主

一切内政外交均应争取自主,接受国际援助,应不伤害民族自我之最高利益。

二、开放国家政权

次第实施普选,并广延有信望之在野社会人士,及各种专家,共襄政事,以求达到真正民主政治之途径。

三、彻底改革教育

1. 义务教育范围之扩大与发展
2. 强迫教育之实施
3. 扫除全部文盲

四、力主经济平等

如地权平均,劳资利益平均,公教人员待遇均等等事,以求社会主义实利之发扬。

五、扩大物质建设

在交通工矿农业垦殖国际贸易等部门之分头扩大发展,其节目约分:

1. 建设铁路——五十万公里(计划另拟)
2. 建设公路——各省县乡镇构成公路网
3. 建设各种纤维工业工厂——如棉毛丝等
4. 建设重工业工厂
5. 建设各种原力工业工厂
6. 建设各都市公民住宅
7. 建设各都市县公用事业

六、加紧救济工作

1. 救济婴儿(私生在内)
2. 救济鳏寡孤独
3. 救济老弱残废,以及穷苦无告之人
4. 救济天灾人祸之难民
5. 救济失业

6. 救济贫苦病人等

七、宽释全国囚犯

政治犯及一般人犯均包括在内,释放或从宽发落以后并用以开发边疆,或训练成生产工人。

八、发扬游侠精神

中国一切秘密社会,应使其统一融合正肃化,而走上民族游侠者之大道,以求建立和平大同之最新的团结力量。

〔中国青年党等党派档案全宗汇集〕

十四、中国救国运动会(中国独立党)

1. 中国救国运动会宣言

(1946年)

同胞们,我们的中国是一个非常伟大的国家,有悠久雄壮的历史,有广阔锦绣的山河,南到马来半岛,北到西伯利亚,东至流球群岛,西止阿富汗,都是我们的版图,庄严的国民,优美的文化,昌明的学术,曾经领导过世界,受列国的崇拜,各国派到中国来留学称中国为世界上黄金铺地的国家,那时的中国,是何等光荣,何等隆盛,那时的人民,是何等观乐,何等的自由,有各种发明著作诗歌文学音乐的创造,人才拥挤,名士齐集,工商业发达,社会繁荣,邦交亲睦,万国来朝,真是一个翩翩的大国。

可是到了清朝末年,中国日趋腐败,朝廷昏庸无能,外患不绝,内乱频仍,民不聊生,爱国的志士,一再掘起鼓吹革命,大者推洪杨之后,小者无数,可惜皆告失败,孙中山先生不断奋斗四十年,卒能推翻满清,成立民国,其工作之艰巨,实在令人钦佩,但是满清推翻之后,新政府不够健全,建国的责任没有负起,政治不上轨道,国是依然紊乱,袁世凯、陈炯明乘机叛变,军阀内哄,孙中山先生忧郁逝世，残破的中国，又连年战乱，苟延下来，这种情形，不禁使我们想到美国的独立，华盛顿革命成功统一了全国，就任第一届总统，成立联邦政府，制定联邦宪法，扫除军阀，改革制度，导政治上于正轨，设立了白宫，定下长久之计，国定邦安，国家局势稳定，才心安辞去二届总统职，我们的中国继革命之后，而国事紊乱尤甚，察其原因，厥为有人革命，没有人建国，有人破坏，没有人建设之故。

北伐成功以后，中国造成武力统一的局面，不越二年，九一八事变，一二八事变，西安事变接踵而来，这些事实证明，中国内部没有真正巩固统一，七七事变，抗战开始，举国人民困苦流沛，八载于兹，已是疲惫不堪，什么都丧失殆尽，战争侥幸获胜了，政府应该切切实实从事建国，安抚民生，都又为了当局者的私仇和地盘，统治权的争执，又开始内乱，百孔千疮的中国，已到了穷途末路，还是在一天一天地破坏中，中国晚近的革命已有几百年历史，可是直到如今，始终没有完成。

历史的教训，世界潮流的转变，国际局势的趋向，科学的突飞猛进，中国地位的落后，很明显的昭告我们中国是必须挽救了，中国是必须复兴了，我们应该赶快和平团结，迅速确定建国计划，分配人力财力，加紧建国工作。

中国救国运动会，创立于民国三十五年六月，正是对日战争甫告结束，国共冲突激烈，战火蔓延，国事危乱之时，灾荒遍地，难民载道，农业破产，工商业濒危，经济崩溃情形，至为严重，我们洞察祖国的危机，不忍让他一再没落至于灭亡，谨特敬告全国志士，凡对我们宣言主张表示同情拥护，并愿努力以求实现者，竭诚欢迎加入本会，携手同心奋斗前进，完成中国几百年来伟大的革命运动，谨此宣言。

〔中国青年党等党派档案全宗汇集〕

2. 中国救国运动会主张

(1946年)

一、成立联邦政府,制定联邦宪法。
二、一切以国家民族利益为前提。
三、扩充军事配备,制造重兵器。
四、研究军事科学,巩固国防。
五、提高人民生活水准,保障农工生活利益。
六、成立集团农场,改良农耕。
七、美化农村,联络农村生活与都市生活。
八、发展轻重工业,奖励私人企业。
九、大工商业及运输事业由国家妥为计划。
十、承认私有财产,限制继承权利。
十一、普及教育,改良课程,教育机会平等。
十二、发达科学与欧美各国竞争。
十三、发展水利,治理河道,添设铁路开发富源。
十四、提倡体育,注重卫生,扫除东亚病夫。
十五、复兴黄色种族,避免色种歧视。
十六、复兴亚洲文明,重整亚洲新秩序。

〔中国青年党等党派档案全宗汇集〕

十五、中国农民党

〔1〕基本政治主张

1. 中国农民党组织缘起与成立宣言
(1947年5月)

(1) 发起中国农民党宣言(5月　日)

目前中国的局面,真是千疮百孔,然而细察一切的病根,都是由于农民不能自主,只当了别人的武器,做了别人的牛马和傀儡。要挽救中国的危难,使中国成一个现代富强的国家,非从农民及农村上下实在的工夫不可。

尽人皆知中国的根本在农人与农村,然而数十年来大家一直是在糟蹋农人与农村。都市大大的膨胀了,繁荣了,而农村则日就残破,农民则日益困穷。农村的财富造成了都市的高楼大厦,农民的血汗凝成了都市的富丽辉煌。粮食都是农人生产的,然而农人食不能饱腹。棉是农人栽培的,蚕是农人饲养的,然而农人衣不能蔽体。猪和鸡是农人喂的,肉和蛋却不是农人所得吃的。一切都送到城市去了,都供别人享受及挥霍了!农人换得了什么好东西回来么?没有,他们吃的穿的用的,都是那么微少,那么粗劣,而且最大部分都是他们自己在农村里面生产的。

农人的财产概被别人剥夺去了。因为政治混乱,法纪不存,有权势者不受法律的管束,一般乡民则得不到法律的保护。军阀官吏,以及一切有权有势者,皆可以任意掠夺农人。更利用所掠夺的脂膏作资本,再以经济的手段榨取他们的骨髓,一齐带进城市,变成了地皮房产、银行公司、美金英镑和各样奢侈豪华的事事物物。所以城市越发展,乡村越凋零。卒闹到今天连城市的繁荣也无法维持,整个国家也濒于破产的险境。这不仅是农人和农村的厄运,也是整个国家的绝大危机。这种至不公平不合理的情形必须纠正,这危险的局面必须挽回。繁荣必须回到农村,资本必须回到农村,农人辛勤的结果必须归农人。农村不能再做都市的刮金板,农民不能永远作他人的牛马。

再说到内战,这是三十余年以来人民所最感痛苦,及遭受牺牲最大的祸患。目前不仅内战的火焰依然在熊熊的燃烧着,而且不知要扩大到什么地步,延续到什么时间。尽管是各方面都在那里奔走呼吁,谋求调解,但我们相信,这至多也只能获致一时的妥协,而不能除灭祸根。

要根本消弭内战,只有一个办法,即是叫农民不去打仗。农民实在是战争的祸根,无论是什么战事,实际在相打杀的都是一些农人,而并非军阀或党派。一切战争都是拿农人做本钱,流的农人的血,拼的农人的命,用的农人的力和物。农人不去打仗,任何军阀党阀也决打不起来。农人固不是愿意打仗的,但是他们没有自主的能力和身体的自由,一随党派及野心家的支配,被用作战争的武器和牺牲品。这实在是内乱的症结。所以根绝内战的惟一手段,是将农人由军阀及武装党派的手中解放出来。要办到这一层,就必须有核心,有组织,使农人可以依附,形成强大的团结,摆脱军阀党阀的吸引与征调,则战争自然就消灭了。

民主是世界潮流所趋,城市的知识分子都在高喊民主,然而号称占全国人口百分之八十的农人,依旧是上古时代的顺民,多数一字不识,浑朴驯良,视县官如神圣,畏乡保长如虎狼,而且终年为温饱挣扎之不暇,又何能过问政治。所以他们只有受别人的操纵,作政治的傀儡。这种情形不改变,所谓民主,充其量不过是城市里面少数知识分子的民主,与多数人民毫不相干。要使中国成为真正的民主国家,除了培养农民的政治力量,及发动他们自己的政治组织而外,别无办法。

再就政治与农民自身的关系上说:农民受政治不良的影响最

大,他们真能体验"苛政猛于虎"的古语,深感到政治所加于他们的损害和苦痛不亚于天灾。他们需要改革政治,正与需要防备天灾无异。但是如何才能达到他们改革政治的目的呢?在以前君主专制时代,农民过着政治腐败□□□,到忍无可忍之时,只有起来革命。但是在一个号称民主的国家,每个人民对于政治都有干预的权利,和改革的责任,无须采取革命的手段。农民的人数既占全国的大半,只要能团结起来,发挥他们的力量,要政治好,政治就可以好。同时也惟有农民能团结起来改革政治,然后政治才能够好,民主才能够实现。百分之八十的人民都是傀儡的国家,不会有良好的政治,更绝对谈不到民主。

以上是我们组织农民党的动机,我们的要求和要努力去做到的固不只此,不过这些是我们的基本意念,由这些意念定出了我们的各项主张。我们决不是狭义的阶级主义者,也不敌视任何党派。我们的一切主张都是以国家全民的利益为依归。我们要农人行使国家主人的职权,并不单是为农人自身的利益,亦即是要使他们对于国家尽其应有的责任。我们选择官吏,一本用人唯贤之旨,但求遵行本党的政纲,不因党籍而加歧视。

农人的痛苦实在太深,无法解脱,我们出身田间,悉属农界知识分子,发动组织,自救救人,责无旁贷。望我全体农人,和同情于农人,而不愿他们永远做他人的牛马、武器和傀儡的人们,望一切愿意安居乐业,长享太平,愿意政治可以革新,人人同样守法,和愿意生产建设能积极兴办,城市乡村能平衡发展的人们,一齐站拢来,加入本党,共同努力。

最后再提醒各位读者一句话:中国是农业国家,农民占百分之八十,是一切力量的源泉,所以本党的前途是最远大的。

(2) 中国农民党成立宣言(5月14日)

本党发动已有数年,因为我们慎重党员的选择和党基的坚实,没有轻率宣告成立。现在多数省份都有了能负领导责任的同志及广大的群众,目前的时机也已经成熟,所以我们最近召集了一个全国代表大会,正式完成了成立的手续。

我们组织本党的动机,曾经在本党的缘起上详细陈述,大意即是说:中国之所以闹到目前这样糟的局面,病根是因为农民不能做国家的主人,只做了别人的武器和牺牲品。因此认为欲使中国成为一个太平富强的民主国家,非培养农民的政治能力,并将他们团结起来,使能行使公民的职权不可。

我们不愿意多说话,不过在这成立之始,应将本党的性质和作风,以及我们对于国事的认识□□□使公民的职权不可。

我们不愿意多说话,不过这成立之始,应将本党的性质和作风,以及我们对于国事的认识和态度,公告国人,使大家对我们了解。

一、本党虽是代表社会上一行职业的政党,但绝不存自私的阶级观念,一切主张,必须顾到国家全民的利益,我们的主要使命是为农民争取国家的主人地位,并谋政治的改革,及农业与乡村的改进,这都是整个国家所切需的。至于本党的党员当然最大部分是要向农民里面去征求,但是我们也欢迎一切同情者参加,农民党是要农民都能当国家的主人,却并非要他们都去做官。农民党有为农民选择良好公仆的责任,所以特别欢迎政治家学者及一切贤能之士参加,将来好请他们到议会里面去替我们发言,或到政府里面去替我们办事。

二、我们认为获取政治的地位,是改革政治的手段,而不是目的,我们决不致把手段当作目的。对于诚意谋政治改革者,我们皆可以合作赞助,决不以破坏他人之成功,为达到夺取政权之手段。但我们对于政治上的腐败黑暗以及一切对于人民特别是农民有害的措施,亦必须加以批评及纠正。我们认为一切政党,皆应以竞赛及互相监督的方法,促政治的改良进步,但不应互相破坏,反使政治愈腐败，使国家愈混乱。

三、我们认为农民所受的剥削，主要的是政治的剥削，因为政治不良，法纪不存，农民知识低落而又散漫，一切军阀官僚皆可以利用他们的权位，肆意掠夺人民，使得整个乡间涸竭，个个乡民贫穷。因此，我们认定，改善农村经济的办法，应着重在改良政治，修明法纪，使乡间所生产的财货不再被非法剥削，集中城市，而不是要从富农和乡间小地主的手里夺取一些去弥补贫农。

四、本党真诚的为农民谋利益，决不欺骗农民，故不愿意发出一些只好听而不能实践的诺言，使他们期待从天上掉下来的财喜，隔夜发横财，因为这些都是靠不住的，我们第一步要努力的是要使农民能收得自己辛劳的结果，不被他人掠夺，并能藉自己的勤俭与经营逐渐改善其境遇。

五、对于当前的政治问题，我们要严守纯正的农民的立场，无所谓左右倾，凡对于多数农民及国家真有利益的事体，我们都拥护；凡有害的事体我们都反对。我们最痛恨内战，因为内战是对于国家及农民害处最大的。八年抗战下来的国家，浩劫余生的人民，牺牲惨重，痛苦万状，内战再打下去，非至同归于尽不止。我们要求一切军队都无条件的向全国人民投降，在人民的面前，将他们的枪炮一齐放下来，实现全国的和平统一。同时我们认为内战的根本解决，不仅是目前不打的问题，而必须使农民获得自由自主的权力，不再被别人拉去打仗，而且能站出来阻止任何人打仗。

六、我们认为根本救国的办法，是在和平统一及优良的政治情形之下，积极发展建设与教育，这才是本党最重要的使命。过去中国不是没有建设与教育的成绩，然而建设完全集中在大都市，教育只是极少数人的专利品。结果是建设反加重人民的负担，都市愈发达，乡村愈残破，教育造成了社会上的寄生分子，受教育的人愈众，剥削农民者愈多。本党必须力挽其弊，特别注重乡村生产建设的发展和农民知识的提高，使中国成为一个平衡健全的国家。

以上说明了本党的性质、态度和方针,至于我们的具体的主张,都载明在本党的政纲上,兹不赘。

最后,我们愿向全国人民表示一点希望,尽人皆同情于农民,然而农民众多散漫,无法接受此广大的同情心,致使欲帮助农民者,亦苦于无处着手,而不过止于精神的同情。今后我们希望这些同情者,将他们的同情心,寄托给农民党,使其通过党的组织而实际化,以造福于农民。

〔中国青年党等党派档案全宗汇集〕

2. 中国农民党政纲
(1947—1948年)

(1) 中国农民党"一大"通过的政纲(1947年5月14日)

中国农民党政纲

民国三十六年五月十四日第一次全国代表大会通过

总则

本党目标如下:(一)根本消除内战,(二)实现真正民主,(三)全面建设国家,(四)提高民众生活。

关于政治的

一、厉行法治,使一切人皆同样受法律之保护与制裁,尤须使政府及公务人员严格守法。

二、实行普选制度。职业选举必须由各行职业人民自由组织办理,尤其反对非农人把持农会,操纵选举。

三、限期肃清匪患及烟毒,以安定农村。

四、厉行廉洁政治,革除一切容易诱致贪污及勒索之制度及设施。

五、改善乡镇基层政治机构,并慎重人选,以免农民直接受其压榨。

六、简化政府机构,尽量裁并骈枝机关及冗员,以减轻人民负担。

七、切实保障人民身体之自由,绝对禁止征工拉夫。

关于教育的

八、厉行普及教育,限期肃清文盲,俾一般人民皆具民主国家公民应有之知识及能力。

九、提倡爱国教育及道德教育。

十、普设乡村图书馆及科学陈列馆等。

关于经济建设的

十一、注重乡村建设,使其与都市建设平衡发展。

十二、竭力发展乡村交通,迅速完成全国铁路及公路网。

十三、各项企业应奖励人民自由经营,尽量减少官办及管制,而易以适当之保护及合理的监督。

十四、尽最大力量兴办水利,防泛开凿与水土保持同时并进。

十五、普遍从事水电建设,促成全国乡村电气化。

关于财政金融的

十六、整理田赋,力求负担之公允,并规定田赋归地方支用。

十七、取消征实办法,禁止额外税捐。

十八、扩大农业贷款,改善方法,杜绝弊端,务使农民得到实益。

关于土地的

十九、一切公有出租之农地,悉数拨给农民。分期偿付其地价。

二十、实行限地,按各地土质气候及人口密度等,规定每户所有耕地面积之最高额。

二十一、尊重人民之土地所有权,政府机关不得任意征用民地,如必须征用时,应迅速照市给价。

二十二、地租力求公平,政府应施行各种合理有效的减租政策。

二十三、政府应以各种有效方法,帮助佃农、雇农及其他有志于农业者,获得土地,使成为自耕农。

二十四、农业生产,应以最大的经济利益及最优良的营养为目的,而求其发展改良,藉使全国人民丰衣足食,并使全国孩童皆能得到牛乳果蔬等重要滋养料。

二十五、竭力发展农业教育,注重研究推广,并力求三者之配合,以促农业之改进。

二十六、充实县级农业机构,普设农村服务站,并规定县农业经费不得少于县总预算百分之十。

二十七、广设农具及肥料等工厂,从事各种农业机械及化学肥料等之改良制造。

关于社会的

二十八、用教育方法及经济手段提倡农民自动合作及自由组织,废除官办制度。

二十九、尊重民族历史及风俗习惯,并规定以阴历元旦为农民节。

三十、推行农村卫生医药事业,并提倡设置乡村托儿所。

关于军事的

三十一、反对任何集团利用征兵制度抽调壮丁,从事内战。

三十二、力求改善士兵待遇,严禁军队扰民。

三十三、军队国家化,现役军人不得参加任何政党。

三十四、实行军队分治,现役军人不得干与政治。

关于外交的

三十五、促进各国农人之联络,以期实现全世界人类之彻底的永久和平。

（2）中国农民党三中全会修正的政纲(1948年5月)

中国农民党政纲

民国三十七年五月第三次中全会修正

总则

本党目标如下：(一)建立民主政治；(二)促进经济发展；(三)合理分配财富；(四)消除一切战争。

关于政治及军事的

一、实行民主政治，反对一切极权政治。

二、厉行法治，使一切人皆同样受法律之保护与制裁，尤须使政府及公务人员严格守法。

三、彻底消弭匪患，肃清烟毒，铲除土劣，以安定农村。

四、简化政府机构，尽量裁并骈枝机关及冗员，以减轻人民负担。

五、切实保障人民身体、集会、结社、言论、出版等自由，禁止非法征工及拉夫。

六、国家养兵，应采用精兵主义，提高士兵待遇，严禁军队扰民。

七、实行军政分治，现役军人不得干预政治。

关于经济财政及金融的

八、经济政策，以发展生产及合理分配并重为原则。

九、注重乡村建设，使其与都市建设平衡发展。

十、各项企业在计划经济原则下，酌奖励人民自由经营，减少官办及管制，而予以适当之保护及合理的监督。

十一、国家对于新兴幼稚之农工生产事业，应采保护政策，限制外货倾销，减少竞争。

十二、竭力发展乡村交通，迅速完成全国铁路及公路网。

十三、尽最大力量兴办水利，普遍从事水电建设，促成全国乡村电气化。

十四、贪官污吏之财产及土地，应予没收，供创立自耕农之用。

十五、实行限地，按各地土质气候、人口密度、业主职业及是否居乡等，规定每户所有耕地面积之最高额，逾额土地，应限期售与农民，期满由国家征购，以便利农民的方法，转售与农民。

十六、地租应力求公平，政府应施行各种合理有效的减租政策。

十七、政府应以长期低利资金及其他方法，帮助佃农、雇农及其他有志于农业者，使获得土地，成为自耕农。

十八、改良税制，以担负能力为标准，实行累进税率，禁止额外税捐，并整理田赋，停止征实。

十九、扩大并改善农业金融制度，使其能吸收社会资金，自力发展，并与国家改进农业及建设乡村计划，密切配合。

廿、农业生产，应以最大的经济利益及最优良的营养为目的，而求其发展改良，藉使全国人民丰衣足食，并使全国孩童皆能得到牛乳果蔬等重要滋养料。

廿一、竭力发展农业教育及农业研究试验，充实及改善农业推广机构，广设农具及肥料等工厂。

廿二、各级农林机关主管人员，应以具有农林学识经验者充任。

关于教育卫生及组织的

廿三、厉行国民义务教育，限期肃清文盲，俾一般人民皆具民主国家公民应有之知识及能力。

廿四、政府应以教育方法及经济手段，提倡各种合作事业，并鼓励人民自由组织各种会社。

廿五、普设乡村民众学校，着重农民生活及实用技术之训练。

廿六、推行农村医药卫生，提倡优生节育，由国家训练医务人员，派往乡村服务。

廿七、促进各国农人之联络，以期实现全世界人类之永久和平。

〔中国青年党等党派档案全宗汇集〕

3. 董时进表示尽力促成司徒雷登出任调解战事函
(1948年2—3月)

(1) 董时进致司徒雷登函(2月24日)

司徒大使阁下：本人奔丧回川，暂在渝郊农场上居住。本日获读阁下致全中国人民书，对于贵政府援助中国人民之盛意及所期望于中国之殷切，非常感佩。阁下一再申言，贵国所关切之问题为如何援助遭受内战痛苦最深之平民，及如何增进一般平民之福利，使其不受极端反动分子与极端激烈分子之威胁。此实中国人民所最需要，亦为本党所最关切者。惟如何方能解决此问题而达到援助中国人民之目的，则殊非易事。盖漫无组织之人民，实无法解除其痛苦及极端分子所加诸彼等之威胁也。吾人组织农民党及农业协会之动机，不外欲以组织及教育的方法，使多数民众得安然从事其生产活动，并获得免于恐惧之自由。惟吾人深知，在偌大之中国，欲达成此项任务，需时必非短暂，但贵国若能本援助中国人民之政策，予吾人以援助，则必能使此项时间大为缩短，此亦即使中国人民的痛苦缩短之意。贵国援华物资中之关于农业者，如化学肥料、棉花、粮食及病虫药剂等，于分配时应有国内组织健全之农民团体，若农业协会者之代表参加，予以切实之监督，必如是始可使援华物资能直接达到农民，发挥其最大的效果，改革过去之种种之流弊。本党以农民之利益为前提，与国内所有之农业团体均有联系，如贵大使采纳此项由农民团体参加分配援华物资之建议，本党深愿为贵大使介绍及协助，进而利用此项机会，编印通俗书报及普遍举行短期讲习巡回演讲等，以提高一般乡民之知识，养成其民主国家的公民之资格。又本人对于阁下所说"民主政府可保人民日常生活之自由及免于恐惧之自由"一语，颇有感触，亦欲藉此机会有所陈述。现时中国人民的恐惧实甚深刻，且不仅来自一方面，共产党固给人民以恐惧,政府亦给人民以不必要的恐惧。政府滥事捕杀之结果,使一般人民对于任何政治结合及活动均不敢参加,即如本人此次还乡,欲征求邻里亲族等加入农民党,乃彼等皆谈党色变,感觉恐怖。此种现象实为民主政治发展之重大障碍,尚望阁下对中国政府善进忠告,并以有效之方法制止之。冒昧陈词,伫候明教。专此。敬叩

勋绥

　　　　　中国农民党主席董　　敬启　二月二十四日

(2) 董时进再致司徒雷登函(3月1日)

　　司徒大使阁下:顷读中央社所发表二月廿二日阁下之谈话,具见阁下希望中国和平团结,一般人民莫不感激。阁下殷殷嘱望于知识分子,积极尽其责任,以解决国家之问题,凡曾受高等教育者,皆应愧讦。惟知识分子之所以不能尽其责任,反而抱消极态度者,其咎并不全在知识分子本身,实以其言论及行动皆受拘束,不能有何种主张,尤不能倡导何种之运动也。本党党员虽多数非知识分子,但仍系知识分子领导。吾人深知人民渴望和平之殷切,故曾一再请求阁下出而调解战局。吾等站在人民利益之立场,复处天下一家之今日,决不存"中国内战,外人不应过问"之心理。反之,吾人倒认为中国一般人民既无调停或制止内战之能力,则唯有希望外人特别是贵国出而尽此义务,查政府及共党双方均自谓系为人民利益而作战,但人民决不愿为任何原因而作战,人民宁可牺牲其他一切,而不愿战事延续。果系为人民的利益,双方均应立刻停止战事,否则必无以自解,亦决不能获谅于国民。惟中国人有一习惯,两者斗殴,决无一方愿意言和,必须调人生拉活扯,硬行拖开,乃能顾全双方之颜面,而达到息殴之目的。中国人做买卖亦如是,买卖双方均坚决表示你不愿卖,我不愿买,必须中间强行拉拢,好似买卖全系为中间人的缘故而做者,然后乃得成功。阁下调停中国内战,必须

明了中国人之此种心理,不管双方如何坚决否认,仍应积极进行,至达到目的而后已。中国人民早已极度厌战,除极少数主战分子之内心如何吾人不愿加以判断外,其余无论士农工商,无论军人官吏,凡一谈及时局,未有不同声叹息,喊"不得了""活不下去"者。在如此情势之下,任何坚定之领袖及激昂之言词,亦不足以振奋人心,鼓励士气。阁下本爱护中国人民之旨,出任调解战事之责,全国人民当无不同情拥护本党亦必尽力促成,务望阁下继续努力,使和平早日实现。是为至祷。专此。顺颂
勋祺

中国农民党主席董时进谨启　　三月一日

〔中国青年党等党派档案全宗汇集〕

4. 中国农民党三中全会宣言
(1948年5月1日)

中国农民党最近曾在沪召开第三次全体中央执行委员会议,议决发表宣言,促人民发挥力量,解决国事,并申述该党对于经济及土地问题之态度,其文如左:

本党成立的时候,曾经在宣言上说明:"本党最重要之使命是要在和平统一及优良的政治情形之下,积极发展建设与教育。"我们相信,惟有藉建设与教育才能使中国成为一个现代富强的民主国家。要发展建设与教育,又必须先有和平及良好的政治条件。以故成立以后,我们首先即致力于促成和平的运动,曾经奔走呼吁,一面促政府及中共的反省,一面唤起人民的觉悟,不幸局势愈演愈□,未几而动员戡乱令下,和平竟告绝望,这是我们所最感痛心的,国家一日不得太平,人民痛苦一日不得解除,建设与教育亦居无法推动,今后我们仍当以各种可能的方法,求战祸早日终止,秩序迅速恢复俾百年大计的建设工作,得以着手举办。

不过我们观察中国的政局,还不能发现一线的曙光,我们以为中国政治问题的解决,必须人民自己打定主意,发挥力量,不能消极的等待,人民决不可以自暴自弃,轻视自己的力量。过去辛亥革命,倒袁之役,以及国民革命军北伐,其所以能迅速解决,决非因武力大小悬殊,实由于人心的向背,今日人民一面厌恶政府,一面害怕共产党,徘徊观望,无所适从这乃是政局拖延不能解决的最大原因。现时摆在人民前面的政治路线,总共不过三条:一是促现和平统一,但时至今日,空言和平,已属无补。二是择比较优良的一方面,予以支持,以求胜负早日决定,痛苦早日解除;三是企图创造新局面,寻觅新出路,拥护良好而有希望之潜势力,以代替恶劣之势力。在这三条路线当中,人民必须迅速决定态度,选择一条,这是我们愿意提醒全国人民拿出勇气来决定的。

除政治问题而外,经济及土地两项问题亦极为国人所重视,我们认为在中国虽亦有贫富悬殊的现象,而其情形则与工业资本主义国家不同。工业国家的富人,概由经营工商等事业而来,中国的富人则十九由利用军政权力压榨人民而来,其由于经营生产而致富者,仅如凤毛麟角,而且中国的富人比较甚少,最多数都是贫民,他们贫穷的程度亦远过于工业国家的贫民,以故解决中国经济问题的方法,亦应与资本主义国家不同,必须一面严明法纪,肃清贪污,杜绝利用军政权力,搜刮人民。一面竭力发展生产,以求全国总财富的增加,及一般人民经济地位的提高,至于消极的讲求节制资本,尚不是目前最迫切的事情。

关于土地问题,我们不赞成一律没收,重新平均分配,及一律强制售与现耕田农等办法。我们主张:一、政府应以长期低利的资金及其他方法帮助从事农业或有志于农业而无地或有地太少者,使其能获得土地。二、每户所有土地应按地方情形及业主是否自耕或居乡等条件,酌定最高额超过者,由政府征收,转售与农民。三、凡假藉军权政府刮削人民者,所有之土地,应悉予没收,供创立自耕农之用。

我们愿藉此机会,将本党的性质再为国人说明一下,农民党是代表农民的政党,但不必亦不能完全为农民所组成。特别是在农民知识很低的今日,这种政党,更非有了解及同情农民的知识分子出头领导不可,而且此项知识分子并不能限于农学界,尤非多有具政治经济及法律等学识者参加不可。本党成立宣言上曾经说过:"农民党是要农民能当国家的主人,却并非要他们都去做官,农民党有为农民选择良好公仆的责任,所以特别欢迎政治家学者及一切贤能之士参加,将来好请他们到议会里面去替我们发言,或到政府里面去替我们办事。"农民党征求党员,不是招收群众加入农民党,不是去替某一些人做群众。农民党是为农民选择代议士及官吏的一个集团。凡贤能之士,愿为农民服务,及愿争取农民之拥护者,均为本党所欢迎。农民掌握着国家最多数的投票权,我们愿意利用这些投票权来选择优良的公仆,并达到"本党建立民主政治,促进经济发展,合理分配财富,消除一切战争"四大目标。谨此宣言。

〔中国青年党等党派档案全宗汇集〕

5. 中国农民党关于召开新政协解决国是意见
（1948年7月）

八年抗战之后,内战接踵而起,连绵迄今,将满三年。战区日益扩大,人民痛苦日深,尤以农民被拉上战场,直接供炮火之牺牲,情状最为悲惨。近来物价疯狂上涨,一日数变,经济濒于崩溃之绝境,全国每一角落之人民的生活,均感受极度严重之威胁。这种局面已经到了万万无法拖延下去的地步,人民也到了万万不能再忍受的情境。

这时候,中国共产党忽发出召集新政治协商会议之文告,主张由各民主党派、人民团体及社会贤达联合组织,凡愿意战事早日结束及以和平方法解决国事之人民,当无不乐闻此项消息。本党一向主张和平团结,曾为此奔走呼吁,力竭声嘶,现悉新政协之倡议,无异在黑暗中发现一线光明,感觉非常愉快,并抱了很大的希望。

惟吾人有几点意见须提请中共及各党派并全国人民注意者,陈述如左:

一、新政协必非旧政协之重开,而将改变其组织,扩大其范围,对于农人及农业团体尤须尽量包罗,务期能反映全国多数人民之公意。

二、所谓民主党派,殊难下确定之界说。现时之一切政党,殆无不以民主二字为号召,以故决定应否准许参加之党派时,必须有超然公允之方法,并力求包容各方面,与其失之狭隘,毋宁比较宽大,即使有不合条件之党派,亦可允许其中开明分子参加。

三、人民团体数目,不可胜计,品类亦极复杂,参加政治协商,不能漫无限制,必须以声誉素著,对于国家人民或学术有贡献者为限。

四、无党无派之社会贤达,尤难确定标准。按现代民主政党政治之常例,凡参加政治活动,大都必须加入某个政党,无党派者参加政治乃属绝少之例外;而且此类人物,即使未正式加入政党,实际亦多与政党有关系。以故吾人主张社会贤达之参加,应由党派提名推荐,各党派推荐之人数,应有一定之比额,方不致漫无标准,惹起纷争。

吾人原藉此机会向中共进一忠告:一般人多谓共产党为专制性质之政党,因而颇多怀疑中共民主的号召。此次中共既郑重表示愿联合各民主党派、人民团体及社会贤达,召开新政治协商会议,希望将来正式开会之时,能顾到实际社会环境,尽量容纳各种不同之意见及主张,勿坚持己党之成见,方可以顺利的达到真正和平统一之目的。

国事败坏至此,人人感觉不能活命,为解除切身之痛苦,挽救国家之危难,全国人民,均应以主人翁之身份及主动的方法,促新政协之迅速召开及和平统一之及早实现。政府党开明分子,尤应认清事实现状,拿出勇毅精神,发挥责任感,与全国民主人士携手,以积极的行动,结束目前混乱沉沦之局势,拯救人民于水深火热之中。谨此宣言。民国三十七年七月。中国农民党中央执行委员会

〔中国青年党等党派档案全宗汇集〕

6. 中国农民党关于根据中共所提原则立即开始和谈宣言

(1949年1月16日)

本党鉴于战祸之惨烈,过去曾不断致力于和平之促成,不幸和平之门双方紧闭,无法叩开,直至去年底,政府当局鉴于情势之严重,迫于全国之公意,乃有今年元旦和平文告之发表。惟其内容显然为中共所难接受,早为一般人民所同感。果然,中共方面屡次广播,大加讥评,而无正式答复。许多人惴惴不安,以为中共或将置之不理。到本月十五日各报忽登出了中共主席毛泽东先生的答复,提出八项条件,作为和谈的基础,虽其与政府所提之意见,差别颇大,然而据此已足见中共愿意和谈,这不能说不是可以令人欣慰的。

本党见双方和谈之门已开,当即召集中常委会议,就中共所提八项条件加以研讨,认为此等条件殊合人民的意愿及国家的需要,原则上应予赞同。至于实施细则,则不妨从容磋商。同属国人,与国际谈判有异,将来共坐一室,在和谐的空气之下,应无不可解决之问题。关于第一项,惩办战犯。究竟谁为战犯,以及如何惩办法,多寡轻重之间,尽有商量之余地,但总以不必牵涉太广为原则,惟必要时宁可使少数发动战事之重要分子负其应负之责任,以达全国息争之目的,不应姑息此少数分子,而延长全体人民的痛苦。第二项,废除现有宪法。这宪法原属一方面之产物,且为战争主要原

因之一端,于情于理皆有重新编制之必要。但这绝非不要宪法之意,将来的宪法,必须益求完善,尤其必须尊重人民之基本自由,而绝对避类似所谓临时条款之规定。第三项,关于法统问题。所谓法统,本带封建气味,原不值得提起,至于中华民国的国体,自不能容许变更,亦无人将加以变更。第四项,改编军队。乃战事结束后首须举办之事体,将来全国一切军队皆必须国家化,并应缩减至最低限度,乃全国人民一致的要求。第五、六两项,没收官僚资本及改革土地制度。政府若干人士亦常以此为号召,原则上不致有人反对,只看如何实行才能合理有效,而且没有流弊。第七项,废除卖国条约。果有此项条约,自应在废除之列。第八项,召开没有反动分子参加的政治协商会议,成立民主联合政府。这办法也是合理的,联合政府尤其是全国共同的愿望,至于所谓反动分子究是一些什么人,乃属另一问题,惟除自私好战劣迹昭彰之分子而外,对于其他政治主张互有出入者,以及政府中之开明分子,均应尽量包罗,以期能反映全国人民之公意。

时至今日,不拘就政治、军事、士气、民心、经济、外援等任何方面观察,战事再打下去,结果只有越来越坏。政府当局必须拿出负责的态度,承认事实,承认失败,爽爽快快的接受中共的数项原则,立即下令停战,开始和谈,不宜自欺欺人,再事拖延,更加深自误误国之程度,亦不必效摊贩卖喊八还二的耽搁时间,或等待列强出而调解。天寒岁首,转瞬春节,苦战余生之兵士,皆愿解甲苏息;流离失所之难胞,都望重返家园;一般农人饱受征兵逼粮之痛苦,全国人民久感生活的压迫,呻吟苦闷,片刻难安,都无不渴望战事立即停止,重过太平之年。此次的和平,不但绝对的只许成功,而且必须迅速成功,至迟要在春节以前做到确实全面停战的地步。本党对于中共所提之几项原则,愿表赞同,并愿根据此等原则以促和平之及早实现。特此宣言。

中国农民党中央执行委员会

卅八年元月十六日

〔中国青年党等党派档案全宗汇集〕

〔2〕组织活动概况

1. 中国农民党各级组织规程
(1947年5月14日)

(1) 中国农民党组织规程

第一条　本党定名为中国农民党。

第二条　本党以唤醒农人之自觉自主,维护农人之正当权益,促进农业与工业及农村与城市之平衡发展,并实现以农业及农村为基本之现代化的民主法治中国为宗旨。

第三条　凡中华民国成年男女,赞成本党宗旨及政纲,服从决议案,由党员二人之介绍,履行入党手续,经中央常务委员会或其所授权之机构审查通过者,皆得为本党党员。

第四条　本党党员于入党时应缴纳入党费,每年并应缴纳常年费,其数目由中央常务委员会决定之,但对于贫苦党员得酌量减免。

第五条　本党最高权力机关为党员代表大会,但在闭会期间为中央执行委员会。

第六条　本党设中央执行委员会,置委员三十三人至九十九人,候补中央执行委员九人至二十七人,由党员代表大会选举之,任期二年,连选得连任。

第七条　本党设中央常务委员会,置主席一人,常务委员九人至十五人,均由中央执行委员会互选之,任期二年,连选得连任。

第八条　中央执行委员会设秘书处及组织、训练、宣传、外务四部,及财务、文化、农事三委员会。秘书处设秘书长一人;各部设部长一人,各委员会设委员若干人,其中指定一人为主任委员,均由常务委员会就执行委员中推选之。

第九条 本党党员代表大会每二年举行一次,中央执行委员会每半年举行一次,均由常务委员会召集之,遇必要时均得召集临时会。

第十条 本党得于各省设立支部,于各县市设立分部,于各乡镇设立区分部,其组织规程另定之。

第十一条 各地分支部为培植后进人材起见,得设农村少年励进社。

第十二条 本党党员有不遵守本党规程、政纲及决议案,或有妨害本党之行为时,经常务委员会之决议,得令其出党,党员亦得向常务委员会申述理由,请求退党。

第十三条 本党政纲另订之。

第十四条 本规程及本党政纲,经中央执行委员会出席人数四分之三或党员代表大会出席人数三分之二之通过,得修改之。

(2)中国农民党省支部组织规程

第一条 中央执行委员会应斟酌各省党务发展情形,设置省支部或省支部筹备处。

第二条 省支部设执行委员七人至十一人,第一届委员由中央执行委员会派定之,但必须于一年以内召开全省代表大会改选之。执行委员会设主任委员一人,第一届由中央执行委员会指定,以后由省执委互推之。

第三条 省支部筹备处设筹备委员五人至九人,由中央执行委员会派定,于半年以内征足相当数目之党员,成立正式支部报请中央执行委员会改派执行委员。

第四条 省执行委员任期一年,连选得连任。

第五条 省执行委员会得分设秘书、组训、宣传、财务、外务等五处,各处设主任一人,由委员互推之。

第六条　省市执行委员会之职责如下:(一)执行省市代表大会决议案;(二)执行中央党部交办事项;(三)筹办县市分部并指导其工作。

第七条　全省代表大会每年召开一次,由省执行委员会召集之;经省内三分之一以上党部之联名请求或省执行委员会认为必要时,得召开临时会议。

第八条　全省代表大会之代表,除省执行委员为当然代表外,由每县市党部选举二人,其党员人数超过五百人者,每满五百人加选代表一人,但最多不得超过十人。

第九条　全省代表大会之职权如左:

(一)拟定本省党务进行计划,报请中央执行委员会核准施行。

(二)审核通过本省党部之预算及决算。

(三)选举省执行委员及出席全国代表大会之代表。

(四)审核省执行委员会之报告及建议。

(3) 中国农民党县(市)分部组织规程

一、各县(市)成立乡镇区分部五处以上者,应即设立县(市)分部。省支部认为必要时,得指派筹备委员三人至五人,设置县(市)分部筹备处,于三个月内成立正式分部。

二、县(市)分部以县(市)代表大会为最高权力机关,代表由各乡镇区分部选出之,其职权如左:

(一)拟定本县(市)党务进行计划,及提送省代表大会之提案。

(二)审核通过本分部之预算及决算。

(三)选举本分部之执行委员及出席省代表大会之代表。

(四)审核本县(市)执行委员会之报告及建议。

三、县(市)分部设执行委员五人至九人,由全县(市)代表大会选举之,并就其中推定一人为主任委员,任期一年,连选得连任。

四、县分部执行委员会设:秘书、组训、宣传、财务、联络五组,各设主任一人,由执行委员互推之。

五、县分部执行委员会之职责如左:

(一)执行县代表大会之决议案;

(二)执行上级党部委办事件;

(三)指挥本党及农村少年励进社在本县之一切活动;

(四)组织乡镇分部,并指挥其工作。

〔中国青年党等党派档案全宗汇集〕

2. 中国农民党第一次全国代表大会记录

(1947年5月12—14日)

(1)第一日会议(5月12日)

中国农民党第一次全国代表大会会议录

地点:上海林森中路一二八〇号

第一日会议

时间:三十六年五月十二日上午九时。

出席人:蓝梦九　谭守仁　施之元　封昌远　刘叔仪
　　　　姚仲白　李明良　董时进　管春树　马宜亭
　　　　陈愧三　王沚川　张鸿谟　周可涌　金久大
　　　　尤怀皋　胡竟良　李国桢　吕中柱　黄异生

推定主席团主席五人:

　　　　董时进　胡竟良　刘仲和　蓝梦九　黄异生

主　席:董时进　　纪　录:施致远

一、主席报告

略谓:组织农民党的意思甚早,惟感战时发动不甚合宜,前年农协会在渝召开年会，一部分会员提议改会为党，亦以种种问题未能见诸事实。但外界均传已有本党存在,现宪法正式颁布,结党自由公开，时机业已充分成熟，且基于时代与环境之需要，乃毅然标出鲜明主张，组设本党，以期发挥团结伟大之力量。经数月来积极筹备，获有相当成绩，乃定于五月十二日，在沪召开第一次全国党员代表大会。本日适为国际农业生产者会议在荷兰开会之日，互相辉映，实为农业上具重大深长意义之日期。发起本党之动机，主要的有二个：一是因为农民太苦，完全为人作牛马及牺牲品，我们来自田间，知道甚清楚，感觉对他们有责任；二是因为要国家太平富强,绝不可有多数人民长此过牛马的生活,而必须使他们作国家的主人。本党宗旨纯洁，立场正大，各位同人均应以贡献服务为目的，抱同舟共济的精神，而将个人的利益放在后面。本党之使命，大之是要为整个国家找出路，小之是要为全体农民谋利益，为全国农业谋发展，为乡村求建设，但绝对不是要争几个农业机关的地盘。

二、各地筹备人报告

南京蓝梦九：

南京奉派筹备委员六人,曾召集会议三次,积极办理筹备工作,并设法与各界联络分别征求优秀党员。在第二次会议时,董时进先生由沪来京,出席指导,根据规定推选代表八人,参加本党全国代表大会携有重要提案数件。

江西王沚川：

最初邀集农协会会员四五人举行座谈会,自由交换意见,因交通不便,消息隔阂,误以农协会改名为党,故未发动征求,但各界对本党均极同情赞成。江西经数年战争,农村生活困苦,如本党真能努力推进,参加者一定踊跃,前途甚为光明。

安徽周可涌：

本人接得本党通知较迟,随即选定十五人为筹备委员。为工作方便起见,会内实行分组办事;并将全省划分为六区,设立据点,担任宣传及征求党员,以农业机关学校及真正农民为主要对象,已申请登记者有一千四百余人。特别注意党员之素质,事前加以审查决定,以昭慎重。

陕西李国桢:

此次本人仅能说是个人出席不敢代表全省。陕西僻处西北,环境复杂,过去因中共根基设在延安,政府对于党派活动甚为注意。今后本党发展应力求深谋远虑,并征求忠实热心之党员参加。

重庆刘叔仪:

重庆为战时首都,过去因农协会在渝,会员分布甚广,对于本党发展甚为有利。筹备委员共有六人,曾开会议数次,因路途遥远,交通困难,决定推派代表一人参加大会。为保持工作机密起见,党务正在暗中进行,将来成绩必佳。

成都封昌远:

成都离沪最远,发动时间较迟,所有筹备工作仅由私人交换意见。因各种问题甚多,旅费亦不易筹措,乃由本人自告奋勇设法赶来上海参加。目前成都等地虽尚未公开征求党员,但利用已有之优良条件与特种关系,如刊物、学校、社团及企业组织等,对于本党宣传及经济方面均有莫大之帮助,同情本党者甚多。惟因本党尚未正式成立,多数人尚在观望,一俟正式成立之后,即有许多人可以加入。

武汉张传琮:

武汉为中国之中心地域,消息较为灵通,自接到本党筹备成立之消息后,即在当地开始接洽,大都表示愿意参加。经开筹备会三次,议决先开始组织中国农业协会湖北分会,以为公开活动之机构,以便不愿即行参加本党之外围团体〔此处似有脱漏字〕;又将愿意加入本党者,约定每人介绍五人,先填申请书,入党后将所有入党之同志召集开一筹备会。当推举本人代表参加上海成立会,并由武汉同志共同筹出旅费四十万元,不足之数由本人自备。现武汉方面入党者计共三十人,现正分别介绍中。

三、分组审查名单

（一）规程及政纲组：

蓝梦九　王沚川　（以上为召集人）

周可涌　张鸿谟　施之元　王申谦

金久大

（二）财务及业务组

尤怀皋　封昌远　（以上为召集人）

陈愧三　管春树　吕中柱　马宜亭

刘叔仪

（三）党务组

李国桢　刘叔仪　（以上为召集人）

封昌远　马宜亭　金久大　尤怀皋

（2）第二日会议（5月13日）

中国农民党第一次全国代表大会会议记录（第二日会议）

地点：上海林森中路一二八〇号

时间：五月十三日下午二时

出席人：施之元　张鸿谟　周可涌　姚仲白

　　　　蓝梦九　管春树　胡竟良　李国桢

　　　　刘叔仪　吕中柱　金久大　李正毅

　　　　马宜亭　黄异生　封昌远　董时进

　　　　王申谦　陈愧三　何子野　张传琮

主席：胡竟良　蓝梦九

通过本党政纲组织规程及成立宣言。

(3) 第三日会议(5月14日)

中国农民党第一次全国代表大会会议录(第三日会议)

地点:上海林森中路一二八〇号

时间:五月十四日

出席人:封昌远　管春树　刘叔仪　刘　和
　　　　董时进　蓝梦九　周可涌　张传琮
　　　　王申谦　施之元　吕中柱　马宜亭
　　　　尤志迈　陈愧三　金久大　张鸿谟
　　　　胡竟良　姚仲白　李国桢　谭守仁
　　　　李正毅　李明良　何子野　黄异生

主席:刘仲和　　纪录:施致远

讨论事项:

一、对已有其他党籍人士,加入本党应如何审查案。

议决:已有党籍者申请入党时,应由中常会或其委托人详加考察,如其确已对于其原入之党失去信仰而能忠于本党,并向本党书面声明其脱离原党之志愿,亦得准许加入。

二、如何吸收优秀党员案。

议决:对象:(一)在公私机关社团从事农业有关工作者;(二)研究农业从事农教及各级农校学生;(三)实际从事各种农业生产者;(四)从事地方基层行政(乡镇)工作地方教育工作(保校)及地方民意机构之人士;(五)各地公正士绅及贤达;(六)从事农会及农业推广工作之人员;(七)其他各阶层之优秀青年工作者。

方法:(一)积极发展本党外围组织——农协会、联会、少年励进社等;(二)奖励党员参加地方工作,渗入各种政治组织,遇优秀者即可介绍入党,并利用已有机构及人力物力便利党务发展;(三)创办学校培养干部;(四)扩大活动范围,本党党员应有计划的参加各种社团活动,并争取领导权。

以上交由组织部训练部参考办理。

三、如何成立分支部案。

议决：各省市应在代表大会闭会后三月以内，尽速成立分支部。

四、如何竞选参议员、国大代表及立委监委等。

议决：（一）就各地情况党员尽量参加竞选，并应互相协助，必要时应以本党之力促成之；（二）若本身地位及能力不够参加竞选，应扶持当地有声望而同情本党人士参加竞选。

五、如何扩大宣传案。

决议：（一）尽量吸收从事新闻工作者参加本党；（二）各分支部根据中央指导，尽量利用当地报纸刊物发表消息；（三）充实各地党员已有报刊，必要时由本党予以经济上之扶助；（四）《现代农民》改为周刊，由宣传部组织编辑委员会办理；（五）集中力量，筹备农民通讯社及农民日报社。

六、如何筹募本党基金案。

议决：基金目标暂定五亿元，交由财务委员会计划办理。但为解决目前开办费，先行筹募一亿元，由到会代表当选委员及在沪党员量力认筹，限二个月收齐。

七、如何办理文化教育事业案。

议决：（一）充实"现代农民"改为周刊；（二）协助农协会普遍创办农业补习学校，以提高农民知识水准；（三）创办农业专科学校，以培养本党中初级干部，交由文化委员会计划办理。

选举结果：

中央执行委员卅三人：

董时进	黄异生	胡竟良	刘仲和	刘泛弛
管春树	谭守仁	尤怀皋	何子野	杨鸣九
陈愧三	蓝梦九	吕中柱	曾省之	张传琮
马宜亭	原颂周	黄质夫	朱先煌	郭兴泽
彭绍茂	张鸿谟	刘叔仪	封昌远	周可涌

李国桢　王沚川　蒋永炳　李明良　董时恒
付尽诚　凌传埭　王申谦
候补中央执行委员九人：
李正毅　姚仲白　萧　忠　萧　湘　万　群
施之元　金久大　周开慧　汪缉文
决议：

授权中执委会，就能力资望相当，并热心党务有重大表现之党员中，推选中执委，其名额以十六人为限，并由其中选定常委三人。

〔中国青年党等党派档案全宗汇集〕

3. 中国农民党第一届中央执行委员会第一至第三次会议记录

（1947—1948年）

（1）一届一中全会记录（1947年5月14日）

中国农民党第一届中央执行委员会第一次会议

地点：上海林森中路一二八〇号

时间：民国卅六年五月十四日

出席人：刘仲和　封昌远　蓝梦九　管春树
　　　　张传琮　张鸿谟　吕中柱　马宜亭
　　　　陈愧三　谭守仁　刘叔仪　王申谦
　　　　董时进　黄异生

主席：刘仲和　　纪　录：施致远

讨论事项：

一、推选中央常务委员案

议决：推选董时进、胡竟良、刘仲和、张传琮、蓝梦九、周可涌、谭守仁、刘叔仪、封昌远等九人，为中央常务委员。

二、推选主席案

议决:推选董时进为主席。

(2)一届二中全会记录(1947年10月6日)

中国农民党第一届中央执行委员会第二次会议记录

地点:南京

时间:卅六年十月六日上午九时

出席人:董时进　原颂周　谭守仁　张鸿谟
　　　　萧逸樵　管春树　蓝梦九　陈愧三
　　　　吕中柱　万　群

主席:董时进　　记　录:萧逸樵

一、主席报告:封昌远、王沚川、周可涌等均有信,决来京出席,但以种种原因不克赶到。尤怀皋因事须急返沪,胡竟良亦临时因公不能来京参加。此次开会主要意义,为检讨五月以来之工作及各方面之反应与乎方针是否合宜;并规划今后工作方针,对当前时局及大选应取态度;本党内部各项问题,亦须讨论。

二、谭守仁报告:上海方面党务活动情形,社会人士及各党对本党均甚尊重及同情,深觉今后对外联系甚为重要,以几个月来工作之经验感觉,本党前途极可乐观。

三、万群:关于武汉方面党支部情形,略谓现有筹备员七人,经常于每周聚会一次,商讨筹备事宜及扩大征集党员。党员原有三十余人,现新增十余人,共四十余人。

四、蓝梦九:南京支部因召集及地点等种种问题困难,到今仍无多大发展。

五、张鸿谟:略谓南京方面各党员均希望加强组织及联系,故支部尤有提早成立之必要。

六、原颂周:本党因名称好,领导人得当,主张正确,故前途至为乐观。本人亦对本党至为热心,只因身体不佳,未能多所努力,甚为抱歉。至于对党方工作略有感想,即本党应以农民利益为主要,对外活动不必过分重视,言论应不偏不倚。参加大选,困难颇多,实应考虑。

讨论结果:

一、宣传技术问题:维持现代农民原有作风,不必明显的为党鼓吹。对外宣传以公正中立态度为佳,不必太显露为党的态度;对内宣传,仍用通告办法。

二、当前时局及本党应有态度。本党认为国民党当政较共产党当政有利于本党,因在共党统制下,其他政党根本不能存在。至和平运动亦可参加,但不能为人利用,以公正态度及和缓方法为宜,可将难以武力制胜情形向政府当局委婉说明,使其觉悟,同时并应向国外下工夫。

三、各地支部应赶速成立,人数相当者应即由总部派定执委,筹备人员不力者应即改派。

四、加选中央委员李顺卿、夏宗绵、王光润为中委,以后授权中常会随时加选有声望之热心党员作中委。

五、第一届中常委增加二名,选由管春树担任,余额一名,由中常会选人担任;开会时所在地中常委连续缺席三次者,应认为不能尽其职责,即授权中常会另行推选补充。

六、秘书长张传琮因事不能驻沪,为推动工作起见,秘书长一职推由封昌远担任。

七、中委不得兼任支部执委,但可兼任主委,中委可列席支部执委会。

八、此次大选因时局混乱,选举办法复离民主太远,不必参加。

九、派李顺卿为南京市支部主任委员,卢幼贞、刘漩天、刘守绩、贺鉴湖、殷维藩、萧逸樵、余长育、侯琢如为执行委员。

（3）一届三中全会记录（1948年5月1日）
中国农民党第一届执行委员会第三次大会记录
时间：卅七年五月一日上午八时
地点：上海福南农场
出席人：董时进　马宜亭　胡竟良　黄肇兴
　　　　杨　鸣　管春树　汪缉文　吕中柱
　　　　王光润　谭守仁　陈愧三　晋步代
　　　　封昌远　夏宗浠　张鸿谟　刘运番
主席：董时进　记录：马毓萃
甲、报告事项：
一、主席报告：

略谓：自政协会后，新党产生如雨后春笋，以农为名者亦有好几个，但现在概已无形消灭或停止活动了。足见组党不能凭一时的热心，以投机为目的，必须有坚定的主张及立场，抱牺牲奋斗的精神。本党为硕果仅存之新政党，成立虽仅一年，已有相当的发展，基础已经确立，在国内外都已著相当的声誉。与本党性质接近的政治性团体或已加入本党，或在商洽要加入之中。目标相同的组织都联合一起时，力量必更加强。看来本党前途希望很大，但同时也即是我们的责任重大的意思。同人必须都拿出牺牲奋斗的精神，更加努力，不可随随便便的。大家必须多分出时间，多贡献经费来使党务发展。本党的目的固然是为农民和国家的利益，但为达到这目的，必须以取得政权为手段，不是尽在旁边空谈。换句话说，本党是希望将来有很多贤能的党员能够当议员，当代表，或掌握行政的实权，好施展抱负，实现本党的政策。但这些都须先下本钱，不下本钱，不肯耕耘，是不会有收获的。许多人花很多亿去竞选国大代表主委等尚不成功，但他们如肯以这种代价去帮助一个政党，不但政党得到补益，即是为他们自己的目的的成功也比较容易。党固不是为个人自私的目的而组织，但党的成功与党员的成功是互有帮助的，为着党的成功,自不能不希望各党员有施展他们的长材的机会。但是必须先养成党的力量,亦即是必须党员先对党有贡献有劳绩,方始可以办到,以故各党员无论是为自己,为本党,为国家,总得首先准备牺牲和贡献。这是一些很坦白的老实话,望各位同人都能深切了解,认真实行。至于此次会议的主要目的,是要检讨本党成立一年以来的作法及时局的变化,以便决定今后的方针。

二、组织部报告:

本党党员散布二十五省市,省市支部已成立及筹备中者有四川、湖北、江苏、福建、贵州、湖南、江西、安徽、河南、绥远等十省。及上海、南京、重庆、天津、北平、西安、青岛、兰州、杭州等九市。县分部已成立及筹备中者有三台、万县、梁山、开县、云阳、垫江、遂宁、眉山、武功、武进、苏州、南通、温州、金华、巴县、江北等十六县。

三、财务委员会报告:

本党成立以来,曾募基金二次。第一次在上年八月,计募得四千二百五十万元;第二次在本年二月,计募得九千五百万元。此外收入党费一千二百余万元,利息四千二百九十余万元,及杂项收益五百余万元,除去薪工、文具、邮电、印刷、交通等项开支共约一亿一千六百余万元,尚存八千三百余万元。

四、外务部报告:

本部主要工作在联络友党,探取情报。在此半年中,各方对本党已加重视,至目前国内局势,政府在军事方面,节节失利;经济方面,濒于崩溃;政治方面,亦逾加纷歧,甚难撑持,美援成功后,虽可苟安一时,但亦不能扭转危机。

乙、讨论事项:

一、本党对目前时局绝对保持中立态度。(一)在党内方面:要建立理论,加强组织,争取人才,充实经济。(二)对外宣扬本党理论,傅〔博〕取广大同情,消除外界的误解。(三)联络中间党派,以交换情报、培养友情为范围,但须避免牵累及被人利用。(四)对中共持观察态度,注意其发展,研究其政策,不主动求好感,并避免恶感。(五)对政府持应付态度,党与政府保持距离,不以党的立场参加政府,避免无意义的刺激当道的,在野身份批评政府失当措施,以个人资格与政府个人间可以接触。

二、修改政纲,根据中常会提出之修正草案,详加讨论修改,共为二十七条,全文附后〔略〕。

三、本党县(市)分部组织规程〔略〕。

四、本党为适应地方实情,各省支部必要时得在与本党政纲不冲突之前提下,拟定地方性政纲,呈报中常会核定。

五、本党应筹设企业公司,以流通农村货物(供应本党经费),交中常会聘请筹备人员积极进行。

六、常委刘仲和以职务繁忙,不克多分时间料理党务,推王沚川继任。

七、推刘运筹为秘书长。

八、发表宣言案,皆认为有必要,经得宣言草案详细研究讨论,加以修改发表,全文附后〔略〕。

〔中国青年党等党派社团档案全宗汇集〕

4. 中国农民党中央执行委员会常委会会议记录

(1947—1949年)

(1) 第一次会议记录(1947年5月16日)
中国农民党中央执行委员会第一次常务委员会
地点:上海林森路一二八〇号
时间:五月十六日
出席人:董时进　胡竟良　蓝梦九　张传琮　封昌远
　　　　谭守仁　刘叔仪

主席：董时进　纪录：黄兆骝

报告及决议事项：

一、主席说明本党执委常委纯系为党服务，因各人之能力经验热忱及时间之多寡而负担工作，绝无地位高低之分。将来本党如有机会参加政府工作，则又当视各党员对于各项工作之能力经验等而定，与在党内是否为常委执委等不必有关系。

二、常务委员如因事离沪，由主席指定在沪之执委代表出席。

三、各部添设副部长一人，各委员会添设副主任委员一人。

四、候补中委得担任各部及委员会职务。

五、推定秘书长、各部正副部长及各委员会委员如左：

秘书长：张传琮

组织部：谭守仁（正）　管春树（副）

训练部：刘泛弛（正）　黄质夫（副）

宣传部：蓝梦九（正）　封昌远（副）

外务部：刘仲和（正）　黄异生（副）

财务委员会

　　　　吕中柱（正主委）　何子野（副主委）
　　　　管春树　杨鸣九　陈愧三　刘叔仪
　　　　傅尽诚　李明良　李正毅　尤怀皋
　　　　金久大

文化委员会

　　　　胡竟良（正主委）　曾省三（副主委）
　　　　朱先煌　刘泛弛　董时恒　蒋永炳　张鸿谟
　　　　陈寒波（卅四次中常会加选）

农事委员会

　　　　周可涌（正主委）　李国桢（副主委）
　　　　郭兴泽　原颂周　王沚川　王申谦　姚仲白
　　　　马宜亭　萧　湘

(2) 第四次会议记录(1947年6月6日)

中国农民党中央执行委员会第四次常务委员会议录

时间:六月六日下午八时

地点:上海林森中路一二八〇号

出席人:刘　怀　董时进　谭守仁　刘叔仪　陈愧三
　　　封昌远　管春树

主席:董时进　　纪　录:黄兆骝

(一)主席报告:

根据第一次常会决议下列各常委不来沪出席会议时分别以在沪执委代表:

(1)张传琮由黄异生代表;(2)蓝梦九由刘泛弛代表;

(3)周可涌由管春树代表;(4)刘叔仪由尤怀皋代表;

(5)封昌远由陈愧三代表。

(二)本党党务亟待推进,应请张秘书长迅即来沪,在武大尚未停薪之期间内,由本党月给津贴五十万元,一俟在沪觅到有给职务再行减去一部或全部(其薪给在五十万以上时减全部不足五十万元时比照减少),如到武大已停薪而在沪尚未觅得有给职务时,则由本党按其原薪比照上海倍数支给。

(三)凡农业协会会员申请入党时,可以由协会代为介绍,毋须另觅介绍人。

(四)各支分部或筹备处所征求党员之入党费,得由该支分部或筹备处酌留,至多半数,供发展当地党务之开支。

(五)组织部提出各地方分支部筹备委员名单,经讨论决定如左:

武汉:彭绍茂(召集人)　曾省之　朱先煌　郭兴泽　吕敬之
　　　高光道　万　群

南京:吕中柱(召集人)　张鸿谟　黄质夫　马宜亭　殷维藩
　　　原颂周　李顺卿　蓝梦九

上海:李正毅(召集人)　姚仲白　黄肇曾　周荣条　张舜年

曾广墀　骆思均
浙江:(温州)　孙开桐(召集人)
　　(金华)　汪缉文(召集人)　蔡继贤　刘赓汉　朱德熙
　　(杭州)　王申谦(召集人)　罗少元　周开慧
安徽:周可涌(召集人)　萧　忠　赵承修
重庆:蒋永炳(召集人)　邓堪舜　刘叔仪　董时恒　卫建中
　　马良弼　谢有泉
(卅六年八月廿三日第八次常务委员会议决定加推李巨良为筹委)
　　成都:傅尽诚(召集人)　封昌远　曹锡光
　　三台:凌传逮(召集人)　谢道提
　　武进:金久大(召集人)　万　钧
　　苏州:尤志迈(召集人)
　　南通:冯奎义(召集人)　于绍杰
　　江西:张明善(召集人)　钟南齐　王云森　林逢春　王儒钧
　　湖南:萧立道(召集人)
　　冷水滩:张仲葛(召集人)　董树枌
　　贵州:杜化居(召集人)　陈兴伯　高敬武　饶钦与　苏麟江
　　热河:高庆丰(召集人)
　　兰州:王沚川(召集人)
　　西安:李国桢(召集人)　刘开瑷
　　武功:虞宏正(召集人)　王云章
　　天津:何代昌(召集人)
　　福建:庄　任(召集人)　林干之

　　(3) 第七次会议记录(1947年8月8日)
中国农民党中央执行委员会第七次常务委员会议录
　　时间:卅六年八月八日下午七时。

地点：上海林森中路一二八〇号。
出席人：董时进　谭守仁　管春树　陈愧三　马宜亭（列席）
主席：董时进　纪　录：黄兆骝
决议事项：

（一）四川省幅圆太大，为便利推动工作计，将川东及离重庆较近各县划归重庆支部管辖，经分配如左：

甲、四川省支部管辖县份（支部设成都）：成都市、成都、华阳、温江、灌、崇宁、郫、新繁、彭、新津、双流、新都、崇庆、汶川、茂、松潘、理懋功、什邡、金堂、广汉、德阳、罗江、绵竹、绵阳、靖化、兴中、麦桑、乐山、大邑、邛崃、名山、蒲江、彭山、眉山、丹陵、青神、夹江、洪雅、峨嵋、峨边、马边、犍为、富顺、仁寿、内江、资阳、资中、简阳、荣、威远、隆昌、井研、自贡、宜宾、南溪、江安、兴文、长宁、庆符、高、珙、筠连、屏山、沐川、雷波、叙水、古宋、古蔺、沐爱、安岳、乐至、射洪、蓬溪、剑阁、三台、昭化、广元、苍溪、阆中、旺苍、平武、江油、梓潼、安、北川、新明、青川、中江、盐亭共九十县局。

乙、重庆特别市支部管辖县份：巴、江北、合川、璧山、铜梁、荣昌、永川、南川、綦江、长寿、江津、北碚、万、云阳、奉节、巫山、巫溪、石柱、涪陵、彭水、黔江、西阳、秀山、邦都、武隆、忠、农祥、达县、开、开江、万源、宣汉、城口、大竹、梁山、巴守、通江、渠、平昌、营山、南充、西充、仪陇、蓬安、岳池、广安、武胜、邻水、南部、南江、垫江、遂宁、潼南、大足、泸、纳溪、合江共五十七县局。

（二）西康省党员已达相当人数，函应设置支部，推定董时厚（召集人）、陈伯宣为筹备委员，并由董、陈二人就该省党员中再推荐三人报总部核准后，共同组织筹备委员会。

（三）今后党员入党，以向各地分支部申请为原则。凡在总部入党者，应由总部缮请名册分别通知各该地方登记，如在地方分支部入党者，应由地方将申请书及党费一并呈报总部审核，发给收据。

（四）上海特别市党筹备委员周荣条、黄肇曾业已离沪，遗缺推安事农、陈愧三补充，并加推陆国英、庄纡为筹备委员。

（五）推邬重文、晏正鸽、萧海舫三人为四川省万县县党部筹备委员（同年八月廿三日第八次常务会议议决加推罗尧卿为该党部筹委）。

（六）此次普选规定只有国、民、青三党可以提名，本党主张一切政党都应有提名之权。又农界职业选举由农会包办，而农会又多由非农人之土劣等把持，应发表宣言，并向政府力争，加以纠正。

（4）第二十三次会议记录（1948年2月23日）

第二十三次中常会记录

时间：卅七年二月廿三日

地点：林森路一二八〇号

出席：马宜亭　管春树　封昌远　谭守仁　黄肇兴

报告：

一、用本党主席名义致司徒大使信一件。

二、日本农民党寄来宣传品。

决议：

一、派石宗彦为本党青岛市支部筹备委员。

二、派胡汉池、李仲屏、董虚白、闵光辉、董孝达为本党四川垫江县分部筹备委员，并以胡汉池为召集人。

三、贫苦农民及清寒学生免收入党费。

四、各地支部经手征收之入党费及常年费全部由各该支部留用，但各支部仍应随时筹集经费贡献总部，各党员亦应量力捐献。

（5）第二十七次会议记录（1948年6月18日）

第廿七次中常会议记录

时间：卅七年六月十八日下午六时

地点:林森中路一二八〇号
出席人:谭守仁　黄肇兴　陈愧三　马宜亭　管春树
主席:谭守仁
一、本党入党费改为甲种五千万元;乙种十万元;丙种一万元。
二、派台湾等十六省市县支分部筹备委员廿二人,其名单如左:

台湾省:廖　桢;
云南省:原颂周;
安徽省:周可涌;
贵州省:苏麟江、余其心、饶钦与;
山东省:马太和、王化南;
湖南省:郭　仁、谭金森;
江苏吴县:陈民权、周区民;
南江:张以民;
浙江温州:孙开桐;
广西柳州:付蕴琦;
台湾屏东市:关为高;
梧州:董家驭;
商丘:李在仁、宋荣华;
信阳:马向前;
金华:汪缉文;
开封:马承礼。

(6) 第二十九次会议记录(1948年7月16日)
第廿九次中常会议记录
时间:卅七年七月十六日下午四时
地点:四川中路三十三号

出席人:董时进　管春树　谭守仁　黄肇兴　陈愧三
　　　　马宜亭　胡竟良
主席:董时进　　记录:马毓萃
一、国事败坏日深,人民不堪活命,本党应即发表宣言,呼吁各民主党派一致联合起来,促进新政协之早日召开,和平早日实现。全文如后〔略〕。

(7)第四十一次会议记录(1949年1月16日)
　第四十一次中常会记录
时间:三十七〔八〕年元月十六日下午六时;
地点:林森中路一二八〇号;
出席人:黄肇兴　王光润　管春树　董时进　陈愧三
主席:董时进　　记录:金义暄
一、议决发表对时局宣言(全文附后)
中国农民党主张根据中共所提原则立即开始和谈宣言〔略〕。

(8)第四十三次会议记录(1949年2月2日)
　第四十三次中常会记录
时间:民国卅八年二月二日,下午六时
地点:上海朱葆三路二五号六三室建元行
出席人:王光润　黄肇兴　陈愧三　管春树
　　　　胡竟良　哉　礼　蓝梦九　董时进
列席:梅盛懋　王伯与
主席:董时进
记录:张绍烈
一、武汉支部函请以支部执委党捐(去年四中全会所议决者)充支部应用,应照准,其他支部亦可照办。
二、推派谭守仁代表本党赴北平及华北各地与各民主党派及民主人士联络,促进和平,并考察华北施政情形,报告总部。

三、中国农民自由党驻沪负责人王伯与报告该党组织经过及现况,表示愿与本党合并,且已得该党主席何鲁复函,原则上同意。当经决定数项办法如下:

1. 本党欢迎农民自由党党员全体加入本党,补填入党申请书,但免缴入党费。

2. 酌增本党中委及常委名额,请农民自由党推荐若干人充任,俟名单开来后再决定人选,但中委约以十人为度,常委约以三人为度。

3. 本党渝市支部执委,可加入农民自由党党员若干人,主委亦得由农民自由党推荐。

4. 本党党纲及组织规程,如农民自由党方面认为有应修改之处,可俟下次代表大会(约在本年四五月间举行)时,以出席代表资格提请修改。

5. 农民自由党与本党合并以后,即应消除一切界线,各党员之权利义务一律平等。

四、主席提出设法觅招待由京疏散党员及其他来沪党员后,王委员光润表示,愿腾出住屋数间备用,需要雇工一名照料,黄委员肇兴表示愿意负责招待规则及应缴杂费等另行规定。

〔中国青年党等党派档案全宗汇集〕

5. 中国农民党党务通告

(1947—1948年)

中国农民党党务通告　第一号　三十六年八月廿日

一、请美大使调停战局

战事连绵,农民最遭殃。本党为谋求和平,拯救农民起见,曾于六月下旬推派董时进、蓝梦九、吕中柱、刘叔犁等晋京访美国大使

615

司徒雷登,请其出马调停我国内战。司徒大使表示,倘国共两方均愿意请彼负此任务,彼必乐于为之。大使与代表等交换时局意见甚洽,认本党为真正代表人民之政党,希望本党多努力,并与其他新党联络。嗣后本党曾拟好电文,托国民参政会用广播方式转达中共主席毛泽东,并一面邀请在野各党派,一致向双方呼吁和平。乃不久时局急转直下,政府决定讨伐中共,颁布总动员令,于是预定事项遂无法进行。但本党此项努力,颇得各方同情,各地报纸将消息刊登,对于本党之宣传上颇有效果,同时本党在国际上也发生了一个良好印象。

本党又曾发动了一个农业界呼吁和平的运动,联络全国农界知名之士约二百人发表公正恳切之宣言,由上海《大公报》以最重要之地位将全文及每个人姓名全部登出,各地报纸亦纷纷转载,极受各方面之重视。

二、访魏德迈特使

美总统派魏德迈为特使来华调查,关系重大。本党曾开中常会详细磋商,提出对于时局之意见,于特使来沪时,由董时进、管春树、谭守仁、刘和、杨鸣九等往访,面交备忘录,并交换对于时局之意见。各代表告魏使,中国的战事,双方均系驱使农民互相残杀,根本解决中国问题的办法,在提高农民知识及组织农民,使其能自主自动。农民对于共产主义并不感兴趣,但同时对于政府亦不满,政府必须彻底改革,并鼓励农人参政,对于若干农事机关,徒假农人名义,而不能任用专材,以完成其使命等事,亦曾加以指摘。魏使在沪只一天,往访客人甚多,独首先接见本党代表,次日各报登载消息,多将本党列在第一位,记载亦特别详细。按过去政府报纸及通讯社对于新成立之党派,概不登载其消息。据《大公报》主笔谈,以前该报曾刊登本党成立消息,嗣后政府中人曾加责难。但此次中央通讯社所发消息却有意无意将本党代表列在头名,各政府报纸如上海《中央日报》、《申报》等报,亦同样登载。这并非政府对于本党有何新认识,实以本党在此短暂期间已取得坚固之社会地位,国内外知者均多,而且都认为是一个立场正大,潜势力雄厚,前程远大的政党,无法抹煞。"中国农民党"五字已成了一个固定的名词,而且是受人重视的。今后新编词典教科书上都少不了又将这名词添上去。是日各家西文报载的消息,只说魏德迈特使接见中国农民党的某某,对于其他往访者一个未提,也可见外国通讯社也特别重视本党。该项消息是要发到世界各地的。在魏特使接见本党代表的下午,上海美国总领事曾举行鸡尾酒会,招待特使及上海中外各方面领袖及政府长官,本党亦在被邀之列。

魏特使当时未得细阅本党备忘录,但彼一返京后,即有信来,谓本党对于国事分析深刻,彼甚重视云。

三、招待各党派领袖

本党成立,并未举行成立典礼,亦未招待过任何人,但大家认为本党与各党派有沟通联络之必要。因此于八月中旬曾经邀请各在野党派领袖聚餐一次,计有民主同盟张澜、黄炎培,农工民主党章伯钧,民主建国会马寅初,民主促进会马叙伦,宗教大同盟蒋维乔、李玉阶,民社党在野派伍宪子、梁秋水等十余人。本党方面有在沪各中委参加,藉此互相认识,交换意见,在总部草地上纳凉畅谈,宾主尽欢而散。

四、主张改善农业职业选举

农会组织素不健全,不足以代表农人,许多农会,专为举办临时设立,或仅有名无实。本党为维护农人权益,已建议立法院及选举总事务所,并发表宣言,主张彻底肃清改革农会,然后进行农业界职业选举,先以法律规定,凡资格符合者申请入会,不得拖延或拒绝;如申请人居住地无乡农会或市区农会,得向其他乡农会或市区农会,请求入会。同时严格审查现在的农会会员和职员,凡资格不符而冒充的应一律取缔,不许假借蒙混,由各地农业机关学校及农学团体会同组织审查会严格执行,特别对于农会职员的资格不符合者，必令其辞职退会。农会的肃清及扩大必须在选举以前赶紧办法，必须改组完成的农会，才许参加大选，不合格者，不许参加，而另由人民自动组织的农业及农学团体推选，以资代替，希各地支分部一致主张，努力促其实现。

五、祝贺印度独立

本年八月十五日为印度正式宣布独立之期，本党特致函该国驻华梅农大使申贺。函中强调中印两国均为世界上最古老之农业国家，拥有最多数之农民，两国政治家的最大责任，为使农民能受到教育，并提高彼等之生活水准，希望携手努力，促成农民之兴盛及幸福。印大使复函谓，中印两国政治家面对之问题，无比提高农民生活更重要者，盼两国政治家均尽此重大之责任。并谓来自农民党之函贺使彼特别重视云。

六、波兰农民党与本党联络

波兰农民党海外特别党部主席孔塞维兹致函本党主席，并附寄该党刊物，由前波兰驻华大使馆参赞费理宁博士转交。函中陈述该党因受苏联所支持的共产党的压迫，多数党员须逃亡国外，故成立海外党部与国立总部秘密联络。并特别申明他所领导的党和波兰绝大多数人民，反对雅尔达协定将波兰东半划归苏联，因为波兰人因政治问题流亡在外的人数很多，孔氏以为假使能将该国有专门技能的军人和专家派遣到我国服务，对于两国都有裨益。最后他希望中国也参加正在进行中的世界农民运动，并切盼能够尽早有本党董主席会晤的机会。本党业已函复一切，并表示愿与该党随时取得联络云。

七、基金筹缴踊跃

本党基金，自第一次全国代表大会决议，目标暂定为五亿元，但为支应目前开办费，先行筹募一亿元。两月以来，各党员筹缴者极为踊跃，交款最速者有何子野、谭守仁、董时进、董时恒、陈愧三、凌传逮、周可涌、郭兴泽、蓝梦九、蒋永炳、管春树、李明良等。董时进已将五百万元交足，管春树、何子野已各交二百万以上。但本党创办伊始，需费浩繁，望各地党员一本热忱，仗义输财，踊跃募助，加速奠定本党的经济基础。

八、定期召开二中全会

本党预定十月五号起，（三四两日在京开农协年会）在京召开第二届全体中央执行委员会，除讨论其他议案外，并将根据上次代表大会之授权，选举新中委若干人，候选人必须先完成入党手续，并对本党有劳绩表现者，希各地党员速多介绍优秀分子参加，以实际活动成绩，争取领导地位。

中国农民党党务通告　第二号　三十六年九月廿日

一、努力与忍耐

无论你同什么人谈起农民党，没有不说："这个党是很有前途的"。这当然是因为本党代表国家极重要的阶层，而立场宗旨又正大的缘故。同时本党的组成分子也比较纯正，作风又很正派，所以成立至今，各方面的观感都非常之好。本党在中国政党史上确实开了一个新纪元，某西国外交家甚至说："中国农民党，如能真正为农民谋利益，将来可成为世界上最重要的政党。"

不过一个政党是不能自然发展的，必须藉全体党员的努力，才可以发展。本党先天的条件是很优越的，但是后天的营养必须善为供给。种籽是好的，还须得好好培植。

一方面要努力，一方面还要忍耐。不努力固然不会有发展，不忍耐又会等于揠苗助长，反而摧残。

目前努力的主要目标，一是要多罗致优秀党员，一是要贡献党务经费，此外相机为党作宣传及参加各种有益于党的活动，都是重要的。党员各自的事业的发展和社会地位的提高，都是对于党有帮助的。所以希望各党员要互相扶助，使彼此的事业都发展，地位都提高。在另一方面，我们的眼光又必须放远大些，不可以只看到目前，或只知道自己，我们必须以农民及国家的利益为目标，不可只图自己的利益。孳孳为个人的私利是没有价值的，也是不会成功的。同时我们又必须长期坚毅的努力，不可仅兴奋一时，而转瞬就冷漠下去。望大家谨记着一句颠扑不破的名言："凡是伟大的事业都不是容易成功的；凡是值得成就的事业，都是需要牺牲的。"

二、解释误会

京沪有几家小报刊载，中国农民党是代表地主利益的政党，其他各地报纸亦有以讹传讹者。某日有南京《中国评论》日报派记者来访本党负责人，当经引据政纲及宣言加以解释，特别就"尊重人民之土地所有权"一节说明道："除非不准农民有土地，如愿农民有土地，则非尊重其土地所有权不可。老实说，大地主的土地，被征用一些不要紧，农民是以土地为命根的，非特别尊重不可。"又指出宣言中所说的：本党不愿欺骗农民，故不愿意发出一些只好听而不能实践的诺言，及本党不愿意挑拨乡间各阶层的斗争，使他们两败俱伤等语，以说明本党的真诚态度。结果该记者非常满意而去。

这些意思，各地同仁不妨随时宣传，以释误会。本党是代表整个农村利益的，不是单独代表佃农的利益。本党开章明义就声明过，决不存狭窄自私的阶级观念。本党认为为农民谋利益，不一定要损害地主，更犯不着不必要的徒惹地主的反感，使农民（佃农）不惟得不到好处，反而遭受实祸。

三、党间酬酢

民主社会党分裂后，革新派曾召开全国代表大会，正式组织成立，否认张君劢之"民社党"，推伍宪子为主席。参加之党员占旧有全体党员之多半，声势甚壮，颇为一般人所重视。九月十七日该党特茶会招待上海各机关首长及各党派团体领袖于金门饭店。本党由董时进、谭守仁及管春树等代表参加，董氏曾被请讲演。是日到会之新闻记者甚多，外国记者亦不少。至被邀之党团则并不多，被请讲演者则除民主同盟分子而外,只有本党董主席,亦可见外界对于本党重视之一斑。各记者得悉本党有人到会,即纷纷前来访问关于本党的消息。

四、魏德迈与本党

魏德迈特使接见本党代表各情,已志上期通告。本党除递交备忘录外,嗣后又曾由主席董时进先生寄去一封长信,力陈人民盼望和平之渴切及政治改革之重要,并强调共产主义只能在混乱的中国发展,决不能在和平的中国繁荣,故防治赤化的最好办法为实现和平及改革政治,内容分析中国时局甚为透彻,而且诚挚动人。后来魏使离华,曾发表临别赠言,其口吻显与日前接见本党代表时之态度相同,其意见几乎与董先生寄去的信完全相合,实不能说魏使没有采纳本党的主张。

五、上海市支部成立

上海是全国经济文化中心,也是本党总部所在地,以故关系特别重要。现时上海的党员人数已经很不少,而且颇多在各方面有重要地位者。支部经数月筹备,已于九月十四日召开成立会,由中常会指定姚醒黄、姚仲白、庄舒、郭锡管、陈书涛、曾广墀、田丽菊、黄祝封、殳之仁等为执行委员,并以姚醒黄为主委。按姚现任圣约翰大学院院长云。

六、续收到基金

本党基金,日来陆续收到,若干党员不待催收,能自动大笔送来,如吕中桂一次交来六百万元,杨鸣九、尤怀皋各一次交来二百万元,又管春树之五百万元,陈愧三及谭守仁各二百万元,均已交清。大家热心好义,不观望等待的精神,是本党前途光明的明证。

七、农界聚餐

上海农业界的人很多,除了学农出身而又兼做农事者外,又有学农而未做农事,或非学农而从事农业者。他们已加入本党的固不少,但亦有因种种关系虽十分同情本党而尚不克加入者。本党为取得广大联络及领导外,爰发起上海农界聚餐会,业已举行两次,每次到卅余人,多属各方面主脑人物,包括蚕丝、茶叶、园艺、猪鬃、水产、畜牧、养蜂、农具、肥料、药剂、农政、农教等在内。第一次邀有农林部长演讲,第二次邀农民银行总经理演讲,聚餐方式求节约,每次花费不多,而大家得与长远不见之老友及新知相见,咸感愉快,并有互相需要帮助之处,亦藉此机会得到解决。现知道消息,愿意参加者日众,预料今后人数更须〔?〕增加。各地分支部(用私人名义)同仁,似亦可以仿行此项联络办法。

八、筹款办法

各地分支部多感经费困难,必须设法筹措,其办法只有因地制宜,相机行事。譬如重庆支部,则用音乐晚会的方式,出售门票。成都系向省银行借款数千万,赚取利息。这些办法当然都得用其他团体或经济组织的名义去办理。这里不过是随便举两个例,各地有各地的情形,也需要各种不同的方法,要在独出心裁,多方想法,总是有路子的。

九、支部应速成立

各地支部及分部筹备期限已满,凡尚未筹备完成及党员人数不足者,应加紧进行,务须于一个月内,将党员名册等报送总部,以便派定执行委员。

十、全会消息

二中全会已定于十月五日起在京召开,总部已接到各地中委通知,均在准备赴会,远如成都及兰州等地之执委,亦在候机起身云。

中国农民党党务通告 第三号 三十六年十月廿日

一、经济基础

办党必须有种种开支,经费的筹措,当然是党务发展之要素之一,各地同人来信,多对于本党经费问题表示关切。如何奠定本党的经济基础,是全体党员应该注意及努力的事体。

任何政党在初创时期都不免有经济的困难,即以现时的中国各党而论,除国共两党各有土地人民可以取索及民青两党亦已有地盘和政府的帮助而外,其他党派殆无不受经济的限制,国共民青各党在未取得政权的长久奋斗时期,也不是例外。本党成立才几个月,无土地,无人民,无任何政治经济的背景,亦不愿做任何党派的尾巴,而要独立奋斗,其经济困难自属不免。除非我们抛弃正大的主张和远大的志向,而投机取巧是图(其结果乃是令人鄙弃终无成就),则我们的经济困难,仍只有靠党员自己解决的一法。

目前我们的党员中间还很少财力比较宽裕的人,故不能希望某少数人给我们很大的帮助,而必须全体党员大家努力,以集腋成裘的精神来筹措。这不一定是要每个人自己拿出好多钱来,但必须大家想办法,自己力量较大的,应该量力贡献,力量不够的,应该找亲友帮忙,并利用一切可以筹钱的关系和机会。总部的开支浩大,至多是不依赖各支分部的接济,但欲其接济各地方,亦不可能。以故各分支部的经济基础必须自行设法,这要各人大家相机行事因地制宜。各地所用的各种办法,希望通知总部,以便转告他处参考,藉收观摩之效。

二、入党踊跃情形一斑

本党风声传播,全国各地志士闻风响应,自动要求参加者不可胜数,略举几例,以示一斑。(一)学者。一位留美农学前辈历任各大学授教三十年的陆费先生,受本党精神之感动,愿以其余年为农民服务,来函索阅党纲后,即毅然入党并同时加入农协会。(二)银行家。一位银行的经理黄先生,虽其银行业务蒸蒸日上,且以殷实稳妥者称,然而他过去乃是一位卓著成绩的农村工作者,他感觉盘算银钱,不能满足他的欲望,听闻有一个农民党出现,找到一个朋友介绍到本党的办事地点和负责人谈了一次话,认为农民党最合乎他的要求,回去之后,立即将入党申请书填好送来,并捐助一笔巨款充党费。(三) 企业家。福建的一位企业家王先生,从一个著名大学毕业后,在上海经营实业将近二十年,很是成功,他同时担任一个农业公司的总经理,感觉单单埋头办实业解决不了国家的困难,也不能完全满足他自己的愿望和施展他的抱负,他也深明了办党少不了经济的条件,他愿意从经济上支助本党,也加入了。(四) 军人。很奇怪,军政界出身的人士要求入本党的颇为不少,有许多苦于找不到介绍人,但本党组织部细察实情,认为确系真诚的同志时,总要想种种办法成全他们的志愿。湖南长沙有一位谭先生和一位郭先生,曾任县长团长等职,现时领导多种社会及文化事业,本是农协会会员,因在现代农民上看见本党的宣言及政纲等,要求入党,并介绍他们所领导的团体的朋友多人一同加入了。又一位四川的军人邓先生,现在上海某大社会团体担任组织事宜,交游非常广泛,其中军政商学工各界人等不少。他是一位有干才擅言词的社会组织家,而且是有远大志向的,他认为社会组织没有远大的出路,决计要加入政党,于是也加入了本党。

以上的几位,有的是原有党籍而对于其党失却信仰的;有的是从来不加入政党及从事政治活动的,但现时他们觉悟了政治无出路,什么人什么事都没有出路,好人不管政治则政治不会有出路,但是曾经有其他党派要拉他们入党,而他们都不肯,结果倒自动的加入了本党。他们说:"要么不入党,要入党就入农民党。"我们听到这些话怎能不感动,同时我们也怎能不感觉我们的责任重大。

三、二中全会议决要案

本党中央执行委员会第二次全体会议于十月六日在南京举行,主要目的在讨论过去工作及策划今后方针,并商讨对当前时局及大选应取之态度。由出席各执委首先报告各地党务推动情形,并分别发表意见后,经议决重要案件如下:(一) 本党认为国共两党均难完全胜利,亦不愿共党完全摧毁国民党,又来一党专政之局面,以故对于促进和平仍应以公正的态度相机参加。(二)各地支部应赶速成立,人数相当者应即由总部派定执委,筹备人员不力者应即改派。(三)加选李顺卿、夏仲绵、王光润、余其心、周干为中委(余、周二人系授权中常会推选者)。(四)中委不得兼任支部执委,但可兼任主委;中委可列席支部执委会。(五)此次大选因时局混乱,选举办法复离民主太远,本党不必参加。

四、京鄂渝支部成立

本党京鄂渝三地支部业已筹备就绪,经第十二次中常会议决准予分别成立,并派张鸿谟为南京市支部主任委员,朱先煌为湖北省支部主任委员。重庆市支部执委尚未全数派定,主委缓派,暂以蒋永炳为会议召集人。

五、规定图记式样及尺寸

各省市支部及县分部图记式样及尺寸业经十一次常务委员会规定如左图。各支分部可依式刻用,并将启用日期及印模报总部备查。

省(市)支部图记式样　　　县分部图记式样

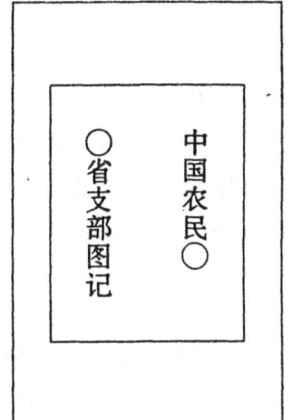
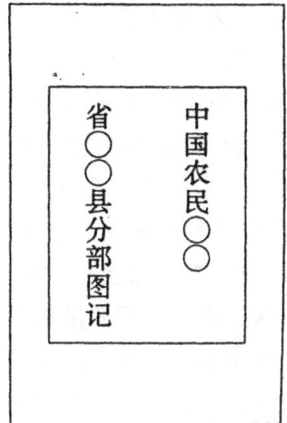

六、农民党与农协会

董时进先生日前于农业协会在南京召开年会时,曾在开幕式致词上说明本党与农协会的关系及本党的精神与态度,意在释去外间之猜疑及误会,并为本党作公开宣传。兹摘其一段如左:

我们不讳言本会与农民党的关系,农民党是本会一部分会员发动的,但是农协会是农协会,农民党是农民党,完全是两个不同的组织,很多的会员并非党员,很多的党员也并非会员。它们中间有一点相同的,即是它们的宗旨,都是为农民谋利益,不过农民党希望能够运用政治权力去达到为农民谋利益的目的。农民党是建设性的,温和性的,任何人都用不着害怕它。它是国家的一头牛,绝不是一只老虎,这头牛养大了,对于国家人民都是有利益的。它深知道自己的稚弱藐小,决没有和国民党或任何党争江山的野心,所以政府和执政党大可以对它放心,农民党的一切,除了若干党员的姓名而外,都是可以公开的,而且自始已经公开。至于这些党员之所以尚不能够公关〔开〕的原因,与其说是因为我们鬼祟秘密,不如说是因为政府尚不够民主,对于政党的开放,尚不够真诚彻底。

七、本党代表正式登台

中国农业协会十月初在南京假金陵大学礼堂召开第九届年会,举行开幕式时,邀请有政府机关及各党派代表参加。三个在朝党都被邀请,在野党被邀请者则只有农民党。是日代表本党登台讲演者为中委管春树先生,实为本党正式公开参加人民团体集会的第一次,乃是一种宣传及争取公开的方法。各地同人应多与各团体联络,取得参加集会的机会。

八、值得介绍的推进党务办法

湖南省有一位热心的党员拟来一个发展该省党务的计划,颇多可采取之处,特为摘录若干项于后,以供其他各地同人之借鉴。

吸收党员以重质为原则,先干部—小组组长,后群众,并规定每组订阅《现代农民》一份。

分期开办干训班,或采个别与集体训练方式,严格训育基层干部。

设法维持党员职业,务使不失业为原则,并办理职业介绍,力谋工作保障。

凡由党部介绍工作之党员,得在其薪津中酌抽捐一部,作为党费。

党部对外半公开,党员姓名绝对秘密,以免影响其职位与生活。

藉采访新闻,推销报纸,经营商业,设立合作社及农场等方式,为联络同志,推动党务之手段。

随时选派负有学术声望之党员,分赴各级学校演讲,俾寓宣扬本党宗旨及政纲于演词中。

策动党员努力写作,多多投搞,争取本党文化地位。

发动党员深入农村参加各种集会,培养一般政治知识。

积极征求妇女党员,建立农业政治中的妇女基础。

倡办农林场,改良养鱼养鸡,充实农村副业并革新农会渔会机构,争取各级农民团体理监事位置。

运用××导报社、合作通讯社、××新闻社湖南分社及××图书馆等文化单位,为本党申张主张。

组设农林场联谊会或农业协会湘分会,建立本党外围组织,藉以联络友党,弘扬政党风范,促成民主宪治。

策动党员注重国事,并可组织时事座谈会,增广见闻,以资自我教育。

每逢重要纪念节,为本党印发宣言,因时利导,给予群众深刻印象。

尽量避免友党冲突,并力求本党之建设性与温和性的表现。

中国农民党党务通告　第四号　三十六年十一月廿日
一、牺牲奋斗的精神
一个政党的责任,至少要能做到使政治改革,要使政治改革就非奋斗不可。因为改革政治不外是要使政治对于多数人民有利,并使多数人民都能行使政治上的权力,这就不能不对于一些手握政权在混水里面捉鱼的人有损,他们当然就会反对,而施用压迫及抵抗的手段。很明显的,假使一个政党没有牺牲奋斗的精神,就至多只能做一个投机的尾巴,决不能使政治改革,更谈不上取得政权,实行党的主张。

因此,政党最需要的党员是能够坚毅奋斗不怕牺牲的分子,而不是投机分子,假使一个党里面多是一些看见有权利可图有官可做就争起来趋附,而一遇到责任或困难,便退缩的分子,那样党成功的希望必定很少,同时那样的一伙人也必定是都找不到出路。惟有一些能挺身负责,越受压迫越能奋斗越遭困难越更坚强的分子,才能成功大事。为几千年来一直受压迫的三万万贫苦农民谋自由解放,使他们变成国家的主人翁,当然不是一件小事。这是本党全体党员所必须彻底认清的。

二、主张公道争取民主美大使重视本党

政府强迫民主同盟解散,本党认为此举殊违背民主宪政的精神,因为无论民盟之主张如何,到底不是一个武装叛乱之集团,各盟员个人之行动亦不能完全由其团体负责。根据此种认识本党特推派代表往访美国大使于上海总领事署,陈述本党之意见,并请其设法调停。大使答称,政府当局已向渠确切表示对于民盟分子决不再加压迫,其确有犯罪行为者,必须公布罪证,依法公开审讯。大使盛赞本党前途远大,鼓励我们务必竭力争取宪法上所给予人民之种种权利及自由,谓中国之命运实掌握在一般中立的民主自由分子手中云。当本党同人告以中间分子力量薄弱点,渠答称:"你们的力量远在你们自己估量之上,同情和拥护你们的人很多。"

此外董时进先生又以个人名义在观察杂志上发表文章一篇,评论政府取缔民盟一举之失策,该文极为一般人士所称道,即许多政府中人亦认为持论公允正当云。

按本党决非对民盟有何偏袒，实以站在民主自由的立场，认为政府对于一切非武装党派至少亦应大度容忍，不应有此违反民主之举动。

三、塞尔维亚农民党向本党致敬

本党以前曾接到罗马尼亚等四国农民党领袖联合来电祝贺；顷又接塞尔维亚农民党全体中央执行委员会联合由巴黎来函向本党致敬，与本党取得联络，祝本党为中国农民争取民主自由成功，信末签名委员有米兰饱维琪等二十人，该党主席为加屋里洛维克博士，刻在伦敦云。

四、招待美国农业界领袖

联合国救济总署农业组组长格林先生来华三年，不久返美，本党特设宴招待，互相交换意见，取得联络。按格林氏原为一农人，曾独自经营三四千亩之大农场，为美国格兰社农会及农人协会等三大农民团体的会员，并曾任其本省之格兰社社长，与各农民团体领袖均甚熟识，后任职农部亦已廿四年。格林氏询问本党情形及主张等甚详，并携去本党宣言及政纲等，将译成英文俾携回美国向各农民团体广为宣传及介绍云。

五、党捐结束

本党首次党捐，已于十一月十五日结束，业经正式登记中常会记录簿永资纪念。少数人以目前周转困难未能全部交齐，亦来信允于短期内补交。

六、改订入党费

本党入党费因物价高涨，自十一月十五日起调整为甲种十万元以上，乙种一万元以上，丙种一千元以上三种，丙种只限于贫苦农民及清寒学生，其他均应一律量力多出。

七、不许跨党

凡原有党籍而加入本党者，在其前党重办登记时，一概不得前往登记，否则即令其出党。

八、没有钱，捐奶牛

重庆刘叔犁先生原认捐本党基金五百万元，以其所经营之牛奶事业近来销路不畅，一时交纳不出，乃勉缴现款一百万元，其余之数决定捐出奶牛一头抵充，俟卖出后将售款全部汇交。此事经中常会报告后，大家对于刘先生之精神均非常钦佩。拿不出钱，不惜捐牛，这正是农人的办法，也会成为本党党史上的一种美谈。有了这种精神，本党何愁没有发展。

九、老当益壮的新党员——陈先生

本党新近有一位入党的老先生，姓陈，江苏宿迁人，现年六十三岁，毕业于前清两江师范农博科，民国十五年以前服务教育界，十五年至三十四年服务军政部，抗战胜利后退役。他本是一位国民党老党员，现毅然脱离，加入本党。他的来信说："接读……入党志愿书和政纲，看完颇与主张相同，立即填入党志愿书，并另写书面表示脱离国民党来参加中国农民党……今后愿参加中国农民党，扶持农民改良社会，增加生产，以达志愿……"。这位老先生可算是一位有心世道的志士，也真是一位思想很前进而又痛快的人物。

十、本党聘请法律顾问

本党已聘请上海著名大律师陈汉清先生为名誉法律顾问，陈律师已正式表示接受，回信说："嗣后贵党有法律事件见委自当尽其棉薄为贵党效劳。"本党党员个人如有所委托陈律师亦必格外优待也。

中国农民党党务通告　第五号　三十六年十二月廿日

一、农民党的立场

时局越来越险恶，一般政党显然分成左右两大壁垒，外间常有人问起农民党的立场和态度，我们的答复是这样的："农民党的立场即是农民的立场，所代表的是农民的利益，所企求的是要农民能够生活，不受任何方面的侵害压迫及剥削，农民党对于所谓主义者毫不重视,因为大家从经验知道,主义都是假的,民生主义谁人说不好,但是标榜了二十年的结果,人民反求死不得。耕者有其田的口号谁人不欢迎,但是现在许多人民是有田不能耕。农民党所注意的不在主义或口号,而在事实,不论是什么党或什么人,谁让他们生活,不加害他们,农民党便以谁为友,谁加害他们,农民党便以谁为敌。"

二、每一党员应负责推销《现代农民》十份

——中常会决议,党员必须遵办——

本党尚未自办报章杂志,所有宣传工作,系利用中国农业协会出版的《现代农民》发表,本党为扩大宣传起见,必须竭力推销该刊,因此中央常务委员会特议决要案一件,要每一党员负责推销《现代农民》十份,这个议决案可以说是总部的命令,全体党员都应服从,党员入党时即有服从本党决议案的誓言,中常会从不轻易有约束全体党员的决议案,故本案全体党员都必须遵守。但为顾及乡村贫寒及识字不多的党员的困难计,他们亦可例外,但每人至少也必须推销一份。

《现代农民》每份全年的订费是四万八千元,共十二本,连邮寄费在内,但在三十七年一月底以前订购者只收四万元,同时订二至四份者,每份只收三万六千元,五份至九份者,每份收三万三千元,十份以上者,一律每份三万元。到一年之后,或许每一本刊物就要值三万元,目前花三万元可以预订全年,原是极其便宜的,望各党员迅速在一月底以前每人至少介绍十份订户,将姓名地址,连同订费寄交上海林森中路一二八〇号农业协会收。本党要将各党员介绍的成绩一一登记起来,以便考察他们是否尽了党员应尽的义务。

三、速交常年党费

三十七年度常年党费,顷经中常会第十八次会议决定为每人壹拾万元,但对于自行耕种之贫苦农民及清寒学生得减少至一万元,统限于三十七年一月底以前交纳,务望各党员见到本通告,立即履行缴费之义务,将款寄来。目前一封平信邮费已要二千元,加上信封信笺须花费三千以上,故不能再行函催,务请各党员原谅。

四、加强国际宣传

本党自成立以起,即很重视国际宣传,以期争取国外人士的认识与同情。近半年以来,已有多人陆续赴美发展,最近又有金君等几位党员赴美加各国,先后带去了大批的宣传品及本党分致国外有关农民团体与个人的信件,他们负有广泛联络的使命,并将尽早成立海外支部。

五、各省市支部努力一斑

四川重庆、南京、上海及湖北等省市支部负责人均已由中常会派定,并先后正式成立,正积极推进党务。各支部在进行中可令人兴奋的事实很多,例如上海市支部第一次执委会议讨论经费来源时,当场即由各执委慷慨解囊立刻凑足一个相当大的数额,但是他们多系公教人员,收入并不多,能够如此爱护本党,尤足珍贵。四川支部各同志为扩大宣传工作,特集资翻印大量本党的宣传品存储备用,在印刷费奇昂邮寄困难的现况下,各地支部都可实行此种办法,以减轻总部的负担。

六、参加农学界联合年会

农学界十八个学术团体十一月底在京开联合年会,本党中央执委会曾去电致贺,希望大会能探求农村破坏及农民痛苦的根源,以牺牲奋斗的精神多从实际上领导农民,首先解除生活上的各种迫害。又本党同人多人亦以农学会会员资格专程前往参加。

七、正义呼声的反响

自董时进先生在《观察周刊》发表《我对政府取缔民盟的感想》一文后,各方均极重视此种公正的意见,认为此是代表多数人的正义呼声。最近接得成都的同志曹君来信说:"……窃自董先生'观察'一文发表后,有识之士均愿景从,如素执观望态度之某某先生等,均决意正式加入本党……"云。

八、错误的消息

南京康乐园因资金周转不灵宣告停业清理，南京《新民报》登出消息说，该公司倒闭系由于该公司总经理吕君为农民党亏累，闻内地报纸亦有转载者。按此项消息之来源大致系因吕君为本党一分子之故，报纸遂藉造事实以耸人听闻。本党阅悉后，当即由本党秘书处致函该报更正，其函如下："……本党用度与康乐园之倒闭，风马牛不相及，本党所有经费乃由许多党员大家捐献而来，而且本党一向保持农家习惯，开支极省，现今尚有未用之存款，何至使康乐园为本党而负债业，现康乐园已宣告清理，则其一切开支，自有账目可查，不难明了真相……。"各地报纸倘有转登此项消息以讹传讹者，盼即就近请求更正。

九、目前党员的主要工作

目前本党的党务着重在于吸收人才及建立经济基础，藉以培养本党之实力，故第一、希望各地同志多介绍有能力的党员及征求党捐；第二、本党须借用农协会之各种设备及便利，希望各同志对于该会会所建筑经费帮忙募集，并多征求现代农民订户（另有中常会决议案）及农协会会员，这些都是对于本党党务的发展大有帮助的。此外，请参酌通告第三号第八项所列举之各种办法，相机从事。

中国农民党党务通告　第六号　三十七年一月廿日

一、宪法实行后各党员应如何努力

前年底国民大会所通过，去年元旦政府所公布的宪法，自十二月二十五日起始实施了。这篇宪法产生的方法虽还是党派间争执的一个问题，但本党成立在国民大会闭会及宪法制定之后，对于宪法既不能负任何责任，自亦不发生承认与否的问题。宪法本是为约束统治者而设的，历来各国的宪法，都是由于人民的奋斗要求才产生，应无政府要宪法而人民反不要宪法之理。无论其产生的方法如何及内容完善与否，政府既然表示要付诸实施，我们要求政府自己应严格遵守,不可只是一句空话。

本党党纲第一条就是说的这守法问题,该条原文是:"厉行法治,使一切人皆同样受法律之保护与制裁,尤须使政府及公务人员严格守法。"又本党曾经在发起的宣言上说过,中国的病根在于农民不能做国家的主人。如今宪法既正明白规定了人民的主人地位,并已开始实行,本党应即负起监督遵守宪法的责任,使政府官吏如有侵犯人民的权利自由者,各党员应领导及协助人民依法反抗。如有妨碍本党各地的党务活动者,亦决不能容忍,而必须与之周旋到底。本党准备好了律师,于必要时与政府官吏打官司,也准备好了纸笔,于必要时诉诸全国及全世界的公论。以和平合法的手段,反抗政府官吏违法的措施,以为人民争取权利自由,是本党起码的工作,非如此亦不能得到人民的同情和拥护。我们不是一群懦夫,也不能做奴隶式的顺民,到无可避免时也应不惜牺牲,不怕进监牢。为人民的利益进监牢是最光荣的事体,希望各地方的知识及社会地位较高的党员,拿出无畏的精神,领导起来,并联络当地公正绅士及律师,发起人民自由权利保障运动,切实为人民服务。各党员如有亲友在当律师,请介绍给本党或农协会,当斟酌聘为名誉法律顾问,以便共同为人民的权利自由而奋斗。

二、参加国际农民组织

本党顷接"农民国际"自伦敦来函,邀请参加该组织,并委托本党负责筹设"农民国际"之亚洲总部。业经中常会决议接受此项邀请。按此项团体系由各国农民党组织而成,以推进世界农民运动,传播国际间之和平亲爱主义,维护全人类之自由及繁荣为宗旨。其中央委员会目前分为二部,一设于华盛顿,一设于伦敦,刻正考虑在上海添设一部,即上述的亚洲总部,委托本党就近筹备进行。又国际农业生产者协会将于本年五月在巴黎开年会,中国农协会已接到通知,即将派遣代表团前往参加。

三、美领馆征询本党意见

上海美国领事馆领事齐爱思先生,日前在其寓邸单独招待本党主席董时进先生及外务负责人谭守仁先生,询问本党对时局意见,共谈达二小时之久。本党特别对于美国应如何帮助中国人民与自由分子以及乡间人民所感受之痛苦情形等,贡献意见甚多。彼曾就许多中国政治问题,请求本党予以解答,均由董谭二先生以不偏不倚之态度详为分析说明。

四、川湘党务消息

湖南滨湖各县近有百余人连续入党,内多新闻记者、小学教员、公务员以及农村工作者,彼等经常举行分组会议下乡宣传等工作,极为热烈认真。四川某农职校有学生九十余人集体入党,据介绍人夏君函称:"……渠等并于寒假中,分别返里对亲友尽量宣传,大量吸收党员,此近百青年学子,堪为本党之生力军,预计在寒假后川东北各县当有万人以上参加。"

五、董先生丁忧返籍

本党主席董时进先生日前接家电,彼尊翁于一月十二日在川病逝,董先生已于十七日飞渝转返垫江原籍料理丧事。按董先生以父母年老,早欲于十一日返川省视,因本党党务及农协会会务繁忙,不克分身,推延达二月之久。正拟于旧历年前起程,乃忽接噩耗,悲痛可想而知。惟渠认此为纯粹私事,行前仍每日照常办公,在此战乱时期,尤不愿惊动亲友及有任何举动。一俟返籍安葬完毕,约在阴历年节后即可返渝,届时或将赴蓉一行,然后返沪。按董老太爷对于农协会及本党均有直接间接的帮助,彼能供给时进先生的生活费,故时进先生乃能专其精神为党会服务。又历年来彼所捐助农协会之经费亦属不少。董先生在川通讯地址,旧历年前为垫江东街小什字董宅,年后为重庆井口乡大新农场。

六、常年党费征收办法

上期通告曾披露征收三十七年度党员常年党费消息,至关于征收办法,经中常会决议两点:(一)已设支部之省市,由支部负责经收,以二分之一缴总部,余数留作支部经费。(二)未设支部省市之党员,直接向总部缴纳。

七、推销《现代农民》应赶办

上期曾通告党员每人应负责推销《现代农民》十份,凡尚未办到者,应从速进行,以便早为结束此项工作。

中国农民党党务通告　第七号　三十七年三月一日

一、争取党员

无人不说本党的前途远大,我们自己当然也有此信心。但是我们决不能坐着等候本党自然发展,必须大家努力去使它长大。目前我们第一要努力的,即是多多征求党员。

现在中国人民有党籍的只占很少数,但是各党都在到处竭力争取党员。据我们所得到的消息,在许多县份,于很短的时间里面,已有成千上万的人民加入了各个政党。这样下去,我们可以料到。不需很长的时间之后,一切人民都会加入某个政党,不属于甲党者,必属于乙党。

所以本党如要发展党员,必须及时努力,不可稍缓。否则一般人都会各有党籍,到那时再想去从其他党派挖出党员来,就很困难,而且也不新鲜了。在广大的群众中征求党员,选择的机会多,比较容易得着优秀的分子,若待各党已经挑选之后,我们才去捡拾残余,本党的素质就会太差了。

各位党员,应多多介绍亲友加入本党,由亲友又介绍亲友,辗转传播,推广必定迅速。本党期望着每一个党员随时将所获的成绩报来。本党新订的免收党费办法,对于征求党员的手续益加简便,并望各党员注意。

二、国际宣传

美国司丹福大学的"胡佛"图书馆顷来函索取有关本党的各种宣传资料,供其研究参考之用。按该馆的性质,系专门研究世界各国的战争、革命与和平诸问题者。来信的大意说："……在伦敦的农民国际，曾将中国农民党的活动情形告述我们，使我们很兴奋，为明了贵党的详细情形计，特此函请供给我们若干有关中国农民党的组织计划及其他材料。本馆已藏有大量有关中国问题的材料，但引以为憾者，我们尚缺乏有关于此一新兴的农民党的材料，务请多予惠赐。同时更希望能赐告远东其他各国农民党的地址及内容，以便去函联络……"。本党秘书处已复函说明本党近况，并将各种有关资料寄去。

总部顷又接获有关日本农民党的各种资料，按该党成立于去年二月，与本党成立时间约略相同，其领袖为众院议员北胜太郎氏，在众议院共占八席。其政纲为：（一）在国会内外发扬日本农民朴素、勤勉厚重的精神，确立民主政治的基础。（二）贯彻日本协同主义的理想，建设无独裁、榨取及阶级斗争的和平日本。（三）增加农渔林产，以期食粮自给，民生安定向上。

美国农部极为重视《现代农民》，认为在该刊内可以得知许多中国农村的真实情况，曾连续来函索赠历年存刊，并请与该部的出版物长期交换。

将于四月初在缅甸召开之亚洲农民大会，本党已接获请柬，是否派代表前往参加尚待确定。

此外国际农业生产协会顷寄来该会概况及去年五月在荷兰开年会的会议录（英文本）各若干册，各地分支及农协分支会如有需要此项文件作参考者，可来函索阅。

三、值得提倡的推销《现代农民》办法

农学界的老将原颂周先生，对于农协会与本党素极热心。最近为响应推销《现代农民》运动起见，特商请自该刊十一卷三期起，每期自费加印五百册，由农协会转送给各地公共阅览机关或文化团体，自此项消息刊出后，来函索阅者甚多，各地同志亦可代为宣传及来函索阅，务求其能达到普及的目的。原先生为此事，特于除夕日由京来沪,亲将印刷费及捐赠给本党的一笔基金送来,其热忱尤属可佩。同时这种推销刊物的办法,希望能有更多的同志继起响应。

四、主持正义的反响

本党主席董时进先生于二月五日在上海《大公报》发表一文,题为《争取人民权利自由,测验政府行宪诚意》,该文是根据本党政纲第一条:"厉行法治,使一切人皆同样受法律之保护与制裁,尤须使政府及公务员严格守法"的一贯主张而阐扬者。在该文的结论里面,更强调"我们需要一些和平奋斗的勇士,能为争取人权而奋斗,……为人权的原则而力争。军政机关及公务人员才不敢任意蹂躏人权"及"……以言论著作及集会结社手段争取和平,当然是合法的,我们何妨就以这种方法来试探政府是否愿意遵守它自己所颁布的宪法"。自该文发表后,总部方面,每天都接到各阶层人士表示同情此种主张的信函,多数人均于来信内希望此种主张能够早日见诸实行,并望能够教给他们怎样"争取权利"的办法。由此证明人心趋向大有可为,更足以坚定我们的信仰与一贯的主张。

五、沪市党务活动一斑

本党上海特别市支部成立已半年,该部规定每隔半月开执委会一次,聚餐会一次,并规定于每次聚餐会时由每一执委负责邀约新入党的党员参加。此种办法实行以来,对于党务的推进及优秀党员的增加,均已收效。又该支部在二月十五日聚餐会席上曾就本党对时局态度问题交换意见,获得两点决议:即(一)对第三方面党派,应保持联系,但以不失本党固有立场为原则。(二)加强国际宣传,以争取国际间的同情与了解。此项意见已正式向总部建议,这与本党的一贯方针,完全一致。

六、苏省与青市支部开始筹备

本党党员散在江苏省境各县者,为数颇多,为加强组织计,最近已征得镇江服务而又较有社会地位的两位党员的同意,经中常会推派为本党江苏省支部筹备委员。现正积极征求党员推动党务中。

又本党青岛市支部,亦已觅定筹备人员,短期内即可返青,开始推动市区及胶东半岛各县的党务。

七、改变征收党费办法

(一)贫寒党员可免党费;(二)分支部所收党费自行留用。

本党原规定的党员入党费,数目本极低微,但各地贫苦农民及清寒学生,仍有愿入党而无力缴纳此细微数目的党费者。中常会为顾全事实起见,特决定今后凡清寒学生与贫苦农民,志愿入党者,可完全免缴党费。

又本党原规定,凡有分支部地方党员的入党费及常年费,除以半数归地方党部应用外,其余半数则缴总部。兹为顾全各地分支部经济情形,便利推进地方党务起见,已由中常会决议,今后各分支部经收的入党费及常年费,全部由各该党部留用。但须于每年终将收支账目函报总部备查。各分支部及各党员仍应在可能范围内量力筹集款项,捐助总部,以资发展。

八、垫江县分部成立

上月董时进先生回四川垫江原籍,该县士绅及民众,对于本党之组织感觉极浓厚之兴趣,纷纷向之探询,并办理入党手续。现全县领袖人物十之八九皆已加入本党,其少数因特殊缘故尚未加入者亦概表示赞助,并愿将来尽先加入。此外知识青年及普通农民参加者尤众。县分部已于旧历新年成立,当选出胡汉池、李畏庐、闵光前、蒋朝珍等七人为执委,当场募到巨款充本县分部基金。刻已将党纲及入党志愿书等翻印大批,正分头向各乡大量征求党员。又垫江邻近各县如梁山、大竹、邻水、长寿、涪陵等处亦均在发动推进中。

九、捐款踊跃

本党党务经费,向由各党员自由认捐,随时能有收进,最近为一劳永逸起见,特为财委会各委员分认相当数目之现款,集中运用,获取盈余,按月拨充党务开支。

中国农民党党务通告　第八号　三十七年四月一日
一、吸收国民党进步分子

国民党里面有不少的进步开明分子,目睹国民党日趋腐化,不可救药,感觉十分烦闷,想另找出路,因而脱离该党改入农党。本党已经有了许多这样的党员,今后我们还要鼓励这些分子加入。

除了不是醉生梦死自甘堕落的国民党员,没有不苦闷的。单看北平一地三月十二的一天,就有二个自认晦气的国民党公开批评该党。一个是行辕主任李宗仁,一个是市长何思源。李说:"民族主义已一落千丈,民权主义未能真正具备宪政精神,民生主义亦未实行……",然则国民党以三民主义为号召,岂不全是骗人么?何说:"国民党以前领导民众,现在被民众厌恶,以前打倒土豪劣绅,现在反成了他们的工具。"这样一个党还有什么搞场,不愿同流合污的分子还株守着它干什么。

本党党员对于原在国民党的亲友,如果认清了他们是开明进步的分子,诚意的愿加入本党,请尽量介绍。并且可以引用上述李、何二人的话语来开导他们,使他们早些觉悟,本党伸起双手欢迎这些迷途者。

二、成渝两地党务开展

此次董时进先生游川,对于重庆成都两地之党务颇多推进,在重庆曾与支部各负责人会谈多次,各党员彼此甚为亲热心,其过去尚未捐款者,已交与董先生带沪。

刻本支部正忙于教育及经济两项中心工作,以裕党费,并吸收人材。关于教育事业,决定先办一补习夜校,所有校董校长及班主任等,均已推定,章程及课程等亦已定妥,校址借市中心某小学,正在准备招生。另外再要办一中学,拟设大江南岸,正接洽校址中。举办经济事业，已筹组一裕农公司，股款业已认足，负责人亦经推定，经营业务以四川农产出口为主。

重庆附近之井口乡及大堡两地党务亦颇有进展。井口乡为董时进先生之农场所在地，该乡人士对于本党一致热烈拥护，区分部业已成立，其负责人概为本乡正绅，其中有国民党老党员、退伍军官及从未加入任何党派之老绅士等。他们现在或过去都是一些农人，他们认为农民党才是他们的党，最合他们的意思，所以不论原先有党籍与否，都一致加入了。本区分部在前任乡长一位唐先生主持之下，已着手将党务推到附近各乡。

大堡有一个规模很大的教会所办的训练人材的机关，现已有好几位优秀党员，堪负领导责任，刻已与渝市支部沟通，在那里尽量吸收有知识而且与各地方人民接近的青年作党员。

在成都董先生住了一个星期，与各方面接触甚多，曾经在四川大学、华西大学、农业改进所、成都乳牛合作社、四川农经学会、农民福利协会等作公开演讲，报告本党一切情形。成都所有本党党员本不甚多，……此次董先生用民主国家政党的作风，将一切揭开，倒使各方面都能放心，并赢得许多同情者。现已表示愿意加入本党者极其众多，其中包括甚多之有力分子，并有若干团体将联合团员一齐参加。入党手续正陆续办理中。将来成都可成为本党最重要据点之一。

三、响应美大使和平运动

自二月二十二日美国大使司徒雷登博士发表谈话表示希望中国和平后，本党主席董时进先生时由渝致函司徒氏表示同情。其中有一段谓："中国人民早已极度厌战，无论士农工商，军人官吏，凡一谈及时局，未有不同声叹息，喊'不得了'，'活不下去'者，在如此情势之下，任何坚定之领袖及激昂之言词，亦不足以鼓励人心，振奋士气。"该函全文曾在重庆《大公报》二月二十九日刊出，并在《现代农民》第十一卷第三期发表。

四、康、赣、豫、苏党务活动近况

本党在西康省境内之西昌,早已有若干党员,但在康省府所在地之康定(即打箭炉)则人数尚少,现在康定方面已有某农事教育家负责,发展本党边区的党务。苏北各县人士参加本党者日渐增多,近来函请求增设苏北支部。江西支部已洽妥筹备人选,即可展开工作。河南省党员人数已不少,本拟即成立支部,最近因战事的扩大而受影响。支部成立日期将稍延缓。苏州有一些学生党员,对党务非常热心,除了征得若干新的党员外,对于农协会的宣传,与《现代农民》的推销,也很尽力,他们的干劲儿,特别使人兴奋。

五、农民国际近讯

在伦敦的农民国际最近来信,对本党参加该会的决定表示热烈欢迎。该组织因悉本党主席董时进有于今年五月去巴黎之意(按能去与否尚难定),遂决定同时在巴黎召开欧、亚、美三洲总部联席会议。其来函又嘱将本党历史近况,党务活动情形,以及本党对于此次中国政府举行大选的态度,并本党各中常委照片及小传等寄去,藉资国际宣传。

中国农民党党务通告　第九号　三十七年四月廿日

一、征求党员不限于农民

一般不明了政党性质的人,往往以为农民党必须完全由农民组织而成,这是错误的。政党是一种政治团体,一般农民多不懂政治,尤其不善在议场发言,或在论坛发表文章,而提出政治的主张。若必须完全由胼手胝足的农人组成,则在目前毫不能发生作用,甚至根本不能成立。以故本党虽要尽量吸收农人,但目前尤不能不多要知识分子来领导。无论是教员,是律师,是新闻记者,或其他的知识分子,只要同情农民,赞同本党宗旨,愿意代表农民的利益,都可以当本党的党员,将来本党都可以推举他们替我们当代言人(议员立委、国大代表等)或官吏,帮农民办事。农民不是自己都要去做官，他们也多半不会做官，不过他们要找一些合他们的意思的人去做官，以便为他们作事，而不是去害他们。这是农民党组织的真义，各国的农民党及劳工党也都是这样办法，希望各位党员明了，多向外人说明，并征求优秀分子入党。

二、三中全会改期

本党中央执行委员会第三届全体会议，原定于五月二日在沪举行，嗣因有若干中委或将于是日出发飞巴黎出席国际农人协会，乃提前一天于五月一日八时起举行，通知已由秘书处发出，希各执委准时出席。又开会地点，原定在总部办公处，现以郊外春光明媚，已改在某党员主办之农场举行，该地花木繁茂，滨临黄埔，风景极为美丽云。

三、组织小组加紧联系

各地支部或分部因地方大人数多，不易随时召集会议及送达消息，兹特规定各地支部及分部，均应依地区及交通情形分成若干区组织小组，加强联系，每组人数不拘，以便于时常会面为宜，每组推选组长一人，负责召集会议及传递消息，组长姓名，应由分支部转报总部备案。

四、魏德迈函复本党主席

本党主席董时进，前曾致函美国魏德迈将军，对于中国政局问题有所建议。本月初上海若干报纸曾登载魏氏回信全文，但董氏并未接到该函，不知该项消息及信稿从何得来，以为或系被检查扣留。最近该函毕竟寄到，经查询始知原函曾在美国公开发表，由通讯社电达中国报馆翻译成华文登载。原函内容与报载译文大致尚不差，表示彼愿竭尽全力，不惜牺牲以帮助中国人民，指出共产党的极权性，效率虽高，而人民须牺牲自由，并劝本党应协助政府建设计划，勿骛不切事实的办法。函中对于冯玉祥将军在美攻击政府表示遗恨云。

五、农民福利协会全体入党

设立于成都已有数年历史并拥有众多会员之中国农民福利协会,业已全体加入本党。该会原系由粮民索债团改组成立,原具有政治性质,其平时活动极得乡村民众之拥护,内有不少的声望高能力强之分子,本党已择优推选数人为中央执行委员。

六、豫省党员组织自卫队

河南若干县农民为防止侵扰,争取生存,已组织自卫队,人数及枪枝甚多,目的纯为保护自己,维持治安,以免地方糜烂,绝无其他作用。他们因为宗旨与本党相同,愿意取得联络已觅人介绍要求加入本党。

七、农业界协助副总统竞选

在京举行之国民代表大会,主要任务为选举总统及副总统。总统竞选无何精彩。副总统候选人有孙科、于佑任、李宗仁、程潜、莫德惠、徐傅霖等六人,竞争颇为剧烈。有少数本党党员及中农协会会员曾以个人资格被选为国大代表,他们曾联络其他农业界代表为一向与农界关系比较密切之某氏拉选票颇多云。

中国农民党党务通告　第十号　三十七年五月廿日

一、贡献人力财力增强党的力量

董主席在三中全会报告词

自政协会后,新党产生如雨后春笋,以农为名者,亦有好几个,但现在概已无形消灭或停止活动了。足见组党不能凭一时的热心,以投机为目的,必须有坚定的主张及立场,抱牺牲奋斗的精神。本党为硕果仅存的新政党,成立虽仅一年,已有相当的发展,基础已经确立,在国内外都已著相当的声誉,与本党性质接近的政治性团体或已加入本党,或在商洽要加入之中。目标相同的组织都联合一起时,力量必更加强。看来本党前途希望很大,但同时也即是我们的责任重大的意思。同人必须都拿出牺牲奋斗的精神,更加努力,不可随随便便的,大家必须多分出时间,多贡献经费来使党务发展。本党的目的固然是为农民和国家的利益，但为达到这目的，必须以取得政权为手段，不是尽在旁边空谈。换句话说，本党是希望将来有很多贤能的党员能够当议员，当代表，或掌握行政的实权，好施展抱负，实现本党的政策。但这些都须先下本钱，不下本钱不肯耕耘，是不会有收获的。许多人花很多亿去竞选国大代表、立委等尚不成功，但他们如肯用这种代价去帮助一个政党，不但政党得到补益，即是为他们自己的目的成功也比较容易。党固不是为个人自私的目的而组织，但党的成功与党员的成功是互有帮助的，为着党的成功，自不能不希望各党员有施展他们的长材的机会。但是必须先养成党的力量，亦即是必须党员先对党有贡献、有劳绩，方始可以办到。以故各党员无论是为自己、为本党、为国家，总得首先准备牺牲和贡献。这是一些很坦白的老实话，望各位同仁都能深切了解，认真实行。

二、三中全会重要议决案

本党中央执行委员会第三次全体大会于五月一、二两日在上海黄浦江边某农场举行。第一日为各部会工作报告，讨论修改政纲及当前时局问题。第二日讨论发展党务办法及对时局发表宣言。除宣言及政纲已在《现代农民》五期发表外，兹将重要议决案录后：（一）本党对目前时局仍保持中立态度；（二）本党政纲根据中常会提出之修正草案，修改为二十七条；（三）中常会变动两人，秘书长改推刘运筹担任；（四）县市分部组织规程第一条"省支部认为必要时……"修改为"总部或省支部认为必要时……"；（五）本党为适应地方实情，各省支部必要时得在与本党政纲不冲突之前提下，拟定地方性政纲，呈报中常会核定；（六）本党应筹设企业公司，交中常会积极筹备；（七）发表对时局宣言。

三、农业开发服务社积极筹备中发动各地党员踊跃入股

本党三中全会议决，应筹组企业公司，经中常会同仁连日商讨决定，联络本党各地党员及农协会会员，并热心农业人士组织一中

国农业开发服务社,资本定为五百亿元,采用股份有限公司形式集股组织之。其第一期业务以农产运销为主,相机旁及加工及生产事业,目前拟先运四川土产,如水果、榨菜、药材、肉类、油类、粮食、猪鬃等,到京沪销售或出口,并采办苏、皖等地之粮食肉类等。同时代各地生产者推销产品及采办应用物品,预料业务前途发展希望很大。本社为本党党员及农协会同仁发动之经济事业,各方关系甚多,营业发展很有把握,并有极能干可靠之人主持。本社虽然系由本党及农协会同仁发起设立,但纯为独立之营业公司,利益归各股东享受,与其他股分公司无别。各地支部及分部负责人应从速联络党员入股,每股十万元,至少每人十股起,于六月底交齐。

四、不得跨党

一人不得同时参加二个政党,为世界各国通例。本党党员中有若干原有其他党籍者,自加入本党后,亦应与其旧党脱离,不得骑墙双跨。兹得报告,有少数党员虽已加入本党,但与其昔入之党仍藕断丝连,此种情形,必须避免。以后党员如愿忠于本党,应即退出他党,如愿忠于他党,应即退出本党。各党员如发觉有跨党者,应即报告当地支分部,为适当之处置。

五、提供对美援意见

美国援华贷款中,有一部分用于农村事业者,本党同人认为有提供意见之必要,经建议由农协会理事会致函美国大使馆主张原则三点:(一)应尽量利用于有永久效果之事情,不是供给只能一度应用之物品。(二)不必多运入粮食及农产物〔下缺〕。

〔中国青年党等党派档案全宗汇集〕

十六、中国宗教徒和平建国大同盟

1. 中国宗教徒和平建国大同盟组织原则
（1947年5月）

一、本盟由各教开明自由分子个别参加。

二、不分宗派门户,在救世救人共同目的之下,携手团结,对于固有之信仰与仪式,绝对尊重个人自由。

三、凡已有政治关系之人士,如能遵守本盟盟纲,及共同主张者,本盟亦所欢迎,但必要时得加以限制。

四、基于宗教精神,从事和平奋斗,以期贯彻政治主张。

五、本盟以国家与社会之利益为先,团体与个人次之。

六、本盟必须在客观环境可能实现主张时,始得参加政治。

七、本盟对于选举之态度,以推选贤能为原则,不侧重党派立场。

八、本盟不设固定领袖,重大盟务取决中常全会,以下设秘书长一人,负责承启综理日常事务。

九、本盟纪律,除规定者外,着重自我忏悔与良心上之裁制。

十、本盟先有临时性干部组织,俟在各地组成分支部后,再行召开全国代表大会,依章重新改选,期达盟内民主制度。

〔国民党党务系统档案全宗汇集〕

2. 中国宗教徒和平建国大同盟盟纲
（1947年5月27日）

一、联合各宗教人士、集中力量,以实现救世救人之共同目的,并确保宗教信仰自由,及维护各教之合法财产与权益。

二、积极推行革心运动,提高国民道德标准。

三、以客观研究态度,交换各教学术思想上之异同,建立宗教间之文化协调,探求宇宙共有之真理。

四、以和平奋斗之精神,参与政治发挥救世宏愿。

五、督促政府,务以和平民主,求得政治上之统一与建设。

六、促进全民政治,以期民主与法治之彻底实现。

七、主张实现民主经济制度,反对独占资本。

八、主张积极推行普及教育,以巩固民主政体。

九、主张保障人民基本自由,不得在宪法与法律之外,另以任何藉口侵害之。

十、阐扬宗教之利他精神,促进国内与国际永久和平之实现。

十一、主张支持并援助弱小民族之解放独立运动。

十二、拥护联合国宪章与国际安全机构,以期世界联合政府加速实现。

十三、反对凶暴武器之制造与使用,以保障人类之安全。

十四、破除狭隘之种族观念,期由人类平等实现世界大同。

〔国民党党务系统档案全宗汇集〕

3. 中国宗教徒和平建国大同盟宣言
(1947年6月)

吾人无浓厚之政治兴趣,亦不拟在任何之时间与环境中为个人利益从事政权之争。惟远在抗战期间,吾人已饱受客观现实之启示,深知宗教家利他精神之有力表现,不能完全超出政治之外,乃开始筹组同盟,以为团结宗教力量,促成开明政治之准备,近年国内外局面日渐趋于险恶,而惨酷无比之内战,更将毁灭人民,毁灭国家,甚且扩大蔓延,毁灭世界。若不集结各教系人士,共同呼吁和平,改变此政治上之危险倾向,不仅人类繁荣康乐之远景成为海市蜃楼,即各宗教之救世目的,亦永远无由到达。因此吾人组织同盟之理由,实至简单,一为迅速有效的争取和平,一为合力同心的协助建国,由前者言,吾人必须为死亡阵线上之人民与兵士着想,必须为饥饿线上之广众着想,必须为整个人类与世界未来着想,不惜以任何行动与呼号,使战争立即停止,即为此而有牺牲,吾人亦在所不计,目前吾人以焦急而殷切之情绪,希望各中间党派与社会贤达及参政会诸先生,排除一切困难,为和平继续努力,不必因交战双方之意愿,而有所瞻观,吾人愿尽最大可能,支持此二行动,凡有利于和平之任务,无论如何难苦,如何危险,如何受人敌视与谤侮,吾人均乐于分担,甚至因事实需要须向共军区域呼吁,吾人亦愿冒锋镝历艰阻,慨然一试,即或主持和平人士,不愿轻身行远,吾人亦可单独为之,纵有任何横逆,绝不稍存畏避。

由后者言,国家经长期苦战之煎熬,民生已极端凋弊,今后欲从事建设,必须在和平民主之基础上,团结全国之人力物力,共同奋斗。吾人认为孙中山先生之全部遗教,仍可领导建国,共军区域之若干措施,亦颇有进步意义,可供政府参考,而国共二党之优秀分子,如能和衷共济,不使力量对销,同可作为建国之骨干,其他中间党派,亦皆拥有人才与经验,倘不用于无谓之纷争,均可表现优良之成绩,吾人认为建国问题,不系于政治一端,政治问题,不系于官吏一途,如能获一正确领导,则未来之建设责任,人人均可分担,人人亦均可发挥才能与抱负之机会,吾人以宗教徒而组织同盟,除此之外,更无其他目的。

吾人全系宗教徒,然吾人之宗教信仰,并不完全一致,故本盟之组成条件,系政治的而非宗教的,且吾人对于信仰自由,必须保持其庄严神圣,绝不强为异同,是以本盟之盟友,概以个人身份参加,而不代表团体,但如误认本盟侧重政治,而忽略宗教,则又不然,良以吾人具有一共同了解无论任何宗教,皆具有利他精神,乃若干不同之中,绝对一致者,基于此,吾人始产生过问政治之动机,始提出和平建国之要求,始确定对政治对经济对国内外问题之认识"基础",基于此,吾人始坚持资本主义与社会主义,美国与苏联,国民党与共产党,应和平共处,以竞赛代斗争,而不应鼓励战祸,扩大杀机,基于此,吾人始不标榜清高,甘以宗教家殉道精神为人群而服务,对于可能招致之诽谤与误解,完全摒诸顾虑之外,基于此,吾人始则重人民与国家之利益,而不以本盟之前途为先务,吾人可以承认本盟为政党,但绝不强调党性,可以在民主前提下参加选举,但绝不漠视盟外之贤能,可以因人民之利益而呼号奔走,但绝不斤斤本盟之私利,本盟之一贯精神在此,本盟与普通政党不同者,亦在此。

现本盟初步组织甫告完成,一切准备续得努力,吾人绝不愿侈陈历史与力量,尤不愿以拥有若干群众向国人夸耀,目前吾人惟一企图,端在响应各进步团体之和平运动,并接受各方面之支持,谨以最大诚意,向国内政治党派,与一切进步力量,伸出友好合作之手,同心协力,共谋国是,谨此宣言。

〔国民党党务系统档案全宗汇集〕

十七、中间党联盟

1. 中间党联盟宣言
(1947年6月)

我们这个"中间党联盟",是由中国民治党、中国国民自由党、中国民生共进党共同发起组织的。中间党——是在党争剧烈的现政局中,依民意为准绳,不偏不倚,而有真是真非的政党,是以纯党的立场、纯政党的作风,遵循政党政治常轨的政党。我们的目的,即在联合这样的中间党,共同促进政党政治的实现。政党政治,是各以政纲政策,争取人民的信仰与拥护,而参与政权,是受人民的付托,而为人民服务。政党无所争,所争唯国家人民的利益。不论在朝党,在野党,政党的一举一动,都要为了是国家人民的利益;政党在随时随地,都要顾全到国家人民的利益。不能为目的不择手段,更不能为满足一党或一己的政治欲望,置国家人民的利益于不顾。经过八年抗战的中国,再也禁不起战争,世界上没有不统一的民主国家,更没有以武力为争夺政权之工具的民主政党。统一,是国家建立秩序的先决条件;民主,是政治要求进步的必然方式。不统一便是无秩序;不民主,便是无进步。要有秩序,有进步,就应该统一,民主,尤其应该立刻实现和平。但是战争的调停,曾为时一年有余,经中外人士不断努力的结果,仍然愈打愈凶,可见主战者实深具武力万能的主观和决心。我们这些非武力政党,想要做到过去若干调人之所未做到,想要在武力万能者手里讨和平,自难免梦呓之讥。不过,时之今日,我们要彻底向从事战争者问几句话:都在为谁打?都打的是谁?要不要国家?要不要人民?国家不需要打,人民不需要打,打的理由是什么?打烂了国家,打躺下人民,打的收获又是什么?谁打倒谁?谁又比谁得了便宜?打到两败俱伤,国家人民,同归于尽,败者固已矣,国家人民又向谁去算这笔冤枉帐?我们不知从事战争者有何见答?但我们相信人同此心,心同此理,只要有武力者,能顾到民意,就能有悔祸的诚心,就能有恢复和平的可能,所以我们有万分失望的今日,对国是仍不抱绝望。百万兵力,不如一点民意;千条妙计,不如一颗诚心,政治家的本色,就在能好民之所好,恶民之所恶。我们希望国民党要如此,共产党要如此,凡政党都应该如此,顺从民意,放弃战争,拿出诚心,解决问题,大家共纳政治活动于政党政治的常轨。不满意现状,尽可用政治方式解决一切,改善一切;绝不可以战争方式,摧毁国家仅余的元气,断绝人民一息的生机。国家祸福,政治功罪,都系此一念。

我们为国家人民的利益,制定我们的共同纲领:

(一)我们为求"国家秩序",必须实现和平统一。

(二)我们为求"政治进步",必须实现多党的政党政治。

（三）我们为求"民生安定"，必须采取切中时弊的有效措施，并确立适合国情的经济制度。

（四）我们为求"国际合作"，必须建立平等、互惠、友好的国际关系，并采取主动的外交政策。我们为国家人民的利益，提出我们的时局主张：

（一）在人心普遍厌弃战争的今日，我们主张国共双方，为顾全国人民的利益，应在和平统一之原则下，立即无条件停战。由政府召开一个一个扩大的党派联席会议，由此一会议决定一个解决争端的公正方案，并组织一个实现此一公正方案的执行机构。如争执方面有任何一方不接受公正方案的执行，就是任何一方蔑视公意，违反国家人民的利益，我们不能坐视整个国家人民毁灭在自相残杀的内战争中，我们就得发动人民一切力量，采取有效行动。

（二）在人心普遍不满意现政局的今日，我们认为政府与一二党间所折冲的改组政府办法，实无补于当前政治局势之改善。且斤斤较量一二党派人位之分配，更无以餍足人民之喁望。我们主张政府为昭天下人以共信，应有还政于民的信心，彻底开放政权。因政府之改组，是实施宪政以前，过渡时期的必要措置。亦是团结各党派的唯一办法。唯如此才能得到各党派的全面协力，才能适应现代政治趋势，而建立一个综合多方面人民意见利益的多党政治。

（三）在人心普遍感受生活艰难的今日，我们同情政府最近关于财政经济的紧急措施。但我们主张政府要严格执行，要随时改进，不要立一法，多一弊，又为贪污分子及官僚资本平添作祟机会。我们主张要立刻举办现任官吏及曾任官吏的财产总登记，并严订实施办法。

（四）在人心普遍感到国际局势动荡不安的今日，我们已密切注意到因内争所引起的国际动向，我们主张依据大西洋宪章及联合国宪章的规定，坚决反对任何形式的国际干涉。

我们为奉行我们的纲领，为贯彻我们的主张，我们决定同心协力以赴。我们最后的呼吁——大家要以正义救人心,要以和平挽危局。谨此宣言。

三十六年二月二十一日

〔国民党党务系统档案全宗汇集〕

2. 中间党联盟组织大纲

(1947年6月)

一、本联盟由中国民治党、中国国民自由党、中国民生共进党共同发起组织之。

二、凡曾经宣告成立之政党,或具有政党性质之组织,能赞同本联盟共同纲领,并经联盟会议之通过者,皆得为盟员。

三、本联盟之最高权力机关,为联盟会议,由各盟员各派委员三人至七人组织之。

四、本联盟设常务委员五人至九人,由联盟会议选举之。

五、本联盟置左列各机关:

1. 秘书处——设主任一人,副主任二人,由各党推荐,经联盟会议决定之。

2. 联络处——设主任一人,副主任二人,由各党推荐,经联盟会议决定之。

3. 宣传委员会——设主任委员一人,副主任委员二人,委员若干人,由各党推荐,经联盟会议决定之。

4. 设计委员会——设主任委员一人,副主任委员二人,委员若干人,由各党推荐,经联盟会议决定之。

六、本联盟得因事实上之需要,随时增设各种委员会。

七、联盟会议每月开例会一次,必要时得开临时会,其主席由各党轮流担任之。

八、凡属盟员,均受本联盟决议之约束,否则经联盟会议之决议,得宣告除盟。

九、本组织大纲,自联盟会议通过后实行。

〔国民党党务系统档案全宗汇集〕

十八、中国民族联治民主党

1. 中国民族联治民主党成立宣言
(1947年)

一、中国的历史是我们各民族的历史,中国的土地是我们各民族的土地,中国的主权是我们各民族的主权,中国的安危关系我们各民族的存亡,中国的救治是我们各民族的责任。

现在是民族自决时代,但我们深知各民族因历史、地理、社会、政治、经济、文化等关系,合则两利,分则俱伤,所以我们不得不再重新另建我们这个新的家庭制度,以期维持我们这个共同家庭的不破灭。

二、中国土地广大,人口众多,物产丰富是建筑在我们国内各民族的合作上,我们拿地图来看,假若我们汉、满、蒙、回、藏、苗、猺、獞、獠、夷各民族分裂了,就是说我们满、蒙、回、藏、苗、猺、夷、猓各民族所占之满洲、蒙古、西藏、新疆、西康、云贵、湘闽、两广、甘、宁、青除去,而光剩内地数省之中国,则中国之土地也不广了,人口也不多了,物产也不富了,这是我们谋国者,应当虚心自问的一。

三、我们现在看看我们国内的民族情况,外蒙独立了,西藏等于独立,内蒙前要自治,现下仍要自治,新疆前要独立,现在仍要独立,大汉族主义的统治者,已经认为同化了的满族现在已重新奋起,已被吞灭四五千年的苗夷,近来亦在革命的搏斗,此次国民大会中,民族的强烈意识之表现,张治中先生的新疆现状的亲供,西康苗夷目下反统治的战争，台湾高山族的暴动，就可证明目下我们国内民族问题之严重，这是我们谋国者应当虚心自问的二。

四、据说目下政党已有六七十个，而最大者惟国共民盟，这些最大政党，他们对于国是解决的办法，国民党方面，在这个民族自决的大时代中，他们还主观的空想的，公然大唱其大汉族主义的同化主张，尤其这个人民世纪的民主潮中，他们仍然很顽固的恣行其封建的官僚独裁政治，在共产党方面，因为他们的标榜与中国社会现实的距离相差太远，我们并不否认客观性的主观创造性，同时他们本身也不是无产阶级，最本质的说，他们是些知识分子和少数工人，并大量农民的小资产阶级结合的政治集团，不过他们采用了马列主义，所以他们就特别强调了无产阶级革命罢了，更以他们历来不完全合理的政策和手段硬性的施在落后的中国社会上，纯技术的来制造社会（所谓穷人大翻身），于是就形成了一部分人民不良之印象和不敢相信之顾虑，该党目下所主张之新民主主义，那就一方面说明了他们自身之矛盾，一方面说明了他们不能飞超时代的进步，以我们看来，为减轻国内外尖锐矛盾的阻力，和能得到事半功倍的效力起见，倒不如变通党名（效法苏联，为求国际谅解和合作，解散第三国际的高见英断和勇气），抱着那个科学器在中国社会现实发展的轨道上，向历史的前途开驶，较为妥当，民主同盟方面，他们虽然比较合理进步些，但是他们仍未摆脱"汉族主体""内地本位"的偏狭思想，总而言之，国民党失之过右，共产党失之过左，民主同盟失之偏狭不周，一句话说完，他们都不免历史因袭的传统错误，这当然是不适合我们中国的现实，就是说他们这种思想和主张不能永远救中国，这是我们不同意各大政党的一点。

五、中国现下的问题，不是内容如何发展的问题，而是如何以新形式安定这个新内容的问题，就是如何能使这个社会的新内容自然痛快舒适去发展的问题，因为这样，所以我们只有集中精神，对于这个社会上层的建筑问题，政治制度之解决，我们国家的现实和前途方能有希望，否则一切都谈不到。如此说来，目下救国运动的中心是政治，而其要点是政治制度之合理，不然的话，那就不是国家的大计了。

六、甚么是我们中国最切实际、最进步、最具体的政治思想和制度，那当然就是最适合现下中国的新内容——民族问题、社会问题和世界趋势的政治思潮和制度，联邦制和民主制（政协决议案，我们弱小民族是不同意的）这个制度的内容是我们，就是他一方面对内把违反时代、桎梏现实的中国旧社会残存的传统大汉族主义的封建官僚政治和国内近代所产生的偏狭过激，不合现实的东西粉碎，对外把世界两大壁垒，在我国交互作用的矛盾下驱逐，使那个在旧社会制度内很不如意的那个新内容，都可心安理得，舒适泰然，并给他一个无限发展的领域，使它循着世界潮流的趋势，和社会发展过程的必然规律，急流涌进，这个思想的具体理论，就是本党领导者刘真理先生所著民族联制民主主义，他这个科学的说教，一句话说完，就是建设各民族和全体人民真正平等真正自由的共生共存共有共治共享的中华民族联邦民主共和国。

七、我们认为民族联治民主制度的实现，它不但可以结束中国四五千年来人民与政府间，地方与中央间，民族与民族间，统治与被统治、压迫与被压迫的、主奴对立的各种斗争的问题，而且可以解决目下民族分家——自治独立阶级斗争——劳资纠纷，国共撕杀之严重的问题，这样和平才能真正到来，方能永远和平下去，否则那和平是一时的、局部的，而非全面的和永久的，同时可以矫正一族骄大专横的历史毛病，并可制止每一民族内部窥窃名器之野心的政争之内战的起因，更因为我们的制度是地方中央，中央地方，分权集权，集权分权，自治共治，共治自治之相互渗透，极富弹性的办法，科学合理制度，而使各民族、各阶层，不但成了他们自己的主人，而且使大家都可以成为大家的共同主人，所以我们这个制度的实现，就加强了国内各民族间的合作因素，同时把刚性的阶段矛盾变为柔性阶段,那么和平、统一、平等的国家,才能到来,否则一切俱系空谈。

〔中国青年党等党派档案全宗汇集〕

2. 中国民族联治民主党政治纲领
（1947年）

一、汉、满、蒙、回、藏、苗、夷各民族为组成国家之主体,应绝对平等,以彻底改正一姓、一家、一族、一党专政、中央集权、汉族主体、内地本位之大汉族主义的历史传统错误,从目下起,结束国内四五十年来各民族间为政权斗争之互相推翻的循环政潮。

二、用联邦制度,解决民族间的政治问题,用民主制度,解决人民与政府间的政治问题,用分权的集权制度,解决中央与地方的争权问题。

三、国家之组织原则,在形式上应用科学法则而期简化精密,在精神上各民族和全体人民,在共治上自治,在集权上分权,在共救中自救,在共商中自享,使各民族和全体人民,无论在中央和地方,都能得真正之平等。

四、科学建国,一切都以科学原则和法则针对客观现实和社会全体人民之需要,作客观的处理,消灭民族宗教贫富贵贱性别党派间之歧视,驱除各民族和全体人民间之残酷撕杀之动机,本人类一体,四海一家之精神,为全国同胞谋幸福,为全世界人类谋安全。

五、承认国内各民族之散布区域,为其本族之占领土地,取销同化政策之改土归流,已经改者,各省县应恢复和交还各民族之领土。

六、承认内蒙为满族之基本散布地区,热、察、绥为外蒙族之基本散布地区,新疆、甘、宁、青为回族之基本散布地区,西藏、西康为藏族之基本散布地区,云贵、两广、湘、闽为苗、瑶、獐、獠、夷、猡之散布地区,上述以外之各省,为汉族之散布地区。

七、上述各民族之散布地区,由各民族组织自治邦,以发挥各民族之自治精神,而对各民族均能为其本领域内之主人,满足其目的下之政治欲望,消灭各民族间的斗争问题。

八、各民族之领地内,因过去和目下之不合理的同化政策关系,在百年内之人口移徙,我们被统治被压迫的满、蒙、回、藏、苗、夷各民族,不承认此种人民为该地区内之土著人民。自治邦应本民族平等之精神,善意对待,在政治上应按人口之比例,选举参议员参加各自治邦之各级政府,以保障其民族之地位和利益。

九、基于汉、满、回、藏、苗、夷各民族四五千年之历史、地理、经济、文化等关系,在共同依存之不可分的要素上,来共建东亚民族联邦民主共和国(中国中华两名词不通用,因为这个中字,在中国历史上是含有中原的意思,且极富于浓厚之封建性质,华字是华夏的意思,在地区上讲是汉民族散布的中原地带,在时间方面讲是秦汉以前的名称,当然不能以内地—中原概括目下之全领土,更不能把各民族头上都戴上个汉族之名号,我们如用此不合时代和不合理的传统名称为国号,这当然是危害国家本身之发展的,采取东亚二字(日本前曾用过东亚新秩序,为避免重复起见,改为亚东二字亦可),即亚细亚有西亚,有中亚、东亚,采取东亚二字为国号,一可概括新国家之新内容,二可吸收亚洲各民族之自由参加,如苏联以主义为国号,而不以地区为国号者,极有意义,东亚二字虽系以地域为名,但富有弹性者多矣,其疆域暂以国内所有自治邦之领土,东亚民族有愿参加者,可自由参加。

十、东亚民族联邦民主共和国(以后简称共和国)中央之组织,由各族自治邦按人口多寡之比例,选举代表,共同组织之,以付中央政权为各民族人民之共同政权,而使各民族都为中央之共同主人。

十一、共和国之主权,永远属于国内各民族和全体人民,其建国目的在谋全国民族和人民之福利,及永为世界和平之柱石。

十二、共和国之人民,有居住、迁徙、言论、出版、集会、结社、信仰、思想之自由。

十三、共和国之中央及各自治邦并各省间之关系,由立法机关慎重研究制定适合彼此发展之法律,但地方与中央之权限互不相害,而使其彼此更能自由去发达。

十四、共和国民族,人民与政府,应取消人民政府间之统治与被统治的性质,并彼此间之距离,即由民族人民直接组织政府,管理政府,否定管理政务部分人的专门化,根除官僚阶级及其形成官僚之一切根源。

十五、实行委员会制度,各级政府由各级民族人民委员会直接负担工作,各级政府民族人民委员会,为各级政府之最高权力机关,废除阶级之等级,公务员只有职务大小不同,责任轻重不同,没有人格享受不同,所以被选之各委员是办事的,不是制造官僚的,故各级政府之业务由其分担其责任。

十六、中央民族人民委员会,有制定联邦法律,对外宣战媾和,对内有罢免弹劾,规定军备,预算决算之权力。

十七、司法独立,必要时实行三级会审制度,以防司法人员因权势而生专横和不法行为。

十八、国家设元首副元首各一,由民族人民直接选举之,对内实行宪法上所赋与之权限,对外代表国家。

十九、人民选举与被选举,绝对不受民族宗教党派财产职业教育性别之限制。

二十、国家元首下设各种委员会,为国家行政机关(如民族人民外交委员会,民族人民经济委员会,余类推),取消重床架屋之各部院会之复杂机关,和消灭机关大小之差别,会设领事、副领事各一,以总其成(采取办事纲领的意见),会中设办事若干,办理会务业务,民族自治邦设共和、副共和各一(采民族合衷共济之意),由自治邦全体人民直接选举之,下设各种委员会。自治邦之行政机关,会设司事、副司事各一,总理会务,会中完事若干,办理会中业务,省自治单位,设省方、副省方各一(取端正方圆之意),由自治邦全体人民直接选举之,下设各种委员会,为自治邦之行政机关。会设掌事、副掌事各一,总理会务,会中设成事若干,办理会中业务。

县自治单位,设县正、副县正各一(县为自治单位之下层,与人民最接近,以矫正大乱后之人心,使入正轨,而树立各级自治单位之基础,县长改为县正),由全县人民直接选举之,下设各种委员会,为县行政机关,会设管理、副管理各一,总理会务,会中设竟事若干,办理会中业务。

二一、三年一大选,成绩好者得连选连任。

二二、经济:按整个国家领域内之经济发展状况,有计划的建设工业中心地区,以救国家经济发展之偏枯,农业方面,以全国自然和社会条件之可能,设置集体农厂,矿业应积极发展,以期货不弃地,商业以普及全国之需要,应其国家经济之调济作用,由国家拟与整个经济计划,平均发展,其最要者,即工业电气化农业工业化。其动力应有计划的利用各种自然力。

二三、军事:公平合理的整编国军,其唯一办法,在先改组现下各级政府,以保障党派方面放弃武力之顾虑,编留国防必需之军额,由国家军事负责机关运用之,现下全国军队中各民族人民国防委员会以科学化机械化之最高计划建设海陆空军备,俾内维太平,外维和平。

二四、财政:中央各自治邦和各省县之财政,由各级主管委员会全盘统筹中央之财政,一面由全国性国营之矿山工商业及各种交通方面之收入,一面由各民族自治邦由邦财政内分担一部,邦政府之财政,由邦全领域内之邦营工商业及地赋税收等项内筹备之。

二五、教育:着重幼稚园小学教育(先入为主,关系正确的人生观者极大),培养青年的良好基础,中大学教育,本绝对思想之自由，以启砥和开拓其智慧，俾其能得充分向上之发展。

二六、外交：关系全国性质者，由中央政府负责办理，关系某自治邦自身者，某自治邦同中央外交委员会会同办理之，其方针本民族平等，国际平等，尊重主权，自由互惠，维持世界和平之精神，以谋国际民族之和协，而期国际政治经济文化之密切合作及发展。

二七、交通：依全国之地理环境和政治经济文化国防之需要，开辟各种交通，国道设备，各自治邦根据全国之交通计划和该自治邦之特殊环境，开辟邦省县各种交通设备，以利民生，新共和国成立后，开发交通为首要工作。

二八、妇女：男女应绝对平等，国家应提倡小家庭制度，并设立托儿所、幼稚园，以期减轻妇女家庭之累赘，予以充分发展之社会机会，保障其在政治经济教育法律社会各方面绝对平等之权利，尤其在性生活上与以必要之休息权。

二九、文化：发展民族天才，沟通民族阶层文化，溶合世界阶层民族文化，接受全人类精神结晶的遗产，科学和哲学并高度发展之。

三十、侨务：保障在外华侨之生命财产，发展其海外事业，施以国际合作教育，发扬其吸收国际文化服务祖国之精神。

三一、维持私有财产，发展公有财产，在建设人民集体经济总方针下，凡有全国性及私人不易举办之事，统归国家办理之，民营事业，政府不得妨害其发展，并在可能范围内多方援助之。

三二、树立合理的婚姻制度，奠定男女平等，社交公开，主张自由结婚，自由离婚，并简化其手续，但男女双方崇高性爱之道德，应特加尊重和维持，不得轻意结合和离异。

三三、注意人民之卫生设备，对于国民身体之保健，民族复兴之改良，以增进人生之幸福。

三四、注意各种社会救济事业，施以各种社会保险制度，救济贫苦无靠，失业人等，调济人民工作，保障劳资合作。

三五、宪政实施党派公开,各党竞争之手段为言论自由和政纲政策之实现,任何政党不得运用军队达成其政治目的。

三六、对于目下和平运动,其惟一办法,即发动全人民反内战之总罢工和全体军队放下武器运动,此办法可分为积极消极二方面,积极方面,全人民通电全世界不承认现政府为合法政府,另组民族人民政府,并全体总动员起来反统治捕杀□□□□官吏,军队方面,全体士兵起来反长官,捕杀营长以上之顽固长官,公务员方面,如以共同行动,效力更大,消极方面,全国各级人民不纳粮款,以推翻黩武者之基础,而塌好乱杀人者之台,军队方面,全体士兵放下武器,逃走散去,区乡人民对于此种士兵应助掩护,任何方面不得加以危害。

三七、为实施有效之和平运动,光谈话是不行的,必得实事求是的去干,为达成此目的起见,在野政党内之前进分子,迅速招集党派会议,任何政党不得参加政府(谁单独参加,即为人民公敌,免为人作工具),并征求社会各团体会议,讨论周密的和平运动具体方案,俾共同遵照履行。

〔中国青年党等党派档案全宗汇集〕

十九、大同民主党

1. 大同民主党宣言
（1947年）

大同民主党宣言:本党自前清甲午役后已具讲学团体,至清李创办伦礼会,至民国二年改为人伦道德研究会,民八改为永久和平会,民十八改为万教大同研究会,三十一年改为道德合一社,三十三年改中和学系,现有同志数十万人。

中华民国三十六年　月　日,大同民主党谨宣言于中外先进各党及中国四万万七千万同胞,日昔我尧舜揖让,黎民乂安。早奠民治之基,孔子订礼,天下为公,已垂大同之翻,因天时未至,贤者不出,递演至今,国之内外,成不可收拾之局,际兹政还于民,吾人效孔子生于春秋,有言论讲学之自由,自应负继往开来之肩责,我中华五大民族,跨寒温热三带之全,人口与土地物质均占世界首位,且有先民正统的道德陶冶之优秀历史,询为惟一之礼义名邦,当此舟车人力,四海环通,天下一家之象早成人类厌祸,不愿再惧三次大战之心尤极。我□黄遗胄,生于中土,得天独厚,负有大同使命而来,能不急起直追,发扬我固有文化结晶,道德宝藏,导万国为一家,铸中国□一人其何以对往古之圣哲,副举世之渴望,是以同仁不敏,勉倡斯义,成立大同民主党,纠合同志,以实现统一中国、协合万邦之盛德大业,大同者,以世界为范围,民主者,以中国为模范,采取孔子(德)(礼)(政)(刑)四制为党纲,三生主义为党德,四化主义为党务,一之以党师指导训练为精神,划时代为泰运(君子道长,小人道消),超时代为大顺(国内外一致抚敌对),从本党业务实行,达到政德合一之日,使天地交而万物通(战争永息,万有交通),上下交而其志同(党派合流、国际亲睦),将以前之据乱转移,而消声敛迹,不使自私自利,阴谋毒念,再存于宇宙,以遗祸人群,则易曰(天地交泰,后以财成天地之道,辅相天地之宜,以左右民),太和元气,下垂地天,民生自然裕如,物阜年丰,工业发展,经济自然回平,青天白日,重华为尧天舜日,惟民国虽已形成,而中华二字并未实践,如人仅有躯壳,而无灵魂。国将不国,此三十六年大乱之所由来也。中者,天下之大本,华者,礼运之开花,即立人道之大本以开花于世界。故中华义谛,即大同含藏,尧传舜,允执其中,名天中国,舜传禹,允执厥中,典曰重华,名中华国,此中华之溯源,礼运大同,根蒂在此,孔子祖述,非无故也,兹神州鼎沸,举世束手,道政齐刑而不得,调停征伐而未艾。治丝而棼,民不聊生,国内不能统一,国际地位降低,故本党起而泄古今合一之大同民主政治,以免怀宝迷邦，倡立师儒之局，德礼齐开，先训练四万万七千万全民之大同道德，即孔子大同章所谓（以礼示之，天下国家可得而正），果能政德合一，当收拱辰之效。岂有称兵之理，稽古虞廷，七旬有苗格，午干羽于两阶，孔子为鲁司寇，三月大治，道不拾遗，夜不闭户，十人行路，九人讴歌，此贤能政治，超乎古今中外一切有为之法治，较用力多，而成功寡，反遭后灾者，奚啻霄壤。故本党敢曰，今国家能用中华圣贤摄为而治之至宝，方能转危为安，而后有为一切政治始能就范围，上轨道，收和衷共济之效，国乃底于统一能统一中国者，方称真正民主，能协和万邦者，方开大同局面，以道平治天下。唐虞早奠典型欲求固有文化，惟有温故知新。至平至常之中，著至神至妙之效，独我中华有此学问，有此贤能，故天下为公，必先大道之行，欲大道之行，必先选贤与能，三者有连环性，尚缺其一，则反古之道，灾必及身。八年外患，继以内忧，天道示警，不可不察。兹世界资本主义，与共产主义，两大壁垒，各走极端，将有水深火热人类绝灭之患，任尔科学哲学、法治宗教、学说主义、原子利器，均无法解决此问题，渡过此难关，本党拟将数十年试验无为而治之古口，以遏今日之乱源，如能德礼齐开，以一新宇宙，自辟天下为一家，光化中国为一人，一心一德，一道同风，永无战祸，永无敌对，仁者无敌于天下，首先适用于中国，所谓立之斯立，道之斯道，绥之斯来，动之斯和，言而民莫不敬，行而民莫不悦，洋溢施及，莫不尊亲，以立模范于世界，此孔曰当仁，孟曰其谁。本党应时方现，不敢后于他人者，惟先进之党，如能以武力法治统一国家，又能跻世界于大同，则本党隐而晦之，学以俟用，倘不能使国家统一，反引起世界三次大战，心所谓危，本党当出而辅助之，立解倒悬，期月可已。孔子谓治国其如示诸掌者在此，世人只知科学万能，而不知道德万万能（道者生天地人物之元气，能主宰亦能网维，德者化刀兵灾害之机构，能爱人亦能恶人）。故君子之德风，速于播音而传命，并非树政百年之善人政治，教训十年之霸佐政治，五年计划之他国政治，此乃古今中外合一(二十一个合一详后)之大同民主政治、民主基层。先本诸身,由意民主(诚),心民主(正),身民主(修),家民主(齐),国民主(治),天下民主(平),而后意大同(公),心大同(公),身大同(公),家大同(公),国大同(公),世界大同成(公)。其本立而末不治者否矣,其本乱而末治者,未之有也。俟本党辅立天下之大本,以统一中国后再语经纶天下之大经,指导国际,组织世界政府,以协和万邦,特与中外先进之党商榷之,以征信于国人,新开一纪元。

〔中国青年党等党派档案全宗汇集〕

2. 大同民主党党纲
(1947年6月)

一、德制

一往古之圣能,汇百流之党派,而修其身曰,以天地为一己,万物为一命,以有为为体,无为为用(孔子曰:"舜其无为而治也",老子曰:"无之以为用"),扫除世界各国之刀兵水灾,疠疫盗贼,开万世太平之局,奠世界大同之基,教天下人爱身、爱家、爱国、爱天下,不偏于一端,不走于边际,不使一夫不获其所,是为人道主义,俾四海之内如兄如弟,一家天下相亲相爱相抚持,门户不闭,鸡犬不惊,但必有如斯之经纶才德,又具备七乘学问问学(真儒学问为明善小学,足以治国,及大学忠信,忠恕中和、中庸、大德乘、太上乘,足以平治天下),加以留学中外之经练阅历,阅历经□□者,方足以推为本党德制之师,训育本党党德人材,成功致用,然后本党师不自私,公之国家为国师,兼任〇师,公之天下,为道德仁政,天下人人之师,庶几永久和平之幸福至,始庆本党德制主义之成功,故本党道德化,先立道德师。

说明:德制有二:一曰无为之治,二曰有为之治。(一)无为之治者,立国师以辅助政府,消除刀兵水火,疠疫盗贼,即孔子所谓我战则克,不教而民化,不怒而民威,于铁钺化干戈为玉帛,转戾气为祥和。中庸云君子笃恭而天下平,声色之于以化民,末也,足征无为之效能,胜过有为远甚。(二)有为之治者,教授内圣外王之人材,以备国用,训育国民道德,以移风易俗,即师道立,而后善人多。尊师然后人知敬学,俾人人学君子,个个成圣贤,其发为政治礼乐,自然亲亲仁民而爱物,不以经济占人之市场,不以兵力夺人之国土,兴灭继绝,天下一家。

二、礼制

礼制为礼运大同之礼,以身心合一,内外合一,尽人合天,天人合一,三教合源,万教归一(即万教归儒),言行合一,新旧合一,中外合一,古今合一,精神物质合一,道德合一,阴阳两一,人我一体,人物一心,中中合一,名实相符,善恶合一,道魔合一(魔即撒旦),人仁合一,中庸合一,共二十一个条件,不问三七二十一之化气精神,发为礼制三百条,威仪三千目(由国师议出),运化世界人类,不分种族,不分国界,不分宗教,不分老少,男女文野,一体实行,共臻大同,立天下为公大礼堂于各县市,由少牧(又称少□)宣传推行之,各省设中牧(又称中师)督导之,中央设太牧(又称太师)主持之,太牧由国师兼领之。

说明:孟子曰天下恶乎定,定于一,此二十一个一字,微言大义,数千年黑暗,不明于世,当兹大同开端,一切合一,方能拨乱反正。俟开师儒之局时,再对世界阐明之,二十一个一字内,所谓中者,中即喜怒哀乐之未发,一中为人心之未发,一中为天心之未发,人心修养能与天心相合,自必发而中节,无刀兵之争,无水火之灾,所谓君子之道,造端乎夫妇,及其至也,察乎天地,此参赞化育之专门大学。一是皆以修身为本,俟将来国家设天下为公大礼堂时,而教授而阐明之,非此一纸书,所能发明其万一,否则天生蒸民有欲,人欲横流,如水就下,不可遏抑,国体不分民主共产,□□不分先进后进,地域不分美洲亚洲,人类之情欲未正,即天下之大本未立,则有利于人类之科学物质,反变成毁灭人类之工具,有益于国内国际之法治、经济,反成为帝国主义之邦凶。今我国之乱源及世界之危机,皆伏于此,此本党起而建设永久人心之因素也(从师儒之局起五千年大同完成)。但本党非如乌托邦理想而不兑现,更非如宗教家之怪力乱神,而不从人事之基层建设,故本党重人道主义,以人为本位,一切法治物质,皆建立在人之心性上,人有身,教人修身,人有意,教人诚意,人有心,教人正心,人有家,教人齐家,人有国,教人治国,人有天下,教人平天下,所谓连贯责任缺一则失其人格,合一则成为君子,人人有士君子之行,是谓进入大同。

三、政制

政德合一,中外合一,神质合一,以应时代需要为政纲,调济世界经济为政策,俾天不爱道,地不爱宝,人不爱情,皆有所养,富不私财,贫不私力,互助互爱,使社会国家天下皆得其平。

说明:昔唐虞政德合一,璇玑玉衡,以齐七政,故垂裳而治。兹天时应开大同,倘政不与德合,则一切法治政令,势必名实不符,上下隔阂,成为怨府,民主其名,专横其实,终无统一之望。故本党民主政治,首重与德合一,譬如北辰,自然拱之。俟开师儒之局后再议之。

四、刑制

以分你我,别善恶,明是非,维持善良风俗,安宁秩序为原则。

说明:按天秩天序,本应分你我,别善恶,明是非,不使人与人之间相紊乱,为骨干,故本党将来采取海洋法与大陆法系之所长,参以德制礼制为制,定法律,运用法条之最高原则,成立中华法系,以为大同法律之楷模,仍俟德制礼制推行后再议之。

五、制效率

军队国家化,国军世界化,用以统一协和后,在国家,以省刑罚,薄税务,人皆自治,必也无讼为标的,在天下以礼运大同一章(大道之行也天下为公至是谓大同)为极则,故本党以天下为范围,先以一国立模范,模范国出自然一道同风,世界效法。

说明:尧舜以前,君相节儒(古之君相即今之公朴),合而一之,尧舜以后,君相师儒,分而二之,德礼二制师儒之能,政刑二制,政付口责。时至民国,人物繁荣,政刑之发展,即法制进步,中外能之。惟德礼二制,湮没不彰。本党特起而倡之,故立师成儒,讲学致用。先开师儒之局,推行礼制,并于天下为公大礼堂内,兼授内圣外王之实学,随地造就人材,为国家用,但须于政权合一,方能推动、立睹上治。换言之,今国家能以本党为凭依,则为所欲为,无有对待,夫谁与敌,虽国乱如麻,能不劳而治,党派合流,一元同化。本党以国家天下为前提,所有政策,公心公行,自本党出之,不必自本党行之,凡有采取本党政策者,本党尽力助成之。他党成功即本党成功,本党礼制精神,重礼让,不争夺,天下一家,人我一体,言行不失,本党财不自私,力不自私,道不自私,师不自私。

〔中国青年党等党派档案全宗汇集〕

3. 大同民主党政纲撮要
(1947年6月)

一、实现天下一家　本党主张,由中国政德合一(即为政用德),先开师儒之局,立国师,道民以德,齐民以礼,政治法律皆以德礼为根本,藏富于民,而患不均。以融化共产主义,使泯阶级斗争,融化资本主义,使泯侵略思想。道德物质,合流发展,不仅一国经济民主,并使世界经济互助,科学日益进步,辅助人类繁荣,永不变为战争工具,人皆知耻,盗窃乱贼不作,外户不闭,建为模范国后,再成立世界大同政府,以协和万邦,化天下为一家。

一、建立德制本位　大同政治,天下为公重在选贤,故本党主张选有圣贤实学之社会贤达立为国师,辅助政府,参天地,赞化育,行无为而治之圣功德化(昔虞舜无为而治,七旬有苗格。孔子治鲁,三月大治)。消除各国刀兵水火疠疫盗贼,使世界永无战争,人类无灾星,即世界恐爆发之三次大战,本党敢负责化除之。

一、设立礼制机构　国师兼太牧,各省置中牧,各县市置少牧,普设天下为公大礼堂,于各省县市教授内圣(诚意、正心、修身)外王(齐家、治国、平天下)之学(昔孔子薪传于弟子者,今公之于天下),以训育真正公民平民人材,备国家国际之用。

一、公布礼制教条　中庸为大同行道之书,昔孔子谓礼仪三百,威仪三千,待其人而后行,现已到时,故由国师议出礼仪三百条、威仪三千目,立天下之大本,使中牧、少牧在各省县市天下为公大礼堂宣传于民众,以开大同之化,而齐全民以礼。

一、大同特征永治不乱,本党精神上以数千年来未泄之大同绝学,训练公民平民成圣贤君子,而后行宪,则真正选贤与能,永无藉资力贿选之弊,物质上,富不私财,贫不私力,人人皆有所养,不使一夫不获其所,而后行宪,则劳资平衡,永无藉阶级夺政之祸,以上两大弊害,各法治国,皆不能免,惟本党大同实现,方根除之,此特征也。从此心传不绝,圣贤继续于世间,德以化政,王道普行于全球,万年有道,日新又新,人我一体,国际永睦。与小康世、封建世之人存政举,人亡政息,一治一乱者,迥不相同,与法治主义、唯物史观之削足适履,人我嫉视者,判若天渊,此永治也,本党在五十年前已预备之。

一、统一中国先立正气,从文化精神着眼,德礼齐开,启发人类互助互爱,公心正气一立,自然亲亲而仁民,仁民而爱物,方现民主之真髓,不用强制物资自然趋均,物价自然低落,党派合流,永无敌对,立收统一之效,此德之流行,速于播音而传命,期月可已,三年有成,尚他国观摩,本党仍协助之,以施及于万方。

一、大同领导国国能任,按人类进化正轨,应本造化生人理性为文化最高原则,诚能以此原则,启迪人类,犹如整衣挈领,自然而然,人人成君子作圣贤,天下一家,四海之内如兄如弟,中国先民早著典型，故本党拟先以中国作模范。倘他国本其大智大仁大勇，识此关口愿为先进，亦可任缔造大同之领导，首出庶物，使万国万世永久咸宁。

附告：

本党兹推杨祖泰先生为主席兼党节，祖泰先生六十七，四川新津人，清季留学东瀛，明治大学法科毕业，归国服官于清廷民政部，辛亥遇明师，知清代是年必亡，遂辞官，从师学古道德（即礼运大同之学），虽讲学南北，市乡有团体，中外有门人（曾著有讲学类记十三种行世），及辅助抗战而功不自矜，善不自伐。从不肯参问国事，兹律时救世，再不可缓，因此提前辅助先进之党，统一中国，协和万邦，以缔造大同，免罹内乱及三次大战毁灭人类之惨祸，故我同志，推为本党主席兼党师，实现大同始基，以待贤能特为附闻。

本党中央执行委员会设于汉口
宣传部长余希靖
住汉口大陆坊一号律师事务所

〔中国青年党等党派档案全宗汇集〕

4. 大同民主党为组党辅政致蒋介石函
（1947年6月30日）

窃希靖等原有讲学团体研究治平之道，兹以国难方殷，匹夫有责，不忍坐视三次大战爆发，是以接应潮流，以道化党本所研试诚正修齐之学参赞化育之功，拟辅助政府行无为而治，以消除战争于无形，德礼训练全民，以为天下一家之模范，则固有文化从此真正发扬，以进大同方为革命成功。孔子谓期月可矣，三年有成。统一中国，协和万邦，当于今日验之，方知治平技术，在形上之不道，不仅在形下之器也，当此时势迫切，未敢怀宝迷邦，理合本宪法自由不备旧有程式，具文呈请主席亲赐核示，如认为可行，即祈批示祗

遵,否则停止活动,闭门自修,以待天时,谨呈
国民政府主席蒋

具呈人　余希靖　住汉口大陆坊一号律师事务所
　　　　杨凤起　江苏如皋掘港市
　　　　钱乐先　同　　上
　　　　黄文琳　汉口清芬巷三五号
　　　　徐卓群　住上海康定路七五九号
　　　　蒋泰农　上海建国西路二五四号
　　　　杨明道　上海鸭绿江路一二七号
中华民国三十六年六月三十日

〔中国青年党等党派档案全宗汇集〕

二十、中国新社会革命党

1. 中国新社会革命党成立宣言①
（1948年1月10日）

值兹宪政伊始,民主甫创,中国新社会革命党适于中华民国三十七年元月十日在首都诞生,正象征中国今日之进步,并昭示本党对此新时代所负之使命为如何神圣,其责任如何重大。本党为全国革命志士精诚之结合,其惟一动机,在唤起国人群策群力,促使中国成为现代民主统一之新中国,并进而与世界各国共同维护国际和平。谨于建党之初将本党组织之由来,当前之任务,今后之目标,奋斗之途径,向我全国同胞,掬其至诚,宣言于下：

中国革命演变至今,由于世界潮流之激进与中国人民之觉醒,业已进入民主政治之新革命阶段,在此民主时代,一切政治经济之

---

① 此宣言于1948年1月10日该党第一次全国代表大会通过。

改革，悉宜循诸和平民主之途径，达成其目的，决不容许顽固保守者与专横暴戾者垄断政权，或逞兵作乱，迫国家命运于危亡，致人民生命于毁灭。故今后之中国，惟有依据国家宪法，遵循三民主义之立国原则，以民主革命方式，顺从民意，积极从事实际建设，彻底解决人民生活，必如此中国始能发奋图强，自力更生，与世界各国齐驱并进，人民始能安居乐业永享太平。环顾今日之中国，虽已进入民主宪政之新阶段，然此种危害民主之障碍，触目皆是，此种革命障碍，已将我五十年来之革命力量，浸蚀殆尽。为今之计，非有赖新革命力量之集结与发挥，不足以铲除此种根深蒂固之革命障碍，本党同志有见于此，为国家前途人民生活计，用敢冒天下之不韪，不计个人成败得失，倡导新革命运动，并组织中国新社会革命党。此本党之由来也。

本党在抗日战争开始以前，即有若干志士，感于革命力量之渐萌衰退，埋头苦干，从事于新革命理论之研究与阐扬，期以启迪国人焕发革命情绪，增加抗战力量。迨胜利后，本党同志目睹社会动乱，国是日非，革命大业，为之顿挫，为使国家统一复兴，乃积极倡导新革命运动，吾人无所凭藉，所恃者，惟真理与良知耳。历年来之艰苦奋斗，组织已普及全国，备受各地人民之欢迎。一般青年情绪尤为热烈，竟有不惜牺牲生命及财政，献身于此运动者。此种大无畏之革命精神，即已充分证明新革命运动理论之正确与伟大，确为今日中国人民所迫切期待之新生运动。

本党当前之任务，第一，反对暴力，如共军等之武装割据，因暴力不特阻碍国家统一与建设，步〔尤〕为造成社会恐怖不安及各种灾荒普遍流行之病源。第二，反对封建，因封建不特阻碍国家社会之进尤〔步〕，亦即构成自私自利，顽固守旧心理之主因。第三，反对官僚，因官僚主义不特破坏民主政治制度，且为危害国家人民之祸首。第四，反对贪污，因贪污不特败坏政治风气，酿成民生疾苦，且影响国家之存亡。以上四者，为本党今日革命之对象，亦即本党初期革命基本任务。

为使新革命运动发扬光大,图谋中国之进步与繁荣,并确保世界之和平与安定,本党革命之最大目标,务本宗教家之精神,为中国大多数痛苦之平民而斗奋〔奋斗〕。因之,吾人必须致力彻底实现下列任务:(一)政治民主化。以臻人民有充分参政及监督政府之权,非为资产阶级、无产阶级与党派独裁之政治,而为真正民主政治。(二)经济社会化。以期生产分配,均趋合理之社会化,彻底改善人民生活,提高人民生活水准,使全国同胞皆能丰衣足食,求得平等之生存。同时厉行平均地权,防制土地集中,实现耕者有其田。并"节制资本",制止官僚资本及豪门资本垄断操纵,保护国民经济,则国家经济于焉富裕。(三)军队国家化。以确保军队非为封建割据及政争之工具,而为国家独立自由之干城。(四)教育平民化。使教育权利之享受,不为少数特殊阶级所独占,而为一般平民所共有,积极提倡普及平民教育,扫除文盲,接受科学思想,以期科学发达,民生进步。以上四者,为本党最后最大之革命任务,亦即新革命运动最具体之目标。

本党为实践当前任务,贯彻今后目标,奋斗之方式约别有二:一曰和平。为使国家进入文明进步之途径,吾人认定战争与武力不能解决中国之问题,本党始终以和平忍让之宗教精神,在宪法之下,和平奋斗,决不进行流血革命。二曰民主。为保持民生政党之作风,本党今后之一切措施,决以人民意志为依归,亦即凡民所好,本党必将不惜一切牺牲以争取之,反之凡民所恶,则必尽力以排除之。吾人组党之目的,不在争取政权,而在为国家挽救危机,为人民解除痛若〔苦〕,故将来本党参政与否,非凭人民之自动选举与拥护,决不妥协求全,或假借任何威胁利诱卑污龌龊之手段,争取政权以遂其私。本党所持以推行新革命运动者为和平民主,吾人认定,而且深信,惟有以合法和平民主之方式,始能达成新革命运动之任务。

际此国际动盈,内乱方殷,民生憔悴,国运垂危之今日,本党成立,其责任之艰巨,意义之重大可以想见。吾人深知其责任之非常艰巨,乃认定天职所在,时势所趋,不容计个人之利害而有所规避,所幸本党同志,皆系自发自动,抱悲天悯人之赤忱,救国救民之宏愿而参加者,吾人深信黑暗终不能掩蔽光明,强权终不能战胜正义,吾人预料前途困难与危险在在皆是,惟能坚定毅力终必克服取胜,盼我全党同志从今日起,抱破釜沉舟之决心,与反革命者背城借一,本革命之精神出生入死,不辞艰苦,不畏牺牲,誓为推行此伟大神圣之新革命运动,百拆〔折〕不挠,奋斗到底,必如此新革命运动始能彻底实现,中国革命始能完成,我中国始能成为民主独立和平统一之现代新国家,世界始能保证永无惨杀之战争,于此本党始可告慰全国同胞及世界人类。

中国不变将亡,再乱亦必亡,只有循变而不乱之新革命运动途径方为中国惟一生路,甚望我全国同胞,深切体认本党推行之新革命运动,实为当今中国自救自强之惟一途径,人人应共懔于"国于〔家〕兴亡,人皆有责"之至义,急起直追,踊跃参加此一运动,与本党全体同志,共同努力,奋斗前进。兹家〔于〕本党正式成立之日,特郑重以勉励,并希望于本党全体同志暨就教于全国同胞者。谨此宣言。

〔中国青年党等党派档案全宗汇集〕

2. 中国新社会革命党政纲①
(1948年1月10日)

本党依据中华民国宪法,遵循三民主义,并针对国家人民当前之真实需要,制定本党政纲:

---

① 此政纲于1948年1月10日该党第一次全国代表大会通过。

一、完成民族统一任务,巩固国家统一政权。

二、澄清官僚主义,彻底刷新政治。

三、反对一切专政及暴力,实现和平统一的民生政治。

四、反对违背国家人民利益的现行党派分赃政治。

五、切实保障人民集会、结社、言论、出版、居住、通讯等自由。

六、对豪门课予重税,没收贪官污吏的财产,并征用国外存款。

七、提高人民生活水准,使人人享有平等生活。

八、解决失业问题,使人人获得适当职业。

九、保障公教人员生活,提高行政效率。

十、改善官兵生活,提高官兵素质,革除军队中一切把持势力。

十一、实行社会经济建设,发展交通事业。

十二、限制私人企业,发展国营事业。

十三、改革土地制度,实行平均地权,使耕者有其田。

十四、扶持自耕农,倡导合作生产,开垦荒地,举办集体农场。

十五、保障工人权益,加强工人组织。

十六、普及平民教育,彻底扫除文盲。

十七、保障学术独立,思想自由,奖励科学发明。

十八、保障海外侨胞生命财产,及一切生存权利。

十九、改善边疆人民及内地回民生活,发扬边疆文化,并扶助边疆人民自治。

二十、提高妇女地位,奖励妇女参加社会服务。

二十一、发展国民体育,扩大卫生设备,以确保民族健康。

二十二、保障领土完整,主权独立,外交政策不得违背民族独立、国际和平的根本立场。

〔中国青年党等党派档案全宗汇集〕

3. 中国新社会革命党党章①

(1948年1月10日)

第一章　总则

第一条　本党定名为中国新社会革命党。

第二条　本党依据国家宪法，遵循三民主义，以团结革命同志，排除反革命障碍，发扬民主自由精神，推行新革命运动，建设新社会主义新中国，促进世界大同为宗旨。

第二章　党员

第三条　本党党员分正式党员与预备党员两种。

第四条　凡中华民国国民年在十六岁以上，志愿接受本党党章，遵守本党纪律，履行本党义务，经本党党员二人以上之介绍，并经本党支部通过，呈请总支部核准，不分性别，均得为本党预备党员。

第五条　凡预备党员，均由所属党部指定参加左列工作，以资训练考核，加强对党认识：

（一）研究本党主义、政纲、政策与各项决议；

（二）宣扬本党政纲、政策；

（三）在指定区域参加本党各种活动。

前项预备党员经六个月（预备党员期间，农、工、士兵三个月，中下级公教人员六个月，中级以上人士一年以上），由所属党部委员会考核合格后，声请办理正式党员入党手续。

第六条　预备党员改为正式党员时，应举行宣誓，其词为："亲自愿为中国新社会革命党党员，服从党章、党纲，遵守纪律，履行义务，不避劳怨，不惜牺牲，如违誓言，愿受最严厉之处分，决无后悔。某某人谨誓。"并由所属党部报请中央委员会核发党证。

---

① 此党章系该党第一次全国代表大会通过。

第七条　本党党员有发言权、表决权、选举权、被选权、罢免权。

第八条　党员移居时，应向所在地党部报请转移登记，并由该党部发给转移证，以便到达新地域时报到之用。其转移证格式，由中央委员会制定之。

第三章　党部组织

第九条　本党组织系统，均依照现有行政分区，在中央设中央总部，各省设总支部，各县设支部，支部以下分设小组，小组为本党基层组织。

第十条　在海外及直辖市或未经设省之行政区域，均设直属总支部及直属支部。其组织法，由中央委员会参照实际情形另订之。

第十一条　本党以全国代表大会、省市区地方代表大会、党员大会为最高权力机关。各省市区地方代表大会，均须选出委员组织委员会，执行党务。

第十二条　本党各级权力机关在闭会期中，均由各级党部委员会代行职权，下级党部应受上级党部之指挥监督。

第十三条　本党设主席一人，由全国代表选举之。主席对外代表本党，对内对各级党部及党员指挥监督。

第十四条　本党全国代表大会每三年开会一次，必要时得召开临时代表大会。

第十五条　中央委员会设委员三十一人至四十七人，候补委员十一人，常务委员十七人至二十一人，秘书长一人，副秘书长二人，由委员中推选之。

第十六条　中央委员会设秘书厅、组织部、宣传部、建设部、文教部、农民部、工商部、边疆部、海外部及各种委员会，各部设正副部长各一人。

第十七条　组织部、宣传部、建设部、文教部、农民部、工商部、边疆部、海外部及各种委员会,其组织法由中央委员会另订之。

第十八条　全国代表大会组织法、会议规则及代表产生办法另订之。

第十九条　全国代表大会之职权如左:

(一)制定修正本党政纲、政策及重要法案;

(二)选举、罢免主席及中央委员。

第二十条　中央委员会之职权如左:

(一)推行本党政纲、政策及全国代表大会决议;

(二)组织各总支分部,并指挥监督之。

第四章　总支部

第二十一条　省市代表大会每二年举行一次,但经全省或市所属过半数支部之请求,或省市委员三分之二以上或中央委员会之命令,得召开临时代表大会。

第二十二条　全省或全市代表大会之职权如左:

(一)选举罢免总支部委员;

(二)审查全省或全市党务工作及各项报告;

(三)制定修正各种单行法规及各种计划方案;

(四)审查财政收入账目。

第二十三条　各总支部委员会每一月开会一次。

第二十四条　各总支部委员会设委员十五人至二十七人,常务委员五人至九人,主任委员、副主任委员各一人,由委员中选定,呈请中央委员会核定;书记长一人,由中央委员会遴选之;委员有缺席时,由候补委员递补之。

第二十五条　各总支部委员会设秘书、组织、宣传、建设、文教各处及各种委员会,其组织条例及办事总则另订之。

第二十六条　各总支部委员会应每月将工作情形呈报中央总部备查。

第二十七条　各总支部委员会之职权如左:

（一）执行上级党部命令及全省或全市代表大会决议；

（二）组织所属各级党部并指挥监督之；

（三）根据本党政纲、政策，配合实际情形，拟定推行党务计划；

（四）组设秘书、组织、宣传、建设、文教各处及各种委员会；

（五）筹划支配财政。

第五章 支部

第二十八条 全县党员代表大会每年举行一次，必要时得召开临时代表大会。

第二十九条 县代表大会组织法及代表选举法，由中央委员会另订之。

第三十条 县代表大会之职权如左：

（一）决定本县党务推行计划；

（二）选举罢免支部委员。

第三十一条 支部委员职权如左：

（一）执行上级党部命令及县党员代表大会决议案；

（二）组织所属党部并指挥监督其活动；

（三）组织训练考核党员及预备党员；

（四）筹划支配财政。

第三十二条 支部委员会设书记长一人，委员七人至十五人，常务委员三人至五人，由支部委员中推选之，并报请上级党部核定。

第三十三条 支部委员会设秘书组、组织组、宣传组三组，各组设组长一人，干事若干人，由支部委员会决定之，必要时得设立各种委员会。

第六章 小组

第三十四条 小组为本党基层组织，有党员七人至二十一人得组织之。小组设组长一人，下设组织干事、宣传干事、事务干事各一人,由全组党员推选之,并报请支部备核。

第三十五条　小组任务如左:

(一)承上级党部之命组织训练党员;

(二)征求组训预备党员;

(三)征收党费;

(四)承上级党部之命推行各种活动;

(五)研究宣扬本党政纲、政策及各种法定方案;

(六)参加各种社会服务。

第七章　任期

第三十六条　各级代表任务以开会终了时为止。

第三十七条　中央委员任期为三年,各总支部委员任期为二年,各支部委员任期为一年,小组长任期为半年,连选得连任之。

第八章　纪律

第三十八条　本党党部及党员应绝对遵守左列纪律:

(一)绝对遵守党章及各项法令;

(二)严守党的一切秘密;

(三)本党各项问题,得于党内自由讨论,但经决议后必须绝对服从;

(四)党员非受党部命令,不得用本党名义发表任何言论或对外交涉事务。

第三十九条　本党党员有违反前条之规定者,得按情节轻重予以左列之处分:

一、警告;二、记过;三、停止党权;四、开除党籍;五、其他惩戒。

第四十条　本党党部有违反第三十八条各项之规定者,得予以左列之处分:

一、警告;

二、记过并通令各级党部知照；

三、全部党员重行登记，或分期予以甄核；

四、全部解散。

第四十一条　各级党部委员及各级负责人有违反第三十八条各项之规定者，得加倍处分之。

第九章　经费

第四十二条　本党经费以党员所缴党费及其他自由乐捐及预备党员、正式党员入党党费暨党员月捐，概由中央总部另行明令规定办理。

第四十三条　本党各总支部、支部、小组所收党费及生产事业收入，应遵中央规定，向上级党部缴纳，其办法另订之。

第四十四条　本党党费收支管理办法另订之。

第十章　附则

第四十五条　本总章解释之权，属于中央委员会。

第四十六条　本总章经全国代表大会通过之日施行。

〔中国青年党等党派档案全宗汇集〕

4. 中国新社会革命党建立基层小组办法

(1948年6月20日)

本党系一革命性政党，最重在组织，组织基础全在下层，故小组最为重要，小组为本党基本战斗单位，比任何上级组织为重要。特规定小组办法一种，至希我全体同志，迅速确实办理，务使凡有我同志之处，即有小组活动。至要，至要！

陈健夫　手订　三十七年六月二十日

中国新社会革命党建立基层小组办法

一、为本党党务发展建立基层小组起见，特拟定建立基层组织办法(以下简称本办法)。

二、本党基层小组分下列三种：

(一)三人小组

1. 原则——以军警界同志为主体。

2. 建立办法——联合三人建立一小组,每一人发展一小组,循环扩大无穷。

3. 发展方式——每小组以纵性的平方发展之,但以原始小组为中心(附图一)。

(二)五人小组

1. 原则——以学生公教人员为主体。

2. 建立办法——联合五人建立一小组,每一人发展一小组,循【环】扩大,发展无穷。

3. 每小组以纵性的平方方式发展之,但以原始小组为中心(附图二)。

(三)七人小组

1. 原则——以农工商同志为主体。

2. 建立办法——联合七人建立一小组,每人发展一小组,循环扩大,发展无穷。

3. 发展方式——每组以纵性的平方方式发展之,但以原始小组为中心(附图三)。

三、每小组推定小组长一人,负有指挥之责任,本党执行命令、收集党费一切行动,均由小组长执行。

四、本办法实施后,每一党员均应纳之小组,凡无小组者,即视为游离党员。

五、本办法采取纵式性质,绝对不准纵〔横〕的联系。

六、本办法不论公开或秘密地区,均适用之,公开地区小组活动仍保持秘密。

七、本办法自公布之日起施行。

附图[略]

〔中国青年党等党派档案全宗汇集〕

5. 陈健夫:《中国新社会革命党成立的意义与责任——告本党同志及国人》

(1948年7月1日)

(一)历史的新页

今日中国的局势真令人痛苦、忧虑,以具有五千年悠久历史爱好和平传统精神的中华民族,整个国家竟陷于战乱中。祖国原野上横流着人民大众的鲜血,白骨累累,都是战争中所倒下的善良人民。这是何等的悲惨!何等的可哀!

漫漫长夜初去,而凄风苦雨又来。大难未已,国步茫茫。难道说国家的危亡是历史注定的道路?难道说人民大众的浩劫是不可避免的命运?这岂是人民理性的丧失?又岂是人民智慧的沉沦?我们如果深入一层看,便知道这只是历史过程中的一大演变。这是老大帝国急速飞跃进入二十世纪五十年代民主时代的必然现象。中国人民经过这一度最惨痛的历程,现在是大觉大悟了。虽在痛苦中,他们仍然有莫大无比的勇气向时代前进。就在这一个最危急的关头,中国人民正在将中国历史推进另一途程,开始翻开另一历史的新页。

(二)中国政党的责任

一个伟大时代的动向应该是一代人民意志的表现。这一个主导开展历史的形式内容或各有不同,但必有一个中心代表或为共同理想而奋斗的结合组织,这一组织就是通常所谓政党。

自有人民意志可以自由表现,那时起,世界上便开始有政党的出现在遍世界的国度里,除了极少数极权国家以外,任何国家莫不有两个以上的政党的存在。这种多党所表现的政治,即充分证明为今日最佳的政治形态。这即是人民世纪的民主政治抬头的时候。中国已进入了历史的新阶段，这种民主的政党，自然有他存在的时代意义。对于今日中国的进步自有一种非常崇高的责任。

现代民主的政党是人民为实行某一种政治理想而共同结合的。政党之领导人民，与人民之受其领导，都本着自然的和谐而进行，并无须勉强。这种相激相荡、相反相成的多党政治深足以提高一般人民的政治兴趣，与改良政党自身的缺点，以谋适合人民的意志与国家的需要。

今日的中国一般人民知识水准如是低落，国家如是贫乏，封建势力如此根深蒂固，暴力主义与官僚主义如此猖獗，我们要建立这样一种民主潮流的政党，自然是一件吃力的事情。但是时代已进入了新阶段，中国人民虽处于水深火热之中，但是他们已经大彻大悟了。他们不仅在期待而且自动地在那里摸索追求，经过人民大众的选择与努力，他们必然要创造一个真正属于他们自己所有的政党。

我们这一个具有民主自由精神继承中国革命的中国新社会革命党，在时代的亲切呼唤与人民大众迫切期待之下已经迅速而顺利的降落人间。

此一必然而又迅速地降落人间的新社会革命党，必须吻合现实的需求，同时并兼顾时代潮流为其产生并存在的必然条件。这一个新党由于他所从产生的特殊环境与时代的客观形势，自然有不同于其他政党的独特性能，因为现中国所迫切需要的是一个真正代表人民意志而足以铲除并清扫所有封建官僚、政客、豪门、奸商、土劣等障碍的政党，这个政党必须富有坚忍不拔百折不挠的革命精神，同时又能有"如保赤子心诚求之"地为人民服务的那种宗教精神，惟其有革命精神，所以能前进而无所畏，无往而不克，为人之所不敢为，惟其有宗教精神，所以能不违于人性，不逆于理性，能不恃武力，不忍杀一无辜，宁愿世人负我，不愿我负世人，但愿天下人均衡发展，和平相处，使中国从此进入和平民主的境界，这便是今天中国人民真正需要的新型革命政党。

基于上述，可知今日中国政党存在的意义与责任。遍全世界各国政党存在的意义，纵使其性质与所采的策略各个不同，但其存在的意义与责任是同一的，即是政党有解决人类生存问题的责任。中国政党存在的意义自有其世界政党的通性，但同时随着中国现实环境及其所遭遇的不同而有其尤为重大的责任。中国毕竟是一个落后的国家，如果承认一个国家之不甘落后，则只有急起直追飞跃前进。因之中国的政党应该□不乱而能变，不流血而又进步，必须有规则，有秩序，有计划，有办法来负荷从速建设现代国家的责任。因此，中国政党存在的意义，即在她能负荷这个重大责任。

事实告诉我们，□阶段中国党派林立，但很少有的能负荷是项责任及抱着这个理想而前进的。反而因此增加社会的纷扰，人民的不安。各政党的领袖明知政党存在的意义与责任，而偏偏不谋合是项意义，负起是项责任，这是不为也，非不能也。他们知道政党是为国家人民谋出路的，但却不如此，而仅仅在为少数集团找出路，为少数知识分子求出路。他们似乎知道而且应该知道，政党为政治家之伟大目标而奋斗，但他们却否定了此一良意而单单献给野心家做工具。他们也知道政党为拯救国家人民而负担政治责任的，可是又否定了此一前题〔提〕，徒为争夺地位或分配政治利益而纠纷。总之，今日中国政党虽多，但人类生存问题并不因有如斯之党而获致万一的解决。国家人民的前途，并不因有如是之党而探得一线光明，因之今日中国人的对政党的兴趣遂渐渐冷淡，乃至于根本厌恶。真是大可痛惜了。一个偌大国家竟找不到几个人民的党，中国国度里环境如是恶劣，人民政治兴趣如是淡漠，政治如是腐败，社会如是动乱，真是万分迫切的需要多数人民的党来共负这个改造社会建设国家的责任。这是值得我们每一个从事民主政治的人们应有警畅〔惕〕而必须努力以赴的。

（三）我们组党的动机

无用疑义，今日中国已经飞跃前进。从数千年王朝帝制蜕变而为民主共和，奠下现代国家的基础，这种伟大功业的创造人中国之父孙中山先生。当今变乱异常，内政不修，道德沦落，法纪败坏，益增吾人无限景仰与怀慕之情，这一代伟人与中国历史是不可分离的。

今日中国国度陷于极度不安，人民处于水深火热之中，凡稍有良知者，莫不为之痛心疾首。在这时候，一般有理解有理性有抱负富于正义感的仁人志士，能不悲愤，能不痛恨，更何能不感于危机之严重，责任之艰巨，振臂而起，为未来子孙，乃至于天下芸芸众生，打出一条生路，这是今天每个真正中山主义信徒的责任。

物极必反，否极泰来。虽在这种惨象环生的今天，我们有充分理由深信国家是有前途的，人民终会得救的。但如何医治当世人心，改造廉〔糜〕烂现局，则只有恢复中山先生的革命精神与实践其所创造而为官僚主义者所窃取以装饰门面的三民主义。这其中尤以彻底实行民生主义为当务之急。因为今日万般问题只是一个民生问题，民生问题解决，一切从而解决。

今日政府、人民为尊重其传统精神与一代伟人孙中山先生及其他诸先烈之劳绩，而同时因其有可能合理解决人类生存问题的三民主义，给以长时期的等待与最大的忍耐，同时由于国家环境的极端困难而一再予以同情，予以勉励，一再警告，又一次一次的原谅。但是不幸得很。政府毕竟被操纵于官僚主义而陷于无能状态。人民要求民主政治，而实际表现的是官僚财阀的寡头政治，人民所要求的是经济平等，而二十年来所谓民生主义的两大政策曾未尝付诸具体的实施。这不是理论的问题，而是事实明摆在人民大众之前。随着国家内乱之来，贫乏者益趋贫乏，富有者更为富有，中产者都向两极分别归趋。于是挣扎在饥饿线上的平民从而庞大了。财富加速向少数人集中，社会上已不再是大贫小贫，而是大富与极贫，而是大多数人痛苦与少数人享受。这便是今日社会的危机。由于时局的严重危急，为了国家生存，为了民族前途，我们不容坐视暴力主义的祸国害民，更不能再让官僚主义误国害民，我们要在今天人民大众觉悟之下，振世拔俗，旋乾转坤，结合人民的力量来轰破各种各类反人民利益的恶势力，排除革命障碍，继续进行中山先生所指示的中国革命事业。

今日中国人民的势力原本真实存在，而且急切期待正确的行动，在群党之内，遍全国之善良劳苦大众，与现时代中之知识分子，都在此一行列之内的。若有谁真能牺牲个人生死祸福而不顾，诚心救国救民，能够因势利导发为行动，以庞大无比的势力来制服反动，消灭群奸，乃至于改造社会，建设国家，都无不成功之理。然而今天聪明的人太多，谁愿意做这种的事哩！

我们组党的动机，完全由于客观形势的需求与主观的责任感，完全是为了恢复孙中山先生之革命精神与实践三民主义，完成国民革命的革命任务而起，可说完全是义务的责任的神圣观念。

我们知道今天中国人民极端怀疑与不信任群党。今日如果我们所组织的党亦步群党的后尘，自然必为人民所否定，正如若干政党为时人所齿冷同一情形。我们又何必再组织一个新党呢？我们今日不顾任何现实的困难与危险而组新党，实非得已，释宗说："我不入地狱，谁入地狱？"在人民如此痛苦，国家如此危急的今日，我们少数人舍身入狱，是义不容辞的。所以我们自信我们之组党自有其崇高的理想与纯洁的动机。

如有丝毫虚假，天下人谁不比我聪明？人谁可欺！

（四）我们组党的理论

今天这局面实在应来一次革命，而这所谓革命已不是历来改朝换代成王败寇地历史悲剧的重演，亦不是古昔今时的无产阶级革命暴动，而乃是以民主而温和的，进步而不流血的手段，来摧毁腐蚀民族国家的封建贵族、官僚政客、豪门奸商、土豪劣坤〔绅〕与破坏国家统一的暴力主义者,这是这一次新革命的物质。

从来革命为当民生疾苦,政治不修,社会紊乱,人心浮动之际的一种反映现实的必然冲动,这一冲动往往为一些土〔士〕大夫豪门贵族或假英雄所利用,以之作为争夺王朝的资本,其成功失败只是历史上留下一些注脚,只是王朝更递、互换而已。于国家的进步,社会的文明,并无多大神益。中国历史上之所以一乱一治,甚或乱多治少的根本原因即在于此。

那时的人民并未发现自己,而相信有所谓真命天子,且乐为其利用牺牲。所谓革命的成功,亦无非是希望真命天子出现,风调雨顺、海内晏平而已。昔时的君权是非常神圣的,人民的一切愿望都寄托在帝王身上。只要动乱过后能有一个安定的势力出来,人民就感德无量,此种安定沉伏着另一次的动乱的危机,也是乐于从命的。

我们对于历史的错误已不容再犯,古昔少数人或个人争夺王朝的革命,已不可以再重现于今日。而其所以不可以再现于今日,不在别的,乃基因于时代意识的转变与进步,即是此一世纪的人不同于古昔人民的愚昧无知,迷信天命,崇拜偶像,而乃已彻底觉悟反省,并从而发现自己存在。由于此一世纪人民的自我发现,今日时代的中国与今日时代的世界,乃为之骤然改观,就是今天的世界乃为世界人民的世界,今日中国乃为中国人民的中国,已不是少数人们可能企求统制的世界,亦非少数人所能统治的中国。这是今日的中国与世界人民的自我发现,而后乃促成今日人民世纪的发现。

由于人民世纪的发现,而使所谓革命的革命者不再归之于少数人或个人,而乃归之于人民全体的大多数,更由于人民世纪的出现,革命的目的亦已不是王朝私利的争夺,而乃是为全体人民利益而维持与争取。今之革命不仅革命者及其性质、目的异于古昔,而其革命的手段亦应与古昔有别。古昔革命手段方式之不同于今日,正与其革命者本质和目的有密切的关系,古昔革命由于革命者的本身并非人民或其代表,致其目的很少能为人民利益设想,亦惟其目的不在大众利益,然后此一革命乃在于急切私利之争夺而不择手段,即至于杀人盈野,血流成渠,亦在所不惜。这种革命若不幸而失败,则败而云寇,少数人或个人的身败名裂,固不足惜,而人民之血只算白流,即使成功,就人民大众言得不偿失,而同时紧接着成功的后面又是另一次革命的发轫,亦即是成功又沉伏着危机,动乱终无已时。此种革命,根本无成功失败之可言,以今日时代的意识批判此种革命,已不是今日革命的本质,今日的革命及其目的既迥异于古昔,则今日任何人民所不愿的制度、规则,纵使少数人如何顽固坚持,亦难免于不崩溃的道理。人民发现自己,则今日之时代即是人民决定一切的时代。人民势力之浩大,是不可抗拒的,而亦无人敢抗拒。旷观世局,即可察知此一显然趋势。此一趋势,不仅在一国之内如此,即就整个世局以观,少数民族违反大多数人民的利益,亦同样将遭遇人民势力之否定。甘地领导的印度不流血革命成功,并非是大英帝国的武力的崩溃,而乃是被统治民族势力之终不可抗的意识作用,识时务者为俊杰。英国如此,世界各国何能不如此。即一国之内又何能无此意识,此一意识无可否认已存在诸个民族及其人民的心坎之中的,惟有少数唯物主义的无人性的好战国家及人民迷信武力万能,强权优胜的错觉,这一错觉,可能导引全世界踏上毁灭途坎,而更不幸在我们国度里也同样存在这一种武力主义毁灭人性的暴力错觉暴力集团。这一暴力集团,不仅昧于世界大势,而亦极端漠视中国国情,所谓中国国情正由于世界大势发展的对比,即是今日中国虽是置身世局,而实在落后遥远,犹停滞在半封建的农业经济社会里,有心人除专心致志于改造现实,建设国家外,犹何心肝作此残忍无道混乱战杀的暴力革命。即使世局容许来一次闭门决斗,而国家元气伤损殆尽,必不免沦为殖民地或归亡国灭种。

今日共党的暴力革命,除其手段不适合时代朝〔潮〕流及中国国情外，而同时当其为目的不择手段的过程当中，又复漠视了中国民族的传统精神，违反了中国人民的心理意向。共党今日的表现在分裂民族，依傍外强，倒行逆施，无所顾忌，这种作风，莫说是深具革命传统精神的国民党及其政府其势力之深厚决非任何武力所可推翻，即使人民大众同心不愿此一政府之存在，但由于共党暴力革命之错误未能尊重人民基本自由，必然陷中国人民于更痛苦的境地，因之形成人民厌恶政府，尤痛恨共党的矛盾心理。由于此一矛盾心理的形成，中共的暴力革命无形增加一层人民的阻力。而既得利益集团及特权阶级得以与中共之存在而并存。因此今日中国局势一方面由于政府之腐败无能造成社会上之深重危机，以滋长暴力革命之极端偏激，一方面又由于此一偏激而益促成既得利益集团的顽固反动。此两者互为因果。因此形成今日不生不死大难临头的危局。这是一种非常显明的局势，无须多予说明。

由于历来暴力革命的错误失败与今日暴力革命之创巨痛深，中国今日的人民已深切觉悟，历史事实教训的严正〔重〕错误，决不容再犯。我们找遍古今中外的历史，可说没有一次的暴力革命是彻底成功过的。中国古人说"惟不嗜杀人者能一之"。这句话实是至理名言，今日从事民主革命的人们值得三复斯言。我们敢肯定的说，今日摆在国人面前的通道，实在只有变而不乱、和平而不流血的新革命大路。

如上所述，只是基于革命的形式手段方面而言，若论其实质或对于解决问题的主张，则自不能违于此一时代潮流，此一时代潮流即是空间或静的方面人民世纪的存在，与时间或动的方面平民思想的流向。此一人民世纪的存在与平民思想的流向的这一事实，今日的世界，今日的中国，其可能解决人类共存问题的唯一途径，亦只有遵循基于此一事实理论导演出来的新社会主义的不流血革命。而不流血革命亦惟有新社会主义而后才有成功的可能，反之新社会主义的理想亦必以不流血革命的手段才算成功，也就是说这一次新革命必然是新社会主义的革命。

由于国民党的衰落而使三民主义变质,民权主义原是一部民主不过的民主主义,民生主义亦不失为一部适合国情可能解决中国民生问题的进步社会主义,但由于国民薰〔党〕三十年来的蹉跎,这二大主义乃徒变为一般国民党党员求官致仕的搞〔敲〕门砖,这岂仅是国民党的没落,而乃是三民主义的莫大损伤,亦是人民的悲哀与损失!我们所揭新社会主义可说是三民主义的扩大,也可说是民生主义的完成。新社会主义与三民主义在精神上、理论上是一贯的,为解决今日的中国问题,我们必须实现新社会主义。

再由于所谓"科学的社会主义"的共产主义者只求面包,而忽视理性,只求目的,而不择手段,其结果二十年的革命暴动,除了为国家制造了饥饿贫困混乱落后外,人民大众是不能想像有何所得的,如今战火延遍整个国家,造成今日国家的深重危机的责任,中共的暴力革命是应付〔负〕大部分责任的。国民党已为官僚主义所腐蚀,新社会主义是不可不期其实现的。共产党更过度偏激。不知社会主义必然是民主主义的社会主义,然后才合乎自然的和谐。因之中国的前途,人民实已无法可将其希望寄托于国共两大党身上,惟一可以寄托这个希望的,还是由于人民自由结合的新革命力量。

旷观世局,默察国情,此一新社会主义的不流血的新革命,已成为今日解决问题唯一可循的途径。印缅不流血革命的成功,与英国工党的大刀阔斧的社会改革,都未尝血染兵刃。这一连串的事实,益增中国人民对于新革命的坚强信心。当此杀伐连年,得不偿失,多数中国人民普遍存在着变而不乱的信念的今天,新革命的趋势也随而普遍展开,而不可抗拒。此一新革命之未来过程能否顺利进行,问题不在反动势力的如何强大,而在我们新革命者如何坚持反暴力的和平革命,不屈不挠,贯彻到底。同时我们必须观察人民大众之是否及时觉悟,与迅速在新革命大纛旗之下集结,铸成浩大无比的人民势力,压迫反动势力在为人民利益的前题〔提〕罢兵休战,和平合作,以促成民主自由统一乃至于强大中国的出现。

以上所述,已简单将我们新社会革命党所由组成的中心理论大略说明,详细的内容已见诸本党成立宣言及政纲。我另有"论新革命运动""中国的危机""中国的出路"作有系统的叙述,此处不必实〔赘〕述。

（五）我们组党的经过

我们组党由来已非一日,当九一八事变之日,我们是正如其他爱国青年一样,悲愤激昂,痛苦流涕,那时候我们曾有组党的意念,自然那时候我们都幼稚,但我们确曾作如是观。民国二十二年在南京曾秘密组织过"中华民族觉悟团",当时有四人参加发起这个组织,有一位勇敢的同志李崇林其人,不幸死在西康,另有一位现在还在新疆。抗战期间,又曾秘密组织"建国社",我们奔走南北,出入敌前敌后,到处访求革命同志。三十三年即在重庆组织"知行学社"。三十五年国父诞辰之日,我们因感于国家危机之严重,乃发动"新革命运动",各地有志之士风起云涌,相率来聚,再经两次全国代表大会,组织已普遍全国,到处有我们新革命同志的活动。从此阵容一天天坚固强大,今年元月十日经过全国新革命干部会议同志的发起,于是成立了这一个具有历史任务的中国新社会革命党。

（六）衷心的希望

千变万变,我们寻出一道可以救国家人民的新革命途径。这一途径既已为我们寻着,便不容我们放弃,我们必须择善而固执之,我们要自始至终作如是信念："惟有新革命才可以救中国。"

我在前面曾经说过,今天纵使有若干五花八门的政党,但我们仔细观察,其中实很少足以代表人民的党。党——而不能代表人民,即已不成为党,一个真正代表人民的党,是中国人民今天迫切需要的。同时在今日这情况之下,也只有一个真正的人民党,才能得到人民的拥护,这是断无疑义的。

新社会革命党不是投机取巧升官发财的集团,我们这里而且绝不容许有官僚、军阀、政客之败类有所假借,我们完全是责任感最坚决的一群平凡而扑〔朴〕实的爱国志士的广大结合,新革命党诞生于今日如是苦难中国的特殊环境,因之其苦难艰辛亦同么〔样〕深长,我们一开始即遇到如是环境,亦正由于如是环境而后产生这一个党,也就是说,这一党个〔个党〕根本是为了否定现实势力的存在而集结的。我们深信理想必克服现实,正义必战胜强暴,我们这个党既已成立,确具有任何牺牲在所不惜,以迎接任何方面恶势力打击的决心,同时我们敢于相信今日人心未死,凡稍有良知的人们,决不会忍心来摧残这一个新时代的新生力量。

亲爱的同志们,我们既已竖起了新革命的旗职〔帜〕,我们只有前进,不容退后,我们今天起已将生命献给此一伟大的新生团体,我们要对国家对人民对良心对历史负责,我们要抱破釜沉舟的决心奋斗到底。国家只有这一条出路,我们个人亦只有这一条出路,我们不必问成败,更不必计得失。我们至诚向我全国同志转致如下的希望:

(一)凡是新革命的同志,为了救国家救人民,即须忘却小我,不计一切成败得失,以身献党,亦即以身献人民,没有个人完全自由,只有党国的自由。

(二)本党前途困难危险必逐日加多。凡我同志,务须坚定信心,充分准备力量,承受打击与失败,百折不挠,有进无退。须知我们这回组党是要置之死地而后生,我们必须为国家人民背城借一,任何情况不得灰心。即令我或其他同志遭遇意外或任何破坏打击毁谤,凡我同志,人人有此义务与此信心,不为动摇,继续努力,为新革命事业奋斗到底。敌人可以破坏我们的工作,但决不推毁毁〔摧毁〕我们意志,惟有铁的意志是胜利的保障。

(三)我同志之生死即我之生死。凡我同志所遭遇的任何困难与危险,我除根据国家法律请求政府保障外,并以生命为你们后援,我的生命毫无保留的献给本党,也就是献给了你们。

（四）本党是有独立党格的,此种顶天立地的严正立场,丝毫也不能动摇我必须保证新革命党永远属于我真正新革命者。凡遇投机捣乱分子,必不姑息的予以清除无疑。

（五）我愿永远为平民,除由于同志及人民的指示外,我没有个人的自由,我的一切进退行动,当以我同志及人民的意志为依归。

（六）请遵守纪律,在党纪之前,大公无私,人人平等,无论有何重天〔大〕贡献,亦不得侵犯纪律,尤不可背叛团体。在革命团体内,一切以个人血统私人情感为关系的都要牺牲,我们只许因公害私,而不许因私害公,绝对防止任何因私而发生的弊端。

（七）请以工作表现,学问品性,争取同志信任。切勿争权夺利。凡我同志应做无名英雄,能做无名英雄,我敢保证人民不会辜负你。如有一个埋没的人才,即是我们各级负责同志没有尽到责任。我们一定要迫〔追〕究。

（八）讲求工作方法技术,人人能独立作战,又能精诚团结,分工合作,并应互相检讨,承认错误,接受批评。

（九）对于人才多方访求,并须卑躬屈节,礼贤下士,不得阻止贤才,与本党或本党负责人接触,不得有朦蔽垄断把持操纵的恶习,如有此情形,请党内外人士随时通知我们。

（十）党内要有新陈代谢的作风与制度,使新进优秀分子有献身革命的充分机会。

（十一）我倡导新革命运动之初,对于整个新革命前途,早有一番深远的考虑,我深信新革命必然成功,自有成功的方法与途径。今后一切方针,我都有准备,我有此信心,保证本党永远属于我新革命同志,同时更保证本党必定领导诸君趋向光明远大的前程,诸君对国家人民必有所贡献,惟望我同志严守岗位,服从命令,切实工作,执行任务,不可好高骛远,或争权夺利,更要坚定信念,不为任何外力所动摇。

我们更要沉重告诉同志，无论世界或中国，战争不能解决问题，惟有和平可以救中国。我认定国家到此危急程度，前途虽不必悲观，但必须经过一段非常艰苦的长期和平奋斗，新革命才可以成功，亦即国家才能有救。在这一长期新革命过程当中，必然是有牺牲的，这种牺牲不一定即是生命的牺牲，甘地一生牺牲，实比流血的牺牲还更伟大。这种牺牲，比一时的流血还更困难而有效，凡我同志，人人应有这种和平奋斗的信心。我们必须彻始彻终，循民主和平的途径去坚忍奋斗，即使对暴力主义者，我们也必须避免任何暴力手段，然后新革命方能真正成功。

最后我愿代表本党转告国人。从上面我已曾清晰地指出本党的任务与本党产生及其存在的意义。在欺骗充满社会的今日，我们没有权利要求人民完全接受我们的话。这一切惟有由未来的事实去证明。这里我们所希望的，即是凡我国人在积极方面请予本党以同情协助，这不是本党的请求，而是新革命潮流的催促，而在消极方面，本党诚恳地希望国人随时随地给予指正，本党同志已散布全国各地，他们如有何错误或越轨行动，亦请国人随时通知纠正，我们无不诚心接受。

我们认为今天的中国不缺乏理论，不缺乏人才，也不缺乏物质，我们唯一缺乏的只有实际的行动，苦闷，悲观，发牢骚，唱高调，都不能解决问题，当前中国人民大众所需要的是正确的目标与实际的行动。我们认定新革命无异是最后一张救国王牌。如不能成功，则国家前途真正不堪设想，凡有思想有觉解的人们，这时候应该奋发而起。这里已大开革命之门，欢迎你们来参加这一集团，共同携手，为中国的自由民主和平统一奋斗，前进前进！

〔中国青年党等党派档案全宗汇集〕

6. 中国新社会革命党总部宣传部 关于和县事件紧急通知
(1948年7月9日)

紧急通知　七月九日

各总支部、支部及各亲爱的同志们：本党为了抢救目前最大的危机，并且更为加速革命的进度与缩短革命的距离，尤其为了理论要配合行动，避免纸上谈兵的高调，所以决定促进完成我们四□的任务，而开始发动了清算豪门资本的运动。这是我们革命的第一炮，一定要放响。这是我们实践理论的第一步，我们一定要兑现。所以我们决定先从南京开始，并规定的三个步骤：第一是使人民认识清算豪门的意义的宣传时期。第二是检举豪门，举行民意测验，把握人民根据，认清清算对象的时期。第三公布名单，向立法院请愿，不惜一切的真正实际行动时期。我们抱定以不流血不暴动的和平民主方法，达到我们的目的。最后即为反革命枪杀我们而流血，我们也不会放弃我们神圣的责任。

六月十日在南京开始，后街头巷，汽车火车，遍满了我们的标语。各个报纸不少我们的新闻，《救国日报》六月十四日、廿二日、廿八日、七月八日，都有我们的消息。六月廿日在京同志集合结队，并备宣传大卡车，巡回街头，讲演散发告同胞书（《救报》廿二日人民之声栏内载）。南京人心，一时大为振奋，纷纷拥挤接踵在我们宣传队的后面，共同狂呼有豪门即无人民，有人民即无豪门等口号。新革命运动的歌声震彻了南京的云霄。而且投函响应，检举豪门，与正义热血人士的拜访朝交，络绎不绝，门庭若市。同志们，你看到这种情形，内心是如何的感想。今天在野小党一百五十余，而未有一个不没落无闻，而独有我党如此生动激烈而活跃，吓碎了投机政客者的胆，增加了反革命嫉恨者的心。同志们，我们参加本党所为何来，是不是为了享受，为了投机，或是为了好奇，为了一时热血的冲动。不是的，我们相信绝对不是的。我们有十二万分的热诚与正义。我们参加是为了拯救在饥饿呻吟、逃亡恐怖线上挣扎着的同胞，使他们要走到和平的安乐无争、美满的新社会主义、新国家、新社会、新制度的畛域中。这是我们的意志与抱负，我们一定要达到。谁知道甘与共匪张目、愿为豪门作伥的安徽和县县长蒋抚，竟然蓄意摧残，大肆破坏，不惜夜半持枪抢劫，恐吓威胁，妨害自由，违反宪法，破坏民主，而与我们首先为敌。这是何等的奇耻，何等的大辱。事情发生是这样的：和县支部筹备同志李建华、李景白，六月三十日由京奉命赴和，与该县长接谈，答应协助。七月三日，集合所有同志近百人，结队宣传讲演，散发文件，一个小县的空气顿时极度紧张，苦难人民的心脏、血管，兴奋得将要爆炸。集团的个别的要求参加者，三四日内为数五百余名。这样一来，吃党饭吃官饭的豪门走狗，于是嫉火勃发，举行了一个对付我们的秘书会议。五日的夜半，四十余名暴徒，持枪冲进了我们支部。幸我同志发觉在前，疑为共匪，所以在未入门时，都从后门逃出，星夜赶来总部报告。该□多受县长命而来的暴徒，大肆搜捕，疯狂劫掠，将所有文件物品款项，抢劫一空，比共匪的劫掠，犹过之而无不及。七月六日，又令军法官非法票拘本党同志兼改造社记者李景白，严加审讯，并拘下狱。幸赖李同志持理正义辩驳，问得军法官无言可答，自知理屈，经请示县长后，方令觅保释放。亲爱的同志们，你们的心内是否填满了正义的怒火？是否对我们和县支部同志英勇豪侠、不畏强权、不怕牺牲的精神兴奋感激、爱慕钦敬得流下泪来？伟大！真伟大！新革命历史的第一页，已为他们所有了。黄帝的子孙，中华的儿女，只有我们同志，才配得上。正义的斗志，真理的英雄，惟有我们的同志，才配得上。

现在总部已决定整个对付的决策，誓与此豪门的走狗奋斗到底，不特登报正式启事、招待中外新闻界外，并向立法院请愿依法控诉，最后更不惜牺牲，务使此贼正法，死于民主宪政之前而甘心。

为了使此事件早日完成计划,所以特向各地亲爱的同志,发出这个紧急的通知,希望于我同志的:

一、积极以人民的立场向本地及南京《救国日报》、《南京日报》人民之声栏内投函,响应声援。

二、能够公开的各支部,请贴标语,敬发告同胞书(翻印《救国日报》六月二十二日人民之声所载),集合同志游街头宣传,响应清算豪门资本运动。

三、迅速以适应清算豪门资本运动物资之需要,向富有及热情之同志,告诉其意义,请慷慨解囊,踊跃捐款,早汇总部,以便完成此任务。

四、《新革命报》已付印将出刊,依照前寄的预订单,请各同志提早将订款寄来,以便寄上(经会议决定,每一同志规定各订一份,否则,视为游离党员而开除党籍)。时间已经到临了,我们再也不能等待了。牺牲奋斗,是革命者的天职,冒险犯难,是革命者的责任。文到一周内,能够实现以上的各点,这是中央党部所有同志最渴望着的啊!

中国新社会革命党总部宣传部

〔中国青年党等党派档案全宗汇集〕

7. 陈健夫关于中国新社会革命党成立半年来成绩及要求函稿

(1948年7月20日)

〇〇〇同志:

本党自成立迄今,仅只半年,然工作进展甚为神速。本党同志刻已普遍全国各地展开工作。仅徐州、平津一带,已吸收同志各达三万余人。各支部并自力开展生产事业,资助本党基金。随时以本党之主义及精神之表现,取得人民及政府之同情协助,成绩颇为可观。

本总部近日发起清算豪门运动,尤深得各方拥护。除向立法院提议成立清算豪门资金法案外,并在京市发动广大宣传,深得人民同情。此运动,本党必贯彻到底,以求事实之表现,无负国人之希望。

查○○同志方面,已久不见联络,不知工作进行如何,甚为悬念。并指示数项如下:

一、迅即展开工作,健全小组组织(办法如附文),并即与当地党部取得联络,协同工作,勿落人后。

二、每半月须向总部报告工作情形一次。

三、本部现出版《论新社会主义》与《新社会革命党成立之意义与责任》二书,各售国币拾万元,凡吾同志,必须人手一册。□有新革命半月刊,每期十五万元,预订以三个月为□九十万元。上列三书,望一同致力推销,广事宣传为盼。耑此,即颂党祺!

陈健夫　七、廿

〔中国青年党等党派档案全宗汇集〕

8. 陈健夫为请转饬所属对中国新社会革命党各级组织予以保障致总统府代电

(1948年9月6日)

中国新社会革命党中央总部代电　　新秘字第1249号
中华民国37年9月6日发

总统府钧鉴:本党系依据中华民国宪法,遵循三民主义,并针对国家人民当前之真实需要而建立。其惟一动机,在唤起人民群策群力,促使中国成为现代民主统一之新中国,并进而与世界各国共同维护国际和平。自本年元月十日宣告成立开展党务以来,组织已普及全国,备受各地人民之欢迎,并荷各界赞同,足证本党为中国今日合法政党之一，依法自可享受国法保障。乃查最近各地军政当局，间有视本党各地党务机构为"非法团体"，予以武力取缔，或以"思想不正"，逮捕党员。此种违法举动，殊非今日民主国家应有之现象。兹为尊重宪法起见，用特电请钩府惠予转饬所属，对本党各级机构及党员，予以依法保障，以重国法而维宪治。如何之处，并祈核示为祷。主席陈健夫。卅七申虞。印。

〔国民政府档案〕

9. 中国新社会革命党中央总部关于与共产党周旋通令
(1948年10月14日)

中国新社会革命党中央总部通令　　新组字第1576号
中华民国三十七年十月十四日

查共党猖獗，情势危急，哀鸿遍野，人民涂炭，凡我志士，能不悲愤？尤以近迩，更为穷凶，发动秋季进攻，企图一举成功，北方城市，相继攻占，政府国军虽有装备，而无战斗意志，似此情形，至堪忧虑。吾党同志，倡新革命，期在拯生民出水火，尤欲跻万此于太平，际此危急存亡之秋，若非及时奋起，势遭覆巢之祸。兹经中央决定，凡我各级同志，应积极参加地方自卫工作，拱卫地方，团结人民，藉以建立以人民为基础之反共力量，俾与政府有所配合，作有计划之行动，争取主动。凡我同志，宜乎积极投笔从戎，踊跃请缨，深入民间，组训民众，培养人民武力，发挥自卫本能，一旦遇敌进逼，虽政府撤退，而吾人不能离开岗位，建立有力据点，团结并扩大人民力量，与共匪周旋。或深入敌人后方，俟机打击敌人，恢复陷土，保卫政府。时危事迫，急宜兴起，建党救国，在此一举。此令。

主席　陈健夫

〔中国青年党等党派档案全宗汇集〕

10. 中国新社会革命党中央总部关于 "当前宣传组织工作要点"通令

(1948年10月16日)

中国新社会革命党中央总部通令　　新组字第1575号

中华民国卅七年十月十六日发

查本党党务在此迅速展开声中,凡我同志应再接再厉积极推广,当前应特别注意宣传与组织。兹特将当前宣传组织工作要点分示于左:

(一)宣传

甲、文字宣传

1. 翻印本党三种文献——由各总支(支)部筹备处负责翻印散发,随处张贴,并利用一人传十十人传百的传递方式散布之。

2. 设立各地新革命报分销处——推销本部创刊之新革命报(由革命报社批发)。

3. 利用机会张贴标语招待记者,向社会公开宣传,使各界明了本党宗旨。

乙、口头宣传

1. 讲演——利用各种集会举行讲演,由各总支(支)部筹备处负责人主讲,宣扬本党主义及政纲政策,强调革命运动。

2. 侧面宣传——以第三者身份揭发各党派之劣点,阐扬本党优点,鼓动参加。

(二)组织

甲、建立基层小组

1. 由各总支(支)部筹备处选择优良干部深入农材〔村〕、工场、学校,及各种不同的职业团体,积极活动,吸收党员,按照小组办法(附办法)严密组织之。

2. 采取纵的方式密切联系,精诚团结,使每个党员发挥其作用,永不脱离组织。

乙、建立总支(支)部

1. 成立五个以上小组者,即可呈请总部核准,依照党章第三章之规定成立支部。

2. 建立十个以上支部者,即可呈请总部核准,依照同条规定成立总支部。

丙、服从上级——党员绝对服从小组长命令,小组长直属支部,支部以上分层服属,尊〔遵〕守命令,不得违背,党员对本党如有建议或最密情报等例外事件,得直接向总部报告。

以上各节,务须逐步实行,并随时具报为要。

〔中国青年党等党派档案全宗汇集〕

11. 中国新社会革命党中央总部关于加强守密等四项通令
(1948年10月21日)

中国新社会革命党中央总部通令

新组字第1612号

中华民国三十七年十月二十一日

一、本党同志自奉令之日起,不论在任何方面服务,不得有贪污不法违反人民国家利益及社会风气之行为,一经查觉,必予严惩。

二、目下本党发展迅速,各党均极注意。据报有××党等已通令该党各地工作人员,打入本党,刺探消息,或进行破坏,且有利用本党掩护对外活动阴谋。似此种种,实有碍本党发展,应即切实防范:

(一)党员加入均由介绍人负责考核,现已入党者,应个别严加考查,有无此种情形;(二)预备党员半年期间,指定工作予以考核;(三)非经过预备期间,且有工作表现,确实效忠本党者不得付以任务。

三、除宣传公开外,一切组织活动绝对秘密。并严格考核所属党员,不得招谣〔摇〕欺骗。凡有非法分子,应即时开革,并登报周知。

四、本党现已发起土布运动:(一)提倡土布生产;(二)党员一律服用土布。

以上四项,仰即切实办理具报,并饬所属党员遵照为要。此令。

主席　陈健夫

〔中国青年党等党派档案全宗汇集〕

12. 中国新社会革命党"忠实同志"关于当前该党十二项重大决策应切实力行函①

(1948年11月4日)

敬爱的○○同志并转各干部同志:

本党建党不及一年,组织已普及全国,党的活跃对于国家人民已发生了重大的影响,这完全是我中坚干部同志及一般忠实党员平时信仰坚定力行笃实的结果,我在此要虔诚的向诸君致敬,并代表水深火热中的人民向诸君致谢。

现在是到了一个最严重最紧张的关头了,全国成了一片火海,几乎每一个人的生活与生命,都随时要遭遇着恐慌与死灭。我们新革命者在这时候便当提高警觉,加强信心,要深深的了解我们党所预期的时代是到来了,这时候便真正是我们舍身救人的时候了,这时候的光阴比平时要宝贵千万倍,在这时候我们每一小时每一天的努力必定要赶上一年几十年的工作成效,必须如此才能把握时机,达成任务。历史在变,时代在变,我们如能把握时机,便能旋转乾坤,建立新国。因此,我要呼吁我全国忠贞同志,在这时候我们必须牺牲小我一切,以全部生命财产贡献新革命事业,每一个中坚同志,都毫无保留的贡献,毫无畏缩的奋斗,如有丝毫自私畏□,只知

---

① 此件作者不明,据文件内容语气推断,似为该党主席陈健夫之作。

顾一家一室的生命财产,那便辜负了人民,辜负了时代,也违背了本党的要求,不配做一个新革命同志。谁真能献身本党,即使生命财产牺牲了,本党及人民决不会辜负你。这一念信心便是我党将来成功的基础,请你万万不要忽略这个重大的意义,更不要放过了这一瞬即逝的时机!

现在中央方面有许多重大的决策,要告诉你们,望你们切实的力行:一、党的中央,今后在任何恶劣情况下,决本着党的主义及政纲比平时还加倍努力奋斗到底,党的独特立场决始终屹立不动,党的宗旨目标决一贯不移,至于方法技术,自当尽其运用之妙。本党今后大计,为迅确建立第三大党,一切方针,均已决定,并已采取种种有效措施。希各同志做到:(一)不管中央有任何意外,你始终要勇敢前进,直至你一人死亡为止。(二)不论任何恶言中伤本党或个人,你都要坚定不动。(三)不论任何打击,你都要进行工作。(四)对于上级必竭诚信仰服从,必须做到精诚团结,万众一心。至于我个人,已如出家之和尚,一不做官,二不发财,谨重申此信念。二、国内战乱扩大,环境日益复杂,今后本党一切活动,完全绝对秘密(以小组为单位,成立纵的系统,无必要时,不必发生横的关系)。党的干部同志,应打入各种外围团体,据为自己阵地,充分运用。在秘密期间,党的宣传及政治影响,应多方运用,有所发扬,万万不可停顿。如秘密张贴标语,散发传单,利用民间报纸发表文稿,刊登广告,以各种学术研究、谈话会方式及方法,因时因地而运用,以不露本人身份而达到宣传目的为原则。三、对其他党派暂不加批评攻击,"反暴力"并非等于"反共匪","反官僚"并非等于"反政府",本党在原则上承认政府承认友党,对国共两党希望用民主和平方式公平竞争,不主张以武力解决问题,政党间之争执,务以民意自由取舍为依归。四、其他政党对本党"注意"、"防范"、"取缔",或政府机关人员对本党做不利情报,均应保持缄默,勿存敌意,任何威胁、恐吓,均勿理会。凡同志为应付恶劣环境,争取存在起见而采取之合理（不使本党蒙受不利影响）行动（如表面脱党等），本党中央，均予承认，希相机应付（记着争取存在第一、工作第二），本党原则上不反对政府，但反官僚、反封建，如政府为官僚封建所窃据，吾人将唤起民众予以改选。届时如政府对本党有意外事件发生，希各地同志沉着镇定，照常活动，在任何势力压迫之下决不使工作停顿（必要时得撤退干部，另派人接替以保存干部，勿受牺牲为上）。此点至关重要，切记。五、凡共军占领之地区，我党员应以及早撤退，参加国军及地方自卫工作，建立本党工作秘密据点为上策，转移西南、西北，从事工商业及社会事业为中策，潜伏当地，暂停活动为下策。不论取何策略，均应事前秘密通知中央，并切实保持联系。六、今后党的干部及党员与干部之间，不可一时一刻失去联系，如有异动，应随时报告上级，以便传达党的使命。特派员以下，应自行设置秘密交通，最好以不利用邮政通讯为宜。不论邮政或自设交通，均应用秘密通讯法。七、在秘密期间，党证仍缓发，暂准特派员核发临时党证，党员姓名准用化名，一切入党申请手续准予变通办理。临时党证得由各特派员自行规定（或符号或物品，仿照国民党抗战时期在沦陷区所发党证办法），不必一律。一切上下公文，概用私人化名负责，不再用衔称。八、嗣后吸收党员，干部人选务须慎重，每员均须有六个月以上之工作经验，每一据点，均须有坚强有力之干部小组，务须杜绝他党分子混入本党。如有此情事，介绍人应负责，人人有检举之义务。一般党员均须经预备期六个月，未经六个月考验者，不得发给临时党证。预备党员可大量吸收，须以农工分子为主体。九、中央总部在动乱时期之工作比平时更加繁重，所需经费已非少数同志所可负担，务须即日发动党员，扩大捐献基金，一律汇寄南昌樵舍镇德昌祥魏俊德转陈健夫收。十、凡在后方之同志，应设法参加政府部门及各种服务团体工作，每一同志均须向当地党部联系，不得脱离党的关系，在各部门工作同志，应随时建立党小组细胞（严禁暴露身份）。十一、各地党部及党员，应经常收集党、政、军重要情报，层转中央参考。十二、中央党部将于政府撤退南京之日转移，联络地点，已另有规定（目前仍照常寄南京）。各级党部与党员之间，在任何困难情况下，以勿失联络为上，我们的口号"联络即是工作开始"。各特派员与中央务须设法保持联络，各地党部应在最短期间向上级特派员取得联系，一切工作径向特派员就近报告，不必呈送中央（有必要者例外）。各级干部应即刻向上级报到，不得有所延误。

以上十二点，事关紧要，望于接到之日，逐条研讨，分别执行，并油印转发所属党部及党员。其他我未想到之处，概由你们相机办理，身为干部，应有决断权变的能力，不必待上级一一指示。凡你们勇敢决断，即小有错误，上级应有谅解。我及中央同志不能随时与你们见面，但精神是密接的，我们的生命是一体，我们的目标是一致，我们必须全体动员，万众一心，同舟共济，来开辟这一条救中国、救人民的新革命道路。

敬爱的同志，勇敢坚定，前进、前进！祝成功！

你的忠实同志
卅七年十一月四日

〔中国青年党等党派档案全宗汇集〕

13. 陈健夫关于中国新社会革命党当前工作函

（1948年11月）

大哥并速转跻平、介文诸兄：我已平安到南昌，目下拟暂留，仍回京，将本上次文告，再作进一步工作，以贯彻吾人初衷。惟吾人立场与政府及其他方面各有异耳。我人当取主动，针对时局发展工作，一切我均有全盘计划，自必顺利开展，望勿念。惟目下时局，虽政府已表示和平，但恐难有完满成功。故吾人在目前之努力，始终为"有所与",而非"有所取",决不作任何侥幸取巧之打算也。平时事功俱在,人民自有定论,吾人此时仍以多做实事为根本工夫,希望介文兄回去后埋头努力于此,至要至要。兹将各事告知如次:

一、介文兄如款到,希即回,仍以搭机,以省时间,而保安全,一切均照弟面告者着手开展,□刻光刻〔阴〕不可耽误。弟已预定以西北为将来发展之主要地区,望时刻勿忘所负使命。

二、跻平兄目下以在京联络新闻及政府方面(协助石觉民兄做此工作)为主,对于《救国报》应予有效驳斥。《南京人报》、《新中华日报》等,应设法取得联络。

三、宣言五千份,普遍发散京沪沿途,并寄各学校、社团并我各地同志。〔下缺〕

〔中国青年党等党派档案全宗汇集〕

14. 陈健夫请宋庆龄邵力子等"主持和平大计"函

(1948年12月26日)

庆龄
力子
任潮　先生道鉴:我国人民继八年抗战之后,又遭三年内战,
寅初
漱溟

人民痛苦之甚,莫可言状,长此以往,民族元气摧残殆尽,国家前途至堪忧虑。本党居于第三方面,际此严重时期,不得不向各界呼吁,向国共两党要求和平,停止战争,循和平途径解决一切问题。久谂先生倡导和平,数十年来为救国救民而奔走,夙为国人所景仰,此次和平运动,谅蒙同意,用敢不揣冒昧,本人民立场,请求先生本救国救民之夙志,挺身而出,主持和平大计。国家幸甚!人民幸甚!万望勿却。伫候明教。端此,敬颂

公安

陈〇〇拜启

三十七年十二月廿六日

〔中国青年党等党派档案全宗汇集〕

15. 陈健夫呼吁各国"调停""中国内战"代电

（1948年12月27日）

大使馆勋鉴：我中国不幸，连年内战，人民尽入水深火热之中，痛苦不堪言状，不惟本国困苦，兼亦影响世界繁荣。为今之计，非迅即终止内战，不足以救国救民，本党居于第三方面，际此严重时机，不得不出而发动和平运动。兹恳切呼吁贵大使居于友邦立场，协助中国人民，调停国共双方停止战争。盖今日中国之和平，即为世界之和平，谅贵大使必予赞同。特电呼吁，恳请查照。附呼吁和平宣言补充声明各一纸，恭赍查收。主席陈〇〇。

〔中国青年党等党派档案全宗汇集〕

16. 陈健夫吁请各界人士要求国共两党循和平途径解决国是代电

（1948年12月27日）

一

各政党

各社团　勋鉴：我国八年抗战之后，不幸连年内战，人民尽入

各学校

水深火热之中，痛苦不堪言状。本党居于第三方面，际此严重时机，不得不向各政党、各社团进步人士呼吁，祈望各党各派及社会各界兴起，共同团结，向国共两党一致呼吁和平，停止战争，循和平途径

解决一切问题,以安民生而维国本,谅贵党会社校必予赞同。特电呼吁,共同努力,以赴国难,至祈查照见复为感。附呼吁和平宣言补充声明各一纸,恭请查收。主席陈○○。

二

各报社
各通讯社 台鉴:我中国同胞八年抗战,继之又三年内战,痛苦之深,无以复加。本党居第三方面,际此严重时机,不得不向各界呼吁,共同向国共两党要求和平,停止战争,循和平途径解决一切问题。盖今日人民真实迫切之需要第一为和平,谅各界必予赞同。特电呼吁,即请查照协助为感。附呼吁和平宣言补充声明各一纸,请查收。主席陈○○。

〔中国青年党等党派档案全宗汇集〕

17. 陈健夫向国共两党"呼吁和平"代电

(1948年12月27日)

中国国民党
中国共产党 勋鉴:我国抗战八年,终归胜利,不幸连年内战,人民入于水深火热之中,痛苦不堪言状。本党居于第三方面,际此严重时机,不得不向贵党人士呼吁和平,祈望贵党体念今日人民之痛苦,迅谋停止战争,循和平途径解决一切问题,以安民生而维国本。国人夙仰贵党素以救国救民为责任,谅蒙赞同。特电呼吁,即请查照见复为感。附呼吁和平宣言补充声明各一纸,恭赍查收。主席陈○○。

〔中国青年党等党派档案全宗汇集〕

18. 中国新社会革命党非常时期紧急措施办法
(1948年12月)

兹规定如遇地方陷落,本党同志应作左列三点措施:

1. 如能潜伏者,应即潜伏工作,事先将潜伏当地各单位及通讯地址挂号径寄总部。

2. 如迁移内地能自谋生活者,应即迁移内地,除报总部外,并向当地党部报到。

3. 如愿就军中工作者,可即来京,由本部介绍军队中工作。

〔中国青年党等党派档案全宗汇集〕

19. 中国新社会革命党党务特派员工作地区划分表
(1948年12月)

兹将本党特派员工作地区划定于左:

1. 华北区党务特派员　王造时——天津、北平、河北、山东、山西。

2. 东北区党务特派员(待派)——东九省、热河、察哈尔、绥远。

3. 川康区党务特派员　徐力生——四川、西康、西藏。

4. 西北区党务特派员(待派)——陕西、甘肃、宁夏、青海、新疆。

5. 华中区党务特派员(侍〔待〕派)——河南、安徽、江苏、浙江。

6. 湘鄂赣党务特派员　何　鹏——湖南、湖北、江西。

7. 黔、滇党务特派员　刘　渡——云南、贵州。

8. 华南区党务特派员(待派)——福建、广东、广西。

9. 台湾区党务特派员　潘持志——台湾。

10. 冀鲁豫边区党务特派员(待派)——黄河以北包括冀南、豫北、鲁西等。

11. 闽粤赣边区党务特派员(待派)——闽粤赣边区。

12. 江南区党务特派员(待派)——京、沪、芜湖。

13. 鲁苏区党务特派员(待派)——苏北、鲁南边区。

14. 豫皖边区党务特派员(待派)——皖北、豫东。

〔中国青年党等党派档案全宗汇集〕

20. 中国新社会革命党非常时期交通联络办法
(1948年12月)

兹规定非常时期交通联络办法于左：

(一)中央与特派员之间,应互相规定确实通讯处,密切联系,如发出邮寄不灵时,应互相派遣联络员,以资联络。

(二)特派员与督导专员及总支部之间,应互相规定确实通讯处,密切联系,如发生邮寄不灵时,应互相派遣联络员,以资联络。

(三)各总支部与支部之间亦同。

(四)各支部与小组及党员,应随时联络,不得脱离。

兹将中央总部通讯处指定于左：

(一)平常时期——南京中山路一五〇号。

(二)非常时期——1.上海南京路八六四弄四一〇号国际言论社转陈立人。2.江西南昌樵舍镇德昌祥魏俊德收转陈立人。3.江西南昌豫章后街一七号魏俊德收转陈立人。

〔中国青年党等党派档案全宗汇集〕

21. 中国新社会革命党部长以上名单

(1948年)

部别	职别	姓名	住址	备考
新社会革命党	中委会主席	陈健夫		
	副主席	沈志远		
	组织部长	朱光正		
	宣传部长	刘汉俊		
	联络部长	翟立春		
	边疆部长	石觉民		
	侨务部长	刘瑞华		
	农工部长	刘陪中		
	秘书长	杜崇法		
	副秘书长	姬郁文		

〔中国青年党等党派档案全宗汇集〕

22. 中国新社会革命党各级党部筹组暂行细则

(1948年)

1. 本简则依照本党党章订定之。
2. 本党各级党部悉依本简则规定筹组之。
3. 本党于各省及院辖市均设总支部，各县及省辖市均设支部，以下设小组或直属小组。
4. 本党各总支部、支部（下简称总支（支）部）在具备完善条件前，均先设立筹备处，筹备建党一切事宜。
5. 总支（支）部筹备处设主任筹备委员、副主任筹备委员各一人，筹备委员若干人（得视情形而定），均由总部任免之。
6. 总支（支）部筹备会议每月或每半月开会一次，由主任筹委召集之。

7. 总支部设秘书、组织、宣传、文教等四处，支部设秘书、组织、宣传等三组，分别办理该部各种事宜。

8. 总支（支）部各处（组）长，由筹备委员会中推选，并呈请总部核定之。

9. 总支（支）部在筹备开始前，应先拟呈工作计划，并逐日将工作情形报请总部核办。

10. 总支（支）部在筹设期内，应先参照党章，吸收党员，建立小组或直属小组，并随时呈请总部核备。

11. 总支（支）部所属各小组及直属小组长、副组长，由干部党员中挑选，并呈总部备查。

12. 总支（支）部吸收新党员，以三个月至一年为预备期，暂不用预备党员及正式党员之名称，视其工作实际表现，于每月终呈报总部核定其党籍。

13. 总支（支）部吸收新党员，在预备期内一律不发党证，均暂发给临时登记证。

14. 总支（支）部预备党员及人员之奖惩事宜，概须呈请总部核定行之。

15. 总支（支）部在筹备期间，应视工作发展情形，并吸收党员在五十人以上，得成立正式支部，五个支部以上，得成立正式总支部，须先呈报总部核准，派员指导成立。

16. 总支（支）部筹备期内，未经呈准正式成立前，一切工作绝对秘密，除总部指定人员外，均不得向外公开活动。

17. 总支（支）部须与地方政府联系时，得呈请指定人员出面活动，一切内部人事工作，除宣传理论外，一律保守秘密。

18. 筹备人员如工作不力，不能答〔达〕成任务，总部除予免职外，并予处分。

19. 本简则未列事项，得参照党章办理之。

20. 本简则自颁发日施行。

〔中国青年党等党派档案全宗汇集〕

23. 中国新社会革命党总部关于加强对下属组织控制通知
(1948年)

各总支(支)部鉴：一、查本党组织日益庞大，各地志士多直接投函总部参加，未能参加各总支(支)部组织，此乃开创之初，必然现象。为使同志纳入组织，克尽党员职责，避免游离脱节情事，随电颁发各该所属区域内同志名册一份，希迅取联系，编列小组(依小组办法)，每周举行小组讨论会一次，报部备查。其讨论会重心：(一)宣布总部□□□□□□；(二)研讨本党主义、政纲、政策，加强对党认识；(三)检讨过去工作，计划未来工作；(四)评判同志工作成绩，呈报总部奖惩，厉行工作竞赛；(五)听取同志提供意见，藉收集思广益之效；(六)救济同志急难，厉行同志互助；(七)其他。

二、为加强组织，掌握同志团结力量，以收指臂之效，特随电颁发"党员通讯简则"一纸，希即迅速翻印、转发所属同志饬知，每月三号前向总部通讯一次，每月十五号前再通讯一次，每月两两〔两字衍〕次。如有意外未能履行，事后必须补述理由，总部每月登记二次。非特别情事外，通常应予指示者，宜寄各支部转达，无须指示者存案。如发现有同志三次未通讯者，则予以重处。

三、支〔支字衍〕总支(支)部工作每半月报部一次，如经查有三次未报者，则予以重处。

四、各总支(支)部负责同志未办入党手续者，限文到三日报部，否则重处。

五、本党代表农工大众，故坚决与豪门、官僚、资本家不妥协。其党费之来源，规定以党养党之党员缴费制度。历查世界各国，凡信奉社会主义及代表劳工大众之党，莫不同此，故希严格注意党费与月捐之缴纳。

六、各总支（支）部务须发挥领导力控制各同志，凡同志有关于本党所有建议者，务须呈小组长转呈支部，再转总部（前项党员宜向总部通讯，只乃侧方情况之报告，而非主观之建议）。

七、凡总部有所指示，务须彻底执行，否则重处。

八、本党未取□□□□制，□□□□讨论□□□□严格执行，分层负责，级级服从，否〔则〕□□□□□□□□。

〔中国青年党等党派档案全宗汇集〕

24. 中国知行学社为新革命报社募股启事

（1948年）

中国知行学社所倡导之新革命运动，实为今日救国救民之一伟大的新生运动，因今日之时代潮流，业已进入新革命运动之新时代矣。

环顾现实，整个国家与全体人民正陷入共产党暴力蹂躏与国民党官僚剥削之双重淫威下，大好河山，分崩离乱，血雨腥风，惨何忍睹。政治一团黑暗，人民形同刍狗。救国救民之三民主义，直徒托于空言，所谓革命主义与革命政策，亦无一能贯彻始终者。贪官则窃公帑以入私囊，政客则兴风浪以作要挟，卑污之气充斥，廉耻之道丧尽。国乱民穷，莫此为甚，有志之士，能不发指！

吾人认为主义不行，罪在官僚，国家丧乱，祸在共党，此两者实相因而相成。官僚主义与暴力主义，已成为今日危害国脉民命之两大蟊贼，其必为时代所淘汰，毫无疑义。然时代造人，人亦须起而接受此时代付予之使命，从而推进之，实行之，此即为人类社会新陈代谢之作用。中国今日已进入新革命运动民主之时代，吾人必须循民主轨道，建立国家和平统一，保障人民安居乐业。此种艰巨之任务,非由吾辈有良心,有血性,有正义感之人士起而负责不为功,此实为吾人倡导新革命之所由来也。

革命起源于心,由精神发而为行动,故必先从事于文化事业,藉报章杂志以宣扬宗旨,然后方能激发民心,造成时势,故吾人决定先创办新革命报一种,其宗旨在宣传新革命,反对旧势力,因之其经营政策不能不以报养报,以求维持独立风格,持之永久,爰经决定资本总额暂定一亿元,分一万股,每股一万元,凡中国知行学社社员,均为当然股东,非社员之赞成本报宗旨者,吾人尤为竭诚欢迎。本报预定今年六月一日在南京出版,若资金能早日收齐,当提早发刊。嗣后若有需要,经股东会议决议,可随时增加股金。创议之初,爰简述本报源起及发行旨趣,以告同志及海内志士仁人,至祈不弃涓埃,惠然参加,四海一心,共同努力,新革命运动之成功,当可预卜!

发起人　中国知行学社全体理监事

陈健夫	明秋水	沈俊容	王慎之	龚式谷	刘茂欣
刘崇新	周正之	梁起翔	杜章甫	陈万禄	曷　质
范　鹏	黄景贡	万仲良	宋云南	李彩球	刘桂楠
钟鼎鼎	赵岱峰	李镒民	彭梅芳	高国良	吴世迈
樊冠华	陈则鸣	唐揖逊	邵玉珊	徐晓江	阮之升
甘　棠	贾菊人	方　毅	刘陶福	汤于衡	汪祖呈
赵毅甫	孔士豪	崔镇戎	施宏勋	肖民生	肖光邦
成　斌	朱岳峙	詹士俊			

〔中国青年党等党派档案全宗汇集〕

25. 中国新社会革命党人民动员委员会组织大纲

(约1948年底)

第一条　本党为动员人民团结自卫实行保乡卫国起见,特组织人民动员委员会。

第二条　人民动员委员会以团结具有爱乡爱国之人民,实行反暴力反封建反官僚反贪污之自治自卫运动,以期促进中国新社会之建设而使人民享受康乐生活。

第三条　人民动员委员会之任务如左:(一)协助人民自治事宜;(二)关于人民自卫事宜;(三)关于人【民】生活之改善事宜;(四)关于解救人民痛苦事宜;(五)其他人民动员事宜。

第四条　人民动员委员会设委员长一人(由本党最高领袖担任),副委员长二人,委员长对外代表本委会,对内领导人民发动自治自卫力量,副委员长襄助委员长发展本会工作,由委员中选任之。

第五条　人民动员委员会总会设于中央,各省市县得设立分会支会,各分支会设委员长、副委员长□□〔各一〕人,委员各若干人,□〔均〕由总会派任之。

〔以下条文缺〕

〔中国青年党等党派档案全宗汇集〕

26. 中国新社会革命党和平宣言

(1949年1月1日)

中华民国三十八年元月十日建党一周年纪念

和平宣言　中国新社会革命党中央委员会印发

引言

案本党自建党之始,即以和平昭示国人,对于国共战争,素主和平解决,三十四年九月毛泽东先生至渝,本党(前身知行学社)即提供和平解决方案(《大公报》等发表),上年七月间本党鉴于内战之严重,即制定和平宣言,当时因格于恶劣环境,未能发表,直至十二月十日本党高级干部会议通过,经再三审慎,始于十二月二十七日正式发表，反应至为重大，虽有恶意之徒（如《救国日报》等）妄诬本党为"匪谍"，甚至以下流无耻语气侮辱本党，本党始终以正义所在，是非毁誉，自有公论，一笑置之。今年元旦，政府方面（如总统文告及行政院长讲辞）公开宣布和平愿望，足证吾人所代表者为人民真理，任何人均不容抹煞。今日和平已为全国人民一致之愿望，其途程虽甚艰难，但真理所在，终必实现，且其实现之日必不在远，国人试拭目以待可也。吾人既深信此为真理，自当本此真理奋斗到底，为我水深火热中之同胞求得和平——且为永久而彻底之和平，并祈各界仁人志士，一本正义，予我指教匡助，共同完成此伟大之历史任务是祷。

中国新社会革命党中央宣传部谨注
三十八年元旦

中国新社会革命党时局宣言

向国共两党呼吁和平

今日国家陷于极度危险，人民入于水深火热，有志之士莫不忧心如焚。吾人追源祸首，厥为内战之持久扩大。吾人居于严正之国家人民立场，及正义公理之观点，愿不顾及本身一切之利害，对此严重事态，表示吾人主张。

吾人认为战争不能解决问题，战争仅为手段，和平终为目的，任何战争无不以和平为最后目的。今日国内战争已延续三年之久，而战争迄无终止之迹象，且有扩大之趋势。此种责任谁属，历史自有定评。吾人今日所应考虑者，即为如何早日结束此残酷不仁之战争获致和平统一。以战争之经验及情况言之，共党如欲完全凭借武装革命统一中国殊难获得中国之民心，今后中国人民，已非任何武装力量所可统治。在政府方面，应知战争亦不得已手段，如何获得和平，乃为政府唯一责任。因在战争状态中，一切国家建设莫由进行，延长战争之后果，惟有加重政府本身负累，于政府殊为不利。共党或自信非武装不能达到其政治目的，政府或自信非戡乱到底不能维持其政权，双方皆有其理由与利害，皆有其不得已之苦衷。吾人本于忠恕之道，不愿有所苛求，惟吾人本于国家人民之立场，则不能不郑重表示，今日战争持久扩大，人民痛苦太深，实达不可忍受之程度，人民所迫切需要之，为生命之保证与生活之安定，对何战争均为恐惧。凡吾国人无不体认战争不能解决问题之真理，因之吾人殊有权利及理由要求政府，重视此种民心之所向，而谋终止战争获致和平之道。此实为政府解除其自身危机及国家人民痛苦之根本办法。吾人更要求共党诚心与政府协商谋求和平，此后各以和平民主方针竞争，以实现其政治理想，此种机会较之循诸战争途径者迅速而彻底。吾人基于爱国爱民之诚心，立于国家人民立场，根据当前形势，特发出紧急而沉痛与共党之和平呼吁，呼吁政府共同谅解，谋致和平解决之途径，使我中国自力更生，自行及时解决争端，不再寄其希望于国际变化。吾人应以主动性自行解决中国问题，不可被动性期待国际力量为我解决，尤应及早避免使中国成为三次世界战争之战场。本党为代表人民国家利益之政党，严守正义于公理，睹国局之危急，人民之痛苦，敢不揣冒昧，不避艰难，发表呼吁如上。最后谨提供吾人之意见如下：

1. 请国共双方军队就地停战，双方政治、军事暂保持原有状态，另候解决。

2. 联合各党各派开明分子及各界进步人士，召开扩大和平会议。

3. 由和平会议产生临时联合政府，再依法成立民选政府。

4. 请求友邦人士本于道义立场出而调停。

中国新社会革命党中央委员会印制

中华民国卅七年十二月十日高干会议通过

附补充声明

一、国共两党二十年来始终以武力相争,以迄于今,除国家人民蒙受巨大损失外,国共双方均无所成就,内战长此延续,人民将死亡殆尽,国家元气亦将断送。吾人居于第三方面,际此严重危急之日,不得不恳切呼吁各在野党派人士,团结形成国家新生力量,以人民力量要求国共双方停止战争,循和平途径解决问题。吾人认定非有真正人民力量之兴起,国内和平莫由获致。

二、吾人此次发动和平运动,乃为全体人民之迫切需要,吾人本于真实之人民意志及其纯正立场,不惜任何代价,为此运动而奋斗到底,直至和平实现之日为止。吾人不仅有此呼吁而已,且将唤起人民,使其成为全面性之群众运动,请国共两党认清民心向背,知所取舍。

三、吾人为国共以外之第三党,拥护广大之干部组织与人民基础,吾人郑重声明,吾人为代表国共两党以外之人民意志,决始终保持严正之人民立场,无所偏袒,独行其是,为不属于国共两党之大多数中国人民奋斗到底。

四、吾人请求宋庆龄女士、李济深先生、马寅初先生、梁漱溟先生、邵力子先生、张治中先生及其他民主先进人士,出而主持和平会议。

五、吾人认为中国和平为世界和平之关键,因之吾人请求美、苏友邦出面协助中国人民促进中国和平。

六、本党主席陈健夫先生及全国干部同志,即将分赴各地(政府及中共地区)公开呼吁和平,以非暴力主义方式奋斗前进,敬望国共两党人士及社会贤达予以协助指导。

我们的口号:

1. 中国人不应自相残杀!
2. 和平奋斗救中国!
3. 请国共两党和平协商!
4. 和平第一!民主第一!

5. 只有和平可以救中国！
6. 向国共两党要求和平！
7. 请国共两党救救人民！
8. 中国问题让中国人民解决！

〔中国青年党等党派档案全宗汇集〕

27. 中国新社会革命党"再向国共两党呼吁和平"声明
(1949年1月15日)

本党自上年十二月十日发动和平后，国民党总裁蒋介石先生首于元旦发表文告，表示和平愿望，继而中共主席毛泽东先生亦于元月十四日发表声明，提供和平意见八项。姑不论双方所持和平条件有何距离，但皆有体恤人民、放弃战争、接受和平之诚意，吾人深为国家前途庆幸。本党对和平前途深具信心，且已采取实际行动，派遣同志分赴各地（包括共区）促进和平运动。际此和平初现之日，本党特发表第二次声明如下：

一、请国共双方以国家人民为重，竭诚相见，互相遵〔尊〕重，互相忍让，对和平意见均应本宽大态度，以大多数人民意旨为依归，凡在人民面前低头者，人民无不宽恕，非如此则无法实现真正之和平。

二、法统是自然形成的，乃由人民意旨及政治内容而决定，人民自有其抉择，国共双方尽可进行政治的竞赛，无须作此机械的争端。

三、"惩办战犯"意义未尽明确，本党主张依法追究内战责任，由人民直接投票或组织法庭决定，以期公允合理。

四、本党认为"没收官僚资本"、"改革土地制度"为今日迫切任务，在原则上是同意的，但应由和平后新政府根据人民之意见办理。

五、本党重申第一次声明:请各党各派与民主先进人士及美苏友邦出面协助中国人民谋求和平,但反对一切企图以国际力量解决中国问题之主张。

六、本党主张召开扩大和平会议,产生联合政府,制定新宪法,由新政府根据新宪法,厘定新的内政外交一切施政大计。

七、本党主张根据政治民主化、军队国家化的原则,对现有"政权"、"军权"之转移,概由新政府依据宪法处理。吾人反对任何党派拥有武装力量,以根绝内战。

八、本党建议国共双方迅速推派代表会同第三方面各党各派代表,于二月一日在北平举行谈判,自本月二十五日起,双方同时下令停止军事行动。

吾人深信以上声明,纯系客观认识,足以代表大多数人民之心愿,特以至诚恳切提供国共两党当局,以为和谈之商讨。

〔中国青年党等党派档案全宗汇集〕

28. 新革命运动纲要
(1949年1月)

一、新革命运动的时代背景

(1) 中国当前的危机:A. 贪污;B. 腐化;C. 官僚;D. 奸商;E. 财阀;F. 土劣;G. 内乱;H. 政客。

(2) 中国内在的隐忧:A. 贫穷;B. 无知;C. 自私;D. 散漫;E. 衰弱。

二、新革命运动的当前任务

(1) 新经济建设:A. 征收遗产税、财产税,渐次取消遗产制;B. 取缔官僚资本;C. 取缔官僚资本包办的公共事业;D. 取缔大地主;E. 收回国人外国存款;F. 土地从新分配,使耕者有其田;G. 保障人人有业;H. 保障农工人民利益;I. 奖励生产者,淘汰反生产者;J. 发展水利交通;K. 改进奖励发明;L. 发展合作事业;M. 建立新币制;N. 实行节约生活统制;O. 平抑物价。

(2) 新文化建设:A. 建设新文化思想(废除封建传统思想,如宗族主义、自私主义、特权主义,保持优良传统性格,如刻苦耐劳精神做道德等,接受新思想、民主科学,建立自力更生的民族思想文化);B. 改革学制;C. 实施平民义务教育,有计划的教育;D. 改革留学制度。

(3) 新社会建设:【A】继续以和平方法破坏社会的不良风俗与习惯;B. 建立新伦理、新道德。

(4) 新政治建设:A. 打倒假民主反民主;B. 纠正士大夫的政治错误思想;C. 确保平民的参政权。

(5) 新国防建设:建立现代科学国防,确保领土完整。

上列五项建设,即为促进下列五项目的:(1) 政治民主化;(2) 经济社会化;(3) 军队国家化;(4) 教育平民化;(5) 生活大众化。

三、新革命运动的民主主义

(1) 确保平民的生活权;(2) 确保平民的参政权;(3) 确保平民的教育权;(4)确保平民的自卫权;(5) 确保平民的自由权。

四、新革命运动的手段与途径

(1) 用和平民主的方式,用宗教服务的方法,用渐进的不流血手段,来完成新革命任务。

(2) 发动民间的广大社会运动来领导政治运动,辅导社会运动。

五、新革命运动对党派的关系

(1) 保持正中不偏的新革命立场,不偏左亦【不】偏右。

(2) 开辟一条正中的新革命途径。

(3) 在不违背新革命运动纲领原则之下,与各党派保持同等友谊关系。

六、新革命运动对政府的态度

(1)拥护政府的合法地位;(2)反对政府的官僚贪污;(3)批评并纠正政府的错误政策;(4)保持在野党派的身份与立场,在未获得大多数人民信仰与建立社会基础之前,不参加任何政府部门工作。

七、新革命运动之正式提出始于民国三十五年十一月十二日,并组织团体(中国知行学社),在理论与实践上同时并进。推行以来,极为一般革命青年及民众所热烈欢迎,纷纷自动参加,比参加任何政党为自然为踊跃。且参加之人多数均能本新革命精神自发自动工作,不惜出钱出力,甚至牺牲一切在所不惜。此次新革命运动之提出与实践,系由于中下层青年自动自发的顺乎天理应乎人情的,并无不良的政治的或经济的后台。此项运动之开展与深入,确为惊人,为中国目前所未有之现象,此实由于提倡者与实践者确乎动机纯正,立场正大之故。一年以来,已建立分支机构二百余处,干部人员达十一万之多,群众最少在三四十万之众。此种情形,完全出于自然,因经费困难,从未作大规模之宣传,亦未作大规【模】之组织。今后倘能更进一步筹募经费,则前途发展不可限量,国人所祈求之所谓第三种力量,或将由此出现。

〔中国青年党等党派档案全宗汇集〕

29. 中国新社会革命党中央总部关于该党取得合法地位通令

(1949年2月7日)

中国新社会革命党中央总部通令　　新总(38)字第十六号
　　　　　　　　　　　　　　　　中华民国三十八年二月七日
各干部同志注意:

一、本党一年以来,艰苦奋斗的表现,已经普遍的反应到全国各个阶层,最近政府方面,政院已通令全国各省市县,正式承认本党为合法政党（附密令参考），切望同志们把握时机，展开工作，集中全力向各阶层网罗真正革命分子，介绍入党，并严密迅速加以组织，付以任务。前颁小组办法要切实做到。

二、本党既依法取得合法之地位，各地干部同志，除对本身组织人事保持机密外，对于当地报纸、通讯社、公共集会，应充分利用，或编印传单标语，扩大宣传本党主张，以加深各界对本党的印象。尤其希望各干部同志，学习宗教家传道的精神，随时随地宣扬本党主义。

三、当前和平运动为人民所迫切需要，本党倡导最早，望把握此项运动的政治意义，深入群众广泛宣传，并策动真正代表人民之和平组织（不受任何方面支配之和平机构），使本党之和平运动不与人民脱节。

四、本党工作虽有显著之进展，但经严格考核之结果，各干部同志，仍有许多重大之缺点，应立即召开小组会议检讨纠正：(1) 意志信仰不集中，多徘徊观望，期待苦闷，不惟丧失了党的坚强意志，这都是中了官僚主义的恶毒，各干部同志应记得已经走入了新革命的道路，只有前进不准后退，后退就是自取灭亡。(2) 各干部同志之中，封建意识仍然浓厚，并没用革命意识来克服封建余毒，往往为了一宗一族的私事，而搁置了革命工作，这是很可怕的（国民党的失败就是官僚主义和封建意识造成的，应记得这个教训）。(3) 各干部同志忽略了青年的重要性，没有能够尽量吸收青年，更没有好好的运用和鼓励他们，要知革命事业是属于青年和人民的，离开青年和人民就没有革命事业可做，应大胆吸收青年群众。过分的谨慎就是无能，党的中央不希望你过分的谨慎，只希望你勇往直前，时时刻刻在青年群众中活跃着。(4) 对恶劣的环境过分的畏惧，就阻碍了一切的进展，只问自己有没有信心，对当前的一切敌人，都不要害怕，必须如此你的工作才会有进步，否则畏首畏尾便不能成功，更有许多干部甚至于高级干部，许久没有向中央报告工作状况。自此次命令之后,如仍有此种情形,你一定要受到最严厉的处分,如空谈理论无补实际,应深刻了解党的主义,加以发扬,必须将主义灌输到实际工作中去,成为群众与组织的灵魂。

五、在时局动荡不定的现状之下,本党有一贯之主张,不问国共两党谁胜谁灭,本党任务一天天的加重,不问任何艰难危险,皆不可终止前进,凡是遭遇反动势力压迫,皆应采取地下工作之方式,各干部同志必须主动的在各个不同的环境中埋头苦干,开展组织,使党的干部与群众深入各种环境中,不因任何恶势力而消灭。

六、党的中央现在通讯地址:(1)南京升州路颜料坊八十三号楼上。在南京没有变化之前,一切文件仍希寄交南京。(2)南昌办事处设于南昌樵舍镇德昌祥魏俊德收转。(3)上海办事处上海南京西路六八四弄四一〇号国际言论社收转。前颁之非常时期通讯密码作废,兹归〔规〕定通密如下:

通密	明	1	2	3	4	5	6	7	8	9	0
	密	3	6	9	0	2	5	8	1	4	7

主席　陈健夫

(附件)

社会部密令　社(37)组四字第 35827 号
中华民国三十七年十二月十六日
令各省市政府

案奉行政院卅七年十一月廿六日(卅七)六经字 5322 号训令中开:□江西省政府呈为中国新社会革命党是否为合法政党,可否准予公开挂牌活动,未奉明令饬知,谨请核示等情,业经核示处理政党活动之原则各项如下:(一)凡未经政府宣布为非法之政党,自应依照宪法之规定准许公开活动。(二)对于各政党之正当活动,政府采不干涉主义。(三)政党之活动如有违反法令情事,应由政府主管机关就其违法部分依法论处,或请示内政部处理。除指复并分行内政部外,合行令仰知照,并仰转饬知照。等因。奉此。除分令外,合行令仰知照。此令。

部长　谷正纲

〔中国青年党等党派档案全宗汇集〕

30. 李汉魂为中国新社会革命党已取得合法地位公函稿

(1949年7月13日)

公函

案准贵处六月三日穗(七)第10989号通知单,以青岛市政府请示中国新社会革命党已否取得政党地位,奉交议复等由。查政党活动之处理,前奉钧院(卅七)六经5322号训令指示处理政党活动之原则:(一)凡未经政府宣布为非法之政党,自得依照宪法之规定,公开活动;(二)对于各政党之正当活动,政府采不干涉主义;(三)政党之活动,如有违反法令情事,应由主管机关就其违法部分依法论处,或请示内政部处理。等因。并经本部以安肆(卅七)18327号代电通饬各级警察机关遵照办理。各在卷。该中国新社会革命党既未经政府宣布其为非法之政党,自不能认为无合法之地位。但该党如有违反政府法令之活动,当地主管机关当可依法论处。相应复请查照转呈为荷。此致

行政院秘书处

部长　李○○

抄原代电

行政院院长何钧鉴:案据本府警察局二社字第五九二号呈略称:以中国新社会革命党青岛特别市党部近在本市创办学校,公开活动,该党究系何种组织,请求核示等情到府。该党已否取得政党地位,本府无案可稽。除饬警察局严密注意该党一切活动外,特电

请鉴核示遵。

〔国民政府内政部档案〕

廿一、中国全民民主党

1. 中国全民民主党党章

第一章 定名

第一条 本党定名为中国全民民主党,简称全民党。

第二章 党员

第二条 凡承认本党政纲党章及党的经济制度服从本党一切决议遵守本党纪律经党员二人之介绍,并完成入党手续者,不分性别得为本党党员。

第三条 凡其他政治组织之成员或整个政治集团加入或转入本党时,必须经本党中央执行委员会之决议通过。

第四条 凡党员应按月缴纳党费,缴纳数目依各党员经济情况决定之。

第五条 党员党籍属于所在地方党部。

第六条 党员移居时,应向原隶组织办理异动手续,并于到达新居地点一月内向该地组织报到登记。

第七条 党员有发言权、表决权、选举权及被选举权。

第八条 党员只有党的利益,没有个人的利益,党的利益属于党员全权。

第九条 党员与党的经济关系依党的经济制度之规定办理之。

第十条 在实施党的经济制度之下,党员有解决党员个人及其直系亲属之生活工作婚丧教养老病等之一切责任。

第三章 组织

第十一条 本党以少数服从多数,下级服从上级之民主集中制为组织最高原则。

第十二条 在秘密或特殊环境之下于必要时党的下级机关得由上级机关指定成立,并指派新党员加入党部委员会。

第十三条 各级党部以地域原则划分之,凡管辖一区域之组织对于该区域内之各级组织为上级机关所有该区域内之党员均应加入其组织。

第十四条 各级党部最高机关为全国代表大会地方代表大会地方党员大会。

第十五条 地方党员大会地方代表大会全国代表大会须各选出执行委员组织执行委员会,该执行委员会在前后大会期间为各级党部权力机关执行及指导□□□的工作。

第十六条 本党组织系统如下:

子、全国　全国代表大会　中央执行委员会

丑、全(市)省　全省代表大会　省(市)支部执行委员会

寅、全(市)县　全县代表大会　县(市)支部执行委员会

卯、全区　全区党员大会　区支部执行委员会或代表大会

辰、小组　党员会议　组长

小组为党的基本组织。

国外得设总支部分支部。

第十七条 中央执行委员会得分设各部局处,执行本党通常或非常党务,各部局处受中央执行委员会之指挥管辖,其职权及组织法由中央执行委员会决定之。

第十八条 各下级执行委员会须受上级执行委员会之指挥管辖,各级支部之内部组织法由中央执行委员会颁行之。

第十九条 各下级党部之成立须经上级党部之核准。

第四章 中央党部

第廿条 本党最高权力机关为全国代表大会,大会每三年召开一次,但中央执行委员会认为必要或由省(市)支部半数以上之请求时,得召集临时全国代表大会,如遇特殊情形时,中央执行委员会对于全国代表大会常会之召集得通告展期,但不得超过一年。

第廿一条 全国代表大会开会日期及重要议题,中央执行委员会应于开会前三个月通告全体党员。

第廿二条 全国代表大会及各级支部代表大会之组织法暨代表选举法,由中央执行委员会决定之。

第廿三条 全国代表大会之职权如下:

子、接受并审查中央执行委员会之报告;

丑、修改本党政纲党章及党内经济制度;

寅、决定本党一切政略政策及组织等问题之决议;

卯、选举中央执行委员候补执行委员与监察委员候补监察委员。

第廿四条 中央执行委员候补执行委员暨监察委员候补监察委员之人数由全国代表大会决定之各级支部人数由中央执行委员会规定之。

第廿五条 中央执行委员暨监察委员出缺时由候补委员依次递补之。

第廿六条 中央执行委员会之职权如下:

子、对外代表本党;

丑、执行全国代表大会决议;

寅、组织各级支部并指挥之;

卯、组织本党中央机关各部局处;

辰、综理本党一切经济财务事项。

第廿七条 中央执行委员会全体会议每半年至少开会一次,候补执行委员得列席会议,但无表决权。

第廿八条 中央执行委员会互选常务委员九人至十一人组织

常务执行委员会，在中央执行委员会全体会议闭会期间对中央执行委员会负责执行一切党务。

第廿九条　中央执行委员会为执行党内经济制度，特设经济委员会办理党与党员一切经济事业，如遇必要时，并得设其他各种委员会。

第卅条　中央执行委员会须将其工作概况每月通告各省（市）支部及直属支部。

第卅一条　中央执行委员会得派中央执行委员候补执行委员分赴各地指导各级支部推行党务。

第卅二条　中央执行委员会有执行中央监察委员会决议之义务，但必要时得移请复议一次。

第卅三条　中央监察委员会之职权如下：

子、依据本党纪律决定各级党部或党员违背纪律之处分；

丑、稽核本党一切经济财政事宜；

寅、审查本党党务之进行情形。

第卅四条　中央监察委员互选常务委员五人，在中央执行委员会所在地执行职务，每半年至少开全体会议一次。

第卅五条　中央监察委员会得派中央监察委员候补监察委员分赴各地执行职务。

第五章　省（市）支部

第卅六条　全省（市）代表大会每二年举行一次，如遇有左列情形之一者得召集临时代表大会。

子、中央执行委员会训令召集时；

丑、省（市）支部执行委员会认为必要而经中央核准时；

寅、县（市）支部半数以上提请召集时。

第卅七条　全省（市）代表大会之职权如下：

子、接受并审查省（市）支部执行委员会之报告；

丑、依照中央党部指示决定全省（市）党务进行之方针；

寅、选举省(市)支部执行委员监察委员。

第卅八条　省(市)支部执行委员会之职权如下：

子、执行中央党部之命令及本省(市)代表大会之决议；

丑、设立各地县(市)支部并指挥之；

寅、组织本省(市)支部党务机关各部；

卯、经理本省(市)支部一切经济财政事项。

第卅九条　省(市)支部执行委员会每月应将其工作情形向中央党部报告一次。

第四十条　省(市)支部执行委员会及监察委员会每三个月至少应开全体会议一次。

第四十一条　省(市)支部执行委员会互选常务执行委员七至九人执行经常或非常党务。

第四十二条　省(市)支部执行委员会有执行省(市)支部监察委员会决议之义务，但于必要时得移请复议一次。

第四十三条　省(市)支部监察委员会之职权如下：

子、依据本党纪律及上级监察委员会之指示决定所属党部或党员违背纪律之处分；

丑、稽核本省(市)支部一切经济财政事项；

寅、审查本省(市)党务之进行情形。

第六章　县(市)支部

第四十四条　全县(市)代表大会每一年举行一次，但有左列情形之一者得召集临时代表大会。

子、上级党部训令召集时；

丑、区支部半数以上提请召集时；

寅、县(市)支部执行委员会认为必要而经上级核准时。

第四十五条　全县(市)代表大会之职权如下：

子、接受并审查县(市)支部执行委员会党务报告；

丑、依照上级党部指示决定全县(市)党务进行之方针；

寅、选举县(市)支部执行委员与监察委员。

第四十六条　县(市)支部执行委员会选举常务委员三人执行经常或非常党务。

第四十七条　县(市)支部执行委员会应将其工作情形向上级党部每月报告一次。

第四十八条　县(市)支部执行委员会及监察委员会全体会议每月至少开会一次。

第四十九条　县(市)支部执行委员会有执行本支部监察委员会决议之义务，但于必要时得移请复议一次。

第五十条　县(市)支部监察委员会之职权如下：

子、依据本党纪律及上级监察委员会指示决定所属党部或党员违背纪律之处分；

丑、稽核本县(市)支部一切经济财务事项；

寅、审查本县(市)支部党务之进行情形。

第七章　区支部

第五十一条　全区党员大会或代表大会每半年举行一次。

第五十二条　全区党员大会或代表大会之职权如下：

子、接受并审查区支部执行委员会之报告；

丑、依照上级党部之指示决定全区党务进行之方针；

寅、选举区支部执行委员及监察委员。

第五十三条　区支部执行委员会之职权如下：

子、执行上级党部之命令及全区党员大会或代表大会之决议；

丑、组织区内各小组并指挥之；

寅、经理全区经济财务事宜；

卯、调查统计党员经济情形。

第五十四条　区支部执行委员会选举常务执行委员三人执行日常党务。

第五十五条　区支部执行委员会须将工作情形每两周报告上

级党部一次。

第五十六条　区支部执行委员会每两星期至少开会一次。

第五十七条　区支部监察委员会之职权如下：

子、依据本党纪律及上级监察委员会指示决定所属各小组或党员违背纪律之处分；

丑、稽核区支部一切经济财务事宜；

寅、审查全区党务之进行。

第八章　小组

第五十八条　小组为本党基本组织由党员三人以上组成之，设组长一人执行一切党务。

第五十九条　小组会议每一星期开会一次。

第六十条　小组会议之职权如下：

子、接受　审议组务报告；

丑、依照上级指示决定本组活动方针；

寅、选举组长。

第六十一条　组长之职权如下：

子、执行上级命令及本组会议之决议；

丑、分配本组党员工作并指导考核之；

寅、汇缴党费并调查党员之工作及生活情形。

第六十二条　小组之任务如下：

子、用有计划的宣传和行动实行党的主张和政策，策动各级人民团体之组织，争取人民信仰，深入民间扶植群众；

丑、用党的组织力量积极渗透一切社会经济教育福利等事业，并根据全民的观点探讨群众之需求；

寅、调查分析各地政治经济教育军事等之设施利弊与动态；

卯、征求与训练新党员并在各级社会中进行各种文化政治工作。

第六十三条　组长应将本组工作情形每一周向上级党部报告

一次。

第六十四条　各级党部均得斟酌实际情形设立直属小组。

第九章　任期

第六十五条　全国代表大会各级地方代表大会会期终结时代表任务即为终了,但须向所代表之党部报告大会之经过及结果。

第六十六条　各级执行委员监察委员任期中央定为三年,省(市)支部定为二年,县(市)支部定为一年,区支部小组组长定为半年,但连选得连任。

第十章　纪律

第六十七条　凡党员应恪守下列各项纪律：

子、绝对遵守政纲党章及党的经济制度；

丑、党内各项问题得自由讨论,但一经决议后即须绝对服从；

寅、严守党的秘密；

卯、遵守时间；

辰、绝对服从上级命令完成工作任务。

第六十八条　凡党员违反本党纪律者应受下列之惩戒：

子、训导；

丑、警告；

寅、申诉；

卯、在一定期间内停止党员应享之权利；

辰、开除党籍。

惩戒办法,由中央监察委员会拟定提请全国代表大会通过施行。

第十一章　宣誓

第六十九条　凡党员入党时,须举行宣誓词如左：

余誓以至诚参加。

中国全民民主党遵守本党政纲党章及经济制度,服从上级命令,执行党的一切决议,恪守纪律,为全国人民尽忠,为社会人类服务,不避劳怨,不惜牺牲,如有违背,愿受最严厉之处分谨誓。

第十二章　附则

第七十条　本党章解释权属于本党中央。

第七十一条　本党章由本党最高权力机关决议通过之日起发生效力。

〔中国青年党等党派档案全宗汇集〕

2. 中国全民民主党政纲

宗旨

一、本党以实现全民民主独立繁荣之新中国及保障东亚与世界之和平安全进而实现世界大同为最终目的。

总则

二、确立全民民主政体，消除阶级矛盾。

三、政治、经济、教育、军事全民化，全力发展农工业，均足全民利益，策划社会安全。

四、确认大地主大资本家为均足全民利益之阻碍者，在政治、经济各方面限制其发展，并以有效方法减少其财富，直至不违害全民利益之程度为止。

五、扶助弱小民族一律自决并建立真正国际民主制度。

政治

六、全国人民不分种族，不分男女，一律平等，并绝对保障言论、出版、集会、结社、信仰、身体、居住之自由，实行提审法，颁布妨害自由治罪法。

七、国内各党各派一律放弃武力，交出党军，国内问题一切均以政治协商方式，解决任何党派不得以争取党派利益危害国家社会之安全与领土主权之独立。

八、确认政治协商会议及军事三人小组协定各项方案为国内团结统一进入民主阶段之有效过渡办法,并全力促其实施。

九、根绝官僚资本及一切违反全民利益者,肃清贪官污吏,并没收其全部财产。

十、实行不记名式之普选,健全各级民意机构。

十一、确定立法监察两院为行使人民主权之最高权力机关。

十二、实行责任内阁制,总统不负实际行政责任。

十三、划分中央与地方权限,缩小省区,确立省为最高自治单位,实行省县市长民选。

十四、确立文官制度,公职人员专业化。

十五、尽量提高国内少数民族之自治能力,并扶助其发展。

经济

十六、确认均足社会财富为繁荣全民经济之基础,统筹建设各级公营经济事业,并扶助小型民营工商企业,订立民营工商企业法,限制私有资本,发展国民经济。

十七、斟酌国民经济情形,配合国家经济建设计划,预定阶段生活水准,限制富者超越,协助贫者改进,以期全民生活平衡化。

十八、实行土地改革,第一期按照公平合理之原则,分区重订租佃契约;第二期实行土地额余公有制,征收富农地主额余土地转租佃农,并保障自耕农。

十九、普遍举办国营农场及合作农场,运用机器耕耘,提高农业生产力,以促使国内工业之高度发展。

廿、设置农业生产管理机构,主办农业贷款,出租农业机器,完成土地登记,广植森林,兴修水利,灌输农民新的耕种方法,以达成农业技术现代化,均足农民生活。

廿一、重工业、兵工业、大规模金融机关、铁道、航空、邮电等及其他一切独占性之产业,均由国家经营,并促进合作组织之发展。

廿二、轻工业及一切非独占性之企业,由人民自由经营,并保障其合法利益。

廿三、实施社会保安制度,确认每一男女公民之工作权与生存权,由国家切实保障之,并全力消灭失业贫困种种社会病症。

廿四、彻底推行劳工福利事业,国内劳工无论公私企业一律均由政府保障其合理之工作与生活,并视公私企业之盈利状况而随时改进其待遇。

廿五、劳工得透过工会组织参加公私企业之管理,以激发劳工生产,热忱加速全民经济之发展。

廿六、扩大直接税系统,加强累进比率,防止财富之集中,而达有效均衡社会财富之目的。

廿七、统一税制及币制,取消一切苛捐杂税非法摊派,限制各级政府经费,厉行预算决算制度。

廿八、在不损害国家主权利益之原则下,欢迎友邦经济合作及各项工商企业之投资与技术之协助,并保障其合法利益。

廿九、实行公育制,普设托儿所、公共食堂、公共洗衣坊等,解除妇女从事社会生产之桎梏,以期达到普遍就业繁荣全民经济之目的。

卅、确立公医制,普设公共产院医院及一切保健事业,促进全民身心之健康。

教育

卅一、普遍实施强迫义务教育,彻底扫除文盲。

卅二、各级公立学校之经费,均由国库负担实行教育免费。

卅三、国家教育计划应与经济建设计划彻底配合。

卅四、充实国家教育经费,厘订各级学校设备标准。

卅五、广设各级专业学校,科学研究院所,图书实验馆室,并鼓励协助私办学校。

卅六、保障教育人员及科学人员之合理生活,充分供给科学研究费用,并鼓励其发明。

卅七、提高专科以上学校取录学生之标准,其标准由国家以法律定之。

卅八、教育学术思想绝对自由。

卅九、发展边疆教育。

四十、扶植文化事业发展各级文化团体。

军事

四十一、建立全民科学国防,彻底军队国防化,并积极培植国防科学技术人才。

四十二、彻底兵役全民化,常备兵额以能巩固国防为标准。

四十三、第二次世界大战中所有各级抗战有功及复员官兵与殉国将士遗族之生活教养,均由政府切实负责。

侨务

四十四、切实保障海外华侨之生活地位与利益,推广侨民移殖保育政策。

四十五、发展侨民团体,健全各级侨务行政机构,充实侨民文化教育与福利救济事业,并保障国内侨眷之生活。

四十六、鼓励侨民参加祖国各部门工作及投资工商企业。

外交

四十七、本和平亲睦互尊互惠原则,加强对美苏英法四国之悬诚合作及世界其他各国之友好关系,彼此所订各项条约,凡在不违反国家领土主权完整原则之下者一律真实履行。

四十八、维护旧金山联合国宪章,加强联合国组织,充实执行权力,消弭战祸,保障国际安全。

四十九、彻底改正日本民族思想,根绝侵略余毒,协助民主日本之建设,并与建立合理之关系。

五十、加强印度及南洋各国之邦交,并协助其自由独立。

〔中国青年党等党派档案全宗汇集〕

3. 中国全民民主党的立场任务策略与路线
(1948年)

一、立场

立场有可变的立场,与不变的立场之分,本党不变的立场如下:

一、人民的立场——人民的利益高于一切,不论在任何情况下,均应坚持此项立场——具体的说,当我们党的利益与人民的利益发生冲突时,党应无条件的放弃与人民利益相冲突的主张,决不为任何原因而保留或推行此项主张,其他任何政团的任何政治主张,如与人民的利益相符,不论它是来自左方或右方,党均应一致赞同,并力促其实现,否则就应反对。

二、进步的立场——不论是自然现象,或是社会现象,均在日新月异的进步中,个个或政团如想不被无情的岁月所淘汰,并力求有所贡献于社会,就只有投身于进步的洪流中,积极的拿出自身的力量,帮助历史的进步,这是自然法则,也是社会法则,更是想对历史有贡献的政团自处之道——根据上项分析,因此党应在无情的自然法则和社会法则之前,高举着进步的鲜明的旗帜,举凡主义政纲党章,均应随着历史内容的不同而充实修正与变化,力求适应政治主张,应当在遭遇阻力时,以革命的行动促其实现——特定的历史阶段有特定的历史任务,为加速此项任务的完成,党并应联合其他的友党用革命的行动联合奋斗争取胜利。

二、任务

根据当前客观情况,本党认定反帝反封建历史现阶段之基本任务,此项任务如告完成,中国社会即可结束其贫困与落后,而踏上极有希望之历史途径。

一、反帝——中国国家遭受帝国主义之束缚压迫,□□□□□□□受此项压迫束缚之荼毒而民族内部之不孝分子,如买办官僚封建军阀复助桀为虐,承□□□□之鼻息,日以镇压人民之反抗为若辈无耻的天职,后幸七七事起,神圣的民族解放怒潮溺漫全国,中国统治者为了维持其统治,在一切阻止办法无效后,并因日本帝国主义鲸吞式的无限侵略,亦同样威胁它们之存在,故民族内部之联合阵线始能出现全面全民之抗战,于焉发生当时中国人民即认□结束半殖民地地位之历史使命,即可于此次抗战中彻底完成,故踊跃奋起输财输血,毫无反顾,忠勇事迹,罄竹难书,但胜利迄今,业已三年,中国人民反帝之任务并未完成——原因有三:1.美国在全世界采取了侵略的攻势,扩张成了美国的国策;2.中国国民党反动的统治集团为了镇压中国人民于胜利后对民主的热烈要求,为了对抗人民要求改革的怒潮,不惜出卖国家民族的利益,与美国反动的扩张的反世界人民利益的集团相勾结,利用金元、军火屠杀中国人民,并默许和公开承认美国扶助日本为正当,完全忽视日本的再度武装对中国民族生存的危险性,致不可怕的黩武的再度武装的日本于胜利三年后,又显现其穷凶极恶之丑像,回忆战时的碧血未干,战士的血骨尚未安埋,民族危机的信号又从全国每个角落响起,此种可怕的事实,益令人感到内贼不除外侮不止的真理和坚决扑灭内贼之决心;3.香港与九龙仍在英帝国主义的统治下,并未依平等新约的基本精神予以解决,而此项局面的形成又系国民党政府破坏政协一切决议,坚持反人民利益的内战,削弱国家国际地位的结果,总之国民党政府为了维持反人民的统治权,为了扑灭人民的武装反抗,不惜以领土主权如香港等地的割让及其他一切出卖国家权益所订定不平等条约,因此我们要大声疾呼的反对美国扶日,反对美国帮助中国腐臭的统治集团来屠杀中国人民,来镇压中国人民的革命要求,来阻止中国人民胜利的进军,并号召本党全体同志全国人民全人类坚决的反对美帝国主义分子的扩张政策对于破坏世界和平的一切恶果,并且决定于国民党的反动统治集团被打倒后,革命的人民的民主政权建立后,即依据人民的要求收回港九各地，并绝对否认和废止国民政府在内战期中为了取得美帝国主义分子军火、金元的协助，所订立的任何有害中国国家主权的任何条约与妨害中国国家复兴的任何外债，并极愿与推行世界和平政策的美国任何政府建立极亲密的外交关系和举借美国善意的对中国复兴建设有帮助的任何外债，尤须与一向同情中国人民利益的和平民主的苏联政府重订平等发展的新约。

二、反封建——封建主义是中国民族一切灾难的总根源，是中国社会向前发展的死敌，是中国人民生活的改进，物质享受的提高，政治权利的获得，社会生活的改善的唯一阻力——封建主义赖以维系生存的是：1.不合理的土地制度；2.残酷的镇压人民的正当愿望和不可理喻的屠杀人民群众中为人民所敬爱的优秀分子，并以极对狂妄的手段迫害一切它们认为可疑的人；3.当人民的力量空前高涨，使封建的统治集团的统治发生动摇时，即勾结外力，勾引腐臭同味的帝国主义分子，来共同反对人民，甚至以国家民族赖以生存的不可割让的权益，作为勾引外力，共同反对国内人民的交换条件……由于不合理的土地制度和无限的捐税苛扰以及基于人祸而形成层出不穷的天灾，使广大农村经济日益走上枯竭之途，使农民大众的生活日益陷于绝境，但落后的封建性的统治集团却依赖经济的剥削而骄奢淫逸，于是农业无由改进，生产量直线下降，于是工业亦无从发展，因为良好而广大的市场，是滋润工业、振兴实业的先决条件，但良好市场的建立，却必须农村经济的繁华与捐税力的提高，为了消灭中国社会的贫困、不安、落后，为了繁荣工农百业，为了解除人民不能忍受的苦难，与无比的提高人民生活的享受，我们必须向反动的封建残余的势力宣战，并号召动员一切人民的力量，勇敢而坚定的走上反封建的前线。

三、策略

革命的政党欲求主张贯彻，不仅对所负的任务要有清楚的认识，而且还要有正确的策略，策略是实现任务的基本工具和手段，离开了任务而谈策略,策略固成为毫无意义的政治游戏,但任务如无正确的策略相辅助任务,就绝对不能实现,策略在革命的过程中既占如此重要之地位,故本党中央缜密决定,本党当前策略如下:

一、确认打倒国民党封建性的反动统治,为本党基本策略之一——国民党的统治阶级,为一封建买办官僚所组成的反动统治集团,此一集团,统治中国垂二十余年,在此时期中,不仅对国民党缔造人中山先生之遗训,束之高阁,不予奉行,且日以排斥异己,屠杀异己,以封建方式残酷剥削广大人民为务,在抗战期中,并拒绝实行为打倒日本帝国主义,取得抗战胜利所必需的全盘的整个的改革计划和高唱三民主义可以分割的荒谬论调,以模糊人民抗战意识,致增加抗战困难,民力无由发挥,几遭民族灭亡危机,胜利复原之初,反动者意图窃据抗战胜利果实,悍然不顾举世对于和平热望之殷切以及民主政治实施之期待,竟于万方舆情抗议之下,毅然摧毁政治协商会议所通过之各项决议反而发动内战,成为国民党统治者破坏和平民主团结统一无可自赎之罪状,故本党政纲,在当时宣布"确认政协及军事三人小组协定各项方案,实为国内团结、统一进入民主阶段之有效过渡办法,并全力促其实现"。而此种神圣宪典在二年前竟不旋踵,即成历史陈迹,事之可恨莫甚于此,总之,纵观国民党二十余年来诸般施政之情况,尤以政协决议破坏后之种种施设,腐败无能,劣迹昭著,故在在均足证明国民党政府实为历史前进之阻力,为中国社会贫困之渊源,此贼不除,国脉民命,将无复兴之望,因此本党中央号召全体同志,确认此一事实,并号召全体同志打倒此一腐臭顽固之敌人。

二、加强本党与全国人民、民主党派之团结合作,为本党基本策略之二——反帝反封建既是本党现阶段之历史任务,为加速此项任务之完成自应与全国人民、民主党派团结合作,在反国民党反动分子的大前提下,在建立一经济平等政治自由之总目标下,结成

743

统一的战斗同盟,以与反动统治者奋斗到底求得民主运动之彻底胜利,故本党根据上述原因,极愿全国同胞民主人士民主党派同情此一主张,赞同此一主张,并共同努力实践此一主张。

四、路线

本党现阶段之历史任务,为反帝反封建之双重使命,反帝反封建系广大的劳苦工农大众并包括自由资产阶级(民族资本、中小工商业)的共同责任,故当前的民主革命运动非为某一阶级、某一阶层、某一部分、某一集团的任务,而系全体被压迫人民大众的共同任务,亦为当前中国被压迫阶级的共同任务,因此,当前中国的革命路线应为全体被压迫人民的统一战线"人民路线"云,内容为被压迫的人民反对统治者的路线,因此人民路线在特定的中国社会的实质内,其组成成份为:一、无产阶级的工人和赤贫阶级的农民;二、进步的愿为人民大众服务的知识分子(技术人员、文化工作者、科学家……);三、自由资产阶级(民族资本家、被压迫的中小工商业者)在革命的过程中,其方法为革命的统一战线,当反动统治者被击倒后,其方式为和平的协商的方法建立人民的政权,达到真正还政于民之目的。

〔中国青年党等党派档案全宗汇集〕

4. 中国全民民主党中央执行委员会对当前时局的十大主张

(1948年3月29日)

由于第二次大战的结束,世界上出现了空前未有的——帝国主义和社会主义——两大阵营的尖锐的对垒,一方面是由尽力侵略扩张以奴役全世界人民的目的底美国帝国主义为主体,而那些没落中的帝国主义国家为了分舍唾余苟延残喘自然都归顺为它的帮凶,一方面是以坚持和平民主,建设同情各国民族解放反对干涉它国内政的苏联为中心,而许多新兴的新民主主义国家——全民民主主义的国家为了反抗奴役,要求独立,安全繁荣与发展,自然都和它建立起坚密平等的友谊关系——用邱吉尔的话来说,就是"铁幕",处此形势之下,任何国家想要维持超然的"中立"是不可能的,而且这种国际形势也必然影响到每一国家的国内现象。帝国主义的干涉各国内政,正如它在国际而必须寻找没落的伙伴一样,是惟有勾结那些国家内部腐朽落后的势力才能达到她奴役人民的目的。在中国毫不例外,他们——帝国主义者们正用金元和武力援助着反动的统治者,这群统治者们在帝国主义者们的支持下,就更加顽固地维持着封建的残余,阻碍着社会的进步,肆无忌惮地出卖国家民族的利益,剥削全国人民迫使全国人民陷于水深火热的深渊,但正和这反动逆流对抗的却有我全体被压迫人民的空前觉醒,不管统治者帝国主义的鹰犬们如何残酷的屠杀镇压,这种人民的觉醒终于在各种不同的形式下变成了有组织的反抗行动,并且逐渐汇成了和汇成着人民解放的巨流,这股巨流,从国际的范围来看,还只是人民斗争的一股支流——虽然是属于主要的一支,再也用国际的眼光来看,帝国主义者和封建残余勾结起来压迫人民的力量虽然还很强大,但已是趋于没落的集团,和平民主的力量,虽然还受着许多限制,但正如旭日初升、方兴未艾,生命力的旺盛是无可比拟的,因此可以确信,中国人民不仅在国内足以对付反动的统治者,就是在打击国际侵略者方面也是不孤立的。

今天我们是处于伟大历史转变的关头,历史赋予我们一个严肃的选择,是接受或继续奴隶的命运呢?还是彻底粉碎身上的枷锁,争取光明幸福的明天?干干脆脆在这个选择之前必须立下决定,不容许任何模棱两可的"中间路线",中国全民民主党是人民的政党,是以广大无产阶级的工人和赤贫的农民为重心,以服务于人民大众进步的知识分子为骨干的。简言之,即在现社会里是被压迫人民群众的政治集团,亦即被压迫阶级的党,基于切身的痛苦和惨伤，也基于正义和理智的分辨，在当前的历史关头，我们毫不犹豫地选择了要做主人的一条路，换言之，就是愿意勇敢地肩负起推动历史向前发展的使命代表全体被压迫人民的利益，在反帝反封建反官僚的□□下，团结全体人民的力量，争取整个社会的生存权、就业权和受教育权，为建设一个全体人民自己的自由幸福的新中国而奋斗。

为了实现这一理想，完成自身的使命，盱衡国际国内的局势，我们固然充满着希望和信念，但是，敌人还是如此的狂暴，对付一群困兽的垂死挣扎是需要加倍的信心和勇气的，迎接黎明的到来是需要走过一段艰难而崎岖的道路的，我们所负荷的责任还是沉重得很哩！因此我们也就不敢存有丝毫乐观侥幸的想法，除一再号召全党同志提高警惕加紧努力和压迫者展开无情的搏斗外，更要深深的指出，部分的任一阶层的利益不应该也不可能脱离国家民族全体被压迫人民的利益而独立发展，个体的解放必须从整个社会的解放中求得，只有全体被压迫人民坚密无间的团结起来，组织统一革命的阵线才能求得中国民主运动迅速而彻底的胜利，兹谨一本我们站在人民的立场就当前局势提出十大主张，愿与我全国人民、民主人士、民主党派、社会贤达共同奋斗。

一、积极支持人民大众为争取自由解放而进行的任何形式的斗争运动。

二、为促进永久的团结统一实现真正的民主政治，首先必须严惩破坏政协决议及停战协定的元凶大憝和那些镇压民主运动残害民主人士的特务暴徒，以结束内战实行永久和平。

三、建立过渡期间的联合革命政权，清算独夫暴政，并从速召集真正人民代表会议，按照全民民主之精神，重新制定宪法，予以彻底实行。

四、实行全国大裁军，另按现代军事科学技术规模整编国防军为（ ）师，同时妥筹退役转业并改善军人待遇。

五、改革币制，停止通货膨胀。

六、没收豪门官僚资本，充实国家财政，免除赋税一年后，再减半征收一年，同时策划扩大并加强直接税制，以便永远废止统税等单独财政目的的间接税制。

七、厉行保护关税，扶植民营企业，奖励机器输入，发展轻重工业。

八、确认耕者有其田为当前土地改革之原则，收购中小地主和中农超出自耕农土地，没收大地主和富农超过中农土地，实行均田；国家贷给农民以生产和生活资料，并积极扶植农民会组织，推行合作经营制度。

九、反对美国扶日的一切措施，力促召开中、苏、英、美四外长会议，起草对日和约，并坚持我国的否决权。

十、在内战期中反对任何外国给任何一方以任何形式的（经济、军事）援助，更绝对否认那些为换取外援而不惜出卖国家民族利益、租让军事基地和经济资源的任何契约。

一九四八年三月廿九日

〔中国青年党等党派档案全宗汇集〕

5. 中国全民民主党的经济制度
（1948年）

（一）依据

第一条 建立本党经济制度之原则依据如下：

（1）政纲第四条规定：确认大地主大资本家为均足全民利益之阻碍者，在政治、经济各方面限制其发展并以有效方法减少其财富，直至不违害全民利益之程度为止。

（2）党章第八条规定：党员只有党的利益没有个人利益，党的利益属于党员全体。

（3）党章第十条规定：在实施党的经济制度之下，党负有解决个人及其直系亲属之生活工作婚丧教养老病等之一切责任。

（二）意义

第二条 建立党的经济制度有下列四种意义：

（1）确认本党正确的革命主张，忠贞的党员与自力自主的经济的完成本党政治主张之三大基石。

（2）政纲为集中党员之意志，党章为齐一员步伐，经济制度为集中党员之财力物力三者备，党对历史所负之庄严使命方足完成。

（3）加强同志"爱"同患难共生死之精神为巩固党的组织，加强党的斗争之唯一途径，因此党不仅要党员贡献一切，而且党尤应解除党员及家属之一切困难。

（4）在党内试行均足经济之理想而将来施政之准备。

（三）目的

第三条 集中党员财力举办党的生产事业增强党的经济实力，以协助党的发展，保障党员生活。

（四）方法

第四条 集中党员财力之原则：

（1）党员财产在战前一万元以上者，其超出部分请全部捐出，作为党的财产以举办党的生产事业。

（2）党员财产在前项定额以下者，投资于党的生产事业，保障其所有权，并分配红利与结算股息，股息按一般公司习惯办理红利分配标准，按党员和党的经济情况而定，惟党所得红利，最高不得超过百分之五十，如经营情况不佳，使党员投资遭受一部或全部损失时，由党负责赔偿，以减少其投资之顾虑，而收集中财力之效。

（3）党费收入如不办理一般政务支出尚有剩余者，其剩余部分应全部投资于党举办之企业。

第五条 保障党员生活之原则：

(1) 工作同志及其家属之生活由党员负完全责任。

(2) 同志如因进行政治斗争而殉难或受伤其家属之生活或教育所需之费用均由党负责。

(3) 同志如因病身故，其遗孤确无法生活所需之生活费用亦由党负责筹措。

(4) 同志如失业期间，除用组织力量介绍职业外，其所需之生活费由党供给。

(5) 同志收入如不能维持生活或应付疾病，除由组织介绍转业外，其不足部分由党按月补助之。

（五）军用　运用之方式，采以下二种：

第六条　创办或投资于福国利民之经济事业。

第七条　创办或投资于有关启迪民智之文化事业。

（六）附则

第八条　实施本制度之详细办法由经济委员会拟订送中央核准后施行。

第九条　本制度经全国代表大会通过后实行修改时同。

第十条　本制度之解释权属于本党中央。

〔中国青年党等党派档案全宗汇集〕

廿二、中国共和党及其他党派组织章则与政纲

1. 中国共和党成立宣言
（1946年1月）

我中华民族立国世界凡五千年，中经艰患，卒延华统，以我伟大文化之所钟，亦我民族意志之所秉，深足以自豪。民国肇建逾三十年，初为权奸异国，继为群雄割据，殆国民党北伐成功，国人殷殷望治，期其能侪我国于强盛之域，殊达续军政，训宪等若具文，政治

则朝满贪污,野有遗贤,教育则徊于日本欧美之间,既不训育人民,又不能建立适合我国历史、文化时代之制度,经济则对人民以严酷之管制,政府又无能经营,外交则俯首帖耳列强是视,不能发扬我民族奋斗精神。种种错误以至引起日寇凯觎,差幸祖宗垂荫,领导得人,因缘时会,八年抗战,牺牲我同胞无限之膏血,写成胜利二字。我同胞方在破啼为笑,而党派纷争继以操戈,演成北洋军阀所不敢承认之外蒙古独立,送入苏联怀抱,领土完整又为空谈。至共产党之赋于我国人之教训者,共军一至庐舍为墟,以社交公开,引诱青年,用阶级斗争愚弄农工,甚至强迫同化,不惜出卖国家历史、文化,以达其夺取政权之目的,尤以此次胜利以来之抢夺地盘武器急起分赃,使我国际地位降落,引起盟国干涉,有马歇尔以麦克阿瑟之权威,降临我国之千古笑话。同人基于以上种种原因,本来之国家建设,民族生存,不能忽视,而全民政治亦应提早实现,特代表我民族意志,大声疾呼于一九四六年元旦在西京召开本党成立大会,决定本党之组织及政纲确定今后之一切方案,务期我黄炎子孙闻风共和,以挽我民族之生存,以纠正各政党之错误,自救求之在我,以和平奋斗之精神,促早实现全民政治,提切训导基层群众,扶植农村经济,建立国家基础,进而实施工业化,以适应此原子时代之需要,发扬我中华民族之精神,而促进世界大同。

中国共和党中央执监委员会印发

〔中国青年党等党派档案全宗汇集〕

2. 中国工农联合促进会会章

（1946年3月）

第一章 总则

第一条 本会定名为中国工农联合促进会。

第二条 本会以团结并训练工农青年,力行三民主义,捍卫国家,增进工农利益,提高生活水准,保障工作安全为宗旨。

第二章　会员

第三条　中华民国工农青年,凡年十六岁者,不分性别,志愿遵守本会会章,并缴纳会费,皆得为本会会员。

第四条　会员入会,须经会员二人以上之介绍经理事会议之通过,并呈报中央备案。

第五条　会员入会时须举行宣誓,其誓词如左:

余誓以致诚力行三民主义,服从最高领袖蒋委员长之命令,严守会章,执行决议,为主义尽忠,为工农服务,不避劳怨,不惜牺牲,如违誓词愿受最严厉之制裁。谨誓。

第六条　会员因公伤亡,或因公失业者,得由本会救济或抚恤救济,法另定之。

第七条　月〔会〕员职业变更,或地点迁移时,须各凭会证向当地分会登记,参加工作,"会员证经理事会特制补发"。

第三章　组织

第八条　本会组织系统为总会、分会、特别分会,"分会组织法另订"。

第九条　本会得按产业职业机关,及其他特殊性质之部门,或城市设备直属组织。

第四章　理事会

第十条　本会设理事会总揽会务,设常务理事若干人,经常处理会务,常务理事由理事中选任之,任期为三年,连选得连任。

第五章　会员大会及代表大会

第十一条　全会会员大会,每年一次,如理事会认为必需时或会员三分之一以上之提议,得延期举行,召开临时大会或代表大会,大会主席临时推选之。

第六章　经费

第十二条　本会经费以会员所纳之会费,与特别捐及其他收入充之,但特别捐至十万元以上者,得为本会名誉理事,其他经营法另订。

第十三条 会费每月每人以薪金收入百分之五比,缴纳会费,会员如遇失业疾病等事故时经所在地分会登记,得免缴纳会费,但该分会须将此项情由转上级总会备案。

第十四条 会员未得允许,而不缴纳会费至三个月者,即暂行停止其会员应享之权利。

第十五条 本组织法经大会通过后施行之。

〔中国青年党等党派档案全宗汇集〕

3. 中华人民自主同盟"县民主运动大纲"

(1946年9月)

一、绪论

本盟鉴于中共所认"半解放区",国军认为"共军出没嫌疑地"之庞大地域内的同胞们,终日度着非人的生活,忍受着中共的残杀和国军之蹂躏,是多么可怜而痛心的事呵,同志等为了拯救他们,所以在中央第一次座谈会中,议决发动这一工作,唤起这一地域内的父老兄弟姊妹们,团结起来,努力奋斗,来扑灭这些惨无人道、罪大恶极的魔鬼,纵有横乎本盟前极大之艰难,随乎本盟后极大之危险,为了争取世界和平、人类正义,虽曰不敏,也要站在这一群奄奄一息、垂死待救的苦难同胞们的最前锋,奋斗到底。

二、工作步骤

1. 集中各该县之公正士绅、教育界知识分子与热血青年,并争取中共区内之知识分子、社会贤达及无党派人士、各区村乡镇人民代表,参加组织人民自主自治运动大会,选举代表团,以便运营而收实效。

2. 代表团办事处,设于本盟所在地(北平)或分支盟所在地

(各县市),以便互相联络而予各方面直接之支援。

3. 动员各该县为人民自主工作之乡人,发起全县人民签名运动。

4. 把握全国舆论,定期招待各地驻在新闻记者,请其尽力作正义之声援。

5. 各该县代表团,须与各乡村保持紧密联系,随时可团结一致,俾便发挥全县人民之集体力量。

6. 由代表团呈请政府还地人民,电致中共还地人民,并通电全国各党派社会贤达,吁请其声援。

7. 招待各驻华通迅社、报社之新闻记者,将呈文通电译成英、法、苏各种文字,向国际发挥,请求世界民主人士予以直接奥援,并监视国共两党,使其不得藉军政党力量,作非法之压迫,以促成中国真正民主政治运动之实践。

8. 发起各该县为争取民主自由生存保障之募捐运动,以便长期支援此项工作,使其完成。

三、呈文内容

1. 申述各该县于七七事变后,所遭受敌伪之蹂躏与痛苦之事实,暨本县抵抗敌伪之功绩。

2. 申述光复一年来一般县行政之错误及人民所受之压迫与痛苦,并列举各级地方官吏之贪污渎职各种事实,提出确切证据,具体检举请政府依法严惩,以正国典,而舒民怨(如有残余之汉奸一并检举之)。

3. 申述各该县现状,全县分若干区,在政府辖境内之行政、教育、捐税、军事、吏治等一般实况,在中共辖区内之行政、教育、捐税、军事、吏治等一般实况,比较之下,指明二方面异曲同工,确实害民病民之弱点,强调国共不但不能解决人民之痛苦,反而增加人民莫大之压迫与威胁。

4. 申述人民此项要求,系根据蒋主席发表之四项诺言,与国民党训政时期对人民之约法,而请求自治实行普选制度,县长及地方官吏,概由人民直接选举而行之者。

5. 申述国共两军在各该县境之内战经过,给与人民直接间接生命财产之一切损失,人民为了生存不得已而自卫,而反对内战及一切非法的统制,政府既不能保障人民之生命财产自由,只有人民自己挺身自卫自治,据此吁请国共两党,克日撤退县境内专事残杀人民之一切武装,俾在国共冲突中间建立起一人民自主的民主自由地带,以维系自我之生存。

6. 申述为生存关系,不得已而请求自治对国内朝野各政党和平合法的政治斗争,皆不反对,但要求国共两党,不要为了党的私利,而蹂躏人民,残杀人民,在县民普选时期,尤希望国共两党的工作人员参加竞选。

7. 申述各该县人民,要求自治之目的,系脱离党军的非法压迫与蹂躏,对国际公认合法代表人民的国民政府,决对拥护,故仍愿在政府治下,克尽一切人民应尽之义务,以期朝野一致推进和平建国、战后复兴的大业。

8. 呈请机关

南京国民政府、国防最高委员会、蒋主席、北平行辕、北平军调部、各该战区长官部、各该省政府、各该监察使署、各该省参议会、各该省高等法院、南京最高法院、南京参议会……

四、通电内容

1. 各报社、各通讯社、各杂志社、各人民团体等,通电简述呈文内之一般实况,强调反对内战,为人民生存保障,而请求真正民主自治,希望全国舆论及社会团体,予以声援。

2. 国民党中央党部通电:"除呈文中之内容选录各节外",强调要求自治,系根据主席诺言与民权约法而来,并非无理取闹的捣乱行为,国民党如真正主张民主,对人民之合法要求当无异议。

3. 共产党延安政府通电:申明中共于和平后,在县内发动内战,给予人民之损失,与非法斗争清算,给予人民之痛苦,如中共果真民主，请即撤退县内之武装八路军，回到合法政党和平斗争的轨道，不以武力强迫，不以政治高压控制人民，还地于民，还自由于民，全县人民愿保证任何党派之非法武装，永不进入县境，并愿保证各党派在境内公开政治活动，普选时，并欢迎各党派参加竞选，中国民主真伪之表现，在此一举，全国人民拭目以待。

4. 各党各派通电："综合以上呈文通电各条"，强调反对内战，实行民主政治，希望各党派的指导与声援，以期人民为生存而建立一自主自由民主的真空地带，既可缓冲国共之磨擦，复可作中国民主政治实验之先锋。

本大纲视局面之转变，可随时提交中央常务委员会修正之。

〔中国青年党等党派档案全宗汇集〕

4. 国民宪政社章程

(1946年12月)

第一条　本社定名为国民宪政社。

第二条　本社本三民主义之原则，以促成宪政实现民主政治为宗旨。

第三条　本社社址设于首都，并得于各省县市及海外，设立分支社，其组织通则另定之。

第四条　凡赞同本社宗旨，由社员二人以上之介绍，经理事会通过者，得为本社社员。

第五条　本社社员大会为最高权力机关，闭幕时，由评议会代行其职权。

第六条　本社设评议会，由社员大会选举评议员七十五人至九十九人组织之，对社员大会负责，任期一年，连选得连任。

第七条　本社设理事会，处理社务，由评议会选举理事三十五人至四十五人，候补理事十五人至二十五人组织之，对评议会负责,理事任期一年,连选得连任,理事不得同时兼任评议。

第八条 本社于必要时,得由理事会推选常务理事七人至十一人,组织常务理事会。

第九条 本社视事实之需要,得设各组及各种委员会,每会设委员若干人,由理事会就会员中聘任之。

第十条 本社社员大会,每年开会一次,评议会每三个月开会一次,必要时均得召开临时会。

第十一条 各省市及海外分社,得推选代表,出席社员大会,其代表人数按照各分社社员人数分别定之。

第十二条 本社经费来源如左:
(1) 社员入社费每人五千元。
(2) 常年社费每人每年一万元。
(3) 自由捐款。

第十三条 评议会及理事会议事规则另定之。

第十四条 本章程经社员大会通过后施行,修改时亦同。

〔中国青年党等党派档案全宗汇集〕

5. 宪友社缘起与章程
(1946年12月)

(1) 缘起

国民大会制宪之后,中国民主运动,已达一新阶段,今后政局如何澄清,宪法如何施行,端赖全国英俊、各方贤达,共负推进与支撑之责,否则徒法难行,覆辙堪虑。矧行宪之目的,厥为建国,而近代国家之建设,必须经济、文化及各种社会事业,全面发展,始克奠其初基,人民之政治意识,亦必俟生活水准之提高,而方能同时迈进,故行宪之道,诚非一端,而宏谟远略,则有赖群策群力。同人等来自各方,志切报国,深感责任之重,尤惧清谈之危,爰拟集合同道,共矢忠诚,一面竭尽棉薄,以期促进宪政,一面互助合作,藉图事业发展,笃践力行,先尽在我有道之士,曷兴乎来。

(2) 章程

第一条　本社定名为宪友社。

第二条　本社以联络情谊,促进党政,合作互助,发展事业为宗旨。

第三条　本社地址设于首都,各地有社员十人以上者得设分社。

第四条　本社任务如左:

一、协助政府促进宪政之实施;

二、联络各地民意机关及人民团体,宣传宪政;

三、地方自治及社会经济文化之调查与研究;

四、合作或协助社员经营经济文化及各种社会事业。

第五条　本社社员除发起人为当然社员外,凡国民大会代表,历届国民参政员,各地民意机关代表及社会有声望人士,赞同本社宗旨,由社员二人之介绍,经理事会之认可者,得为本社社员。

第六条　本社以社员大会为最高权力机关,其在闭会期间,由理事会代行其职权,理事会闭会期间,由常务理事会代行其职权。

第七条　本社置理事三十一人,候补理事十五人,监事十一人,候补监事五人,由社员大会选举之;分别组织理事会。监事会、理事会得互选常务理事九人,组织常务理事会,处理日常社务,监事会得互选常务监事三人,组织常务监事会。

理事、监事任期均为一年,连选得连任。

第八条　本社理事会之下,置总干事一人,由常务理事会提请理事会通过聘任之,承常务理事会之命,办理日常事务,并暂设总务、财务、组织、宣传、研究及事业各组,每组置主任一人,办理各组事宜,其人选由常务理事会,提请理事会通过聘任之,必要时得设副主任。

第九条　理事会对外代表本会对内处理一切社务,召集社员大会监事会,监察社员履行义务,稽核经费及其他有关监察事项。

第十条　社员大会每半年举行一次,理事会每二月举行一次,常务理事会每半月举行一次,必要时得举行临时会。

第十一条　本社得设立各种委员会,分别主持或办理有关事宜。

第十二条　本社经费以左列各款充之：

一、社员入社费及常年费。

二、自由捐。

三、事业所得。

第十三条　本社各项办事细则及办事处与分社组织通则另订之。

第十四条　本章程经社员大会之通过,呈请主管官署核备施行,修正时亦同。

〔中国青年党等党派档案全宗汇集〕

6. 中国急进党政纲

（1947年2月10日）

（甲）总则

一、本党主张：军队国家化,政治民主化。

二、本党主张：积极遵照国父孙中山先生"三民主义"、"建国方略"、"建国大纲"之昭示,建立三民主义之新中国,并进而促进世界大同。

三、本党主张：使人尽其才,地尽其利,物尽其用,社会实行分工合作,国家应负整个计划保护之责。

四、本党主张："遵照国父遗示,自力更生,同时遵守联合国宪章，积极参加联合国组织，以确保世界之永久和平与繁荣。

五、本党主张：遵照国父昭示"以全民利益为依归，分期实施关于政治、经济、社会、文化之整个具体计划，以期达到三民主义之理想新中国。

（乙）政治

六、确认国家之主权属于人民，政治之主要任务，为谋全民之利益。坚决反对：违反人民利益，逞兵黩武，陷国家于不安，藉人民之名，行使一切之非法权力。

七、保障人民身体、行动、居住、迁徙、信仰、言论、出版、集会、结社之自由。

八、积极实行民主政治。

九、厉行新生活运动，刷新社会风气，挽救目前民众之颓唐积习，养成全民之蓬勃朝气。

十、厉行法治，遵守人民所议决之各项法则，人民在法律上一律平等。

十一、国家司法独立，不受任何非法干涉。

十二、各党派一律以平等地位相处，同为促进宪政而致力。

十三、政治机构，应培养廉洁奉公、不贪污、不舞弊、公正坦白之精神，树立民主宪政之新作风。

十四、厉行军政分治，严禁军人干政及利用武力为政治斗争之工具。

十五、严格实行征兵制度，以充实国力。

十六、强化行政机构，健全组织，实行分层负责，扫除官僚作风，提高行政效率。

十七、保障称职文官，升降应以能力为准。

十八、厉行考试制度，使人尽其才，共为建国大业而努力。

十九、厉行公平合法之普选制度，人民之选举权、被选举权，不受一切非法限制。

二十、实行地方自治,鼓励人民为乡里服务,养成乡土观念。

二一、国内各民族,在政治上、法律上一律平等。

二二、保护侨胞权益,并提高其地位。

（丙）经济

二三、稳定金融,抑平物价,紧缩通货发行,改善法币制度,巩固法币信用。

二四、奖励并扶植民族工业之发展,振兴国货,挽回利权。

二五、提高人民生活水准,保障农工利益。

二六、公私企业,划分界限,并依合法手续移转私营企业,以达到节制资本之政策。

二七、实行农工密切合作。

二八、改善农民生活,组织合作事业,平定地价并扶植贫农,以达到平均地权之政策。

二九、保障工人生活,组织工人团体,谋工人自身之利益。

三十、改进农业生产,争取出超。

（丁）教育、社会、文化及其他

三一、"教育第一"为建国之目的,培养纯洁学风,造成优秀人材。

三二、推进教育及倡行学术之研究。

三三、提高教育水平,奖励各项学术之创作。

三四、设立中央青年协进部,组织全国青年辅导入学就业,增进社会活力。

三五、实行普及教育,扫除文盲。

三六、奖励私立学校及文化团体。

三七、全国人民应有受平等教育之机会。

三八、实行国际间之文化合作。

三九、普及社会福利事业。

四十、消极防止并积极救济失业群众。

四一、推行公共卫生，设立公医机构。

四二、妇女在政治上、经济上一律平等。

四三、倡导儿童福利及保育事宜。

四四、逐步实行国父实业计划。

四五、加强邮政电信事业之管理，以发挥其效能。

四六、严格交通事业之监管，并组织全国交通网。

四七、普遍组织生产消费合作机构，调节金融，安定民生。

〔中国青年党等党派档案全宗汇集〕

7. 中国人民社会党政纲

(1947年8月)

对于国内者

甲、政治方面

一、人民在法律及经济地位上一律平等。

二、人民应有各种基本自由权利，不受任何法律及命令之限制。

三、人民之选举权与被选举权，不受阶级职业、教育、产业与信仰之限制。

四、政府应承认各党派之合法地位。

五、全国内各党派应有参加政府之同等机会。

六、国会为行使民权之最高机关，国会采取上下两院制，国会应包括各党派区域及职业代表。

七、政府采取责任内阁制，总统不负实际责任，内阁对国会负责。

八、省县长应实行民选。

九、国大代表应包括各党派之名额。

十、宪政实施促进会委员应包括各党派名额。

十一、县自治应速完成,县以下官吏实行直接选举。

十二、缩小省区,废除行政督察专员制。

十三、国内各民族一律平等,承认少数民族自决。

十四、退伍军人应有选举与被选举权。

十五、现役军人不得兼任行政官吏。

十六、现任文武官员不得兼营商业。

十七、提高公务员待遇,并实行文官制度,保障其职位。

十八、妇女应有普遍参政的机会。

乙、军事方面

一、国内党派不得拥有军队。

二、国内两方军队应即停战整编为国防军。

三、国防军只应驻于国防区内。

四、在精兵主义原则下,海陆空军之素质装备及训练,应达到现代化之标准。

五、实行普遍征兵制,全国各大中学加强军事教育,以培养国防军之预备军官。

六、不得扩充国防军以外之武力。

七、建设独立性的国防工业,俾国防军装备不仰给于外国。

八、军费不得超过国家总预算百分之二十五。

九、国防工业之建设,应以重工业为主,轻工业为从,并使民间一切工业,在整个建设计划,纳入国防工业之体系。

十、发展国防科学,网罗国内科学专家,于国防科学研究院,从事国防科学之研究。

十一、国防军高级指挥官,应实行定期调职退职。

十二、任何党派不得参入国防军,作政治或宣传活动。

十三、提高国防军人待遇,并保障其家属入集体农场,从事生产。

十四、对奢侈品以外之生活必需品之输入,加重进口税率,对出口货减低出口货率,并酌予贴补。

十五、欢迎外贸发展工商业,但不得侵害国家主权。

十六、日本赔偿品及敌伪物资,应贷与国内工商业。

十七、对于私人土地,实行普田与均田制,以达耕者有其权田之目的。

十八、实行土地累进税及土地增值税。

十九、公地荒地分配予佃农及自耕农。

二十、佃农耕种五年以上,对地主有半价收买其必需耕地之优先权,十年以上者,无价收回其所需耕地之权利。

二一、普行二五减租,收复区内应豁免田赋一年。

二二、举办农民贷款,调剂农村经济。

丙、教育

一、普及国民教育及社会教育。

二、各党派不得在校内作政治活动。

三、大学之设立,应注意区域平衡,不使有偏废现象。

四、救济失学青年,各大中学应普设清寒免费生名额。

五、保障科学家生活,并奖励其发明。

六、提高教师待遇及素质。

七、加强边疆教育,并鼓励内地教师前往边疆服务。

八、发展侨胞教育,鼓励优秀教师前往海外服务。

九、限制留学出国,节省外汇,并管制留学使用。

十一、确立小学教育经费,保障小学教师之最低生活。

十二、奖励文化工作者之工作,并保障其生活。

丁、社会方面

一、保障一切人民团体之社会活动。

二、救济失业公务人员。

三、救济失业员工,使其参加经济建设。

四、失业之农工,应实行以工代赈,使其参加筑堤、造林、造路、开垦之工作。

五、保护童妇工,实行劳工保险。

六、制定工资法,并保障劳工家属生活。

七、调解劳资纠纷,促进省阶段利益调和。

八、国防军人公教人员及国防工业员工,应有定量分配之优先权。

对于国外者

一、拥护联合国宪章,并尊重一切基于平等互惠精神订立之友好条约。

二、一切对外条约之缔结与修改,应绝维护国家立场与领土完整。

三、我国对美苏两国之现行外交关系,应维平衡的友好精神。

四、不承认雅尔达秘密会议美苏两国关于我国东北主权所作之片面协定。

五、对日本缔结和约时,应保留我国之最优先之发言权与决定权。

六、严格管制日本,以防日本法西斯主义再起。

七、政府应速向英葡两国进行收回香港、九龙及澳门之谈判。

八、政府应重申我国对西藏、新疆领土完整之决心,并提醒英苏以友好精神,加以尊重。

九、切实保护华侨,我国应与各缔约国,进行保护侨胞生命财产及经济之谈判,并修改妨碍侨胞移民之不合理条约。

十、本党对亚洲各民族独立运动,寄以无限同情,并决予以有力之支持。

十一、发动全世界舆论,防止第三次世界大战之再起,并终止一切妨害民族感情与邦交之恶意宣传。

〔中国青年党等党派档案全宗汇集〕

8. 中国民主急进党筹备委员会简章

第一条　本党定名为民主急进党,在开始组织时先设筹备委员会。

第二条　本党以发扬民主精神奠定民主基础实行民主政治为宗旨。

第三条　本党筹备会会址暂设于上海,各地斟酌情形得设分会。

第四条　凡赞成本党宗旨及政纲志愿加入本党遵守党纲者,经二人以上之介绍,得为本党党员,入党细则另定之。

第五条　本党在筹备时间须先征求党员,经第一次委员会议决先设总队部,推选队长一人,承委员会之意旨征求基本党员,以下设四大队,每一队下设四小组。

第六条　每一小组担任征求基本党员□人,一俟征求人数满八成以上者,得推代表一人参加,本会依法选举正式公布正立。

第七条　凡志愿入党经同志二人以上之介绍经审查合格者,填具志愿书一份,遵章缴二寸半身相片三张,并缴纳会费□元,手续完备后发给临时党证一纸,所缴会费以六成归大队部作办公经费,四成汇缴本总队部。

第八条　本简章自施行之日发生效力,如有未尽事宜得随时提议修改之。

〔中国青年党等党派档案全宗汇集〕

9. 民主社会协进会章程

第一章　总则

第一条　名称：本会定名为民主社会协进会。

第二条　宗旨：本会以民主立场，根据三民主义最高原则，从事实际努力，推动社会改进工作，期于迅速达成政治民主经济民主之目的。

第三条　会址：本会总会暂设成都，得由决议改适当地点。

第四条　关于民族方面者：

（一）依据民族主义，发扬社会团体固有之优点，及适合现在需要之民族文化。

（二）灌输各国民主制度下养成之公民道德。

（三）矫正旧有习惯之劣点，改革环境薰染之恶习。

（四）注重生活指导及互助。

（五）以社会力量扶助陷于穷困之特殊天才。

（六）推行民族保健运动，发扬拳术及有关卫生之其他国技。

（七）以社会表示鼓励急公好义之行为及乐于社会服务之精神。

（八）注重社会交际，化除社会隔阂。

（九）协助妇女运动青年运动之正当发展，及儿童保育工作。

（十）加强社会联系及民族联系。

（十一）实现民族平等广大原则。

（十二）进行其他有益民族之工作。

第五条　关于民权方面者：

（一）培养运用四权之基本问题能力及优良方式，灌输民治精神。

（二）以社会力量依法保障会员之基本自由，使获得正当之运用。

（三）提倡社会正义使其普及。

（四）造成选贤与能之风尚。

（五）发扬社会公意，表现社会制裁之公正效用。

(六）推行各项自治工作,树立法治规模。

(七）奖励民众参加政治工作,促进民众对于社会之责任。

(八）补助及监视公务人员之行动,俾能展其所长去其所短。

(九）造成健全舆论。

(十）介绍并普及民治基本知识及□□学说。

(十一）化除党同伐异气习,提倡合作精神。

(十二）拥护和平统一国策,努力民主建设基本工作。

第六条　关于民生方面者：

(一）促进资劳合作,尊重劳工利益。

(二）扶助生产事业,并指引群众参加其规模生产事业。

(三）谋求农工商之和谐发展,增进其互助互利精神。

(四）推广各种合作运动,及合作事业俾有时效。

(五）扶助出口事业,增加其便利,俾能获有利之机。

(六）促进地方性之物质建设。

(七）保持旧有社会信用之效能,增加金融活动。

(八）促进交通运输之便利及安全。

(九）以社会互助工作,保障平民职业之发展,并增进工作效能。

(十）促成劳工保险制度之有效施行。

(十一）联络各种职业团体,保障各种职业之合法利益。

(十二）以社会力量,推广地方公用事业。

(十三）推广合理生活,促进经济繁荣。

(十四）辅助平民改进生产技能,增加时代应具之经济常识及民生要义。

(十五）培养企业所需之功能。

(十六）促进经济民生之基本条件。

(十七）进行其他有关民生之工作。

第七条　关于社会方面者：

（一）提倡社会福利事业。

（二）增高社会文化水准。

（三）辅社会救济工作。

（四）促进平民教育,及成人补习学校。

（五）普及社会正当娱乐。

（六）参加地方公益机构及工作。

（七）注重仲裁工作,减少民间纠纷。

（八）提倡自卫精神,保障地方安宁秩序。

（九）注重童、女工之工作情形,助其改善待遇及生活。

（十）助济异乡遭遇困苦患难之人士。

（十一）以适当方法,表扬社会善举及其他美德,增进社会友谊及良好风尚。

（十二）举办社会调查,建议社会改良改革事项。

（十三）于可能范围内,推进社会运动,研究社会问题。

（十四）交换社会信托工作。

（十五）进行其他有关社会工作事项。

……

第四章　组织

第十五条　本会组织基础分为地域单位、职业单位、事业单位及工作单位四种。

第十六条　本会组织系统,以组为基本,组以下设若干分组,五组以上得成立支会,各支会构成分会,分会隶属于总会,不能成立支会之组,直属分会或总会,未便构成分会之支会直属于总会。

第十七条　本会各级组织以理监事为主脑,主席临时推定,总会设理事七十五人,互推常务理事二十三人,监事三十九人,互推常务监事十一人,分会设理事二十一人,互推常务理事九人,监事十三人,互推常务监事五人,支会设理事十五人,互推常务理事五人,监事七人,互推常务监事三人,理事会设总书记一人,干事长三人,书记干事若干人,各设组长一人,干事若干人,支会以上得设名誉理事及顾问会。

第十八条　本会各级组织另订之。

〔中国青年党等党派档案全宗汇集〕

10. 铁血党改善人类全体生活促进会征求会员启事

挚爱的朋友们：我们都是时代的健儿,可是,惭愧得很,应该知道的我们无从知道,不应知道的却时时刻刻在激我们的思想,同样,应该做的事我们无法着手做,不应做的事,偏偏有人要强迫我们做,是的,我们不能否认自己有缺点,有过失,但在事实上,很多不是补救缺点或纠正过失的事,相反的是促使我们缺点更大过失更深的作为,难道这类的情感我们也要接受吗？难道我们还不自觉地与那般自命中理的人去犯同样的错误吗？我们希望政府党团先进暨社会贤达本着正义的态度来超拔来栽培,结果,什么人也不可靠,甚至有犯上述同样错误的危险,我们处在这样极端复杂而矛盾的生活状态（环境）之下,难道我们就此自甘废弃虚度时光吗？我们有我们的热情,我们爱国家,爱民族,爱世界全人类,爱宇宙间顺应自然而滋生的事物,我们愿意和他（它）们发生共同进化的密切关系,培养伟大的创造力,孕育万世不朽的新生命,因此,我们要根本消灭倚赖心,我们要从此自觉自助自动自强自立自治,于是早想与正在苦闷中的青年朋友密切联络,相互策勉,可惜时机不许,直到而今才决定了一个"铁血党改善人类全体生活促进会",这样的目标,并订于五月五日在江苏高邮北门外民族路五三号正式成立办事处,专司会员登记通讯组织宣传事宜。希望英勇有为的好学青年热烈参加（入会志愿者及会员登记表函索即寄）,负起我们做人的责任,除分寄党政机关期有根据监督指导外,特此通告周知!并祝前程远大!

〔中国青年党等党派档案全宗汇集〕

11. 中国民主合众党政纲

甲、党的政见

一、目前拥护中国国民政府推行宪政。

二、维护世界和平郑重邦交加强各民族之联系。

三、谋求中国实现真正的民主,人民真正的自由,及世界各民族真正的平等。

四、实行人民社会化,国家民主化,民族大同化,打破疆域界限种族界限。

五、反对流血主义,反对专权主义,反对同室操戈,反对军队私有。

六、绝对谋解决人民的衣食住行,五十者衣帛食肉,颁白者不负载于道路,黎民不饥不寒。

七、打倒贪官污吏土豪劣绅。

八、实行工厂矿产铁路交通等一切公有。

九、反对经济财政官僚化。

十、提高人民知识,扫除文盲,广设小中大等义教,推行科学教育。

十一、发展机器事业。

十二、以最短期间,建设新中国为真正的文明国,农工商学一切机器化,一切科学化。

十三、提倡人民的德治精神,提高人民的人权地位。

十四、技术人才学识分子,道德耆老实行国家给养,并予资助。

十五、保障合义的私人资产，接受资本主义，调济人民及国家的一切需要。

十六、反对操纵居奇行为。

乙、党的组织

一、本党系中国应运而生之政党，即现时中国之进步的党。

二、本党的建国大纲及组织纲要，须待本党的全国代表大会厘定。

三、本党的代表大会以伦敦、纽约、上海为适当的地址，当临时决议通知之。

四、入党手续必须本党党员二人以上之介绍，再由本党小组会议通过，转经本党最高委员会审查而厘，发给入党证明书。

〔中国青年党等党派档案全宗汇集〕

12. 中华社会建设党党章与行动纲领

（1）党章

甲、权力机关：

（一）全国党员代表大会，闭幕时由中央执行委员会代行其职权。

（二）全省党员代表大会，闭幕时省执行委员会代行职权。

（三）全县市党员代表大会，闭幕时由县市执行委员会代行职权。

（四）小组党员大会闭幕时，由小组执行委员会书记代行其职权。

（五）全区党员代表大会，闭幕时由区执行委员会代行其职权。

（六）各级组织中，并设立监察委员会，分别执行监察任务。

乙、中央执行委员会设委员十一人至二十四人，中央监察委员会，设委员七人至十九人，均由全国代表大会选出之。

丙、省执行委员会设委员七人至十七人，省监察委员会设委员五人至七人，均由县（市）代表大会选出之。

丁、区执行委员会设委员三人至五人，区监察委员会设委员三人，均由区党员代表大会选出之。

戊、小组设执行委员一人。

己、各级监察之任期与执行委员同。

庚、其选法及各级党部委员之任期另有规定。

（2）行动纲领

甲、争取民族自主，一切内政外交均应争取自主，接受国际援助，应不伤害民族自我之最高利益。

乙、开放国家政权，次第实施普选，并广延有信望之在野社会人士及各专家，共襄政事，以求达到真正民主政治之途径。

丙、力主经济平等：如地权平均，劳资利益平均，公教人员待遇等事，以求社会主义实利之发扬。

丁、彻底改革教育：（1）义务教育之扩大与发展；（2）强迫教育之实施；（3）扫除全部文盲。

戊、扩大物资建设：在交通、工矿、农业、垦殖、国际贸易等部门之分头扩大发展，其节目如后：

（1）建设铁路（五十万公里计划规定）；（2）建设公路（各省县乡镇构成公路网）；（3）建设各种纤维工业工厂（棉花丝织之类）；（4）建设重工业工厂；（5）建设各种原力工业工厂；（6）建设各都市公民住宅；（7）建设各都市县公用事业。

己、加紧救济工作：（1）救济婴儿；（2）救济鳏寡孤独；（3）救济老弱残废；（4）救济天灾人祸之难民；（5）救济失业；（6）救济贫苦病人。

〔中国青年党等党派档案全宗汇集〕

(三) 各种政治社团的组织活动

一、三民主义宪政同志会

1. 三民主义宪政同志会简章
（1946年4月10日）

三民主义宪政同志会简章
三十五年四月十日成立大会修正通过

第一条　三民主义宪政同志会简名民宪会，以阐扬三民主义五权宪法，促进宪政及完成民主政治为任务。

第二条　本会总会所设在首都所在地，并于各地设立分会。

第三条　中华民国人民不分性别，年在二十五岁以上，由会员二人介绍，经理事会通过者为本会会员。

第四条　本会会员大会为本会最高权力机关，每年举行一次，由常务理事会召集之，常务理事会认为必要或经会员三分之一以上请求时得召集临时会员大会，会员大会议事规程由会员大会议定之。

第五条　左列事项应经会员大会之决议：

一、订立修正本会章程；

二、选举理、监事；

三、募集基金；

四、理事会、监事会提议事项；

五、会员十人以上连署提议事项。

前项第三款至第五款所列事项在会员大会闭会期间如有急速处理之必要，得由理事会议决，并于会员大会开会时提出追认。

第六条　本会公举名誉会长一人，指导会务。

第七条　本会设理事会,置理事二十七人至三十五人,由会员大会选举之,任期一年,连选得连任;常务理事十一人至十五人,由理事互选之,公推一人为理事长。

第八条　理事会执行左列事项:

一、会员大会决议事项;

二、监事会决议事项;

三、会员入会事项;

四、本会之预算事项;

五、设立分会事项。

理事会每三月举行一次,在闭会期间,其职权由常务理事会执行。

第九条　理事会分左列各组会,每组会设主任一人,由理事会推选之。

一、会员组:办理会员入会出会之审查登记,设立分会之拟议及指导等事项;

二、宣传组:办理本会宣传事项;

三、联谊组:办理本会联络及交际事项;

四、总务组:办理本会文书、庶务等事项;

五、财务委员会:办理本会经费收支、保管,编制预算、决算、报告等事项;

六、研究委员会:办理有关宪政问题之研究事项。

第十条　本会设监事会,置监事二十一人至二十七人,任期一年,由会员大会选举之,连选得连任,常务监事九人,由监事互选之。

第十一条　左列事项由监事会议决之:

一、理事会所拟之工作计划及各种报告;

二、常务理事会各组及其他机构之增置裁并;

三、本会经费之决算;

四、会员入会费、常年费及特别捐；

五、会员大会交议事项；

六、监事提议之事项。

第十二条　本会聘用主任秘书、秘书、编译员、速记员、办事员等职员，并得酌用雇员。

第十三条　理事会、监事会细则由各该会定之。

第十四条　本会于必要时经理事会议决，得增设其他组会。

第十五条　本会会员得自由出会，并得经会员大会出席会员三分之二以上决议开除会籍。

第十六条　本会简章由会员大会议决施行。

〔社会部所属单位档案〕

2. 吴尚鹰关于民宪会成立旨趣的报告

（1946年4月10日）

民宪会成立旨趣

筹备主任吴尚鹰报告　民国三十五年四月十日
于重庆胜利大厦成立大会

民宪会，即三民主义宪政同志会，今天举行成立大会，本人谨以筹备主任资格向会众报告本会旨趣及筹备经过情形。

本会命名为三民主义宪政同志会，顾名思义，其目的在使中华民国的政治，成为国父孙中山先生所倡导的三民主义与五权宪法之政治。三民主义与五权宪法为不可分离的基本原则，本会命名虽只系说三民主义宪政同志会，乃至简称为民宪会，其实包括三民主义与五权宪法的整个基本原则，为一个不折不扣的孙中山主义之结合。同人等发起这个民宪会的宗旨，不仅要达到中华民国有三民主义的宪法，更要中华民国人民能实行这个宪法，务使这个宪法为活的宪法，在人民日常生活中表现其力量，以达到孙中山先生福国利民的革命目的。凡有裨益于宪法之实施者，愿竭智力以赴之，其有侵犯宪法行为，危害国家人民福利者，尽其最大力量以去之，此本会成立之微意也。

民国三十五年来所见政治团体每偏重于阐扬主张，好像发表了宣言就算工作完满了。所以孙中山先生倡导革命的历史虽逾半世纪，国民党握有政权亦三十多年，而在实际上检讨三民主义成绩，则与言论上之主张乃至与历次宣示天下之议决案内容相差甚远，殊堪浩叹。吾人须知中国人民所需要，而且有权向其政治负责人要求者，并不是任何主义之空论，而为主义所许与之实际成绩，以改善其精神与物质上之生活，使增进人生的价值。同人等有鉴于空言救国之大害，愿集有志之士，各就其本身岗位，为士，为农，为工，为商，为政，为军，或公民，或领袖，必自己在行为上以事实表现其本人所自言信仰之主义，以期实现立己立人，达己达人之宗旨。这样就可使整个社会风从革僵，不必天天口讲三民主义，而三民主义已变成四万万五千万人民的日常生活了。今日，国内共产党似为国民党之劲敌，倘我们能使孙中山先生所倡导之主义一一变成事实，人民将得到安居乐业的福利，则无论共产党或其他各党都可以达到共同的目标了，所以共产党或其他各党不一定为国民党之敌，只有天天口讲三民主义，而行为上处处违反三民主义者，则真为国民党最大之敌。同人不敏，愿以此自檄，并与国人共勉之。

本会由立法院同人发起，所以现在会员中尚多为立法委员。盖立法院自民国二十二年孙院长哲生先生长院伊始，即以制宪为主要任务，现将提出国民大会之"五五宪草"，即为立法院同人所草拟及议决之宪法草案。立法院同人与宪法即具有深切关系，自然对宪法感到特殊兴趣，因之更觉得对中华民国宪政前途有重大任务。如何使三民主义宪法之完成，使之实施，使之永固，而为中华民国亿万年有道之基，实在特别感到任重道远。爰集合同志，悬此鹄的，为国人告：凡志同道合，愿共同负责者，当为国家民族前途，竭诚欢迎之。

〔社会部所属单位档案〕

3. 民宪会理事会监事会名册

（1946年4月）

名誉会长　孙科
　　　理事会
理事长　吴尚鹰
　　　第一届常务理事
　　吴尚鹰　张肇元　赵巨旭　司徒德　戴修骏　谢保樵
　　彭醇士　姚传法　陈　方　陈茹玄　柳克述　梅恕曾
　　潘昌猷　吴蕴初　林　彬
　　　第一届理事
　　吴尚鹰　林　彬　司徒德　楼桐孙　马寅初　姚传法
　　张肇元　梅恕曾　戴修骏　陈茹玄　钟天心　邓鸿业
　　杨幼炯　彭醇士　柳克述　孙九录　赵巨旭　盛振为
　　王毓祥　陈　方　陈　郁　谢保樵　黄应乾　艾　沙
　　李崇实　吴云鹏　陈铭德　吴蕴初　杨肇熉　陈紫枫
　　罗　鼎　潘昌猷　鲁自诚　周树声　刘镜如
会员组主任　楼桐孙
宣传组主任　谢保樵
联谊组主任　毛庆祥
总务组主任　邓华民
财务委员会主任　张肇元
研究委员会主任　吴经熊
　　　监事会
监事会召集人　吴经熊

第一届常务监事
何　遂　　张维翰　　沈尹默　　江一平　　吴经熊　　赵　佩
曹经沅　陈长衡　　赵懋华
第一届监事
沈尹默　　王崐崘　　江一平　　温源宁　　李仲公　　吴经熊
何　遂　　赵　佩　　张维翰　　吕　復　　杨公达　　张凤九
缪秋杰　　狄　膺　　陈长衡　　张西曼　　祁志厚　　曹经沅
刘克隽　　江政卿　　彭养光　　赵　琛　　黄金涛　　凌　钺
王培仁　　张庆桢　　赵懋华

〔社会部所属单位档案〕

4. 民宪会第二次会员大会会议录

（1947年4月）

贺电（以收到先后为序）

（1）北平分会贺电

南京。民宪会公鉴：欣闻卯鱼日为二次大会会期，宪政民生，新焉日进，下风遂听，全体腾欢，谨此贺忱，并祝进展。北平分会冬卯叩。

（2）广州分会贺电

南京。粤办事处李处长即转民宪会第二次会员大会：值兹盛会宏开，宪政伊始，诸公抱匡时之宏愿，萃集一堂，树民主之先声，促进宪政，仰见三民主义，日益阐扬，五权宪法，宏兹实践，仅电驰贺。民宪会广东分会筹备主任萧次尹暨各委员同叩。冬。印。

（3）南昌分会贺电

民宪会理事会公鉴：接奉通知敬悉于四月六日举行第二次会

员大会,当此宪政即将实施之际,集本会英俊于一堂,讨论促进宪政之本会会务,于国于家必有莫大裨益,特电驰贺,敬希鉴察。民宪会南昌分会总干事李德钊等叩。俭寅。

(4)广州吕会员治国贺电

南京立法院吴秘书长转民宪大会公鉴:诸公襄讨法治,萃集一堂,宪政前途,实多利赖,辱承宠召,未克飞临,欲致远忱,特电驰贺。吕治国。冬。

民宪会第二次会员大会吴理事长尚鹰报告词
民国三十六年四月六日于南京

民宪会自从民国三十五年四月在陪都重庆举行成立大会,现在已届一周年,我们今天在首都南京举行年会,聚全国各地会员于一堂,是本会值得纪念的日子。国家经过八年抗战,本会全体同人,都曾参加战时工作,现在看到国家获得胜利,共同还都,我们觉得对国家尽了责任,良心上深感安慰。民宪会于去年成立的时候,同人等以爱国热忱,希望号召志同道合的国人,团结一致,为实现三民主义而努力,期达到国家统一民主强盛之坦途。经过一周年短促光阴,本会会员,已由百人增至千人。有此精诚团结为国服务之精神,是我同人深感庆幸之事。至于本人个人与理监事同人,受会员付托之重,在这一年期间,得同人督促指导,追随诸君子之后,使会务顺利进展,尤为欣幸。

兹值举行年会之际,关于本会会务,除记载年会报告书外,再略加检讨,以为未来之策励。查本会主要任务,依据会章所定,乃在于阐扬三民主义五权宪法,促进宪政,以完成民主政治。

我国宪法,经于去年由国民政府召集之国民大会决议通过,并经国民政府明令颁布,定于本年十二月开始实施。此宪法自立法院开始起草工作,以至提出国大会讨论通过,又最近各种有关行宪法规之订定，及完成立法程序，本会同人均参与其事，始终努力不懈，是本会同人即与宪法之完成有特殊关系，则对于宪法实施之艰巨工作，尤感兴趣，并觉责任之重大，愿为继续努力也。

国民党即决定结束训政，还政于民，则此后将由一党政治进于多党政治。惟国人对于政党之经常和平活动尚在试验时期。如何引政党政治进入经常轨道，如何增进人民政治知识与素养，使能认识国家与政党之关系，及辨别其利害，如何培植人民"天下为公"的道德，并发挥其力量，使政党能为国家大多数人民谋最大福利而努力奋斗。此皆为当前及以后之重大问题，凡属国民，均应悉心考虑，经常注意，以期达到合理之解决途径。我民宪会以阐扬三民主义，五权宪法，促进宪政，及完成民主政治为任务。凡志同道合，愿向此途径为中华国家民族之前途与福利负责尽力者，本会同人当竭诚欢迎，团结一致，共趋同一之鹄的。本人趁此盛会，谨祝民宪会前途光明，全体同人健康。

孙名誉会长对民宪会第二次会员大会致词

民宪会自民国三十四年冬筹备，至三十五年夏成立，迄今瞬届一年，至今日举行第二次会员大会，一年来会务经过概况，已具见本会年报及主席报告中。本会成立之宗旨不仅要达到中华民国有三民主义的宪法，更要中华民国人民能实行这个宪法，故本会同人之努力，应重事实表现，不徒作空言也。

民宪会成立一年，各方热心拥护宪政人士，加入为会员者，已达千人，并在国内各地筹设分会，此可见国内志同道合愿为实现三民主义宪法尽力者，大有其人，倘吾人深具信心，以实现三民主义之宪法，以福国利民为己任，负责进行，将来必能产生极大效果，以达到完成民主政治之任务。

我国人民多年期望之中华民国宪法，已于三十五年十二月，由国民大会制定，今年元旦，由国民政府正式公布，是吾人初步之希望,业已实现。惟如何促其实施,使此宪法成为国家亿万年有道之基,则为测验吾人能否负责拥护宪法之金石,本会适于此促进宪政实施之时,开第二次大会,与会同志,想到责任之重大,自能坚守宗旨,加倍淬砺,对于三民主义宪政之实现,务必引为己任,对于宪政施行之种种障碍,务必予以扫除而廓清之,始克尽吾人之天职,特此致词,并敬祝民宪会会务发达,前途光明。

民宪会第二次会员大会会议录

日期　三十六年四月六日上午九时至十二时
地点　南京中央饭店礼堂
出席会员　〔略〕
主席　吴理事长尚鹰
纪录　主任秘书马克俊　议事组秘书文守仁、石文伟、陈鹤龄、虞清楠　速记冒维熊、张慕森

一、宣告开会,全体肃立。
二、向国旗及国父遗像三鞠躬礼。
三、为故监事凌钺先生、彭养先生、曹经沅先生、张凤九先生默哀。
四、主任秘书报告到会人数及各分会贺电。
五、吴理事长尚鹰报告。
六、楼理事桐孙宣读孙名誉会长科致词。
七、讨论提案

（一）理事会提:请修正本会会章第三条、第七条、第九条、第十条、第十二条、第十四条及第十六条条文案。

议决:修正通过。

（二）会员万燦等提:今年国大代表、立委及监委选举,本会应提出候选人名单参加竞选运动,关于竞选费用应请中国国民党划拨,请公决案。

议决：原则通过，交理事会洽办。

（三）会员黄仲德等提：本会在宪政实施前或宪政实施后，对于国家应负何责任或应采取何种方针以达本会宗旨案。

议决：交理事会研究。

（四）本会应普遍设立分会并加强各级组织办法案。

议决：通过，交理事会办理。

（五）本会应设立指导组及各重要机构案。

议决：交理事会研究。

（六）广州分会提请确立本会组织指导原则以利会务案。

议决：交理事会研究。

八、临时动议

（一）会员黄应乾提议：以本次大会名义，去电国民政府蒋主席及孙名誉会长致敬案。

议决：通过。

九、选举

十、摄影

十一、聚餐

十二、散会

向蒋主席致敬电文

国民政府主席蒋钧鉴。民宪会以阐扬三民主义五权宪法，促进宪政及完成民主政治为任务，曾蒙赞许，于民国三十五年五月在陪都开成立大会，一年以来同人等在孙名誉会长哲生先生领导下，参加国大制宪，议订行宪法规暨各种有关宪政之工作，多所努力，颇有贡献，兹于四月六日在首都举行第二次会员大会，经全体一致公决，奉电钧座，同表敬意，仰祈垂察。民宪会第二次会员大会全体同人公叩。鱼。印。

向孙名誉会长致敬电文

孙名誉会长哲公赐鉴：本会自成立以来，在我公领导之下，对于会务，努力进行。兹于本月六日在首都开第二次会员大会，荷蒙颁赐训词，同深感谢，经全体一致公决，奉电致敬伏祈垂鉴。民宪会全体同人公叩。鱼。印。

民宪会设立分会通则
三十五年十一月一日理事会第三次会议通过
三十六年三月十一日常务理事会第八次会议修正通过

一、每一地区须有会员三十人以上，方得成立分会，即冠以各该地区名称。

二、分会章程由各分会自订，送经总会核准，其内容须绝对拥护本会宗旨，并不得与本会章程抵触。

三、分会设干事会，置干事、候补干事各若干人；监察会，置监察、候补监察各若干人；均由会员大会选举之，任期一年，连选得连任，常务干事、常务监察各若干人，分别由干事、监察互选之。常务干事互推一人为总干事，常务监察互推一人为召集人。

前项干事、候补干事、常务干事、监察、候补监察、常务监察名额，由分会章程自行规定。

四、分会征得之会员，须报由总会通过，发给会员证，其入会费数额由总会决定，并应缴送总会；常年费由分会留用，其数额由分会酌定，报经总会核准。

五、分会应每三个月将重要事项向总会提出经常报告一次，如有特殊重大事项，应随时报告，总会对于分会决议案及行动，有指示纠正之权责。

六、分会有执行总会议决案之义务。

民宪会第二理监事等名册

名誉会长　孙科
理事长　吴尚鹰
常务理事　吴尚鹰　楼桐孙　戴修骏　柳克述
　　　　　张肇元　谢保樵　杨肇熉　缪秋杰
　　　　　陈顾远　陈茹玄　赵巨旭　陈　方
　　　　　刘振东　姚传法　洪瑞钊
　　理事　〔略〕
监事召集人　焦易堂
常务监事　刘克儁　焦易堂　赵　琛　狄　膺
　　　　　赵懋华　罗　鼎　林　彬　赵通传
　　　　　陈长衡
　　监事　〔略〕
会员委员会主任委员　彭醇士
　　委员　〔略〕
宣传委员会主任委员　叶秋原
　　委员　（待推定）
联谊委员会主任委员　龚光朗
　　委员　〔略〕
财务委员会主任委员　张肇元
　　委员　（待推定）
研究委员会主任委员　谢瀛洲
　　委员　〔略〕
编辑委员会主任委员　邓公玄
　　委员　（待推定）
秘书处主任秘书　马克俊
南昌分会常务干事兼总干事　李德钊
常务干事　涂　璧　张良璆　康霓华　刘家树

干事　［略］

候补干事　［略］

常务监察　辛安世　王德舆　应豪仲

　　监察　［略］

候补监察　［略］

上海分会筹备主任　谢保樵　副主任　陈顾运

　　筹备委员　［略］

广州分会筹备主任　萧次尹

　　筹备委员　［略］

北平分会筹备主任　邓哲熙

　　筹备委员　［略］

昆明分会筹备主任　张维翰

　　筹备委员　［略］

镇江分会筹备主任　王子兰

　　筹备委员　［略］

南京分会筹备主任　楼桐孙

西安分会筹备主任　缑克敬

长沙分会筹备主任　戴修骏

〔社会部所属单位档案〕

二、中华人民自主同盟

1. 曹风莼关于目前政治形势及请重视第三势力致蒋介石函

（1946年4月9日）

主席大人钧鉴：恧自胜利后，轩辕北狩，烛政春明，万姓同欢，若遗孤重逢父母，千门佛号，似迷羊再观青天，钦敬罔异，贤愚虔诚，无分老弱，丹赤一系，黔庶同趋，超宗教，越种族，迈乡畴，逾党限，崇拔神明，亲加骨肉，地及全国，史无前俦，漪与伟哉，足征我钧座德树生民，垒功社稷，卓经冠纬千国□族厥成万民永生之元首，非仅一党揆望之总裁。威名虽构于党，因盛业已超于党羁矣。卓旨宏趣早在明察，是以民等不以非党自问，不以猎级为忤，曩值我主席驻跸故都凭邮吊隐之时，曾将中华人民自主同盟八年来抗战微绩概略上闻，除代殉国诸同志遗族叩请优恤外，并祈发胜利勋章，以志民等舍生报国胜利之光荣纪念，蒙钧座饬查后允予颁给。民等感激之余，益信我主席严正无私，博仁爱众，诚为中华全民之伟大领袖也。因召集本盟干部会议，一致通过誓愿以赤诚拥护钧座，并望赐予直接领导，共向国家自主、民族独立、和平建国之前途迈进。本同盟于民廿六年九月一日创立天津，八年抗战，牺牲虽大，略著微劳，先后发展基本干部一千二百余人，武装同志十余万，悉皆忠贞爱国之士。胜利后，抗敌工作告一段落，复逢政府解放集会结社等自由，故同志等除将旧组织扩大向东北推行外，更针对时势将原纲领十条加以修正，因无政权野心，绝以埋头苦干精神，沉毅奋斗，不事虚妄宣传。查华北与东北在敌寇长期蹂躏下，一般民众已有国族观念之觉醒，并受政治之洗炼。胜利后，东北变换异族之压迫，华北遭接收贪污之剥夺，以暴易暴，民怨沸腾。半年来华北东北所得之结论小异大同，即对共产党绝望，对国民党失望。民心所向，非国非共，最后一线之希求，惟望我主席以菩提之心，匡扶之手，拯民于水火耳。国共以外之群众、知识分子与青年，为数颇巨，国共两党势难争取，此辈群众已自然汇成一庞大无匹第三势力之洪流，向国家自主民族独立旗帜下集合，是纯特殊空间与时间演变而成，非人事所能逆转。本同盟已获其棹，未稳其舵，愿我主席以大乘见地海量包容，对此成长中之第三势力，以超国民党立场加以直接领导，本盟同志等暂供所有力量，愿为前驱。时机瞬变，切勿假共党捷足之机，则国家幸甚，民族幸甚。倘蒙鉴察，即祈垂示，以便趋聆训示为

祷。谨叩

崇安

附中华人民自主同盟政治纲领一份[略]

中华人民自主同盟代表曹风莼顿首

四月九日

〔国民政府档案〕

2. 中华人民自主同盟政治纲领①
(1946年4月9日)

第一条 本同盟于国家自主、民族独立一贯主张下,团结有为国族牺牲个人决心之青年与知识分子共同奋斗,内求国家统一与国民生活之向上,外促进世界和平与各民族之平等。

第二条 我们拥护政府及贤明领袖蒋主席,我们在自我理论坚决信念下团结同志与朝野各党派,作和平之斗争,如遇国族利害相同时,更愿与各党派密切合作共谋国是,但我们反对任何党派与政权假藉国际支援为政争之工具,在国际上凡以平等待我之民族与国家均愿与其亲切合作,互爱互助,反是为我国族之敌,绝对排而打倒之。

第三条 我们绝对拥护民主政治与民权宪法及民主集中之分□制度,我们反对寡头政治与独裁政体,更反对一党专政、二党分政、多党均政,凡危害国族独立自主之政党与政权,如法西斯狭义之国家主义、民族主义,自私的资本主义、自由主义,过激的共产主义或社会主义,我们均皆反对,我们主张适合现代中国,接近三民主义之集产主义,方能建设自主、独立、富强、民主之中国。

---

① 此件系1946年4月9日曹风莼致蒋介石函附件。

第四条　于经济上我们主张实施集产主义，渐进的消除封建残余与私有财产制度，为达成中山先生民生主义之平均地权使耕者有其田之主张，实行土地集中，将土地、资本、劳力均变成股票，集中生产，集中消费，利用旧封建基础，以大家族形式、资本主义生产手段、民主集中之组织而走上民生主义与集□主义或社会主义之前途。对节制资本提高国民经济生活，发展民族工业，我们主张应以民族资本建立自主的经济基础，再以自主立场吸收国际资本技术与机械而完复兴中国之工业。此外，我们主张铁路、交通、水利、邮电、森林、矿山、盐产、渔业、水空航运、银行、保险、国际贸易、重工业、大企业、大百货商店等，均归国有、国营，其它轻工业、农商业统归民有、民营或集团经营。

第五条　于司法上，我们主张实行二级壹审制，由人民代表列席各级法庭，参加陪审，提高检察官权能，取消律师制度，人民犯法，由人民控告，检查官检举，警察逮捕。此外，凡侵害司法独立□□人民自由之任何特务组织与武装组织，应彻底取消，我们坚决主张男女平等，种族平等，言论、集会、结社、身体、信仰、婚姻之绝对自由。

第六条　于财政上，我们主张取消一切捐税制度，国家开支由国营事业中征取，地方政费，由集团生产中供给，改革货币制度，提倡票据，运用厘订金融本位调整国库收支，改善薪金制度，加征遗产税、不劳动者税、奢侈品税。

第七条　对于行政上，我们主张缩□□□废县扩区并乡灭村，以十万人口为乡，十乡为区，集中居住，集中生产，集中消费，对于提高经济生活文化教育设施，购置生产机械，改革生产手段等，皆易施为。其它为改革行政组织，加强行政效率，打倒官僚制度，根绝贪污风习，改订文官制度，培养新统治阶级，提高官吏待遇，树立廉洁楷范，彻行民主政治，强化人民自治，皆为当务之急者。

第八条　于文化上，我们主张树立自主的民族文化基础，厘订道德规律,制订长幼尊卑、婚丧嫁娶、礼义之准绳,严整国民思想信仰之中心,立足于民族基本文化立场上,以接受西洋物质文明与科学艺术,为健国强种,应强制施行优生政策,普遍卫生教育与设施,并提高一般人民文化生活,增进健康与福利。

第九条 于教育上,我们主张延长国民义务教育为七年,普遍中等职业教育,增设大学及专科学校,厘订奖学金及定期学位考试,各级学校一律官费,以期贫富教育机会均等,颁布小学强迫教育法令,普遍平民义务教育,以扫除文盲,提高国民文化水准,各级学校教科应以中国文字为主科,划外国文为补助教育,大学国营,中学道营,小学区营,职教省营,其它专科补助教育可准私人或团体经营,正科各级学校为保持教育自主精神,严禁私营,我们反对资本主义与自由主义教育政策,我们更反对脱离中国现实社会完全洋化之买办教育与富有文化侵略性之外文为主科的殖民地教育,我们要求政府厘订自主独立之教育政策与适合现社会之教育制度,更应强化智育,提高德育,普遍体育,使其作平衡之发展,并应注重教育效果,务期学有所用,使各级毕业学生有普遍参加诸项建设及生产事业之机会。

第十条 于军事,我们主张军队国有化,施征兵制度、精兵主义,重质减量,以精粹之国防军永久驻于边畿地带,提高军人待遇与知识水准,完成现代装备,养成高度智能,强化国防配备,严禁军人干政与入党,或参加政争之内乱,关于保障人民自由维护社会安宁,概由地方自治警察担任,其它危害民主自由之一切武装或特务组织,均应一律撤消。

〔国民政府档案〕

三、中国新社会事业建设协会

〔1〕组织章程与工作纲领

1. 中国新社会事业建设协会章程
（1946年10月）

第一章　总则

第一条　本会定名为中国新社会事业建设协会。

第二条　本会以集合社会优秀分子发扬社会固有组织之精神，提高国民道德，改良社会风气，兴办社会事业，协助政府完成建国为宗旨。

第三条　本会会址设于国民政府所在地，得在上海设置办事处。

第四条　本会呈经当地主管机关得在各省市或交通繁盛地方设置分会或特别区会，各县设置区会。

第二章　任务

第五条　本会之任务如左：

（一）关于发扬社会固有组织之精神及改进事项；

（二）关于提高国民道德，改良社会风气事项；

（三）关于社会文化建设及民智灌输事项；

（四）关于兴办实业，发展国民经济事项；

（五）关于协助推进地方自治事项；

（六）关于兴办各种公益慈善事业及救济、救协事项；

（七）关于各项社会服务及公共福利之设施事项；

（八）关于社会保险制度之协助推行事项；

（九）关于合作互助及职业介绍事项；

（十）关于其他各种社会事业建设事项。

第三章 会员

第六条 凡赞同本会宗旨,有会员二人以上负责介绍,经当地区会之考核,特别区会或分会之审查,报经本会常务理事会之通过,得为本会会员。

第七条 凡有违反本会会章或决议案与其他不正当之行为者,得由常务理事会提请理事会分别予以警告或除名,并于次届会员代表大会提出报告。

第八条 本会会员应享权利如左:

(一)发言权及表决权;

(二)选举权及被选举权;

(三)请求本会援助及救济之权利;

(四)享受本会所举办各种事业之利益;

(五)其他公共应享之权利。

第九条 本会会员应有下列之义务:

(一)遵守本会会章及决议案;

(二)遵守本会各项规则及公约;

(三)担任本会所指派之职务;

(四)缴纳会费。

第四章 组织及职权

第一节 会员代表大会及会员大会

第十条 本会及各分会或特别区会以会员代表大会为最高权力机关,各县区会以会员大会或会员代表大会为最高权力机关。在会员代表大会或会员大会闭会期间由各级理事会分别代行其职权。

第十一条 本会会员代表大会由各分会及特别区会选举之代表组织之。

第十二条 各分会或特别区会会员代表大会由所属各县区会选举之代表组织之。

第十三条　各县区会会员代表由区会会员大会选举之。

第十四条　本会代表大会之职权如左：

（一）审议并通过本会章程；

（二）选举本会理事及监事；

（三）审查本会各部门及各分会特别区会之会务报告；

（四）审核经费预算及计算；

（五）其他重要事项之决定。

第十五条　分会及特别区会会员代表大会之职权如左：

（一）选举本分会或特别区会理、监事；

（二）选举本分会或特别区会出席本会会员代表大会之代表；

（三）审查本分会或本特别区会及所属各区会之会务报告；

（四）审核本分会或本特别区会之经费预算及计算；

（五）检讨本会交办事项办理之成果；

（六）其他重要事项之决定。

第十六条　区会会员代表大会或会员大会之职权如左：

（一）选举本区【会】理事及监事；

（二）选举本区会出席分会或特别区会会员代表大会之代表；

（三）审查本区会会务报告；

（四）审查本区会经费预算及计算；

（五）检讨本会交办事项办理之成果；

（六）其他重要事项之决定。

第十七条　各级会员代表大会及区会会员大会均每年举行一次，由各级理事会召集之，必要时得依法举行临时会。

第二节　各级理监事会及常务理监事会

第十八条　本会置理事三十一人，候补理事十五人，监事九人，候补监事四人，由本会会员代表大会选举之，组织理事会及监事会，理事会互选常务理事五人，组织常务理事会；监事会互选常务监事三人，组织常务监事会。

第十九条　分会或特别区会置理事二十五人,候补理事十二人,监事七人,候补监事三人,由各该分会或特别区会会员代表大会或会员大会选举之,组织理事会及监事会,理事会互选常务理事五人,组织常务理事会;监事会互选常务监事三人,组织常务监事会。

第二十条　区会置理事九人,候补理事四人;监事三人,候补监事二人,由各该区会会员代表大会或会员大会互选之,组织理事会及监事会。理事会互选常务理事五人,组织常务理事会;监事会互选常务监事三人,组织常务监事会。

第二十一条　本会理事会之职权如左:
(一)对外代表本会;
(二)对内处理一切会务;
(三)召集本会会员代表大会;
(四)执行本会会员代表大会决议;
(五)办理本会监事会移付执行案件。

第二十二条　本会常务理事会之职权如左:
(一)执行理事会之决议;
(二)核准会员入会;
(三)召集理事会议。

第二十三条　本会监事会之职权如左:
(一)监察会员履行义务事项;
(二)经济之稽核事项;
(三)办理其他有关监察事项。

第二十四条　本会常务监事会之职权如左:
(一)执行监事会决议;
(二)召集监事会议。

第二十五条　分会或特别区会理事会之职权如左:
(一)对外代表本分会或特别区会一切会务;

（二）对内处理本分会或特别区会一切会务；

（三）召集本分会或特别区会会员代表大会；

（四）执行本分会或特别区会会员代表大会决议及本会交办事项；

（五）办理本分会或特别区会监事会移付执行案件。

第二十六条 分会或特别区会常务理事会之职权如左：

（一）执行本分会或特别区会理事会之决议；

（二）办理会员入会手续；

（三）召集理事会。

第二十七条 分会或特别区会监事会之职权如左：

（一）监察本分会或本特别区会之地区内会员履行义务事项；

（二）本分会或本特别区会经济之稽核事项；

（三）办理其他有关监察事项。

第二十八条 分会或特别区会常务监事会之职权如左：

（一）执行监事会决议；

（二）召集监事会议。

第二十九条 区理事会、常务理事会、监事会、常务监事会之职权，准用分会及特别区会各项规定。

第三十条 本理事会监事会每六个月开会一次，常务理事会常务监事会每月开会一次，分会或特别区会之理事会监事会每二月开会一次，常务理事会常务监事会每半月开会一次，必要时均得举行临时会。

第三十一条 各级理事常务理事、监事常务监事均为义务职。

第三十二条 各级理事常务理事、监事常务监事任期二年，连选得连任。

第三十三条 各级理事、常务理事、监事常务监事，如有不得已事故经各该级会员代表大会议决准其辞职者，或因旷废职务及职务上违反法令或其他重大不正当行为，经各该级会员代表大会议决令其退职者,应予解任,但在分会或特别区会及区会须先报由上级核准后方得离职。

第三节 各级书记长及副书记长

第三十四条 本会及分会特别区会或区会之日常会务均由书记长及副书记长处理之。

第三十五条 本会设书记长一人或二人由常务理事于理事中推选之。

第三十六条 分会及特别区会或区会各设书记长一人,由本会在各该分会特别区会或区会之理监事中选派,另设副书记长一人,由本会选派之。

第四节 指导委员及设计委员

第三十七条 本会及分会特别区会或区会均得聘请各地富有声望之社会领袖为指导委员及设计委员,但分会或特别区会及区会聘请时须报由本会核准备案。

第三十八条 指导委员及设计委员均为义务职。

第五节 其他职员

第三十九条 本会及各分会特别区会或区会为办理会务,必要时得设置各职员,由本会书记长派定承各级会书记长之命处理各项事务,其编制另定之。

第六节 经费

第四十条 本会及分会特别区会之经费以左列各款充之:

(一)会员入会费及常年会费;

(二)补助费;

(三)自由捐;

(四)基金孳息。

第五章 附则

第四十一条 本会及各分会特别区会、区会各项办事细则另订之。

第四十二条　本章程如有未尽事宜,得提本会会员代表大会决议修正后,呈请社会部备案。

第四十三条　本章程经本会会员代表大会通过,呈请社会部核准,备案施行。

〔各社会团体全宗汇集档案〕

2. 中国新社会事业建设协会会员守则

（1946年10月）

会员守则

一、爱国家,孝父母,不得有背叛忤逆之行为。

二、弟敬兄,兄爱弟,敬老尊贤,不得有妄自尊大之行为。

三、讲究修睦,任侠尚义,不得有翻云覆雨之行为。

四、四海一家,万众一心,不得有显分彼此之行为。

五、舍己为人,舍私为公,不得有自私自利之行为。

六、明五伦,崇八德,不得有荡化灭礼之行为。

七、守法律,务正业,不得有作奸犯科之行为。

八、光明磊落,恕以待人,不得有阴肆讥评之行为。

九、实事求是,爱护本会,不得有招摇欺惘之行为。

十、遵守规律,服从命令,不得有阳奉阴违之行为。

〔各社会团体全宗汇集档案〕

3. 中国新社会事业建设协会对社会工作纲领

（1947年7月）

对社会工作纲领

甲、工作要旨

一、明了各地方社会之组织状况及其中心势力与影响。

二、使党的力量深入社会各阶层中心，成为推进社会改革之原动力。

三、使三民主义透过社会各阶层之本身要求成为一般的生活要求。

四、因势利导，使社会上一切不合理而有潜在势力之因素接受革命洗礼，参加革命建设。

五、有组织有计划地指导社会各阶层分子参加宪政运动，作为实施重宪政治之张本。

乙、工作对象

一、遵照主席手令，暂以社会为工作对象。

丙、工作之步骤及其范围：

一、工作之步骤与范围〔下残缺，似是分为调查与联络运用〕两阶段。

二、调查工作应注重于情报之搜集及动态及静态之分析与研究。

三、属于静态方面者如组织规程、政治背景、社会基础及其主要组织分子等。

四、属于动态者如政治主张、活动方面、历史传统及其在当地社会中之潜势力等。

五、凡已决定联络运用之对象，须设法寻求关系，培植关系，并逐渐加强已有关系。

六、凡已决联络之对象，负责机关须制定工作计划进度表，按期实施并呈报主席备查。

七、凡参加联络运用工作之同志，须先对其工作对象缜密研究，俾能获得深刻之组织与了解。

八、担任联络运用工作之同志须接受最高机关之决策与指示缜密进行，力避偏于主观之错误。

丁、〔以下缺〕

〔各社会团体全宗汇集档案〕

4. 中国新社会事业建设协会对社会工作实施计划
（1947年7月）

对社会工作实施计划（附进度说明）

甲、总则

一、本计划之工作要旨步骤与范围，根据"对社会工作纲领"甲、丙两项之规定办理。

二、本计划之工作对象，根据"对社会工作纲领"乙、丁两项之规定办理。

乙、对帮会组织之工作

一、调查各地各种帮会之名称组织、参加人数及其分子之分析、负责人员之姓名、年龄、略历、有无政治背景、在当地社会上之地位与力量，以明了其背景及趋向。

二、对于各地有左右社会及民众力量之帮会组织，应指派忠实干练之同志打入其组织，取得其领导权或就其原有组织内吸收有领导能力之干部受我运用。

三、以本会各地分会为核心，吸收全国帮会分子，分别良莠，予以诱导或阻难，使比较纯朴优秀之帮会分子参加协会，成为推行政令、建设社会之动力，而使比较腐败之帮会恶势力逐步消灭。

四、对帮会组织联络运用，以引导其成为社会良民之互助组织为主，而促成其协助社会上一切建设工作为□〔副〕，同时，为适应中国社会之特性，应利用帮会业有力量控制□□□□之人民选举权与罢免权。

丙、对自由职业团体之工作

一、调查各大都市自由职业团体（包括律师、会计、工程师、医师、新闻记者等各种组织)之沿革、会员人数、主要负责人之姓名、年籍略历、有无政治背景、在当地社会上之地位与力量,以明了其背景及趋向。

二、对自由团体之联络运用,以律师分会协助保障人民权利,使会计师公会协助肃清贪污,使工程师协会协助建设工作,使医师公会协助公共卫生工作,使新闻记者公会协助社会教育工作为主,其中心尤应注意对律师公会及新闻记者公会之运用。

三、对各大都市之自由职业团体,应分别就其原有组织内吸收具有领导能力之干部受我运用。

四、对于左倾之律师及新闻记者,应运用其同业予以种种之打击,务使既不能在同业中立足,更不能在社会中起作用。

丁、对社会团体之工作

一、调查各地社会团体(包括各种工业团体、各业公会、各地商会、各业同业公会等)之名称、沿革、会员人数、主要负责人之姓名年籍略历、有无政治背景、在当地社会上之地位与力量,以明了其背景及趋向。

二、对各地工业团体,择其与大多数人民有切身关系者,如水电、交通等公用事业,或与民生有关之重要工业中工人之组织,【吸】收核心分子组织工运机构,发生领导作用,使各业工人不致受其他党派之利用,同时,对于左倾分子发动罢工等阴谋亦可予以防止。

三、对各地工业团体,择其在工业界有相当声望之人士,予以联络运用,解决其生产事业上之困难,沟通其对经济行政之意见,使之不致对政府失望而倾向其他党派;对于有此种倾向之分子,民主建国会一类组织及人员则应设法予以分化打击。

四、对各地商业团体,可以各地商会为主要对象,择其具有相当社会地位之大商人,予以联络运用,以其固有之社会地位为基础,逐渐培植其政治地位,扶助其政治活动,完全成为政府之同情者。

戊、对政治团体工作

一、继续完成对各地党派之调查,分析每一党派组织分子之社会基础,并明了其内部之派系与外围之组织,以及其当前政治之主张与活动状况,进而研究其能存在与发展之原因,以为图谋对象之张本。

二、指定忠实可靠之同志,分别利用各种关系,打入各党派,或掌握其基层组织,或渗入其上层机构,以明了其内幕动态,并相机利用人事之复杂关系,从中分化其组织或作政略上之运用。

三、对各党派之工作,以争取民众,争取民心为主,亦即以组织及宣传上之斗争为主要方式,为适应此种工作上之要求,得成立各种组织及宣传机构为联络运用之工具。

己、对秘密结社之工作

一、调查各地秘密结社之名称、参加人数、分子分析、组织分布情形、活动状况、企图与目的、政治背景以及其主要负责人之姓名、年籍、略历、在当地社会上之地位与力量等,以明了其背景及趋向。

二、对各地秘密结社,其无意义与作用者,应于详细调查之后,运用内线自行瓦解之,或故意暴露其秘密,再运用治安机关予以取缔。

三、各地秘密结社,应径派适当身份之可靠人员打入其组织,建立内线,切实明了其动态,以定对策。

四、如发现各地秘密结社有危害治安及不法活动,或受某一方面利用而有政治作用时,应即运用内线并联络治安司法机关予以解散封闭,必要时并依法逮捕其首要人员。

庚、对社会上有特殊势力之个人工作

一、调查各地所有特殊势力个人之姓名、年籍、略历、背景、思想言行、嗜好特点,以及造成特殊势力之原因。

二、对各地具有特殊势力之个人,其思想正确,行为善良,而为当地人民所拥载〔戴〕者,应予以联络运用,加以扶植,使其领导人民,拥护政府。

三、对各地具有特殊势力之个人,如以土豪劣绅鱼肉人民,而为社会进步之阻碍者,应鼓动当地对其不满之民众予以检举劣迹等打击,使之丧失社会声望及群众威信。

四、在同一地区有两个或两个以上之特殊人物时,应择其思想行为纯正者予以联络运用,而对其他不良分子予以打击。

辛、工作进度说明

一、本计划以民国三十六年一月至十二月为实施期限,并以一月至四月为第一期,五月至八月为第二期,九月至十二月为第三期。

二、第一期为调查期间,先将工作对象分别调查明白,完全了解其静态与动态。

三、第二、三两期为联络运用期间,应根据上列各项分别进行对各种对象之联络运用、分化打击等工作。

四、本计划之实施应配合宪政实施之准备秩序,以三十六年一月至三月完成各种选举法规之时期作为调查期间;以三十六年三月以后之六个月完成各种选举之时期以及三十六年九月以后准备召开国民大会实施宪法之时期,作为联络运用时期,俾以对社会工作之功效,配合宪政运动之需要。

〔各社会团体全宗汇集档案〕

〔2〕活 动 概 况

1. 新建会江苏分会第一次工作检讨会议记录

(1947年5月18日)

地　　点:假金山饭店

时　　间：五月十八日上午九时
出席者：张　迁（常务理事）　冯晓钟（无锡）
　　　　陈念白（昆山、太仓）　张云山（江都）
　　　　杨　峰（六合）　钱明强（常州）
　　　　龚守仁（宝山）　卢振民（溧阳）
　　　　廉水楣（吴县）　虞时之（金坛）
　　　　何飞鹏（金坛）　杨春华（常熟）
　　　　程慕颐、张云（如皋）　于坤元（丹阳）
江苏省社会处指导员：纪冰
列席者：张葆琛、陈浩若
主　席：程慕颐
纪　录：欧少斌
主　会：王仪。
报告事项：

主席报告：各位先生，本分会在五月五日以前，与南京分会合并在一起，称为京苏分会，嗣因五月五日在京开成立大会，六日开第一次理、监事联席会议，依照总会规定及政府指示，把京苏分会划开，正式成立本分会。当时由省社会处及市社会局分别派员出席指导，会议情况非常热烈而隆重。选出葛建时、许宝光、张迁三位先生为常务理事，公推兄弟为书记长。旋于五月八日移镇觅定会址，即日正式开始办事。兹为听取各县区会意见，并谋今后联系起见，邀请各县区会议代表来镇举行工作检讨会，希得到一个具体的结论做本会推行工作的方针。

葛、许两位先生，因为本身职务的关系，不及赶到，现由张常务理事出席指导，我当可以听到宝贵的资料。现在未讨论以前，兄弟先提供二个原则，作为各县区会报告的准则。

第一，希望把以前工作情形切实报告，以借此求得改进方案。

第二，确定组织的标准，在京沪线各县区会，希望于六月十日以前可以正式成立。并且区会至少需有会员一千人，区分会三百人，小组至少十五人，各县区会应从速加强筹组工作，俾能早日完成。

……

讨论提案

一、请确定各区会、区分会、小组组织人数案。

议决：区会一千人，区分会一百人，每小组十五人。

二、拟在十日以前至少在京沪线成立十五个县区会案。

议决：通过。

三、请厘订区分会范围案。

议决：以不抵触原行政区为原则。

四、请讨论会员入会各种表式份数以利征求会员案。

议决：由本分会通饬知照。

五、请防奸防敌以协助地方治［安］案。

议决：该项工作暂由各县区会社运股办理。

六、请切实协助推行自治保甲工作案。

议决：该项工作由各区会宣传股负责办理。

七、请各县举办合作社及平民疹〔诊〕疗所以谋社会福利案。

决议：由分会厘订办法通饬施行。

八、请决定依何程序吸取入会费案。

决议：送缴入会书表时收取入会费。

九、请讨论会费及自由捐收据应如何制印案。

决议：由分会订制，其费用由各区会分担（收据为四联单）。

十、请决定各区会征收会员及会费何时呈报案。

决议：每月报解一次，本月于下月五日前附册寄汇来省，以便转报总会。

〔各社会团体全宗汇集档案〕

2. 国民党东台县党部关于新建会在县组织区会情况呈

(1947年6月13日)

中国国民党江苏省东台县执行委员会呈
东组字第二六二号
中华民国三十六年六月十三日

窃查属县还有名张云者,谓系奉中国新社会事业建设协会江苏省分会之命,来东台筹组区会,拟延揽本党同志若干人担任指导,开始征求会员,从事社会建设事业,经派员会同第一绥靖区驻县情报军官彻查,兹据称:顷准中国新社会事业建设协会三十六年六月六日量鱼酉东字第六号代电称:查中国新社会事业建设协会,原为前军事委员会人民动员委员会改进而来,在抗战期间设重庆天主堂街二十号,目的在动员人民抗建工作,三十五年十月十九日,在沪举行总会成立大会(即现时名称),经社会部立案发给图记。此项组织系全国性总会,以下各省设分会,各县设区会,由各级书记长负责会务。内部分书记长、副书记长、理事、监事及总务、组织、社运、事业、宣传等部门。本年五月五日在南京椰桶巷八十五号开成立大会,六日开第一次理监事联席会议。依照总会规定及中央政府指示,把京苏分会划开成立江苏省分会。现省分会设镇江清真寺街二十三号,书记长为程慕颐(现兼南通第一绥靖区高级参谋),业电请江苏省政府社会处令知各县认为合法团体,将来各区会正式图记由省社会处刊就转由各县县政府颁发各县区会议决在案。该团体组织以帮会为基础,以三民主义为中心,以集合社会优秀分子,发扬社会因〔固〕有组织之精神,提高国民道德,改进社会风气,兴办社会建设事业,协助政府完成建国为宗旨。五月十八日曾在镇江省会开工作检讨会议,奉派筹备如皋、东台区会,拟先征集地方筹备委员,由省发给聘书派令后,即向各机关报备正式成立。等情。

准此。查此项组织是否经上峰核准,除检呈该组织章则呈报上峰核示外,相应电请查照,等情。据此,查阅该会章程,显系帮会组织,从事政治活动,其主持人为上海杜镛。现在属县活动尚未有具体表现,对该会拟参加入会者,多系昔日之小汉奸、小流氓分子,其今后动向,属部自应严切注意,随时具报。惟该会已否取得合法地位,是否为本党之外围组织,其延揽本党同志参加指导,应否即行渗入以争取领导地位。理合检送该会章程暨入会须知各一份,备文上呈,仰祈鉴核赐予指示只遵,实为公便。谨呈

中国国民党江苏省执行委员会主任委员汪

计附呈:中国新社会事业建设协会章程暨入会须知各乙份

东台县党部书记长　詹保黄

〔各社会团体全宗汇集档案〕

3. 国民党邳县党部关于新建会在县组织区会情况代电

(1947年6月21日)

中国国民党江苏省邳县执行委员会代电　　中华民国三十六年六月二十一日

秘字第九号

中国国民党江【苏】省执行委员会主任委员汪钧鉴:顷有本县第二区大孙家人孙玉轩由外返县,组织中国新社会事业建设协会邳县区会,孙玉轩、王惠民等任筹备员,现正大肆活动,广收安清门徒,向入会者每人索会费一万元,声言其上级杜月笙为总会负责人,徐州设特区区会,负责人为徐州司令部某处长等语。查此种组织究系何人发动,有无政治作用,企图为何,是否为合法团体,本党对该团体应取何种态度,事关重要,未敢擅专,特电请钧座示遵。又查孙玉轩,曾任伪邳县政府参议、伪党东亚联盟会理事(即后改新民会),与敌伪勾结甚密。王惠民,前曾任游击队参谋长,亦广收

门徒,招引匪伪。兹将彼等行为一并陈明。职李树叩。巳养。印。

〔各社会团体全宗汇集档案〕

4. 徐亮等密令江苏分会调查青年党及民社党活动情形代电

(1947年8月4日)

代电　机密

江苏程慕颐兄均鉴:奉上级电示:查动员令下加强剿共后,共匪潜伏分子可能渗入各机关或新兴党派中以掩护其活动,青年党、民社党因选举关系大量征收党员,尤易为共匪乘机潜入。为肃清匪类,安定社会计,希饬属调查各地青、民两党新收党员中有无共匪或嫌疑分子潜入,供给具体事实情报,以便与民、青两党洽办为盼。等因。希速为详细调查,提供具体事实,以便汇转,万勿延误为要。徐亮、曾坚、程克祥志。支巳。社建秘情第2782号。

〔各社会团体全宗汇集档案〕

5. 中国新社会事业建设协会颁发控制帮会密代电

(1947年8月)

代电　密

各省市分会、各特别区会书记长、副书记长均鉴:兹为防止其他社团在帮会中之活动,并加强本会对帮会控制之力量,特规定办法,即希遵照。(一)查帮会组织本极秘密,开堂收徒时由来不让外人知悉,以后各地在帮会之会员应予劝导,不得公开开堂收徒;(二)如发现本会会员开堂收徒,必须报告本会并须详细查明,填具名册、调查表等呈报,并谕知须绝对服从本会指挥,不得有所招摇情事;(三)在剿匪军事区域内,公开组织,藉以吸收群众,增加力量,协助军事,争取胜利,达成国家总动员使命;(四)非本会会员公开开堂收徒时,本会所在地之分会、区会、区分会等均应设法检举取缔之。本办法除呈报局方备案并请局方通知所属各单位负责同志协助办理及分电外,特电查照,希转饬所属一体遵照为要。徐亮、曾坚、程克祥。新建组(一)字2703号。

〔各社会团体全宗汇集档案〕

6. 徐亮等饬令各分会遵尚道义互助精神促进会员团结代电
(1947年8月19日)

江苏分会程书记长勋鉴:案据河南分会书记长刘暨代电称:本会为崇尚道义互助精神,促进会员团结,拟请通令规定凡持有本会会员证之会员遇有危难,均有向当地区会、区分会或本会同志请求救援之权利。当地区会、区分会或被请求之同志,应即予以有效救援,如籍〔藉〕故推委,或袖手不理者,得检举严惩,或开除会籍,是否可行,谨乞鉴核示遵。等情前来。经核尚属可行,嗣后凡遇会员持有本会会员证而因遭遇危难或冤抑请求援助时,应予依法作有效之援助。除分电外,合行电仰遵照并转饬所属一体遵照。徐亮、曾坚、程克祥志。皓。新建组(一)第2967号。

〔各社会团体全宗汇集档案〕

7. 新建会江苏分会奉发对社团之联络运用注意要点代电
(1947年8月20日)

中国新社会事业建设 　中华民国三十六年八月二十日
协会江苏省分会代电

苏秘字第281号

各县区会书记长筹备专员均鉴:奉总会电开:顷奉上级同文辰诚地瑞京11470号代电内开:"查前颁上级指示对社会工作纲领暨

社会工作实施计划内规定调查与联络运用两期。查第一期逾时已久,兄处大部尚未完成,值此行宪前夕,第二期联络运用工作尤属紧要。兹如加紧联络运用工作并明了吾人对社团之掌握运用实情,特制定表格两种随电附发,并应注意下列数点切实遵办:(一)吾人对社团之联络运用应注意配合宪政之实施,争取社团之领导权,备运用加紧推行之;(二)各单位对社团之联络运用之工作应根据第一期调查所得社团分类统计确实数字,如合法社团有若干,非法社团有若干,特殊个人有若干。数字统计确实后,择其要或普遍,在各该社团中争取能发生领导作用人物,予以密切联系,进而掌握运用之;(三)对奸匪及其他各党派所领导之社团以及非法组织,应注意其组织内幕暨活动情形之调查,必要时酌量予以分化、打击、策反;(四)联络运用之技术与方法,可配合吾公秘单位随时研讨进行,有碍吾人社会工作推进之阻力,可利用公秘单位力量,互助协力,予以排除之。以上所示,并希遵办,随时具报为要。"等因。奉此。除分行外,即希查照指示各点,特别机密妥慎切实遵办,并查明填就附发表格具报凭转为要。等因。附发表格二份。奉此。除分电外,希即切实遵办,且希即遵照代电迅速详报外,工作旬报表自七月二十日起开始填报凭转为要。程慕颐、张葆琛志。架。巳。印。抄发统计表及工作旬报表〔略〕

〔各社会团体全宗汇集档案〕

8. 新建会禁止会员开堂收徒通令
(1947年9月16日)①

通令

江苏省分会程书记长、副书记长勋鉴:本会系由前人民动员委

---

① 此件无年月,此为收文时间。

员会呈奉"国民政府府军义字一八〇二号令准改组,于去年十月间在上海开改组成立大会,当选出章士钊、许世英、莫德惠、何成浚、杜月笙、杨虎、王晓籁、徐寄廎、钱新之、杨庆山、向海潜、徐为彬等二十七人为理事,许崇智、黄金荣、潘子欣等七人为监事,通过会章,并呈奉社会部京组四字〇二〇一九六号令准备案,各省得设分会,各县得设区会,载在会章。本会当前人民动员委员会时代,会址设在重庆,举凡捐献飞机、救济难胞、宣传兵役,并于敌后发动战争诸端,成绩斐然,屡蒙政府嘉奖在案。自改组为本会后,以发扬道义、提倡建设社会事业为宗旨。立国于现代的世界,未有不求富且强者。欲求富强,自以建设社会为第一要义。乃自国民政府宣布还政于民以来,凡属才智之士,几无不致力于竞选,似舍政治而外更无其他出路者。欧美先进国家其一二等人才,均从事于实业,凡报端习见之政府要员,皆系其国内之三四等人才,此其国家之所以富强也。吾国积弱之由,胥由于贫穷。人民穷则社会穷,社会穷则国家穷。反之,国穷则社会穷,社会穷则人民亦穷,互为因果,事实昭然。吾国自周秦以后二千年来文化无进步者,即由才智之士群趋政治之故,此等积习如不彻底革除,无论国家社会人民之前途均将不堪设想。国共两党所以兵连祸结,亦系互争政权之故,当务之急,殆莫过社会建设也已,抗战也已。然兹事体大,非群策群力不为功。群众何由,群力何由,群又非互以道义相缔结不可。俗语云:一个和尚挑水吃,两个和尚抬水吃,三个和尚没得水吃。即缘其间无道义为之联系之故。总之,当前中国之同胞如能致力于社会事业,又复以道义吸引另一人同其志而又其道义者,便属无上功德,亦即系本会同人所馨香祝祷者也。抗战八年,疮痍满目,本会同人目睹一般才智之士群趋于拉拢群众,组织政党,竞选官吏,不禁欲哭无泪,益觉本会之组织虽一分一秒亦不可或缓。自去年十月本会在上海开改组成立大会以来,已设有分会者凡二十八省,设有区会凡四百六十八县,会员之履行入会手续者凡五十六万数千人,其余之四十五万数千人，系长春、山东等二十七个分会所征求。本会发展如是之速，足征社会事业之必须建设，人与人间道义之必须提倡，实为吾国多数同胞一致之要求。同人等方庆国运昌隆，指日可待，本会前途得以积极扩展。乃道路相传，各地方县政府有奉到秘密命令，不准本会于各县设区会者，虽该项密令之内容不可得而见，杯弓蛇影一似确有其事者。因之，各地方稳重自好之士，疑本会或有涉于政治派别倾轧，甚至有疑本会之提倡社会建设系属一种烟幕，实际上仍不脱争取政权之窠臼者。事关本会会誉，不得不郑重辟谣。本会之是否有政治企图，看本会理监事之人选即可了然。本会之理监事，无一不是真正从事社会建设，以道义著闻于国内外而厌恶政途之人。凡争权夺利之流，其大名每见诸于报端者，本会理监事中殆无一焉！物以类聚，事实昭然。即此一点，便可攻破一切谣言。但最近又有自谓曾目睹各县政府之密令者，据称禁止各县区会之原因，乃因本会以帮会分子为主体，有开山立堂之事，因而其上峰有此密令云云。夫帮会分子，所在多有，凡政府党或反政府党，甚至政府机关或军队中，何处无之。本会数十万会员中自不能谓无帮会分子，但因本会有帮会分子即以为本会以帮会分子为主体者，则本会同人自己也不知有此规定，本会但知凡以道义相结合，而有志于社会建设事业者，本会皆欢迎其为会员。本会之提倡道义或可谓与帮会之精神相同，但不能因此即谓本会以帮会分子为主体。帮会以兴汉灭满为主旨，昔在清季组织，极为秘密，民国以还，早已逐步公开，国共两党要人中正复不少各地方帮会领袖，且十九均有政党之政党，借机关作香堂以收徒众者，亦几为人所共知之事实，何以任何政党或机关中可有帮会分子，而本会会员中不可有帮会分子？且帮会分布之地区，据政府主管之调查不过冀、鲁、苏、皖、鄂、湘、川、黔诸省，本会冀、鲁、苏、皖、鄂、湘、川、黔各省分会所属之各县区会会员中当然有帮会分子，至其余各省之县区会纵然非毫无帮会分子，即会有之，亦不过百分之一二而已，若因此即谓本会以帮会分子为主体，可笑孰甚。本会自向社会部登记后，曾面请社会部谷部长多予指导。谷部长称：民众团体有二种，一是许可制，一是登记制。本会系属于登记制之一种，只须组织合法，社会部无不登记，因此无须加以指导等语。可知本会之组织既属合法，政府机关无不登记。当此准备行宪之际，政府如此之措置原极无理，然则各县政府究竟有无接到密令与否，实属疑问也。团体之发展到相当程度自应于各省设分部，其发展之程度更有进境时自应于各县设支部，此乃自然之趋势，非可横加阻遏者。向例政府对于反政府党派予以禁止，必须禁止其整个组织，从无容许其总部之存在，又容许其各省分部存在，而独禁止其各县支部之存在者；只禁止各县支部之存在又何能达成禁止之目的。因此，不但本会不信有此等事，即政府中人亦不信有此等事。但本会初以谣诼视之，近两月来传闻愈广，各处会员纷来问讯，本会一一作答，千篇一律，不胜其烦，用特郑重宣示，希各会员弗稍疑虑，但事实既有此项谣诼，凡本会会员之有帮会关系者，慎弗有开堂收徒情事。本会深知开堂收徒即帮会之生命，而且此种私人行动，本会原不应予以干涉，但此种举动既为机关所不喜，吾人在机关管制之下，一切行动自应与机关之意旨一致，弗稍有违忤。现在社会方阢陧不安，本会以安定社会为己任，凡是使社会不安之事，本会会员不但应努力避免之，更应努力扫荡之。社会安定之事极大，开堂收徒之事则极小，吾人应务其大而略其小，决不可略其大而务其小。抗战胜利以还业已两年，吾国同胞尚处在水深火热中者，即因国内有一部仆人不知大体之故。为人而不知大体，其才干愈大，危害国家社会者亦必愈大。凡我会员，必须牺牲小我以成全大我，于入会时曾经郑重宣誓，自文到之日起，本会会员之有帮会关系者，即须履行此项誓言，尤盼各分会、各区会理事及书记长必须从严检查，凡本会会员有开堂收徒情事者，务必严加干涉，实行禁止，其有不知大体，不服干涉应即开除其会籍，吊销其会员证，并呈报本会备案，希即注意遵照为要。徐亮、曾坚、程克祥即。东辰。社建秘字第 3131 号。

〔各社会团体全宗汇集档案〕

9. 新建会关于出版《文哨》旬刊致江苏分会密电
(1947 年 9 月 4 日)

代电

江苏分会程书记长、副书记长勋鉴：本会为联络全国会员之情感，报导各地分会之动态，并开展本会之业务起见，特创立文哨出版社，并出版《文哨》旬刊一种，创刊号已于九月一日发刊，兹寄赠 50 份，希妥为分寄各区会会员阅读，并盼代为征求长期订户，其优待会员办法，准以八折计算，征得订户，各分会将姓名地址及款项汇报本会，转饬按期邮寄不误。又凡会所属各区会如有可供宣传之资料，即希撰成新闻详细报导，寄呈本会刊载为要。徐亮、程克祥即。支辰。社建秘宣字 3281。

〔各社会团体全宗汇集档案〕

10. 徐亮等令江苏分会运用社团关系防止各种风潮并搜集情报代电
(1947 年 9 月 4 日)

代电

江苏分会陈〔程〕书记长慕颐勋鉴：奉上级示知：依照社会工作纲要对各地区社团之统计，务求完全确实；业已联络之社团，希切实掌握运用，配合宪政实施；并运用关系，防止各种风潮之发生，以及搜取各种情报随时报核为盼。等因。希即遵照切实办理，随时具报，并将现有资料先行送会为要。徐亮、曾坚、程克祥即。

支未。社建秘情第3292号。

〔各社会团体全宗汇集档案〕

11. 徐亮等饬江苏分会筹组事业机构电
（1947年9月4日）

江苏分会书记长程、副书记长勋鉴：查本【会】自改组成立以来，会务发展日臻广泛，惟社会建设工作经纬万端，自应分别缓急，予以逐渐推进。兹为适应社会需要及辅进会务起见，爰在本会内增设事业委员会，其任务以辅助社会工商业之发展及谋各地物资之交流与调剂，开拓企业，解除工商困难。惟兹事体大，非群策群力不可，希于文到后召集会员中之工商彦硕，悉心筹组事业机构，与本会声息相通，密切联系，如有工商业方面之企划，俾可相机运用，共图发展。希即遵办具报为要。徐亮、曾坚、程克祥即。支午。新建〔中下残〕号。

〔各社会团体全宗汇集档案〕

12. 新建会令江苏分会密查知行学社活动代电
（1947年9月6日）

中国新社会事业建设协会代电　情字第3211号

三十六年九月六日

事由：饬密查报知行学社活动情形。

江苏分会鉴：查知行学社由陈健夫领导，曾于本年六月十五日在京假中华路南捕厅钟英中学召开首次临时全国社员代表大会，计到各地代表一百五十余人，由陈健夫主席，当选陈健夫、杜章甫、沈志衍、阮之□、沈俊容、赵仲适、黄景贤等七人为常务理事，孔士豪、雷雨风、刘汉俊三人为常务监事,请社在京利用帮会分子吸收会员,曾与民盟有所联络。兼该社总务处长沈志衍原为本局开除同志,现正破坏吾人工作,并在各地发展组织,其社员因多系流氓地痞,时有扰乱社会治安情事,闻社会部已密令各省社会处严禁该社组织。现该社正改变方针,采取秘密活动等情。希详细密查,随时具报为要。徐亮、曾坚、程克祥。东辰。社建秘情第3211号。

〔各社会团体全宗汇集档案〕

〔3〕新建会与政府的矛盾及其对策

1. 徐亮等关于抵制社会部取缔基层组织致各分会电
(1947年7月14日)

各分会均鉴:本会因发展迅速,声势日大,致引起党政各方面之猜忌,乃至捏造浮词,谓本会各地区开堂收徒,扩大帮会组织,作非法活动,社会人心不安等语,向社会部诬报。社会部既不深察,又不交本会查察是非真象,遽下令取缔区会组织,动摇本会基础,使本会成为一有名无实之团体,不惟违背法理,似属别有用心。本书记长即日赴京列席中央党政会报,据理力争,务求达到社会部收回取缔区会组织成命之目的而后已。如社会部不顾法理,固执成见,本会即采取第二步有效对抗办法,希密令所属作如下之准备:(一)各区会暂停公开活动,作秘密活动之准备,采用种种不同之名称对外暗中联络指导,保持体系,以待宪法实施,再作公开,此时万不可有本会职员、会员作开堂收徒之活动。(二)速即调查本会会员可能掌握之言论机关(如报馆、通讯社)及民众团体具报,以便发出正义呼吁,争取舆论同情。(三)调查具有国民党【党】籍及三青团团籍之会员,以便必要时发动上书总裁之签名运动。(四)作必要时发动广泛请愿之准备。(五)切实注意会员对社会部此种措施之反应,善为控制运用。以上四项均系准备性质,在未奉总会再次命令之前万不可有行动表现,以免增加纠纷。如有违反命令擅自行动者,一切责任由该级负责人自任。希切实遵照,并将办理情形具报为要。徐亮、曾坚。量。寒午。社建秘字第2046号。

〔各社会团体全宗汇集档案〕

2. 徐亮等关于抵制社会部取缔及加强会务工作要点密代电

(1947年7月25日)

江苏分会程书记长慕颐兄、副书记长××兄勋鉴：社建总二三九号代电计达。本会自去年十月十九日在上海成立以来,业已成立二十七个省、市分会,青岛、徐州两个特别区会,四百六十八个县区会,并吸收五十六万余会员。多数区会于安定社会并与各党各派争取群众颇多成绩,除依功绩大小分别记功嘉奖、给发奖金并报请上级转呈极峰备案外,此次并将各区会报来工作经过择其有殊异者一一胪呈上级转报极峰,深蒙嘉慰。至社会部方面,几经交涉,该部人员甚表歉意,并再三表示非该部主张。因此,该部自六月初以来即未继续发过催办之命令,亦未令各省社会处办理具报。又中央组织部陈部长表示过去因中央各部门对所属指示不一致,致各属往往发生误会,此后中央各部门对所属之指示必须一致,各属自不再有误会。因而主张组织中央特种指导委员会负责领导本会之责,以农工部、组织部、军统局〔原件眉批：改"国防部"〕、社会部、本会为组织单位,农工部、社会部、军统局、组织部各一员,本会徐书记长及杨常务理事啸天两员,共六员组织之,一切问题均当由此种特种指导委员会解决。因关于本会之一切,社会部只有执行之责,而无决定之权,该部两月前发给各省社会处禁止本会各县区会活动之密令亦遂无收回之权,须待中央特种指导委员会成立列为议案,再饬社会部重颁命令,好在本会据多数区会报告,各县接社会处转下所谓社会部之密令后,实际上仅由县长口头通知本会各区会负责同志,谓顷奉社会处转来那么一个命令而已,于本会各区会之开展工作无丝毫影响也。现当政府颁布总动员命令之初,异党分子活动加紧猖獗之际,盼该区会书记长、副书记长万弗为社会部之密令所惑,应格外努力工作:第一,应迅速物色各区分会或支会负责人;第二,应加紧吸收会员;第三,应加紧完成每一会员必须完成之手续,如填报会员调查表,如缴纳每一会员证之成本三千元并请求发给会员证;第四,应拟具会员之训练及掌握办法,呈分会转呈本总会核定施行,又当总动员命令颁布之初,该区会应召集所属会员作严正之表示,又本会业已据报筹备完成之区会凡四百六十八个,但其中有若干区会迄今未据填会员调查表,亦未据呈报过去之工作,究竟各该区会于过去数月间关于安定社会方面,并与各党派争取群众方面,有无可资呈报之功绩,亦未据详细列报前来,因此,本会对各区会之工作无法为个别而具体之指示,应即迅速补报,如确有功绩时,自当依其功绩之大小予以各种奖励或转呈上级。此外,本会活动之密令,中央各部门多谓其卤莽造次,有悖中央总动员之主旨。惟现当中央筹谋对全国民众统一领导之际,中国国民党与三民主义青年团既将合并,全国商联会及总工会以及全国农民协会亦将一律恢复民国十六年时之组织,本会各县区会所吸收会员其中有商人、工人、农民,是否有碍商联会、工会、农民协会之统一领导工作而与中央统一领导之政策相抵触,中央组织部及中央农工部均表示有研究之必要。按之事实,当此民主时代,每一人民往往有几种不同之身份,一方面是工会会员,一方面又是某党党员,一方面又是某某社社员,此例举不胜举,任何政党任何社团均无法限制其分子不参加其他组织,工会之无法使其会员不参加政党、不参加其他社团,亦犹本会之无法使各会员不参加其他职业团体等等组织也。惟此种说法,仅足为雄辩之措词,若谓本会各区会之存在与中央统一领导之政策亦殊非圆满之结论。社会部密令禁止本会各区会之活动仅为短时期问题,毫无足虑,但全国商联会等等统一性组织瞬将实现,中央各民运机关对本会各区会是否有碍统一领导政策之一问题似颇为注意。本会除与中央农工部、中央组织部时时商讨,拟订不妨碍此项政策之具体办法外,该区会系实际工作机构,非总会分会可比。将来总会与中央农工部、组织部所商订之办法是否可期其实施而不妨碍实务,该区会应预为顾虑,甚盼该区会本过去从事民运之经验,于本会各区会之存在与商会、工会、农会之存在相辅相成,毫无相抵触之一原则妥为研究,并预拟具体办法若干条寄呈本总会,俾本总会得集中各属区会之意见与中央农工部、组织部商订极妥善之办法,一方面与本会各区会有利,同时于各商会、工会亦丝毫无害。此事极其重要。盼该区会即召集有经验之会员共同商订寄来本总会,是为至要。徐亮、曾坚、程克祥同。有辰。社建秘字二五一三号。

〔各社会团体全宗汇集档案〕

3. 徐亮为国民党拟设立特委会专管新建会工作并希各分会努力推进会务密电

(1947年8月5日)

各省分会书记长、副书记长转各区会均鉴:查本会系由本会发起人呈奉国民政府三十五年一月二十五日军义字一八〇二号代电准予组织在案。各省得设分会、各县得设区会,载在会章,并经向社会部登记在案。最近乃据各分会转据各县区会纷纷报告前来,声称当地县政府奉有各该省社会处转奉社会部密令谓各该区会有发展帮会情事,应予停止活动等由。查本会各区会负责筹备人士皆系当地正绅,与帮会毫无关系,至本会之任务系建设新社会,亦经于会章上详明列载。本会虽照章向社会部登记,但据社会部见告,因本会系属登记制之团体,而非许可制之团体,社会部并无管理本会之意；至社会部密令禁止本会各县区会活动一节，本会亦无案可稽。兹经叠次向中央各有关民运机关接洽，已决定由中央农工部、中央组织部、行政院社会部及本会等各机构合组一中央特种指导委员会，专司管理本会之责，现特委会即将组织，各社会部果有密令禁止本会各区会活动亦属过去之事。现当国家总动员之际，本会会员为总动员中最有力之分子，希切勿多事疑虑，努力推进会务为要。徐亮亲启志。微辰。社建秘2783号。

〔各社会团体全宗汇集档案〕

4. 徐亮等饬各分会切实控制会务掩盖弱点以应付上级调查密电
（1947年8月19日）

代电 密

各分会、特别区会书记长均鉴：密。据报近中央党政联席会报秘书处令各省会报机构注意调查本会活动情形等语。即希设法联络有关所在地会报方面人员代本会吹嘘，并切实控制会务，万勿使弱点有所暴露为盼。徐亮、曾坚、程克祥志。皓。社建秘第2947号。

〔各社会团体全宗汇集档案〕

5. 新建会奉转军统局电令各地区一律停止活动代电
（1947年9月16日）

各分会、特别区会书记长、副书记长均鉴：顷奉南京许人和先生电开：凡参加新建会之帮会分子绝对不准开堂收徒，未参加新建会之帮会分子如有开堂收徒者，应一面报告本局，一面运用警察机关加以合法取缔。至各地区会,应一律停止活动,请即照办为要。等因。希即查照办理为要。徐亮、曾坚、程克祥。新建组〈一〉字3236号。

〔各社会团体全宗汇集档案〕

6. 新建会江苏分会为被省社会处命令撤销请示对策电
（1947年9月21日）

总书记长徐、副书记长曾、程均鉴：顷奉江苏省社会处（三十六）苏民社一字第一六一一五号训令开：奉省政府交下行政院本年九月四日六经字第三五三一八号训令内开：据报云云叙至此令。等因。奉此。查本分会自移镇办公后即积极开展各县区会之筹组工作,旋以社会部密令取缔各县区会活动情事,工作同志之服务精神曾一度消沉,葆琛曾遵照钧会迭次训示,亲自出发视察,百般勖勉鼓励,并与各地党政民意机构详加解释,博得同情与协助,同志工作情绪亦见紧张活跃,转诸社会部未密令取缔之前有过之而无不及,各县区会工作已臻蒸蒸日上之象,慕颐等正自引为欣慰。讵料忽奉前令撤销本会之登记,果尔遵令办理,不惟历经艰苦惨淡经营所获得之基础功亏一篑,而影响工作之社会地位及信誉亦实非浅鲜,究应如何处理,事关重大,慕颐等未敢擅专,理合据情电请鉴核,仰祈速谋对策指令示遵。职程慕颐、张葆琛即马。同叩。

〔各社会团体全宗汇集档案〕

7. 徐亮等饬江苏分会不应随便接受国民政府以下机构的命令并加紧发展组织与调查工作密电
（1947年9月22日）

代电　密

江苏分会程书记长、副书【记】长勋鉴：据报：行政院近训令各

819

省、市政府,以本会在各地有非法活动,影响社会秩序,已令饬撤销;其各省分、区会仍由各省政府严于取缔等情。查本会系奉国民政府军义字一八〇二号令准组织,负有调查帮会、领导帮会、消弭帮会之各种政治性组织,肃清奸党,安定社会,促进建设之任务。如该分会或所属之区会果有非法活动,如开堂收徒,包庇壮丁,妨碍兵役,或其他非法行动,查有实据者,自应依法严惩,否则决不容任何机关栽赃诬陷该分会。对于该省党政军高级组织机构自应尊重,但如有与国民政府军义字一八〇二号命令相抵触之政令,无论出自该省政府或出自国民政府以下之任何机构者,自不应随便接受。自奉令之日起,凡属地方优秀分子经介绍入者仍应继续办理入会手续,所有立案证书及图记不得缴销,静候中央合理之解决。本会系奉令组织,与其他民众团体迥不相同,不得因接获省政府之令文而对外发生有关该案之言论与行动,并应加紧进行各项调查工作,严格检查所属会员有无何种越轨行为。又分会管区内其他一切团体、一切机关有无劣迹,有无越轨行动,并应随时详查,迅速具报;该分会力之所及范围内,凡属异党分子之活动更宜加紧注意,建立光辉之功绩。总之,吾人本身必须力求健全,其他团体之劳迹宜加紧注意,尽量检举,过去分会于其他团体之劣迹甚鲜注意,以致只有遭人攻击之份而无可资反击者。近来各种组织风起云涌,分会如能于一切组织予以注意,最低限度在该省范围内究竟孰可负安定社会之责,孰不可负安定社会之责,有一明确之比较也。以上各节,务希切实遵办具报为要。徐亮、曾坚、程克祥即。养申。秘第3521号。

〔各社会团体全宗汇集档案〕

8. 徐亮等饬江苏分会郑重考虑各区会负责人人选并征求地方当局同意以避免磨擦电
（1947年9月23日）

江苏分会程书记长、副书记长均鉴：查本会各地区会于过去十阅月间能与当地政府机构保持密切联系，工作推行顺利者固多，而标奇立异，招谣偾事，为当地政府所嫉视诟病者亦复不少。兹为消弥隔核〔阂〕，增进同情与支援计，凡会后该会派赴各区负责人选应即郑重考虑，事先可征得地方行政首长同意，以免磨擦，籍〔藉〕减阻力。甚要甚要！徐亮、曾坚、程克祥即。梗。社建秘第3569号。

〔各社会团体全宗汇集档案〕

9. 新建会被迫暂告结束训令
（1947年12月5日）

中国新社会事业建设协会训令　　手微未社建秘字第3895号
　　　　　　　　　　　　　　　中华民国三十六年十二月　日
令江苏分会

本会迫于行政院之通令，只得暂告结束，令到之日，应即办理结束事宜，并登报公告。所有立案许可证及图记依法截角，一并缴销。关于文卷档案则应妥为保管，静待后令。希将结束情形办理具报为要。

　　　　　　常务理事　　杜　镛
　　　　　　　　　　　　杨　虎
　　　　　　　　　　　　向海潜
　　　　　　理事兼书记长　徐　亮

〔各社会团体全宗汇集档案〕

10. 新建会关于撤销后人员处置办法密代电

(1947年12月15日)

江苏分会书记长程慕颐兄、副书记长××兄勋鉴：奉许人和先生是俭午人行国二五三九号代电开：案奉主席手启〈三十六〉酉梗侍宇字第五一三三六号代电开：新社会事业建设协会应从速取消，并呈报。等因。希即查照，并转饬所属各分（区）会遵令克日结束；各分会内附设之调查组一并同时裁撤。至本局派往该局工作之干部人员即作如次之处理：(一)原有公职自由职业或任本局秘密工作同志，饬仍任原职，并列册报备；(二)该会及各分会专职同志暂在原地待命列册(区分职给、姓名、年龄、籍贯、出身、经历、参加工作年月、工作志愿、备考等栏)报局，另设法安置；其中如有情报工作路线者，应专册报核，并详注工作路线，以备核交本局当地单位联络指挥，继续工作；(三)非本局同志一律遣散。等因。奉此。除分电外，希即遵照办理，并将上列各项人员克日列册连同会员名册报会，以凭汇转为要。徐亮、曾坚、程克祥。□。删辰。社建秘0073号。

〔各社会团体全宗汇集档案〕

四、三一联谊社

1. 三一联谊社社章

(1946年11月15日)

三一联谊社社章（五月一日社员大会通过）
第一章　总则
第一条　本社定名为三一联谊社。
第二条　本社以联络感情，砥砺学行为宗旨。
第三条　本社社址设于首都，并得于各省市县设立分（支）社，分(支)社组织通则另行订定之。

　　第二章　会员

　　第四条　凡中央训练团党政训练班、党政高级班及其他各班毕业同学经办理入社手续者，皆得为本社社员。

　　第五条　凡中央训练团党政训练班、党政高级班及其他各班教职员经理事会通过者，皆得为本社名誉社员。

　　第三章　组织

　　第六条　本社设名誉理事若干人，由理事会聘请之。

　　第七条　本社设理事会，由社员大会选举理事十九人组织之，理事会互选常务理事五人主持社务，常务理事、理事均为无给职，任期一年，连选得连任。

　　第八条　理事会设总干事一人，副总干事二人，秉承常务理事处理日常社务。

　　第九条　理事会组织规程另订之。

　　第十条　本社设监事会，由社员大会选举监事九人组织之，互推常务监事三人，主持本社审核监督事宜，常务监事、监事均为无给职，任期一年，连选得连任。

　　第十一条　本社为推进社务，得设特种委员会。

　　第四章　会议

　　第十二条　社员大会，每年举行两次，其日期经理事会决议，由理事会召集之，但有特殊情形经社员三分之一以上请求得召开临时社员大会。

　　第十三条　理事会每月开会一次，由常务理事召集之，必要时得临时召集。

　　第十四条　监事会每半年举行一次，由常务监事召集之。

　　第五章　任务

　　第十五条　本社之任务如左：

（一）有关社员福利事项；

（二）在关社员联谊事项；

（三）有关社员各种事业辅助事项；

（四）有关社员进修事项。

第六章 经费

第十六条 本社社员最低应缴纳入社费二千元，常年费每年最低应缴纳二千元。

第十七条 必需事业经费，经理事会决议得向外募捐。

第七章 附则

第十八条 本社章如有未尽事宜，得由社员大会过半数以上之同意修增之。

第十九条 本社章经社员大会通过并呈报主管机关备案施行。

〔《三一》创刊号，1946年11月15日出版〕

2. 三一联谊社理事会组织规程

（1946年11月15日）

三一联谊社理事会组织规程

（卅五年五月二十一日第二次理监事联席会议通过）

第一条 本会依照社章第七条之规定组织之。

第二条 本会职权如左：

（一）对外代表本社；

（二）主持本社经常社务；

（三）召集社员大会；

（四）执行社员大会决议案。

第三条 本会任务如左：

（一）关于社员联谊事项；

（二）关于社员进修事项；

(三) 关于社员各种事业辅助事项；

(四) 关于社员福利事项。

第四条　本会设理事十九人，候补理事七人，任期一年，连选得连任，并就理事中互推常务理事五人处理日常社务。

第五条　本会每月开会一次，必要时得临时召集之。

第六条　常务理事离开首都不能执行任务时，由理事会改进递补之，理事因故不能出席会议时，得以候补理事依次递补，候补理事得列席理事会议。

第七条　本会设总干事一人，由理事会聘任，承常务理事之命综理日常社务，副总干事二人，由总干事提请理事会聘定之，襄助总干事处理社务。

第八条　本会总干事之下设总务、交谊、学术、服务、康乐五部，各部设主任一人，副主任二人，其人选由总干事提请理事会聘定之，各部分组办事，设组长一人，干事若干人，由总干事、副总干事及各部主任组织考选委员会考选任用，各部办事细则另定之。

第九条　本会得设各种特种委员会，其组织另订之。

第十条　本规程经理事会通过施行。

〔《三一》创刊号，1946年11月15日出版〕

3. 孟哲关于三一联谊社筹备经过的报告

(1946年11月15日)

本社之发起组织，实渊源于本团各班还都同学在南京举行还都后第一届春季联谊会。该会当时深感抗战胜利后本团各同学及职教员纷纷还都，从事革命建国之艰巨工作，不可无永久组织以联系感情砥砺学行，故有筹组本社之决议，并推定洪兰友、赵友培、凌遇选、陈又新、龙之鹏、陈祖平、仝道云、陈千焕及孟晢九人为筹备员。计自三十五年三月一日起至四月二十九日成立大会前二日止，前后召开筹备会议九次,议决各项要案,积极从事筹备,其间如编印同学通讯录、草拟社章、筹开成立大会、借垫经费、筹办旬刊社等,均经分别进行,尤以交涉社址最为困难,幸经何总长应钦指导,马市长超俊极力协助,始觅定珠江路五九三号左文襄祠为社址,但该祠原为某机关先行搬入,经过多次接洽,始得收回小部分,傢具由敌产管理处拨〔下残〕由筹备员私人设法借垫,拟俟本社筹有的款,即行归垫。同人等因本身工作繁忙,致筹备简陋未能如各同学预期之理想,至深歉仄,今幸成立大会已开,嗣后一切会务,得全体同学及教员之共同策划,预计必能顺利推行。

〔《三一》创刊号,1946年11月15日〕

4. 三一联谊社成立大会纪录

(1946年11月15日)

时间:三十五年五月一日上午九时

地点:南京励志社大礼堂

出席人:政府首长陈部长立夫、马市长超俊、洪次长兰友、何总长代表曾鸿图及社员一八四人。

主席:杨克夫　纪录:姜毓彭

一、开会如仪

二、主席报告

本团各班还都同学于本年三月一日在南京举行还都后第一届春季联谊会,到会者除在京同学一百六十余人外,并有政府首长何总长、马市长、洪次长等,当以各同学间联络感情砥砺学行不可无永久组织,经议决筹组三一联谊社,选举筹备人员策划进行。关于筹备经过另请谢孟哲同学报告,现在本人所欲为各同学郑重报告者厥为本社之命名及今后之使命。本社以"三一"命名,一则为三月一日系中央训练团团庆,再则本党主义系三民主义而同学等复同在唯一之最高领袖薰陶下,获得做人做事之圭臬。在中训团指导之下原不宜另有组织,惟各个人能力有限,集合讨论互相观摩始能日进有功,故为同学事业前途计,本社实有成立之必要。再则,抗战胜利之获得固非常艰苦,而建国之完成其困难更千百倍于往昔,在此建国伊始,凡百废待举之际,我辈责任日益加重,尤不能不有此组织,以收互助合作殊途同归之效。本社今日成立适在劳动节,深望各同学今后在团长英明领导之下,为实现三民主义而努力,前途定卜无量。

三、筹备员谢孟哲报告筹备经过(另录)

四、主席宣读团长对于本社准许成立之批示

五、陈部长立夫训词(另录)

六、何总长训词,由曾同学鸿图代表宣读(训词另录)

七、马市长训词(另录)

八、讨论事项

九、选举本社理监事(见附表)

十、余兴(电影)

十一、散会

三一联谊社理事简历(依当选票数多少次序排列)

杨克夫	男	45	江苏	南京市府参事
谢孟哲	男	34	江苏	国民大会简派干事
马星野	男	38	浙江	中央日报社长
陈祖平	男	42	浙江	南京市府秘书长
石凌汉	男	38	江苏	司法行政部会计长
陈又薪	男	44	云南	陆军总部中将处长
赵友培	男	34	江苏	中央文化运动会秘书
彭百川	男	49	江西	教育部聘任督学
凌遇选	男	32	江苏	中央日报经理

陈逸云	女	38	广东	中央委员参政员
陆京士	男	43	江苏	社会部司长
仝道云	女	39	安徽	政治部设计委员
龙之鹏	男	32	贵州	首都警厅秘书
汪一鹤	男	39	安徽	交通部主任秘书
冯百平	男	45	河南	国府参议
王祖祥	男	50	浙江	南京卫生局长
王振九	男	44	安徽	南京社会服务处主任
彭精一	男	49	广东	广播事业厅副处长
王思诚	男	41	山西	津浦路党部书记长

三一联谊社监事简历

濮孟九	男	48	江苏	粮食部司长
韩文焕	男	44	贵州	首都警察厅长
李崇年	男	41	江苏	粮食部署长
黄如今	男	45	湖南	教育部司长
肖若灵	男	46	江苏	南京市参议会秘书长
尹静夫	男		湖北	粮政局长
陈文耀	女	37	江苏	妇女指导会股长
陈述会	男	41	浙江	邮汇局副局长
冯世范	男			中央宣传部处长

三一联谊社候补理事
谢澄宇　陈惕庐　乐　干　谢伯元　何纵炎　陈勉修　马振銮

候补监事
周莘农　刘岫青　张振尧

三一联谊社名誉理事

孙　科	戴传贤	陈果夫	何应钦	于右任	宋子文
朱家骅	陈　诚	陈立夫	吴铁诚	白崇禧	孔祥熙
冯玉祥	张　继	吴敬恒	邵力子	翁文灏	居　正
魏道明	覃　振	周钟岳	刘尚清	张人杰	邹　鲁
阎锡山	钮永建	柏文蔚	熊克武	李文范	章　嘉
胡毅生	刘　哲	魏　怀	麦斯武德	吴鼎昌	商　震
张其采	洪兰友	蒋梦麟	吴尚鹰	史尚宽	王世杰
张厉生	俞鸿钧	俞大维	谷正纲	徐　堪	钱昌照
陈大齐	雷　震	张治中	陈　仪	陈布雷	张　群
段锡朋	王　原	胡宗南	吴挹峰	李宗黄	王公屿
林　蔚	黄镇球	熊式辉	张嘉璈	程　潜	王瓒绪
李汉魂	贺国光	茅祖权	李崇实	王云五	周诒春
谢冠生	薛笃弼	赵守玉	李书田	沈百先	罗良鑑
陈树人	张知本	夏　勤	贾景德	林云陔	霍宝树
贝祖诒	张道藩	程中行	蒋伯诚	苗培成	陈肇英
李嗣璁	郭仲隗	田炯锦	高一涵	刘侯武	张维翰
杨亮功	周至柔	梁寒操	柳克述	郑彦棻	彭学沛
桂永清	王启江	刘文岛	程天放	顾祝同	汤恩伯
李宗仁	邓龙光	余汉谋	薛　岳	潘文华	邓锡侯
马超俊	谷正伦				

〔《三一》创刊号,1946年11月15日〕

5. 三一联谊社社刊发刊词

（1946年11月15日）

我们正面临着空前的大时代！

经过五十年来的奋斗,革命先烈和救国志士已经推翻了满清政府,扫荡了北洋军阀,驱除了日本帝国主义,废除了不平等的条约,现在剩下的问题,就是我们如何根据国父孙中山先生的三民主义的原则,从事建国工作,以完成富强康乐的新中国的问题!

不独如此,自从纳粹签降,日皇屈膝,结束了残酷的第二次世界大战以后,世界有识之士都憬然于世界和平之不容再度破坏,而有全面和平机构之树立,茫茫漠漠的世界也已经走向三民主义之路了!

我们中央训练团各班同学,都是三民主义的信徒,都是中国政府高中级的干部,对内负有革命建国的重责,对外负有促进世界和平的大任,当此划时代的过程中,只有在团长英明领导之下,各守岗位,分程并进,才能达成这样艰巨的使命!

曾子说:以文会友,以友辅仁。三民主义的实现,自然是仁者的事业,仁者的事业不可无友以辅之,更不可无文以会之,这就是我们发行三一社刊的微旨。凡我同学,各请认清本刊,为沟通社员意见的桥梁,交流社员情感的线路,栖息社员灵魂的温室,共同爱护,共同扶助,使本刊内容得以日益充实,本社社务得以日益发展,是为至幸!

〔《三一》创刊号,1946年11月15日〕

6. 何应钦:"三一"的五大意义
(1946年11月15日)

各位同学:

记得本年三月一日,也即是本团成立七周年纪念的那一天,回京各毕业同学,曾经举行过一次春季联谊会,并决议筹组三一联谊社,本人曾到会参加,且得与诸位同学亲切谈话,转瞬之间,到现在已经两个月了。当这国府还都的时候,来京的同学陆续增加,大家相聚联欢,不惟对于今后彼此精神的团结、学行的砥砺、事业的互助可以收到良好的效果,而且对于公务的接洽和推进,都可以得到间接的利益,足见联谊社的成立,实含有至深的意义。

在联谊社的上面冠着"三一"两字,虽然是表示中训团成立的日期是三月一日,但是我们要把它的含意看得很广,随时顾名思义,警惕努力,以为各同学立身处世的方针,我认为"三一"的解释,约有下列五项。

团长在中国的古书当中,特别提出中庸大学两书,勉励我们精思熟读,他认为中庸一书,为吾人修己立身成德立业之要道,大学一书,为古今中外最精微博大完善高尚之政治哲学,我现在就引用这两书和"三一"关联之点,加以说明:

(一)中庸上说,知仁勇三者,天下之达德也,所以行之者一也,又说,好学近乎知,力行近乎仁,知耻近乎勇,知斯三者,则知所以修身,知所以修身,则知所以治人,知所以治人,则知所以治天下国家矣。各位同学都是公务人员,也都负有治天下国家的重大责任,对于知仁勇三达德的革命精神,自然应该努力培养,而培养之道,就在一个诚字,假若心既无诚,就好比木没有根,水没有源,则知仁勇三达德就无从发生,更无从表现,没有知仁勇三达德的精神力量,则办理一切事情,一定不能完满成功,所以古人说,诚者成也,不诚无物,就是这个意思,深望各同学,今后见着"三一"两字,就会联想到"三达德"与"一诚"来作为修身立业的奋勉。

(二)大学上说,大学之道,在明明德,在亲民,在止于至善,这三点,就是三学的三大纲领,我们要能够把这三点做到,就要从格物、致知、诚意、正心、修身、齐家、治国、平天下八目,循序进行,而这八目归纳起来,一以贯之,就是要切实修身,所以说一是皆以修身为本,关于大学的精义,在团长大学之道的训词中,业经详细阐明,我也不必赘述,不过深感觉现在的人心,大都为物欲所蔽,所谓明德,竟已失其灵明,故始发生骄奢淫佚的现象,贪污罔法的行为,务望各同学在自己明德修身之后,更要推而广之,将一般民众的一切旧的不良的不适于时代环境的思想风气铲除,造成一种新的思想与风气,能与时代要求相适应,以确保生存与发展,那么,国家民族才能日趋于复兴的坦途,以上大学的三纲,与格致诚正修齐治平的一贯大道,就是"三一"的第二种意义。

此外还有几种解释:

(三)"三一"就是要大家精诚团结,在一个政府、一个主义、一个领袖领导之下,努力于建国的工作。

(四)三民主义分而为民族民权民生,实则合而为一,我们都应一致努力,以求其早日完全实行,并依主义构成的三大要素,使人民由思想加信仰,由信仰发生力量,而能一贯成功。

(五)国家构成的三大要素,就是领土人民主权,应该由一个政府统领导,然后可以维护领土人民主权,然后才成乎其为一个国家,深望全国人民,鉴于从前军阀割据,造成国家微弱,诱发日本帝国主义侵略中国领土的恶果,必须废除私见,精诚团结,以促进巩固真正的统一,励精图治,来维护领土人民主权的完整和国家的自由平等。

以上五项,都是"三一"两字的广义解释,望各同学顾名思义,身体力行,进而树立楷模转移社会的风气,那么"三一"联谊社的目的,不惟仅在联谊,而且可以收到有裨益国家民族的大效了。

〔《三一》创刊号,1946年11月15日〕

7. 陈立夫:我对于三一联谊社的期望
(1946年11月15日)

主席!诸位同学!

本人今日参加三一联谊社成立大会,异常荣幸,中训团毕业同学除通讯小组外,向无组织,本社成立或系开端,一般地说,每一组织,都先有组织,后有训练,但本社则先有训练,后有组织,这个组织，应当比较任何组织为完善，诸位同学先前在中央训练团受训，在团长指导下受过严格训练，团长曾手谕中训团同学，应互相砥砺，造成新风气，按我国旧道德，朋友尚有劝善规过之义，何况我们中训团的同学，我视察各地时，看到各地同学都有联系，有好的表现，现在南京有了本社的组织，将来定有更具体更伟大的收获。

现在我以同学同志的资格，坦白地说，我所参加的大大小小的会很多，但是真能发生效能的却很少，开成立会的时候，无一不兴高采烈，济济一堂，可是日子一久，大家对于会的热忱便逐渐减低，不能长久保持，甚至亦有开成立会，也就等于开最末一次会的，本社当然不致如此，我现在就实际体验所得，贡献意见如次：

（一）热心服务，造成风气——我国人因为受了家庭制度的影响，年深日久，以致一般人不习惯于社会生活，平时一切生活仅适宜于家族团体，而不适宜于社会团体。英美人士对于集会结社早已习惯，平日生活习惯适宜于团体生活，所以我国的团体大都在开始时大家热心从事，后来便热度下降，其结果则团体有名无实，毫无作用。工业社会国家的家庭构成简单，集团生活如跳舞会、音乐会、运动会、茶会等等，均为习俗所尚，所以对于社会团体，均踊跃参加，热心工作，我国人士受了家族制度的影响，很少有人热心为社会大众服务，偶有热心服务的人，反遭他人异视，风气所趋，一般人不愿或不乐于服务，此种影响，实为团体不健全的一大原因。值此建国时期，造成服务的良好风气，最为必要，希望本社以后实事求是，精益求精，不蹈时习，不袭故常，努力热心服务，蔚成新风气。

（二）健全组织，切实工作——团体推举的理监事等习惯上大都为最忙的人，无暇实际工作，只有挂着名义，有的团体又无总干事的设置，以致团体只有组织，只有聚餐或开会，这种情形殊不合理，我有一补救之法，相信实行之后，必有实效，就是每一团体之内，要有一二人全力为团体服务，为期一年或半年，团体并供给此一二人生活必需的经费，如此会务得以推进无阻，而办事人生活稳定,亦少变动,惟公务员依法得铨叙而服务于团体的人员,则无此种待遇,所以一有机会,往往便转而从政,影响团体的工作,这也要注意的,所以专任的要有期限,有报酬,有执行计划的责任,有共同负担经费的义务,务使组织有重心,有工作,则组织始有生命。

(三)宽筹经费,完成任务——经费为事业之母,推行工作要经费,维持工作人员也要经费,会员对于团体固须尽义务,但充足的经常费和事业费却不可少,无经费而谈事业,犹无米为炊,巧妇所难,所以每一团体不时要有经费,还要有充足的经费,庶几工作毕业,任务完成。

本社要推进工作,发生力量,须先注意上说各点,刍荛之见,提供参考。

本人对于诸位同学,再贡献其一得之愚:

(一)人的联系与领导——一个团体的组织,应该不仅为组织本身而组织,须要注意组织分子以外的人的联系,每一同学在机关或团体内服务,不可只与中训团同学联系而忽略了其他的同事,我们同学本不特殊,决不可使人误会,认为特殊,我们只可以中训团受训关系为人服务,在工作上做领导者,不在地位上做领导者,以服务来领导,来发生模范作用,如此做去,定可受人欢迎,为什么要联系同学以外的人呢,因为同学在各界中究居少数,须要影响其他的多数人,使人人能各尽其才,服务社会,创造生命,为三民主义而努力,才能发生效力,团长曾说过:每一同学须以中训团的精神来影响其他的人。这就是向外发展的意思,古人说:以善服人者,未有能服人者也,以善养人,然后能服天下。这颇有深意,每一同学在任何机构中,须要以善养人,不可以善服人,此所谓服务才能领导人。

(二)学行的砥砺与充实——诸位同学原系各界优秀分子,又在中训团受训,学术虽有补充,但其优秀是否能永久保持呢,要得永久保持其优秀,非随时补充其知识不可,因为领导者的知识,须较一般人为高,才能领导别人,别人也才愿受他的领导。总理创造三民主义，建立民国，政余之暇，犹手不释卷；总裁日理万机，也还孳孳〔孜孜〕不倦的求知，此种求知的态度，我们均须认真学习，因为领导者学识须在人上，才能完成任务，知识的补充和工作的推进，关系至大，但能切磋砥砺，发奋努力，未有不能成功的。中庸有言：或安而行之，或利而行之，或勉强而行之，及其成功一也。本社宗旨有砥砺学行一点，颇合此旨，我看本社将来能每星期有一专家讲演一二小时，对于我们的启发便不少了，同学们也可以就过去所学习的或是性之所近的划分若干组，分别研究，这种办法或可供诸位同学将来的采择，建国工作至为艰巨，有赖于学术的也至多，即以近来沦陷区的接收工作说，接收工作的出笑柄，多由于接收人员知识的不够，不能处理裕如，例如皮革厂接收后被封，皮革浸在药水中，时日稍久，皮和药水都坏，又如化工厂被封两星期后，正在制造中的化学品，全部都坏，常识不足的人，处理事务无不偾事，自属必然的结果。现在有些人不仅新的知识未具备，旧的知识也是一知半解，这种事实，如不承认，并设法补救，则影响所及，危险万分，至于砥砺学行的方法，个人与团体同等重要，并须同时并举，时不我与，凡我同学，务希互相勉励，共同努力深造。

（三）管理技术的研究与注意——最后我们要注意管理技术，关于此点，总裁在中训团中常常提示我们，政治原是管理众人的事，普通事务管不好，还谈什么政治，机关人员一多，优劣不齐，勤惰各殊，以致影响整个工作的推进，管理技术须因人时财地物而制其宜，我们不可忽视了一个螺丝钉，因为它足以影响整个机器的运用，我们不可忽视了一个人，因为他可做金字塔的基石，也可做泛滥江河的涓滴，我们同学对于管理技术，要互相研究，解决困难，以求改进，一面研究，一面实行，实行之后，再去研究，如此循环地致知力行，力行致知，才算得精益求精。

我国此次抗战的胜利，由于我们领袖的贤明领导，但胜利的保持，还有赖于我们长期的努力，本人今天参加三一联谊社成立大会，以期望诸同学之切不免直言奉劝，深望诸同学对于学行技术等等勤加进修，日新又新，自强不息，中训团所种之子，应于建国时期开其美丽之花，时不可失，盼与共勉。

〔《三一》创刊号，1946年11月15日〕

五、中国回教青年建国服务社

1. 中国回教青年建国服务社关于奉令改组在沪召开社员大会正式成立代电

(1947年3月26日)

代电　沪国字第八号

内政部部长张钧鉴：本社于二十七年抗战军兴，在汉口奉军事委员会政治部第一号立案证书为中国回民青年战地服务团，配属第一战区工作，服务战地，从事宣传、组织、训练、救济、救护，发动民众深入敌后，制裁敌伪，破坏交通，侦察敌情，配合国军作战。于二十八年一周年纪念，蒙主席蒋派员莅临郑州垂训，益加淬励，流血牺牲，未敢稍懈，以尽国民之天职。胜利后，呈请核示，复蒙主座谕饬社会部调整。旋奉社会部京组四字第零一四四六二号指令改组为中国回教青年建国服务社，等因。遵即筹备改组，依令于三月三十日在沪举行社员大会，正式呈报成立。本过去抗战精神，遵循国父遗教及总裁新生活规律，效忠党国，从事生产建设，继续努力。仰蒙钧座关爱教胞，提携扶植无微不至，敬祈俯赐颁词致训建国服务方针，俾资遵循，不胜迫切感盼之至。中国回教青年建国服务社筹备委员会叩。寅寝。沪秘。

中华民国三十六年三月二十六日

〔内政部档案〕

2. 马承霖关于呈送组织章程及大会宣言呈

(1947年4月21日)

案查本社在沪筹备,业经电呈鉴核在案。兹奉钧部本年四月八日礼字第〇七〇九号代电训勉有加,甚表感激,并饬将社章检呈备查。等因。查本社业于本年三月三十日在沪正式成立,理合将本社组织章程及大会宣言各一份,具文呈送,仰祈鉴核备查。谨呈
内政部长张

  附呈:组织章程一份
    大会宣言一份
      中国回教青年建国服务社社长 马承霖谨呈
          地址:上海浙江中路三十八号
中华民国三十六年四月二十一日

中国回教青年建国服务社成立大会宣言
民国三十六年三月卅日

本社原为中国回民青年战地服务团改体,战时团员坚苦奋斗,杀敌致果,迭蒙中枢嘉奖,胜利后鉴请核示,蒙主席蒋谕饬社会部调整。等因。旋奉社会部指令改组为中国回教青年建国服务社,遵即筹备进行,兹于本月三十日在沪举行成立大会,呈报成立。

惟际兹宪政初立,建设开始,政府大政方针,亟待实施,社会兴革利弊,千头万绪亦诸待人民或团体之检讨整理,协助服务不足以言建国,而收指臂之效。本社为特种法团,社员均能本过去抗战精神,团结教胞,服务社会,共同发展生产建设,实行三民主义,推行宪政,促进新生活运动,并发挥回教精义,以为兴教建国之奠基,职责之重大,意义之深切,顾名思义,回教青年当无不振臂而起,相互惕励,均向有兴趣有光明之康庄坦途展进,国家之建设愈开展,国民之福利愈促进,而我回胞之经济生活愈得到改善,文化教育益随

之国家进步而普及,经济发展,百废具举,百年树人,蔚成国器,以贡献国家,以尽我天职。

故当前服务建国,正值千载一时之际,为我回教青年觉悟认识发奋服务,互谅互助,精诚团结,齐心努力之时,为现社会不容稍缓之急务,又不可放纵此划时代良机,再蹈过去固步自封之故辙,泄泄沓沓疏懈散漫,致贻一片散沙之讥,古兰经云:你们共同紧紧抓住真主的绳索不要分散。又云:人民爱国如鸟之爱其巢。细译真言,昭示周至,教胞服膺警惕,本笃信精神,爱国爱群爱教之天性,亲爱精诚,团结一致,为社会服务,为建国努力,建设富强康乐之国家,方不负真主昭示团结爱国之命训。

时代所趋现社会之演进,科学与伦理并查,换言之,即科学俞发达,宗教信仰俞坚定,而伦理道德俞笃实,旷观世界强国,其社会情势无不皆然,我国地大物博,文物灿然,教胞与国家共患难,同休戚,救国建国之重责,均所艰巨,尤其回教青年,更应笃教守真,砥学砺行,企求科学上之进步,以适应政治经济文化及国防上之需要,并发挥教理教义,遵循国父遗教及蒋总裁新生活规律,精心研讨,躬行实践,积极作物质上及精神上之建设。在此疮痍未复,人小陷溺之时,以全国七千万教胞之同心协力,合衷共济,作砥柱之中流,挽回狂澜,协助建国,国家民族建设前途,实多所镜借,于有形无形直接间接之中,整个教胞爱国精神,表征于现世,于不知不觉之中,定可步入复兴康乐之域,此在吾教胞之自觉自勉,亦未来之光荣,远大之期许。

况吾教有史以来,迄近代国民革命,及发动民族抗战,我教胞对于国家之爱护牺牲贡献实多,均有史实可考,为不可磨没之伟业,是种浓厚强毅之民族意识,爱国观念实超卓无比,乃来自崇高教义之启示与教胞天性联谊之情趣,洵国家民族无上之助力与价值,教胞适逢此空前胜利复兴机遇,对于建国之殷望,当益感奋兴起,情绪热烈,以此精神志趣,翊赞中枢协助建设,继续努力,自可富强复兴,达于真正统一,世界和平。

目前环境实际需要,只有精诚团结,联谊组织,个人行止不离聚礼处所与团体关系远聚礼信拜之念不坚,天道人道之义不全,离团体、个人之行动立场无所附丽,无由发挥智能意志,以服务社会。故格遵教条,促进国策,实教胞兴教建国之双重职责,非此不克发挥天然之本格本能,各尽国民一份子之责任。

人生以服务为目的,建国为青年当前之责任,国家之复兴富强,是在吾同胞之同德同心,一致努力,目前不但需求物质建设,尤须积极提倡伦理建设,愿吾教胞共勉焉。

中国回教青年建国服务社组织章程

第一章　总则

第一条　本社定名为中国回教青年建国服务社。

第二条　本社为谋社会各种福利事业之发展,本互助合作精神,提倡生产建设,改善教胞生活,以兴教建国为宗旨。

第三条　本社设于上海市。

第四条　本社得于各省市县设立分支社。

第二章　任务

第五条　本社之任务列左:

(一)关于经济生产建设事项。

(二)关于文化教育事项。

(三)关于国防边疆建设事项。

(四)关于保健卫生救济事项。

(五)关于发扬回教教义事项。

(六)关于服役劳动鼓励爱国实施国策事项。

(七)关于调查教胞生活状况及改善设施事项。

(八)关于宣传兴教建国服务推行事项。

(九)关于交际事项。

（十）关于文书事项。

（十一）关于事务事项。

第三章　社员

第六条　凡志愿入社之中国回教青年，经社员二人以上之介绍，恪遵本社章纪，经本社理事会之通过，得为本社社员。

第七条　凡有违反本社社章等行为者，得由常务理事会提请理监事联席会议分别予以警告或除名。

第八条　本社社员应享受权利列左：

（一）发言权及表决权。

（二）选举权及被选举权。

（三）本社所举办各种事业上之利益，对社员经手所举办之各种事务，酌予扶助，惟须限于本社名义所统辖者。

（四）其它公共应享受之权利。

第九条　本社社员应有下列之义务：

（一）遵守本社社章及决议案。

（二）忠实担任本社指派之任务。

（三）缴纳社费。

第四章　组织

第十条　本社以社员大会为最高权力机关，在社员大会闭会期间，理事会代行其职务。

第十一条　本社置理事三十一人，候补理事五人，监事十一人，后补监事五人，由社员大会选举之，组织理事会、监事会，理事会得互选十一人组织常务理事会，监事会得互选常务监事五人，组织常务监事会。

第十二条　本社置社长一人，就常务理事推选之。

第十三条　本社理监事任期均为一年，连选得连任。

第十四条　本社理监事如有左列各款之一者，应予解任。

（一）不得已事故，经社员大会议决准其辞职者。

(二)旷废职务,经社员大会议决令其退职者。

(三)职务上违反法令或有其他重大不正当行为,具有证据者,经常务理、监事会议令其退职,并取消其社员资格,或呈由主管机关依法惩戒之。

第十五条　本社为计划推行工作起见,因事务上之需要,得设置副社长一人,总干事一人,副总干事二人,均由常务理、监事中推选兼任之。

第十六条　本社得设秘书室,置秘书主任一人,因社务之需要分设各组,每组置主任一人及干事、书记等若干人,由社长提经常务理事会聘任之。

第十七条　本社理、监事均为义务职。

第十八条　本社于必需时,得设置各种委员会,并聘请顾问、视察等。

第五章　职务

第十九条　本社社员大会之职权如左:

(一)审议理事会、监事会之会务报告。

(二)通过本社章程。

(三)选举理事监事。

(四)决定经费预算。

(五)决定其他重要事项。

第二十条　本社理事会之职权如左:

(一)对外代表本社。

(二)对内处理一切事务。

(三)召集会议。

(四)执行社员大会决议。

(五)核准社员入社。

(六)办理监事会移付执行案件。

第二十一条　本社常务理事会之职权如左:

（一）执行理事会决议。

（二）办理日常事务。

（三）召集理事会议。

第二十二条　本社监事会之职权如左：

（一）监察社员履行义务事项。

（二）经济之稽核事项。

（三）办理其他有关监察事项。

第二十三条　本社常务监事会之职权如左：

（一）执行监事会决议。

（二）召集监事会议。

（三）办理日常事务。

第六章　会议

第二十四条　本社社员大会每一年举行一次，必要时得经呈准及社员三分之二之请求，举行临时会。

第二十五条　本社理事会每三个月开会一次，常务理事会、常务监事会每月开会一次，必要时均得举行临时会。

第七章　经费

第二十六条　本社经费以左列各款充之：

（一）社员入社费二万元及常年社费每月两千元。

（二）补助费。

（三）基金之孳息。

第八章　附则

第二十七条　本社各项办事细则另定之。

第二十八条　本社社章如有未尽事宜，得提经社员大会决议修正后，呈请社会部备案。

第二十九条　本社章程经社员大会通过，呈请社会部核准后施行。

〔内政部档案〕

六、中国青年反共救国同盟会

1. 张化民关于组织中国青年反共救国同盟会并附送大会宣言组织纲领及执委名单呈
(1949年7月18日)

为呈请备案事：窃查共匪为祸，几摇国本，民等激于爱国热忱，特发起组织中国青年反共救国同盟会，藉以号召全国有志报国青年团结起来，群策群力，协助政府戡乱建国。本会业于七月九日正式成立，合将本会第一届登选执行委员暨大会宣言、组织纲领，并印模各一份，具文呈报，伏乞准予备案，俾便展开反共工作，无任感祷。谨呈
内政部恩准

中国青年反共救国同盟会主席　张化民

民国三十八年七月十八日

中国青年反共救国同盟会宣言

当此赤色洪流湮没了中国的半壁河山，政府中的某些落伍自私的特权人物，仍以派系的私利为先，国家民族的前途置后，毫无唯共存始能自存的新觉醒，且酒天花地，纸醉金迷，因循塞责，得过且过，腐败无能，固步自封一贯的自杀作风，更无改弦更张积极振作的新景象，影响所及致使多数人不是投机、观望、动摇、徬徨，便是悲观、颓丧、泄气、失望，精神上作了敌人的俘虏。□□□人已把将来做俘虏后的供词，打好了腹稿底失败主义者仍旧混身在革命阵营里，散播其共匪必胜论的毒素。今日的中国青年面临着这一思想行动的考验，应如何去肩负起历史所给予我们挽救人类浩劫的使命，实赖自己明智的抉择。

我们既不愿接受卖国媚外、专制独裁、惨酷暴戾、违情悖理的

共产政权统治,复不能将责任与希望寄托于腐败自私已成过去底特权统治阶层,同时还需要打击、清除并纠正、争取那些投机、观望、动摇、悲观的失败主义者,进而团结全国有热血、有理想、有干才、有魄力、崇自由、尚民主、持正义、维真理、爱人类、救国家之优秀青年,在三民主义大旗及反侵略大同盟的领导下,踢破经常范围,同一思想,同一目标的组成一具有决定性的新力量,领导中国人民复建独立自主的新中国,以奠定人类和平平等之基石,促进社会繁荣进化,为人类历史开一新纪元,臻世界于大同之境域。

我们依据现世界的几种思想主流,默察时代需要,舍短取长,综合成大同主义底思想体系,为我全国人民共同奋斗的最高准则,并可列举为三个目标:第一、六大自由:思想自由,信仰自由,集会结社自由,学术研究自由,免于匮乏的自由,免于恐惧的自由。第二、四大平等:生活平等,劳动平等,牺牲平等,是非平等。第三、六大政策:寓兵于农,寓农于兵,建立兵农合一的国防军,维护国家民族的独立自由;建立平等互惠的国际关系;还政权于人民,实行地方自治,完成真正彻底的民主政治;打倒财阀卖办,垄断资本,平均地权,使生产消费合一,建立收支平衡的合理经济制度,普遍提高人民之生活水准;设立大规模的科学研究所,并奖励私人科学发明,以促使生产工业化;普及国民教育,提高人民文化水准,造就专门人才,以备国家复兴建设之需。

审视当前情势,我们决定了努力奋斗的两大方针:(一)全民革命:播发酵菌(本盟盟员)于社会中各角落各阶层内,使发生团结一切新生力量的作用!(二)三面作战:坚决、彻底、干净的打垮并消灭正面的敌人共产党及其同路人与新侵略者;协助政府清除腐败无能自私的背面敌人特权统治阶级,促使政治廉能;打击、铲除、纠正争取侧面的敌人投机观望失败主义者,以壮大我们的力量。

我们相信，青年的领导是最正确的，是永远不会妥协的，全民的力量是伟大的，敌人是可以而且容易击灭的，更相信我们的目标与政策是切合实际的，是永远的，只赖我们不畏困难，克服困难，不怕牺牲，荣于牺牲、实干、乐干、肯干、敢干的卓绝奋斗与努力的精神。

青年朋友们，历史齿轮的转动，是要我们来推动的，人类文明进步途中的荆棘，是要我们来铲除的；独立自主的新中国基石，是要我们去建筑的，光明的种子，是孕育在泥土里的，不要小看自己，英雄无种的话，是告诉他们说，伟大的事业都是人作的。革命就是实践，成功便是实践的果实，青年朋友们，来！很让我们整齐步伐携手前进，以无不能的精神，必成功的信念向我们的目标奋斗，看！敌人不久便会倒下去，胜利者一定是我们。

最后让我们振臂高呼：

1. 肯奋斗，就有收获！
2. 敢牺牲，便能成功！
3. 争自由，不怕流血！
4. 能团结，才有力量！
5. 个人主义者，必定失败！
6. 团体有前途，自己才有前途！
7. 有自己在，不许组织坏！
8. 有组织在，不许国事坏！
9. 我们是新中国舵手！
10. 我们是新中国的救星！
11. 青年神圣！
12. 青年万岁！

中国青年反共救国同盟会

中国青年反共救国同盟会组织纲领

第一章　名称

第一条　本会定名为中国青年反共救国同盟会。

第二章　宗旨

第二条　本会以团结全国有热血、有理想、有毅力、有魄力、崇自由、尚民主、持正义、维真理、爱人类、救国家之优秀青年，培养全民革命力量，在三民主义旗帜下及反侵略大同盟之领导下，内除国贼，外抗侵略，复建独立自主民主自由的新中国，奠定人类和平之基础，进而促进世界大同为宗旨。

第三章　会员

第三条　凡符合并赞成本会宗旨之优秀青年，由会员二人之介绍，经总会或支会、分会通过，并经宣誓报请总会备案，均得为本会会员。

第四条　本会会员有行使四权（选举、罢免、创制、否决），参加会议，提供意见之权利与义务。

第五条　本会会员有服从决议，遵守纪律，信仰目标，爱护组织，发展会员，缴纳会费之义务。

第四章　组织

第六条　本会组织采民主制，以决议、以组织领导会员。

第七条　本会设全国会员代表大会，各代表以全国会员人数比例产生之。

第八条　本会设执行委员会，执行委员三十五人至四十五人，候补委员十一人至十三人，任期一年，连选得连任，各委员由本会全国代表大会选出，并由委员中互选一人为主席，二人至四人为副主席。

第九条　本会最高权力机关为全国代表大会，大会闭会期间由执行委员会执行职务。

第十条　本会执行委员会下设秘书组、宣传、组织两部，秘书组设秘书长一人，副秘书长二人，组织、宣传两部各设部长一人，副部长二人，皆由执行委员中推举兼任之。

第十一条　本会于政府所在地设总会，按地域设领导区（东北、华北、华中、西北、西南、东南、台湾、海外，分设区主任委员一人，区委员九人至十三人），省市设支会（设省主任委员一人，委员七人至九人），县市设分会（设县市主任委员一人，县市委员五人至七人），小组（设总干事一人，干事三人至五人）为基层组织，并得于海外设领导局、支会、分会、基层小组。

第十二条　本会执行委员会于必要时，设特种行动委员会，组织办法另定之。

第五章　会期

第十三条　本会全国代表大会每年召开一次，以本会成立之日为召开时间，必要时得由代表三分之一或执行委员三分之一之提请召开临时全国代表大会。

第十四条　本会执行委员会每月召开一次，必要时得由执行委员三分之一之建议或主席之提请召开临时会议或紧急会议。

第六章　职责

第十五条　本会主席对外代表本会，对内综理一切会务，副主席襄助主席处理对内对外一切事务，如主席缺职时，得代行其职务。

第十六条　本会秘书组办理对内对外一切文牍事宜。

第十七条　本会组织部综理组训会员、团结会员、控制会员、执行决议、执行政策、调查会员思想、办理会员登记及奖惩等事宜。

第十八条　本会宣传部办理主义、思想、理论之阐扬，辩证统一会员之思想与认识，督励坚定会员奋发革命之精神统一，利我舆论等事宜。

第十九条　本会领导区襄补总会、支会领导之不足，分权领导指示各支会、分会、小组，组织民众，调查民隐，助解民困，争取民众拥护，发展会员等事宜。

第七章　奋斗目标

第二十条　本会依据现世界与所存在之几种思想理论主流，综合成大同主义，并本六大自由（思想自由、信仰自由、集会结社自由、学术研究自由、免于匮乏的自由、免于恐惧的自由）、四大平等（生活平等、劳动平等、牺牲平等、是非平等）之原则，建立大同主义的社会，而以中国为试验室。

第八章　奋斗方针

第二十一条　为使本会力量壮大，理想达成，每一个会员必须是一个酵母菌分布于社会中各角落、各阶层，起发酵响应作用，实施全民革命，不脱离现实，不脱离政府，在思想行动上进行三面作战（打击正面敌人，共产党、帝国主义侵略者；背面敌人，腐败无能的统治阶层；打击纠正侧面敌人，泄气、悲观、失望、投机、失败主义者）。

第九章　信条

第二十二条　本会为策励会员从自我作起，特定信条如左：

（一）确信大同的三民主义为历史演进人类社会进化之必然产物，且为人类社会之必需，乃消灭人类纷争，实现天下为公唯一符合时代需要的学说。

（二）实事求是，处处学习，时时进步，寓学习于工作之中，寓工作于学习之内。

（三）不畏难，不退缩，不妥协，迎接困苦，克服困难，养成勇往直前的精神。

（四）不泄气，不悲观，不失望，不投机，不为利诱威胁而变节，始终如一，奋斗到底，使人格完整。

（五）不骄傲，不自满，不自夸，不小看自己，不鄙视别人，经常使态度悦人，言词动人，热情化人。

（六）大处着眼，小处着手，不计眼前之成败利钝，不拘小节，只知为理想而努力。

（七）不投机，不观望，不悲观，不失望，实干，乐干，敢干，肯干，彻底铲除失败思想，腐化享受思想。

第十章　经费

第二十三条　本会经费除会员应缴会费作本会基金外，得由会员中及向社会人士自由募集，或作他种经营以充经费。

第十一章　附则

第二十四条　本会会员手则另订之。

第二十五条　本会纲领如有未尽事宜，得由全国会员代表大会提议修改之。

第二十六条　本会纲领自成立大会通过之日施行。

中国青年反共救国同盟会第一届执行委员姓名单［略］

〔内政部档案〕

2. 徐开运关于如何办理中国青年反共救国同盟会组织的一组签呈

（1949年7月23—30日）

（1）7月23日签呈

查青年学生组织团体依照教育部规定，除组织学生自治会外，不得以学生身份参加团体，向外活动，至学生联合会之组织，政府亦曾严令禁止，且流亡学生之管训问题，教育部已设有青年就学、就业辅导处专责办理。兹查由匪区逃来穗之流亡学生不下数千人，先后发起组织东北大中学生反共救国会及中国青年反共救国同盟会等团体，纷纷请求本部备案。此种组织既限于规定，又非本部职掌，际兹加强戡乱工作时期，究应如何办理，似应提请下次民运会报决定，本件候决定后再办。当否，乞核。

职徐开运
七、二十三

(2) 七月三十日签呈

本案遵往教育部洽商,承该部主管单位青年辅导会第一组组长苏经武告以:关于学生组织团体,教育部仍依照与前社会部商定办法,除准组织学校学生自治会外,不许其另有组织,尤以流亡学生之救济与管训问题,教育部设有辅导会办理,并于后方各地设有分会,就地收容及介绍其就学就业,不但不许其组织团体,更不许其结队活动。至中国青年反共救国同盟会组织,广州警备司令部已侦察,其系反动组织,并于该会内搜获枪枝,业将该会负责人张化民等十数人拘捕审讯。等语。经查,该会既属非法集团,且地方治安机关业经取缔,本部自不能准其备案。本件拟提下次民运会报告后确查。当否,乞核。

           职 徐开运
             七、卅

〔内政部档案〕

3. 张化民请求补助经费致阎锡山代电
(1949年7月)

院长阎钧鉴:窃民等鉴于共匪为祸,几摇国本,激于爱国热忱,并使全国有志报国不甘共匪压迫之青年团结起来,在三民主义旗帜下、反侵略大同盟领导下,协助政府戡乱建国,特发起中国青年反共救国同盟会,藉作号召。现本会业于七月九日正式成立,惟本会组成分子系以南来青年为主,虽咸具反共决志,然皆贫苦异常,无力捐助或缴纳会费,致自本会成立迄今将逾十日,因无法筹集经费,各种急待开展工作多所迟滞,特恳钧座拨助银元券五百元,以作本会暨各领导区之经费,无任感祷之至。中国青年反共救国同盟会主席张化民。午郚。叩。

〔内政部档案〕

七、妇女反共同盟会

1. 妇女反共同盟会关于该会工作重点及请求补助经费呈
（1949年8月12日）

谨呈者：窃以匪势猖獗，举国失宁，人民流离颠沛，田园庐舍俱成灰烬，国脉民命危在旦夕，幸赖钧座等领导国人坚决抗拒，凡属稍有血性良心者，孰不欲奋起追随，□□□以确保国家民族之独立自由，领土主权之完整。属会同人有鉴及此，本国家兴亡匹夫有责之大义，乃积极组此机构，旨在团结全国妇女同胞，共同肩负戡乱建国任务，充实作战力量。同时深感此举固为一爱国运动，而为确切有效计，决求实际，不容仅具形式，空设机构而已。故自本年五月发起以来，即积极筹备，经数月之努力，本月二日始正式成立，除报请有关机关备案并派员指导外，并已择定穗市中华中路象牙街妇女福利社为属会会址，刻已详订组织纲领、工作计划纲要开始办公，工作重点略为：

一、采用各种方式，宣传共匪一切祸国殃民实情。

二、组训各阶层妇女同胞共同参加一切反共工作，并策动沦陷区女胞从事地下活动。

三、组设各种服务队，为前线将士、征属、难民、难童服务。

四、联络海外妇女侨胞及国际爱好和平妇女共同推进反赤化、反侵略、反暴力运动等。

工作步骤，人事配备均已拟妥，只以属会同人多属清苦之士，报国有心，资助无力，而局势日紧。为争取时效计，一切业务势须立即实施不为功，经会商一致表示须向钧部请求补助，拟乞拨发补助

费银元壹仟元整,俾使工作得以展进。素仰钧座资助爱国运动不遗余力,敬恳迅予照拨是为感幸。谨呈
内政部部长　李

　　　　　　　　　　　　妇女反共同盟会常务委员　　呈
中华民国三十八年八月十二日

〔内政部档案〕

2. 妇女反共同盟会关于该会成立经过及附送章程名册呈
(1949年7月29日)

谨呈者:窃以匪势猖獗,为确保国脉民命之存续,在穗各界妇女领袖特于本年五月念七日发起筹组妇女反共同盟会,以便协助政府加强戡乱工作,并推定邓蕙芳、吕晓道、庄静、曹婉珍、杨俊、熊叔衡、王慕信等为筹备人,业经依法于七月念三、念五、念八日举行正式筹备会三次,兹已筹备竣事,订于八月二日上午十时假本市文明路新运妇女工作委员会内举行成立大会。谨将是日主席团人选及发起人名单附开于后,敬乞鉴核,届时派员出席指导是祷。谨呈
内政部社会司
　　附:本会组织纲领草案一份
　　　　发起人名单一份
　　　　成立大会主席团名单一份〔略〕
　　　　　　　　　　　　妇女反共同盟会筹备会　谨呈
中华民国卅八年七月二十九日

　　　　妇女反共同盟会组织纲领草案
　　第一章　名称
　第一条　本会定名为妇女反共同盟会。
　　第二章　宗旨

第二条 实现三民主义,确保民族独立,领土主权完整,生活自由,是本盟的宗旨。

第三章 奋斗目标

第三条 政治民主化,军队国家化,生活平民化,反暴力,反侵略,反专制,肃清破坏世界和平的摧残人类文明的出卖祖国权益的乱伦败俗的中国共产党,为我们共同奋斗的目标。

第四章 盟员

第四条 凡赞同本盟宗旨,愿参加反共阵线,共同奋斗,不怕牺牲,有革命信心之妇女同胞,经会员二人以上之介绍,皆可入会。

第五条 凡具失败心理、妥协论调之投机分子,一概不许加入本会。

第五章 组织

第六条 本会于政府所在地设立总会,各省市设立支会,县市设分会为基本组织。

第七条 本会得于海外设支会。

第八条 由全体会员大会选举廿一人至卅五人为执行委员,七至十一人为候补委员,组织执行委员会,并由执行委员中互选五人为常务委员,各委员任期为一年,连选得连任之。

第九条 本会得设秘书二人,由执行委员兼任之。

第十条 本会得于各省市县设立分会。

第十一条 本会设名誉主席一人至五人,由执行委员中选举之。

第十二条 执行委员会下设左列各组:

(1)总务组;

(2)组织组;

(3)宣传组;

(4)联络组;

(5)服务组。

每组设正副组长一人,分掌各组事宜,由常务委员及执委中兼任之,干事若干人,由各组长于本会会员中聘任之。

第六章　会议

第十三条　全体会员大会每半年召开一次,必要时由会员半数以上提议,经常务委员会之同意,得召开临时大会。

第十四条　执行委员会至少每半月集会一次。

第十五条　常务委员会至少每星期集会一次,必要时得召集各组举行连集会议,商讨工作之进行。

第七章　职权

第十六条　全体会员大会为本会最高权力机关,其职权为:

(1) 选举执行委员;

(2) 修改盟纲;

(3) 听取执行委员会及各组报告。

第十七条　执行委员会之职权为:

(1) 选举常务委员;

(2) 主持一切工作之设计。

第十八条　常务委员会之职权为:

(1) 对外代表本会;

(2) 执行执委会一切决议案;

(3) 督促各部门工作之实施;

(4) 组织本会各项机构;

(5) 支配本会财政。

第八章　工作

第十九条　策动国内各地妇女组织反共同盟支分会,以争取广大盟友共同推进一切有关反共戡乱爱国工作。

第二十条　联络海外侨胞妇女在国外建立反共组织。

第九章　经费

第二十一条　会员缴纳。

第二十二条　自由捐募。
第二十三条　请求政府及有关机关补助。
　第十章　附则
第二十四条　本会各级组织章则及工作计划另订之。
第二十五条　本纲领如有未尽事宜,得经全体会员大会修正之。
第二十六条　本纲领于成立大会通过后实行。

妇女反共同盟会发起人名单

吕晓道	邓蕙芳	庄　静	崔淑言	傅　岩
唐国桢	于汝洲	仝道云	丁淑荣	周　敏
陈惠珍	皮以书	杨宝琳	韦宝辉	杨　俊
张晓景	黄　觉	熊叔衡	陈敏兰	蔡秀明
左明瑜	叶蝉贞	邱娜威	尹逸芳	程翠英
王慕信	姚令娴	柯蔚岚	王舒荣	范　杰
杨润平	贾洁清			

〔内政部档案〕

八、中国反侵略大同盟

1. 中国反侵略大同盟宣言
（1949年）

自从中国共产党悍然关闭了和平之门,迷信武力,一意孤行,不惜与全国人民的公意为敌,全国同胞到了今天已无中立妥协的余地。我们再不能坐视自己的身家性命和祖宗所遗留下来的物质及精神的财产毁灭净尽,再不能不一致奋起,自救救国。因此我们决心以革命策源地的广州为反共救国运动的起点,团结全国各党派及各界爱好民主自由的人士,发起"中国反侵略大同盟",务期发挥超党派的组织力量,彻底肃清中国共产党,抵抗共产国际的侵略,确保国家的独立,维护民族的生存。

我们要依据四大自由,一思想自由,二信仰自由,三免于匮乏的自由,四免于恐惧的自由,和四大平等,一生活平等,二劳动平等,三牺牲平等,四是非平等的主张,作为全国人民共同奋斗的总目的。分析起来,又可列举为八个目标:一为维护国家独立,反对出卖祖国;二为实行政治民主,反对极权独裁;三为实行经济平等,反对斗争阶级;四为保障生活自由,反对赤色恐怖;五为保持伦理关系,反对瓦解家庭;六为发扬仁爱精神,反对毁灭人性;七为保障信仰自由,反对迫害宗教;八为促进世界和平,反对共产侵略。这是四亿五千万同胞共同一致的愿望,譬如江河奔腾,沛然莫之能御,不但是爱国儿女人同此心,心同此理,深信全世界爱和平反侵略的各国人士,亦必能寄以无限的同情,予以有效的援助。

当前局势的形成,内外因素,错综繁变,而修明政治迟久未能实现,未始不由于过去一般公正人士洁身自好,不能严密团结,积极领导。所以本盟成立以后,首要策励盟员,从自我做起。兹特订定三个信条:一曰说实话,做实事,以针对共产党欺骗诈伪的伎俩,务要树立诚恳朴实的新风气,力矫过去政治上敷衍粉饰言不顾行恶习惯。二曰勤学习,求进步,时时有朝气,处处能主动,不但要在军事上采取攻势,尤其要在政治上采取攻势,而后者无疑是前者的先决条件。三曰尚牺牲,尚奋斗。语云,覆巢之下,安有完卵,皮之不存,毛将焉附。我们要深刻觉悟,要享国民应享的权利,必须先尽国民应尽的义务。自由和民主均有赖于我国民自身奋斗和牺牲而得之。

为要保障中国之自由,完成反侵略的任务审察当前情势,我们决定推行下列各项重要工作。一为改善经济金融制度,实行财政改革,以达到有钱出钱的目的。二为推行土地改革,实行战士授田,增进生产效率,改善分配制度,以期提高民众及士兵与公教人员的生活。三为本盟工作干部必须在基层组织广大群众中选拔，以发挥工作的效能。四为反共工作必须深入民间，深入农村，以全民众的力量，消灭共党，制止侵略。五为争取农工及青年中之优秀分子，参加本盟，巩固组织。六为肃清贪污腐化分子，使军事、政治、经济各部门彻底革新。七为肃清匪谍伪装及动摇分子，严肃反共的阵容。八为拥护联合国宪章，增进以平等待我民族的帮交，加强反侵略国家的合作与联系。我们深信凡是有良心有热血的爱国同胞，人无分男女老幼，地无分南北陆海，一定都能踊跃加入为本盟盟员，以巩固中华民族的精神保垒，以克服数千年来空前未有的国难。

历史上千古不磨的定律，凡是与人民同好恶，与人民共患难，遵循着人民求生存的意志的，必然能成功。滥用武力，妄行杀戮，以人民为工具，等民命与草芥的，甚至有所谓"人海战术"，惨绝人寰，最后必然归于失败。溯自抗战胜利以来，人民祈求和平，而共党蓄意捣乱，人民祈求建设，而共党肆意破坏，人民祈求统一，而共党实行武力割据，陷国家于分裂，人民祈求独力自主，而共党不惜为共产国际作侵略的急先锋。他们所标榜的是仇恨，是敌意，是互相残杀，丝毫没有同胞爱之可言。他们为目的而不择手段，视道德为无足轻重。他们尚独裁，尚独断，绝对不能容许自由讲学自由研究和自由讨论的精神。所以当前的问题，决非仅是政权问题，而是文化的沉沦问题，和人性的绝灭问题。这真正是数千年来以爱为出发点的中国文化绝续存亡的最后关头，全国有心人决不能坐视而不为之所。

中国共产党欺骗一时的宣传，终于为其残酷的事实所粉碎无遗。现在他们的真面目既已为国内外人民所认识，它必然成为全国人民的公敌，也必然成为全世界民治国家的公敌。飘风不终朝，淫雨不终夕。历史上光明的种子，都是在黑暗时代中孕育出来。凭藉着辛勤不息的耕耘，奋发自强的努力和超党派的全国大团结的力量，我们对国事前途怀抱着无限的光明和建国必成的信念。

〔内政部档案〕

2. 中国反侵略大同盟组织纲领
（1949年）

第一章　名称

第一条　本盟定名为中国反侵略大同盟。

第二章　宗旨

第二条　本盟以团结全国各党派暨各界人士中爱好民主自由之反共救国分子，发挥反侵略之组织力量，彻底肃清中国共产党，抵抗共产国际侵略，维护国家独立，保障人民自由，促进世界和平为宗旨。

第三章　组织

第三条　凡赞成本盟宗旨，由盟员二人介绍，经本盟总部通过或支分部通过而报请总部备案者，均得为盟员。

第四条　本盟组织采民主制，少数服从多数，下级服从上级，上级以决议领导下级，下级以决议领导盟员。

第五条　本盟于政府所在地设总部，省市设支部，县市设分部，下设小组为基本组织，本盟于海外得设支分部及小组。

第六条　本盟总部设执行委员会，委员三十五人至四十五人，候补委员十一人至十五人，任期一年，连选得连任，由本盟全国代表大会选举之，并由执行委员互选常务委员五人至七人，由常务委员互选一人为主席。

第一届执行委员及候补委员由本盟成立大会选举之。

第七条　本盟总部执行委员会设秘书、组织、宣传三组，各组设主任一人，副主任二人，由执行委员会推举之。

第八条　本盟于必要时得设各特种委员会，其组织由执行委员会另订之。

第四章 奋斗目标

第九条 本盟依据四大自由(思想自由、信仰自由、免于匮乏的自由、免于恐惧的自由)、四大平等(生活平等、劳动平等、牺牲平等、是非平等)之主张,确定奋斗目标如后：

一、维护国家独立,反对出卖祖国；
二、实行政治民主,反对极权独裁；
三、实现经济平等,反对阶级斗争；
四、保障生活自由,反对赤色恐怖；
五、保持伦理关系,反对拆散家庭；
六、发扬仁爱精神,反对毁灭人性；
七、保障信仰自由,反对迫害宗教；
八、促进世界和平,反对共产侵略。

第五章 信条

第十条 本盟为策励盟员从自我做起,特定信条如左：

一、说实话,做实事；
二、勤学习,求进步；
三、尚牺牲,尚奋斗。

第六章 工作重点

第十一条 本盟为保障中国自由,完成反侵略之任务,爰就目前情势推行左列各项重要工作：

一、改善经济金融制度,并实行财政改革,达到有钱出钱之目的。

二、推行土地改革,实行战士授田,增进生产效能,改善分配制度,以提高民众及士兵与公教人员之生活。

三、工作干部必须在基层组织广大群众中选择,以发挥工作效能。

四、反共工作必须深入乡村,深入部队,以全民众的力量消灭共产党,制止侵略。

五、争取农工及青年之优秀分子参加本盟,巩固组织。

六、肃清贪污腐化分子,使军事、政治、经济各部门彻底革新。

七、肃清匪谍伪装及动摇分子,严肃反共阵容。

八、拥护联合国宪章,增进以平等待我国家之邦交,加强反侵略国家之合作与联系。

第七章 经费

第十二条 本盟经费由盟员自由募集之。

第八章 附则

第十三条 本盟各级组织章程及工作计划另定之。

第十四条 本纲领如有未尽事宜,得由本盟全国代表大会修改之。

第十五条 本纲领于成立大会通过后实行。

〔内政部档案〕

3. 阎锡山在反侵略大同盟成立大会上演讲词

(1949年)

同志们!我们今天开的是中国反侵略大同盟成立大会。我们为什么开这个会?为了保存我们五千年历史文化和我们国家民族的生存与人类的幸福,我们定心想想,我们在什么时候,什么地方开这个会?我们真痛心,我们是在失掉了东北,沦陷了华北,丧失了华中,失掉了江南的一部,南京弃守,危急存亡,千钧一发的今天,在南海滨的广州开这个会。我们真痛心!我们是不甘心扣在铁幕里边过惨酷生活的人,我们是不甘心被暴力凌辱惨杀的人,我们是不甘心久作流亡而无家可归的人;同时我们更是有志挽救人类浩劫的人。我们今天在场的同志,是要以战斗的姿态,紧密的团结,坚决的奋斗,抵抗惨暴共产党的南侵,进而打回老家去,恢复我们的全中国，解救我们扣在铁幕里过着牛马生活的二万万同胞，以扑灭共产党侵略全中国的凶焰，并粉碎赤化全亚洲侵略全世界的阴谋。同志们！这一个任务是一个怎样艰巨的任务，我们是怎样的团结，怎样的奋斗，才能完成我们这一种神圣伟大的革命事业！

我们的团结必须本大无畏的牺牲精神，同生死共患难，以共同的决心，认识一致，行动一致，构成团结的纲维，在决心上，一定要反共到底；在认识上，是要经过多次的研讨，了解了共产党侵略的手段，致胜的原因，及我们粉碎他的民众性的政治战略的方术；在行动上，是要规定我们组训民众的步骤，工作进度的期限，以整体的目标，实行分工合作，齐一进步。

我们的奋斗，是要提高我们的学习精神与研究兴趣，以计划工作，布置工作，指导工作，检查工作，对每一工作，必须经过了检讨得失与错误，促进下次工作的改善，一定唤起革命青年，民众领袖，深入乡镇、学校、工厂、军队，发动起广大的团结力来，打击敌人的狂攻，粉碎敌人的阴谋。同志们！我们的奋斗，须有奋斗头脑，我们的每个同志，必须不断的武装自己奋斗的头脑，保证我们奋斗的成功。

知己知彼，才能百战百胜，我们与共产党斗争，必须深刻的了解共产党：

第一、共产党是如何发展起来的？由于私有资本的剥削，引起阶级的矛盾斗争，失业恐慌的威胁，促进了殖民地的争夺，社会的不宁，世界的纷扰，给共产党挑起斗争赤化世界的机会，把全国人类将要都卷入这历史上空前未有的最惨酷的侵略战争漩涡里，使所有的人类，都遭受屠杀毁灭的浩劫大祸；这固然是赤色帝国主义所造成，但是同时我们也要确实的认识不合理不公道的旧社会制度的许多设施，不只是不能迎合现代的思想潮流，而且最严重的问题，是不能适应大多数人的生活需要，使共产党把握住这一点，作他发展的良好机会。

第二、共产党的侵略目标是什么？是要推翻世界各国现有的民主政府，摧毁了现有的社会基础，改变了人类的自由生活方式。其手段要把已经他认为可东可西的自由生活的教育家、文化人、工程师、科学家、宗教家都逐渐清算铲除了；把受过以往教育的青年学生，都先利用后打击了，把乡村里他们所谓之准无产阶级的佃雇农，工厂中无产阶级之工人，拿上先甜后辣的欺骗方法，都煽动做他们斗争的工具，比如对农民的斗争，他是用逐渐清算的方式，先拉上中农，清算富农，再拉上小农，清算中农，再拉上贫农，清算小农，最后用献公粮的方式清算贫农，其目的是不让一个人靠自己的财产，靠自己的技术，自求生活，必须使个个人被清算后，离了共产党的生产工具，再不能生产，再不能生活，以此巩固他的阵营，无论到任何艰险的时候，也不会有一个人动摇，以建立他赤色独裁主义笼罩下的铁幕。同时还想叫没有受到铁幕生活的人们，自入罗网，跌到他那里，为他作牺牲，达到他侵略的目的。

我们目前的形势太严重了，凡是不甘心遭受这蹂躏、侮辱、残害、屠杀的人，尤其是在共产党眼目中认为是做革命桥梁的知识分子、青年学生，更应看清共产党的一面过桥随时拆桥的手段，以免受他们欺骗，凡是反杀害反侵略的人们，自动的自由结合起来，建立成强有力的反侵略统一战线，共同奋斗。

我们更要进一步的认识共产党的做法与行动，是受着共产主义的指导，共产主义是认错了社会病因的所在，拿上以物绳人的方法，强行人之所不能行，违反人性，灭绝情理，不惜残酷杀人的赤色恐怖，都有其理论的根据。所以共产主义如同一部认错病的医书；共产党是根据错误医书医病的医生，不只是不能医好病，反而促人类之速死；促人类速死的做法，一定不会成功，所以我们断定他必失败。不过共产党的失败，不一定就是我们的成功。因此，我们对共产党不是空空的说奋斗，我们是要积极迅速的从习惯上改变自己，从作风上改革政治，从制度上改革经济，从思想上改革教育，从民众上实现民主,从科学与建设上迎头赶上,同时我们坚决的要向一般贪官污吏,作无情的打击,要向顽固腐化作无情的斗争,尤其是在我们政治主张上,要彻底废除地主、资本家的压榨剥削与不平,以巩固我们的阵营,实事求是的努力,再接再厉的奋斗,以加强我们的本身,保证我奋斗的成功,号召全世界爱好和平的人们,联合起来,争取全人类幸福与和平。我的口号是:

一、不甘心关铁幕里过残酷生活的人们团结起来;

二、不甘心被暴力清算残杀的人们团结起来;

三、不甘心无家可归久作流亡的人们团结起来;

四、不怕牺牲而肯努力奋斗的人团结起业;

五、愿深入乡镇、部队、工厂、学校实地工作的人团结起来;

六、反杀害反侵略的人团结起来;

七、坚定反侵略成功信念的人团结起来;

八、我们奋斗一定成功。

〔内政部档案〕

4. 中国反侵略大同盟省市县支分部及小组组织通则
(1949年)

第一章 总则

第一条 本通则依据本盟组织纲领第十三条之规定订定之。

第二条 支部须冠以省(市)名称,分部须冠以县(市)名称,小组以编组次序排列之。

第三条 支分部得照本盟组织纲领第三条之规定吸收盟员。

第二章 支部

第四条 支部负执行总部命令,接受全省(市)盟员代表大会决议,领导全省(市)工作之责。

第五条 支部设执行委员十一人至十五人,候补委员五人至七人,任期一年,连选得连任,由全省(市)盟员代表大会选举之,并由执行委员互选一人为主任委员处理日常事务。

第六条 支部执行委员会设秘书、组织、宣传三科,各设主任一人,副主任一人,由执行委员会推举之。

第七条 支部于必要时得设各特种委员会,其组织另定之。

第三章 分部

第八条 分部负执行上级命令,接纳全县(市)盟员代表大会决议,推动全县(市)工作之责。

第九条 分部设执行委员七人至九人,候补委员二人至三人,任期一年,连选得连任,由全县(市)盟员代表大会选举之,并由执行委员互选一人为书记,处理日常事务。

第十条 分部执行委员会设秘书、组织、宣传三股,各股设股长一人,由执行委员会选派之。

第四章 小组

第十一条 小组为本盟基本组织,五人至二十人得编为一组,分布于社会各基层内负实际工作责任,并在群众中起模范及领导作用,其方式以秘密为原则。

第十二条 小组设组长一人,干事三人,分负文书、组织、宣传任务,并训练盟员推进工作,由盟员互选之,任期半年,连选得连任。

第十三条 小组组长于必要时得指派盟员担任侦查肃奸及各种行动工作。

第五章 经费

第十四条 支分部经费由盟员自由募集,小组经费以盟员入盟费五角及月费一角充之,无力交纳者得酌情豁免。

第六章 附则

第十五条 支分部以直接上层机构为指挥监察机关。

第十六条 支分部于开始建立时得派筹备委员七人至十五人,

并互选三人为召集人，其第一届执行委员及候补委员由成立大会选举之。

第十七条　海外及全国性地方性人民团体支分部及小组之组织准用本通则之规定。

第十八条　支分部办事细则另定之。

第十九条　本通则未定事宜遵用本盟组织纲领及民法内关于社团之规定。

第二十条　本通则如有未尽事宜，得由本盟总部修改之。

第二十一条　本通则于本盟总部执行委员会通过后施行。

〔内政部档案〕

（四）三青团后期的组织活动

一、活动概况

1. 蒋介石在三青团二大开幕式上训词要点
（1946年9月1日）

青年团代表大会开会日训词要点
三十五年九月一日

一、本团的成立与第一次代表大会　本团成立在抗战初起一年以后（二十七年七月），其目的在团结全国青年，"集中国民革命新的力量，以求得抗战建国的成功与三民主义的具体实现"。在三年以前，我们举行了第一次全国代表大会（三十二年三月二十九日），我曾恳切致词，指出本团应解决中国整个的青年问题，并指出我们要唤醒全国青年，号召全国青年，积极团结，奋发黾勉，为抗战求胜利，为同胞谋幸福，为国家求独立，以完成我们革命建国的使命，我并且指出我们"不忍使一个中国青年自弃于这一个伟大的革命工作之外，不忍使一个中国青年自误其平生而辜负了这一个千载一时的大时代"。

二、由这次大会回溯到上次代表大会　上次代表大会是举行于抗战将满三年的时候，这次大会举行于抗战结束已满一年的时候。在上次代表大会的时候，我们抗战正极剧烈，而前途日见光明。那年一月间平等条约的订立，使中国开启了独立自由的新机运。而我们那时和盟邦并肩作战，分担远东战场的主要任务，国际上对我国刮目相看，认为四强之一，当时的情形，实在令人兴奋。在这一次大会开会时，我们敌人是已经投降了，积年的国耻是已经消除了。然而胜利已达一年。我们复员工作固遭受了种种障碍而尚未完成，政府切求和平统一安定的希望，因共产党存心捣乱，着着破坏，而丝毫不能实现。政治的纠纷，社会的紊乱，农工生产的凋敝，劫后人民的痛苦，道德精神的堕落，民族自尊心的消失，以及国际地位的降低，较之抗战时期均不可同日而语。我从前曾说"战后复兴与建设，其艰巨将十倍于战时"，当前的种种现象，证明了"道高一尺魔高一丈"的道理。我们要完成革命建国的全功，必须克服这一个最大而最后的困难，这一个冲破黑暗克服艰难的任务，是我们每一国民的责任，尤其是我们每一个中国青年无可旁贷的责任。本团在国家这样艰难困辱的环境之下开会，各位代表同志要认识这一届大会的使命，比之前届大会，实在是加倍的沉重！

三、这次大会的性质和任务　本大会的任务，是要彻底检讨三年以来整个团务进行的得失利弊，发现那些部分有成绩和成绩的够不够！发现那些是我们的困难，而对于这些困难有没有努力来克服？更要坦白热烈的反省我们的缺点，揭发我们的缺点，研究改正缺点的具体办法。大会的代表同志来自国内各地区，来自边疆，来自海外，乘此集合一堂的难得机会，要互相交换工作的经验，厉行自我批评和相互批评，以期集思广益，策进我们团务今后的开展。而尤其重要的，是要根据国家民族和一般社会的现实情形，认识我们革命现阶段所处的环境，从而确定我们今后的工作方针。

四、一年来国际形势的演变　我们是反侵略共同作战的一员，我们的抗战自始就为了国家的独立生存与世界正义及永久和平而奋斗。因此国际形势的演变，和我们国家的安危荣辱及革命事业的成败利钝息息有关。我们联合国的共同目标本是在击溃日德义侵略集团以后，要本大西洋宪章、莫斯科四国宣言及联合国原则来处理战后问题，以永奠世界的和平。但是在去年日本投降以后，英美苏之间对处理战败国问题，就发生不同的见解，而且相互间的距离越来越大。大体上说：美国是要具体实现世界和平来根绝侵略战祸的再起,在苏联则要以他自己的理想发展其主义,使扩张其安全圈,以保障他本国的安全。美国所着重的是推行和平政策,苏联所推行的是本身安全政策,所以这一年以来,不论在中欧,在东欧,在近东,在中东,以及对于处理日本和朝鲜问题,英美苏之间无处不表示见解和措施的冲突。苏联竭力想冲破英美的包围,英美则竭力防止其冲破,这种国际关系轧砾的演变,忽而僵持,忽而缓和,而我们中国为联合国主要的一员,我们的国土又与苏联和美国相邻近,因此遭遇到很多的困难,蒙受了许多的不利。

五、一年来的主要国际会议与我们中国　这一年来的主要国际会议有下列几个会议：

甲、伦敦五外长会议（中、美、英、苏、法）（时间：去年九月至十月）所讨论的是对义和平条件,欧洲疆界问题,共管日本问题,管制德国问题等,会议因苏联与英美所持之政策冲突,僵局无法打开。

乙、莫斯科会议（英美苏三外长）（时间：去年十二月）所讨论的是苏军势力下之东欧、伊朗,以及东北亚洲,以及美军占领下之日本问题等,这一个会议,涉及亚洲问题而中国竟未被邀参与。甚且会议之后,国际间还流传了一种使我们中国难堪的言论,说"中国已因战乱而分裂,无法担任在同盟国间的合理任务"。

丙、巴黎外交会议（英美法苏）（时间：本年五月以后）所讨论的是赔款问题、殖民地问题及巴尔干与对德和约的问题。除决定和会日期及提出和约草案外,无甚成就。这一个会议中,苏联承认法国可参加和约讨论,而对我中国则反对参加。

丁、巴黎和会（七月底召开）这一个会议,现在尚在进行中,我国由王外长出席。但在会议开会之前,苏联竟推翻成议,坚持中国不应为召集人,只能为参与国,后经变更邀请书的方式,我们中国仍顾全大局,派王外长参加。

六、中国国际地位之降低与所受的侮辱　综观上面所说的几个国际会议,我们中国常被人家所歧视而被摈于会议之外,而其他友邦也因为要迁就一方而不能尊重我国的地位,所以当抗战后期所谓"四强之一"的地位,是几乎无形的取消了。同时这一年以来,共产党在国外大肆其诬蔑中央与自毁国家信誉的宣传,以致欧美的舆论都一变其在战时推崇中国的论锋,而且常常有曲解我国现状和诋毁我国的言论。我们中国首先负起了反侵略的正义先锋的责任,单独抗战日寇强权达四年余之久,对第二次世界大战的贡献不为不大,而今天我们在国际重要问题的处理上几乎成为可有可无的地位,这种想象不到的奇耻大辱,是我们每一个国民所应该刻骨铭心加以反省的。古语说:"人必自侮而后人侮之",如果我们中国真能在抗战中努力建国,实现主义,再如果我们国内没有出卖民族背叛国家的反动党派共产党,我们何至在胜利之后还要遭受如此屈辱和轻侮呢?

七、美国与苏联对中国之政策　大家都知道我们中国最大的困难是:(一)在国内有武装割据地盘企图以武力夺取政权破坏国民革命的共产党,而且中国共产党是挟苏联以自重。(二)中国介于美苏两国之间,美苏的政策不论是明显的冲突,或是潜伏的矛盾,都要以中国问题为焦点,美苏的关系,不论是根本破裂,或是一时的敷衍和协调,都不免牵连到中国,而以中国为牺牲。但是对于第二点,实在仅是表面的看法。我要将美国和苏联对中国的政策,对各位明白说明,第一、要知道美国是始终要扶助中国成为一个独立、统一、民主的强盛国家的。美国这一年来,因为他国内舆论的动荡,在执行对华政策的表现上缺少魄力,而不免陷于被动地位,但只要中国能自强自立,美国对华的根本国策是决不会变的。第二、要知道苏联现在的国势,是不希望下次世界大战的发生,苏联并不曾以全力支持中共,只是中共借苏联以为夸张其势力的宣传。我确认苏联还是希望和我们中央政府与整个中国来合作的。成为其真正的同盟国家,而我们现时所以不能和苏联接近,正因为有共产党关系的梗阻,一旦中共问题解决了,中苏两国的关系是一定可

869

以增进的。所以我们要确信我国中国对于远东和平,仍然是重要无比的地位,只要我们能统一自强,中国仍然是促成美苏协调和缓美苏冲突的重要因素。我们现在要先尽其在我,而我们对美对苏一贯的国策,是不应该为一时的困难而动摇的。

八、中共的阴谋和我们的国是　中共是去年抗战胜利,就认为其末日已到,不得不猛烈捣乱以求实现其抗战以前所蓄的阴谋,他是一年来始而阻碍受降,发动军事,继而扩编匪军,扩大割据,又继而假借外国声援,扰乱东北,以及防害复员,捣乱社会,乃至推翻政协决议,演成半年来到处攻击地方,压迫人民,造成全面叛变的形势,种种经过,无非是破坏中国统一,阻挠建国的进行,这已不待我一一详述。但是我可以告诉大家,中共捣乱的实力到了今天,可说已达到其最高点,从今天以后,他在政治上,军事上的捣乱力量,只有一天天的低落下去了。这不是我凭空臆测,大凡中共作宣传攻势最凶猛的时候,就是表现他实力已达到再不能扩张的时候。中共自今年七七以后,他已不惜撕破伪装和平盗窃民主的假面具,不惜暴露他自身无信义存心叛乱的真相于国际人士的面前,这就是他自己知道除此以外已没有出路,所谓途穷日暮,计无复之,只好行险以徼幸了。我们固然不要轻视敌人的力量,松弛我们的防备,怠忽我们的努力,但我们必须有坚强的自信心,针对他的阴谋而予以迎头的打击。我们国民革命本来有一贯的方针和程序,我们不必问阻力的大小强弱,必须贯彻我们的使命。我们现在最重要的任务,无论就对内对外的关系上讲,实在只有两个,第一、是解决中共问题完成统一,第二、要充实组织加紧建国。

九、打破中共宣传积极实行主义　我们既明白了上面的道理,所以我们必须解决中共问题来统一国家,我们更要知道统一与建国的两重工作,是要同时积极进行的。我们无论党、政、军和社会对于完成统一,挽回危局,不能仅作消极的对付,必须要有积极的方针,积极的行动,来实现我们的主义,打破中共的宣传。

中共是惯用宣传来夸张他自身的力量，来打击他所要攻击的对象的。我们不能以宣传对宣传，而要用事实对宣传。中共对本党和政府的宣传是说我们是法西斯一党独裁，说我们贪污无能，说我们扶植官僚资本，不顾人民困苦。而他自己宣传是：（一）民主的，（二）扶助农民工人和人民大众的，（三）能解决土地问题的，（四）是组织严密，力量集中的，（五）是刻苦勤劳而廉洁的。这种种宣传，深入于国内外的人心。我们都要加以深刻的检讨，针对着来作事实上的努力。我们还要注意中共另有一套欺骗英美人的宣传，说中国共产党并不要实行马列主义的共产主义，中国共产党是以中国的利益为第一，而共产主义为第二步，他不过是要改革农民生活的一个政党，而且他还说现在要实行三民主义，这一类的宣传，一般外国人颇受其迷惑。但是现在他已真相毕露，证明其为虚伪了。中共的一举一动，无不是听外人的命令与指使，不惜出卖民族，更何有中国第一之可言，而在中共军占领的匪区以内，他压迫民众，残杀农工及中小资产阶级，用"清算""斗争"的名义来实行他苏维埃式的阶级独裁，凡是到过匪区的外国教会人士，也都已目击而了然了。不过现在也还有人相信中共是组织严密的，是力量集中而效率很高的，是有办法解决经济问题而能够贯彻的。为了揭破这些误谬的认识，我们就应该反省我们的本身，加紧我们在积极方面的努力。我们务必要真正实行三民主义，要改革我们在政治上的缺点，要爱护民众，扶助多数民众的利益，要本着总理节制资本的遗教来解决经济问题，要本着平均地权的遗教来处理土地问题，使耕者有其田。对于收复的匪区，要真能解救匪区的民众，组织他们，训练他们，使收复的匪区成为实行三民主义的基础。而尤其重要的，是要注意他诬蔑我们为法西斯的宣传，我们不论团体和个人，都要以堂堂正正、光明坦白的精神，恪守秩序，尊重自由，表现我们为真正三民主义的信徒，更要扶助民众，推进自治，培养民权，以树立民主宪政的基础。

十、本团与全国青年努力的要点　由于上面所说,可以知道我们今天在政治改革上应该注意的是什么？在经济政策上应该着重的是什么？在实行主义上应该首先努力的是什么？我们要完成统一,不能不铲除统一的障碍,要加紧建国,就要培养建国的风气。青年是国家继起的生命,是建国的推动力。本团是团结全国青年共负革命建国大业的团体,今后如何提高我们青年的信心,解除我们青年的烦闷与痛苦,确立我们青年报国自效的途径,增进我们青年在学问知识技能与事业上的修养,真正能使我中国青年努力于革命建国,这是本届大会所要精心讨论的一个主题。而我认为最主要的一点就是要由我们青年负起改造心理转移风气的责任。我们必须保持我们民族坚贞不拔的固有道德,发扬我们民族悠久博大的固有文化,重礼义,知廉耻,能独立不摇,能自强不息,能忍劳忍苦,能积极向上,总要提高我们的民族自尊心,革除一切倚赖外力投机取巧的政客行为,吐弃出卖民族利益甘为他人工具的卑劣心理,在颓靡紊乱,只讲利害,不讲是非的滔滔横流之中,砥砺我们顶天立地的志节,树立我们一般青年自重自爱的人格,必如此,才不负我们设置本团的目的,也才能完成革命建国的神圣使命。

〔三青团中央团部档案〕

2. 三青团第二次全国代表大会宣言
（1946年9月）

本团自民国二十七年七月九日诞生于辛亥革命首义的武昌。嗣于三十二年三月二十九日黄花岗先烈纪念日召集第一次全国代表大会于战时首都的重庆。兹复于本年九月一日召集第二次全国代表大会于决定抗战国策圣地的庐山。回溯自诞生到现在,历时已经八年。在这八年当中,我们的国家,我们的民族,真是处于生死存亡的关头,本团同志藉着三民主义伟大的感召,和我们团长英明的领导，很光荣的都已参加神圣的抗战工作，经过长期艰苦的奋斗，终于获得最后的胜利了。我们本着捍卫国家，复兴民族，实现三民主义为职志，团员人数于此抗战中增加到百四十余万之众，使本团今日已成为吾国历史上最伟大的青年团体，这使我们愈加深信努力之绝非徒然，中华民国之前途，也必得由我们的继续努力而达到平等自由富强康乐的目的，我们并未虚生于此伟大的时代，我们必当完成此伟大时代赋予之使命，兹当本次大会闭幕之日，愿将我们的意见，对我们全国的同胞，对我们全国的青年，作坦白的陈述：

（一）

首先要为全国青年指出的，我们中国国民革命，今天已进入了到达了最终成功以前最黑暗困难的一个时期，国家的统一受到了破坏的威胁，民族的命运濒于陷溺的危机。但是我们对革命的信心，将愈砺愈坚，对建国的努力，必再接再厉，我们深信有国父的三民主义作我们的指针，将在此黑暗之中益显出前途的光明，我们深信有我们团长领导着我们为国民革命而努力奋斗，一定能够保障国家的统一，完成建国的使命，所以我们对于革命前途是绝对乐观。而建国成功，也绝无疑问。我们今日所悲愤而痛心的，乃是国家在此存亡危急的时机，而社会漫无是非，人心转趋颓散，甚至邪正倒置，顺逆不分，民族固有的道德，扫地无余，国民应有的责任，置之度外，这都是足以陷国家民族于危机沦亡，断不是复兴建国时期所应有，我们青年生在这个动荡震撼的时期，必须认清目标，明辨顺逆，端正趋向，抱定决心，为国家作中流的砥柱，为民族挽既倒的狂澜，以尽我们这一辈对国家对民族应有的责任。国家的兴亡治乱，革命的失败荣辱，与我们青年的关系最切，而我们青年所负的责任亦最大，我们万不能随人俯仰，与俗浮沉，万不能袖手旁观，荒弃天职。否则，中华民族世世子孙将沦为异族的奴隶，而我们全国青年亦就成为千古的罪人。

为了明了我们的责任和使命，我们对于今日国际和国内情势，应该作一番郑重的检讨。

这一次大战是一个全世界性的反侵略的战争。我们中国实当了反侵略的前锋,惟有我们中国以不计成败利钝的精神,坚持抗战,然后始得促成反侵略国家之联合,始得击溃法西斯轴心的强寇,始得争取最后胜利的到来。我们自顾物质的力量虽然远比不上科学先进的友邦,但我们全国军民不惜为真理牺牲的道义精神,实足以对全世界人类而毫无愧作。我们是青年,是为建设新世界而奋斗的三民主义青年,我们所祈求的是这次战争的胜利,能产生国际的民主和合作,促成全人类四大自由的实现,然而环顾今日的国际情势,实使我们不胜其殷忧。联合国在并肩作战时所揭□的理想,所签订的大宪章,实犹未能于战争胜利后得着各联合国家的笃信力行,在处理战败国和领土问题上,强国之间,往往把一国的安全,重于国际的安全,把个别的利益高于集体的利益,由于互信的缺乏,减低了战时合作的精神,使世界重建的工作,遭受了深深不利的影响。这一年中间,菲列宾的独立和印度临时政府的成立的值得我们欣幸,但是许多有关国际和平的重大问题,皆未能收到完满的解决及顺利的进行。我们中国在反侵略战争中本来牺牲最大受害最久,乃战事结束以后,吾民族独立平等自由的地位,仍未获充分的尊重,尤为我们中国青年所痛心。

我们想到"国必自侮然后人侮之"的一句古训,更不能不对于中国今日国内的情况,加以痛切的自我检讨。我们抗战的目的,本在求民族的独立生存和国家的统一进步。我们是三民主义青年,其一生职志,尤在遵守国父"和平""奋斗""救中国"的遗训,求得国家之统一,维护世界之和平。因为我们深信唯有建立一个统一强盛的中国,始为东亚和平之根基,始为世界和平之保障。

可是胜利已达一年,国家的统一进步,竟然遭受着重重的阻挠。一方面则中国共产党挟持其武装暴力。不惜制造内乱,分裂国家,使社会经济日益破坏,复员工作,困难重重。一方面则贪官污吏、土豪劣绅以及一般发国难财胜利财之奸商，肆其无厌之欲，以煽扬物价，剥削大多数同胞，使战后人民痛苦无法可以解除，这都是三民主义最大的障碍。我们于痛心疾首之余，认为必须团结全国青年，努力排除，然后可以克服今日国家之危机，然后可以使全国人民真正能够享受胜利的果实，然后可以使中华民国永久保持其由于艰苦抗战而得来的国际地位。

（二）

我们于此，更不能不对于今日国内之党派问题，披沥其坦白恳切的意见。

我们认为共产主义的理想，与我们所信仰三民主义中之民生主义，只在于哲学基础与实力方法之不同，而欲改造经济畸形的社会，使成为经济平等大家共享的社会，则目的并无二致，但是马克思主义产生于工业革命后资本主义流毒滋深之西洋社会，其不能适用于工业落后之中国，已为一切中外人士所公认。至于中国共产党的言行不符，更属显而易见。共产党从前高叫抗日，而实则利用抗日时机发展其势力，高叫团结，而实则企图割据地盘，破坏我国的统一，今日高叫民主，而实则在其所谓"解放区"内厉行暴民专政的恐怖政治，高叫和平，而实则自进攻归绥侵袭东北乃至进攻大同，从无一刻停止其略地攻城的野心与祸国殃民之妄行，我们真不明白他们是何居心。

我们所尤其绝对反对的，是中国共产党教人不要爱祖国，教人消灭人性的荒谬主张，很明显的共产党是漠视国家利益，不惜打击我国的国际地位，消灭我们民族自尊心的。我们中华民族固有的道德，是在于忠孝仁爱信义与和平。中国所以能抵御日本强寇，获得最后胜利，绝非由于科学或组织之有胜于敌人，而实由于我们先民遗留这种种固有道德的民族精神的潜力。而中国共产党竟不惜加以无情的破坏。无论任何国家任何民族，立国于今日之世界，尤必须国民具有独立自由之精神，而中国共产党对于此种最宝贵的文化遗产,又不惜加以无情的摧毁。这不仅我们三民主义青年所坚决反对,就是全国各阶层的青年,甚至已经加入中国共产党的青年也一定不甘忍受。

我们所始终期待于中国共产党的,是他们遵守抗战初期,愿意拥护蒋委员长,愿意为着三民主义的彻底实现而奋斗的诺言。厉行军队国家化,将他们的武力统编为国家的军队,成为合法的政党,以促成宪政的实施。如果他们能够把社会主义的纲领,争取国民的同情,督促政府的实行,那末我们三民主义的青年原以实行三民主义为天职,并不要加以反对,这是本于我们的天良和我们的理智,要求中国共产党的许多青年,要加以深刻的考虑,不要受少数野心家的麻醉,更不要受黑暗暴力的劫持而误国自误,这样才算得是一个中华民国的青年,才不愧为黄帝的子孙。

此外我们也愿意在此一述我们对于中国共产党以外其他党派的意见,我们认为依照三民主义的大道和国父革命建国的宏规,到了宪政实施的时候,无论任何党派只要不违反三民主义,不图谋危害民国,都应该得着合法的生存和保障,三民主义国家为人民所有,政治为人民所管,经济利益为人民所共享,在此二十世纪的政治思潮中,此种日月经天的主张,自必为一切有开明思想的人士所拥护,绝没有一个光明正大的政党,会反对三民主义根本主张的道理。现在各党派所标揭之政纲,虽不无若干的差别,实在都没有能够脱离三民主义的范围,中国国民党既有五十余年奉行三民主义革命救国的光荣历史,即今日中华民国之存在,亦为中国国民党对国家莫大的贡献。在此中国国民党正领导全国国民抵抗日本帝国主义得着胜利的时候,又是要提前结束训政,实施宪政的时候,各党派人士都具有爱国的天良,自必珍视国民党过去对国家的贡献,谅解国民党谋国的苦心,接受国民党愿与各党各派衷诚合作的诚意,以达成和平建国之目的,如果把党派利益放在国家利益之上,把政党道德放在政党力量之下,就不是政治家应有的风度。尤其是民主政治的政党，必须要有独立自立的精神和光明磊落的态度，不可甘为共产党的外围，徒为共产党张目。如果其内容精神受共产党的操纵胁制而无法自主，其行动言论受共产党的支配主使而丧失其独立的宗旨，那就不合于今日民主政治的精神，我们三民主义的青年，不仅替他们惋惜，也实在对他们失望。

（三）

本于上述国内外情势和国内各党派的检讨，我们要阐述我们三民主义的信仰，和我们对于目前国事的主张。

我们深深地相信三民主义不但是救中国的大道，而且是全人类生活改造的真理。这一个主义是从人道主义出发，以全人类的生存为基点，涵括一切自由平等博爱的精义，更加以科学的思想为指导而得来的。三民主义是民族主义的国家民权主义的政治和民生主义的经济三者的综合，我们三民主义者当然反对法西斯主义与帝国主义，也不能赞同根据唯物主义而来的主张阶级独裁，而忽略政治自由的共产主义。我们认定要挽救今日纷乱的中国，只有恪守三民主义，力行三民主义，同样要挽救今日纷乱的世界，也只有根据三民主义的原理，能把人类的经济政治民族三大问题，求得合理的解决。

先说国际：我们主张要忠实遵守联合国大宪草，以联合全球各国，把战后各种急待解决的问题，作正本清源一劳永逸的解决，凡是企图用强大的武力，宰制世界，以及违反种族平等，人权自由，经济互相的一切落伍的思想，都不应使之存在，中国当此纷乱的局世，应该发扬我中华民族崇尚正义拥护公理的一贯精神，履行我联合国一员的义务，以促进友邦的合作，以贯彻我们共同作战的目标，以杜绝强权政治的复活，即以永久弭止战争的再起，我们凭藉的真理是适合人群需要的三民主义，我们凭藉的力量，是四万万五千万国民的同心一致，我们要坚决的为实现这一个真理而奋斗。

次说国内：我们认定今日中国已进入宪政实施的一个新时代，

这是全国国民完成建国的前夕，也是艰难创造的开始。政府为谋和平建国召开各党派政治协商会议所共同决定的和平建国纲领等，必须全国诚意的履行，以达全国所望的和平统一民主的目的。

但是我们要沉痛指出的就是抗战胜利已满一年了，为什么同胞的痛苦反而加深，国家的忧患反而加重，胜利的光辉日见暗淡，而抗战牺牲的军民先烈得不到安慰？这种耻辱现象的造成，实在是由于我们国家的统一，遭受了威胁；建国的计划未能实现，亦由于三民主义未能实行的缘故。因此我们要唤起全国同胞的切实认识：（一）拥护统一，（二）实行建国的必要，更要督促政府善尽其实行三民主义的职责。

第一、我们必须拥护国家统一，要知道统一是立国必备的要件，是社会安定和人民自由的保障，也是实行民主建设国家的前提，我们政府在抗战结束的时候，就揭橥和平统一安定三大目标，苦心努力以期用和平商谈的方法，使中国共产党放弃其武装割据分裂国家的企图，达成国家真正的统一。政府这一个政策，正是全国同胞迫切的祈求。更是我们全国青年所一致拥护的，但是这一年以来，商谈尽管在继续进行，而共产党始终坚持他自拥军队，封建割据的观念，不断攻袭国军，扩大地盘，必欲求国家军令政令的统一破坏无余，造成"国家以内更有国家""国军以外更有军队"的现象。乃至交通被隔断，经济处处被割裂，复员和救济工作无法进行，长此以往，不但民不聊生，而且国将不国。我们为保持胜利的成果，维护国家的生存，我们全体青年应不惜牺牲生命，牺牲自由，牺牲一切来保障国家的统一，认定今日救国之道，应以拥护统一为第一要义，对于破坏统一的行为，我们全国青年誓必团结全民族的意志和力量，发挥公意而加以制裁。

第二、我们必须实行建国方略：抗战建国本是同时并进的国策，紧接着抗战胜利，建国就应该立即开始。过去一年已经蹉跎耽误，万不能再有迁延。我们全国上下务必竭尽全力，排除万难，以加紧建设工作的进行。我们认为当前建国最大的障碍,是一般国民战后苟安因循的惰性心理,同时也由于共产党的破坏和阻挠,我们要复兴经济建设社会,而共产党则破坏交通溃决堤岸,我们要繁荣农村,恢复工业,而共产党则要毁灭农村,摧残工业,我们要使农工生产相互配合,提高人民生活,而共产党乃是使农业与工业分离,使城市与乡村隔断。至于就整个建议来讲,如果交通不能恢复,物资不能流通,经济遭受割裂祸乱,当然要增加无穷的困难。但是我们民生的痛苦,非加紧建国不能解除,国家的生存和发展,非加紧建国不能保障。所以我们全国青年必须认清目标,负起责任,克苦耐劳,扫除苟安畏难的隋性,群策群力,突破任何的阻力和困难,加紧我们建设国家的工作,以安慰抗战先烈的英灵。

关于实行三民主义,更是政府无可旁贷的责任。我们认为民族主义的实行已经有了相当的成就,现在所亟待努力的是民权主义和民生主义的彻底实行。关于民权主义,我们认为要建立法治,保障自由,整饬政风,肃清贪污,提高行政效力,要切实施行地方自治,建立各级民意机关,健全基层政治组织,扶植真正人民力量,使民主宪政有确实的基础。关于民生主义,我们认为政府应该立定决心,认真执行平均地权、节制资本的政策,关于前者,要切实执行二五减租,实行土地法规,平均土地分配,务使耕者有其田,并倡办合作农场与集体农场,以增进农业生产,提高农民生活,关于后者,要加强金融管理,抑制高利盘剥,诱导商业资本,趋向工业生产,促进劳资协调,保护劳工利益,扶植农工组织,建立社会保险制度,切实进行生产运输消费等合作事业。必如此,而后我们革命建国的工作,才不致徒论空言,才可以取得全国同胞的信任。

我们自信是热诚的、勇敢的、纯洁的中国革命青年,我们具有革命的信念,对于中国和世界的前途,绝不悲观,我们信仰三民主义是顺乎天理应乎人情,适乎世界潮流,合乎人群需要的主义,只要我们努力实行,绝没有不成功的道理。我们都抱定了服务的创造的正确而崇高的人生观，我们关心中国政治和国家民族的前途，愿为完成革命建国的伟业而牺牲奋斗而贡献一切，我们愿永恒的保持青年的忠诚纯洁的身份，排除世俗的升官发财的观念，我们青年团团员誓必遵守团章，为人民服务为革命牺牲，我们愿做一个革命建国的无名英雄。我们绝对奉行国家法令严守本团纪律，我们誓为三民主义的信徒，在我们团长领导之下，竭尽建国任务，自勉为国民革命的斗士，我们对于政府今日所迫切要求的就是为我全国男女青年给予升学就业的充分机会，给予参加建国基层工作的充分机会，培养男女青年独立创造的精神，加强全国学校各种科学与有关建国需要的教育，对于边疆及海外青年同胞，尤须克尽教育扶植之责，务使全国青年都学习现代的知识与技能，集中于三民主义旗帜之下，创造一个民有民治民享的新中国。

（四）

本团已经成立了八年，我们团长无时不谆谆告诫殷殷期望，要我们作为革命的干部，使我们成为建国的动力。但是检讨过去，组织不够严密，工作不够实在，对团的任何方面说，都待我们作更进一步的努力。我们深切追念在抗战中与敌伪奋斗而牺牲了生命的每一个同志，为了发扬他们光荣的史绩，我们更应该发奋为雄，自强不息，以健全我们的青年团。

我们觉得为适应时代需要，加强革命力量，以扫除革命建国的障碍，以达成建国的任务，本团必须充实内部，强化组织。例如民主集权制之确立，基层组织之健全，干部政策之执行，优秀人才之征求等等，无一不与团的前途成败有关，兹已详定办法，必期严格推行。我们这一次大会更有两点重要的决定：（一）明确规定团在今后工作的方针，使我们团员今后的努力，更能切实而进步。（二）党与团在同一主义同一领袖之下担负国民革命的共同任务，但党与团的干部与工作则明确划分，俾各专其职，各尽其能，使干部有专精的贡献，期使本团成为健全而强固的三民主义青年的革命集团，克尽其对时代所负的责任。

最后我们特别提出几点今后团员努力的方针：

一、我们今后的工作方向，是要趋向于积极的建设，要从空洞的政治活动转向于社会基层服务的工作，我们要认清我们文化经济落后的根本原因，乃是中了几千年士大夫不劳而得的错误观念的遗毒，以致知识与生产分离，知识与职业分离。今后我们必须立定决心，确定职业岗位，走入农场、工厂、矿山，进入边疆，参加实际的生产工作以纠正一般游惰的风气，以奠立国家建设的基础。

二、我们都是中国的青年，在精神上必须独立自强，绝不可丧失自信，不知不觉的作了人家的奴隶，固然我们在科学与工艺方面要尽量的向人家学习，但须特别记着我们学人家是充实自己不是丢掉自己。

三、我们尊重学术自由，思想自由，对于研究共产主义、信仰共产主义，我们站在学术思想自由的立场，并不反对，但是共产党破坏国家统一，破坏社会秩序破坏民族德性之行为，不仅毁灭我们国家的前途，而且陷害我们青年为奴隶，我们真正爱国的青年绝不能容忍。

四、我们深信有所不为，而后可以有为，我们不做官吏，我们鄙弃政客，我们必须努力于各种建设工作，愿把我们的心力贡献到社会服务，贡献到生产事业，我们认为改造社会，为改造政治的前提，建设社会为建设国家的根本，大家如果放弃社会上各种事业不管，那末澄清政治，建设国家，也就永远没有希望了。

五、我们要养成正确的判断能力，明是非，辨顺逆，对于利用我们青年，欺骗我们青年，诱惑青年，使我们青年走上害国家害民族败坏社会风纪的任何黑暗势力，我们不仅予以反对，而且要彻底的予以铲除，我们每一个青年，都有独立自主的人格，都有对于国家民族的神圣义务，绝对不能供他人的利用来危害我国家，危害我民族，破坏我们统一，破坏我们革命，以致断送我们青年的前途。我们要唤醒全国青年提高警觉，严防有人来利用我们青年，陷害我们青年。

六、我们要遵照团长"中国之命运"的训示与第一次代表大会之决定，切实号召全国青年，参加五大建设，并由团员率先倡导，以为示范。我们更要注重科学研究，要实行社会服务，从实际工作中来培养我们青年，训练我们青年，否则，就不是三民主义的青年，我们青年团，决不能容纳这种落伍的青年承认其为团员同志。

以上所言是我们大家的认识，是我们代表全国青年所发出的呼声，非常的时代需要非常事业，非常事业需要非常的努力；我们这一代不放松我们对时代应负的使命，一切可以让人，只有对国家对民族的义务不能让人，一切可以妥协，只有对危害国家民族利益的罪恶分子私有军力不能妥协。同志们，同胞们，风雨如晦，鸡鸣不已，我们势必开始一致冲破艰难，以摧毁革命的障碍，拯救我们的国家。我们要负责任面对现实高举三民主义的火炬，向前奋斗，使三民主义的新中国，使博爱大同的新世界，早日呈现于吾人之前。

〔三青团中央团部档案〕

3. 三青团第二次全国代表大会会议经过纪要
（1946年9月）

本团第一次全国代表大会举行以后三年间，各级组织已遍及国内外，团员人数达一百二十余万人。当抗战胜利已届周年之际，为使团适应当前革命形势之演进与配合今后革命大业之开展，亟宜召集会议，检讨第一次全国代表大会后，三年间团务之得失利弊，以确定团的性质，健全团的组织，革新团的作风，充实团的力量，爰经第一届中央常务干事会第五十五次会议决议，并签奉团长核准，定于三十五年九月一日在庐山牯岭召开本团第二次全国代表大会。九月一日，大会如期开幕，到中央干事、候补干事、中央监察、候补监察八十四人，代表六九二人，中央指导员戴指导员传贤莅会指导，并有中央团部副处长、副主任以上人员十一同志列席参加。会期定为十二日，除预备会、临时会、审查会及开幕式闭幕式外，共举行大会十四次。内七次为中央干事会中央监察会及各级团部之工作报告与检讨询问。第五次大会中研讨团的性质与地位问题，采取辩论方式，上下午连续举行大会两次，团长偕夫人莅场听取意见，并勖勉团员决心实现主义，至少于五年内应为推进五项建设而努力。嗣后就加强团的革命性、政治性、斗争性及建设中国诸端，作扼要之指示，总计大会提案共六八三件，内关于组织者四四七件；关于训练者七三件；关于宣传服务者一四二件；关于一般管理工作者二一件。组织类中具有特种性质者二十件，经组织特种审查委员会，作专案研究。前将历次会议经过情形，择要列述于下：

九月一日上午九时举行开幕典礼，同时合并举行总理纪念周，团长亲临主持，并致训词，略谓：这次大会的性质和任务是要彻底检讨三年来整个团务进行的得失利弊，并互相交换工作的经验，厉行自我批评和相互批评，期集思广益，以策进今后团务的开展。当前最紧要的任务是：（一）完成统一；（二）加紧建国。我们要改革我们在政治上的缺点，谋取多数民众的利益。要本着总理节制资本的遗教，来解决经济问题。要本着平均地权的遗教，来处理土地问题，达到耕者有其田的目的。末谓：本团为团结全国青年，共负革命建国大业而组织。今后如何提高青年的信心，如何解除我们青年的闷与痛苦，如何确立我们青年报国自效的途径，如何增进我们青年在学问、知识、技能与事业上的修养，如何能使我们中国青年真正努力于革命建国的大业，这是本届大会所要精心讨论的主题。我们更要保持我们民族坚强不拔的固有道德，发扬我们民族悠久伟大的固有文化。重礼义，知廉耻，能忍劳耐苦，能积极向上，在颓靡紊乱只讲利害不讲是非的滔滔横流中，砥砺我们顶天立地的志气，树立我们一般青年自重自爱的人格。词毕，全场热烈鼓掌，良久不绝。

十一时礼成，十一时三十分举行预备会议，由团长担任主席，首由大会秘书处报告文件及出席人数，经宣读大会议事规则，并予修正。推选大会主席团暨追认倪文亚同志为大会秘书长，余文杰为副秘书长，末通过大会议事日程。十二时十五分散会。

九月二日上午八时，原定举行第一次大会，因故改开临时会议，推邵力子同志为临时主席。首报告关于预备会议推选主席团人选一案，请大会公决，当场发言者九人，经研讨结果，依照汤如炎同志提议，将主席团名单，呈请团长重新核定，该案遂获通过。九时三十分散会，下午三时，举行第一次大会，由朱家骅、艾沙、张晟三同志主席。首由主席团报告大会主席团人选，已奉团长核定为陈诚同志等二十九人。继由大会秘书处报告：（一）出席列席人数及有关文件；（二）本次大会列席中央候补干事候补监察均有临时表决权。旋讨论提案：（一）追认本届大会代表资格审查委员会人选。（二）通过提案审查委员会各组及工作报告审查委员会委员及召集人名单。继举行地方团部工作报告。依次由西南区（川康滇黔渝）各团部代表陈介生同志，东南区（苏浙京沪）各团部代表吴绍澍同志，华中区（湘鄂皖赣及汉口市）各团部代表郎维汉同志，华南区（粤桂闽及台湾广州市）各团部代表李国俊同志报告各该区地方团务。下午五时五十八分散会。

九月三日上午八时，举行第二次大会。由谷正纲、黄维、童怀政三同志主席。首报告主席团决定，本日适为抗战胜利一周年，拟定纪念办法六项当予通过。全场起立为抗战死难同志同胞及将士默念一分钟，并推邵力子、黄维、徐瘦秋、艾沙、宋志刚、童怀政、步天凯、张晟九同志前往主席行馆致敬。旋秘书处报告文件，继由主席团报告：（一）推定决议审理委员会委员及召集人名单，（二）推定宣言起草委员及召集人名单，均经决议通过。继之代表资格审查员会报告审查结果，旋继续举行地方团部工作报告，依次由西北区（陕甘青宁）各团部代表寇永吉同志，华北区（冀豫鲁晋绥平津）各团部代表赵仲容同志，东北区（辽宁、安东、辽北、吉林、松江、合江、嫩江、兴安、黑龙江、热河、大连、哈尔滨）各团部代表王焕彬同志，报告各该地方团务。各区报告后举行地方团务工作检讨，各代表分别提出询问，极为热烈诚挚。最后由王代表微君提议，以大会名义，电慰全国英勇团员及各地团部牺牲同志家属，经当场一致通过。十一时五十分散会。

九月四日上午八时，举行第三次大会。由罗家伦、陈逸云、刘异三同志主席。首由主席团报告：（一）本次大会中央干事不克出席者，有张治中等十二同志，经主席团决定，自本日起，由中央候补干事陈开国等十二同志递补出席。又中央监察不克出席者有王世杰等十四同志，经主席团决定自本日起由中央候补监察韦永成等十二同志递补出席。（二）提案审查委员会第二组召集人李树森同志因手痛请辞召集人职务，经主席团决定改推李国俊同志担任。（三）决议案整理委员会召集人除前已推定郑彦棻同志担任外，并加推涂公遂、洪瑞剑两同志担任，继由陈介生同志代表地方团部答复各项检讨意见，由张其学同志答复关于万县分团延发慰劳青年军捐款原因之询问。旋举行学校团务工作报告，先后由孙玉琳代表南京临大分团等八单位，彭家瑞代表北平区临大学分团，杜元载代表兰州大学等十单位，何义均代表重庆区沙磁区团及中央大学分团等二十二单位，王文元代表成都区华西大学分团等十二单位，谢文治代表云贵区贵州大学等八单位，任国荣代表中正大学分团等十四单位，报告各该区之学校团务。旋经临时动议，以边疆学校代表刘开亮同志失足溺毙，所有追悼抚恤事宜，交大会秘书处秉承主席团意旨办理。十一时五十分散会。晚八时举行第一次同乐晚会。

九月五日上午八时，举行第四次大会，检讨学校团务。先后发言者七人，其后因受时间限制，改用书面提出检讨意见。继由艾沙同志报告边疆团部工作，对新疆过去与现在之实际状况，分析甚详，旋举行检讨，发言者有上官业佑同志等四人。继举行海外团务工作报告，由李义同志代表驻缅甸等地各区分团部及团务筹备员室等二十七单位作综合报告，最后通过临时动议二项：（一）举行边疆团务座谈会，（二）电慰本会前书记长张治中同志。十二时零八分散会。

九月六日上午八时，举行第五次大会第一次会议。主席为陈诚、步天凯、何义均等三同志，初检讨海外团务，发言者有王文元等六人。继举行青年军团务报告，由蒋经国同志代表发言，对青年军复员情形，说明甚详。因时间关系，工作检讨改下次大会举行。陈书记长旋利用时间，报告不能准时出席大会原因及目前国内情况。九时五十分，稍事休息后，开始讨论"团的性质与地位"，团长于十时许大雨倾盆之际，到达会场，全体热烈鼓掌欢迎。团长徐步登主席台，听取各同志发表意见。任卓宣同志提议采正反两面之辩论方式。团长指示可先听取一般意见，全场空气，顿成严肃紧张状态。综合各发言人意见，计有下列各项主张：（一）团为致力文化经济建设之团体，应以军事教育方式巩固国防，并应培养生产技术，推广艺术生活。（二）团应正式确立为政治性之独立组织。（三）应重新改进党，整理团，向积极建设方面着手，不应独立成为政治性之团体。（四）党团不能分立成为两个政党，但团之独立性应加强，团应有政治纲领，一面从政团员，应遵行纲领，方能发生力量。继请求发言者，仍极踊跃。经决议下午继续举行讨论。十二时散会。下午三时，继开第五次大会第二次会议，由书记长陈诚主席。继续研讨本团性质问题。团长偕夫人莅会，继听取报告，发言者有谷正纲、曹俊同志等多人，情绪异常热烈，诸同志对团的性质及地位，见解虽有不同，但对于：（一）团须加强革命性、政治性、战斗性；（二）以革命利益为主，铲除官僚资本，肃清贪污分子，完成建国使命；（三）健全团的阵容，工作应求独立，组织应求划分诸点，则意见完全一致。休息十分钟后，仍继续开会。团长乃就本日各发言人意见，作一总括之训示，希望此次大会中对加强团的独立性，应订立团纲与政策,力谋其实现。词毕,团长偕夫人步出礼堂,掌声雷动。嗣主席宣布继续开会,并提出各同志如尚有意见,可用书面提交主席团研究。关于检讨青年军团务,亦采用书面方式经全场一致通过。下午六时三十分散会。

九月七日上午八时,举行第六次大会。由蒋经国、赵仲容、任国荣三同志主席,首由李副书记长蒸报告中央干事会工作,历时五十分钟。旋检讨中央干事会工作,各代表对于团的缺点,发表意见甚多,十时二十分,陈书记长因事退席,于离场前特提出团的纪律问题及检举贪污问题,促请大会注意,并谓青年团是属于青年的,此次选举,须注意地域,希望边疆区青年当选,中央干事应选能干事者担任。嗣继续检讨中央干事会工作,对过去工作之批评,及将来之建议等,均有所论列,其中并涉及纪律问题,以时间匆促,经主席宣布未及发表之重要意见,请以书面交大会秘书处汇转办理。十一时五十分散会。十二时团长与全体代表会餐,并即席训话,勉诸同志以宗教家的精神从事革命事业,时刻勿忘革命的责任。词毕,全体热烈鼓掌。晚八时,举行第二次同乐晚会。

九月八日上午八时,举行第七次大会。由籴家骅、许素玉二同志主席,继续检讨中央干事会工作,检讨毕,由罗常务监察家伦报告中央监察会工作,旋由出席同志加以检讨,先后发言者四人。旋主席团提议组织特种委员会经决议通过,并推陈诚等四十人为委员,各支区团负责同志,均得自由参加。九时五十分散会。十时十分,举行第二次总理纪念周。团长亲临主持,到中央干事监察代表及列席人员八百余人,团长即席致训。略谓:革命青年,应持志养气,认识本国历史、民族道德与革命之时代与环境。吾人号召青年,决不诱以权利地位,青年参加本团,皆应立志从事基层建设与社会改革工作,以为全国青年之表率。目前本党革命障碍,尚未铲除,建国工作,至为艰难。吾人尤应发扬我国传统之民族精神与道德,崇尚仁爱,精诚团结,共谋党务团务之彻底革新,与积极展开,藉以发扬本党过去之光荣历史，至于党与团的工作范围，及工作干事，自可妥为划分，促青年团确能成为青年所有，青年所治，青年所享之青年组织。纪念周后，团长复召集全体代表举行点名。

九月九日上午八时，举行第八次大会，由谷正纲、刘健群、沈世英等三同志主席，秘书处宣读有关文件后，开始讨论："本团第二届中央干事中央监察选举法"案，该案曾由团长指定贺衷寒、蒋经国、陈布雷、郑彦棻、李树森、倪文亚诸同志详细研讨，经大会热烈讨论后，修正通过。下午三时，举行第九次大会，由贺衷寒、陈雪屏、张晟三同志主席，讨论案共九件，其重要者计有"三民主义青年团改进方案案"、"制订本团团纲团的工作方向团的基本职责及团员服务项目案"、"健全本团组织案"、"宣传工作改进案"等案，最后通过临时动议，凡本团第一届中央干事、候补干事、中央监察、候补监察因兼任本党中央执监委员不能列为中央干监事候选人者，由大会呈请团长核聘为本团指导员或顾问。下午六时二十五分散会。

九月十日上午八时，举行第十次大会。秘书处报告文件后由工作报告审查委员会代表吴兆堂同志，提案审查委员会第二组代表李国俊同志，第四组代表上官业佑同志，相继报告审查经过。旋讨论提案，共十件，其重要者计有"请增列各级地方及学校团队开办费事业费办公费及周转金并提前汇发，以增工作效率而利团务发展案"、"举办团营经济事业案"、"如何领导农工运动案"、"加强边疆团务案"、"加强海外团务案"、"如何实施本团干部政策案"、"服务工作改进案"等，十二时十分散会。下午三时，举行第十一次大会，由邵力子、吴绍澍、童怀政三同志主席，秘书处报告文件后，邵力子同志代表大会纪律案件审查委员会报告审查经过，略谓大会交付审查案件衡诸法理并未触犯纪律，故该会决定不为受理。旋开始讨论提案，共七件，其中重要者计有："加强学校团务案"，"加强女青年工作案"，"整肃团纪案"，"如何加强团员救济抚恤案"，"救济失学失业青年案"，"检举贪污案"。下午八时三十分散会。

九月十一日上午八时,举行第十二次大会。由胡庶华、徐瘦秋、步天凯三同志主席。讨论案二件,内有特种审查委员会拟具修正团章意见一案,经大会决议照审查意见修正通过。上午十时,举行第十三次大会,仍由胡庶华、徐瘦秋、步天凯三同志主席,首由主席宣布选举应注意事项,继宣读第二届中央干事监察选举办法,即开始选举第二届中央干事会干事及中央监察会监察。十一时三十分,选举完毕,当选人名单经呈奉团长核阅后发表。

九月十二日上午八时,举行第十四次大会,由陈逸云、陈雪屏主席,讨论大会宣言案,经记录发言要点,交宣言起草委员会整理修正后呈团长核定。十时半,举行闭幕典礼。团长亲临主持,到中央干事、监察及代表等六百余人,行礼如仪后,即宣读已修正之大会宣言,继宣布本届当选之中央干事、监察、候补干事、候补监察名单。旋由团长训话,指示今后团务工作重心,不在中央而在各级支分团,盼各同志努力以身作则领导全国青年,向建国大道迈进。十二时二十分,大会于庄严热烈之气氛中圆满闭幕。

〔三青团中央团部档案〕

4. 蒋介石关于举办团员总甄核训词摘要
(1946年9月14日)

团长于民国三十五年九月十四日在庐山对本团第二届干事、监察第一次联席会议训词摘要:

我们的革命,到现阶段还不能成功,就是因为过去革命党员团员的不健全,现在要彻底整顿团务,非重新办理团员的甄审不可,在这次大会之后,我们要将不健全的分子淘汰,严密本团的组织,不可再马虎过去。

全体同志,要认清目前革命的危机,绝不可让青年团一天一天走向毁灭的道路,将本届干事会、监察会产生以后,第一件要做的事，就是举办团员的甄审登记，如果这件工作做不到，即团不仅没有力量，而且也没有希望。

〔三青团中央团部档案〕

5. 陈诚关于举办团员总甄核训示节录
（1947年1月10日）

书记长对举办团员总甄核之训示

一节录　书记长于三十六年元旦本团团拜典礼中对全体工作同志训词

去年二全大会时，团长已指示本团要举办团员总甄核，经过数月来的筹划，各种准备工作均已完成，今年应即切实认真办理。这种甄核工作正如军队中的"校阅"和"点验"，这在准备作战的时候，是一个必需的举措，以便清查自己的力量；所谓"知己知彼""百战百胜"，其意义即在此。如果只知敌人的情形，而不知本身的虚实，仍是难操胜算的，盖知彼不易，知己更难，我们要知道本团本身究竟有多大力量，必须举行总甄核工作，以整饬我们的阵容，强化我们的组织。

同时今年又是选举年，譬如作战，则未来有三个战场：一个是下届国民代表大会代表竞选的战场，一个是立法委员和监察委员竞选的战场，还有一个是省市县参议会议员竞选的战场，如果要在这三个战场中获得胜利，我们必须清查一下自己在这一百六十万团员中，究竟谁可当选为代表，谁可当选为委员，谁可当选为议员；当选之后能不能以一当十，以十当百，在会议中发生决定性的作用，凡此均应预作全盘的筹划。尤其是要检查自己的队伍中有无枪口朝内的人？如有即须清除，对于游离不定分子，亦应加以训练，务使我们的行动能够整齐划一，然后斗争才有力量。

今年元旦，希望各位同志大家好自努力，俗语说：一年之际在于春,一日之计在于晨。我们诚应把握时机努力猛进,切实执行。总甄核之后,如有腐化分子,大家都可检举。本席愿大家站在一起,以对付共同的敌人,今年的各个选举战场,虽不一定以本团为中心,但本团均可参加,如果我们为竞选胜利,而失去大多数青年的同情,这就是我们的失败。相反的竞选虽失败,而能争取全国青年的同情,这就可以实现我们的政治理想,完成我们的革命任务。

〔三青团中央团部档案〕

6. 三青团中央干事会为举办团员总甄核告全体团员书
(1947年1月)

本团全体同志们:本团成立的目的,在集中国民革命新的力量,以求抗战建国的成功与三民主义之具体实现,在抗战期间,我全体同志,在伟大的团长领导之下,精诚团结,英勇奋斗,用能鼓舞全国革命青年,统一意志,集中力量,为我神圣的民族抗战竭尽忠贞,以争取最后的胜利。今胜利已逾一年,和平统一之障碍,尚未彻底扫除,三民主义之具体实现,尤须加倍努力,本团第二次全国代表大会集会之时,检讨当前革命形势及今后团的任务,咸认整肃革命阵容,加强组织力量,实为今后革命所必需,爰经遵奉团长指示,并一致决议,举办团员总甄核,第二届中央干事会成立以后,复经缜密筹议,决定甄核办法,签奉团长核准。兹当举办伊始,爰揭数义,以期共勉:

一、整肃革命阵容加强组织力量 这次本团举办团员总甄核,其意义有二:一为检阅团的力量。十年以来,全国青年,在伟大的团长感召之下,踊跃参加本团,以效力于神圣的民族抗战,阵容甚壮,贡献亦大。但因发展迅速,而种种缺点在所不免,如团籍不确实,基层组织不健全,团员与团之关系不严密,因而命令不能完全贯彻,任务难期如限达成。为矫正此种缺点,必需举行团员总甄核,切实清理团籍，淘汰不忠实与不守纪律的分子，加强组织的严密性，如军队然，欲其能达成作战任务，必须注意校阅与点验。故此次举办团员总甄核，即在健全本身，检阅力量，期能担负革命建国之任务。二为适应民主宪政的要求。本团二全大会以后，国家正步入宪政实施阶段，现在国民大会已经圆满完成制宪工作，民主宪法亦经政府明令公布，本团今后任务，在以民主方式，揭橥革命主张，循宪政大道，参加建国工作。本团同志应知民主宪政之常轨为多数取决，故集体之奋斗重于个人之奋斗，如组织不健全，纪律不严明，则步骤难期一致，力量无由发挥。团员总甄核之又一意义，即欲集结革命青年于一个坚强组织下去，依民主方式，从事公开竞争，积极参加各级民意机关之选举，由取得群众信任进而为群众服务，由贯彻本团革命主张进而发展真正民权巩固宪政基础。

二、巩固革命领导扫除建国障碍　五十年国民革命为本党所领导，而本团之成立，实为国民革命新的力量之产生，当前破坏国民革命之反动势力，一为共产党的拥兵割据，破坏统一，使本党五十年来为统一与民主而奋斗之伟大事业，受其威胁；一为贪官污吏土豪劣绅以及买办奸商，肆其无压之欲，煽扬物价，剥削自肥，造成人民对现实政治之反感，加深人民与政府之距离，此两大反动势力，使中国政治纷扰落后，社会秩序紊乱不堪，此种恶现象，如不彻底销除，则建国工作，无由推动，而欲销除建国障碍，首当巩固革命领导，彻底实行民权民生主义，使民族主义所获得之成功，更有深厚不拔之基础，以贯彻三民主义革命建国之理想。

三、确守职业岗位，参加基层建设　本团第一次全国代表大会时，团长曾发表手著之《中国之命运》一书，指示青年应为五项建设运动努力，并勖勉青年做工程师、飞行员、新疆屯垦员、小学教师、乡社自治员，此次二全大会，团长更恺切训示我们青年应为五项建设而努力。二全大会宣言，复明白揭示我们今后的工作方向，要趋向于积极的建设，要从空洞的政治活动，转向于社会基层服务工作,这种种启示,在唤起我们青年同志的一个基本认识,认清我国过去民权主义之不能实行,主要的是由于一般人的升官观念作祟,民生主义不能实行,主要的是由于一般人的发财观念作祟,今后国家将走上民主宪政的新阶段,本团组织与领导的方式,亦走上一个新的阶段,要使青年依民主方式从群众选举中产生来参加实际政治,以堵塞个人钻营升官的路,从而根绝不劳而获之游民集团;要以民主力量保证民生主义之彻底实践,以堵塞个人投机发财的路,从而根绝妨害社会经济正常发展的游资势力。我们青年要想使中国成为一个现代化的国家,就必须人人立定决心,确定职业途径,拿起工具,走上农场、工厂、矿山和研究室,从事实际生产技术工作,把我们的身心手脑,直接贡献到建设国家的伟大事业上,这个伟大事业,尚须经历一段极艰苦的过程,我们在今日尤须耐心拿起落后的工具,忍受职业岗位的微薄报酬,以奠立国家建设的初步基础。为了切实领导青年走上职业生产的道路,我们所以必须举办一次团员总甄核,来检查我们这个革命集团的分子,确定我们今后组织与领导的新途径。

四、树立革命作风完成甄核任务　本团二全大会,检讨过去八年工作,认为我们的革命队伍中,尚残存着若干消极的分子和敷衍的作风,因而减低了团的积极性、革命性、斗争性和政治性。这种缺点的存在,不是偶然的,必须发动一个全团的积极的自我批评和相互批评的运动,才可以彻底纠正这种缺点,因此举办团员总甄核,就是一种积极的广泛的革命的教育作用,要以此来教育我们的干部和同志,勇敢的自动的来纠正我们的缺点,使我们这个革命集团能够不断进步和不断产生一股活泼的新力量。我们甄核的目标,既在加强团的革命力量,我们甄核的方法,就必须很客观的为革命利益而努力,我们要本"任劳任怨"和"视恶如仇"的精神,严格执行我们的甄核工作,无论干部或团员,应深刻认识这个意义,兢兢业业,认真办理。甄核合格的团员,须重行宣誓并举行财产登记,以表示我们对主义,对团长的忠诚,以及切实实行团纲为国家尽忠、为人民服务的决心,我们要建设国家,改革社会,必须先从改革自己做起,一个革命集团要有勇气正视一切现实的缺点,个个抱定最大决心,一秉至公,毫不徇情的加以纠正。须知姑息足以养奸,去腐始能生新,我们要唤起全国上下的共同警觉,将一切落后的思想和行动,一切腐恶分子,彻底扫除,树立一种革命的作风,以完成我们这次团员总甄核的任务。

同志们!我们现在的革命环境,虽然险阻百出,反动势力,仍在尽其破坏阻挠之能事,但回想我们总理当年革命时环境的恶劣,较之今日,实不知超过若干倍,总理以不屈不挠的精神,始于消灭反动势力,在辛亥年推翻满清政府,其后在中华革命党时代及十三年本党改组的时候,总理均能适应时代环境的需要,整饬革命阵容,以领导国民革命事业继续前进。我们今日在英明伟大的团长领导之下,以继续总理革命的遗志,正当神圣的民族抗战已获胜利,民主宪法已经颁布的时候,我们同志可以自信能够克服当前一切困难,消灭所有反动势力,以彻底实行三民主义,完成革命建国的历史任务。

亲爱的同志们!现在是我们发挥良知,运用坦白纯洁的最高智慧,以加倍努力,改进团务的最好机会,我们应该手携手,肩并肩,踊跃参加总甄核,向健团建国的大道迈进!

中华民国三十六年一月

〔三青团中央团部档案〕

7. 三青团第二届中央干事会工作报告

(1947年8月)

甲、概述

本团于抗战胜利一年后,在庐山召开第二次全国代表大会,适值中国共产党全面叛乱,阻碍受降,扩大割据,假借外援,扰乱东北,推翻政协决议,毁法乱纪,荼毒人民,团长于大会开幕日,曾明确训示:"本团当前最重要的任务:第一是解决中共问题,完成统一;第二要充实组织,加紧建国。"复对于青年的思想意识,为精确之纠正与指示,略谓:"我们一般干部和同志,首先要注意的一点,就是要使一般青年认识他本身是一个中国人,他的祖先是中国人,他世代的子孙也是中国人;现在有一种最可痛心的现象,就是一般青年虽生在中国,而无形之中在精神上做了外国人的奴隶;无论什么事情,外国的就好,中国的就不好,文化制度是外国的好,伦理制度也是外国的好,甚至于一句同样的话,外国人说出来就对,中国人说出来就不对,这种心理,在今天学校青年里面,尤其普遍,实在是我们国家民族的危机。"基上训示,本团努力的目标,要以健全组织,充实力量,加强团的革命性,社会性,端正青年思想,培养民族意识,扫除革命障碍,完成统一建国,实责无旁贷;所谓:"反官僚,反贪污,反共党",更为本团鲜明的口号与主张,本届干事会遵照大会及全会决议,迄今已规划实施者,得有下列诸大端:(一)加强组织健全人事,如调整中央及各级团部人事,健全编制,辅导干部升学转业,将学校分团改隶地方支团,加强绥靖区团务,配合军事需要,办理团员总甄核,制颁团员行动纲领,健全组织,整饬革命阵容。(二)改进干部与团员训练方式,如因行宪在即,团员困难,改变团员集体训练为个别训练,改分队会议为分队活动,以适应新的环境;举办基础干部讲习,以扩大训练效果。(三)推进国内外宣传活动,如加强新闻发布,筹设广播收音网,举办文化讲座,编印通俗文艺,参加国际青年活动与通讯联系,阐扬三民主义之理论精神,辟斥共党之谬误宣传,以端正青年思想。(四)开展青年服务福利工作,如成立绥靖区青年服务队,慰劳戡乱国军,扩大青年馆业务,筹募青年奖学金,举办考生服务,以减轻青年遭遇匪乱所受之痛苦。(五)严密视导与调查,如搜集奸匪情报,供给军事参考,宣导及视导团务，研究改进方策，并注意控案处理，严肃团纪执行。其他一般管理工作，均配合业务需要，随时随地而制宜；第半年以来，由于中央及各级人事调整变更，国大暨本党三中全会之相继举行，各负责干部，类多仆仆风尘，往返道路，对于业务推进，不无影响，是有待于急起补救者。

本年六月，总裁兼团长为适应当前革命环境之需要，并集中革命组织之力量，于二十七日召集本会陈书记长及本党组织部陈部长，宣示党团统一组织之决策。旋于三十日宣示手令，规定成立党团统一组织委员会及组成人选，九月九日召开中央全体联席会议，九月十五日以前应完成统一组织工作等。本团为遵令筹划实施起见，于七月八日召开中央常务干事会临时会议，推定袁守谦、郑彦棻、蒋经国、刘真、张兴、陈春霖、李俊龙、赵仲容、胡轨、余文杰、张宗良、沈祖懋、韩文溥、李惟果、白瑜、李蒸、刘建群、何浩若、邓文仪等十九同志组织小组研拟党团统一组织之实施方案（由袁守谦、郑彦棻两同志召集），嗣后本团对有关党团统一组织问题之研究洽商事宜均由此十九人小组负责推进。七月二十三日本党第七十六次中央常会通过党团统一组织原则，并宣布奉总裁兼团长谕，扩大中央党团统一组织委员会组织。旋由该会推定小组依据总裁兼团长指示及中常会决议，拟具"各级党团统一组织实施办法，经该会研讨决定后复提经本党第七十七次中央常会讨论通过并呈奉总裁兼团长核定施行"。（关于党团统一组织工作进行详情另列专题报告）

兹将本会一年来执行大会决议与重要工作之实施以及党团统一组织工作进行情形分述于后。

乙、本团第二次全国代表大会暨第二届中央干事会第一次全体会议及第二届中央干事监察联席会议重要决议案执行情形［略］

丙、党团统一组织工作进行情形［略］

丁、工作实施

壹、组织与训练

(甲）组织

本团组织工作，自庐山第二次全国代表大会闭幕后，即根据二全大会所制定之团的改进方案，重加规划。以期强化组织，健全本身，俾能加速扫除革命阻碍，完成建国任务。一年以来，秉此方针逐步实施，其已完成及进行中之重要工作，有如下述：

一、举办团员总甄核，实施团员财产登记。

二、配合宪政实施，普遍建立团队组织。

三、实施团务改进方案，依照该方案规定之干部政策，减少各级专任工作干部。

四、加强绥靖区团务工作，配合党政军扫除革命障碍，安定收复区社会秩序。

五、实施专科以上学校团队改隶地方支团，以消除地方学校团队间之界限，统一组织系统，加强学运领导。

六、协助政府，作育人材，发起清寒学生奖助金募集运动。

七、海外团队着重领导华侨青年与奸伪斗争。

以上荦荦诸大端，以国民大会召开，宪法颁布后，本团经费不能再在国库列支，尤以绥靖区团务及学运领导工作，缺少事业经费，困难重重，不克达成预期效果，幸赖全体同志艰苦奋发，组织工作，仍得相当进展，兹将一年来组织工作进展情形，择要分述如次：

一、组织之发展

（一）地方团务

1. 地方团队之增建：本届干事会成立后，三十五年下半年度仍依据前届移交计划，继续进行团队增建工作，本年度最初计划系按过去成例，将增建团队分配定额，嗣为配合宪政需要，临时改变计划，决定在全国各县市普遍建立团队组织，综计一年来增建察哈尔、新疆等两个支团，长春及青岛等两个直属区团及地方区团一个，分团三五七个，筹备员室一三四个，此外并改建宁夏及台湾两直属区团为支团。

2. 绥靖区团务之加强：奸匪叛国人民受尽荼毒，在其窜扰地区发展组织艰难万分，盖奸匪策略，以组织推进政治，以政治掩护军事，如组织不严密，与党政军各方联系不灵活，工作殊难开展，职是之故，二全大会制定绥靖区团务工作方案，经本届中央干事会修正，并订定实施办法，付诸实施，其重要工作内容有三：（一）发展组织采取绝对秘密方式，俾以一切可能方法，策应并协助国军之进剿。（二）协助收复区政府，办理善后，抚辑流亡，安定社会，并促进生产建设及文化事业之发展。（三）协助政府招收失学失业青年，并训练匪俘与自首分子，又本会为明了绥靖区团务实况，以作改进依据，特于三十六年三月派员分组赴东北各省及绥、察、冀、苏、鲁、晋、豫、鄂等省，实施视导绥靖区团队活动，及与党政军配合实况，各地情形虽以经费支绌，一切工作未能顺利积极推进，但半年来团的干部及团员于极艰困之情况下，深入匪区与军队配合进剿，颇多被残害及俘虏者，兹根据各支团已报请恤有案者本年度计被奸匪残杀者干部十六人，团员十九人，被俘下落不明者干部四人，团员一人，其余团员被杀害俘虏者以材料不齐无法统计。惟仅就河北一省而言，据该省支团先后报告，牺牲被俘之团员总计在百人以上，此项被难同志实为团留下不少可歌可泣之史绩。

（二）学校团务

1. 学校团队之增建：抗战胜利后，收复区学校团务，即积极配合教育复员，普遍发展，截至目前为止，专科以上学校分团在复员期间，计由上海等十个支团增建三十六个分团，中学方面自去年迄本年六月，统计增建分团及筹备员直属区队二一四单位，目前学校团队总数为专科以上学校分团一二六个，中学分团三六三个，筹备员九个，及二六四个直属区队。

2. 制度之改革：自第一次全国代表大会决定专科以上学校分团直属中央以来，历时数年，以学校散在各地，指挥联系，殊不灵活，领导学运，诸多滞碍；第二次全国代表大会有鉴于此，并遵奉团长指示，决定将学校团部一律改隶所在地方支团，经订定实施办法，于本年六月底以前实施完成，现仅直属中央大学分团部，以在首都，且学校规模较大，为实验学校团务计，暂缓改隶，仍与中央团部维持隶属关系。

3. 积极领导学运安定学校秩序：自政协以迄国民大会闭幕，国民政治掮客及奸匪尾巴，无日不在窥伺政府弱点，并利用学校员生生活窘困及其烦闷不满现状之偏激心理，鼓动学潮，奸匪并在幕后加紧推动其三罢一惨政策，制造事件，事态更形严重，综括一年来北平美兵侮辱女生沈崇事件，及本年五月因中央要求增加副食费而演变为反内战反饥饿反对征兵征粮之吃光运动，均以刺激国人反美，削弱政府威信，以遂其破坏学校秩序，及推翻政府之企图，幸本团于复员初期，已有准备，京沪平津等重要学校集中他区，早与有关机关及教界教人士组织学运指导机构，因此每当全国学潮发生之际，卒能发挥相当作用，协助学潮之平息。

4. 清寒学生奖助金募集运动：以服务代替领导为本团遵照团长训示之一贯方针，年来鉴于优秀贫寒学生之不能完成学业，特于本年春发动清寒学生奖助金募集运动，藉以协助政府，作育人材，为在学青年解决切身困难，藉以扩大团的影响，此项运动，经通饬二十九个支（区）团发动以来，募集成绩如次：

募集两亿元者　　　　　　　　山东支团
募集一亿三千五百万元者　　　天津支团
募集五千一百三十八万元者　　绥远支团
募集三千万元者　　　　　　　山西支团
募集二千万元者　　　　　　　直属长春区团

其余募集工作未完成者计浙江、上海、河北、宁夏、甘肃、青海、四川、云南、西康、贵州、重庆、河南、广东、安徽等十四支团，有困难未举办者计湖南、福建、广西等三支团，募集情形不详者计南京、江苏、陕西、湖北、北平、汉口、辽宁、广州等七个支区团。

5. 提倡学术研究改良学风：继续历年提倡学术，研究改良学风，扩大本团影响之政策，于大中学校中，领导辅助发展成立各种学术研究团体，目前在本团领导下之各地学校中学术性青年社团数目，已达八一五单位。

（三）海外团务

1. 海外团队之增建与改造：二全大会后，增建驻西里伯、南婆罗洲及泗水等三个团务筹备员室，共改建加拿大团务筹备员室，为加东加西两大直属区团，暹罗、缅甸两团务筹备员室，为直属暹罗及缅甸区团，并将原有直属性吧达维亚直属区团，改名为直属爪哇区团。

2. 海外团队之撤销：依照计划本年度正拟在纽约或旧金山建立支团及改进美东、美中、美西三区团，并将新加坡、菲律宾、港澳、巴达维亚、越南、暹罗等六个区团，改建为支团，以奠定海外团务之基础；嗣以奉团长手令撤销海外团队与党部合并，致一切计划，均告中止。

二、各级团部机构之调整与健全

（一）机构之调整与健全

本团二全大会前各级团部筹备处之已届完成筹备工作者大部按照团章规定，分别召开团员代表大会，逐级自下而上，选举干部，除东北各省支团及安徽、台湾、山东、新疆、北平、天津等支团外，均经完成法定手续，改组为正式支团，并调整负责人员，分团已届改组期者，亦陆续完成法定手续，又过去各级团部内部机构改组，稍嫌庞大，本年度予以简化健全，各支区分团干事会一律改分为三组科股分掌总务、组训、宣社，其余单位，一律撤销所有人员并入性质类似之组科股股务，以节省人力提高工作效率。

（二）干部之调整与健全

各级团部机构调整后，除重新调整负责人员外，为适应此后政治环境，实施紧缩编制，减少专任工作人员，以节省生活费用、增加事业经费，现正陆续辅导编余人员转业，并予以资遣，统计自去年十月迄今，任职及调整之干部计七五七四人，免职者三五五一名，转业工作人员，以资料尚未集齐，统计数字暂缺。

三、团员总甄核之实施经过与结果

团员总甄核实施办法，于本年一月颁布，原奉团长指示须于三月内完成，以交通困难及准备工作之需要时间迄今尚未能全部完成，统计自二月初全国分十四区，派中央干事监察出发督导办理以来，除新疆东北九省二市及海外团队，系奉准免办，台湾支团，须延期办理外，各地甄核表件，仅四川、广东、广西等支团，在邮运途中，其余均已寄呈中央办理复审，兹将已复审之结果，表列如次[略]。

四、团员之征收

本团历年征收团员，抗战期间，因后方结集知识青年，且有训练班团集体入团者，其比例逐年均超过比额，复员以来，为求组织深入各阶层，以期达到农工青年及地方自治人员逐渐增高比例之目标，并尽力使女团员数字增加，特通令各级团部，努力依此目标实施，兹将历年征求团员统计及成份统计，一并列表于后[略]。

五、社会组织之发展与辅导

为运用组织协助推进地方自治工作，历年除发动团员参加民意机关工作外，并积极领导各种民众社会团体，以期透过此类社团，发挥团的组织作用，现本团领导下之全国社团数目，共计一八七单位，内本年度发展者四十八单位，其余十五个团体，系单纯女青年组织。

六、通讯与联系

干部及团员之通讯联系，与作战部队设置情报网同样重要，此项工作，自去年本会改组以来，特设机构专司其事，加强推进，一年来计收发通讯函件四二〇件，收回干部动态调查卡片一七六〇份，此外并令饬各级编印团讯，现中央团讯已出刊五期，第六期正广征党团统一组织意见，编印专号中。

(乙) 训练

自二全大会后，本团训练工作，因经费支绌，故一切均在简化实际及节省经费之原则下勉力进行，兹将实施经过概述如左：

一、团员训练

(一) 入团训练　为适应环境改进训练方式，入团训练已由集体讲授改为个别训练，其办法为在各种外围组织中，先施以训练考核，然后吸收入团，除边远及特殊情形之地区外，综计此项训练人数，共为一〇四，一九二人。

(二) 分队活动　本团之基层组织为分队，基层训练亦在分队，过去分队会议太重形式，经根据历年经验，加以改进，改称分队活动，其内容包括分队会议及集体活动两项，均各间周举行一次，实施以来，全国所有分队，共举行四八九，六五四次，但集体活动，以分队自身条件限制，尚鲜成效。

(三) 青年日活动　各级团部于青年日大致均能按照规定办法，举办体育竞赛、康乐活动、劳动服务、社会调查、生活检查、军事训练辩论会讲演比赛等，有益青年心身之活动，就中青、甘、粤、浙、闽、晋、湘及安东等省团队，办理成绩最优。

(四) 体育训练　一年来各级团部增设体育指导委员会三十八所，举办游泳训练及国术训练班十一班，举办元旦及春季运动会二十六次，中央方面为提倡体育散布体育知识，续编体育杂志二期，计发行三千册，又增发青年体育奖学金八名，举办团育论文竞赛一次，计收到论文五九三篇。

(五) 女青年训练　加强女青年家政训练，为本年度主要女青年训练工作，各地团部均会举办家政班，此外讲演辩论写作文艺、烹饪、体育等竞赛及座谈会，三八节纪念活动，亦均由各级团部视实际需要，分别举办。

二、干部训练

(一) 各级干部训练　本团训练干部，原采三级制，惟自三十六年度预算紧缩，即改变方式，按各地实际环境需要，责成各支团举办基层干部训练，统计本年以讲习会方式实施干部训练者，有云南、绥远、江苏、河北、广东、青海、大连、兴安、青岛等九个支区团，以小组会议方式训练工作干部者，计十九个支团，举行会议的次数为七九五八次，因其余支团尚未汇报，实际数字尚不能统计，又绥靖区团队，原拟有特殊训练计划，以训练干部对奸伪之斗争技术，以经费无着落，未克举办。

（二）冬令讲习班　利用学校寒假调训学校分团团员及干部，予以训练，经在京、平、蓉、穗、津、沪、沈、昆等八地，各举办冬令讲习班一次，计调训一七一〇人，讲习期间最少十天，最多三周，办理成绩，均甚良好。

（三）团员夏令营（会）　夏令营（会）为本团青年实施训练之经常工作，本年度原定在长春、台北两市举办夏令营，南京、上海、北平、广州、成都、西安、武汉等地，举办夏令会，调训学校团队干部，以限于经费，经十八次常会议决，夏令营（会）停办，改变方式，调集学生干部，作学运研讨工作，顷以党团统一组织工作开始，此项工作，无形停顿。

（四）女青年干部训练　一年来陕西支团会举办女干部讲习会，江苏支团会举办苏北绥靖区妇女训练班，广西支团博白、横白两分团会举办女干部训练班，北平、辽宁、广西、湖北等支团，曾举办女青年干部工作会议，内容均尚充实。

三、其他训练工作

（一）青年补习班　为辅导青年于课余业余，作各种学科与技术之补习，藉以扩大本团对青年之影响，特令南京、北平、沈阳、广州、汉口、重庆、成都、昆明、兰州及浙江大学等支区分团各举办青年补习班各一班，现正办理中。

（二）县政工作人员训练班　遵照团长在二全大会训示，选拔代表同志施以训练，使之充任地方自治之基层干部，以改革政治，惟因经费无着落,迄未付诸实施。

（三）辅导改进中国童子军　中国童子军总会复员后以种种关系,迄未能展开工作,经召集专家座谈,并向各方征询意见,拟具改进计划,提交该会参考。

四、检讨意见

（甲）组织方面

一、团员总甄核　各级干部对举办团员总甄核之意义,均有深切认识,用能积极办理,使脱离组织思想动摇及生活腐化之分子予以彻底淘汰,因此一般忠实干部及优秀团员,对团信心顿形增强精神为之一振,惟团员总甄核限期过促,各种准备工作,事前未能面面顾到,实施技术,似欠完善,至有迟滞不能依限完成之弊。

二、地方团务　团的地方组织机构,二全大会后,增加甚速,优点缺点互见,但历来组织不能深入乡村及社会下层之积弊,乃为组织上亟应改进之缺点,又本年度各级机构实施紧缩,继以党团统一组织,干部情绪始终不能安定,影响工作效率甚巨。

三、学校团队　团的出路因与本党有不可分之关系,现实政治,又为青年不满,奸党在学校培植职业学生,使用大量金钱,积极活动,而本团在学校不但精神上与学生青年有疏远之感,且分团经费,捉襟见肘,凡此均为学校团务难臻理想境地之重要因素,党团统一组织后学校团部即将撤销,本党在学校中如何领导在学青年,洵属不可漠视之严重问题。

四、海外团务　海外团队组织,经多年之努力,已具相当规模,惟自奉令撤销并入党部后,不但海外干部灰心消极,且奸党正尽其全力,在海外发展组织,争取华侨青年,殊为隐忧,党团统一组织后,海外组织,必须采谋整顿计划,方克领导华侨青年,俾免走入歧途。

（乙）干部方面

一、干部训练　自政协以后,政治环境转变,本团经费支绌,关于干部训练，虽有详密计划及实施办法，均未能付诸实施，对于干部素质之提高影响至巨。

二、团员训练　团员训练工作，虽方式方法均有改进，较之过去活泼灵活而普遍，但训练资料不足，困难仍未解决，党团统一组织后，对党团员之训练资料问题，似宜设法解决。

贰、宣传

本团宣传方针，基于当前之革命需要，与本团第二次全国代表大会宣传改进案之一般原则，注重青年问题之宣传与决策，对国内外重要问题及国家重要法令，随时颁发要点或专册，作有效之指示；对民主、宪政、统一诸问题，则根据主义政策，作理论的历史的比较和实际的说明，藉以领导青年之思想；并利用广播收音，文化活动，刊物发行等，以达成宣传之目的，兹分述如左：

一、宣传指导

（一）宣传指示之颁发与改进：本会对各级本部宣传指导，除把握时机，随时各别指示外，并每周颁发宣传要点一次，以国内外政治军事经济党派等重要问题之分析研究，及党团应取之立场态度为主要内容，每次均用电报航邮同时发出，并按期检查其实施效果，自去年十月至本年七月，共颁发四十次。最近为配合政府剿匪建国运动，并拟定剿匪建国总动员宣传计划纲要一种，内分工作目标，实施办法，宣传大纲等部分，颁发各级团部遵照实施。

（二）新闻发布之统一与加强：订定统一发布新闻办法，经常与京市各通讯社各报编辑记者密切联系，本年六月间举行京市各通讯社报馆主编人员招待会一次，故重要新闻发布，均获京沪各报普遍刊载，宣传影响，日渐扩大，计自去年十二月至本年七月底止，共发布新闻一百五十四次，刊载报纸合计有五百零三回。

（三）各种纪念日活动之指导与考核：本会对各种纪念日活动，均于事前详订办法切实指导，事后严密考核，分别奖惩，自去年十月至本年七月止，各种纪念日办理概况，列表如后[略]。

(四)筹建广播及收音网:本会"建立全国广播网"计划,自中央常务委员会决议"应比照各级党部改由中央广播事业管理处统筹办理",及本年度经费一再缩减,原有计划,不得不予以变更,分期进行。除南京、上海两青年广播电台,继续交涉准予设置,照常广播外,第一步拟先选定据点,配合本年度预算范围建立全国收音网,再设法加强南京支团电台设备,使成为本团广播全国中心,并充实广播内容,以达成收音网建立之目的。本年度经费五千万元,计购得收音机三十架,除海外团部及已有收音机设备者不发外,并拟定分配计划,以边远或文化落后地区及情形特殊团部为分发原则。计划分配者计:中央直属第一分团,北京大学分团,辽宁、安东、辽北、吉林、大连、台湾、长春、天津、热河、宁夏、绥远、贵州、广西、福建、陕西、甘肃、河南、山东、山西、河北、西康、四川、湖南、湖北、江西、安徽、浙江等三十单位,各发给收音机一架,变压器一座。

(五)积极推进国际青年活动与国际宣传

1. 编印国际问题资料特辑第十四、十五号两册,印"马来亚联邦"与"欧洲共产狂潮在退落中"。

2. 举办一九四六年世界学生日活动　十一月十七日为世界学生日,本会指定京、沪、平、津、渝、粤、鄂、沈阳等支团为举办单位,订颁纪念活动办法,分别拨助经费,令饬各该支团策动当地高中以上学校,各青年团体,及各使馆代表会同举办。其中以上海支团成绩为优。其余汉口、西安、昆明等地,均能适应需要,自动举行,收效良好。

3. 举办一九四七年世界青年周　三月二十一日至二十五日为第五届世界青年周,本会指定京、沪、平、津、渝、粤、鄂、沈阳等支团为举办单位。拟订各种活动办法,分别拨助经费,令饬各该支团策动当地高中以上学校各青年团体会同举办,并酌请当地各国青年参加活动。各地举办情形尚称热烈,尤以南京支团成绩为优。

4. 办理国际传播通讯　国际传播通讯,为世界民主青年协会所发起。目的在加强各国青年之联系，以促进相互之了解之合作。本会曾于去年五月间响应是项运动，办理第一次通讯，第二次通讯于本年一月收到，经分饬中央、复旦、武汉三学校分团遴选通讯员分别办理。又世界民主青年协会发起于本年七月在捷克举行世界青年节送函选派代表参加，本会当与有关部会合组筹备会，嗣据报该节会为共产党操纵，英美均不重视，乃中止遣派代表。

5. 经常与各国青年团体密切联系　本会近来与各国青年团体联系工作，除经常搜集各项资料、照片，译发世界民主青年协会并通函联络外，经常函电联络者计有反法西斯苏维埃青年委员会、捷克青年团中央执行委员会、英国国际青年评论社、捷克全国学生联合会、印尼青年协会、奥国青年等团体。又曾函电调查亚洲各国青年团体组织概况，并与印度青年共同负责筹备亚洲学生会等，现仍在积极办理中。

6. 督导中正室工作　中正室为各级干部修养所必需，截至本年七月止，据报正式成立者计九十三单位，其办理成绩，以贵州支团中正室为最优。

二、文化活动

（一）加强文化界之联系：经常与中央文化运动委员会及其他有关机关密切联系，并参加本京各项文化集会，调查首都文化机关团体概况及文化界人士动态，编成：（一）全国大学暨南京专科以上学校名册，（二）全国文化团体名册，（三）新闻出版界名册，（四）戏剧音乐美术界名册，以备查考，又为加强各方对本团之认识起见，特继续举办文化晚会，第一次于二月二十四日（戏剧节前夕）在本会大礼堂招待戏剧界及新闻界人士，到会者三百余人，第二次于二月二十九日（青年节前夕）仍在本会大礼堂招待本京中等以上学校学生团体代表社会青年团体代表暨杂志负责人及各报社等六百余人，广泛交换工作意见，极为融洽。

（二）举办文化讲座及广播：本会文化讲座已先后举行八次，

每次听众达五六百人，惟以理想之主讲人约请不易，未能按期举行，仍须设法改进，兹将办理情形表列为次［略］。

（三）推广通俗文艺运动：为使文艺工作深入民间，发挥广大宣传作用。特拟订通俗文艺运动实施计划，约分下列各项：（一）通俗文艺理论的阐发，（二）通俗文艺创作的竞赛，（三）民间文艺作品的搜集，（四）民间艺人的组训，（五）通俗文艺的印行等，除通俗文艺理论之阐扬，通俗文艺作品之搜集，经通饬各级团部遵照办理及征集汇报外，本会并编印有"宪法颂""剿匪建国"唱词两种并编辑通俗文艺选等多种，颁发各方演唱，极受好评，至民间艺人组训，业经联合党部、行政院、新闻局、国立编译馆等有关机关，暨从事通俗文艺研究人士，发起组织"民间文艺改进会"以资推进。

（四）颁发三民主义专题研究：为提高各级干部学术修养鼓励对总理遗教之研究，经按季颁发三民主义专题研究二次，第一次题为"国父思想之渊源"，第二次题为"国父思想之体系"，均分别纲目，分发各级团队研究讨论，并配合分队会议进行以收集体研究之效。

（五）筹建中正图书馆：本会纪念团长六秩华诞，建立三民主义学术研究机构，扩大对团员及青年之文化服务经奉准筹建中正图书馆，其经费除由各级团部发动捐献外，并由本会就三十五年度节余经费项下核拨，业经约集有关单位举行筹备会议决定筹建计划，并聘定本团高级同志及图书馆学专家十一人组织筹建委员会，进行筹备，惟因经费迄未决定，而物价日见高涨，对于该管筹建进行，不无影响。

三、艺术宣传

（一）戏剧辅导工作之推进：本会对辅导各级青年剧社工作之推进可分下列数端：

1. 强化重点之活动　由本会指示各省市选择文化水准较高

及交通较为方便之中等县镇为重点,务求各重点县镇之青年剧运,负起扩广与深入民间之宣传任务,并藉以促进大都市剧运之发展,使其发生互为影响之功用,设备费之补助,尽先发给各重点地方之青年剧社,充实其设备,减少演出之困难,对其他非重点地方之青年剧社,仍随时注意其演出次数与水准之提高,其成绩较优者,酌发演出补助费,以资鼓励;现各级团队剧社组织日有发展,据报成立者,计有三百七十四单位多能自动公演。

2. 剧本之编审与供应　本会为解决各级剧社剧本荒起见,除选择介绍优良剧本外,并分约剧作家撰写与统一建国有关之剧本,已出版者有施寄寒之《歌舞升平》一种,经已普遍颁发各级剧社上演,成绩甚佳,已付印者有李曼瑰著《时代之插曲》一种,各级剧社自编之剧本,有《流血斗争》、《碧血溅黄花》及《冤》等七种均以描写当地人民惨遭共匪清算斗争之流血抗暴事迹为题材,正分别审订,印发各级剧社备用。

3. 演出费设备费之补助　各级青年剧社之经费,以自筹为原则,本会过去系采取事后补助办法,本年度经决定演出补助费分上下半年度发给一次,设备补助费一年发给一次,以利普遍演出。

4. 考核与视导工作　本会为切实明了各级青年剧社之实况及成绩,规定每次演剧后,遵照所发之演出报告表,详细填明,检同有关文件,以资考核,并由本会视导分别调查各地剧社实况,以便研究推进。

5. 加强戏剧研究　本会于二十五年十月间,曾假新街口社会服务处举办青年戏剧讲座,以资普及青年对戏剧之认识及研究,报名参加者极为踊跃,讲师有名导演应云为、余上源等戏剧界人士,讲授各种戏剧问题,颇收实效。

6. 加强戏剧界之联系　本会除辅导各级青年戏剧社工作推进外,对于首都戏剧团体,均有密切之联系,如"中国万岁剧"、"青白剧社"、"中大剧社"、"演剧第十三队"、"政大剧社"、"演剧第七队"、"金大剧社"、"辎重二十六团之飞轮剧团"及中央直属第一分团"青年话剧研究社"等,戏剧之演出,本会均尽力协助,或借用各种演出器材协助舞台技术,以利剧运之发展,此外派员参加中华全国戏剧电影工作人员协会筹备工作,及协助推进首都话剧演出委员会之会务。

兹将本团各地青年剧社分布状况,表列如左,以见发展概况[略]。

(二)编印本团画史:本团历年各项活动成绩,均具革命文献价值,为增进中外各方人士对本团之认识,以利团务进行起见,特编印本团画史第一辑,现经着手搜集本团成立以来,各项活动现存照片,从事整理,已函聘团外专家多人为编辑委员,该项照片,均用中英文详为说明,此外并附录团长对青年重要文告,及本团历届全国代表大会宣言,俾增读者对本团之了解,此书初稿业经编竣,刻在审定及计划印刷中。

(三)音乐工作之推行:本会曾订颁各级团部音乐工作推进办法,通饬办理,各级团部已成立歌咏队者有三十单位,演奏五十次,音乐研究社十四单位,演奏五次,已选择与建国有关之歌曲,并分函各音乐作曲及文学家选制青年歌曲,印发各级歌咏队练唱,以资推进,又团员进行曲,尚无唱片,已函饬上海支团商洽制片公司代为灌制,以备分发各级应用。

(四)照片及漫画标语之摄制与利用:关于本会所摄制及搜集之照片,除利用编印本团画史外,并根据各级需要,酌量放大,分发各级团部备供画展,本年第四届青年节与南京支团合办展览一次,颇获社会好评。

四、特种宣传

本会特种宣传工作,注重针对共党之荒谬宣传,予以打击,各级团部除与当地政府机关密切联系,共谋有效对策外,并经常搜集中共反动文字图画，如传单、文告、宣言、歌谣、漫画及书报等，本会斟酌实际情形，分别指示，针对驳斥，并将此项资料分析研究，拟订对策，随时运用，其属于共匪祸国殃民各种照片，如永年被围困难民惨象等照片，即选送中央社及南京各大报发表，以广宣传，极受各方注意，此项工作以江苏、山东、山西等支团最为积极，其他仍缺乏主动性及机动性，工作人员对理论修养，亦嫌不够，应予设法补救及纠正。

现为配合总动员令实施起见，除拟撰"剿匪建国"唱词印发各方演唱外，并印制有关剿匪漫画标语成套，分发各级团部翻印张贴，以广宣传。

五、出版事业［略］

六、编译［略］

七、图书资料［略］

叁、服务及青年辅导

本团第二次全国代表大会以后，因本会组织变更，将原有服务及工作管理两项业务，改由新设之第四处掌理，共分四组：第一组主办社会工作，第二组主办青年福利，第三组主办升学就业辅导，第四组主办经济辅导及财产登记，兹将各项工作实施情形分述于左：

一、社会工作

（一）加强绥靖区服务工作：自三十五年十月十九日第二次常务干事会议通过绥靖区服务工作方案后，即遵照方案精神，注意绥靖区服务工作之加强。去年十二月奸匪窜扰陕北、晋西、鲁西、冀南、苏北等地，为防范匪势蔓延，粉碎其政治阴谋，曾拨专款两千万元，令各地主管团部策动团员，协同当地党政军发动民众，担任侦察、响导、运输、救护、慰劳等工作，本年二月复令颁"加强绥靖区各级团部服务工作要点"，并发给工作费六千四百万元，指定江苏、山东、山西、河南、河北、陕西、甘肃、辽宁、热河、安东等支团，切实办理；各地团部在绥靖区现已组成之服务队，共计九十三队，队员三千七百七十八人，陕西耀县分团书记张光或同志，曾因赴陕北收复区宣抚民众遇匪殉职，河南邻近匪区团队与奸匪从事实际争斗，最近为匪杀害者：有汤阴分团主任伦启逊，被俘者计有内黄分团股员张绍光，团员张□文、魏振夏、孔庆计、华寿珍等十一人，温县分团主任李森，阳武分团主任卢维礼，洧川分团主任石鸿思，沈邱分团主任肖朝翰及新乡、安阳两县之服务队，均于奸匪围攻县城时，协同国军及地方团队作战，安东凤城分团服务队，曾于收复通远堡时，捕获奸匪八名，缴轻机枪一挺，三八步枪八支，弹药七百余发，河北涿县分团服务队以配合国军工作，队员被俘十二名，山西晋南各分团干部，因率领民众协同国军参加作战，伤亡九十余人，此次四平街战役，辽北支团服务队及全体工作同志出动担任谍报救护等工作，于炮火剧烈的情况下，均能冒险犯难，勇往直前，甚得守军之赞扬，此役阵亡者有服务队队员梁彦彬同志，重伤者有郑伟、梁岐山、汪濬、黄铁石、房权等同志，乐丰分团书记崔明负轻伤，辽源分团主任林订、昌图分团主任胡晓飞被俘，其牺牲奋斗前仆后继之革命精神，实足矜式。

（二）切实推行新生活运动：此项工作，除列入"三十六年度各级团部中心工作要点"通令实施外，本年一二两月，复先后订定"三十六年度各级团部推行新生活运动工作指示要点"，"各级团部推行新生活运动工作报告办法"，及"各级团部清洁运动推行办法"，令颁各级团部，切实遵行在案，各级团部已照规定举办报会者计有安东、山西、云南、浙江、热河、察哈尔、湖北、新疆、湖南、陕西、吉林、河南、西康、福建、江苏、广西、北平、广东、广州等十九支团。至各地现已改组成立之新运会，计有二十六省市，其未成立者，正令催从速成立中。关于三十五年度会同新运总会联合发动之"节食"一日救灾运动，已迭令各级团部限期结束，据总部统计募款总额达五亿五千余万元，尚有各种实物甚多，以贵州、福建两支团办理成绩最优,业经分别加奖。

(三)甄拔青年参加地方自治工作:三十五年九月团长为领导青年参加建国工作,曾手令本会研拟具体实施办法,经常务干事会推定研究小组审慎研议,拟定"甄拔青年参加地方自治工作实施办法"一种,并提第五次常务干事会通过,于本年二月,签奉团长核准,当即令颁各级团部遵办,并另通报及令饬中央监察会所属各单位尽量选拔参加,关于推行县份,复签奉团长批示:"先与行政院及内政部商洽办理",经分别与行政院及内政部面洽,咸以各党派参加政府后,情势与前不同,以另改运用方式,较易实施,现共甄拔合格县长十二人,经奉准以本会书记长名义函荐各省政府,正办理中。

(四)发动慰劳戡乱国军运动:劳军工作,三十五年团长曾手令会同中央党部拟订"慰劳国军办法",令饬各级团部遵办。本年三月以各地共军窜扰国军奋勇戡乱,为激士气,歼灭奸匪起见,复会同中央组织部、社会部及各有关机关,订定"慰劳戡乱国军办法",会衔通令各级党团政机关遵照办理,现已呈报办理者,计有青海、陕西等十五支团,慰务国军三十五万六千七百五十人,发放慰劳金三四八七四〇三四二五〇元,另有军马二三四匹,牛六二头,羊一八五只,其他毛巾袜子等为数亦多,此外关于精神慰劳方面,如演剧、放映电影、开欢迎送等大会,各地均热烈举行,办理成绩,以青海、陕西两支团为最佳,现仍在继续办理中;中央方面,本年六月复与中央党部、国民参政会、宪政实施促进会、国防部、社会部及人民团体代表等,组织中央军事慰劳团五团,派本会马济霖同志参加冀察晋绥区团,廖德雄同志参加苏鲁区团,傅光海同志参加豫鄂区团,肖忠国同志参加陕北区团,冯树同志参加东北区团,该团除慰劳各地戡乱将士外,并就便视察军风纪,各团均于七月底前完成任务返京。

二、青年福利

现阶段青年福利工作之规划与实施,系根据本团第二次全国代表大会之决议,遵奉团长对于青年福利工作之指示,并参照过去经验,适应当前需要择其切实可行者,订定具体实施计划,分期推进,一方面整理各地现有青年服务机构,采取重点主义,删繁就简,藉收集中发展之实效,另方面择定学校集中地区或都市重镇,并加强医疗卫生服务,倡导妇孺福利,推行青年互助运动等,俾增进其福利,促进青年身心之健全与发展,兹将三十五年十月至三十六年七月之青年福利工作实施概况,分述于后:

(一)青年馆之筹建与发展:青年馆为本团最有力之服务据点,亦为兴办青年福利之主要机构,由于中央之积极倡导,以及各级团部之努力推行,不但青年馆筹设年有增加,其馆舍规模与馆务推行,已能逐渐健全发展;自三十二年创设迄今,分布全国各地之青年馆共四十四所,在积极筹建中者约十余所,但因本团经费有限,及三十六年度青年馆筹建经费预算无着,致设馆计划,不得不中途变更,现经决定,凡非特别重要地区,暂不设馆,惟北平、上海、广州、长沙、成都、雅安、西安等处,多属政治文化中心,国际观瞻所系或有关国防重要意义,且各该处均已觅就适当馆址,势在必行,关于该项筹建经费,中央已尽可能予以补助,各主管团部亦极具热忱,故自去年本团二全大会后迄本年七月份止,已有上海、长沙、杭州、昆明、绍兴、镇江、灌县、无锡、罗江、沈阳、长春、昌图、北平、保安等十四个馆先后筹建完成,正式开幕,其中以上海、长沙、杭州、昆明、沈阳、北平等馆规模较大,属甲级馆,有电影、浴地、餐室、广播及青年大会堂等设备,业务颇形活跃。

(二)青年馆业务之改进:青年馆之经常业务,分为文化、康乐、服务三部分,以推行服务与社会福利为其中心任务,概观各馆情形,尚获社会好评,惟青年馆为本团新兴之服务机构,工作经验未丰,有关各项业务实施,未必尽如理想,为求青年馆益臻健全发展起见,除先后详订法规、加强督导考核外,曾于去年十一月印发了《青年馆与社会福利》一书,便利各级青年馆对于馆舍筹建及业务推行,有所参据,复于本年三月间,制定各级青年馆改进方案,通饬实施,兹将该方案之内容要点及实施步骤列举如下:

1. 确定工作中心,督饬施行:除通饬各馆拟定本年度工作计划呈核,并将实施情形,按期报会备核外,并于本年一月拟定青年馆本年度中心工作,并入本团三十六年度中心工作要点内,令颁施行。

2. 开设青年福利工作人员讲习班,改进工作技能与服务态度:原定本年六月十五日为开班日期,全期学程定为一个月,至七月十五日结束,此次受训名额定为五十名,其调训对象为各地青年馆之总干事、副总干事或业务部主任及干事等,关于讲习班应行筹备事宜,曾积极进行,旋奉书记长批示暂缓办理,故尚未举行。

3. 办理青年馆财产总登记:各地青年馆现有之动产与不动产,列册呈报本会备案者固多,其尚未列报登记亦属不少,特制定各级青年馆财产调查表及各级青年馆房地产调查表各一种,于本年五月十八日,通饬各级团部限期填报。

4. 分区分期督导青年馆业务:除于各级青年馆改进方案内,拟订青年馆分区分期视察计划,并拟具视察青年福利工作参考要点送请第五处转发本会各视导同志参考,至上项分区分期视察计划之实施,拟待青年福利工作人员讲习班办理后,分派主管业务同志前往实地视察督导,以期计划与实施切合,交互证验,以资改进。

5. 充实设备:发展生产,冀达以馆养馆之目的。由于各地青年馆经营设备,未臻完善,以致业务入不敷出,过去例由本会拨款补助,增加中央莫大之负担,值兹行宪声中,今后团费势须自给,青年馆尤应预谋自力更生之道,其办法:(1)向联总行总洽拨各项救济物资生产器材,以充实青年馆设备,(2)由团员及干部以募股方式,采公司组织法经营青年馆业务,(3)由中央拨借各馆事业周转金,以奠定基础,现已由本会拨借周转金者,计上海青年馆五千万元,福州青年馆三千万元,拨助昆明青年馆开办费一千万元,成都青年馆五千万元,并商准国防部拨让电影机一架,预计各馆在本年度内完成自给,(4)厉行会计独立制度,健全财务管理,并举办富有生产之服务事业,藉符开源节流之经济原则,(5)以上四项,决定在本年内择其较为健全之青年馆先行试办,进而普遍实施。

6.洽定各级团部团址及青年馆址:各级团部及青年馆之地址,过去多系向当地政府借用,每有迁移不定之情事,影响团务非浅,经本团第二次全国代表大会决议,由本会商请行政院转饬各省市政府指拨永久地址,于本年一月二十九日以书记长名义分函各省市政府指拨,并通饬各级团部就近洽办,并饬将已洽领之房地权依法转归团有,以求彻底解决,截至目前止,已先后接获各省政府函复,允予协助指拨,有黑龙江、陕西、嫩江、兴安、安东、湖南、山西、吉林、江苏、江西、贵州、热河、四川、新疆、西康、甘肃、青海等十七省,其余各省之团址及馆址,亦多已早为解决矣。

(三)青年服务机构之调查登记与整理

1. 裁并骈枝机构:去年十月间,本团重新建制,女青年处裁撤,各级团部原设之女青年法律咨询处、妇女诊疗所、青年服务社等机构,并归本处指导办理,各该机构业务,与青年馆及青年服务社工作项目颇多雷同,除因特殊需要,暂于保留者外,其余经均本会先后令饬撤销,所遗业务并入各该地青年馆或青年服务社办理。其次青年互助组织,原于去年三月,已在重庆成立中国青年互助总会,并向社会部完成备案手续,嗣因本团还都及召开二全大,以致理监事联席会议无法召开,各分支会亦未能依照已定计划成立,本年度因本团经费紧缩,人事编制亦随之裁减,颇感人少事繁,无法兼顾,故已签奉批准将青年互助会之必要工作,并现有各服务机构办理,暂不另设单位,期能集中发展,免以惊广而荒。

2. 充实青年服务社:青年服务社实为青年馆之前驱,早于民国三十年开始创设,因其机构简单,是于普遍,至现在遍布全国之青年服务社,经调查登记有案者有一百五十余所之多,因此亦易犯博而不专,多而不善之毛病,本年度仍本重质不重量之原则,严予调整充实,俾能切实为青年服务,其实施办法:(1)本年度二月以卅六青干四字第二三〇号令颁各级团部所属青年服务社卅六年度中心工作要点,使各服务社对于业务管理及其推行程序,均有统一与具体之依据。(2)向救济总署洽令各种药品器材及其他救济物资,藉以充实各项服务设施,扩大工作实效,经通饬各支团部就所属服务机构实际需要,径向各该地救济分署洽办具报,并根据各支团接洽情形由本会再行派员前往行总洽商,此事正在积极进行中。(3)筹设浦口、汤山、下关等青年服务社各一所(因在本会附近,可以随时切实督导),加强首都郊区服务工作,藉为各社之示范,浦口青年服务社业由本会补助开办费七百万元,正在筹建中,其汤山、下关两社,分头洽觅社址,加紧筹备。

3. 青年服务机构之调查登记:为明了各级服务机构之人事动态,设备内容,及业务实况等,经常办理调查登记工作,截止本年七月份止,经登记有案者,计青年馆四十四所,青年服务社一百五十所,青年诊疗所九十一所。附青年馆一览表[略]。

三、青年升学就业辅导

(一)办理升学辅导:本会于卅五年十一月令饬各重要地区支(区)团部加强青年升学辅导工作,本期据报者有湖北、安东、四川、贵州、河北、西康、松江、河南、辽北、广西、山西、山东;天津、江苏、青海等支团,及广州港澳等区团,计经济辅导升学之青年达一万二千四百八十七人,辅导受训者达六千六百六十八人,各支(区)团部未及将辅导升学之人数呈报者,当亦不少;又本会直接辅导升学者有刘仲清等十七人,辅导受训者有黄茂永等五十八人。

(二)办理暑期考生服务:本会于三十六年二月订定三十六年度办理考生服务办法,于本年三月间通令各级团部实施,因限于本年预算紧缩,无法普遍发给补助费,经通令举办经费,以自筹为原则，并在有限之经费预算中，匀拨二千万元，分三级补助考生集中区域之支团，办理暑期考生服务，计第一级为南京、上海、北平三支团，各补助三百万元，第二级为重庆、沈阳、汉口、广州四支团，各补助二百万元，第三级为成都、西安、南昌、天津四支团，各补助一百万元，并饬拟具实施计划报核，现据报者有天津等支团，又中央直接运用京市大中学生联谊会暨中大分团部办理京市考生服务，受服务考生达五千余人。

（三）办理补习班：本会于本年二月拟订各级团部办理补习班办法，通令各级实施，计遵照办理各种补习班具报者，有云南、福建、河北、河南、广东、青海、甘肃、陕西、山西、江西、西安、安东、台湾、广西、浙江、青海、辽北、贵州等支团所属各分团，暨广州中训团、沙滋区等区团，四川大学西北师范学院等直属分团等八十七单位，经费多为自筹，经本会补助者，计一百三十班，发出补助费五百九十六万五千五百元。又本年暑期因限于经费，各级团部办理暑期补习班经费均须自筹，仅于万分困难之经费预算中，匀拨一千万元，按地区分别补助专科以上学校分团三十分团，办理暑期补习班者，计中央、中山、武汉、浙江、北京、复旦、南开、交通、金陵、北平师范、政治、大同、中国、大夏、辅仁等十五大学分团部，各辅助四十万元，四川、重庆、西北、东北、湖南、广西、中正、厦门等大学分团部，各补助三十万元，河南、云南、贵州、山西、济鲁、兰州、西北师范学院等七大学分团部，各补助二十万元，并饬分别拟具计划，呈核办理。

（四）办理专科以上团员奖学金：本会为奖助在校清寒团员向学，及鼓励其努力团务，经于三月间拟订团员奖学金办法，通令专科以上学校分团，饬遵照规定遴审优秀清寒团员五百名送核，核发奖金五万元，经遵照遴审核给奖学金者，有社教学院、中央技专、中国大学、山西大学、北京大学、东南医学院等院校，请奖学生一百零六人，发出奖学金五百三十万元，其余正催报中。

（五）办理干部自费留学及干部升学奖助：本年初因奖助干部进修，经制定干部自费留学，干部升学奖励金办法，通令各级团部实施，遵照规定，受自费留学奖助者，有刘文修、唐学乾等七人，受干部升学奖助者，有徐业材等二十人，嗣本年度预算一再紧缩，奖助金数额较大，自费留学奖助无法继续办理，经本会会报决定，暂行停办，奖助办法并于本年三月通令各级团部暂停实施，干部升学奖助，则匀拨第一届干部留学预算节余流用部分经费，继续办理中。

（六）继续办理第一届团员留学及干部考察外汇购汇暨结束第一届考选干部留学准备事宜：本会于三十五年元月将第一届团员留学学员胡先进等九人，第二年下半年生活费外汇美金各玖百元，结购汇出，并签奉团长核准发给考察干部康泽、项定荣、谢然之延长考察期一年用费美金各二千元，结购汇出，至留学团员霍宏瑄第二年留学费用，改照英汇结购，及各留学团员考察干部返国旅费申请事宜，早经办理，惟以中央银行外汇办法改变，迁延至今，始商请行政院通融核购，现已办竣购汇手续，即可汇发，关于第一届考选干部出国留学各项准备工作，早已就绪，惟以外汇牌价变动甚巨，经遵奉常会指示，签请追加预算，未奉核准，并谕停办，故将原请预算，奉准移为留学外汇牌价差额抵补之用。

（七）办理团员救济：为救济失学失业团员，经匀拨专款，办理团员救济，计自三十六年一月至五月，共发出救济金三百三十三万元，救济团员五十一名，一次拨给哈尔滨支团救济绥靖区团员二百万元，山西支团三百万元，另饬由各级团部就近救济者多人，又以救济金之核发，应有一适当标准，以杜流弊，经于四月初制订团员救济金核发暂行标准，以资依据。

（八）办理青年就业辅导：本年度本会直接辅导受业者，有钟瑜等十五人，保送绥靖区人民服务总队服务者，有姚启华等十四人，保送中训团新闻班受训后分发各部队新闻处工作，有徐昆等二十四人,各级团部遵令办理青年就业辅导具报者,有湖南、湖北、甘肃、陕西、山西、贵州、江苏、辽北、河北、青海、天津等各支团,计辅导失业青年就业者,达二千四百九十四人。

(九)继续举办团员通讯:本会于三十五年十二月间,将原订团员个别通讯报告表修订为团员通讯摘要报告表,令各支团,嗣后将所属分团通讯内容摘要列报,经审核层转者,计有湖北、四川两支团,举办通讯三七九人,另有西康支团所属六个分团。

(十)举办专科以上学校毕业团员就业调查:为顾及学生团员本年暑期毕业后统筹就业问题起见,经于上年十一月间,制订表式,分令各级团部调查报会,先后具报者,有甘肃支团、广西大学分团等十四团队,呈报毕业团员一五六人,另中央大学等四十四学校分团呈报优秀团员六五五人,均经汇案登记,分别函介各部会各省市政府录用,已准财政、社会、内政等部,暨南京、重庆等市政府函复到会,又本会直接介绍中大、金大等大学本届毕业优秀团员一〇六人,由本会各主管以私人名义,分别向各方推荐经录用者三十七人,其余正在接洽中。

(十一)继续举办各项技艺训练班:本年度办理具报者有北平、广东等支团,北平规模最大,收训五百余人,成效最宏。

(十二)举办职业讲座:本年举办者,计有甘肃、贵州、辽北、湖北、四川等支团,计举办讲座者三十余分团,听讲人数,达三百余人。

(十三)加强各级升学就业辅导机构:本会对于各级青年升学就业辅导,原颁定各级团部青年升学就业辅导所组织通则,暨升学就业辅导委员会组织通则,遵已成立辅导所或辅导委员会具报者,有南京等二十三支区团,以限于经费,无法展开业务,且鉴于当前政治情势改变,辅导青年,非复本团自身力量所能担负,拟由各地团部策动地方人士,社会力量,加强业务,俾能运用当地社会力量,共同协力,推进辅导工作,经拟订要点,匀拨经费三千万元,补助绥靖区内各重要支区团,以加强绥靖区之青年辅导业务,计补助三百万元者有辽宁、北平、山西、山东等支团,二百万元者,有长春、河北、天津、陕西、河南、江苏、热河、徐海、青岛等支区团。

(十四)乡村文化服务

1. 普遍成立中学教育研究会:为充实原有小学教育研究会内容及加重其工作任务起见,经于本年三月修订组织通则,增列负责办理民众识字班及协助本团参加普选工作,两项任务,以青干(四)六二四号通令全国各分团部普遍成立,并令发每会经常费补助各二万元,计规定成立一九五○会,发出补助费三九○○元,惟以限于各种困难,现具报成立者,仅六○八所,吸收会员共约二八五七六人。

2. 普遍办理民众识字班:本期据报上年度各级团部举理民众识字班共二○四○班,受教人数达七四一二六人,本年度为配合本团参加大选之政治形势,经于三月间,修订识字班办法,通令各分团部普遍办理。

四、经济辅导

(一)办理团员财产登记[略]

(二)办理党员特别捐[略]

(三)推进合作事业[略]

(四)筹划督导团员生产事业[略]

五、检讨意见

(甲)关于社会工作部分:

(一)全国各级团部推行新生活运动:前经核定补助支团每月四万元,分团本年五万元,全年补助费分两次拨给,计第一期已汇出各级团部之补助费五千七百七十万元,但自本会经费奉令折半开支后,该项经费事实上业已超出全预算数廿五万元,为维持各级团部继续推行新运工作,殊难再减,免致业务停顿。

(二)至于绥靖区服务工作:本年虽已拨发各绥靖区团队补助

费六千四百万元，仍属杯水车薪，且匪区工作同志，均系赤手空拳，所受威胁甚大，目前剿匪工作正在加紧，如欲使地方团队配合军事进展，有所表现，势须增加经费，配备武器，俾前方同志于冒险犯难之中，生活不致过分艰困，并有武器可以自卫，方可提高工作情绪，发挥高度服务精神。

（乙）关于青年福利部分：

（一）缺乏优良干部：青年馆系本团新兴之服务机构，过去尚未养成专业人才与优良干部，对馆务之管理推行，缺乏显著之表现。

（二）经费发生困难：现有各地青年馆经费困难，设备简陋，过去系赖中央补助，本年度经费紧缩，青年馆之建筑及设备均无预算，面临严重关头，影响业务推进。

（三）管理具有缺点：中央对于青年馆之建立及其工作，虽有一般性之规定，但尚欠特殊指示，缺乏经常督导与实地视察，以致工作不能深入，更难达到计划发展与全面管制。

（丙）关于青年辅导部分：

（一）本团因限于经费：各项辅导救济业务，颇感困难，虽发动社会力量协助进行，惟以经济危机严重，社会百业凋弊，亦难收效。

（二）各级团部对于青年辅导工作：尚未尽最大之努力，至如何运用社会力量，从事青年辅导亦缺乏研究，今后允宜力图改正。

（三）目前社会未臻安定：教育制度复未能适应需要，致失学失业青年辅导工作，甚感困难，今后欲谋解决此项问题，势非以整个国家力量，分头并进不克见效。

（丁）关于经济辅导部分：

（一）本团在抗战期间，既未奠定团营经济事业基础，胜利后，又未进行接收敌伪生产机构，尤其对于各级团部举办之生产事业，不能给予经济补助及适当指导管理，致任其零星散乱，时至今日，对于如何建立团员养团制度，时机上已嫌过迟，在经济上则感无力,但若有深切体认过去坐失时机之错误,力谋补救,机动策划迅付实施以下两项:(1)创办或接收敌伪之大规模生产事业机构,(2)整理各级团部现有之事业使之企业化,充实具有规模之农场等,庶可有图。

（二）基于本团未能创立大规模经济事业机构之原因,团员之无生产技艺,及未进入生产建设事业机构,固为一普遍之缺点；即有生产技艺,与原已参加生产建设事业机构之团员,亦以缺乏适当指导与周密之计划,迄未能发挥预期之功效,今欲图挽救,除本团应迅即办理团营大规模生产事业,使团员获机参加者外,并应迅速策划二大措施:(1)大量介绍团员参加有关经济事业机关工作,养成生产技艺。(2)奖助团员自办生产建设事业,始克完成本团经济辅导之任务。

肆、人事行政[略]

伍、视导与调查

本团二全大会后,依新编制将视导、研究、调查、通讯等诸业务,并由第五处主管。各项工作之实施,已积极展开,如:一、本年视导原则:指导重于视察；视导对象:偏僻地区重于繁华都市,尤其历年视导未到之处,更为本年视导注意之点,力求普遍深入督导。至于平时审核工作报告、处理控案等业务,均由各视导分区担任,以作出发视导之参考,地方视导工作,亦能遵照中央规定,按照计划,普遍视导所属团队。二、调查通讯工作,十阅月来,一面建立通讯机构,一面处理所搜获之情报,虽在人力财力极端困难情况下,尚能尽其最大努力,以完成预定之计划,截至目前为止,通讯网已遍及全国,情报资料已不虞匮乏。三、团务研究工作,原为适应需要而产生,举凡一般团务之研究,如特种问题之研究,均能随时提供具体方案,以供中央采纳,值兹党团统一组织,行将实施,研究工作,益形重要,兹分述如左[略]。

陆、一般管理工作

一般管理工作,包括文书、财务、事务三大部门,各有其独特之性质与实施之技术,但均以配合业务推行为主旨,前将该项业务实施之情形,分述如左[略]。

〔三青团中央团部档案〕

二、党团统一

1. 蒋介石关于党团统一组织的手令
(1947年6—9月)

(1) 六月三十日手令

六月三十日,总裁兼团长于本党中常会中政合联席会议时宣示手令如下:

一、成立党团统一组织委员会。

二、上项委员会以中央党部正副秘书长、组织部正副部长、宣传、海外、农工各部部长及中央团部正副书记长,组织处正副处长与各处处长为委员组织之,由吴秘书长、陈书记长、陈组织部长召集之。

三、设立党团统一组织研究委员会,委员人数以十五至三十人为限,由中央党部与中央团部各推十人至十五人,报请核定。

四、统一组织工作,以二个月至二个半月为限,即最迟不得超过九月十五日。

五、拟订九月九日召开党团中央全体联席会议。

(2) 七月十六日手令

七月十六日,总裁兼团长召集党团统一委员会全体委员于官邸,听取意见,指示方针,并宣示手令四项如左:

一、此次合并统一,应以求其产生新的力量为前提。故必须提出新的革命主张及办法。以资号召与团结。使人民拥护本党。其次为对党员团员提出新的要求，并以能否符合此要求，作为肃清腐败分子之标准。党团合并统一工作，应视为政治革命性的，而非技术或事务工作。

二、由总裁名义发表告党团员之文告，说明革命环境之艰难，党团合并统一之必要与党团合并之原则。

三、宣布九月九日召开党团中央全体联席会议及第四次全体会议，令各级党团部提出对党团合并后之工作及后期革命之主张及办法，由统一委员会拟议议题，通告各级党团陈述意见，向联席会议提出讨论，各省市党部团部，可各推举二人至三人参加联席会议。

四、除在中央研究合并统一之各项问题外，应向各地党员团员说明合并统一改组之意见，如有必要，可派员赴各地指示。

（3）九月十七日手令

（一）党员总登记实施办法，希于二个星期内拟具呈报，并列入十八日常会议程共同讨论为要。

（二）本党今后对于干部训练应特加注意，可于中央党部内设置干部训练筹备会，用中训团地址负责训练干部，并筹办本党干部转业积极参加收复区地方行政以及督导区内党政工作等事宜，俾能配合军事达成剿匪建国之任务。希即列入明（十八）日常会议程共同商讨决定，至详细办法应由中央党部另案研拟呈核。

（4）九月二十日手令

上海、北平、广东、湖南各地党团部，双方既不协调，资历亦多出入，如统一组织实际上有不便时，可使团部干事长辞职，或调中央训练筹备委员会任职，而由其书记充任党部副主任委员亦可，其他县级党团如确有困难，亦可如此办理。

925

(5) 关于党团统一组织工作之要旨手令

一、各级党团部之统一组织工作，不必分期，而应同时进行，可即在中常会依照中关于统一组织工作之指示，通过各省主任委员及副主任委员之人选，并即通令各省党部团部从速推行各县之统一组织工作。

二、各级党部应召集干部会议，报告中央会议之情形，并商讨统一组织之具体办法，中央即派视察员出席指导（限十月十日以前完成此项工作）。

三、党团各级干部举行会议后，应即召开基层组织内之党团员联合座谈会，报告统一组织之意义及情形，并讨论党团合并之问题，由各省党部派员出席指导（限于十月二十日以前完成此项工作）。

四、团员入党宣誓，可在党员总甄核工作完成以后，与党员同时宣誓，目前暂不举行入党宣誓。

五、过去团员总甄核，已有整个详细之办法，据总甄核之经验，似属妥善，宜即根据此办法加以修正，即开始办理党员总甄核工作（自十月初开始工作，限至十一月底完成）。

六、各学校团部在最近期间不宜有所变动，应全部受青年部之指挥，保持其原有之力量。

七、在统一组织工作过程中，凡有违抗上级命令者，无论为党团，均应予以党纪之判裁，各省市统一组织视察员，得全权处理后呈报中央可也。

八、党团统一组织工作中，必须求新工作之开展，目前应以发动党员至匪区收复区或乡村工作，并以人民服务工作为重心。

九、东北未收复各省党部团部应以取消为原则而组织统一之匪区特别党部。

十、自明年一月起办理党务人员均为无给制应与统一组织办法同时宣布。并自十一月份起凡有党籍之党员均应由其所属党部实行征收党费,并以收费之成绩定党部工作之优劣,至于学生、工人与贫苦党员之党费如何征缴,应同时拟定办法发表实施为要。

〔三青团中央团部档案〕

2. 蒋介石关于党团统一组织的指示
(1947年7月9日)

今天是我们三民主义青年团成立九周年纪念,本团长要将我个人对于本团成立九年以来的感想,以及各同志革命事业的前途,与夫我们党和团目前的现状和各种表现,郑重而坦白的告诉大家。

无论党员或团员,既然都是革命的同志,就应该继承总理和先烈的遗志,以完成他们未竟的事业。这是我们一般继起同志应尽的责任。但是我观察我们党和团的现状,看到我们一般党和团员现在的作风和表现,以为长此下去,不仅不足以完成我们所负艰巨的革命使命,而且要为时代所淘汰,所消灭。大家要知道:今天我们革命环境的恶劣,革命形势的危险,实在是本党五十年革命历史之所未有,我们今天临到这个最后成败的关头,一般负领导责任的干部同志,如果还不明了这种危险困难的情形,仍旧不知警惕、奋勉,加紧努力,那就真是我在七七文告中所说:"燕雀巢于危幕之上而不自知其危"了。我相信我们有许多同志对于我们党和团目前的形势,并不是完全没有察觉,但大多数都是知而不真,见而不明,而且即令有人知道,又为复杂的环境与传统的作风所限制,大家都不肯诚恳坦白的说出研究补救革新的办法,而只图得过且过,粉饰太平。这样下去,党与团整个革命的生命未有不被消灭的!我默察我们党和团的前途,已经面临到这个悲惨的境地,因此我不能不趁今天这个纪念的机会,大声疾呼的警告你们,希望我们同志无论党员团员都应切己反省,彻底觉悟,要知道你们现在所走的路径,都已完全错误;完全违反了我们革命的方向,从此必须以昨死今生的决心,改弦更张,彻底转变,则庶几亡羊补牢,犹未为晚。

我个人自从从事革命以来,四十年间,不知受过多少挫折,经过多少失败,然而我心境的悲伤和对于革命事业前途忧虑,从未有如今日之深刻而迫切。我所忧虑的是不是今日政治的停滞不进,或经济困难呢?不是。我向来认为我们政治上今天一切腐败停滞的现象,是很容易改革的。尤其是我们国家经济的基础尚未动摇,只要善尽人事,就一定可以转危为安;那末是不是因为共产党的办法毒辣,力量渐大,而忧虑本党不能制胜他呢?诚然,共产党今天有国际的组织,有虚伪的宣传,有种种毒辣阴谋,确不失为本党最后劲敌。但他从民国十三年起,就潜伏在我们本党和革命军里面,发展其组织,布置其爪牙,到了民国十六年,他已经掌握了本党整个的命运,本党几乎被其无形的消灭了。然而本党同志一经醒觉,同心一德,实行清党,他仍要失败在我们的面前!以此例彼,则毋宁说今日的共产党比过去还要容易消灭。因此为共产党今天虽然有了一个军队,但这只是有形的力量,而他在十六年以前,潜伏在我们党内,操纵运用,挑拨离间,这乃是无形的力量,无形的力量虽难以捉摸,而有形的力量则易于制服,这是很明显的道理。所以今天的共产党并不足畏。我所忧虑者并不在此!然则我所忧虑的是什么呢?我忧虑的就是我们的本身——我们的党和团!我要指出我们党和团今天犯了比共匪更大的错误,我们的力量完全流于表面形式,而实际的内容,则是虚空到了极点。我们党和团没有基层组织,没有新生的细胞,党员和团员在群众间社会上发生不了作用,整个党的生存,差不多完全寄托在有形的武力之上,这是我们真正的危机,也是我唯一的忧虑!自从总理领导革命以来,到现在五十余年了,从民国十三年本党改组到现在,也有二十三年。在这一段时间中,先烈同志流血牺牲,始而与军阀官僚奋斗,继而与共匪汉奸搏战,十年之前,领导全国抵抗日本帝国主义者的侵略,而终于获得了最后的胜利,这种悲壮的史事,伟大的成就,应该可以促进我们革命的成功和主义的实行了。但是事实怎么样？今天社会民众对本党是怎样一种看法？国际人士对本党是怎样一种批评？他们不仅不把本党看作一个革命的政党，而且认为我们已经成为时代的落伍者，已经被时代所淘汰了！我个人负责主持党和团，我当然应该第一个承认自己领导无力，以致造成今天这种形势，招致今天这样的耻辱！但我的责任也就是你们的责任，我受的耻辱也就是你们的耻辱，如果我领袖受了今天这样的耻辱，而你们还是漠然无动于中，以为与自己无干，那就是古人所谓"麻木不仁"，亦就是所谓"哀莫大于心死"。这样，还能谈什么革命？还能谈什么实行主义呢？

今天在座的同志，有的是追随总理，从事革命的，有的是从民国十三年起参加本党，为革命而奋斗的。即从十三年算起到现在已经有二十三年了。当时三十岁的人到今已有五十一岁，我个人当时是三十八岁，今年已经六十一了。我们在这二十余年中，为革命为主义牺牲奋斗，流血流汗，过去既为党尽了许多义务，今天自然就免不了有权利地位的权念，这本是人情之常，无可厚非的。一个革命党在五十年长期的过程中，要求一般党员只尽义务不讲权利，只去牺牲不讲享受，这乃是不可能的事情！但是各位干部同志要知道：我们既然作了革命党员，无论如何应该把团体放在前面，把个人放在后面，固然个人的权利不能不顾，而团体的生存和发展，尤为我们个人成败荣辱的前提，如果我们只图个人权力的扩张，地位的提高，而将团体的生存和发展，置之不闻不问，如此，整个团体归于失败，你个人还能存在吗？今天我们革命的环境如此险恶，形势如此危急，稍有良心血性的党员，救党救团之不暇，还来得及争个人的权利地位吗？但事实上我们一般党员团员——尤其是干部同志，有没有这种觉悟呢？是不是已经察觉我们党团环境的险恶而放弃了个人的权利之争呢？我可以说很少有这种觉悟和认识。这就是我们革命最大的危机！也就是我今日忧虑的焦点！现在社会上批评我们一般党团的干部，说我们贪污腐败，怯懦无能，我想各位同志中贪污是很少的，大家奋斗几十年，到今天绝大多数同志还是过着清苦的生活，可见大家并没有发财的恶习。然而你们权利地位的观念随年龄的增长而增加，则是事实。你们自己虽不是贪污，有时为贪污者弥缝掩盖，曲为原谅，这也是事实。这就是大大减少我们革命党的作用了。我们执政的革命党，为使政治清明，军队精强，有一个极重大的任务，就是检举贪污。那怕是我们的朋友亲戚，如果犯了贪污的案子我们都要破除情面，毅然决然的检举出来，然后才能维持革命的纪律，整肃革命阵容。但最近二、三年以来，由于物价高涨，致使社会道德低落，官吏贪污之风日甚一日，我们党部是否尽责检举，秉公处置？我可以说没有，不仅没有，而且相反的有因贪污已经举发，反而为犯罪者来求情赦免的！举此一端就可以证明我们党革命精神之低落到了怎样的程度！非所以酿成今天这种现象的原因，就是因为大家在革命团体里面工作时间太久，自以为功绩甚大，资格已深，以致造成了今天这种含垢纳污、腐败复杂的情形，谁也不肯仗义直言，坦白批评。我前天在中央纪念周说过，共产党这几年组织之所以日趋健全，力量之所以日趋膨胀，乃是得力于他们所谓坦白运动。自从三十二年他们发起了所谓坦白运动之后，四年之间，他们党员工作的精神和作风，大有改进。乃能于无法生存的条件下，死灰复燃，竟至有今日如此嚣张的一天。本党革命基础现在和共产党比较起来，一切都要胜过他们，唯一不如他们的就是这种坦白的精神。今天我们党和团到了这种生死存亡关头，一般干部同志如果再像过去一样，颟顸泄沓，敷衍粉饰，而不将我们团体的危机，工作的症结，以及个人的恩怨，坦坦白白切切实实的研讨批评，以供大家的警惕，共同来研究改进的办法，那你们就是总理和先烈的罪人，就不配作革命党党员，固然今天我们军事政治各方面都是积□重重，而且病根之深不亚于党，但党是军事政治的主宰，是一切的原动力，所有的改革都要从党作起。党如果能够健全，能够发展，能够负起革命的责任，则政治的清明和军事的进步，就易于反掌。因为这个缘故,所以我对于本党的现状忧虑特别深长,而对于党和团干部同志的责望,也就特别殷切。我们现在固然不能因为共产党发起了坦白运动,也跟着他喊坦白运动,但我们不能不有这种自觉和自反。我相信只要我们一般党员同志,人人能够本着大公无我实事求是的精神,大家都能把团体的事业,看成自己的事业,把党团的生命看成自己的生命,竭尽我们个人的聪明才智,为团体为主义来努力奋斗。如此,半年之后,我们中国国民党一定可以根本复兴,有一番起死回生的进步,其他政治军事的情形,当然就可以转危为安,转败为胜了。

现在要说到我们革命团体——党和团的力量究竟从什么地方而来的?简单的说,我们革命党的力量有五个来源:第一,总理和先烈所留下来的革命历史。第二,是革命的主义,就是三民主义。第三,是革命党员为主义而不顾一切的牺牲奋斗的精神。第四,是社会民众对我们的党和主义的信仰和拥护。第五,是革命党严正纪律,就是党和党员的一切组织、精神和行动,都是为了主义,为了革命,而不是为了个人,个人的行动决不能超出于党和主义的范围之外。这五个条件就是我们党的力量的根源,就是我们革命成功的最大保障。但是到今天我们看看本党是不是具备了这五个条件呢?我可以说我们今天所以还能够在南京立足,还能够在中央团部开纪念会,而没有被共产党所消灭,实际上完全是靠了前面的两个条件,就是总理和先烈所遗留下来的革命历史和革命的三民主义。其余后者的三个条件可以说已经完全破产了。但是我们专靠前面两个条件而缺乏后者三个条件是不足以自存的。没有后者三个条件,则无论凭藉怎样悠久光荣的历史和怎样博大精深的主义,也不能发生效力,不能维持久远。尤其是党的纪律如果废弛,党的精神如果颓丧,党员行动所表现出来的只有腐败和贪污,则一般国民决不会追念本党过去的历史,说我们曾经推翻满清,完成北伐,领导抗战,获得最后胜利,因而原谅我们的。由此可见,单凭前者两个条件是绝对的不够。我们反转来看看共产党,他们的声势看起来如此浩大,人人觉得可怕,究竟他们的力量又在什么地方?难道他们的军事力量可以和我们相比吗?难道他们的政治基础可以和我们相比吗?难道他们的主义和历史可以和我们相比吗?我以为他们没有一样可以和我们相比,无论那一方面我们都可以胜过他。他们并没有什么实力,他们有的只是宣传和组织,这也就是他们实在的力量。他们利用虚伪夸大的宣传,使整个社会被他们的宣传空气所笼罩,心理上精神上为他们所胁制。尤其重要的,是他们党的组织和纪律,譬如他们所谓"坦白运动",发动全体党员,自我批评,相互检举,任何人如有丝毫自私的企图,不将力量贡献于他们的党,就要被人检举,不能立足。其他上层领导人如毛泽东、朱德等精神、思想、生活、行动如何我们可不必说他,至于他们一般党员和干部,则确实能相互坦白批评,我们发现他的许多小册子,里面说到他们自己的许多缺点,贪污腐败,无不坦白指出,这固然一方面可以看出他们共党极不健全,但是他们能把本身的缺点坦白说明,这就正是他们利害的地方。我们的党部团部有那一部门做到了这一点?我们现在的危机,并不在于我们自己有过错,而是在于有了过错而讳莫如深,不肯说出,不求纠正,才造成今天这种麻木不仁的现象,听任共产党来侮辱我们毁灭我们。照这样下去,无论党部团部,组织宣传不能健全,精神纪律完全废弛,怎样能与共产党斗争,共产党即使没有军队也可以把我们消灭,何况他还有那么多的军队?所以我们一定要认识明白,我们以后要打倒共产党,固然要在军事、政治、经济各方面来努力,但最根本的问题,还是党的精神纪律和组织宣传能不能加强,能不能改进?如果党的精神弛懈,纪律败坏,组织宣传不能积极改正,大家各自为谋,自私自利,则无论我们政治、经济、军事有多大的力量,共产党只要向社会上制造几句无中生有挑拨离间的谣言,使我们党与团互相摩擦,自己打自己,就可以使我们自趋灭亡。所以我认为我们到今天之所以尚未被共党消灭,完全是靠了总理和先烈的余荫,靠了我们革命历史的悠久,在一般国民脑筋中尚未完全消失,所以我们还能苟安一时,如其不然,早就已经不能存在了。我刚才讲的这段话确是事实,因为目前社会不安,人心浮动,加之民众知识低落,正式的消息没有人听信,而无稽的谣言反易于流传。要打倒任何政敌,根本不必用什么实力,只要制造谣言就行了,这是今天社会的情形,大家不可不加以警惕。

最后,要讲到我们党团统一以后的要务。我以为我们党团组织统一之后,最坚要的事情,是要中央党部和团部的干部同志团结一致,抱定为革命为本党来牺牲的决心,从今天起,整顿革命纪律,振作革命精神,用新的精神纪律和新的组织宣传方法来消灭共产党,旧的组织方法和宣传技术现在是不能适用了。我一定从自己本身做起,我一定为本党革命而来牺牲我个人,假如我存有一点私心,不为党为国而为我自己,你们任何人都可以检举,你们如果知道了而不检举,就不能算做革命党员,更不能算是忠实的干部。以后大家务必要统一意志,集中力量,专以共产党作为我们斗争对象,加强对共产党斗争的技术,向整个社会发动各种革命运动,积极的去打倒他,消灭他。现在当然也有不少的同志在细心研究打击共产党的方法,但是一提到与自己地位权力有关的事情,心目中的对象就不是共产党了!这种心理真是我们最大的危机!我们现在口口声声说共产党是我们最大的敌人,而实际上最大的敌人却是我们自己的权利地位的观念。这个观念如不破除,则将成为本党革命事业无可救药的致命伤!而也就是我们一般干部无可宽恕的罪恶了。所以我们今天纪念本团成立九周年,我们全体同志不论党员团员,人人都应该有一个觉悟,就是从今天以后,我们一定要统一意志,集中力量,来对付我们的敌人。共产党卖国殃民,倒行逆施的结果,将来一定会被消灭,我们用不着恐惧,所恐惧的是我们自己的不健全不争气。如果我们党与团的纪律不能整肃,组织不能健全,则势必影响前方军事与后方社会,而使整个革命功败垂成,这并不是我把责任推卸在党部和团部，而是要每个党员和团员，担负其本身的责任，现在共产党每一个机关，每一个团体，每一个部队，都有他的党员积极负责活动，而他的党员在每一个部门里面又确能发生示范的作用，所以他们的军政各部门都能实行党的政策。今后我们的党部如果组织能力健全，军政各部门当然也能同时的健全有效了。因此，希望各位同志切实研讨，在最近实现党团的改革，加强力量，和共产党作最后的斗争。

现在我已决心要统一党部与团部的组织，中央常会也已有了决定，这是要使本党革命起死回生的一个重要措置，希望本团干部同志切实明了。诚心诚意的执行这个决定。我今天还要坦白指出本团过去在心理上精神上已经犯了两个足使革命根本失败的错误，第一个错误是今年团的中心工作方案所拟的是在参加国民代表的竞选，第二个错误是主张与本党保持不即不离的关系，发生相互的作用。这两个错误的决定如不彻底改正，实足以使革命整个失败而有余。青年团是领导青年革命的组织，是培育青年，为青年服务的团体，为什么要参加竞选，竞选是为真正的革命工作吗？为什么要使我们纯洁的青年变成官僚政客？这样的青年组织还有什么革命性吗？要知道：你们既然参加竞选，则凡是竞选的人就是你的敌人，那里还有什么功夫对付我们真正的敌人！所以你们这种行动的后果，只有促成党团对立斗争，而断丧本党革命的命脉。这是我所以决心要把团与党统一组织的动机。

而且还有一层，你们因为自己要竞选，便不能不驱使团员去运动选举。这样，就是把青年当着你们竞选的工具，利用青年来达到你们升官发财的目的。这种青年组织，怎么能得到青年的信仰？怎么还能和共产党斗争？我们团部如果下命令要青年为革命工作而服从纪律，这是应该的，但如果要他们选你当立委当代表而服从纪律，则那一个青年愿做你的工具？那一个青年愿意入你这个团籍？实话说，我如果是青年，我就一定要反对你们这种作风！为什么一班干部同志不研究到这一点，而作出这种错误的决定，而且居然在常务干事会通过，由此可知领导团员的一般干部，方向绝不正确，思想绝对错误，如果坦白的说，则无异利用青年来做工具。不仅把青年做工具，而且把我团长当作傀儡，这在革命纪律上是绝对不容许的！其次讲到党和团的关系。我一再说过，三民主义青年团自始就是中国国民党青年运动的组织，来为本党实行三民主义而奋斗的团体，亦就是继承本党革命的新血液，这当然是本党的一部分，当然不能离开本党，这是很显明的事实。既知如此，为什么要说和党保持不即不离的关系，发生相互的作用？我可以断言：党与团如保持不即不离的关系，其结果只有相互对立，相互牵制，乃至一切力量相互对消，今天党和团的关系，已经弄到这种地步，现在组织如再不明白的统一，则革命必然失败。这也是我决心要把党与团统一的主要原因，我以为这是本党起死回生的唯一途径。否则，党与团惟有同归于尽。中国革命的命脉就此断送罢了。本来就现在革命形势来说，共产党如此嚣张，民生如此疾苦，社会如此不安，我们惟有集中力量，消灭共匪，根本就不应举办选举，以分剿匪的注意力。但本党现在为要适应革命环境和时代需要，不得不尽速举办选举，则一切就应该由党来负责决定，团就根本不应该参加选举，否则就是领导青年来做官，而不是领导青年来革命了，此风断不可长。而且我今天还可以告诉大家，凡是自认为真正守纪律的革命党员就不应该去自由竞选，自乱革命阵容，否则不仅革命要从此失败，而且我们国家也要因此灭亡，我认为如果本党任令党员自由竞选代表，乃是亡国的选举，而不是建国的选举了，党员如果不听党的命令，自由选举，我们党就不需要这种党员，而他自己将来亦必被时代所淘汰而不能存在。总之，我们青年团领导干部的思想行动错误到今天这个地步，不能不归罪于我自己领导无力，平时不能及时纠正，好在现在迷途未远，只要你们即刻觉悟，还来得及改正。希望你们听了我这次指示之后，能够彻底反省，彻底觉悟，则我们党团前途一定可以因祸得福,我个人如果有什么错误的地方,也希望你们坦白批评,我一定虚心接受。我自从担负革命责任以来,操心虑患,从来没有今日的深切,但是绝对不是政治经济军事有什么危险,也不是共产党有什么了不起的力量使我有这样的忧虑,我所忧虑的,是我现在已经六十一岁了,虽然我的精力和过去五十岁时没有什么差别,但究竟已经到了这个年龄,我今后究竟是不是还能有十年或二十年的时间来领导革命呢?我如果不能健全本党的组织,发挥本党的力量,及身完成革命事业,实现三民主义,我将何以对总理,何以对先烈?我们十五年北伐牺牲了这么多同志,中间江西剿匪又牺牲了这么多同志,此次八年抗战全国军民牺牲更是惨重,而到今天内忧外患仍然没有解除,我个人要负多么重大的责任!因此我时刻忧虑,朝夕警惕。希望各位同志也要像我一样的忧惧警惕,坦白检讨,改正错误,从此精诚团结,互助合作,来继承总理和先烈的遗志,完成你们革命建国使命!

〔三青团中央团部档案〕

3. 国民党中常会通过的党团统一组织原则
(1947年7月23日)

党团统一组织原则
三十六年七月二十三日中央党部第七十六次常会决议通过
(一)中央党团统一组织委员会之任务:
1. 指导各级党部团部统一组织事项;
2. 随时商决党团有关之事项;
3. 本党改造方案之研讨事项;
4. 党部统一组织委员会重要决定事项,应提出中央常务委员会并报告总裁核定后,以中央执行委员会名义行之。
(二)各级党团统一组织原则:

1. 现任省市县支区分团部干事监察,一律改任为省市县党部执监委员。

2. 扩增后之省市党部执行委员,由中央指定五人至九人,县市党部由省党部指定三人至五人组织党团统一委员会,负党团统一组织之任务,在统一组织期间,代行常务委员职权。

3. 省市党部执行委员会设主任委员一人,其人选由中央指定之,县市党部书记长,由省党部指定之。

4. 省市县党部团部统一组织期间,以省市县党部执行委员会名义行之。

(三)定本年九月九日,召开中央党团联席会议及第六届中央执行委员会第四次全体会议,所有全会议题及提案准备事项,由党团统一组织委员会准备。

同时并由吴秘书长报告奉总裁兼团长谕,扩大中央党团统一组织委员会组织,并增设指导委员,不另组设党团统一组织研究委员会,奉颁党团统一组织委员会及指导委员名单如左:

中央党团统一组织委员会名单

吴铁城	王启江	洪兰友	陈立夫	余井塘
谷正鼎	李惟果	冯超俊	陈庆云	陈　诚
袁守谦	郑彦棻	蒋经国	刘　真	张兴周
陈春霖	胡　轨	赵仲容	李俊龙	张厉生
朱家骅	白崇禧	张道藩	谷正纲	刘健群
贺衷寒	梁寒操	康　泽	萧　铮	赖　琏
何浩若	黄少谷	柳克述	程思远	倪文亚
何联奎				

召集人:吴铁城　陈诚　陈立夫　刘健群

秘　书:余井塘　郑彦棻

中央党团统一组织委员会指导委员

吴敬恒　丁惟汾　张继　孙科　居正

于右任　　戴传贤　　邹　鲁　　陈果夫　　宋子文
张　群　　李文范　　李煜瀛　　邵力子　　王世杰
陈布雷

〔三青团中央团部档案〕

4. 国民党中常会通过的各级党团统一组织实施办法
（1947年8月6日）

各级党团统一组织实施办法

三十六年八月六日第六届中央常务委员会第七十八次会议通过

一、总则

一、本办法依据中央常务委员会第七十六次会议通过之各级党团统一组织原则订定之。

二、各省（市）县党部及支（区）分团部之统一组织依本办法办理之。

三、海外各级党部团部统一组织之实施办法参照本办法之规定另订之。

四、各省（市）县支（区）分团部所属之学校团队俟所隶属之支（区）分团部统一组织后，分别整理其办法另定之。

五、各省支团所属区团部除都市区团应与同级党部统一组织外，其人员及工作之统一组织办法另定之。

二、干部人员

六、现任各省（市）县支（区）分团部干部人员均依左列规定改任该省（市）县党部干部人员。

一、干事改任执行委员；

二、监察改任监察委员；

三、候补干事改任候补执行委员；

四、候补监察改任候补监察委员。

七、各省（市）党部执行委员会主任委员人选，由中央组织部、中央团部就中央执监委员、中央干事、监察或扩增后之该省（市）党部执行委员或其他适当同志中会同拟议，提经中央党团统一组织委员会通过后提出中央党务委员会，并报告总裁核定后任命之。

八、各县（市）党部执行委员会书记长由扩增后之省执行委员会就扩增后之该县（市）党部执行委员会及其他适当同志中遴派，并报中央备案。

　　三、党团统一委员会

九、省市党部党团统一委员会委员人选，由中央组织部、中央团部就扩增后之省市党部执行委员会中会同拟议，提经中央党团统一组织委员会通过后提出中央常务委员会，并报告总裁核定之。

十、县市党部党团统一委员会委员人选，由省党部党团统一委员会就扩增后之县市党部执行委员会中遴派，并报中央备案。

十一、党团统一委员会至少每星期开会一次，由主任委员召集，并于开会时为主席，必要时得随时召开临时会议。

十二、省市党部书记长及县市党部秘书得列席党团统一委员会。

　　四、调整组织

十三、统一组织期间，省市县党部之组织均应按现有组织酌予调整。

省市党部除各组室外，如有必要时得设文化、妇女、青年、农工等运动委员会及财务等委员会。

省市党部各组室各设组长副组长（主任副主任）各一人，干事、助理干事、录事各若干人，办理各项事务。

十四、省市县党部之编制员额表另定之。

　　五、工作人员

十五、省市县党部扩增改组后，原有党部团部工作同志暂依其原任职务，指派业务性质相同之单位服务，不予裁减，候统一组织工作完成后，由中央制定各级党部正式编制颁行之。

十六、原任省县市党部团部工作同志有辞职或因其他事故离职者，均暂不予增补新人。

十七、原任省县市党部团部工作同志自愿转业或深造者，应予以辅导协助，其办法另定之。

六、业务交接

十八、各省市县党部扩增改组后，原有党部应即依照规定办理交代，团部亦应将团员及干部名册连同印信、文卷、经费、财产及业务移交接管，会同分报中央党部团部及中央党团统一组织委员会备案。

十九、各省市县支区分团部应按照本年度工作计划，将已办理未办理及办理中之工作分别详列移交接管。

二十、各省市县党部党团统一委员会成立后，应即办理党员重新登记及重新编组，区分党部等工作，在未举办党员重新登记以前，团证与党证具有同等效力，即团员与党员对党有同等之权利与义务。

七、附则

二一、本办法之工作进度与限期另订之。

二二、本办法经中央党团统一组织委员会通过，提请中央常务委员会，并报告总裁核定后施行。

〔三青团中央团部档案〕

5. 三青团中央干事会关于党团统一组织工作进行情形的报告[①]

（1947年8月）

查党团组织，原为应时代需要而分工，现值戡乱建国，同时并

---

① 此件选自《三青团第二届中央干事会工作报告》。

进,本党任务,更加艰巨。为统一革命阵线,加强戡乱力量,奉总裁兼团长指示,党团组织亟须统一。兹将统一组织工作之进行情形,自开始迄今(八月中旬)分为三个阶段说明之:

第一阶段　自六月二十七日至七月十六日

(一)六月二十七日,总裁兼团长召见书记长及组织部陈部长宣示党团统一组织之决策。

(二)六月三十日,总裁兼团长于本党中常会中政会联席会议时宣示手令如下:

一、成立党团统一组织委员会。

二、上项委员会以中央党部正副秘书长、组织部正副部长、宣传、海外、农工各部部长,及中央团部正副书记长、组织处正副处长与各处处长为委员组织之,由吴秘书长、陈书记长、陈组织部长召集之。

三、设立党团统一组织研究委员会,委员人数以十五至三十人为限,由中央党部与中央团部各推十人至十五人,报请核定。

四、统一组织工作,以二个月至二个半月为限,即最迟不得超过九月十五日。

五、拟订九月九日召开党团中央全体联席会议。

(三)七月八日,本团中央常务干事会召开临时会议,在京中央干事、监察均通知参加,由书记长报告,团长对党团统一组织之决策后,并指示:(一)本团同志应绝对服从团长之决策;今日惟有团长能领导中国革命,对统一组织之前途,不可稍存怀疑,以致中共匪分化之阴谋。(二)今后党的组织,必须加强纪律,方能负起革命任务,本团同志对于党团统一组织,不可仅注意人事的分配,更应注重具体革命方案之拟订。(三)共匪为当前国家大患,本党大敌,必须集中力量,加以剿灭,统一组织之成败,亦即国家前途与本党之存亡所系,必须有决心勇气促其成功。当经推定袁守谦、郑彦棻、蒋经国、刘真、张兴周、陈春霖、李俊龙、赵仲容、胡轨、余文杰、张宗良、沈祖懋、韩文溥、李惟果、白瑜、李蒸、刘健群、何浩若、邓文仪等十九同志成立小组（由袁守谦、郑彦棻两同志召集），研拟党团统一组织之实施方案，当经于七月十一、十二、十四等日，先后召开小组会议三次，审慎研讨，拟订"党团统一组织实施纲要草案"，提经七月十五日党团统一组织委员会之议定，由吴秘书长将该草案连同余井塘同志所拟"改造本党方案草案"，一并签呈总裁兼团长核阅。

（四）七月十六日总裁兼团长召集党团统一组织委员会全体委员于官邸，听取余井塘及郑彦棻同志等关于方案草拟要旨之报告后，即就本团研究小组及余井塘同志所拟两方案，关于地方党团统一组织机构一点，宣达如左之批示："此案分以下二方式"，请公决。

一、统一组织期间，省市（县）党部团部一律停止行使职权，由中央统一组织委员会派员会同省市党团原有委员干事组织行动委员会，并互推五人至九人为常委，办理总宣誓等事宜，以中央所派同志为主任委员。

二、省市（县）团之干监，概为党之执监委员，组织行动委员会，由中央派遣主任委员，办理合并及总宣誓等事宜，其对外对内行文，概以党部名义行之。

同时总裁兼团长并宣示手令四项如左：

一、此次合并统一，应以求其产生新的力量为前提，故必须提出新的革命主张及办法，以资号召与团结，使人民拥护本党。其次为对党员团员提出新的要求，并以能否符合此要求，作为肃清腐败分子之标准，党团合并统一工作，应视为政治革命性的，而非技术或事务工作。

二、由总裁名义发表告党团员之文告，说明革命环境之艰难，党团合并统一之必要，与党团合并之原则。

三、宣布九月九日召开党团中央全体联席会议及第四次全体会议，令各级党团部提出对党团合并后之工作及后期革命之主张及办法,由统一委员会拟议议题,通告各级党部陈述意见,向联席会议提出讨论,各省市党部团部,可各推举二人至三人参加联席会议。

四、除在中央研究合并统一之各项问题外,应向各地党员团员说明合并统一改组之意见,如有必要,可派员赴各地指示。

以后统一组织工作之进行,即系根据总裁兼团长此项指示,一再磋商,发展为当前情形。

第二阶段,自七月十七日至七月二十三日

一、十九日党团统一组织委员会举行会议,研讨如何遵照总裁兼团长批示,修订方案及草拟文告并无定义,仅推定洪兰友、余井塘、李惟果、郑彦棻、李俊龙等五同志,再就各人所发表之意见加以整理,并会商文告要点。

二、二十日五人小组举行会商,对文告要点,虽有初步决议,而对草案整理,则无任何决定,仍提全体会议讨论。

三、同日下午总裁兼团长召见党团统一组织委员会召集人吴秘书长铁城、陈书记长诚及陈部长立夫指示对上述两方案不同之点,可从长研讨,寻求折衷合理之方案。

四、二十一日党团统一组织委员会再度集会,遵照总裁兼团长指示详慎研讨后,对中央党团统一组织委员会之任务,各级党团统一组织之原则,及党团中央全体联席会议之召开三大主要问题,获得初步结论,决议提二十三日中央党部常务委员会核议,并通知本团中央常务干事及各处处长列席参加。

五、二十三日中央党部第七十六次常会,经热烈讨论后,通过党团统一组织原则,全文如左:

(一)中央党团统一组织委员会之任务:

1. 指导各级党部团部统一组织事项;
2. 随时商决党团有关之事项;
3. 本党改造方案之研究事项;

4. 党团统一组织委员会重要决定事项,应提出中央常务委员会并报告总裁核定后,以中央执行委员会名义行之。

(二)各级党团统一组织原则:

1. 现任省市县市区分团部干事监察,一律改任为省市县党部执监委员。

2. 扩增后之省市党部执行委员,由中央指定五人至九人,县市党部由省党部指定二人至五人组织党团统一委员会,负党团统一组织之任务,在统一组织期间,代行常务委员职权。

3. 省市党部执行委员会设主任委员一人,其人选由中央指定之,县市党部书记长,由省党部指定之。

4. 省市县党部团部统一组织期间,以省市县党部执行委员会名义行之。

(三)定本年九月九日,召开中央党团联席会议及第六届中央执行委员会第四次全体会议,所有全会议题及提案准备事项,由党团统一组织委员会准备。

同时并由吴秘书长报告奉总裁兼团长谕,扩大中央党团统一组织委员会组织,并增设指导委员,不另组设党团统一组织研究委员会,奉颁党团统一组织委员会及指导委员名单如左:

中央党团统一组织委员会名单[略]

中央党团统一组织委员会指导委员[略]

以上第二阶段之情况。

第三阶段,自七月二十四日至八月十九日

一、中央党团统一组织委员会委员奉总裁兼团长重新核定名单后,于七月二十五日召开第一次会议(前经举行会议六次)。决议分别推定同志,成立两研究小组。第一小组负责研拟本党改造方案,整理经总裁兼团长核阅之两方案及党员总宣誓、财产总登记办法,由余井塘、郑彦棻两同志负责召集。第二小组负责研拟中央党团联席会议及四中全会议题,由刘健群同志召集,郑、余两同志并互相约定，关于本党改造方案，由余同志负责草拟，郑同志则负责整理经总裁兼团长核阅之两方案。当经根据上次中央常务委员会通过之原则，及参照本团各级团部及各地同志所提供之意见，将两方案综合整理，拟具党团统一组织实施纲要，暨各级党团统一组织实施办法草案两种，前者规定统一组织之整套办法，后者规定目前各级党部团部统一组织之实施办法。

二、七月二十六日下午八时，中央研究小组举行第一次会议。指导员居觉生、李君佩两先生均参加，会就余井塘同志所拟本党改造方案之纲要，广泛交换意见，对党员总宣誓及党员财产总登记两大问题，亦曾作原则上之研讨。

三、上述实施纲要草案及实施办法草案拟订后为广征本团各同志之意见，乃遵照上次本会决议案，于八月一日召开本团研究小组会议，并邀请本团党务干事程思远、黄少谷诸同志及在京之地方团部干部吴绍澍同志参加。将两草案详加审议修正，然后提出统一组织委员会研究小组研讨。统一组织委员会适于八月一日召开第二次会议，当经先行提出报告。（本团研究小组所订之党团统一组织实施纲要及实施办法两草案见附件一、附件二[略]）

四、八月二日，中央研究小组召开第二次会议，以实施纲要及实施办法为研讨中心。一部分同志以实施纲要将党员总宣誓、财产总登记均列为统一组织工作之一，未予同意，经热烈讨论后，乃决定实施纲要，可不另订定，但应在实施办法中规定各级党部党团统一委员会成立后，应即举办党员总宣誓、财产总登记及重行编组区分党部等工作。并推定王启江、余井塘、郑彦棻三同志对实施办法作详细之审查。三人小组于八月三日开会，经二小时协商，本团所提出之实施办法草案经略为修正，卒获得一致之意见。

五、关于各级党团统一组织实施办法之研讨，意见略有分歧，其要点及商讨结果如左：

（一）关于省市党部主任委员及党团统一委员会委员之遴派

者：

甲、遴派之标准——本团研究小组原拟草案对各项人选均列有具体标准，经商讨后删去。

乙、遴选之范围——除统一委员会委员应就执行委员遴选外，省市党部主任委员、本团研究小组原拟草案系就中央执监员、中央干监及扩增后之省市党部执行委员中遴选，经商讨后，增加"或其他适当同志"字样。

丙、遴选程序——本团研究小组原拟草案，省市党部主任委员及党团统一委员会委员，由中央党团统一组织委员遴拟，报总裁核定经商讨后，仍照常会决定原则，改为由中央组织部、中央团部会同拟议，于党团统一组织委员会通过后，提出中央常务委员会，并报告总裁核定。

（二）关于统一组织期间，省市党部组织者：本团研究小组原拟草案，除增设青年运动委员会外，并增设民运组，各委员会均不设专任人员，经商讨后，仅增青年运动委员会，惟条文方式与各委员会并列，以免误为各级团部裁并为青年运动委员会。

（三）关于团员之取得党籍者，本团研究小组原拟草案为即时举办党员总宣誓，现有党员及志愿入党团员，均应参加宣誓，取得党籍经商讨后，除规定各级党团统一委员会成立后，应即举办党员总宣誓、财产总登记及重新编组区分党部等工作，并规定在未宣誓前，团证与党证有同等效力，即团员与党员对党有同等权利与义务。

六、上述实施办法几经商讨，始由三人小组修正，并经八月四日中央研究小组联席会议修正通过，同时中央党团联席会议及四中全会重要议题，亦经会同拟订，乃于五日提出党团统一组织委员会第二次会议通过，并提八月六日中央常务委员会第七十七次会议讨论，对第二十条所规定之财产总登记，若干同志颇表疑义，乃将此项删去，其余大体照原案通过。（附件三）

七、本党中央常会通过之"各级党团统一组织实施办法",经呈奉总裁兼团长核定并略于修正如次:

(一)第十三条"省市党部除各组室外"之下加"如有必要时得"六字。

(二)又同条"各组室各设组长、副组长(主任、副主任)各一人;干事、助理干事,录事各若干人"一节,团长指示:"此若干人必须规定人数。"(按第十四条已有省市县党部编制员额表另定之规定,各项员额,当遵照指示,于编制表内作硬性之规定)

(三)第二十条关于办理党员重新宣誓一点,奉此:"重新宣誓文字似应改为重新登记。"经党团统一组织委员会研究结果,拟俟总裁兼团长发表文告时,如系采用重新宣誓,则实施办法不加修改,以期与文告一致。如系用登记字样,再行依据修正。

(四)团长批示:"应限定工作完成日期",此点党团统一委员会正遵照办理中。

八、八月十二日,本团复根据常务干事会议之决定,召开留京干事、监察谈话会,由刘常务监察健群主席,由郑常务干事彦棻报告党团统一组织工作进行情形,第二处报告各地团部及团员同志对统一组织之意见,及书记长办公室报告本团二中全会筹备情形后,各干事、监察即就本团二中全会之议题议程及各项有关问题热烈交换意见,经决议将发言要点录送常会推定之二中全会议题研究小组参考。

九、八月十八日,党团统一组织委员会十七人研究小组开会,对余井塘同志所拟之"党的新建设纲领草案"广泛交换意见,佥以该纲领顾虑虽极周详,但仍有补充修正之必要,因推定梁寒操、赖琏、刘建群、黄少谷、王启江、余井塘、郑彦棻等七人组织小组,再加研议,现已数度会商,正在补充整理中。

十、八月十九日本团中常会推定之党团统一组织研究小组开会,当经依据各级党团统一组织实施办法第三、第四条之规定,拟具"党团统一组织期间学校团队组织过渡办法"草案(附件四),及"海外各级党团统一组织实施办法草案"(附件五)两种,即可向党团统一组织委员会提出研讨。

[下缺]

二、党团统一组织委员会

六、遵照总裁兼团长手令,中央设党团统一组织委员会,由总裁兼团长就党团干部中指定若干人为委员组织之,并指定其中二人至五人为召集人,二人为秘书。

七、党团统一组织委员会设指导委员若干人由总裁兼团长遴聘之。

八、党团统一组织委员会之任务如左:

一、指导各级党团部统一组织事项。

二、随时商决党团有关之事项。

三、本党改造方案之研拟事项。

四、党团中央联席会议之准备事项。

五、其他有关党团统一组织事项。

九、党团统一组织委员会重要决定事项,应提出中央常务委员会并报告总裁核定后,以中央执行委员会名义行之。

三、各级党团统一组织原则

十、现任省市县支区分团部干事监察一律改任为省市县党部执监委员。

十一、扩增后之省市党部执行委员由中央指定五人至九人,县市党部由省党部指定二人至五人组织党团统一委员会,负党团统一组织之任务,在统一组织期间,代行常务委员会职权。

十二、省市党部执行委员会设主任委员一人,其人选由中央指定之(或由省市党部委员互推之),县市党部书记长由省党部指定之。

十三、省市县党部团部统一组织期间以省市县党部执行委员名义行之。

十四、扩增后省（市）县党部之组织应参照现有省（市）县（市）党部团部之组织及实际需要定之。原有党部团部工作同志除应继续参加工作者外，应依其志愿负责为之转业。

四、党员总宣誓

十五、省（市）县（市）党部扩增改组后应即举办党员总宣誓。

十六、现有党员及志愿入党之团员均应先向所属县（市）党部团部统一委员会报到登记，履行宣誓，党员宣誓后，应于党证加盖戳记，团员则于宣誓后发给党证。

十七、党员总宣誓之誓约要点如左：

一、愿贡献一切，与共匪、官僚作风及贪官污吏、奸商财阀斗争到底。

二、愿为本党当前政治中心纲领之彻底实现而斗争。

三、愿切实遵守党员行动纲领，克尽党员义务。

四、愿依党员财产登记办法忠实履行财产登记。

五、从政或从业时愿切实执行与职务有关之党的政策与决议，如有违背，愿立即受撤换处分。

六、决不参加党外任何政治组织与党内任何小组织。

七、愿诚意奉行本党民主集权制，遵奉总裁命令，服从党的决议及接受同志的批评。

八、崇尚俭朴，力行节约。

十八、现有党员不参加党员总宣誓者一律注销党籍，现有团员不参加党员总宣誓者不能取得党籍。

五、党员财产总登记

十九、党员总宣誓后应即履行财产总登记，忠实登记个人全部财产，嗣后遇有变动并应照规定报明登记。

二十、对党员财产登记得照规定予以查核。

二一、拒绝履行财产登记或登记不确者均予开除党籍。

六、编组区分党部

二二、党员履行宣誓及财产登记后,应即重新编组区分部区党部。

二三、区分部区党部之编组应按照地区及职业部门将原有党员团员混合编配,但同一学校或事业机构之党员以编于同一区分党部为原则。

二四、区分党部重行编组后应即分别召开区分部区党部党员大会,选举执行委员。

七、党团中央联席会议

二五、遵照总裁兼团长手令,定九月九日召开党团中央联席会议,前述各项工作应尽可能于九月九日前办竣。

二六、党团中央联席会议除党中央执监委员及团中央干事监察全体出席外,并得指定各省市领导干部参加。

二七、党团中央联席会议之任务如左:

一、审议本党改造方案;

二、商定党团统一组织后中央及各级党部之组织;

三、商定各项党务之改进;

四、其他有关党团统一组织事项;

(五)召开各级党员代表大会。

二八、各省(市)县(市)党部应由二十七年二月一日起至四月十五日止分别召开党员代表大会,依照新组织选举执监委员。

二九、不能召开党员代表大会办理选举之省(市)县(市)党部,由中央按照新组织予以改组。

三〇、定于三十七年五月五日召开第七次全国代表大会。

(附件二)

各级党团统一组织实施办法(草案)卅六年八月一日本团研究小组修正稿[略]

(附件三)

各级党团统一组织实施办法(中央常务委员会第七十七次会议通过)〔略〕

(附件五)

海外各级党团统一组织实施办法(草案)〔略〕

(附件六)

各支团所属区团与党部统一组织实施办法草案〔略〕

〔三青团中央团部档案〕

6. 吴铁城关于党团统一组织报告

(1947年9月9日)

诸位同志：在总理第一次革命起义纪念的今天，本人能够以党团统一组织委员会召集人之一的资格，奉命报告党团统一组织这件大事，并阐述总裁兼团长在党团统一组织过程中，历次指示的要点，以及中央党部中央团部干部同志的意见，感觉得很光荣。在本人提到"党团统一组织"六个大字的时候，我想诸位的观念中，可能立刻想到总理的一句话，"求天下的仁人志士，同趋于一主义下，共同致力于是乎立党"。这句话，是总理在他手著的中国革命史中说的。我们如果要了解党团统一组织的意义，总理这句话，是最切当的说明。

事实很明白，本党为了加强领导全国军民的力量，从事于长期的全面抗战，曾于民国二十七年三月，在武汉召开临时全国代表大会，对党的组织，重加检讨，尽力整饬，一方面建立了自总理逝世以后的领袖制度，以便于党的统一领导。一方面创立了三民主义青年团，以便于组训青年。这两项重大的建制，在抗战时期，都发挥了伟大的作用。全国人民在领袖领导之下，无论在城市、在乡村、在边区、在海外、在战场上、在沦陷区，都能够奋勇杀敌，捍卫国家。各地的党员与团员携手前进，并肩作战，更造成了种种可歌可泣的史迹，实现了领袖"地无分南北，人无分老幼，齐起抗战"的训示。这种成绩的由来，显然是第一靠领袖英明的领导，第二靠党团的组织力量，在各方面起了推动的作用。我们在抗战胜利两周年后的今天，回想到九年前敌机不断轰炸下的珞珈山，日夜会议，完成这两项伟大的建制，在这建制之下，赢得了抗战的胜利，并废除了不平等条约，真是欣慰万分。这种光荣的成就，我们党和团的同志，应该分享而无愧的。

今天是抗战胜利后两周年了，本党在建国过程中，又遭受到严重的障碍，人民于长期抗战精疲力竭之余，还不能休养生息。横暴的中国共产党，袭其二十年前叛变的故智，再度毁弃诺言，全部武装叛乱，使得一切复员建国的计划，都不能够实行，一切胜利的成果，都不容易保持，并使得在抗战时期，牺牲无数血肉所争取得来的国际地位，也日渐低落，特别是老百姓遭受的痛苦，更是数说不尽。我们的领袖，深谋远虑，我们的同志也饱经忧患，都认定共产党此次的叛变，比过去更是变本加厉，更是倒行逆施。他危害国家民族，分化革命力量的手段，比过去更加毒辣，更加阴险。大家觉悟到当前第一件大事，是提高一心一德的精神，加强群策群力的行动，来答复共产党的分化，来戡定共产党的叛乱。我们的党与团，本是一家，虽然因为分工关系，平行发展，但是我们只有一个主义，一个领袖，一个行动，我们党和团精诚团结的大力量，决不是共产党所能动摇得了的。

正因为我们同志有这种觉悟，这种信心，就引起了团结革命力量的要求，发出了统一革命组织的呼号。远在今年三月间，本党举行第三次全体会议时，党和团的干部同志，就提出了党团统一组织的要求，经过了热烈的讨论，认为现当结束训政，进入宪政时代，本党应该重新建设，以适应新时代的革命任务，中央常务委员会根据此项决议，推定若干在党在团中央负责同志，详加研究，经过了无数次的会议，长时间的检讨，其后又经总裁兼团长英明坚决的指示,党与团必须统一组织,并且要立即开始,才有今天精诚团结的大集会。在这个大集会中,我们每一位同志的心情,是异常沉重而严肃的;大家感觉到当前的局势,非常险恶,非到共产党放下武器,国家是不会和平统一的。我们必须于最短期间戡定大乱,挽救危局,我们必须自力更生,不能凭空依赖外人援助。我们要能够如此,就必须从统一革命的力量做起。革命的力量只有一个,不能有两个,危局的挽救,革命的成功,全靠革命力量的集中。总理曾告诉我们:"革命党能统一,则革命事业业已成功过半,不能统一,则虽有第一次革命的成功,亦失败,虽有第二次革命的势力,亦失败"。这个教训,是我们同志都没有忘记的。因为没有忘记,所以发生了统一党团组织的运动。

同志们,本党有五十余年的历史,有合于世界潮流,适应中国国情的主义,能够推翻满清,建立中华民国。能够推翻袁世凯帝制,再造共和。能够完成北伐,扫除军阀。能够领导全国人民忍痛受苦,坚韧不拔抵抗日本侵略,获得胜利,取消不平等条约,洗雪百年的国耻。本党在过去,既有这样光荣的历史,伟大的成就,为什么在抗战胜利以后不到两年,就遭受到此种危险呢?为什么我们的党,我们的团,受到许多批评与耻辱,使我们领袖的声誉,亦受到影响呢?总裁兼团长要我们彻底反省,我们党员团员,身为三民主义的信徒,受到这种奇耻大辱,实在应该负责,我们每一个同志,应该勇于负责。这次会议,就是我们同志对党对团对领袖表示负责的会议,并且是对革命历史负责的会议。

同志们,本党在革命进程中,每遭遇一次危机,必有一次检讨,每经一度检讨,必有适应时代需要的改组,每经一次改组,必能产生一种新的力量,完成这一时期的任务。如民国前二年由兴中会改组为同盟会,靠这改组后的力量,推翻了满清政府,是一例。民国三年,由国民党改组为中华革命党,靠这改组后的力量,推翻袁世凯的帝制,又是一例。民国十三年,改组中国国民党,靠这改组后的力量，打倒军阀，也是一例。民国二十七年，确立领袖制度，创立青年团，依靠这个新建设的力量，取得抗战胜利，废除不平等条约，更是一例。就党的历史看来，充分证明本党在五十余年中不断的前进，不断的在发生新陈代谢、日新又新的作用。古人说，前事不忘，后事之师，我们这次的统一党团组织，不但是时代的需要，不但是革命同志的共同希望，而且是奉行总理留给我们的陈规。我们过去的改组，既然着着成功，我们这一次的党团统一组织，自然更有充分的信心，相信组织统一以后，必然能够发生新的力量，来完成后期革命的任务。

同志们，党团统一组织的必要，总裁兼团长已经指示得很详明，本人以上所说的话，只是一种阐扬性质的报告。至于党团统一组织的工作及其演进的程序，再想简单的向诸位报告。

自从三中全会提出党团统一领导的问题以后，就在四月二日第六十三次常会里，推定党部团部几位同志研究这个问题。其后又在四月三十日第六十八次常会里，五月十四日第七十次常会里，作进一步的研究。及至六月三十日，开中央常务委员会中央政治委员会联席会议的时候，中央团部常务干事监察，都曾参加，会议时由总裁主席，郑重宣布，党和团要统一组织。当时我们中央同人听到总裁这种训示，一方面觉得目前国家民族的危机，由此可以挽救。一方面又觉得同人能力薄弱，深恐不能担任这样伟大的使命，有负领袖的付托与全体党员团员的期望，大家兢兢业业，在常务会郑重讨论通过，并奉总裁指示之后，成立党团统一组织委员会，推定吴铁城、王启江、洪兰友、陈立夫、余井塘、谷正鼎、李惟果、马超俊、陈庆云、陈诚、袁守谦、郑彦棻、蒋经国、刘真、张兴周、陈春霖、胡轨、赵仲蓉、李俊龙、张厉生、朱家骅、白崇禧、张道藩、谷正纲、刘健群、贺衷寒、梁家操、康泽、萧铮、赖琏、何浩若、黄少谷、柳克述、程思远、倪文亚、何联奎、刘蘅静等三十七人为委员。以吴铁城、陈诚、陈立夫、刘健群四同志为召集人，余井塘、郑彦棻两同志为秘书。推定吴敬恒、丁惟汾、张继、孙科、居正、于右任、戴传贤、邹鲁、陈果夫、宋子文、张群、李文范、李煜瀛、邵力子、王世杰、陈布雷等十六人为指导委员，出席指导。党团统一组织委员会，在各指导委员指导之下，开过多次的会议，经过详细的研讨，方才拟定了党团统一组织实施办法，这个办法，经七月二十三日第七十六次常会通过，并奉总裁核准。党团统一组织委员会，又经过多次的讨论研究，拟出一个党的新建设纲领草案，这草案包括两大部分，一部是本党目前组织纲领草案，另一部分是本党目前政治纲领草案。这草案在通告召集党团联席会议及四中全会时候，曾制成议题，发给省市各级党部团部同志研究。中央团部二中全会，对这个问题，在几天已经详细研讨，一定有许多建设性的良好意见贡献出来，以供党团联席会议及四中全会讨论"党的今后建设"之参考。四中全会和党团联席会议，是由党的中央执监委员和候补执监委员，团的中央干事监察和候补干事监察，以及各省市党和团的负责同志参加的，大家共聚一堂，将党的新建设纲领草案，研究讨论，加以整理之后，再提出四中全会作最后之决定，作为我们全体同志今后行动的最高准绳。

同志们，党的新建设是革命的建设，这个会议是充满着革命性、建设性、政治性的会议，所以我们在筹备党团联席会议与四中全会的时候，曾费了不少时间来研究，一方面，我们要顾到会议的程序，要顾到同志的心理，要顾到当前严重的经济，要顾到前方的军事，要顾到今年国家的大选，使这个会议，能够圆满举行。他方面，我们要使得这个会议，能够让全体到会的同志，有集中精力，充分讨论的机会，使这个会议，得到圆满结果。各方兼筹并顾，才定下了这一个程序。

同志们，总裁兼团长指出党团的各种缺点，我们应该勇敢的承认，彻底的反省检讨，积极的加以改正。尤其是本人，担任党的秘书长多年，没有能够负起应该负的责任，有负总裁的委托和同志们的期望，实在感觉惶恐，在开本党三中全会的时候，本人已深感不安，很诚实的向全会表示过。

党和团这一次的重大措施,是每一同志努力于改正缺点的最好机会,必须认定党团的统一组织,不仅是形式的合并,而是精神的凝结,不仅是组织上的统一,而是革命性的建设。因为形式的统一,是不够的,要真正的统一,才能建设起新的革命团体,才能发生出新的革命力量,亦才能运用这个新的组织、新的力量,来解决当前国家的严重问题,来消灭赤祸,完成后期革命的任务。后期革命的任务是什么呢?就是建设一个三民主义的新国家。

同志们,我们只要能够这样的补救缺点,这样的负责尽职,那么我们都能相信,国家的统一和建设,必然能够建立于我们党团统一组织的新基础之上,必然能够完成于我们党团统一组织的大力量之下。所以本人用极愉快兴奋的心情,来向诸位报告党团统一组织这件大事的意义和经过,以供诸位同志参考。

〔国史馆档案〕

7. 国民党六届四中全会及党团联席会议宣言
(1947年9月)

中国国民党第六届中央执行委员会第四次全体会议及中央党团联席会议宣言,原文如下:

本党自总理领导国民党以来,所担负的是中国历史的使命,每逢国家民族有重大历史的使命付给本党的时候,本党必有一次新的检讨、新的团结,形成新阵容,以担负这新的使命。

总理在民国纪元前,将兴中会改为同盟会,结果是中华民国的诞生。民国三年改组国民党为中华革命党,结果是推翻袁世凯帝制,重建共和。十三年改组中国国民党,结果是扫荡军阀,完成北伐统一的大业。二十七年本党的临时全国代表大会的各项重大决策和三民主义青年团的产生,更光荣的达到八年艰苦抗战的胜利。现在历史又将第二次世界大战后戡乱建国重大责任付与本党,于是本党有此次党团统一的决定。这种措施,是秉承总理过去改进革命组织的经验,团结同志,集中力量,统一指导,巩固党的革命的任务。

过去五十年的历史昭示我们,本党推翻专制,缔造民国,扫除军阀,取消不平等条约,完成抗战胜利等项重大史实,对于民族民权两大主义,是显然的重大成就。历年来建立各级民意机关与最近颁布宪治,结束训政,更足以表示本党一贯努力不断前进,以完成民主政治的决心与诚意,而戡乱与总动员乃为维护国家领土主权的统一完整,这正是民族生存与世界和平的关键。至于民生主义的实现,原为本党革命的主要目的。解除民众生活的痛苦,是目前迫切的需要。以前关于民生的建设,本来成就较少,而八年的抗战与战后的匪乱和破坏,更觉残损无余。所以民生主义的经济建设,实应重新开始,而且刻不容缓。一切建设事业,尤应首先尽其在我。本党愿以此为当前努力奋斗的目标。

我们认识目前革命环境的困难,但是我们同时也要认识我们革命的力量,实在比以前任何阶段为雄厚。以前我们薄弱的革命力量尚能克服每一阶段的困难,此后只要我们自重,而不自大,自反而不自馁,自信而不自满,定能由历史的成例来保证我们达到预期的目的。

我们要了解不能自强不息的,不是革命政党,经不起诬蔑,忍不住煎熬的,更不是革命党员,我们愿以党的团结和奋斗,促进党的新生,以党的新生,创造革命的动力,以革命的动力达成政治经济的全面改革。

我们体会二千年前中国"为政不在多言,愿力行何如耳"的古训,此后我们愿意拿事实来答复期望,拿行动来证明决心。

我们要不惜为保障民族生存而牺牲,为实行民主宪政而奋斗,为改善人民生活而努力。

国家已向宪政时期迈进,但是保障中华民国,维护中华民族的责任,是本党和本党同志义不容辞的。我们愿以此自勉互勉,更愿全国同胞本着我们共同的国家观念,民族意识,一齐和我们携手,共同建设我们三民主义的新中国。

〔三青团中央团部档案〕

8. 六届四中全会及党团联席会议经过
(1947年9月)

三中全会开幕以后,因国内外形势之演变,益觉本党革命力量有统一加强之必要,六月三十日总裁指示党团应即统一组织,常会旋指定委员研究统一方案,并经第七十六次常会决议定九月九日召开第六届中央执行委员会第四次全体会议,及党团联席会议,以便决定此一重大之改革。

四中全会于九月九日在南京林森路国民大会堂如期开幕,到中央执监委员,中央团部干事监察,中央及地方党部团部同志共五百七十九人,全会会期三日,党团联席会议会期二日,共为五日,于十三日闭幕,党团联席会议开会凡四次,对党团统一组织与今后党的新建设问题,广泛交换意见。四中全会除预备会议及开幕闭幕礼外,共举行会议三次,其关于报告者,有党团统一组织报告、政治报告、军事报告、新疆问题报告、中共问题报告等五项。其关于讨论者,则集中于本党当前组织纲领案,至一般议案,均交常会处理。兹将会议经过,略述如次:

九月九日上午九时,在国民大会堂举行开幕礼,总裁主席,并致开幕词。说明四中全会任务,在改造本党,充实内容,并勉励同志,应打破个人权利地位观念,恢复革命精神。词毕礼成,十时三十分开预备会议,到中央执监委员二百三十二人,中央团部干事监察一百人,中央及地方党部团部同志二百五十七人,仍由总裁主席,通过四中全会及党团联席会议议事程序,并推选于右任、居正、孙科、戴传贤、邹鲁、陈果夫、丁惟汾、贺衷寒、刘健群、陈雪屏、袁守谦十一委员为主席团,十时五十分散会。

九日下午三时举行四中全会第一次会议,到中央执监委员二百零八人,中央团部干事监察九十九人,中央及地方党部团部同志二百五十二人,总裁主席,首由主席领导全体起立为戡乱死难同志默念致敬,继进行报告。吴秘书长铁城作党团统一组织报告,张委员群作政治报告,白委员崇禧作军事报告,下午六时三十分散会。

十日上午九时举行党团联席会议第一次会议,到中央执监委员二百四十一人,中央团部干事监察一百零一人,中央及地方党部团部同志二百七十五人,总裁主席,讨论党的新建设纲领,发表意见者,有邓文仪、李金章、周增森、汤如炎、罗才荣、镇天锡等六同志,十二时休息,下午三时继续开会讨论,复有王志远、冯云仙、臧建心、陈雪屏、林永年、谢仁钊、韩文溥、李曼瑰、李曜林、邓飞黄、胡秋原、郭紫峻、雷殷、任卓宣、童怀政、崔垂言、孟时范、潘公展、李经世、范锡品等二十同志发表意见。并决定(一)推张厉生等三十三委员为提案整理委员会委员,由梁寒操、黄少谷、李燕三委员召集。(二)推孙科等十七委员为宣言起草委员会委员,由孙科、戴传贤两委员召集。下午七时散会。

十一日上午九时,举行党团联席会议第二次会议,到中央执监委员二百六十人,中央团部监察九十四人,中央及地方党部团部同志二百八十三人,孙科主席,首由张委员治中报告新疆问题,谷委员正鼎报告中共问题,继复讨论党的新建设纲领,有眭光禄、钟天心、苏金孟三同志发表意见,中午十二时散会。

十一日下午三时,举行党团联席会议第三次会议,至中央执监委员二百三十六人,中央团部干事监察八十八人,中央及地方党团部同志二百五十六人。总裁主席,讨论本党改造纲领草案。下午七时散会。

十二日上午九时，举行党团联席会议第四次会议，到中央执监委员二百六十九人，中央团部干事监察九十五人，中央及地方党部团部同志二百八十六人。总裁主席，继续讨论本党改造纲领，及统一中央党部团部组织案，均经修正通过。中午十二时散会。

十二日下午三时举行四中全会第二次会议，出席中央执行委员一百十八人，列席中央监察委员、候补中央执监委员、中央团部干事监察、中央及地方党部团部同志共四百零五人。邹委员鲁主席，修正通过本党当前组织纲领及统一中央党部团部组织两案，并决定：民国三十七年五月五日召开第七次全国代表大会。下午六时散会。

十三日下午三时，举行四中全会第三次会议，出席中央执行委员一百四十一人，列席中央监察委员、候补中央执监委员、中央团部干事监察、中央及地方党部团部同志共五百零四人。总裁主席，通过中央执监委员会常务委员人选及大会宣言。讨论毕，休息半小时，下午六时半举行闭幕礼，总裁主席，并致闭幕词，首述此次全会之伟大成就，继勉同志必须自力更生，完成建国大业，并指示改革党务途径，希望大家和衷共济，切实履行。次由洪委员兰友宣读大会宣言，下午七时半礼毕，大会圆满闭幕。

〔国民党中央执行委员会秘书处档案〕

9. 三青团中央干事会关于对党团统一组织认识电
（1947年9月11日）

限即到。牯岭团长蒋钧鉴：此次本团二中全会，在胜利后两年召集于首都，全会同志，恭聆钧座关于党团统一组织之训示，异常感奋，经一致决议电呈钧座致敬，并披沥肺诚，敬陈如次：

一、党团统一组织之决定，系为适应当前革命新形势之需要，同时亦为继承总理历次改组革命组织之经验而产生之革命性的措施。全会同志,懔然于当前革命环境之艰困,与革命危机之严重,仰体钧座统一革命组织集中革命伟大力量之决策,敬谨接受钧座训示,并愿以全体一致之决心,为贯彻钧座主张而奋斗。

二、党团统一,系革命组织之彻底改造,其意义系政治革命性的,而非事务技术性的,全会同志,仰体钧座此一深切著明之指示,深知非彻底检讨党团过去之成败得失,切实研究当前革命形势与革命要求,无以达成党体统一组织之目的。愿于开会期间,殚精竭虑,集思广益,求得客观而具体之结果,以贯彻钧座之决策,而慰全体同志之热愿。

三、党团统一组织之完成,在于全体同志之精诚团结与务实克己,全会同志,当遵奉钧座训示,发挥革命忠诚,以互信求团结,以供信求统一,以力行求进步,务使党团统一,获得彻底的成功,从而产生新的革命力量,以扫除革命障碍,克服当前艰难,实行三民主义,完成建国任务。

上陈三端,为全会同志对党团统一组织之共同认识,至详细方案,当本此认识妥为拟订,另行呈核,谨此电呈,敬乞鉴察。三民主义青年团第二届中央干事第二次全体会议叩。

〔国民党中央执行委员会秘书处档案〕

10. 中执会通过统一中央党部团部组织案
(1947年9月12日)

统一中央党部团部组织案

三十六年九月十二日中央执行委员会第四次全体会议及党团联席会议通过

为集中革命力量,统一革命领导,以适应当前环境之需要,经由中央党部、中央团部决定统一其组织,除省市县各级统一组织原则及其实施办法业经中央常会通过颁行外,关于中央党部团部组织之统一与机构之充实订定办法如左：

一、三民主义青年团本届中央干事均改为本党本届中央执行委员会，候补干事均改为候补中央执行委员，中央监察均改为本届中央监察委员，候补监察均改为候补中央监察委员，全会通过后，提请第七次全国大会追认。

二、中央执行委员会常务委员名额，扩增为四十五人至五十五人，中央监察委员会常务委员名额，扩增为十五人至十九人，其人选由总裁提请全会决定之。

三、中央执行委员会，除原有各部会外，增设青年部，为本党领导及组训青年之机构，其组织另定之。

四、中央执行委员会各部各设委员会为决策及检讨机构，各该部部长为当然委员，并为委员会开会时之主席，其办法另定之。

五、中央执行委员会，设理论研究委员会，负对主义及政纲政策之理论研究责任，其组织另定之。

六、党团统一组织以后，为适应宪政时期之需要，本党组织之改进，由常会指定若干人成立研究委员会，负责研究具体方案，提出第七次全国代表大会讨论。

〔三青团中央团部档案〕

11. 中常会通过统一党团监察组织案
(1947年9月29日)

统一党团监察组织案

三十六年九月二十九日中央第八十五次常会通过

一、中央监察委员会增设副秘书长一人。

二、中央监察委员会各处增设副处长一人。

三、省监察委员会设置常务监察委员会，由中央监察委员会就统一组织后之监察委员中指定三人为常务监察委员组织之，如党团均无监察人员者暂不设置，如党有监察委员而团无监察，或团有监察而党无监察委员者，由中央监察委员会重行指定七人至九人为监察委员，并指定三人为常务委员。

四、省监察委员会增设秘书一人。

五、省监察委员会就党团现有工作人员重新分组办事。

六、县级监察委员会由现有党团监察委员及监察合并组织之，如党团均无监察人员者暂不设置，如党有监察委员，而团无监察，或团有监察而党无监察委员者，由省监察委员会重行指定三人至五人为监察委员，并指定一人为常务监察委员。

七、省县常务监察委员分别列席省县党团统一委员会。

八、本办法未规定事项准用党团统一组织实施办法之规定。

〔三青团中央团部档案〕